中国制造业重点领域技术创新绿皮书
——技术路线图（2023）

国家制造强国建设战略咨询委员会
中国工程院战略咨询中心　编著

电子工业出版社
Publishing House of Electronics Industry
北京·BEIJING

内 容 简 介

本书（以下简称"技术路线图"）围绕推进新型工业化、建设制造强国的战略任务和重点，深入研究了新一代信息技术产业、高档数控机床和机器人、航空航天装备、先进轨道交通装备、节能和新能源汽车、电力装备、农业装备、新材料、生物医药及高性能医疗器械、食品、纺织、建筑材料、家用电器、仪器仪表、工程机械，以及环保、低碳及资源综合利用技术与装备 16 个重点领域需求。基于这些需求，提出了以上 16 个重点领域的发展目标、发展重点及战略支撑与保障。

"技术路线图"的发布，可以为广大企业和科研、教育等专业机构确定自身的发展方向与重点提供参考；也可引导金融投资机构利用自己掌握的金融手段，支持那些从事研发、生产和使用"技术路线图"中所列产品和技术的企业，从而引导市场和社会资源向国家的战略重点有效聚集；"技术路线图"也可为各级政府部门制定公共政策提供咨询和参考。

未经许可，不得以任何方式复制或抄袭本书之部分或全部内容。
版权所有，侵权必究。

图书在版编目（CIP）数据

中国制造业重点领域技术创新绿皮书. 技术路线图：2023 / 国家制造强国建设战略咨询委员会，中国工程院战略咨询中心编著. —北京：电子工业出版社，2023.12
ISBN 978-7-121-46805-6

Ⅰ．①中⋯ Ⅱ．①国⋯ ②中⋯ Ⅲ．①制造工业－技术革新－研究报告－中国 Ⅳ．①F426.4

中国国家版本馆 CIP 数据核字（2023）第 231780 号

责任编辑：郭穗娟
印　　刷：北京宝隆世纪印刷有限公司
装　　订：北京宝隆世纪印刷有限公司
出版发行：电子工业出版社
　　　　　北京市海淀区万寿路 173 信箱　邮编：100036
开　　本：787×1092　1/16　印张：35　字数：896 千字
版　　次：2023 年 12 月第 1 版
印　　次：2023 年 12 月第 1 次印刷
定　　价：218.00 元

凡所购买电子工业出版社图书有缺损问题，请向购买书店调换。若书店售缺，请与本社发行部联系，联系及邮购电话：(010) 88254888，88258888。
质量投诉请发邮件至 zlts@phei.com.cn，盗版侵权举报请发邮件至 dbqq@phei.com.cn。
本书咨询联系方式：(010) 88254502，guosj@phei.com.cn。

前 言
Introduction

制造业是国民经济的主体，是立国之本、强国之基。

党的二十大报告提出："坚持把发展经济的着力点放在实体经济上，推进新型工业化，加快建设制造强国、质量强国、航天强国、交通强国、网络强国、数字中国"。推进新型工业化，加快建设制造强国，成为我国的国家战略。

围绕经济社会发展和国家安全重大需求，"制造强国战略"选择了10个战略产业作为攻关重点，希望在这10个战略产业率先实现战略突破，尽快达到国际领先水平或国际先进水平，引领中国制造业产业链提高现代化水平，从世界产业链中低端迈向中高端，成为中国制造业由大变强的中流砥柱。

为了推动重点产业领域技术创新，国家制造强国建设战略咨询委员会委托中国工程院战略咨询中心组织全国各方面专家开展了全面、深入、持续的研究，先后于2015年、2017年和2019年编制发布了"重点领域技术创新绿皮书——技术路线图"（以下简称"技术路线图"），在社会上产生了广泛的影响，在引导市场和社会资源向国家战略重点有效集聚方面发挥了重要作用。

这次编制发布的《中国制造业重点领域技术创新绿皮书——技术路线图（2023）》研究和制定了29个优先发展产业的技术路线图。除了包含前三版"技术路线图"涉及的13个重点领域（含23个优先发展方向）：新一代信息技术产业、高档数控机床和机器人、航空航天装备、先进轨道交通装备、节能和新能源汽车、电力装备、农业装备、新材料、生物医药及高性能医疗器械、食品、纺织、建筑材料、家用电器，新增了新型显示设备、光伏发电装备、储能装备、工程机械、仪器仪表，以及环保、低碳及资源综合利用技术与装备6个优先发展方向。本书在工程科技战略咨询智能支持系统（intelligent support system，iSS）的支持下，绘制了技术体系与产业图谱，进一步提高了各领域路线图绘制的科学性、前瞻性和战略性。

这次编制（修订）提出的主要结论如下：到 2025 年，信息通信设备、先进轨道交通装备、发电装备、输配电装备、光伏发电装备、新能源汽车、纺织、家用电器 8 个优先发展方向将整体步入世界领先行列，成为技术创新的引导者；到 2030 年，航天装备、飞机、高档数控机床与基础制造装备、机器人、工程机械、生物医药等大部分优先发展方向将整体步入世界先进行列；基础软件及工业软件、高性能医疗器械、农业装备、食品、仪器仪表等优先发展方向与世界强国相比，仍有一定的差距。

本次编制工作共有 72 位院士、上千位专家及相关企业高层管理人员参与，共计召开了百余次会议，广泛征集了来自政府、企业、高校、科研机构、专业学会和行业协会的意见。感谢参与编制工作的全体同志的努力和贡献！感谢相关部门及产业界、学术界同仁们给予的鼎力支持！

期望"技术路线图（2023）"的发布，能为政府部门、产业界、学术界等有关方面提供与时俱进的参考和指引，为推进新型工业化，建设制造强国发挥积极的作用。

国家制造强国建设战略咨询委员会

周济

2023 年 12 月

目 录
Contents

1　新一代信息技术产业 /001

信息通信设备 /002

信息通信设备产业重点发展的产品是无线移动通信设备、新一代网络设备、卫星通信设备等。

基础软件及工业软件 /014

基础软件及工业软件产业重点发展的产品是操作系统、数据库、三维 CAD 软件、CAE 软件、工业过程优化控制软件、嵌入式控制软件、工业互联网平台。

新型显示设备 /027

新型显示设备产业重点发展的产品是 TFT-LCD 显示器件、AMOLED 显示器件、Mini/Micro LED 显示器件、硅基 OLED 显示器件。

2　高档数控机床和机器人 /035

高档数控机床与基础制造装备 /036

高档数控机床与基础制造装备产业重点发展的产品是电子信息产品高速精密加工装备、航空航天装备制造与装配装备、船舶及海洋工程关键制造装备、轨道交通装备关键零部件成套加工装备、节能与新能源汽车制造装备、大容量电力装备及新能源制造装备、高档数控机床制造母机。

机器人 /059

机器人产业重点发展的产品是工业机器人、服务机器人和特种机器人,如应用于焊接、搬运、喷涂、加工、装配、洁净生产等领域的工业机器人;应用于家庭服务、教育娱乐、助老助残、医疗康复、公共服务、仿生拟人等方面的服务机器人,以及农业机器人、建筑机器人、矿业机器人、安防机器人、极端环境作业机器人等特种机器人。

3　航空航天装备 /069

飞机/070

飞机领域重点发展的产品是干线飞机、支线飞机、直升机、新能源飞机、无人机、其他飞机。

航空机载设备与系统/080

航空机载设备与系统领域重点发展的产品是机电系统、航电系统、飞控系统。

航天装备/089

航天设备领域重点发展的产品/系统/工程是航天运输系统、国家空间基础设施、空间科学探索工程、载人航天与深空探测工程、空间环境治理系统、航天发射场与测控系统。

4　先进轨道交通装备 /106

先进轨道交通装备领域重点发展的产品是新一代高效轻量化高速动车组、川藏铁路列车、智慧城轨列车、时速600km以上高速磁浮运输工程化系统、重载列车、新一代市域及城际列车、列车运行控制系统、区域轨道交通协同运输与服务成套系统及核心装备。

5　节能和新能源汽车 /118

节能汽车/119

节能汽车产业重点发展的产品是节能内燃动力乘用车、混合动力乘用车、节能柴油商用车、混合动力商用车、替代燃料汽车。

新能源汽车/132

新能源汽车产业重点发展的产品是插电式混合动力汽车、纯电动汽车、燃料电池汽车。

智能网联汽车/152

智能网联汽车产业重点发展的产品是高级别智能网联乘用车、智能网联货运车辆、智能网联客运车辆、功能型无人车。

6　电力装备 /167

发电装备 /168

发电装备产业重点发展的产品是清洁高效煤电成套装备、燃气轮机发电装备、先进核电成套装备、大型先进水电成套装备、可再生能源发电装备、新型动力循环发电装备、氢能发电装备。

输配电装备 /187

输配电装备产业重点发展的产品是特高压输变电成套装备、智能输配电成套装备、新型配用电装备、海洋工程供电装备、氢能装备、储能装备。

光伏发电装备 /212

光伏发电装备产业重点发展的产品是多晶硅、单晶硅棒/硅片、电池片、光伏组件、逆变器。

储能装备 /225

储能装备产业重点发展的产品是机械储能、电化学储能、电磁储能、氢储能、储热蓄冷等储能装备。

7　农业装备 /252

农业装备产业重点发展的产品是新型农业动力装备、高速耕整与栽植装备、精量施肥与播种装备、高效田间管理作业装备、智能收获装备、种业装备、畜禽与水产养殖装备、农产品运贮与加工装备。

8　新材料 /269

先进基础材料 /270

先进基础材料产业重点发展的产品是先进钢铁材料、先进有色金属材料、先进石化材料、先进建筑材料、先进轻工材料、先进纺织材料。

关键战略材料 /287

关键战略材料产业重点发展的产品是高温合金、高性能耐热耐蚀合金、高强高韧高耐蚀轻合金、高性能纤维及其复合材料、新型能源材料、先进半导体材料和芯片制造及封装材料、稀土功能材料、电子陶瓷、人工晶体、高性能分离膜材料、新型显示材料、新一代生物医用材料、生物基材料。

前沿新材料 /311

前沿新材料产业重点发展的产品是超材料、增材制造材料、超导材料、智能仿生材料、石墨烯材料。

9　生物医药及高性能医疗器械 /327

生物医药 /328

生物医药产业重点发展的产品是创新生物技术药物、新型化学药物、中医优势病种创新中药与植物药、组织工程和再生医学产品。

高性能医疗器械 /336

高性能医疗器械产业重点发展的产品是医学影像器械、手术与急救器械、体外诊断器械、先进治疗器械、康复与健康信息器械、医用植入/介入治疗器械。

10　食品 /358

食品产业重点发展的产品是现代厨房便捷中式传统食品、新形态果蔬制品、新型肉制品和水产食品、健康粮油制品、全谷物食品、功能性乳制品、发酵食品、精准营养食品、3D/4D 打印食品、植物基设计与重组食品、动物基设计与重组食品、"大食物观"食品、特殊环境食品、特定人群食品、特殊医学用途配方食品、应急救生/救灾食品。

11　纺织 /388

纺织产业是我国重要的民生产业和具有国际竞争优势的产业，也是科技应用和时尚发展需要的重要产业，与满足人民对美好生活的需要和全面建成小康社会紧密关联。我国纺织产业链的大部分环节已经达到国际先进水平，产业规模稳居世界第一。

纺织产业重点发展纺织产品、纺织工艺技术和纺织装备。

12　建筑材料 /412

建筑材料产业重点发展的产品是水泥及水泥基材料、玻璃及玻璃基材料、陶瓷及陶瓷基材料、纤维及其复合材料、非金属矿及矿物功能材料、人工晶体、墙体材料、绝热保温材料、耐火材料、防水材料、土工合成材料。

13 家用电器 /437

家用电器包括制冷电器、清洁电器、厨房电器及生活电器等。

家用电器产业重点发展的关键技术包括智能化关键技术、绿色化关键技术、健康化关键技术、元宇宙技术融合关键技术；家用电器产业重点发展的关键零部件/元器件包括采用环保制冷剂的高效变频压缩机、高效长寿命全铝微通道换热器、压缩机用超高速低噪声直流电机、高效小体积直流水泵、防燃爆功率电池、高温高湿度高海拔防燃爆功率电池、电机用高精度高效变频控制器、低成本高可靠性的微控制单元（MCU）芯片、高精度高分辨率的红外热成像阵列、照明用高功率发光二极管（LED）灯珠、智能服务机器人的专用芯片及软硬件模组、高集成度功率半导体器件及模块。

14 仪器仪表 /457

仪器仪表产业重点发展的产品是自动化仪表和控制系统（如变送器、流量计、物位仪表、控制阀、分散控制系统、可编程序控制器）、分析仪器（如高分辨率质谱仪、扫描探针显微镜、高灵敏度X射线荧光光谱仪）、电子测量仪器（如数字存储示波器、微波矢量网络分析仪、高速数据网络分析仪）、机械量测量仪器（如高精度三坐标测量机、激光跟踪测量仪、高精度光学三维形貌测量仪）。

15 工程机械 /473

工程机械产业重点发展的产品是智能化工程机械（如智能矿山机械、智能道路机械、智能地下工程装备、智能港口/物流机械、工程机械智能服务与运维系统）、新能源工程机械（如电动工程机械用电池系统、电动工程机械用电控系统、电动工程机械用电驱系统、电动工程机械换电系统、氢能工程机械动力系统）。

16　环保、低碳及资源综合利用技术与装备　/482

水污染防治装备 /484

水污染防治装备产业重点发展的产品是第三代高效厌氧生物反应器、耐污型污水水源热泵、二氧化碳电化学还原反应器、基于藻菌共生的减污捕碳反应器、负碳排型人工湿地、低氧生物控碳脱氮除磷装备、污水分质收集及分布式处理装备、高效低耗分盐浓缩装备、重金属回收及资源化装备、高盐高浓度有机废水电化学处理装备、污泥低耗碳化装置、污泥沼液营养盐回收装备、封闭式中压紫外线消毒反应器、蓝藻清除装备、超临界水氧化装备、高效臭氧反应装备、高效生物滤池。

大气污染防治装备 /498

大气污染防治装备产业重点发展的产品是工业源烟气多污染物超低排放系统、移动源尾气污染物近零排放系统、挥发性有机物深度净化系统、碳捕集利用与封存系统。

固体废物处理处置与土壤修复装备 /511

固体废物处理处置与土壤修复装备产业重点发展的产品是垃圾填埋场生态修复集成装备，固体废物固化稳定化一体化装备，含抗生素废物水热闪蒸解毒装置，高效有机固体废物好氧发酵智能装备，有机固体废物好氧发酵-产品商品化成套装备，有机固体废物干式厌氧发酵设备，固体废物自动化分类回收、处理加工成套装置，高值固体废物自动回收、处理、加工装置，新能源汽车退役动力电池自动化拆解装置，报废汽车全自动化成套柔性拆解系统，多种固体废物中有价金属清洁提取装置，高效清洁能源作为反应供给源的有价金属提取装置，原位热强化微生物耦合修复装备，高通量三段式异位热解吸装备，污染场地多相抽提与淋洗设备。

资源综合利用技术与装备 /521

资源综合利用技术与装备产业重点发展的产品是大通量酸解萃取一体化强化装备、微气泡强化多相杂质快速分离装备、大规模连续转晶反应器、废弃电子产品智能拆解装备、废弃线路板及电子封装材料连续可控热解装备、退役动力电池处置利用装备、退役风电叶片大型连续热解装备、退役光伏层压件大尺寸连续热解装备、战略金属高效深度提纯装备、强适应性高稳定性生物质可控热解多联产装备、基于催化与热质传递强化的生物质定向热解装备、原料特性匹配的差异化定向热解与产物分质调控装备。

国家制造强国建设战略咨询委员会　/542
编委会　/543
课题组名单　/544

1

新一代信息技术产业

信息通信设备

信息通信设备产业重点发展的产品是无线移动通信设备、新一代网络设备、卫星通信设备等。

基础软件及工业软件

基础软件及工业软件产业重点发展的产品是操作系统、数据库、三维 CAD 软件、CAE 软件、工业过程优化控制软件、嵌入式控制软件、工业互联网平台。

新型显示设备

新型显示设备产业重点发展的产品是 TFT-LCD 显示器件、AMOLED 显示器件、Mini/Micro LED 显示器件、硅基 OLED 显示器件。

信息通信设备

信息通信设备通常指移动通信设备和固定通信设备，包括无线接入网设备、核心网设备、卫星通信设备、光纤传输设备、固定宽带接入设备，以及 IP 路由与交换设备等。通信设备产业链包括电子元器件、研发设计制造检测设备、软件和服务，以及系统整机等环节。

需求

人类社会正在由信息化加速迈进智能化时代，信息通信网络作为数字经济发展的重要载体，与经济社会各行业高度融合，迈向高速泛在、天地一体、算网融合、智慧互联、绿色低碳、安全可控的发展新阶段。通信设备产业全面支撑信息通信网络发展，深度赋能社会各行业应用创新和转型升级，需求呈现快速增长态势。

▶无线移动通信

无线移动通信网络以移动通信网络为主，并不断与卫星通信网络等深度融合加速构建空天地一体化网络。以 5G 为代表的移动通信网络面向增强移动宽带、大连接物联网、超可靠低时延通信三大场景需求，赋能千行百业，加速向未来社会各个领域的渗透，构建涵盖人人、人物、物物的全方位信息生态系统。

全球移动通信系统协会（GSMA）数据显示，到 2022 年底，全球移动用户达到 54 亿户，渗透率为 68%。全球第五代通信技术(5G)连接用户已超 10 亿，预计到 2029 年将超过 4G，成为全球主导的移动通信技术。工业和信息化部数据显示，截至 2022 年底，我国累计建成并开通 5G 基站 231.2 万个，占全球比例超过 60%；移动电话用户规模为 16.83 亿户，5G 移动电话用户规模达 5.61 亿户，在移动电话用户中占比达 33.3%，是全球平均水平的 2.75 倍。

预计到 2030 年，全球移动用户数量将超过 100 亿，渗透率达到 120% 以上，移动互联网用户数量将超过 70 亿。预计到 2035 年，全球移动用户数、SIM 卡连接数、移动互联网及物联网用户数量还将不断提升，行业应用成为无线通信需求的最主要来源。

▶ 新一代网络

作为信息网络的核心传输管道,涵盖从接入、回传、汇聚至骨干网的各个部分,单光纤速率、网络节点光化、器件集成化是光通信技术演进的核心目标,将从新型网络架构及协议、新型高速率组播、全光网络、硅光集成、光电共封等多方面协同演进。

Persistence Market Research 发布数据显示,2022 年全球光通信和网络设备市场规模达到 220 亿美元。预计到 2030 年,全球光通信设备市场规模将达到 360 亿美元,IP 路由与交换设备市场规模将达到 220 亿美元。预计到 2035 年,全球光通信设备市场规模将达到 460 亿美元,IP 路由与交换设备市场规模将达到 260 亿美元。

▶ 卫星通信

美国卫星产业协会发布数据显示,2021 年包含卫星服务业、地面卫星设备业、卫星制造业、卫星发射业等在内的全球卫星产业总收入达到 2790 亿美元。全球在轨运行卫星中,通信卫星市场规模占比达到 65%,2021 年全球卫星通信行业市场规模约为 1816 亿美元,同比增长 24.28%,2017—2021 年,该市场规模复合增速达到 11.98%。

预计到 2030 年,全球关口站和用户终端制造市场规模将达 931 亿美元,通信卫星制造市场规模将达 148 亿美元。预计到 2035 年,全球关口站和用户终端制造市场规模将达 1393 亿美元,通信卫星制造市场规模将达 222 亿美元。

目标

▶ 2030 年目标

信息通信设备产业体系更加完善,创新能力和整体实力进一步增强,产业综合实力位列全球第一阵营。

❖ **无线移动通信**

系统设备、移动终端保持领先态势，具备完整的国内产业链，掌握产业关键环节核心技术，具备主导部分标准和产业环节的能力。

❖ **新一代网络**

本土国产光通信设备国际市场份额进一步提升；本土 IP 路由与交换设备产业进入国际第一阵营，国际市场占有率达 35%，本土网络设备可编程能力进入国际第一阵营，国产网络操作系统核心产业技术实现并跑到领跑；海洋光通信领域占据一定市场份额；光芯片代工能力进一步提升。

❖ **卫星通信**

实现天基网络与地面互联网、地面移动网的深度融合，形成全球无缝覆盖能力，构建天地融合网络并实现规模化应用，载荷、终端、关口站等产品技术能力达到世界先进水平。

▶ **2035 年目标**

通信设备技术和产业能力位居世界强国前列，全产业链优势持续增强。

❖ **无线移动通信**

系统设备、移动终端部分领域实现国际领先，产业链安全水平进一步提升，成为未来移动通信国际标准组织和产业的主导者之一。

❖ **新一代网络**

本土国产光通信设备国际市场份额超过 70%；本土 IP 路由与交换设备产业处于国际领先水平，国际市场占有率达 45%，本土网络设备可编程能力进入国际领先水平，国产网络操作系统核心产业技术进入国际第一阵营；海洋光通信技术进入全球第一梯队，全球市场占有率超过 30%；形成完备的光芯片代工能力。

❖ **卫星通信**

建成天地一体化通信网络，创新应用和商业模式，本土运营商进入国际第一阵营，达到世界先进水平。关键技术与产品持续创新，产业链安全可控。

发展重点

1. 重点产品

▶ **无线移动通信设备**

包括 5G 系统设备（5G 中低频及 5G 高频大规模商用）、5G 通用、专用和行业终端（商用）、6G 关键技术综合验证平台、6G 系统设备、6G 移动终端（试验、预商用、商用）等。

▶ **新一代网络设备**

包括高速大容量光传输设备(2Tb/s、4Tb/s)、高速光接入设备(50Gb/s、100Gb/s、200Gb/s)、光电混合硅光模块（2Tb/s）、全硅集成硅光模块（4Tb/s）、高速路由器（512Tb/s）、超高速路由器、交换机（1Pb/s）、量子通信设备、量子密钥分发机等。

▶ **卫星通信设备**

包括星载基站载荷，星上大容量可编程交换载荷，天基高性能在轨计算载荷，星地/星间激光、毫米波和太赫兹传输载荷，星地融合卫星通信终端和芯片等。

2. 关键共性技术

▶ **无线移动通信**

包括智能超表面技术、跨层优化技术、高频段毫米波、频谱感知与共享技术、空天地一体化多网互联融合、基站小微型化、传统无线通信技术增强（分布式超大规模天线阵列、超高速信道编码、增强双工技术）、无源物联技术、先进调制编码与波形、太赫兹技术、空口智能化技术、通感融合技术、超奈奎斯特传输技术等关键技术。

▶ **新一代网络**

包括高速高频谱效率长距离光传输技术（单端口：2Tb/s、单端口：4Tb/s）、大容量全光交换技术、光电共封技术、硅光子和异质集成芯片技术、WSS光交叉技术、光频梳技术、光电融合技术、硅基激光器技术、硅光电单片集成技术、宽谱放大技术、多芯光纤传输技术、量子通信技术、网络智能感知技术、网络智能管控技术、全生命周期智能运维技术、高速路由交换技术（512Tb/s、1Pb/s）、超大容量交换矩阵等关键技术。

▶ **卫星通信**

包括星地融合空口传输技术、星上数字波束成形技术、星地多维立体组网技术、星载基站载荷、天基高性能在轨计算和星载核心网技术、宇航级抗辐照高性能器件设计技术、星上大容量可编程交换技术

星地/星间高速/激光、毫米波和太赫兹传输技术/星地融合卫星通信终端和芯片设计技术等关键技术。

3. 关键零部件/元器件

▶ **无线移动通信**

高端数字芯片（FPGA、CPU、基带通信芯片、高端存储芯片、交换芯片、数模混合SoC芯片）、模拟/射频芯片（功率放大器、滤波器、AD/DA、集成收发信机）、通信专用芯片IP（CPU/DSP IP核）、6G关键芯片和器件、类脑计算芯片是支撑设备技术水平升级的关键零部件。

▶ 新一代网络

高速光器件（基于LCOS技术的WSS光开关和集成可调光器件产品）、硅基收发模块（2Tb、4Tb）、硅基激光器、探测器、相干DSP芯片、光传输网（OTN）Framer芯片、大容量IP交换芯片、网络AI芯片、光线路终端（OLT）芯片、量子通信用高性能单光子激光发射/探测器件是支撑设备技术水平升级的关键零部件。

▶ 卫星通信

星载抗辐照光电器件、星载抗辐照毫米波器件、星载抗辐照太赫兹器件、星载抗辐照高速数字芯片是支撑设备技术水平升级的关键零部件。

4. 关键材料

除信息通信设备制造中需要用到的常规材料外，还涉及以下关键材料：高速PCB制造所需的基础材料，光纤光缆制造所需的高纯氦气、芳纶，半导体制造所需的硅片、光刻胶等相关基础材料，以石墨烯、碳化钛等二维材料为代表的基础复合材料等。

5. 基础软件、关键制造装备及检测设备

信息通信设备相关芯片制造和设备制造所需的工业控制软件，包括各类光芯片、电芯片、硅光芯片设计所需的综合、仿真、版图、分析等EDA工具，光器件设计仿真软件等。通信设备研制所需的无线通信高端测试仪表、超高速任意波形发生器、超高速采样示波器、光网络OTN分析仪、以太网测试仪、相干光调制分析仪、量子通信测控仪器等。

战略支撑与保障

（1）发挥新型举国体制优势。按照国家总体战略部署要求，发挥新型举国体制优势，加快推动产业链供应链建设。整合"政、产、学、研、用"产业链各方资源，支持关键核心技术产品攻关。推动在移动通信、数据通信、光通信等领域制订高层次专项计划，加快通信设备产业与集成电路产业、高端仪器仪表产业、基础软件产业、基础材料产业等相关产业的深度协同和体系化发展。

（2）深度融入国内国际双循环市场格局。充分发挥市场在资源配置中的决定性作用，围绕市场调整优化产业结构，加快培育创新市场，推动产业集约化、集群化发展。注重国内大循环的构建，与国内产业链上下游企业加强对接，形成更为紧密的产业链供应链体系。积极融入全球市场，提高国际市场开拓能力，提升国内通信设备技术产业竞争力。

（3）促进国际开放。落实"一带一路"倡议，推动卫星通信服务产业国际化发展，促进"一带一路"空间信息走廊建设，打造信息通信丝绸之路。

技术路线图

信息通信设备产业发展技术路线图如图1-1所示。

1 新一代信息技术产业

项目		2025年	2030年———>2035年
需求	无线移动通信	全球移动用户数量超过100亿，渗透率达到120%以上，移动互联网用户数量超过70亿	全球移动用户数、SIM卡连接数、移动互联网及物联网用户数量不断提升，行业应用成为无线通信需求的最主要来源
	新一代网络	全球光通信设备市场规模达到360亿美元，IP路由与交换设备市场规模达到220亿美元	全球光通信设备市场规模达到460亿美元，IP路由与交换设备市场规模达到260亿美元
	卫星通信	全球关口站和用户终端制造市场规模达到931亿美元，通信卫星制造市场将达148亿美元	全球关口站和用户终端制造市场规模达到1393亿美元，通信卫星制造市场规模达到222亿美元
目标	无线移动通信	系统设备、移动终端保持领先态势，具备完整的国内产业链，掌握产业关键环节核心技术，具备主导部分标准和产业环节的能力	系统设备、移动终端部分领域实现国际领先，产业链安全水平进一步提升，成为未来移动通信国际标准组织和产业的主导者之一
	新一代网络	本土国产光通信设备国际市场份额进一步提升；本土IP路由与交换设备产业进入国际第一阵营，国际市场占有率达到35%，本土网络设备可编程能力进入国际第一阵营，国产网络操作系统核心产业技术实现并跑到领跑；海洋光通信领域占据一定市场份额；光芯片代工能力进一步提升	本土国产光通信设备国际市场份额超过70%；本土IP路由与交换设备产业处于国际领先水平，国际市场占有率达到45%，本土网络设备可编程能力进入国际领先水平，国产网络操作系统核心产业技术进入国际第一阵营；海洋光通信技术进入全球第一梯队，全球市场占有率超过30%；形成完备的光芯片代工能力
	卫星通信	实现天基网络与地面互联网、地面移动网的深度融合，形成全球无缝覆盖能力，构建天地融合网络并实现规模化应用，载荷、终端、关口站等产品技术能力达到世界先进水平	建成天地一体化通信网络，创新应用和商业模式，本土运营商进入国际第一阵营，达到世界先进水平。关键技术与产品持续创新，产业链安全可控
重点产品	无线移动通信设备	5G系统设备（5G中低频及5G高频大规模商用）	
		5G通用、专用和行业终端（商用）	
		6G关键技术综合验证平台	6G系统设备、6G移动终端（试验、预商用、商用）
	新一代网络设备	高速大容量光传输设备（2Tb/s）	高速大容量光传输设备（4Tb/s）
		高速光接入设备（50Gb/s、100Gb/s、200Gb/s）	
		量子通信设备、量子密钥分发机	
		光电混合硅光模块（2Tb/s）	全硅集成硅光模块（4Tb/s）
		高速路由器（512Tb/s）	超高速路由器、交换机（1Pb/s）

图1-1 信息通信设备产业发展技术路线图

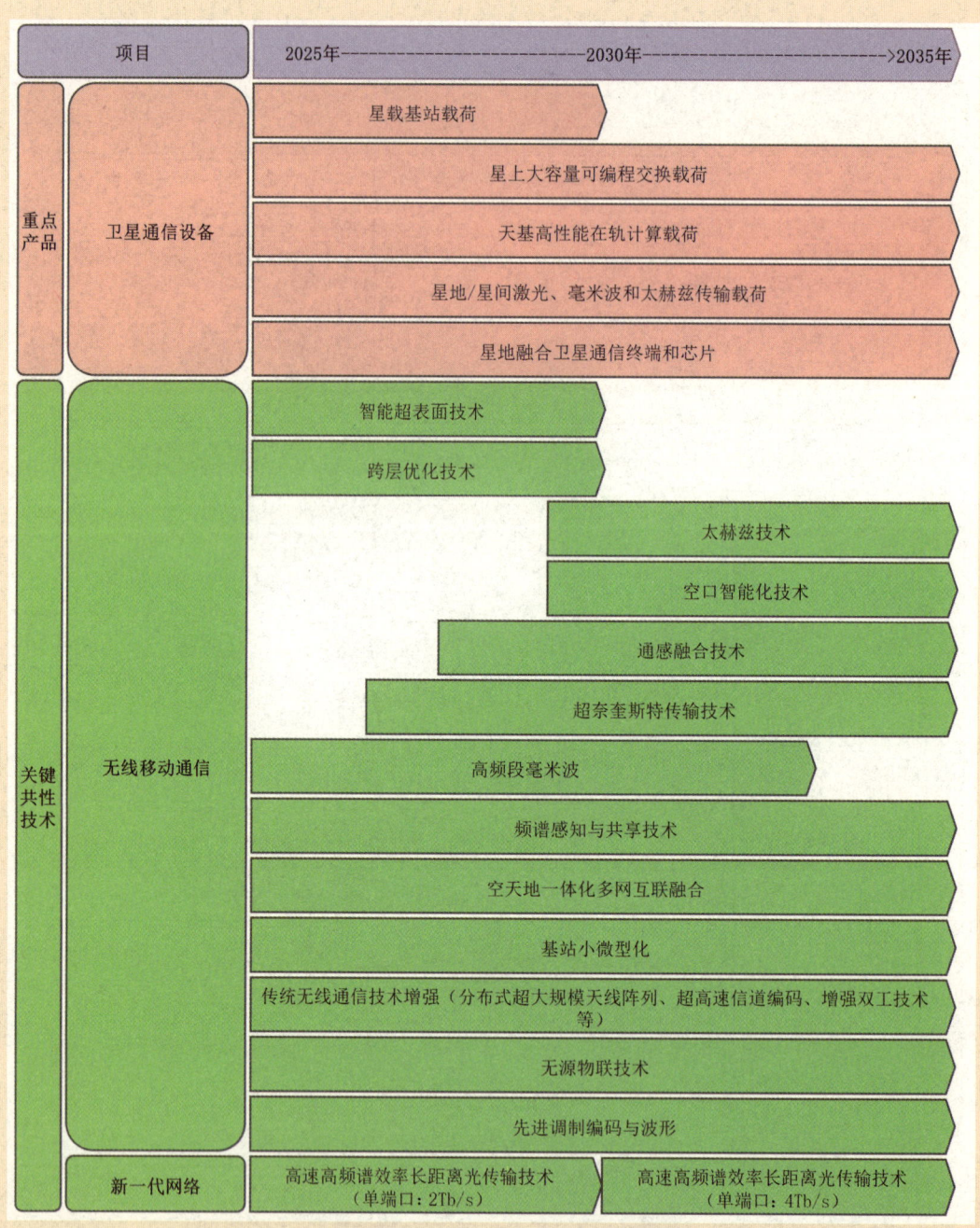

项目	2025年 —————— 2030年 —————— >2035年
重点产品 — 卫星通信设备	星载基站载荷
	星上大容量可编程交换载荷
	天基高性能在轨计算载荷
	星地/星间激光、毫米波和太赫兹传输载荷
	星地融合卫星通信终端和芯片
关键共性技术 — 无线移动通信	智能超表面技术
	跨层优化技术
	太赫兹技术
	空口智能化技术
	通感融合技术
	超奈奎斯特传输技术
	高频段毫米波
	频谱感知与共享技术
	空天地一体化多网互联融合
	基站小微型化
	传统无线通信技术增强(分布式超大规模天线阵列、超高速信道编码、增强双工技术等)
	无源物联技术
	先进调制编码与波形
新一代网络	高速高频谱效率长距离光传输技术（单端口：2Tb/s） | 高速高频谱效率长距离光传输技术（单端口：4Tb/s）

图 1-1 信息通信设备产业发展技术路线图（续）

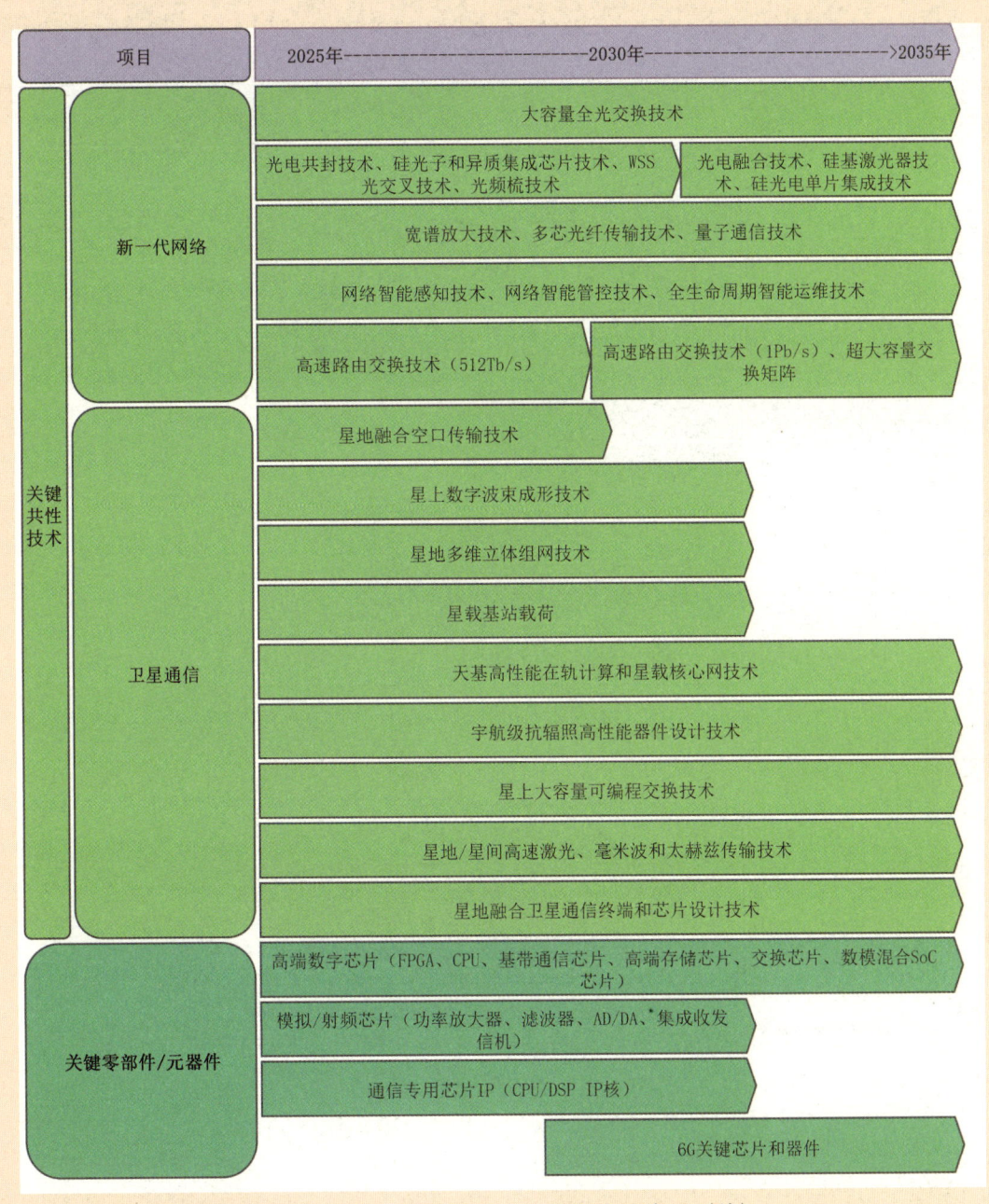

项目	2025年 — — — — — — — — — — — 2030年 — — — — — — — — — →2035年
关键共性技术 — 新一代网络	大容量全光交换技术
	光电共封技术、硅光子和异质集成芯片技术、WSS光交叉技术、光频梳技术 / 光电融合技术、硅基激光器技术、硅光电单片集成技术
	宽谱放大技术、多芯光纤传输技术、量子通信技术
	网络智能感知技术、网络智能管控技术、全生命周期智能运维技术
	高速路由交换技术（512Tb/s） / 高速路由交换技术（1Pb/s）、超大容量交换矩阵
关键共性技术 — 卫星通信	星地融合空口传输技术
	星上数字波束成形技术
	星地多维立体组网技术
	星载基站载荷
	天基高性能在轨计算和星载核心网技术
	宇航级抗辐照高性能器件设计技术
	星上大容量可编程交换技术
	星地/星间高速激光、毫米波和太赫兹传输技术
	星地融合卫星通信终端和芯片设计技术
关键零部件/元器件	高端数字芯片（FPGA、CPU、基带通信芯片、高端存储芯片、交换芯片、数模混合SoC芯片）
	模拟/射频芯片（功率放大器、滤波器、AD/DA、集成收发信机）
	通信专用芯片IP（CPU/DSP IP核）
	6G关键芯片和器件

图1-1 信息通信设备产业发展技术路线图（续）

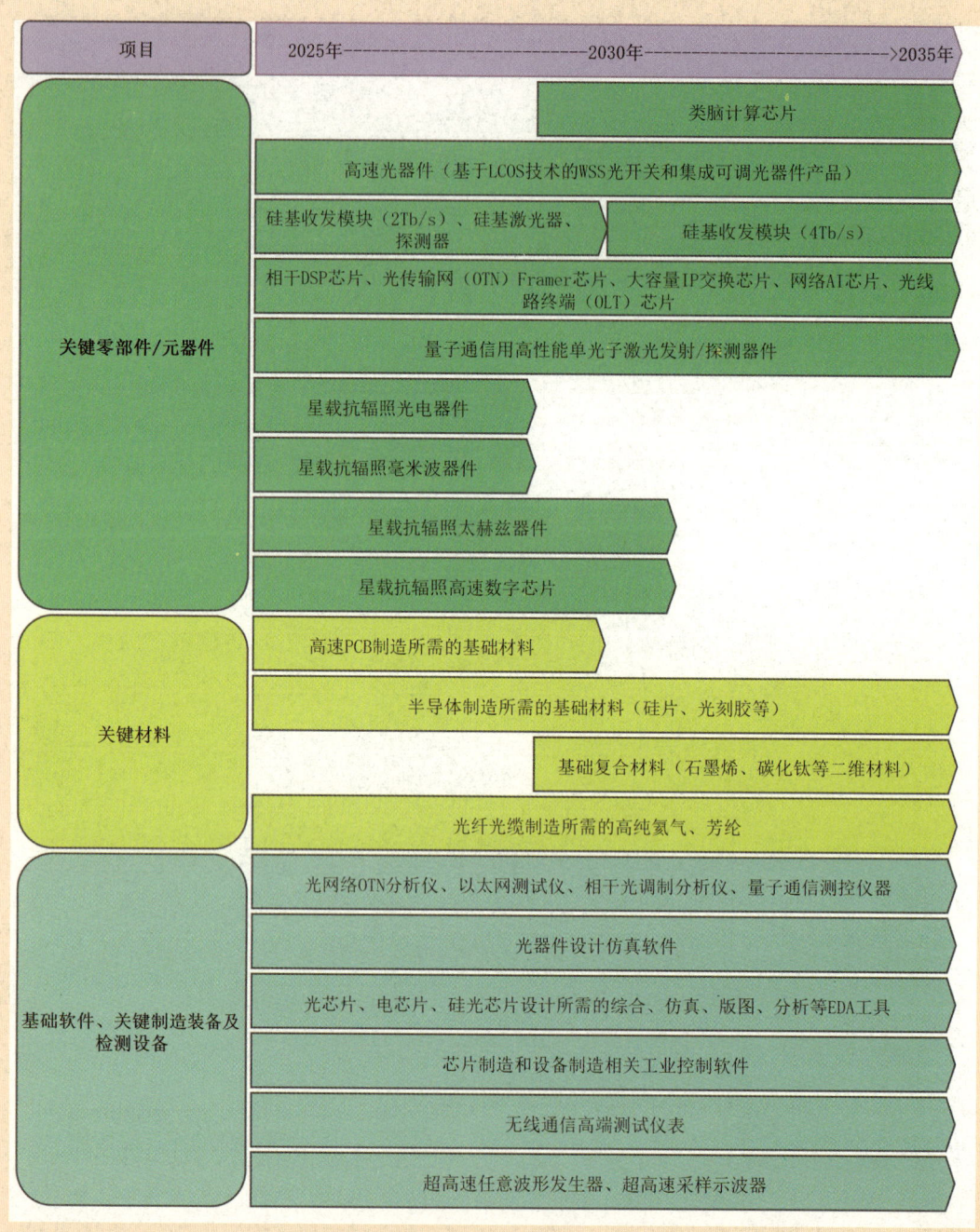

项目	2025年 ———————— 2030年 ———————— >2035年
关键零部件/元器件	类脑计算芯片 (2030—>2035) 高速光器件（基于LCOS技术的WSS光开关和集成可调光器件产品） 硅基收发模块（2Tb/s）、硅基激光器、探测器 硅基收发模块（4Tb/s） 相干DSP芯片、光传输网（OTN）Framer芯片、大容量IP交换芯片、网络AI芯片、光线路终端（OLT）芯片 量子通信用高性能单光子激光发射/探测器件 星载抗辐照光电器件 星载抗辐照毫米波器件 星载抗辐照太赫兹器件 星载抗辐照高速数字芯片
关键材料	高速PCB制造所需的基础材料 半导体制造所需的基础材料（硅片、光刻胶等） 基础复合材料（石墨烯、碳化钛等二维材料） 光纤光缆制造所需的高纯氦气、芳纶
基础软件、关键制造装备及检测设备	光网络OTN分析仪、以太网测试仪、相干光调制分析仪、量子通信测控仪器 光器件设计仿真软件 光芯片、电芯片、硅光芯片设计所需的综合、仿真、版图、分析等EDA工具 芯片制造和设备制造相关工业控制软件 无线通信高端测试仪表 超高速任意波形发生器、超高速采样示波器

图 1-1　信息通信设备产业发展技术路线图（续）

项目		2025年――――――――2030年――――――――>2035年
战略支撑与保障	发挥新型举国体制优势	按照国家总体战略部署要求，发挥新型举国体制优势，加快推动产业链供应链建设。整合"政、产、学、研、用"产业链各方资源，支持关键核心技术产品攻关。推动在移动通信、数据通信、光通信等领域制订高层次专项计划，加快通信设备产业与集成电路产业、高端仪器仪表产业、基础软件产业、基础材料产业等相关产业的深度协同和体系化发展
	深度融入国内国际双循环市场格局	充分发挥市场在资源配置中的决定性作用，围绕市场调整优化产业结构，加快培育创新市场，推动产业集约化、集群化发展。注重国内大循环的构建，与国内产业链上下游企业加强对接，形成更为紧密的产业链供应链体系。积极融入全球市场，提高国际市场开拓能力，提升国内通信设备技术产业竞争力
	促进国际开放	落实"一带一路"倡议，推动卫星通信服务产业国际化发展，促进"一带一路"空间信息走廊建设，打造信息通信丝绸之路

图 1-1 信息通信设备产业发展技术路线图（续）

基础软件及工业软件

基础软件及工业软件是制造业数字化、网络化、智能化的基石，是新一轮工业革命的核心要素。发展以操作系统、数据库、云计算软件为代表的基础软件，以计算机辅助设计CAD、计算机辅助工程CAE、工业过程优化控制软件、嵌入式控制软件、工业互联网平台等为代表的工业软件，全面满足先进轨道交通装备、电力装备、农业装备、高档数控机床与机器人、航空航天装备、海洋工程装备与高技术船舶等重点领域的应用需求，对我国工业领域高质量可持续发展具有重要意义。

需求 基础软件是所有软件的根基，是国家信息产业发展和信息化建设的重要基础和支撑，在整个数字基础设施产业中发挥着至关重要的作用，2021年我国操作系统、数据库和中间件的市场规模分别约为1010亿元、286.8亿元和88.7亿元。工业软件是新一轮工业革命的核心要素，它以软件形态承载着先进工业技术及知识，是确保国家信息安全和促进产业发展的基石和保障，2021年我国工业软件产品市场规模为2414亿元。基础软件和工业软件是实现我国工业高质量发展的前提和保证，是占领新一轮工业革命制高点的必备之器，在当前全球新科技革命兴起与产业发生深刻变革之时，在产业环境和竞争态势发生巨大变化的情况下，实现基础软件及工业软件自主安全可靠和跨越式发展的需求极为迫切。

目标 到2025年，基本形成安全可靠的基础软件及工业软件标准体系。部分操作系统关键技术实现突破，嵌入式操作系统部分满足工控领域需求。形成数款可对标国际先进的数据库和云计算软件产品。三维几何引擎、CAE求解器等工业软件关键核心技术实现一定突破，CAD、CAE等研发设计类工业软件，以及工业过程优化控制软件、嵌入式控制软件等生产控制类工业软件实现突破。形成3~5个达到国际先进水平的工业互联网平台。

到 2030 年，打造出具有良好市场化应用效果的工业操作系统及工业软件生态。全面突破操作系统微内核等关键核心技术，打造出技术水平较高和市场化能力较强的国产嵌入式操作系统。数据库和云计算软件产品达到国际先进水平。CAD、CAE 等研发设计类工业软件，以及工业过程优化控制软件等生产控制类工业软件、嵌入式控制软件在高端制造业基本可用，高端工业软件基本满足国内重点行业应用需求，形成良好的供需互促态势。工业互联网平台实现国际领先。

到 2035 年，基础软件及工业软件达到与国外领先产品比肩的水平。操作系统进入国际主流产品第一方阵，形成独立、健全、健康的良好生态。CAD、CAE 等研发设计类工业软件全面满足我国高端制造业需求，部分工业软件产品功能和性能对标或超越国际顶尖产品，自主产品基本占领国内市场，并开始占据一定的国际市场份额。

发展重点

1. 重点产品

▶操作系统

衔接"核高基"等重大专项形成的成果，面向工业、商业和个人应用，研制安全可信、交互友好、兼容性强的桌面/服务器操作系统、手机操作系统，并在此基础上进行软件的开发、迁移和适配，构建应用软件生态。研制高端制造业嵌入式操作系统及智能化边缘计算系统与应用，突破嵌入式操作系统的高可靠、确定性和智能化支撑等核心技术，并在先进轨道交通装备、电力装备、农业装备等关键领域推广应用。

▶数据库

瞄准国际前沿，突破分布式扩展、数据压缩、查询优化、分析处理等一系列关键技术，研制高安全、高可靠、高性能的 OLTP、OLAP、HTAP

和 NoSQL 等类型数据库产品，形成有国际影响力的开源社区和生态体系，打造完整的产业链和生态链，在党政、金融、电信、制造等重点领域实现产业化应用。

▶三维 CAD 软件

补齐国内三维 CAD 软件几何内核的关键技术短板，重点开展自由曲线曲面设计与求交理论与方法、产品造型理论与方法、新型三维 CAD 建模技术等关键技术研究，形成具有完全自主知识产权的三维 CAD 内核。解决国产化替代产品存在的重大技术瓶颈，面向船舶、航天、兵器等高端制造业的领域应用，形成能够支持领域专用的自主 CAD 软件产品，打造国际先进的商业化通用三维 CAD 产品。

▶CAE 软件

重点突破有限元求解算法与引擎核心关键技术，包括前处理器、求解器、后处理器、大规模计算和数据接口，填补国内技术空白，打造高性能求解器，实现千万自由度的大规模求解，满足非线性问题求解需求，支持多种图形格式交换。面向结构、流体、冲击动力学、电磁场仿真、声学、光学、多物理场耦合等多学科，形成具有完全自主知识产权的专用 CAE 软件产品，基本满足高端制造业的仿真分析需求。国产通用 CAE 软件实现大规模商业化应用，产品和技术能力达到国际水准。

▶工业过程优化控制软件

深度融合工艺机理、过程数据和专家操作经验，重点开展专家知识规则化抽取、异常工况自感知、基于迭代学习、强化学习、迁移学习等智能控制技术的研究，形成完全自主知识产权的先进过程控制技术和软件产品。面向工业通信协议复杂多样、实时优化需求多样多变、优化问题实时求解难度大等挑战，突破多源异构数据的接入和统一表达、可自定义的微服务构建与集合、业务增量自适应的业务聚合框架构建等关键技术,研发自主可控的工业装置实时优化平台。工业过程优化控制软件在石油化工、煤化工、钢铁、水泥等典型流程行业实现国产化替代,软件性能和应用效果达到国际领先水平,并在国际市场上与国外领先软件同台竞技。

▶ **嵌入式控制软件**

面向工业机器人、数控加工设备、分布式控制系统、可编程控制器、数字伺服驱动器、智能仪表和执行器等工业智能装备,重点突破嵌入式实时多任务操作系统、轻量级虚拟化软件、分布式控制计算引擎、内存数据库、确定性工业网络协议栈与嵌入式控制软件开发工具,支持异构多核处理器和 SoC(系统级芯片),提供多种低功耗和资源受限运行模式,实现过程控制、机电控制、运动控制、安全保护、工业视觉、故障诊断等工业控制相关算法,形成具有完全知识产权的嵌入式控制开发和运行时软件,产品和技术能力达到国际先进水平,实现工业智能装备控制软件的完全自主化。

▶ **工业互联网平台**

突破海量工业时序数据的泛在采集、高效存储和查询、一体化管理,基于开源社区和开源项目,打造国际领先的工业物联网时序数据库产品。突破多源异构数据采集与管理、工业机理分析与建模、组态式低代码开发、透明化数据服务构建、安全的跨平台协同等关键技术,打造平台功能丰富与海量用户使用的双向迭代、互促共进的工业互联网平台生态体系。推动开发者围绕特定行业、特定场景的应用需求,打造一大批能满足工业企业实际需求、创造实际价值的工业 App。

2. 关键技术

▶ **操作系统微内核技术**

研究高稳定性、高可扩展性、高可移植性的可信操作系统微内核架构,突破微内核系统调度技术、微内核虚拟存储管理技术、微内核操作系统异构资源管理技术、微内核计时技术，构建微内核代码形式化验证技术，开发基于微内核的操作系统。

▶云原生数据库关键技术

开展云原生形态下的数据库体系结构、存储、查询、计算技术研究，突破存算分离架构下磁盘I/O瓶颈与网络带宽瓶颈，克服高读写负载下共享磁盘架构与本地磁盘架构的读写性能差异。研究面向冷热数据和负载波动的数据压缩方法与集群弹性扩展机制、多租户数据隔离与数据加密技术，降低数据管理成本和数据上云风险。

▶三维CAD几何建模引擎技术

开展自由曲线曲面设计与求交理论与方法研究，攻克自由曲线曲面投影、偏置和过渡算法以及自由曲面上的自由曲线设计难点，突破三维CAD几何引擎稳定性差的瓶颈。攻克跨产品生命周期数字化支撑难题，三维CAD几何引擎支持产品全流程设计。研究大数据驱动的设计优化技术、人工智能辅助的几何模型错误预测与修复技术、基于虚拟（增强）现实的直接建模技术、基于模型的工艺性审查等新型三维CAD建模技术。

▶CAE求解器技术

开展CAE求解器基础理论与创新技术、CAE建模与数值仿真技术、多学科多尺度模型集成技术、互联网环境下模型众创分享协作技术、科学计算脚本语言与工程物理建模语言统一的集成开发技术等关键技术研究。突破面向大规模非线性分析与优化、多尺度与多场耦合问题数值求解关键技术，研发国产高性能CAE核心求解器。基于显式几何描述的拓扑优化基础理论与核心算法，研发结构拓扑优化软件系统。

▶工业实时控制与优化技术

突破模型在线辨识、多变量协同控制、基于知识的智能控制等关键技术，提高 APC 软件的稳定性、可靠性和算法多样性。实时优化平台软件支持多源异构数据的接入、统一表达、高效存储和应用，支持大规模非线性优化问题在线求解，实现实时优化和先进控制的一体化。

▶嵌入式安全控制技术

开展可形式化证明的安全软件技术、高覆盖率软件测试技术、嵌入式资源虚拟化技术、高速控制任务调度技术、轻量级细粒度加密技术、控制领域统一建模语言等关键技术研究，将工业装备作为边缘设备接入工业互联网，实现功能安全与信息安全的融合，满足高端工业装备和复杂大型生产设施对实时控制保护的要求。

▶工业物联网时序数据管理技术

研发高通量数据写入与端边云同步、高性能和高鲁棒数据查询、数据压缩等关键技术。突破千节点以上大规模时序数据库集群的调度优化和高可用保障能力，以及数据强一致性环境下的高并发实时集群处理等技术瓶颈。

▶组态式低代码开发技术

低代码支持统一语言的脚本扩展能力，并可实现对其他工业 PaaS 的集成。支持硬编码方式的模型扩展，开发配套的 SDK 辅助工具。具有模型规范和封装打包能力，可以在线装配，支持模型的依赖分析、冲突分析和完整性分析。实现时序数据、关系数据、非结构化数据、图数据等多种异构数据源和 API 服务调用与集成。

战略支撑与保障

（1）推动自主开源社区建设。促进各类主体大力拥抱开源，鼓励各类开发者积极参与国际和国内各类开源软件项目，成为贡献者甚至主导者。加强自主开源社区建设，提供良好的开发环境，共享开源技术、代码和开发工具。

（2）完善标准体系。完善基础软件及工业软件标准体系，加强基础软件及工业软件标准的制定/修订工作，鼓励有实力的单位牵头制定国际标准。建立基础软件及工业软件的国家评测与认证标准体系。

技术路线图

基础软件及工业软件产业发展技术路线图如图 1-2 所示。

1 新一代信息技术产业

项目		2025年	2030年	2035年
需求		2021年我国操作系统、数据库和中间件的市场规模分别约为1010亿元、286.8亿元和88.7亿元		
		2021年我国工业软件产品市场规模为2414亿元		
		基础软件和工业软件是实现我国工业高质量发展的前提和保证，是占领新一轮工业革命制高点的必备之器，实现基础软件及工业软件自主安全可靠和跨越式发展的需求极为迫切		
目标	基础软件及工业软件	基本形成安全可靠的基础软件及工业软件标准体系	打造出具有良好市场化应用效果的工业操作系统及软件生态	基础软件及工业软件达到与国外领先产品比肩的水平
		部分操作系统关键技术实现突破，嵌入式操作系统部分满足工控领域需求	全面突破操作系统微内核等关键核心技术，打造出技术水平较高和市场化能力较强的国产嵌入式操作系统	操作系统进入国际主流产品第一方阵，形成独立、健全、健康的良好生态
		形成数款可对标国际先进的数据库和云计算软件产品	数据库和云计算软件产品达到国际先进水平	
		三维几何引擎、CAE求解器等工业软件关键核心技术实现一定突破，CAD、CAE等研发设计类工业软件，以及工业过程优化控制软件、嵌入式控制软件等生产控制类工业软件实现突破	CAD、CAE等研发设计类工业软件，以及工业过程优化控制软件等生产控制类工业软件、嵌入式控制软件在高端制造业基本可用，高端工业软件基本满足国内重点行业应用需求，形成良好的供需互促态势	CAD、CAE等研发设计类工业软件全面满足我国高端制造业需求，部分工业软件产品功能和性能对标或超越国际顶尖产品，自主产品基本占领国内市场，并开始占据一定的国际市场份额
		形成3～5个达到国际先进水平的工业互联网平台	工业互联网平台实现国际领先	
重点产品	操作系统	衔接"核高基"等重大专项形成的成果，面向工业、商业和个人应用，研制安全可信、交互友好、兼容性强的桌面/服务器操作系统、手机操作系统	软件开发、迁移和适配，构建应用软件生态	
		研制高端制造业嵌入式操作系统及智能化边缘计算系统与应用，突破嵌入式操作系统的高可靠、确定性和智能化支撑等核心技术	在先进轨道交通装备、电力装备、农业装备等关键领域推广应用	

图1-2 基础软件及工业软件产业发展技术路线图

项目		2025年	2030年	2035年
重点产品	数据库	突破分布式扩展、数据压缩、查询优化、分析处理等一系列关键技术，研制高安全、高可靠、高性能的OLTP、OLAP、HTAP和NoSQL等类型数据库产品	形成有国际影响力的开源社区和生态体系，打造完整的产业链和生态链，在党政、金融、电信、制造等重点领域实现产业化应用	
	三维CAD软件	开展自由曲线曲面设计与求交理论与方法、产品造型理论与方法、新型三维CAD建模技术等关键技术研究，形成具有完全自主知识产权的三维CAD内核		
		面向工程机械、船舶、航天、兵器等高端制造业的领域应用，形成能够支持领域专用的自主CAD软件产品		打造国际先进的商业化通用三维CAD产品
	CAE软件	重点突破有限元求解算法与引擎核心关键技术，包括前处理器、求解器、后处理器、大规模计算和数据接口，填补国内技术空白，打造高性能求解器，实现千万自由度的大规模求解，满足非线性问题求解需求，支持多种图形格式交换	面向结构、流体、冲击动力学、电磁场仿真、声学、光学、多物理场耦合等多学科，形成具有完全自主知识产权的专用CAE软件产品，基本满足高端制造业的仿真分析需求	国产通用CAE软件实现大规模商业化应用，产品和技术能力达到国际水准
	工业过程优化控制软件	深度融合工艺机理、过程数据和专家操作经验，重点开展专家知识规则化抽取、异常工况自感知、基于迭代学习、强化学习、迁移学习等智能控制技术的研究，形成完全自主知识产权的先进过程控制技术和软件产品		
		面向工业通信协议复杂多样、实时优化需求多样多变、优化问题实时求解难度大等挑战，突破多源异构数据的接入和统一表达、可自定义的微服务构建与集合、业务增量自适应的业务聚合框架构建等关键技术，研发自主可控的工业装置实时优化平台		

图 1-2　基础软件及工业软件产业发展技术路线图（续）

项目		2025年	2030年	2035年
重点产品	工业过程优化控制软件	工业过程优化控制软件在石油化工、煤化工、钢铁、水泥等典型流程行业实现国产化替代	软件性能和应用效果达到国际领先水平，并在国际市场上与国外领先软件同台竞技	
	嵌入式控制软件	面向工业机器人、数控加工设备、分布式控制系统、可编程控制器、数字伺服驱动器、智能仪表和执行器等工业智能装备，重点突破嵌入式实时多任务操作系统、轻量级虚拟化软件、分布式控制计算引擎、内存数据库、确定性工业网络协议栈与嵌入式控制软件开发工具，支持异构多核处理器和SoC，提供多种低功耗和资源受限运行模式，实现过程控制、机电控制、运动控制、安全保护、工业视觉、故障诊断等工业控制相关算法	形成具有完全知识产权的嵌入式控制开发和运行时软件，产品和技术能力达到国际先进水平，实现工业智能装备控制软件的完全自主化	
	工业互联网平台	突破海量工业时序数据的泛在采集、高效存储和查询、一体化管理，基于开源社区和开源项目，打造国际领先的工业物联网时序数据库产品		
		打造平台功能丰富与海量用户使用的双向迭代、互促共进的工业互联网平台生态体系。推动开发者围绕特定行业、特定场景的应用需求，打造一大批能满足工业企业实际需求、创造实际价值的工业App		
关键技术	操作系统微内核技术	研究高稳定性、高可扩展性、高可移植性的可信操作系统微内核架构		
		突破微内核系统调度技术、微内核虚拟存储管理技术、微内核操作系统异构资源管理技术、微内核计时技术		

图 1-2　基础软件及工业软件产业发展技术路线图（续）

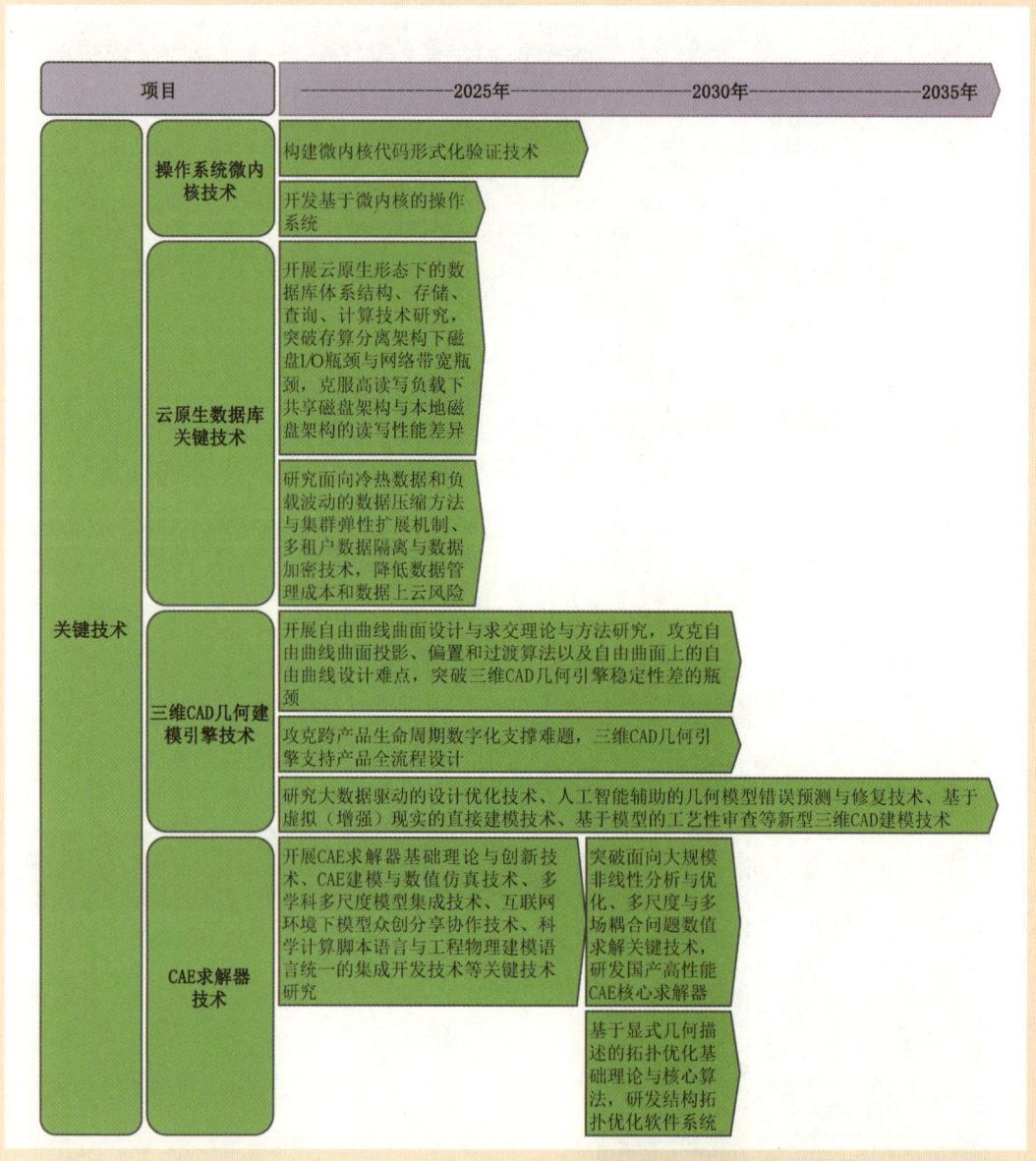

项目	2025年	2030年	2035年
关键技术	操作系统微内核技术	构建微内核代码形式化验证技术		
		开发基于微内核的操作系统		
	云原生数据库关键技术	开展云原生形态下的数据库体系结构、存储、查询、计算技术研究，突破存算分离架构下磁盘I/O瓶颈与网络带宽瓶颈，克服高读写负载下共享磁盘架构与本地磁盘架构的读写性能差异		
		研究面向冷热数据和负载波动的数据压缩方法与集群弹性扩展机制、多租户数据隔离与数据加密技术，降低数据管理成本和数据上云风险		
	三维CAD几何建模引擎技术	开展自由曲线曲面设计与求交理论与方法研究，攻克自由曲线曲面投影、偏置和过渡算法以及自由曲面上的自由曲线设计难点，突破三维CAD几何引擎稳定性差的瓶颈		
		攻克跨产品生命周期数字化支撑难题，三维CAD几何引擎支持产品全流程设计		
		研究大数据驱动的设计优化技术、人工智能辅助的几何模型错误预测与修复技术、基于虚拟（增强）现实的直接建模技术、基于模型的工艺性审查等新型三维CAD建模技术		
	CAE求解器技术	开展CAE求解器基础理论与创新技术、CAE建模与数值仿真技术、多学科多尺度模型集成技术、互联网环境下模型众创分享协作技术、科学计算脚本语言与工程物理建模语言统一的集成开发技术等关键技术研究	突破面向大规模非线性分析与优化、多尺度与多场耦合问题数值求解关键技术，研发国产高性能CAE核心求解器	
			基于显式几何描述的拓扑优化基础理论与核心算法，研发结构拓扑优化软件系统	

图1-2　基础软件及工业软件产业发展技术路线图（续）

项目	2025年 —————— 2030年 —————— 2035年		
关键技术	工业实时控制与优化技术	突破模型在线辨识、多变量协同控制、基于知识的智能控制等关键技术，提高APC软件的稳定性、可靠性和算法多样性	
		实时优化平台软件支持多源异构数据的接入、统一表达、高效存储和应用，支持大规模非线性优化问题在线求解，实现实时优化和先进控制的一体化	
	嵌入式安全控制技术	开展可形式化证明的安全软件技术、高覆盖率软件测试技术、嵌入式资源虚拟化技术、高速控制任务调度技术、轻量级细粒度加密技术、控制领域统一建模语言等关键技术研究	
		将工业装备作为边缘设备接入工业互联网，实现功能安全与信息安全的融合，满足高端工业装备和复杂大型生产设施对于实时控制保护的要求	
	工业物联网时序数据管理技术	研发高通量数据写入与端边云同步、高性能和高鲁棒数据查询、数据压缩等关键技术	
		突破千节点以上大规模时序数据库集群的调度优化和高可用保障能力，以及数据强一致性环境下的高并发实时集群处理等技术瓶颈	
	组态式低代码开发技术	低代码支持统一语言的脚本扩展能力，并可实现对其他工业PaaS的集成	
		支持硬编码方式的模型扩展，开发配套的SDK辅助工具	

图 1-2　基础软件及工业软件产业发展技术路线图（续）

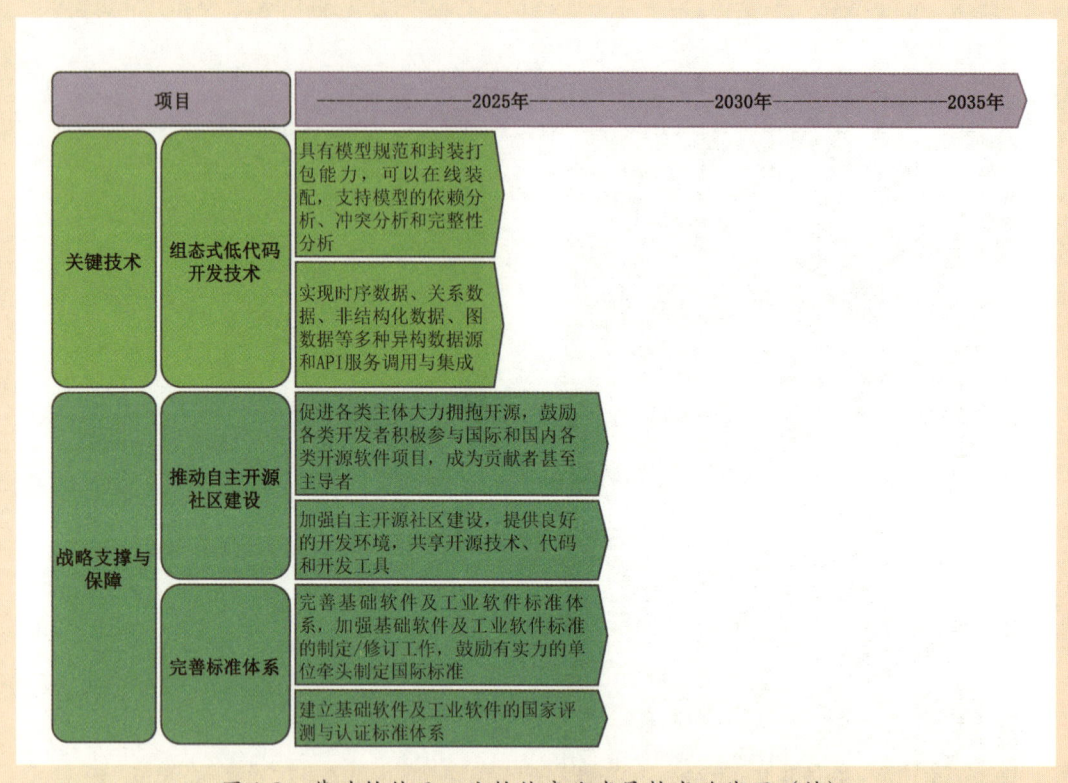

项目		2025年	2030年	2035年
关键技术	组态式低代码开发技术	具有模型规范和封装打包能力，可以在线装配，支持模型的依赖分析、冲突分析和完整性分析		
		实现时序数据、关系数据、非结构化数据、图数据等多种异构数据源和API服务调用与集成		
战略支撑与保障	推动自主开源社区建设	促进各类主体大力拥抱开源，鼓励各类开发者积极参与国际和国内各类开源软件项目，成为贡献者甚至主导者		
		加强自主开源社区建设，提供良好的开发环境，共享开源技术、代码和开发工具		
	完善标准体系	完善基础软件及工业软件标准体系，加强基础软件及工业软件标准的制定/修订工作，鼓励有实力的单位牵头制定国际标准		
		建立基础软件及工业软件的国家评测与认证标准体系		

图1-2　基础软件及工业软件产业发展技术路线图（续）

新型显示设备

新型显示设备产业是战略性新兴产业的基础产业和关键领域,并已成为信息消费升级、壮大数字经济、发展电子信息行业的重要环节。随着数字经济的蓬勃发展,新型终端不断涌现、新兴需求持续提高,显示器件作为信息产品的核心组成,对信息产业的智能化、高端化、融合化发挥了关键作用。

需求 全球新型显示设备市场规模在 2016—2021 年为 2268 亿～2473 亿美元,年均复合增长率为 1.7%;2022—2035 年,预计该规模为 2330 亿～2976 亿美元,年均复合增长率为 1.9%。我国新型显示设备市场规模在 2016—2021 年为 626 亿～847 亿美元,年均复合增长率为 6.2%;2022—2035 年,预计该规模为 806 亿～1342 亿美元,年均复合增长率约为 4%。

我国新型显示设备在 2021 年占全球市场份额的 34%,为全球增速最快的新型显示设备市场,到 2030 年将占全球市场份额的 50%以上。预计 2035 年,我国新型显示设备将占全球市场份额的 60%。

我国新型显示设备的本地产值在 2021 年为 912 亿美元,在 2022 年本地产值为 866 亿美元。到 2030 年,预计该产值达到 1360 亿美元,到 2035 年,预计该产值达到 1560 亿美元。从上述数据可以看出,我国已经成为全球最大的显示制造基地。满足国内市场需求,提升新型显示设备高端产品供给,同时满足国家产业链安全需求、占领高端产品市场,将是对我国新型显示设备产业发展的要求和动力。

目标 面向国家战略和高质量发展两个需求,着力发展新型显示面板生产能力,加速发展显示设备产业上游关键装备和材料,提升显示面板创新和引领能力,前瞻性布局新兴显示技术。

到 2025 年,我国新型显示设备产业规模达到 964.8 亿美元,全球占比为 40%,销售收入年均增速保持在 4%以上。TFT-LCD 显示器件继续保持全球领先,材料和设备零部件的本地化种类全覆盖,本地化金额配套率大幅提升。实现自主关键核心技术和产业链供应链中高水平自主可控。AMOLED

显示器件达到国际领先水平，材料和设备零部件的本地化种类大部覆盖，本地化金额配套率大幅度提升。实现自主关键核心技术和产业链供应链中低水平自主可控。2~3家龙头企业进入全球前五名。

到 2030 年，我国新型显示设备产业规模达到 1471.5 亿美元，全球占比为 50%，年均复合增长率为 8.81%。新型显示设备产业链主要环节达到国际先进水平，显示器件生产能力达到国际领先水平；掌握基础关键技术，在大多数新型显示产业环节建立竞争优势，材料和设备零部件的本地化金额配套率在 2025 年基础上进一步提升。实现关键核心技术和产业链供应链的高水平自主可控，与全球产业体系互利共赢的产业格局基本建成。

到 2035 年，我国新型显示设备产业规模达到 2118.6 亿美元，全球占比为 60%，年均复合增长率为 7.56%。新型显示产业生产能力达到国际领先水平；产品开发、技术创新和新兴应用等环节均处于引领地位，产业链供应链自主可控，与全球产业体系互利共赢的产业格局进一步完善。

发展重点

1. 重点产品

▶TFT-LCD 显示器件
　　分辨率>1500 像素/in；分辨率>2000 像素/in。

▶AMOLED 显示器件
　　蒸镀；打印。

▶Mini/Micro LED 显示器件
　　像素间距（pitch）<0.8mm/0.1mm；像素间距<0.1mm/0.02mm。

▶硅基 OLED 显示器件
　　超高分辨 WRGB；超高分辨 RGB。

2. 关键技术/关键共性技术

▶产品设计技术
　　中大尺寸折叠屏、超高清；中大尺寸卷曲、拉伸。

▶背板设计技术
　　低功耗、高迁移率；超低功耗、超高迁移率。

▶驱动 IC 设计技术
　　集成化、低功耗；高密度、小尺寸。

▶成膜工艺技术
　　高均匀度；超高均匀度。

▶曝光与显影工艺技术
　　高分辨率；超高分辨率。

▶刻蚀工艺技术
　　高分辨率；超高分辨率。

▶清洗/移载技术
　　高效、超稳、节能、环保。

▶玻璃基板制造技术
　　8.5 代玻璃基板制造技术；AMOLED 用载板制造技术；LTPS 用玻璃基板制造技术。

▶光掩模版制造技术
　　高分辨率；超高分辨率。

▶靶材制造技术
　　高密度、高纯度、大尺寸靶材；超高密度、超高纯度、超大尺寸靶材。

▶光刻胶制造技术
　　树脂、引发剂、色浆；光刻胶全品种。

▶显示驱动芯片（IC）制造技术

　　95nm 芯片；55nm 芯片；28nm 芯片。

▶光学检测技术

　　高精密度；超高精密度。

▶修复技术

　　高修复率；超高修复率。

3. 关键元器件/材料

▶TFT-LCD 用液晶

　　本地化比例约为 70%；本地化比例约为 80%。

▶有机发光材料

　　高效率、高耐水氧性有机发光材料本地化；成体系有机发光材料本地化；具备自主知识产权的成体系有机发光材料本地化。

▶驱动 IC

　　TFT-LCD 驱动 IC 实现全本地化；AMOLED 驱动 IC 实现本地化。

▶曝光掩模版

　　曝光掩模版本地化；曝光掩模版上游关键材料本地化。

▶蒸镀掩模版

　　22μm 蒸镀掩模版/材料本地化；20μm 蒸镀掩模版/材料本地化；18μm 蒸镀掩模版/材料本地化。

4. 关键制造装备及检测设备

▶Array 设备

　　金额本地化率达到 10%；金额本地化率达到 30%；金额本地化率达到 50%。

▶ 成盒设备

　　金额本地化率达到 30%；金额本地化率达到 50%；金额本地化率达到 70%。

▶ 模组设备

　　金额本地化率达到 50%；金额本地化率达到 60%；金额本地化率达到 70%。

▶ 蒸镀设备

　　金额本地化率达到 5%；金额本地化率达到 15%；金额本地化率达到 30%。

▶ 检测设备

　　金额本地化率达到 40%；金额本地化率达到 60%；金额本地化率达到 80%。

战略支撑与保障

（1）加强顶层设计，推动新型显示设备产业做大做强，统筹推进产业协调整合发展。

（2）发挥财政资金和税收优惠政策的引领作用，引导地方资金和社会资金参与产业建设。

（3）加大投入，布局核心技术和前沿产品研发和应用，关注共性技术，提升产业创新能力和引领能力。

（4）优化新型显示设备产业链、供应链和价值链，加强对重大装备、关键材料等产业链关键环节的建设，形成较为完善的生态系统。

（5）加强国际合作，加快知识产权建设，提升国内企业在国际标准、专利储备等方面的实力。

技术路线图

新型显示设备产业发展技术路线图如图 1-3 所示。

项目	2022年		>2035年
需求			
全球市场	全球新型显示设备市场规模达到2330亿~2976亿美元，年均复合增长率为1.9%		
我国市场	我国新型显示设备市场规模达到806亿~1342亿美元，年均复合增长率约为4%，占全球市场份额的60%		
本地产值	本地产值为1360亿美元		本地产值为1560亿美元
行业发展需求	满足国内市场需求，提升新型显示高端产品供给		
国家产业链安全需求	满足国家产业链安全需求、占领高端市场		
目标			
产业规模	产业规模达到964.8亿美元，全球占比为40%，销售收入年均增速保持在4%以上	产业规模达到1471.5亿美元，全球占比50%，年均复合增长率为8.81%	产业规模达到2118.6亿美元，全球占比为60%，年均复合增长率为7.56%
创新能力	TFT-LCD继续保持全球领先，实现自主关键核心技术和产业链供应链中高水平自主可控。AMOLED达到国际领先水平，实现自主关键核心技术和产业链供应链中低水平自主可控	显示器件生产能力达到国际领先水平；掌握基础关键技术，在大多数新型显示产业环节建立竞争优势	我国新型显示产业生产能力达到国际领先水平；产品开发、技术创新和新兴应用等环节均处于引领地位
龙头企业	2~3家龙头企业进入全球前五名	与全球产业体系互利共赢的产业格局基本建成	与全球产业体系互利共赢的产业格局进一步完善
重点产品/工程			
TFT-LCD显示器件	分辨率>1500像素/in	分辨率>2000像素/in	
AMOLED显示器件	蒸镀	打印	
Mini/Micro LED显示器件	像素间距<0.8mm/0.1mm	像素间距<0.1mm/0.02mm	
硅基OLED显示器件	超高分辨WRGB	超高分辨RGB	
关键元器件/材料			
TFT-LCD用液晶	本地化比例约为70%	本地化比例约为80%	
有机发光材料	高效率、高耐水氧性有机发光材料本地化	成体系有机发光材料本地化	具备自主知识产权的成体系有机发光材料本地化
显示驱动IC	TFT-LCD驱动IC实现全本地化	AMOLED驱动IC实现本地化	
曝光掩模版	曝光掩模版本地化	曝光掩模版上游关键原材料本地化	

图 1-3　新型显示设备产业发展技术路线图

项目	2022年	—	→2035年
关键元器件/材料	蒸镀掩模版	22μm蒸镀掩模版/材料本地化	20μm蒸镀掩模版/材料本地化	18μm蒸镀掩模版/材料本地化
关键制造装备及检测设备	Array设备	金额本地化率达到10%	金额本地化率达到30%	金额本地化率达到50%
	成盒设备	金额本地化率达到30%	金额本地化率达到50%	金额本地化率达到70%
	模组设备	金额本地化率达到50%	金额本地化率达到60%	金额本地化率达到70%
	蒸镀设备	金额本地化率达到5%	金额本地化率达到15%	金额本地化率达到30%
	检测设备	金额本地化率达到40%	金额本地化率达到60%	金额本地化率达到80%
关键技术/关键共性技术	产品设计技术	中大尺寸折叠屏幕、超高清	中大尺寸卷曲、拉伸	
	背板设计技术	低功耗、高迁移率	超低功耗、超高迁移率	
	驱动IC设计技术	集成化、低功耗	高密度、小尺寸	
	成膜工艺技术	高均匀度	超高均匀度	
	曝光与显影工艺技术	高分辨率	超高分辨率	
	刻蚀工艺技术	高分辨率	超高分辨率	
	清洗/移载技术	高效、超稳、节能、环保		
	玻璃基板制造技术	8.5代玻璃基板制造技术	AMOLED用载板制造技术、LTPS用玻璃基板制造技术	
	光掩膜版制造技术	高分辨	超高分辨	
	靶材制造技术	高密度、高纯度、大尺寸靶材	超高密度、超高纯度、超大尺寸靶材	
	光刻胶制造技术	树脂、引发剂、色浆	光刻胶全品种	
	显示驱动IC制造技术	95nm芯片	55nm芯片	28nm芯片
	光学检测技术	高精密度	超高精密度	
	修复技术	高修复率	超高修复率	

图1-3 新型显示设备产业发展技术路线图（续）

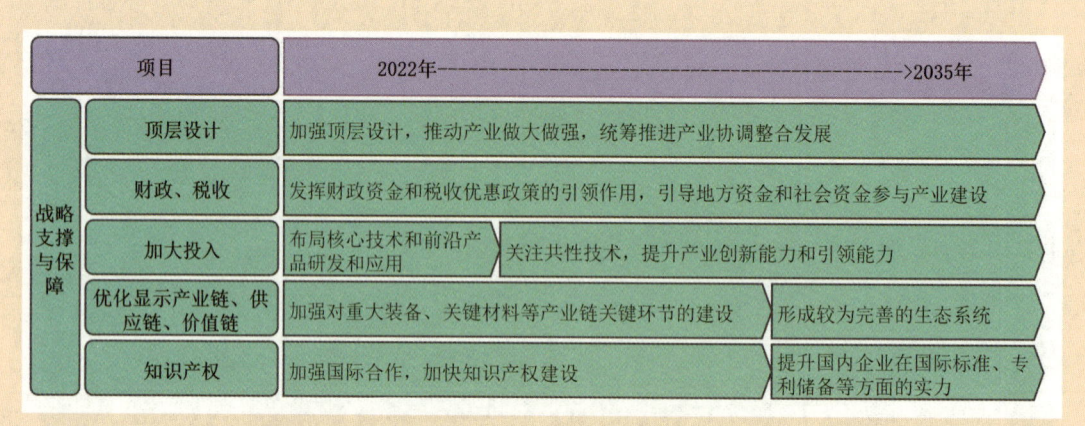

项目	2022年 ————————————————————>2035年		
战略支撑与保障	顶层设计	加强顶层设计，推动产业做大做强，统筹推进产业协调整合发展	
	财政、税收	发挥财政资金和税收优惠政策的引领作用，引导地方资金和社会资金参与产业建设	
	加大投入	布局核心技术和前沿产品研发和应用	关注共性技术，提升产业创新能力和引领能力
	优化显示产业链、供应链、价值链	加强对重大装备、关键材料等产业链关键环节的建设	形成较为完善的生态系统
	知识产权	加强国际合作，加快知识产权建设	提升国内企业在国际标准、专利储备等方面的实力

图1-3 新型显示设备产业发展技术路线图（续）

高档数控机床和机器人

高档数控机床与基础制造装备

　　高档数控机床与基础制造装备产业重点发展的产品是电子信息产品高速精密加工装备、航空航天装备制造与装配装备、船舶及海洋工程关键制造装备、轨道交通装备关键零部件成套加工装备、节能与新能源汽车制造装备、大容量电力装备及新能源制造装备、高档数控机床制造母机。

机器人

　　机器人产业重点发展的产品是工业机器人、服务机器人和特种机器人，如应用于焊接、搬运、喷涂、加工、装配、洁净生产等领域的工业机器人；应用于家庭服务、教育娱乐、助老助残、医疗康复、公共服务、仿生拟人等方面的服务机器人，以及农业机器人、建筑机器人、矿业机器人、安防机器人、极端环境作业机器人等特种机器人。

高档数控机床与基础制造装备

高档数控机床与基础制造装备（简称"高档机床装备"）主要包括高档数控机床（金属切削机床）、基础制造装备（铸造、塑性成型、焊接、热表处理、复合材料成型等装备）、增材制造装备三大类。高端机床装备是"制造机器的机器"，是一国工业制造能力的综合体现。

需求　我国作为世界第一大的数控机床与基础制造装备生产国和消费国，在2019—2022年产业发展呈明显回稳向好的趋势。2021年营业收入同比增幅达到17.6%，整体利润增长超过20%。2022年营业收入达到4375亿元，同比增长0.38%，利润增幅高达29.2%，保持整体增长趋势。

当前，伴随俄乌冲突、新一轮科技革命等影响交织叠加，世界政治经济与产业格局发生着前所未有的变化。电子信息设备、节能与新能源汽车、农业装备、轨道交通装备、高附加值船舶等制造业对量大面广、高效、高可靠性高端机床及基础制造装备不断提出新的需求。军机跨代发展、无人机迅速迭代、大型宽体客机快速发展、大推力航空发动机、重型运载火箭、重大武器装备、载人登月及深空探测工程、超大型舰船等国家重大科技专项和重点工程建设中的产业链安全性问题日益凸显。同时随着新材料新技术的不断进步，战略性新兴产业培育壮大、产业基础高级化及产业链安全自主可控也逐步成为我国产业发展的重点任务。因此在新发展背景下，我国高档数控机床与基础制造装备向超快、超高、超常和极限尺寸、极限环境、极高精度的"三超、三极限"，智能化、绿色化、轻量化，以及制造工艺与装备复合、结构功能设计与制造一体化复合、多工艺工序复合的"三化、三复合"方向发展已成为必然需求。

目标　到2025年，高档数控机床与基础制造装备平均无故障时间超过2200小时，加工中心批量生产的产品定位精度达到5μm，空间精度达到30μm。成型装备实现全面突破，极限成型能力提升50%以上。大型复杂结构高效增材制造技术取得突破，增材制造材料强度超过1200MPa。数控系统、丝杠导轨、主轴等功能部件在典型应用场景中配套率提升至80%以上。高档数控机床与基础制造装备整体水平进入全球第二梯队前列。高档数控系统和机床整机国际先进水平差距明显减小，基础制造装备整体接近国际先进水平，其中高精度卧式加工中心、五轴重切龙门镗铣加工中心、复合磨床等可实现国产化替代；增材制造装备、超大构件整体成型装备迈入世界先进行列，系统形成关键应用领域替代进口的自主保障支撑能力。

到2030年，高档数控机床与基础制造装备平均无故障时间超过2500小时，加工中心批量生产的产品定位精度达到3μm，空间精度达到20μm。高端成型装备实现高纯净真空化、高性能极限化、高效率整体化，数字化智能化水平显著提升。突破功能结构一体化和多材料复合增材制造装备，增材制造材料强度超过1400MPa。基本解决关键高档数控系统与核心功能部件自主研发问题，数控系统、丝杠导轨、主轴等功能部件在典型应用场景中的配套率提升至100%。建成较为完善的产业技术创新体系和标准体系。高档数控机床与基础制造装备整体技术水平接近全球第一梯队；国防和国民经济重点领域所需的关键主机全面通过工程化验证，建立若干重点用户集成制造示范线。

到2035年，高档数控机床与基础制造装备整体水平进入全球第一梯队。建成完善的产业技术创新体系和共性技术供给网络。高档数控机床制造水平达到世界先进水平，高纯净真空化、数字智能化、复合柔性化等基础制造装备达到世界领先水平。突破纳米、生物、电子等跨尺度功能结构增材制造技术及装备。产业完全具备正向设计能力，形成一批原创技术和前瞻性装备产品。

发展重点

1. 重点产品

▶电子信息产品高速精密加工装备

重点开发进给分辨能力达到0.1μm的SiC晶圆高效高精超声波加工机床、单点金刚石车床、超精密减薄磨削与抛光复合加工机床磨床、微部件多轴联动多工艺复合加工系统、红外硫系玻璃模压成型设备等。

▶航空航天装备制造与装配装备

重点开发五轴精密卧式超声复合加工中心，桥式龙门摇篮五坐标加工中心，镜像铣装备，高效高精度钛合金五轴加工中心，螺旋锥齿轮立式铣齿机，大型高精度五轴龙门加工中心，大中型五轴卧式车铣复合加工中心，五轴电火花成型机床，新一代单晶/细晶复杂叶片铸造工艺装备，机匣真空熔铸装备，真空等温锻造装备，10m级运载火箭贮箱搅拌摩擦焊装备，大功率真空激光焊接装备，大型复合材料热固化装备，耐高温叶片化学气相沉积/物理气相沉积（CVD/PVD）装备，高精度大尺寸超塑成型装备，地轨式大型龙门式复合材料铺带机，复合材料自动铺带装备，热塑性复合材料柔性液压设备，钛合金五坐标翻板强力卧式加工中心，大型壳体热处理装备，真空悬浮熔炼装备，大型热等静压装备，多材质多能源大型构件少无变形焊/连接装备，叶盘千吨级惯性摩擦焊接装备，大型构件真空退火/淬火热处理装备，热塑铺放设备，特大型薄壁件超低温成型机，碳-碳复合材料实体编织装备，高效率功能复合材料增材制造成型装备，多自由度连续纤维增强复合材料增材制造成型装备，增材制造连续纤维增强复合材料预浸丝制备装备，大尺寸电子束选区熔化成型装备，大尺寸激光选区熔化成型装备，多能场复合增材制造装备，体素聚合/固化非金属增材制造装备，高球形度超细金属粉末制造装备，等等。

▶船舶及海洋工程关键制造装备

重点开发超高强钢厚板双曲壳板冷压成型装备，五轴水切割机，大型舰船调距桨关键零件高精数控车铣复合加工中心，大型调距桨叶片车铣磨复合制造装备，精密五坐标数控镗床，大型油管异型曲面自适应钻铰一体化加工中心，数字化移动保温罩大型可控气氛井式炉生产线，船舶及海洋工程高强钢板平面及曲面智能化分段流水线关键装备，大型舰船推进系统长轴类零件高精度激光熔覆数控长车，等等。

▶轨道交通装备关键零部件成套加工装备

重点开发铝镁合金/不锈钢车体基于国产10kW以上激光器的智能激

光焊接成套装备，350～600km/h 高铁重载齿轮箱精密加工及热成型成套装备，超大幅面柔性化蒙皮拉型及焊接集成设备，高速铁路轴承自动化渗碳+油淬/气淬+压淬热处理联合生产线，数字化多材料砂型整体增材制造成型装备，大型搅拌摩擦固态增材制造装备，等等。

▶节能与新能源汽车制造装备

重点开发精密高速磨齿机，锂电池湿法隔膜双向拉伸成套装备，轻量化异种材质混合车身、伺服冲压/模压成型装备，轻合金中空底盘车身结构热介质成型装备，多轴粉末成型装备，高可靠性双主轴卧式加工中心，立卧转换卧式加工中心，汽车发动机/变速箱等高效加工/近净成型装备及成组工艺生产线，等等。

▶大容量电力装备及新能源制造装备

重点开发高水头电站冲击叶轮铸电渣铸焊/原位增材一体化装备，1600MN 多向挤压模锻多功能压力机，燃气轮机叶片耐高温涂层成套技术与装备，等等。

▶高档数控机床制造母机

重点开发五轴重切龙门镗铣加工中心，精密卧式加工中心，高精度龙门多主轴头五面加工中心，精密坐标镗床，精密复合数控磨床，精密立式磨床，精密立式坐标镗床，精密龙门导轨磨床，立式螺旋锥齿轮磨齿机，高性能功能部件加工用高精度感应淬火设备，高强度刀具 HIPIMS PVD 表面强化装备，高精密齿轮、轴承加工用多室真空低压渗碳高压气淬生产线，等等。

2. 数控系统

重点开发多轴、多通道，具有高负载+D110:G112 特性、热补偿、振动抑制功能，具有自监控、维护、优化、重组等功能的高性能智能型数控系统；提供标准化基础平台，具有标准接口、模块化、可移植性、可扩展性及可互换性、安全保密等功能的开放型数控系统；伺服电机；伺服驱动器；面向典型热加工装备的新一代集成化数控系统（HFNCNC）；具有高温异构环境下热处理海量工业大数据高质量精准采集与边缘处理等多种功能的热处理工业互联数据执行系统；可编程逻辑控制器，等等。

3. 关键功能部件

重点开发超高速、大功率电主轴，超硬刀具，直驱式摆角铣头，超高压压力传感器，高精度位移传感器，钢带光栅尺，高精度张力传感器，大转矩湿式离合器，高端数字化焊接电源，多谱系合金用搅拌摩擦焊接头，织造/铺丝/铺带头，智能激光焊接头，大规格三维齿轮测量中心，真空系统，高精、高速、高强度、长寿命机床主轴轴承，丝杠副轴承、转台轴承，精密丝杠/导轨，大功率激光发生器，三维打印微喷喷头，电子枪，振镜系统，超精密模具，高精度封闭式直线时栅，高精度一体式圆时栅，高温直插式氧化锆氧传感器等关键功能部件。

4. 关键共性技术

重点突破高速切削表面状态控制技术，薄壁件无变形高效加工技术，大型构件精密高效低耗磨削技术，与工艺融合的多轴多通道协同控制技术，难加工材料切削、特种加工与成型技术，金属各向异性力学性能测试技术，高档数控系统与成型性能仿真核心算法，高性能结构材料加工与服役稳定性技术，装备性能多物理场动态建模技术，基于MBD的主机、功能部件数字化设计与制造一体化技术，可靠性和精度保持性测评与保证技术等关键共性技术。

5. 关键材料

> 重点研发高纯净（氧含量不大于 5ppm）、高均质（无宏观碳偏析）轴承钢材料，耐高温热塑性复合材料粒料，高强度、长寿命数控机床模具/刀具材料，低振动、低热变形机床床身材料，高性能 PVD 磁控溅射靶材，超高强度钛合金粉末，增材制造专用高性能金属丝材，增材制造用连续碳纤维增强聚醚醚酮复合材料预浸丝，$CoCrMoNbTi_x$ 与 $CoCrNiMoW_x$ 系难熔高熵合金粉末材料等关键材料。

战略支撑与保障

（1）建设国家高档数控机床与基础制造装备创新研究院，推进基础制造共性技术短板攻关，加速原创性及颠覆性制造技术研发。

（2）建立国产高端工业母机的成果数据库，加强攻关成果的持续迭代升级和推广应用，实施"成组连线"应用示范工程。建设一批第三方工业母机工程化验证平台和若干工业母机及零部件国内外产品对比评价平台。

（3）建立央企、国企及其他财政支持（国家发展和改革委员会、工业和信息化部、科学技术部、教育部）科技产业相关项目的采购进口工业母机的审查制度。

（4）坚持国家战略，发挥新型举国体制优势。对国家实验室、国家技术创新中心，实施国家投入为主、承担单位投入为辅的支持方式，实现对人、财、物多维度支持；对装备开发与应用项目，实行"国家引导、市场调节、企业主体"的支持方式，体现市场竞争机制。

（5）加强与国家重大专项、重大工程的高端机床与基础装备需求衔接，布局重点攻关任务；加强与各类科技计划的有效衔接、协同攻关，加快实现关键核心技术、短板技术与装备的创新突破。

技术路线图

高档数控机床与基础制造装备产业发展技术路线图如图 2-1 所示。

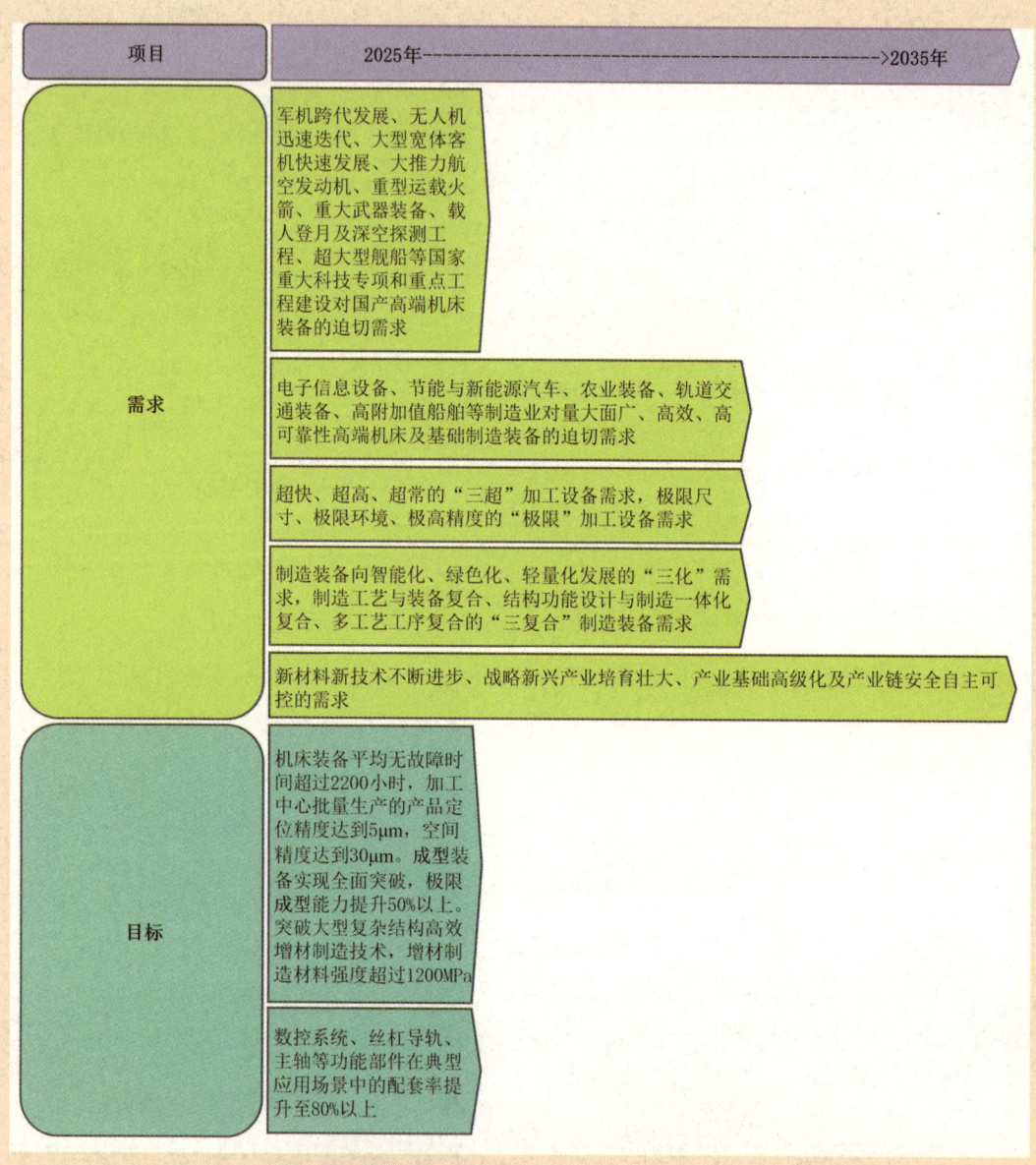

项目	2025年 ————————————————————→ 2035年
需求	军机跨代发展、无人机迅速迭代、大型宽体客机快速发展、大推力航空发动机、重型运载火箭、重大武器装备、载人登月及深空探测工程、超大型舰船等国家重大科技专项和重点工程建设对国产高端机床装备的迫切需求
	电子信息设备、节能与新能源汽车、农业装备、轨道交通装备、高附加值船舶等制造业对量大面广、高效、高可靠性高端机床及基础制造装备的迫切需求
	超快、超高、超常的"三超"加工设备需求,极限尺寸、极限环境、极高精度的"极限"加工设备需求
	制造装备向智能化、绿色化、轻量化发展的"三化"需求,制造工艺与装备复合、结构功能设计与制造一体化复合、多工艺工序复合的"三复合"制造装备需求
	新材料新技术不断进步、战略新兴产业培育壮大、产业基础高级化及产业链安全自主可控的需求
目标	机床装备平均无故障时间超过2200小时,加工中心批量生产的产品定位精度达到5μm,空间精度达到30μm。成型装备实现全面突破,极限成型能力提升50%以上。突破大型复杂结构高效增材制造技术,增材制造材料强度超过1200MPa
	数控系统、丝杠导轨、主轴等功能部件在典型应用场景中的配套率提升至80%以上

图 2-1 高档数控机床与基础制造装备产业发展技术路线图

2 高档数控机床和机器人

项目	2025年--->2035年
目标	高档数控机床与基础制造装备整体水平进入全球第二梯队前列。高档数控系统和机床整机国际先进水平差距明显减小，基础制造装备整体接近国际先进水平，其中高精度卧式加工中心、五轴重切龙门镗铣加工中心、复合磨床等可实现国产化替代；增材制造装备、超大构件整体成型装备迈入世界先进行列，系统形成关键应用领域替代进口的自主保障支撑能力
	高档数控机床与基础制造装备平均无故障时间超过2500小时，加工中心批量生产的产品定位精度达到3μm，空间精度达到20μm。高端成型装备实现高纯净真空化、高性能极限化、高效率整体化，数字化智能化水平显著提升。突破功能结构一体化和多材料复合增材制造装备，增材制造材料强度超过1400MPa
	基本解决关键高档数控系统与核心功能部件自主研发问题，数控系统、丝杠导轨、主轴等功能部件在典型应用场景中配套率提升至100%。建成较为完善的产业技术创新体系和标准体系
	高档数控机床与基础制造装备整体技术水平接近全球第一梯队；国防和国民经济重点领域所需的关键主机全面通过工程化验证，建立若干重点用户集成制造示范线
	高档数控机床与基础制造装备整体水平进入全球第一梯队。建成完善的产业技术创新体系和共性技术供给网络。高档数控机床制造水平达到世界先进水平，高纯净真空化、数字智能化、复合柔性化等基础制造装备达到世界领先水平。突破纳米、生物、电子等跨尺度功能结构增材制造技术及装备。完全具备正向设计能力，形成一批原创技术和前瞻性装备产品

图 2-1 高档数控机床与基础制造装备产业发展技术路线图（续）

项目	2025年 --> 2035年
重点产品 — 电子信息产品高速精密加工装备	SiC晶圆高效高精超声波加工机床：进给分辨能力达到0.1μm
	单点金刚石车床：工件最大直径≥350mm；X/Z轴行程达到300mm；主轴回转精度达到40nm；X/Z轴直线度达到0.4μm；X/Z轴重复定位精度达到0.4μm；球面零件面形精度0.5μm；试件表面粗糙度达到Ra5nm
	超精密减薄磨削与抛光复合加工机床磨床：减薄磨削与抛光的复合，磨削后表面粗糙度≤0.1μm；抛光后表面粗糙度Ra在5nm以下
	微部件多轴联动多工艺复合加工系统：主轴回转精度≤0.03μm；直线导轨定位精度优于±0.5μm；五轴联动误差≤2μm；工件表面粗糙度Ra小于20nm
	红外硫系玻璃模压成型设备：最大成型口径为110mm；最高成型温度为800℃；成型表面粗糙度Ra≤10nm；面形精度PV值≤0.1μm
航空航天装备制造与装配装备	五轴精密卧式超声复合加工中心：工作台尺寸≥800mm；$X/Y/Z$轴行程≥1400mm/1200mm/1400mm；主轴转速≥20000r/min；$X/Y/Z$轴定位精度为0.008mm；重复定位精度为0.004mm；刀柄超声振动频率达到40kHz
	桥式龙门摇篮五坐标加工中心：主轴转速≥25000r/min；定位精度≤0.006mm；重复定位精度≤0.004mm；工作台回转直径≥800mm，回转轴定位精度为8″，重复定位精度为5″

图 2-1　高档数控机床与基础制造装备产业发展技术路线图（续）

项目	2025年—————————————————>2035年
重点产品	航空航天装备制造与装配装备

航空航天装备制造与装配装备：

镜像铣装备：X/Y/Z轴行程为9000mm/2700mm/1000mm；X/Y/Z轴定位精度为0.040mm/0.030mm/0.020mm；X/Y/Z轴重复定位精度为0.02mm/0.02mm/0.01mm；五轴联动RTCP精度为0.02mm，三轴空间同步精度为±0.2mm，双五轴同步联动精度为±0.2mm；在线测厚采样频率为30Hz，测厚精0.01mm；可实现蒙皮外形测量、曲面重构及刀轨调整；满足蒙皮加工尺寸：长1200～8000mm，宽700～2300mm，拱高0～600mm，厚2～16mm；满足蒙皮加工精度：壁厚公差为±0.1mm，轮廓精度为±0.3mm，接刀差为0.1mm

高效高精度钛合金五轴加工中心：工作台尺寸≥2000mm×4000mm；旋转轴定位精度≤5″；旋转轴重复定位精度≤3″；X/Y/Z轴重复定位精度≤0.008mm；主轴扭矩≥1000N·m；主轴最高转速为4000r/min

螺旋锥齿轮立式铣齿机：最大加工直径为500mm；最大加工模数为12mm；最大加工齿宽为90mm；最大切齿深度为25mm；中点螺旋角范围为0°～60°；加工齿数范围为6～180个

五轴电火花成型机床：X/Y/Z轴行程为500mm/400mm/350mm；X/Y/Z轴定位精度/重复定位精度达到0.005mm/0.003mm；A/C数控旋转轴定位精度/重复定位精度达到15″/5″；加工模具钢表面粗糙度Ra为0.08μm

图 2-1　高档数控机床与基础制造装备产业发展技术路线图（续）

项目	2025年——————————————————————>2035年
重点产品 — 航空航天装备制造与装配装备	大型高精度五轴龙门加工中心：工作台尺寸≥10000mm×6500mm；空间定位精度达到0.01mm/m³；RTCP精度达到0.01mm；双主轴（可交换）主轴1最高转速≥24000r/min，主轴1最大功率≥60kW；主轴2最高转速≥6000r/min，主轴2最大转矩≥450N·m
	大中型五轴卧式车铣复合加工中心：车削最大工件直径为1000mm；最大工件长度为3000mm；主轴最高转速为1600r/min；铣轴最高转速为10000r/min；B轴转速为40r/min；B轴摆角为±120°；B/C轴定位精度/重复定位精度达到22″/6″
	新一代单晶/细晶复杂叶片铸造工艺装备：最高温度为1700℃，工作温度为1550~1700℃；结晶器为直径400mm；真空系统的极限真空度≤1×10⁻²Pa
	机匣真空熔铸装备：熔化量≥1.5t，熔炼电源频率为1000Hz，极限真空度<0.06Pa，实现1800mm薄壁机匣成型
	真空等温锻造装备：公称力≥1万吨；热态工作真空度≤0.1Pa；工作温度≥1000℃
	10m级运载火箭贮箱搅拌摩擦焊装备：可焊产品直径为10m，焊接厚度≥20mm，焊接速度≥1500mm/min，焊接最大顶锻力为70kN，最大前进抗力为50kN

图 2-1　高档数控机床与基础制造装备产业发展技术路线图（续）

项目	2025年--->2035年
重点产品 / 航空航天装备制造与装配装备	**大功率真空激光焊接装备**：激光器功率为30kW，钛合金一次焊接厚度为100mm，构件面积为10m²
	大型复合材料热固化装备：有效工作尺寸$\phi \geq$5m；最高工作温度$\geq$250℃，温度均匀性为±2℃；设计压力$\geq$1.0MPa，压力控制精度为±0.010MPa
	耐高温叶片CVD/PVD装备：CVD沉积室有效尺寸$\geq \phi$500mm×1000mm，加热温度最高为1150℃，反应气压20~100kPa；PVD配备多电子束枪，具有计算机控制单元，可进行编程后数控自动扫描、零件自动操控，装置和传动机构具有高定位精度和高可重复性；处理区体积$\geq$0.5m³；工作真空度$\leq$0.005Pa
	高精度大尺寸超塑成型装备：钛合金构件投影面积为5m²，最小厚度为5mm，性能降低率小于5%
	地轨式大型龙门式复合材料铺带机：X/Y/Z轴行程为12000mm/4000mm/1500mm；X/Y/Z轴速度为40(m/min)/40(m/min)/15(m/min)；最大铺放速率(末端速度)$\geq$40m/min（末端速度）；纤维带宽度为150~300mm；铺放温度具备加热功能，加热系统控制精度$\leq$±2℃；设备铺贴位置精度$\leq$1.75mm，铺贴间隙$\leq$1.5mm

图 2-1 高档数控机床与基础制造装备产业发展技术路线图（续）

项目	2025年 ————————————————→ 2035年
重点产品 / 航空航天装备制造与装配装备	**复合材料自动铺带装备**：宽带铺带头可实现带宽为150mm及300mm铺放；窄带铺带头可实现带宽1.5in.×8丝束铺放；压力系统程控自动加压，压力≥2000N，铺放压紧力稳定在编程值的±5%范围内；加热系统程控自动加热，加热功率/温度可控；加热温度范围为RT～100℃；控温精度为±3℃；配置铺放缺陷在线检测系统。设备平均无故障时间≥1000小时，过滤器寿命≥1000小时；产品合格率达到95%以上
	热塑性复合材料柔性液压设备：有效成型长度≥20m；平台平面度≤±0.1mm/m；上、下台面平行度≤±0.1mm/m；工装定位装置轴线偏差≤±1mm
	钛合金五坐标翻板强力卧式加工中心：X轴行程≥4500mm，Y轴行程≥1000mm，Z轴行程≥500mm；X轴定位精度达到0.030mm，Y轴定位精度达到0.020mm，Z轴定位精度达到0.010mm；X轴重复定位精度达到0.015mm，Y轴重复定位精度达到0.01mm，Z轴重复定位精度达到0.006mm；旋转轴定位精度≤0.01°，重复定位精度≤0.005°；主轴功率（连续）≥90kW，主轴最大扭矩（连续）≥1000N·m
	大型壳体热处理装备：炉温均匀性≤±3℃；构件直径或长/宽≥10m；变形量＜3‰
	真空悬浮熔炼装备：最高工作温度为1700℃；感应线圈及坩埚规格200kg以上可调；测温计浇注过程工作真空度＜7.5×10^{-3}Torr；铸型室的真空度由750Torr抽至7.5×10^{-1}Torr[①]，时间小于3min
	大型热等静压装备：有效热区直径≥2m；工作压力≥200MPa；极限真空度≤10^{-2}Pa；炉温均匀性±2℃
	多材质多能源大型构件少无变形焊/连接装备：直径为3～9m、总长30～100m的火箭总装对接；定位精度达到0.1mm；重复定位精度达到0.05mm
	叶盘千吨级惯性摩擦焊接装备：焊接力≥2000t

注：① 1 Torr=1.33322×10^{2}Pa

图 2-1 高档数控机床与基础制造装备产业发展技术路线图（续）

项目	2025年————————————————————>2035年
重点产品 航空航天装备制造与装配装备	**大型构件真空退火/淬火热处理装备**：有效加热区尺寸11000mm×4000mm×2000mm，最高加热温度为1300℃；炉温均匀性为±5℃，极限真空度为8×10⁻⁴Pa，压升率≤0.4bar/h；气冷压强为2bar①
	热塑铺放设备：同时实现不同宽度（6.35～50.80mm）范围热塑预浸料的铺贴；最大加热温度不低于600℃，温度控制精度不超过10℃，加热响应时间一般不超过0.1s；铺丝机能实现高压压实，压力控制精度一般不超过10%，最大能实现2000N以上的压力压实；铺放位置精度与重复精度一般不超过0.5mm；可实现热塑预浸料在平面内的弯折路径铺放，最小弯折半径一般不超过200mm；能实现最大曲率半径不超过0.5m的结构铺放；能实现快速及慢速铺贴，控制最小速率不大于0.1m/s，控制最大速率不小于1m/s
	特大型薄壁件超低温成型机：成型力为2万吨，高性能铝合金（2000系列、7000系列、铝锂合金）薄壁件特征尺寸为10m；厚径比为2:1000；构件抗拉强度为450MPa
	碳-碳复合材料实体编织装备：1m级三维编织成形
	高效率功能复合材料增材制造成型装备：成型尺寸为2m×2m×1m，喷头数量≥6个，成型效率≥200cm³/h
	多自由度连续纤维增强复合材料增材制造成型装备：成型尺寸为3m×3m×2m，成型速度≥800mm/min，成型效率≥100cm³/h
	增材制造连续纤维增强复合材料预浸丝制备装备：纤维丝束≥3K，预浸丝长度≥1000m，预浸丝抗拉强度≥1000MPa，预浸丝拉伸通道数≥6，成型效率≥0.5kg/h
	大尺寸电子束选区熔化成型装备：成型尺寸为1m×0.6m×1m，真空度<1E⁻⁴Pa，电子束枪数量≥8个，成型效率≥150cm³/h
	大尺寸激光选区熔化成型装备：成型尺寸为3m×3m×3m，成型精度达到0.2mm，成型效率≥1kg/h（钛合金），基板加热温度>400℃，层厚>0.3mm
	多能场复合增材制造装备：设备稳定运行时间≥2400h，复合制造能耗降低≥60%，成型效率≥500cm³/h，过程实时监测精度≤5%，反馈控制时间≤0.2s，缺陷检测尺寸≥0.05mm，缺陷监测灵敏度≥90%，缺陷检测处理响应时间≤500ms
	体素聚合/固化非金属增材制造装备：制造效率≥3000cm³/h，制造精度≤0.2mm
	高球形度超细金属粉末制造装备：氧含量≤800ppm，粉末球形度≥97%，超细粉尺寸≤15μm，出粉率≥50%

注：① 1 bar=1.0×10⁵Pa

图2-1 高档数控机床与基础制造装备产业发展技术路线图（续）

项目	2025年————————————————————>2035年
重点产品 / 船舶及海洋工程关键制造装备	超高强钢厚板双曲壳板冷压成型装备：抗拉强度为1000MPa，厚度大于100mm，曲率半径为12m，面形精度为2mm
	五轴水切割机：机床采用龙门式结构；运动轴数五轴；控制精度≥±0.01mm，定位精度≥±0.016mm/m，X/Y轴最大移动速度≥6m/min，Z轴最大移动速度≥1m/min
	大型舰船调距桨核心零件高精数控车铣复合加工中心：$X/Y/Z$轴行程≥2000mm/1600mm/1600mm，回转工作台直径为1800mm，$X/Y/Z$轴定位精度≤0.006mm，重复定位精度≤0.004mm，主轴最高转速≥20000r/min
	大型调距桨叶片车铣磨复合制造装备：$X/Y/Z$轴工作尺寸≥6m×6m×2m，定位精度≤0.004mm，磨削后表面粗糙度≤0.1μm，主轴最高转速≥20000r/min
	精密五坐标数控镗床：$X/Y/Z$轴直线轴的定位精度与重复定位精度分别为3μm、1.5μm；回转轴位置精度3″/1.5″；加工范围：X轴、Y轴、Z轴行程分别为630mm、800mm、1200mm，回转工作台直径为630～1250mm；主轴最高转速为6000r/min
	大型油管异型曲面自适应钻铰一体化加工中心：$X/Y/Z$轴工作尺寸≥7m×3m×1m，定位精度≤0.004mm，主轴最高转速≥20000r/min
	数字化移动保温罩大型可控气氛井式炉生产线：有效加热区直径为1500mm，有效加热区深度为3000mm，最高工作温度为1000℃，炉温均匀性为±5℃，炉温稳定度为±1℃；渗碳炉碳势均匀性为±0.05%C，碳势稳定度、移动保温罩激光定位精度≤1mm
	船舶及海工高强钢板平面及曲面智能化分段流水线关键装备：覆盖钢板面积12m×15m以上，实现智能化加工，加工效率提升3倍以上
	大型舰船推进系统长轴类零件高精度激光熔覆数控长车：最大加工直径≥φ1700mm，最大工件长度≥22000mm；激光熔融沉淀成型效率≥500cm³/h，成型精度为0.2mm，层厚≥0.5mm
重点产品 / 轨道交通装备关键零部件成套加工装备	铝镁合金/不锈钢车体基于国产10kW以上激光器的智能激光焊接成套装备
	350～600km/h高铁重载齿轮箱精密加工及热成型成套装备：主加工设备平均无故障时间不低于2500小时

图 2-1　高档数控机床与基础制造装备产业发展技术路线图（续）

项目	2025年--->2035年
重点产品 — 轨道交通装备关键零部件成套加工装备	超大幅面柔性化蒙皮拉型及焊接集成设备：长15～30m，宽1.5～3m，焊接变形量≤2mm，生产效率提升60%
	高速铁路轴承自动化渗碳+油淬/气淬+压淬热处理联合生产线：渗碳层深2.2～2.6mm；压淬产品圆度变形量≤0.18mm
	数字化多材料砂型整体增材制造成型装备：成型尺寸为4m×3m×1m，层厚0.2～0.5mm可控，打印分辨率为360～540dpi[①]，打印效率为300～500L/h，打印频率为6kHz，打印灰度为1～8级，砂型材料包含石英砂、铬铁矿砂和锆英砂等
	大型搅拌摩擦固态增材制造装备：成型尺寸为2m×2m×5m，主轴转速≥2500r/min，轴向机械载荷≥60kN，轴向推力≥10kN
重点产品 — 节能与新能源汽车制造装备	精密高速磨齿机：平均无故障时间（MTBF）≥6000h；CMK≥1.67；平均故障修复时间（MTRL）≤20min
	锂电池湿法隔膜双向拉伸成套装备：幅宽≥6m，生产线速度＞80m/min，薄膜厚度≤6μm
	轻量化异种材质混合车身、伺服冲压/模压成型装备：压力20000kN以上，节拍20～35次/分钟，工位数≥5
	轻合金中空底盘车身结构热介质成型装备：构件长度为5m，直径为150mm，效率为30s/件，成品率达到99.5%以上
	多轴粉末成型装备：公称压力≥2500t；模冲层数≥7层；同步精度达到0.1mm；零件旋转定位精度达到±0.1°；平行度达到0.05mm
	高可靠性双主轴卧式加工中心：平均无故障时间（MTBF）≥6000h；CMK≥1.67；平均故障修复时间（MTRL）≤20min
	立卧转换卧式加工中心：工作台尺寸≥1600mm×1250mm，直线轴定位精度达到8μm，重复定位精度达到4μm，主轴最高转速为10000r/min，最大快移速度为40m/min，四工位立卧转换

注：① dpi表示"点/in"

图2-1 高档数控机床与基础制造装备产业发展技术路线图（续）

项目	2025年—————————————————————>2035年
重点产品 / 节能与新能源汽车制造装备	汽车发动机/变速箱等高效加工/近净成型装备及成组工艺生产线：缸体设备主轴转速≥10000r/min，缸盖主轴转速≥15000r/min；定位精度≤0.005mm，重复定位精度≤0.002mm
重点产品 / 大容量电力装备及新能源制造装备	高水头电站冲击叶轮铸电渣铸焊/原位增材一体化装备：快速铸焊>500mm/h，铸焊间隙为30～200mm，熔深<100mm，极限真空度≤0.5Pa，最大工件尺寸>9m
	1600MN多向挤压模锻多功能压力机：公称压力为1600MN，移动工作台尺寸为10000mm×10000mm，净空距为15m，行程为5m
	燃气轮机叶片耐高温涂层成套技术装备：耐受温度达到1700℃
重点产品 / 高档数控机床制造母机	五轴重切龙门镗铣加工中心：龙门宽度≥2000mm；定位精度X/Y/Z轴≤0.010mm，C轴定位精度≤3″；X/Y/Z轴重复定位精度≤0.008mm
	精密卧式加工中心：工作台宽度≥800mm；直线轴定位精度达到0.003mm；重复定位精度达到0.0015mm；回转轴定位精度为6″，重复定位精度为3″
	高精度龙门多主轴头五面加工中心：通过宽度为3150mm；定位精度/重复定位精度达到10μm/8μm；定位精度/重复定位精度达到3″/1.5″
	精密坐标镗床：定位精度/重复定位精度达到3μm/1.5μm；定位精度/重复定位精度达到3″/1.5″
	精密复合数控磨床：工件直径≥320mm；加工长度为1000mm；磨削外圆圆度≤0.4μm；外圆表面粗糙度≤0.01μm；内圆圆度≤0.5μm；自动更换砂轮

图2-1 高档数控机床与基础制造装备产业发展技术路线图（续）

项目	2025年——————————————————————>2035年
重点产品 / 高档数控机床制造母机	精密立式磨床：最大磨削直径≥1000mm；最大高度为1000mm；定位精度达到0.003mm，内圆圆度为0.6μm（0.5）；内圆圆柱度为1.2μm（1.0）；表面粗糙度 Ra 达到0.2μm
	精密立式坐标镗床：主轴最高转速为8000 r/min；X/Y/Z轴定位/重复定位精度（全行程）为0.003mm/0.0015mm
	精密龙门导轨磨床：工作台宽度为2000～2500mm；重复定位精度达到8μm；加工8m导轨直线度≤3μm/m，全长为0.01mm，两根导轨间的平行度为±0.003mm/1000mm、全长为±0.006mm
	立式螺旋锥齿轮磨齿机：最大模数为4；工件主轴最大转速为83r/min；刀具主轴最大转速为12000r/min；加工精度达到GB4级以上
	高性能功能部件加工用高精度感应淬火设备：功率因数≥0.95；控温点的控制精度≤±3℃；构件表面硬度均匀性≤±1.5HRC
	高强度刀具HIPIMS PVD表面强化装备：极限真空度达到 $2×10^{-4}$Pa；离子束流密度≥0.1mA/mm²
	高精密齿轮、轴承加工用多室真空低压渗碳高压气淬生产线：加热渗碳室有效工作尺寸为900mm×600mm×400mm；最高加热温度：淬火室温度为1300℃，回火室温度为650℃；炉温均匀性为±3℃；极限真空度为 $4×10^{-1}$Pa；压升率≤0.65Pa/h；最大气冷压强为20bar；渗层深度均匀性≤±0.05mm；渗层硬度公差≤±0.5HRC

图 2-1　高档数控机床与基础制造装备产业发展技术路线图（续）

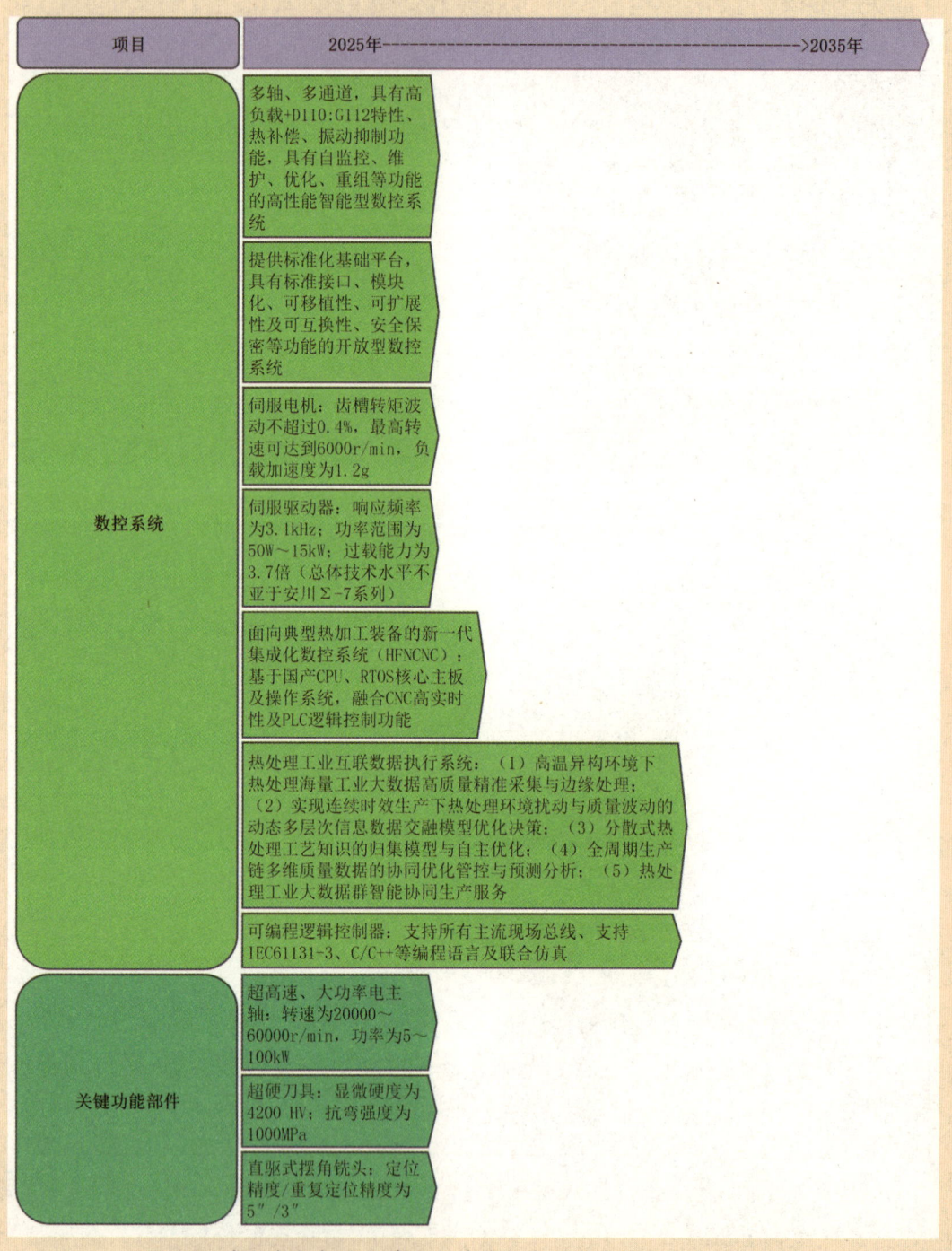

项目	2025年 ————————————————————————→ 2035年
数控系统	多轴、多通道，具有高负载+D110:G112特性、热补偿、振动抑制功能，具有自监控、维护、优化、重组等功能的高性能智能型数控系统
	提供标准化基础平台，具有标准接口、模块化、可移植性、可扩展性及可互换性、安全保密等功能的开放型数控系统
	伺服电机：齿槽转矩波动不超过0.4%，最高转速可达到6000r/min，负载加速度为1.2g
	伺服驱动器：响应频率为3.1kHz；功率范围为50W～15kW；过载能力为3.7倍（总体技术水平不亚于安川Σ-7系列）
	面向典型热加工装备的新一代集成化数控系统（HFNCNC）；基于国产CPU、RTOS核心主板及操作系统，融合CNC高实时性及PLC逻辑控制功能
	热处理工业互联数据执行系统：（1）高温异构环境下热处理海量工业大数据高质量精准采集与边缘处理；（2）实现连续时效生产下热处理环境扰动与质量波动的动态多层次信息数据交融模型优化决策；（3）分散式热处理工艺知识的归集模型与自主优化；（4）全周期生产链多维质量数据的协同优化管控与预测分析；（5）热处理工业大数据群智能协同生产服务
	可编程逻辑控制器：支持所有主流现场总线、支持IEC61131-3、C/C++等编程语言及联合仿真
关键功能部件	超高速、大功率电主轴：转速为20000～60000r/min，功率为5～100kW
	超硬刀具：显微硬度为4200 HV；抗弯强度为1000MPa
	直驱式摆角铣头：定位精度/重复定位精度为5″/3″

图 2-1　高档数控机床与基础制造装备产业发展技术路线图（续）

项目	2025年----------------------------------->2035年
关键功能部件	超高压压力传感器：使用压力≥200MPa；线性度为0.35%F.S.
	高精度位移传感器：绝对光栅尺准确度为±1μm；分辨能力为1nm；测量长度≤4240mm。角度编码器：准确度为±0.4″；分辨能力为20~29bit（可选）；最大转速为1500r/min
	钢带光栅尺：准确度为±3μm/m；测量长度为30040mm；钢毂角度编码器：系统精度为±0.52″~±5.49″
	高精度张力传感器：最小分辨能力为0.5cN；综合精度为 1%F.S.；导向轮材质可定制
	大转矩湿式离合器：摩擦片寿命≥1000万次；扭矩为$5×10^4$~$3.5×10^5$nm；摩擦材料的摩擦系数为0.1~0.12；面压为5MPa；线速度为35m/s
	高端数字化焊接电源：焊接稳定、可靠
	多谱系合金用搅拌摩擦焊接头：铝合金焊接寿命>1500m，钢材、钛合金焊接寿命≥200m
	智能激光焊接头：高反材料焊缝纠偏精度≤±0.08mm，视野宽度≥25mm；扫描激光焦点在X、Y轴方向的移动精度≤±0.05mm，最大扫描频率≥1000Hz；具备自动调焦功能，离焦控制精度≤0.05mm；具备功率反馈控制功能，激光头输出端功率稳定性≤2%

图2-1 高档数控机床与基础制造装备产业发展技术路线图（续）

项目	2025年 ————————————————————————>2035年
关键功能部件	**织造/铺丝/铺带头**：铺放丝束≥12束，铺丝头温度控制误差<15℃；最大铺放速度为5m/s；铺丝间距为+2.5/-0mm（横向/纵向）
	大规格三维齿轮测量中心：最大可测齿轮外径为2000mm；上顶尖径向圆跳动误差为0.002mm；下顶尖斜向圆跳动误差为0.002mm
	真空系统：机械泵极限压力为70Pa，噪声为70dB；罗茨泵极限压力为4Pa，噪声<75dB；扩散泵极限压力为$5×10^{-5}$Pa，极限前级压力为60Pa
	高精、高速、高强度、长寿命机床主轴轴承、丝杠副轴承、转台轴承：轴承产品精度等级达到P2以上，主轴轴承精度等级达到P4以上。dmn值≥$1.5×10^6$mm(r/min)；平均无故障时间（MTBF）≥2500h
	精密丝杠/导轨：高性能精密丝杠精度为P0～3级；DN值可达到20万；平移速度为40～80m/min；加速度可达2g以上；噪声≤70dB。高性能重载滚柱导轨精度为P1～3级；平移速度为40～180m/min；噪声≤70dB
	大功率激光发生器：功率≥100kW
	三维打印微喷喷头：分辨率为1800dpi、4倍喷嘴冗余、高级错误检测、高速校准
	电子枪：能量范围为1～200keV；电子枪束流为10nA～100mA；束斑尺寸为0.3～100mm
	振镜系统：最高扫描速度为3.0m/s，跳转速度为12m/s，重复精度<2μrad，定位分辨能力为16bit，阶跃响应时间为1%，满刻度<0.35ms，10%满刻度<1.0ms，扫描角度为±0.35rad
	超精密模具：模具热处理变形占比≤0.05%；超精密模具轮廓度为±0.015mm，表面粗糙度达到0.1μm
	高精度封闭式直线时栅：测量精度达到±2.5/±5μm；分辨能力为1nm
	高精度一体式圆时栅：测量精度为±1″；分辨能力为26～29bit
	高温直插式氧化锆氧传感器：内阻为2kΩ，T≥700℃，反应时间30ms，T≥700℃，输出偏差为±2mV，长度为1300mm，最高工作温度为1300℃

图2-1 高档数控机床与基础制造装备产业发展技术路线图（续）

项目	2025年 ——————————————————————>2035年
关键共性技术	高速切削表面状态控制技术
	薄壁件无变形高效加工技术
	大型构件精密高效低耗磨削技术
	与工艺融合的多轴多通道协同控制技术
	难加工材料切削、特种加工与成型技术
	金属各向异性力学性能测试技术
	高档数控系统与成型性能仿真核心算法
	高性能结构材料加工与服役稳定性技术
	装备性能多物理场动态建模技术
	基于MBD的主机、功能部件数字化设计与制造一体化技术
	可靠性和精度保持性测评与保证技术
关键材料	高纯净、高均质轴承钢材料：氧含量不大于5ppm，无宏观碳偏析
	耐高温热塑性复合材料粒料：热变形温度≥210℃（1.8MPa），热膨胀系数≤12～18ppm，抗拉强度≥150MPa，拉伸模量≥6GPa
	高强度、长寿命数控机床模具/刀具材料
	低震动、低热变形机床床身材料
	高性能PVD磁控溅射靶材：靶材纯度≥99.9%，靶材致密度（体密度）≥99%，晶粒尺寸大小均匀分布，无特殊取向，孔隙率≤0.1%
	超高强度钛合金粉末：抗拉强度≥1400MPa，延伸率≥10%，室温断裂韧性≥80MPa·m$^{1/2}$
	增材制造专用高性能金属丝材：铝合金丝材增材性能为抗拉强度≥500MPa，延伸率≥8%；钛合金丝材增材性能：达到或高于同牌号锻件材料性能
	增材制造用连续碳纤维增强聚醚醚酮复合材料预浸丝：碳纤维丝束≥3K，抗拉强度≥1200MPa，拉伸模量≥50GPa，预浸丝长度≥1000m

图 2-1　高档数控机床与基础制造装备产业发展技术路线图（续）

项目	2025年 ————————————————————→ 2035年
关键材料	CoCrMoNbTi$_x$与CoCrNiMoW$_x$系列难熔高熵合金粉末材料：所制备的合金粉末成分均匀性好、杂质元素含量低，氧含量≤400ppm，氢含量≤50ppm，碳含量≤50ppm；3D打印难熔高熵合金粉末球形度≥95%，空心粉率＜0.5%
战略支撑与保障	建设国家高档数控机床与基础制造装备创新研究院，推进基础制造共性技术短板攻关，加速原创性及颠覆性制造技术研发
	建立国产高端工业母机的成果数据库，加强攻关成果的持续迭代升级和推广应用，实施"成组连线"应用示范工程。建设一批第三方工业母机工程化验证平台和若干工业母机及零部件国内外产品对比评价平台
	建立央企、国企及其他财政支持（国家发展和改革委员会、工业和信息化部、科学技术部、教育部）科技产业相关项目的采购进口工业母机的审查制度
	坚持国家战略，发挥新型举国体制优势。对国家实验室、国家技术创新中心，实施国家投入为主、承担单位投入为辅的支持方式，实现对人、财、物多维度支持；对装备开发与应用项目，实行"国家引导、市场调节、企业主体"的支持方式，体现市场竞争机制
	加强与国家重大专项、重大工程的高端机床与基础装备需求衔接，布局重点攻关任务；加强与各类科技计划的有效衔接、协同攻关，加快实现关键核心技术、短板技术与装备的创新突破

图2-1 高档数控机床与基础制造装备产业发展技术路线图（续）

机器人

　　机器人是一种半自主或全自主工作的机器，集现代制造技术、新型材料技术和信息控制技术于一体，是智能制造的典型代表产品之一。根据用途划分，机器人可分为工业机器人、服务机器人和特种机器人。其中，工业机器人为面向工业领域的多关节机械手或多自由度机器人；服务机器人为应用于家庭或直接服务于个人的机器人，如扫地机器人、擦窗机器人、教育娱乐机器人、助老助残机器人、医疗康复机器人等；特种机器人为应用于特殊环境的机器人，如农业机器人、矿业机器人、建筑机器人、空间机器人、极地机器人、水下机器人等。

需求

　　近年来，我国机器人市场快速发展。2015—2021年，中国市场工业机器人消费量从7万台快速增长至27.1万台，年均增长25.3%，2021年中国工业机器人消费量占全球总量的比重超过50%，连续9年稳居全球最大工业机器人消费国地位。机器人作为新兴技术的载体和产业转型升级的重要支撑设备，对打造科技强国，推动产业智能化、数字化转型升级，满足人民美好生活需要具有重要意义。当前，我国已转向高质量发展阶段，建设现代化经济体系，构筑美好生活新图景，均对机器人存在迫切需求。预计到2025年中国工业机器人市场需求量将达到35万台，到2030年工业机器人市场需求量有望达到55万台；应用于家庭服务、教育娱乐、助老助残、医疗康复、公共服务、农业、建筑、矿业等领域的服务机器人与特殊机器人市场需求增速将逐步加快。

目标

　　到2025年，我国成为全球机器人技术创新策源地、高端制造集聚地和集成应用新高地。一批机器人核心技术和高端产品取得突破，整机综合指标达到国际先进水平，关键零部件性能和可靠性达到国际同类产品水平。机器人产业营业收入超过2500亿元。形成一批具有国际竞争力的领军企业及一大批创新能力强、成长性好的专精特新"小巨人"企业，建成3~5个有国际影响力的产业集群。制造业机器人密度实现翻番。

　　到2030年，我国机器人产业整体水平迈入全球第一梯队，形成一批影响力大、带动性强的原创性科技成果，建成完整的产业发展生态体系。到2035年，我国机器人产业综合实力达到国际领先水平，机器人成为经济发展、人民生活、社会治理的重要组成。

发展重点

1. 重点产品

▶工业机器人

提升国产工业机器人性能及质量，使国产工业机器人在焊接、搬运、喷涂、加工、装配、洁净生产等领域实现规模化应用。积极研发能够满足智能制造需求，特别是与小批量定制、个性化制造、柔性制造相适应的，可以完成动态、复杂作业使命，可以与人类协同作业的机器人，不断拓展产品应用领域，主导国内市场。

▶服务机器人和特种机器人

重点开发家庭服务、教育娱乐、助老助残、医疗康复、公共服务、仿生拟人等服务机器人；重点开发农业机器人、建筑机器人、矿业机器人、安防机器人、极端环境作业机器人等特种机器人。

2. 关键零部件

▶RV减速器

重点发展当输出转速为15r/min时，额度输出转矩为3200～12000N·m的RV减速器。在额定工况下，精度寿命≥8000h，精度≤1arcmin，齿隙/回差≤1arcmin（弧分），温升≤60℃，噪声≤65dB，传动效率≥85%。

▶高性能谐波减速器

研发谐波减速器的先进制造技术和工艺，提高减速器的精度保持性（寿命）、可靠性，降低噪声，实现规模生产。在额定工况下，精度寿命≥15000h，背向间隙≤8arcsec（角秒或弧秒），传动误差＜30arcsec，噪声≤58dB，传动效率≥81%。

▶智能控制器

　　研发具有高实时性、高可靠性、多处理器并行工作或多核处理器的控制器硬件系统，实现标准化、模块化、网络化。突破多关节高精度运动解算、运动控制及智能运动规划算法，提升控制系统的智能化水平及安全性、可靠性和易用性。

▶机器人专用伺服电机

　　优化高性能伺服电机结构设计、制造工艺、自整定等技术，研制高精度、高功率密度的机器人专用伺服电机。

▶智能一体化关节

　　研制机构/驱动/感知/控制一体化、模块化机器人关节，研发伺服电机驱动、高精度谐波传动动态补偿、复合型传感器高精度实时数据融合、模块化一体化集成等技术，实现高速实时通信、关节力/力矩保护等功能。

▶新型传感器

　　研制三维视觉传感器、六维力传感器和关节力矩传感器等力觉传感器、大视场单线和多线激光雷达等产品，满足机器人智能化发展需求。

▶智能末端执行器

　　研制能够实现智能抓取、柔性装配、快速更换等功能的智能灵巧作业末端执行器，满足机器人多样化操作需求。

3. 关键技术

▶设计技术

　　重点突破机器人本体及系统正向设计与优化技术、运动规划与控制技术、示教技术、编程技术、控制框架等设计技术。

▶测试标定
重点突破机器人核心部件综合性能测试评定方法、系统及标准，整机综合性能、可靠性、安全等级、智能化等级的测试评定方法、系统及标准，以及机器人产品伦理问题等。

▶智能技术
以提升机器人智能化水平为目标，分阶段开展作业、感知、交互等关键技术攻关。

▶软件技术
重点突破机器人操作系统、正向设计软件、仿真优化与应用工艺软件、集成系统仿真与示教软件、数字孪生软件、用户端应用软件 App 等。

4. 关键材料

▶工业机器人专用润滑油脂
适宜的润滑剂是保证工业机器人长周期稳定运行的必要条件。发展工业机器人专用润滑油脂，满足 -20℃ 使用要求，在机器人上实际使用 1 年润滑脂铁粉的含量不高于 0.1%。

▶仿生材料
发展人工肌肉材料、人造皮肤材料等仿生材料，使机器人拥有更多类似于生物的形态与功能，能够在更多复杂环境中完成各类任务。

5. 关键制造装备及检测设备

▶关键部件生产制造装备
重点发展机器人高精密减速器、高性能机器人专用伺服电机和伺服驱动器等关键部件所需锻造、热处理、精密加工等设备，重点发展一体化关节等新型关键部件生产制造装备。

▶检测设备

重点发展激光跟踪仪等机器人性能检测设备,以促进机器人关键性能的提升。

战略支撑与保障

(1)持续设立、落实"智能机器人"重点专项,实施"智能制造和机器人"重大工程,支持和推动机器人自主创新能力建设。

(2)实施"机器人+"应用行动,挖掘用户真实需求,推动用户龙头企业率先采用国产机器人,带动行业推广,构建国产机器人应用生态。

(3)推进产业链上中下游协同攻关,从供需两侧合力攻关关键技术及产品,提升产业链供应链稳定性和竞争力。

(4)加强机器人设计、制造标准及重点应用标准的研究制定,推动产业高质量发展。

(5)加强机器人理论与工程能力相结合的人才培养,为产业发展提供原动力。

技术路线图

机器人产业发展技术路线图如图 2-2 所示。

项目	2025年	2030年	2035年
需求	预计到2025年中国工业机器人市场年需求量约为35万台	预计到2030年中国工业机器人市场年需求量达到55万台	预计到2035年中国工业机器人市场年需求量达到80万台
	满足制造业、采矿业、建筑业等国民经济各行业提质增效、转型升级的需求		
	满足煤矿、冶金、危险化学品、建筑施工、民用爆炸品等高危/高负荷/高恶劣环境行业保障工人健康安全的需求		
	满足人们对智慧家居、智慧医疗、智慧养老、智慧城市等美好生活的追求		
	满足极端环境作业、空间探索、深海资源勘察开采、国防安全等领域对装备特殊性能的需求		
目标	系统突破机器人核心技术，整机综合指标达到国际先进水平	我国机器人产业整体水平迈入全球第一梯队，形成一批影响力大、带动性强的原创性科技成果，建成完整的产业发展生态体系	我国机器人产业综合实力达到国际领先水平，机器人成为经济发展、人民生活、社会治理的重要组成
	关键零部件性能和可靠性达到国际同类产品水平		
	行业营业收入超过2500亿元		
	形成一批具有国际竞争力的领军企业及一大批创新能力强、成长性好的专精特新"小巨人"企业		
	建成3~5个有国际影响力的产业集群		
	制造业机器人密度翻番		
重点产品 工业机器人	国产点焊机器人精度、可靠性等达到国际同类水平，在汽车整车制造领域实现应用	国产点焊机器人在汽车整车制造领域实现规模化应用	国产机器人智能作业技术普遍应用，主导国内市场
	国产弧焊机器人性能提升，在中厚板领域实现应用	国产弧焊机器人在汽车、航空航天、轨道交通、船舶、核工业等领域实现规模化应用	
	国产搬运机器人负载、速度、精度等达到国际同类水平，在汽车、锂电、光伏、3C、金属加工、航空航天等领域实现应用	国产高速高精搬运机器人在汽车、锂电、光伏、3C、金属加工、航空航天等领域实现规模化应用	

图 2-2　机器人产业发展技术路线图

2 高档数控机床和机器人

项目	2025年	2030年	2035年
重点产品 - 工业机器人	国产喷涂机器人工艺扩展性、性能拓展性等达到国际同类水平，在汽车整车制造领域实现应用	国产喷涂机器人在汽车整车等高端领域实现规模化应用	国产机器人智能作业技术普遍应用，主导国内市场
	国产洁净（真空）机器人整体性能显著提升	国产洁净（真空）机器人在半导体、平板显示等行业实现规模化应用	
	国产装配机器人速度、精度等显著提升，达到国际同类水平	国产装配机器人在电子、汽车、锂电、航空航天、仪器制造等行业实现广泛应用	
	国产加工机器人性能、可靠性等显著提升，在汽车、航空航天、风电等行业的打磨、抛光等工序实现应用	国产加工机器人在制造业打磨、抛光、钻削、切割等工序实现广泛应用	
	国产协作机器人性能进一步优化，在3C、汽车零部件、医疗、按摩理疗、餐饮、新零售等场景实现规模化应用	国产协作机器人综合水平位居全球领先地位	
	国产移动操作机器人实现产业化，在3C、半导体、光显、生物医药检测等领域实现应用	国产移动操作机器人综合水平达到全球领先地位	
重点产品 - 服务机器人	家庭服务机器人具备移动与多功能手臂结合、灵活安全作业、自主学习、初步自然语言理解等功能，可从事比较复杂的家务劳动		家庭服务机器人具备类人操作、与人共用工具、与人自然交互等功能
	教育娱乐机器人实现模块化、积木化、智能化	教育娱乐机器人可实现人机智能交互	教育娱乐机器人融合元宇宙技术，实现智能演进
	助老助残机器人可实现生理信号监测、初步理解自然语言、协助操作等，逐步实现规模化应用	助老助残机器人实现可穿戴行为辅助、人意图理解、与人自然交互等功能，易于使用，安全可靠	助老助残机器人实现普及应用
	多款手术、康复、诊疗等医疗康复机器人实现产品化，并进入临床应用	医疗康复机器人实现批量化应用	医疗康复机器人成为临床常规应用设备
	公共服务机器人形成完整解决方案，在商场、银行、博物馆、酒店、物流配送等场景实现大规模应用		
	仿生拟人机器人技术取得突破		

图2-2 机器人产业发展技术路线图（续）

项目	2025年	2030年	2035年
重点产品 — 特种机器人	锄草、植保、采摘、剪枝、喂料、巡检等农业机器人核心技术取得突破，产品系列实现拓展	锄草、植保、采摘、剪枝、喂料、巡检等农业机器人实现批量应用	
	钢筋加工、混凝土浇筑、构部件安装等建筑机器人产品系列实现拓展，实现示范应用	钢筋加工、混凝土浇筑、构部件安装等建筑机器人实现工程化应用	钢筋加工、混凝土浇筑、构部件安装等建筑机器人实现规模化应用
	采掘、支护、钻孔、巡检等矿业机器人核心技术取得突破，产品系列实现拓展，实现示范应用	采掘、支护、钻孔、巡检等矿业机器人实现工程化应用	采掘、支护、钻孔、巡检等矿业机器人实现规模化应用
	反恐防爆、消防、应急救援机器人技术取得突破，产品系列实现拓展	反恐防爆、消防、应急救援机器人实现工程化应用及服务	反恐防爆、消防、应急救援机器人实现规模化应用
	核工业、深海、空间、极地等极端环境作业机器人核心技术取得突破，实现小批量应用		
关键零部件	额度输出扭矩3200~12000N·m的RV减速器		
	高性能谐波减速器		
	结构化环境下的智能控制器		自学习自适应的智能控制器
	高精度、高功率密度的机器人专用伺服电机		
	机构/驱动/感知/控制一体化、模块化机器人关节		
	六维力传感器、关节力矩传感器		
	三维视觉传感器		
	大视场单线和多线激光雷达		
	能够实现智能抓取、柔性装配、快速更换等功能的智能灵巧作业末端执行器		

图 2-2 机器人产业发展技术路线图（续）

2 高档数控机床和机器人

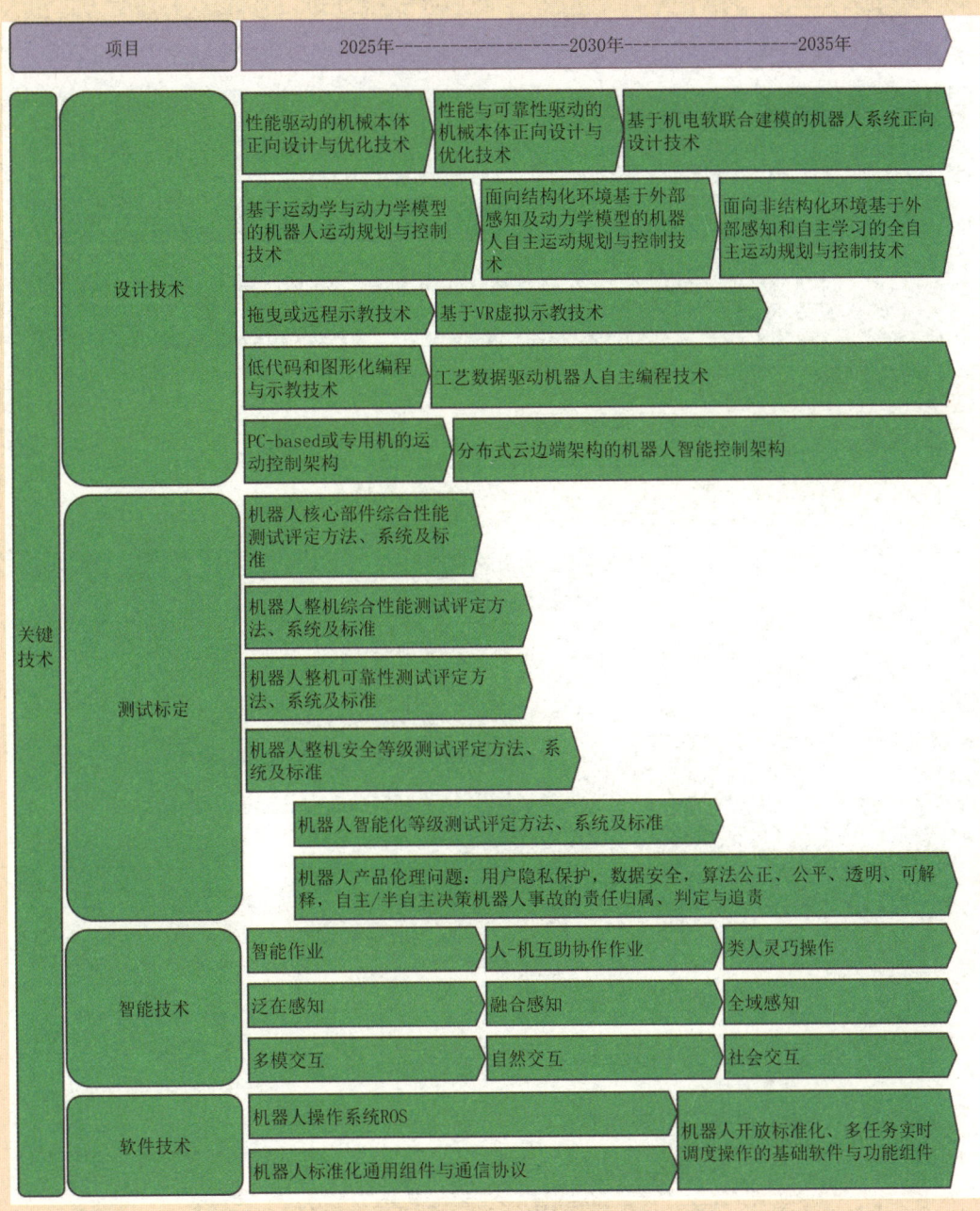

项目		2025年————————2030年————————2035年		
关键技术	设计技术	性能驱动的机械本体正向设计与优化技术	性能与可靠性驱动的机械本体正向设计与优化技术	基于机电软联合建模的机器人系统正向设计技术
		基于运动学与动力学模型的机器人运动规划与控制技术	面向结构化环境基于外部感知及动力学模型的机器人自主运动规划与控制技术	面向非结构化环境基于外部感知和自主学习的全自主运动规划与控制技术
		拖曳或远程示教技术	基于VR虚拟示教技术	
		低代码和图形化编程与示教技术	工艺数据驱动机器人自主编程技术	
		PC-based或专用机的运动控制架构	分布式云边端架构的机器人智能控制架构	
	测试标定	机器人核心部件综合性能测试评定方法、系统及标准		
		机器人整机综合性能测试评定方法、系统及标准		
		机器人整机可靠性测试评定方法、系统及标准		
		机器人整机安全等级测试评定方法、系统及标准		
			机器人智能化等级测试评定方法、系统及标准	
		机器人产品伦理问题：用户隐私保护，数据安全，算法公正、公平、透明、可解释，自主/半自主决策机器人事故的责任归属、判定与追责		
	智能技术	智能作业	人-机互助协作作业	类人灵巧操作
		泛在感知	融合感知	全域感知
		多模交互	自然交互	社会交互
	软件技术	机器人操作系统ROS		机器人开放标准化、多任务实时调度操作的基础软件与功能组件
		机器人标准化通用组件与通信协议		

图 2-2　机器人产业发展技术路线图（续）

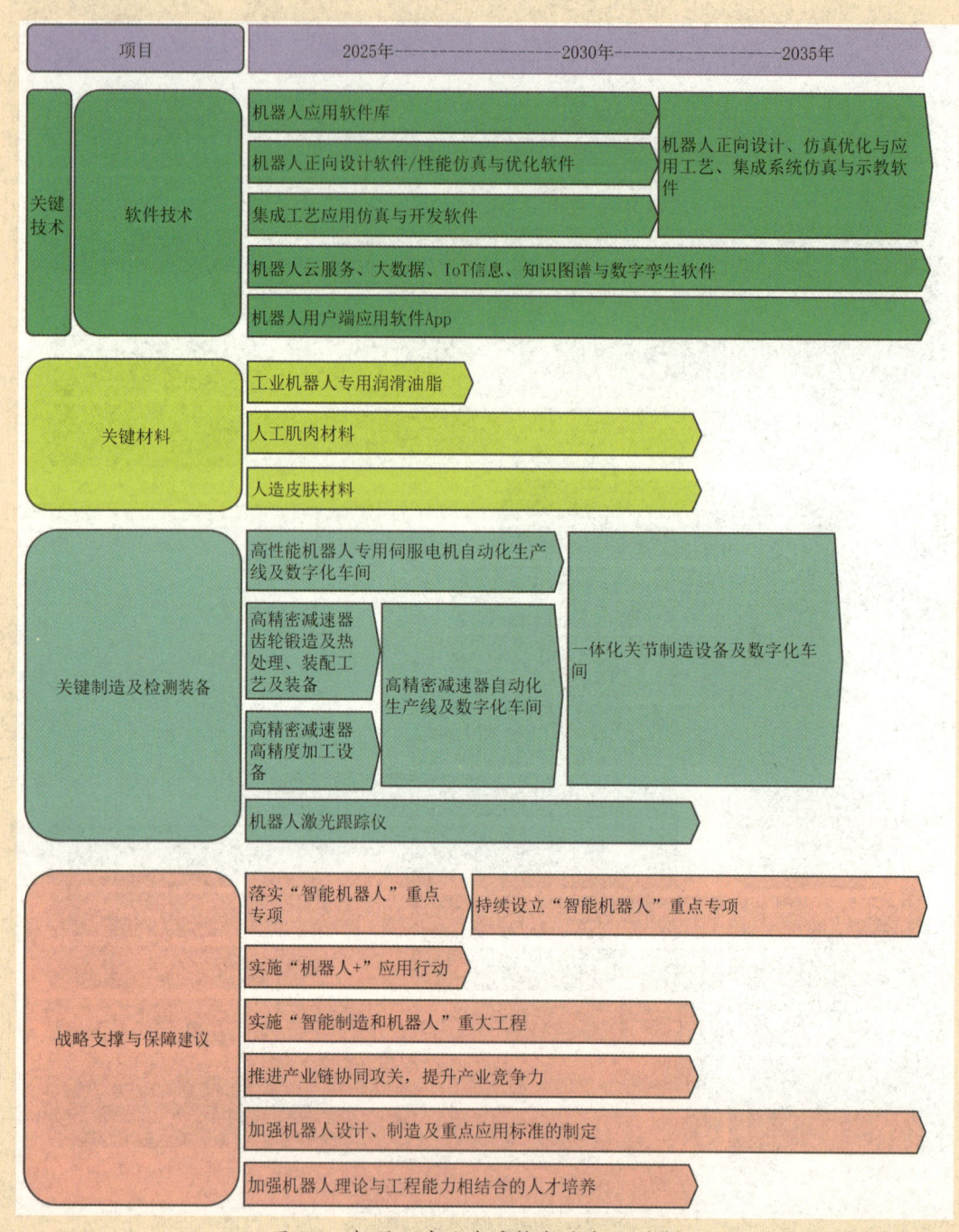

项目	2025年 —————— 2030年 —————— 2035年
关键技术 / 软件技术	机器人应用软件库 机器人正向设计软件/性能仿真与优化软件 集成工艺应用仿真与开发软件 机器人正向设计、仿真优化与应用工艺、集成系统仿真与示教软件 机器人云服务、大数据、IoT信息、知识图谱与数字孪生软件 机器人用户端应用软件App
关键材料	工业机器人专用润滑油脂 人工肌肉材料 人造皮肤材料
关键制造及检测装备	高性能机器人专用伺服电机自动化生产线及数字化车间 高精密减速器齿轮锻造及热处理、装配工艺及装备 高精密减速器自动化生产线及数字化车间 一体化关节制造设备及数字化车间 高精密减速器高精度加工设备 机器人激光跟踪仪
战略支撑与保障建议	落实"智能机器人"重点专项 持续设立"智能机器人"重点专项 实施"机器人+"应用行动 实施"智能制造和机器人"重大工程 推进产业链协同攻关，提升产业竞争力 加强机器人设计、制造及重点应用标准的制定 加强机器人理论与工程能力相结合的人才培养

图 2-2 机器人产业发展技术路线图（续）

航空航天装备

飞机

飞机领域重点发展的产品是干线飞机、支线飞机、直升机、新能源飞机、无人机、其他飞机。

航空机载设备与系统

航空机载设备与系统领域重点发展的产品是机电系统、航电系统、飞控系统。

航天设备

航天设备领域重点发展的产品/系统/工程是航天运输系统、国家空间基础设施、空间科学探索工程、载人航天与深空探测工程、空间环境治理系统、航天发射场与测控系统。

飞机

飞机是为国民经济、社会发展和人民交通出行提供服务的空中运载工具，主要包括干线飞机、支线飞机、直升机、新能源飞机、无人机、其他飞机等。

需求

航空运输和通用航空服务需求的不断增长为飞机制造业发展创造了广阔的市场空间。预计未来10年，全球将需要干线飞机1.9万架、支线飞机0.29万架、直升机1.2万架，其他飞机1.83万架，总价值约3万亿美元；同时，随着我国空域管理改革和低空空域开放的推进，国内通用飞机、直升机和无人机市场巨大。

目标

2025年，民用飞机产业年营业收入超过2000亿元；280座级双通道干线飞机力争研制成功；150座级单通道干线飞机、70座级先进涡桨支线飞机实现产业化。

2030年，民用飞机产业年营业收入超过3000亿元；280座级双通道飞机实现批量交付，350座级双通道干线飞机、超声速民用支线飞机研制取得重要突破。

2035年，民用飞机产业年营业收入超过4000亿元；350座级双通道干线飞机、超声速民用支线飞机研制成功；280座级双通道飞机实现产业化。

发展重点

1. 重点产品

▶ **干线飞机**

❖ 单通道干线飞机

130~200座级、单通道、高亚声速、中短途运输机。

❖ **双通道干线飞机**

250~350 座级、双通道、高亚声速、中远程运输机。

❖ **远程大型宽体飞机**

350~450 座级、高亚声速、远程运输机。

▶ **支线飞机**

❖ **先进涡扇支线飞机**

70~120 座级中短途涡扇运输机。

❖ **涡桨支线飞机**

50~60 座级短途涡桨运输机。

❖ **先进 70 座级涡桨支线飞机**

70 座级涡桨支线飞机。

❖ **超声速支线飞机**

30 座级超声速支线飞机。

▶ **直升机**

❖ **重型直升机**

最大起飞质量为 30~40t，主要用于消防、设备物资吊运及安装、应急救援、陆上/海上执法等领域。

❖ **先进中型多用途直升机**

最大起飞质量为 7t，载客 16 名。

❖ **先进轻型双发直升机**

最大起飞质量为 3~4t，载客 8 名。

❖ 现有产品改进型

对 1 吨级轻型活塞单发直升机、2 吨级轻型民用直升机、4 吨级双发多用途直升机和 13 吨级大型民用运输直升机等现有产品实施综合改进，提高使用寿命、可靠性和产品质量。

▶ 新能源飞机

❖ 电动飞机

电动轻型运动飞机、电动城市空运飞行器、电动通勤运输飞机、电动航空旅行飞机等。

❖ 氢能源飞机

轻型氢能源运动飞机、氢能源城市空运飞行器等。

▶ 无人机

❖ 勘察无人机

用于石油管道、煤气管道、光伏电站勘察，电力巡线，大气取样及国土资源勘察等。

❖ 监视无人机

用于交通流量监测、消防现场监控、警用无人机执法、重点地区治安监控及大型活动监控等。

❖ 作业无人机

用于森林防/灭火、农业植保及电力管线杂物清除等。

❖ 物流无人机

用于小批量、中短途货物运输。

► 其他飞机

❖ 多用途飞机

最大起飞重量1t左右，用于培训、娱乐、空中测绘等作业。

❖ 特种飞机

最大起飞重量50t左右，用于救援/灭火、森林防护、水上运输、水面巡查、水面应急搜救等作业。

2. 关键共性技术

► 大型民机绿色综合设计与验证技术

采用多学科优化、新概念布局等手段进行高效、环保飞行器设计与验证，实现未来低油耗、低排放、低噪声绿色飞行。

► 新能源飞机综合设计与验证技术

开展锂离子电池、燃料电池、超级电容、结构功能一体化储能装置等机载储能技术研究，高效高功重比发电机、电动机、电力电子设备技术研究，以及电网架构、热管理、氢能源安全储存及使用、综合能量管理等技术研究。

► 新概念民机总体综合设计与验证技术

开展超声速客机总体布局设计、声爆预测及低声爆设计、飞发集成技术、气动设计及高低速匹配技术、重心控制及操稳控制技术、超声速客机舱外低噪声设计、超声速客机结构设计及选材等关键技术研究与验证。

► 高舒适直升机综合设计与验证技术

通过对动载荷、传动路径和机体响应的综合分析和设计，降低直升机的振动和噪声水平，提升直升机的可靠性和舒适性。

▶ 复合材料典型主体结构制造与成型装配技术

研究并突破热固性树脂基复合材料应用到机翼、机身等主体结构所需的设计分析、制造工艺、试验验证、成型装配等关键技术。

▶ 大型轻量化整体及高强金属结构制造技术

以机身壁板、机翼壁板以及起落架、框梁肋等部件为主要对象，重点开展钛合金、铝合金、铝锂合金、高强钢等金属结构的制造工艺研究。

▶ 无人机安全运营支撑技术

突破无人机环境感知和规避防撞技术，基于移动互联网的无人机测控/信息/控制/导航技术、同一空域内无人机飞行走廊和安保性设计技术、无人机安全飞行测试/评估及实验技术等，提高无人机运营安全管控能力。

▶ 大型民机智能飞行与维护管理技术

突破人机混合智能飞行瓶颈技术，完成混合飞行验证。突破飞行健康管理瓶颈技术，形成集飞行状态数据、部件故障数据、寿命预测、机队管理、地面运营于一体的综合健康管理系统集成技术体系。

3. 关键材料

▶ 轻质高强高韧结构材料技术

大型复杂薄壁钛/铝铸件批次性能可控，实现稳定加工生产；中强耐损伤铝合金技术成熟度达到 7 级以上；第三代铝锂合金抗疲劳性能提升 30%，实现 100% 回收；金属/纤维混杂材料（金属层板材料）逐步开展设计开发的应用研究。

▶ 高强度三维编制复合材料技术

突破高强度三维编制复合材料制备技术，批次性能可控，实现稳定加工生产。

4. 关键专用制造装备

▶ 碳纤维自动丝束铺放设备

突破铺丝头、纤维束牵丝分配辅助装置、加热装置设计制造等关键技术，满足民机大型机身和复杂曲面碳纤维复合材料结构的高效精密制造要求；突破机器人铺放相关技术，满足民机小曲度曲面碳纤维复合材料结构的高效低成本制造要求。

▶ 大型壁板自动化钻铆设备

突破钻铆头、数控托架系统、柔性定位系统设计制造等关键技术，满足民机大型机体结构的高效精密制孔和铆接要求；突破机器人钻铆相关技术，满足民机复杂结构的高效低成本制造要求。

■ 战略支撑与保障

（1）加强民用航空器标准规范和适航能力建设。建立以市场为导向、以企业为主体的开放式民用航空器标准规范体系，大力推进民用航空标准化创新，着力解决民用航空器研制的核心技术标准和基础标准问题；提高适航审定和验证能力，增加审定机构和人员，提高审定和验证技术，拓展国际双边适航，满足民机工业发展需要。

（2）支持发展国产 CAD/CAE/CAM 工业设计软件。实行自主开发 CAD/CAE/CAM 工业设计软件，破解工业设计软件"卡脖子"问题。

（3）健全气动/结构设计与验证技术发展。健全飞行器气动设计与试验技术和结构设计与试验技术，设计先进航空技术领先验证计划，发展中国系列航空技术验证机，率先形成需求和市场影响力。重点发展以高效率、高智能、低排放、低噪声为主要特征的系列民用航空技术验证机，为最终投入市场的民机提供完备的技术储备，大幅度降低研发风险，缩短研制周期，形成强大的航空产品竞争力。

（4）制定通用飞机发展纲要，支持国产民机市场营销和服务保障体系建设。制定我国通用飞机发展纲要和配套政策，加大力度促进国产通用飞机工业发展；同时，成立通用航空制造业协会，引导通用航空产业快速健康发展。建设完整的民机营销和服务保障体系，增强我国民机产业的国际竞争力、扩大外贸出口。

（5）鼓励发展具有自主知识产权的专用关键工艺装备，提高保障能力。制定航空专用工艺装备发展规划，重点关注特殊的、关键的、买不到的工艺装备；对国产航空专用工艺装备研制和使用实行鼓励政策扶持。

技术路线图

飞机技术路线图如图 3-1 所示。

3 航空航天装备

项目	2025年	2030年	2035年
需求	全球将需要干线飞机1.9万架、支线飞机0.29万架、通用飞机1.83万架、直升机1.2万架，总价值约3万亿美元。随着空域开放的不断推进，国内通用飞机、直升机和无人机市场巨大		
目标	民用飞机产业年营业收入超过2000亿元；280座级双通道干线飞机力争实现研制成功；150座级单通道干线飞机、70座级先进涡桨支线飞机实现产业化	民用飞机产业年营业收入超过3000亿元；280座级双通道干线飞机实现批量交付，350座级双通道干线飞机、超声速民用支线飞机研制取得重要突破	民用飞机产业年营业收入超过4000亿元；350座级双通道干线飞机、超声速民用支线飞机研制成功；280座级双通道飞机实现产业化

重点产品

干线飞机
- 150座级单通道飞机实现批量交付和系列化发展 → 根据市场需求改型升级或开展新一代研制
- 280座级双通道飞机基本型完成研制和交付 → 280座级双通道飞机实现批量交付和系列化发展
- 350座级远程宽体客机完成基本型论证 → 350座级远程宽体客机基本型首飞

支线飞机
- 先进涡扇支线飞机实现批量交付和系列化发展 → 先进涡扇支线飞机精品型完成研制 → 视情开展新一代涡扇支线飞机研制
- 涡桨支线飞机实现批量交付 → 涡桨支线飞机市场适应性改型和系列化发展
- 先进70座级涡桨支线飞机完成研制交付 → 先进70座级涡桨支线飞机实现批量交付 → 先进70座级涡桨支线飞机改型和系列化发展
- 超声速支线飞机概念方案研究和关键技术攻关 → 完成30座级超声速支线飞机研制

直升机
- 重型直升机完成研制交付 → 重型直升机改进改型和系列化发展
- 先进轻型双发直升机完成研制交付 → 先进轻型双发直升机实现批量交付 → 先进轻型双发直升机改进改型
- 先进中型多用途直升机完成研制交付 → 先进中型多用途直升机实现批量交付 → 先进中型多用途直升机改进改型
- 1吨级、2吨级、4吨级、13吨级现有产品综合改进改型

新能源飞机
- 4座电动轻型运动飞机完成交付 → 4座水上电动轻型运动飞机完成研制交付
- 氢能源飞机概念方案研究和关键技术攻关

图 3-1 飞机技术路线图

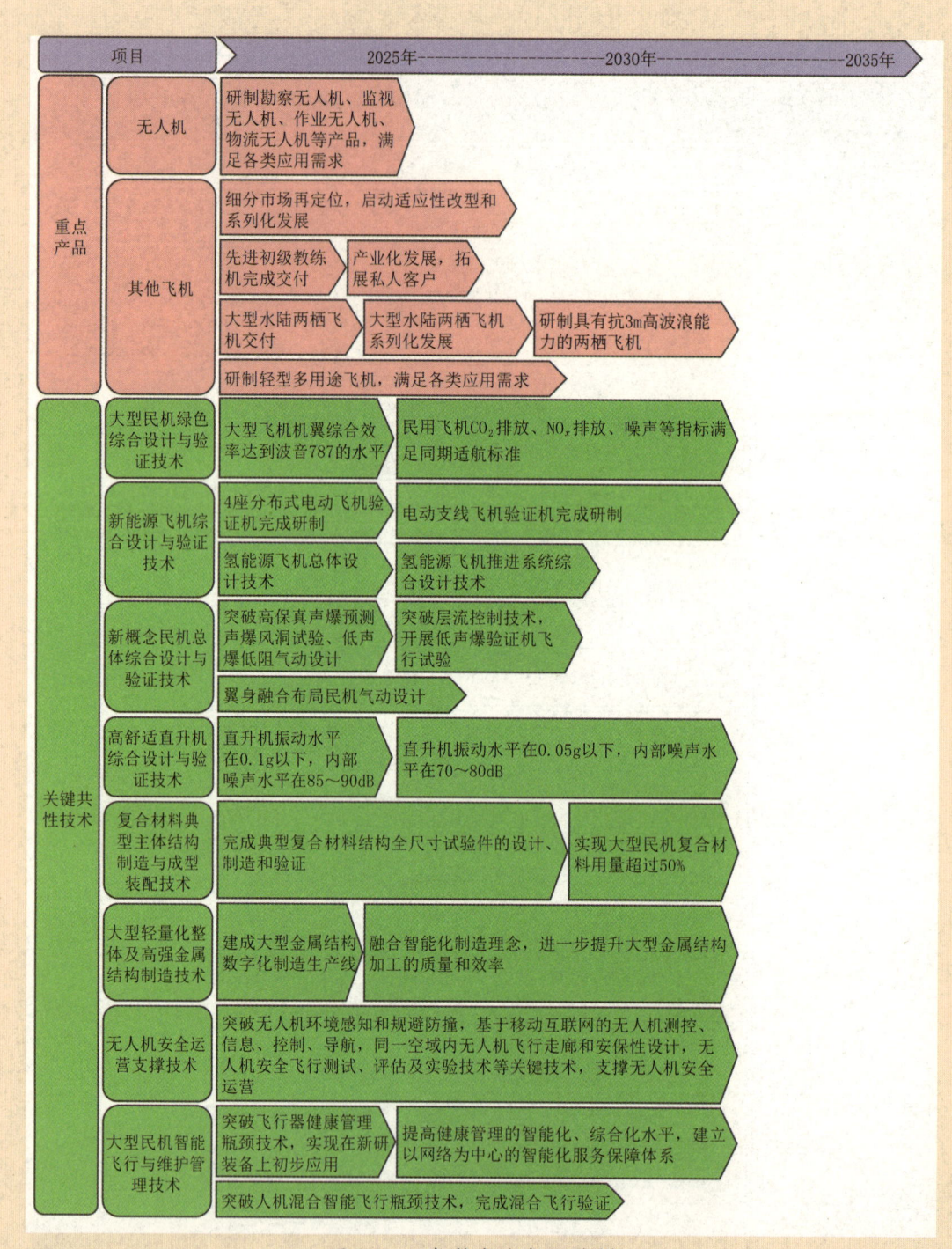

项目	2025年	2030年	2035年
重点产品			
无人机	研制勘察无人机、监视无人机、作业无人机、物流无人机等产品，满足各类应用需求		
其他飞机	细分市场再定位，启动适应性改型和系列化发展		
	先进初级教练机完成交付	产业化发展，拓展私人客户	
	大型水陆两栖飞机交付	大型水陆两栖飞机系列化发展	研制具有抗3m高波浪能力的两栖飞机
	研制轻型多用途飞机，满足各类应用需求		
关键共性技术			
大型民机绿色综合设计与验证技术	大型飞机机翼综合效率达到波音787的水平	民用飞机CO_2排放、NO_x排放、噪声等指标满足同期适航标准	
新能源飞机综合设计与验证技术	4座分布式电动飞机验证机完成研制	电动支线飞机验证机完成研制	
	氢能源飞机总体设计技术	氢能源飞机推进系统综合设计技术	
新概念民机总体综合设计与验证技术	突破高保真声爆预测声爆风洞试验、低声爆低阻气动设计	突破层流控制技术，开展低声爆验证机飞行试验	
	翼身融合布局民机气动设计		
高舒适直升机综合设计与验证技术	直升机振动水平在0.1g以下，内部噪声水平在85~90dB	直升机振动水平在0.05g以下，内部噪声水平在70~80dB	
复合材料典型主体结构制造与成型装配技术	完成典型复合材料结构全尺寸试验件的设计、制造和验证	实现大型民机复合材料用量超过50%	
大型轻量化整体及高强金属结构制造技术	建成大型金属结构数字化制造生产线	融合智能化制造理念，进一步提升大型金属结构加工的质量和效率	
无人机安全运营支撑技术	突破无人机环境感知和规避防撞，基于移动互联网的无人机测控、信息、控制、导航，同一空域内无人机飞行走廊和安保性设计，无人机安全飞行测试、评估及实验技术等关键技术，支撑无人机安全运营		
大型民机智能飞行与维护管理技术	突破飞行器健康管理瓶颈技术，实现在新研装备上初步应用	提高健康管理的智能化、综合化水平，建立以网络为中心的智能化服务保障体系	
	突破人机混合智能飞行瓶颈技术，完成混合飞行验证		

图 3-1 飞机技术路线图（续）

项目	2025年	2030年	2035年
关键材料	大型复杂薄壁钛/铝零件实现稳定加工生产	第三代铝锂合金抗疲劳性能提升30%，实现100%回收	金属/纤维混杂材料逐步应用
	突破高强度三维编织复合材料制备技术		
	热塑性复材原材料和基本原理研究	热塑性复合材料固化工艺参数和原型件测试	热塑性复合材料结构件试制和验证
关键专用制造装备	突破铺丝头、纤维束牵丝分配辅助装置、加热装置设计制造技术	突破机器人铺放相关技术，研制成功大型壁板自动丝束铺放设备及机器人铺放设备	突破铺放过程中的自动化检测技术，在丝束铺放设备中集成自动化检测装置
	突破钻铆头、数控托架系统、柔性定位系统设计制造技术	突破机器人钻铆相关技术，研制成功大型壁板自动化钻铆设备及机器人钻铆设备	突破新概念协作机器人钻铆技术，研制双机器人或人机协作钻铆验证单元
战略支撑与保障	建立以市场为导向、以企业为主体的开放式民用航空器标准规范体系，提高适航审定和验证能力，增加审定机构和人员，拓展国际双边适航		
	实行自主开发CAD/CAE/CAM工业设计软件		
	健全飞行器气动设计与试验技术和结构设计与试验技术，并设立先进航空技术领先验证计划		
	制定通用飞机发展纲要，成立通用航空制造业协会，并建立相对完善的国产民机市场营销和服务保障体系		
	制定航空专用工艺装备发展规划，对国产航空专用工艺装备研制和使用实行鼓励政策扶持		

图 3-1 飞机技术路线图（续）

航空机载设备与系统

航空机载设备与系统及配套包括航空电子、飞行控制、航空机电系统和元器件等配套产业。航空机载设备与系统及配套是提高国产飞机性能、实现航空工业自主创新、形成航空产业竞争力的重要保障。

需求　国产大型客机的快速发展对机载系统自主供应能力需求强烈,国内外各类在研、在产、在役的飞机、直升机型号对航空机载设备与系统及配套需求迫切。

目标　2025年,在关键航空机载设备与系统领域培养若干个系统级供应商;建立长期、稳固、高质量和可信赖的元器件配套体系和完整的产业链。

2030年,建立具有竞争力的航空设备与系统供应商体系。

2035年,航空机载设备与系统供应商体系迈入世界航空强国行列,具备国际竞争力。

发展重点

1. 重点产品

▶机电系统

◆液压系统

包含液压泵、液压马达、伺服阀等主要器件。实现基于35MPa的高压系统设计,实现分布式液压系统在国产民用飞机的应用。

◆电力系统

包含储电、起发电机等主要器件。实现宽变频交流电源系统和分布式自动配电，单通道功率大于 250kV·A；研制出基于 230 V /400V 的大功率电力变换装置。

❖ **环控系统**

包含压缩机、换热器等主要器件。实现三轮升压式高压除水制冷系统装备国产运输机，掌握四轮升压式环控系统技术，研制出电动环控系统。

❖ **起落架制动系统**

包含轮速传感器、制动装置、起落架支柱等主要器件。实现自适应防滑制动和绿色滑行。

❖ **电推进系统**

包含高功率电机、混合动力装置等主要器件。具备启动/发电一体化功能，实现多电型组合动力装置装机应用。

❖ **客舱设备系统**

掌握水/废水系统压力供水、真空冲洗技术，实现水/废水系统在民机上装机应用。

❖ **货运系统**

实现集装式系统在大中型飞机上的应用，实现滑毯式系统在客用型飞机货舱的应用。

▶ **航电系统**

❖ **综合导航系统**

包含仪表着陆系统、卫星导航系统、无线电导航系统。

❖ **大气数据与惯性基准系统**

包含惯性基准系统（IRS）和大气数据系统（ADS）。

❖ **座舱显控系统**

平视显示器；视觉增强系统（EVS）；飞行、导航、发动机参数和飞机状态信息的显示及人机交互功能；机组告警功能。

❖ 通信系统

VHF、HF 通信系统；地空数据通信系统。

❖ 综合监视系统

S 模式应答机；气象雷达；空中告警与防撞系统。

❖ 机载信息系统

飞行数据记录仪；电子飞行包（EFB）。

❖ 机载维护系统

具备状态监测、故障检测与隔离及趋势分析等功能，健康评估模型的预测逼真度不低于 80%。

▶ 飞控系统

❖ 主飞行控制系统

具备主动控制功能，掌握主动侧杆技术；部分操纵面采用电作动器；实现主飞控、自动飞行、高升力一体化系统综合的能力。

❖ 自动飞行系统

具备高度、速度、航迹一体化控制能力；实现自动飞行控制。

❖ 高升力系统

实现先进高升力系统装备国产干、支线客机；研制出采用分布式驱动、自适应等新技术的高升力系统。

2. 航空机载设备关键元器件

▶ 显示组件

适用于机载条件下的高可靠性、大容量显示及有机发光二极管显示器；数字像源等新型机载显示组件。

▶ 大功率电力器件

碳化硅二极管与 JFET/MOSFET 芯片。

▶ 航空专用传感器

油液、气体、温度、压力等航空传感器；基于新型敏感材料、新型封装材料、新型导电材料等新材料的传感器。

▶ 智能蒙皮微机电系统

柔性机翼和智能蒙皮需要的微机电系统。

3. 关键技术

▶ 机电系统关键技术

❖ 液压系统关键技术

包括高压液压系统供能技术；高压低脉动可靠传输技术；高功重比液压作动技术；电静液作动技术。

❖ 电力系统关键技术

包括高速大功率电源技术；高可靠、容错的配电技术；启发电一体化技术。

❖ 环控系统关键技术

包括电动环控技术；能热综合管理技术；高效制冷/热技术；机载储冷/热技术；座舱压力调节技术。

❖ 起落架制动系统关键技术

包含起落架结构强度设计技术；起落架收放技术；前轮转弯技术；多电制动技术；自适应防滑制动技术；绿色滑行技术。

- **电推进系统关键技术**

  包括混合动力功能技术；电能分配与管理技术；高功率电机技术。

▶ **航电系统关键技术**

- **综合模块化航电系统关键技术**

  包括开放式航电架构设计与评估技术；面向 IMA 的机载综合处理与网络系统技术。

- **综合监视系统关键技术**

  包括空中交通告警与防撞技术；地形感知与告警技术；气象探测与监视技术。

- **通信系统关键技术**

  包括甚高频通信、高频通信技术；数据链通信技术；应急定位发射技术。

- **导航系统关键技术**

  包括精密进近与着陆引导技术；多模式卫星导航技术；无线电导航技术。

- **大气数据与惯性基准系统关键技术**

  包含惯性基准系统（IRS）和大气数据系统（ADS）关键技术，实现大气和惯性数据的采集、处理和使用。

- **座舱显控系统关键技术**

  包括状态监控技术；人机交互技术。

- **机载信息系统关键技术**

  包括机载信息一体化技术；飞行地面信息一体化技术；机载网络安全技术；飞行数据记录技术。

- **飞行管理系统关键技术**

  包括飞行引导技术；性能计算与预测技术；导航数据库技术；飞行计划技术；航路规划系统技术。

► **飞控系统关键技术**

包括主飞行控制、自动飞行控制、高升力飞行控制一体化设计与验证技术；电传飞控系统设计技术；多电飞控系统架构设计技术。

► **共性关键技术**

包括机载系统健康管理技术；机载系统适航符合性验证技术；机载系统数字孪生技术；机载软件开发与验证技术。

战略支撑与保障

（1）成立国家机载设备与系统重点实验室。成立机载设备与系统重点实验室，加大投入力度，加强基础研究和关键技术预先研究，实现技术跨越式发展，全面提升我国航空机载设备与系统技术能力。

（2）实施航空机载设备与系统国家级专项计划。实施机载设备与系统国家级专项计划，加强航空机载设备与系统适航认证工作，研制满足国内外适航规定的机载系统，并培育系统级供应商，为国际和国内民机提供系统级的货架产品。

技术路线图

航空机载设备与系统技术路线图如图 3-2 所示。

项目	2025年	2030年	2035年
需求	国产大型客机发展对机载系统自主供应需求强烈	各类在研、在产、在役飞机型号相关配套需求	
目标	2030年力争实现产业链安全可控，培养一批具有国际竞争力的航空机载设备与系统供应商	2035年力争实现产业链自主可控，进一步提高国内供应商产业的国际竞争力，显著提高国产产品市场占有率	

重点产品

机电系统

液压系统	液压泵、液压马达、伺服阀等	35MPa的高压系统设计和分布式液压系统
电力系统	储电、起发电机、分布式自动配电	基于230V/400V的大功率电力变换装置
环控系统	压缩机、换热器等	三轮升压式高压除水制冷系统、四轮升压式环控系统
起落架制动系统	轮速传感器、制动装置	起落架支柱
电推进系统	高功率电机	混合动力装置
客舱设备系统	水/废水系统压力供水、真空冲洗	
货运系统	集装式系统在大中型飞机上的应用	滑毯式系统在客用型飞机货舱的应用

航电系统

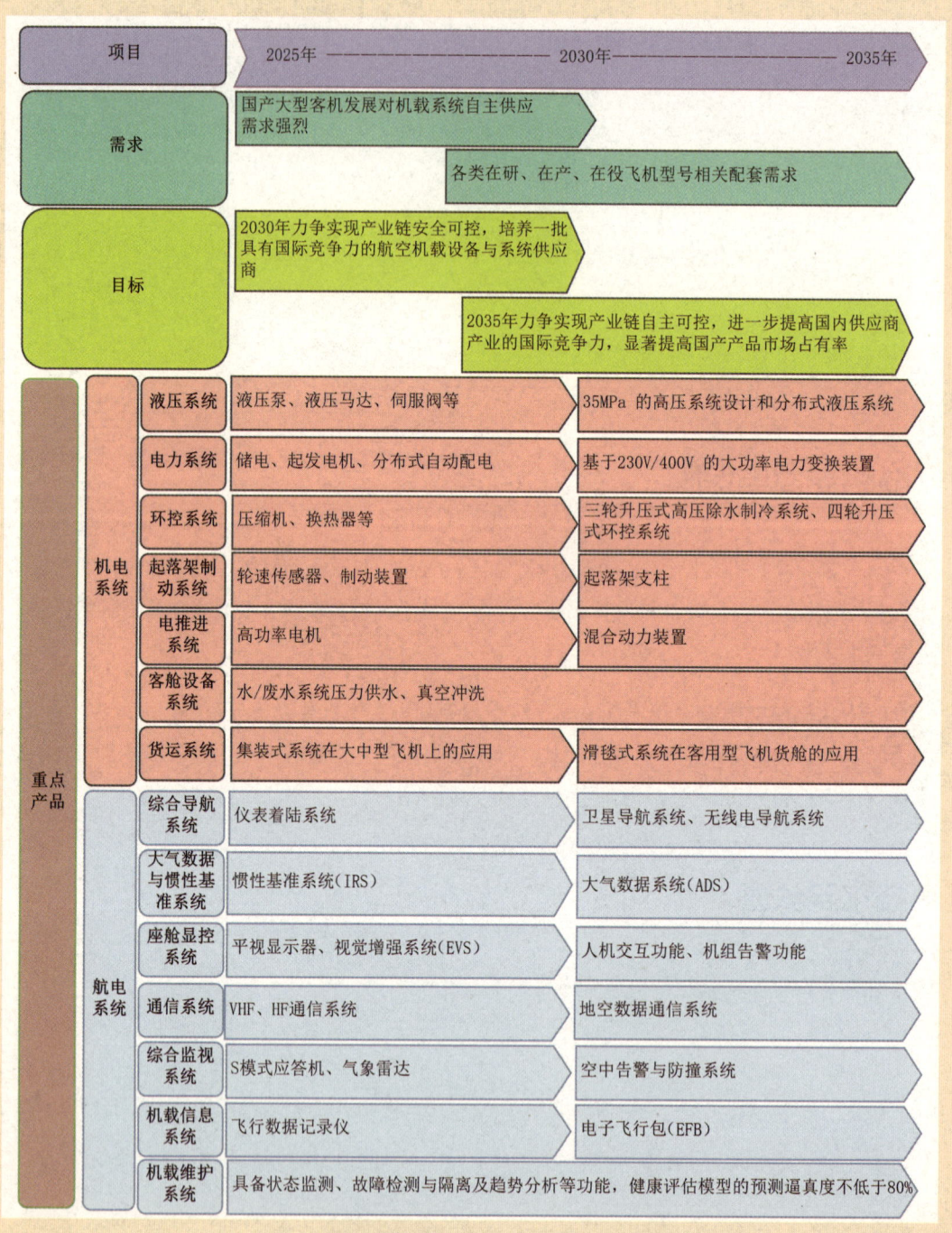

综合导航系统	仪表着陆系统	卫星导航系统、无线电导航系统
大气数据与惯性基准系统	惯性基准系统（IRS）	大气数据系统（ADS）
座舱显控系统	平视显示器、视觉增强系统（EVS）	人机交互功能、机组告警功能
通信系统	VHF、HF通信系统	地空数据通信系统
综合监视系统	S模式应答机、气象雷达	空中告警与防撞系统
机载信息系统	飞行数据记录仪	电子飞行包（EFB）
机载维护系统	具备状态监测、故障检测与隔离及趋势分析等功能，健康评估模型的预测逼真度不低于80%	

图 3-2 航空机载设备与系统技术路线图

3 航空航天装备

项目	2025年	2030年	2035年
重点产品			
飞控系统 — 主飞行控制系统	主动控制功能，主动侧杆技术，部分操纵面采用电作动器		主飞控、自动飞行、高升力一体化
飞控系统 — 自动飞行系统	高度、速度、航迹一体化控制能力		自动飞行控制
飞控系统 — 高升力系统	高升力系统装备国产干、支线客机		采用分布式驱动、自适应等新技术的高升力系统
关键元器件			
显示组件	高可靠性、大容量显示及有机发光二极管显示器		数字像源等新型机载显示组件
大功率电力器件	碳化硅二极管与 JFET/MOSFET 芯片		
航空专用传感器	油液、气体、温度、压力等航空传感器		基于新型敏感材料、新型封装材料、新型导电材料等新材料的传感器
智能蒙皮微机电系统	柔性机翼和智能蒙皮需要的微机电系统		
关键技术			
机电系统 — 液压系统	高压液压系统供能技术	高压低脉动可靠传输技术	高功重比液压作动技术；电静液作动技术
机电系统 — 电力系统	高速大功率电源技术	高可靠、容错的配电技术	启发电一体化技术
机电系统 — 环控系统	电动环控技术；高效制冷/热技术；机载储冷/热技术	能热综合管理技术	座舱压力调节技术
机电系统 — 起落架制动系统	起落架结构强度设计技术；起落架收放技术；绿色滑行技术；前轮转弯技术	自适应防滑制动技术；多电制动技术	
机电系统 — 电推进系统	混合动力功能技术	电能分配与管理技术；高功率电机技术	
航电系统 — 综合模块化航电系统	开放式航电架构设计与评估技术	面向IMA的机载综合处理与网络系统技术	

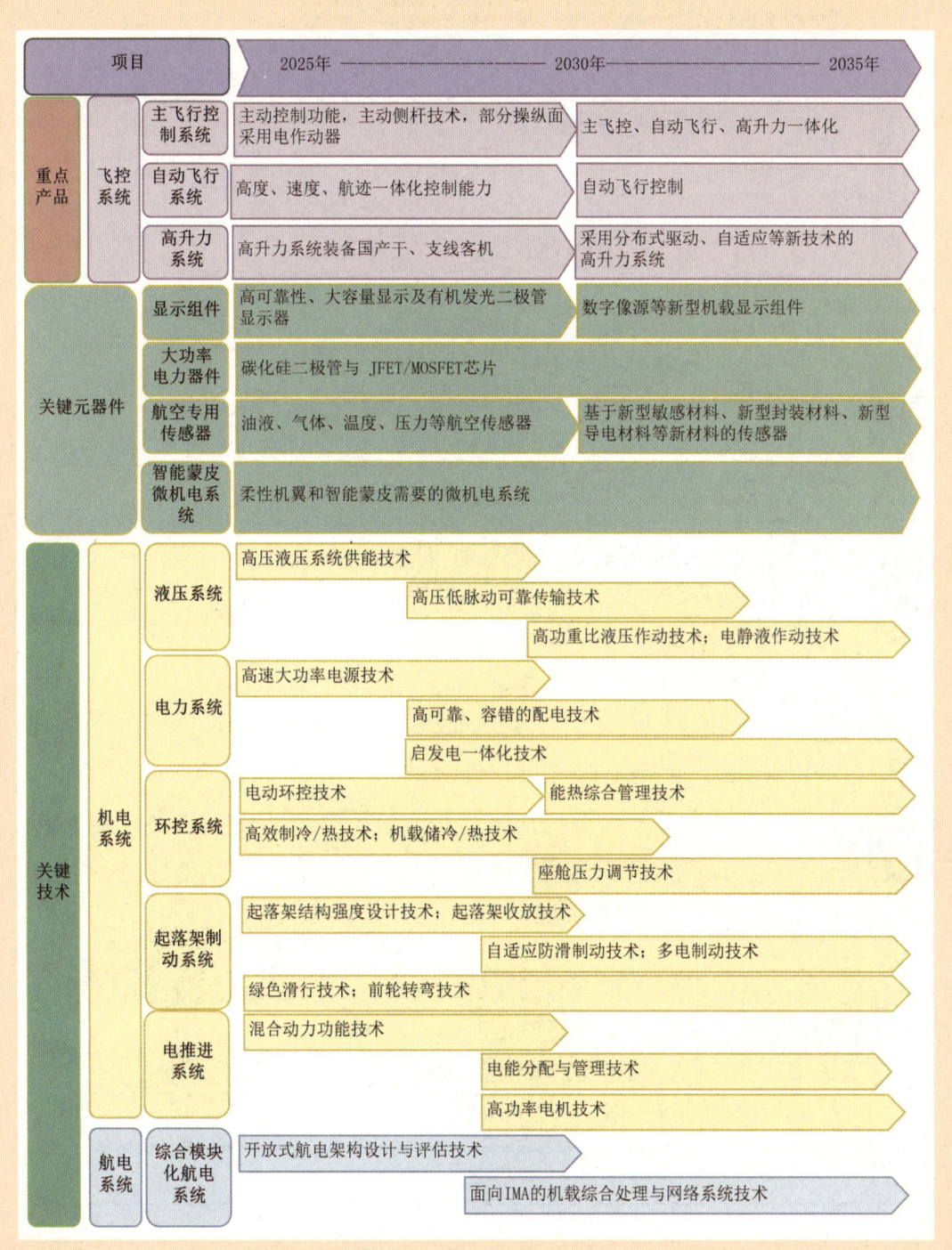

图 3-2 航空机载设备与系统技术路线图（续）

项目	2025年 —————— 2030年—————— 2035年
关键技术	
航电系统	
综合监视系统	空中交通告警与防撞技术 地形感知与告警技术 气象探测与监视技术
通信系统	甚高频通信、高频通信技术 数据链通信技术 应急定位发射技术
导航系统	精密进近与着陆引导技术 多模式卫星导航技术 无线电导航技术
大气数据与惯性基准系统	大气数据测量技术 惯性导航技术
座舱显控系统	状态监控技术 人机交互技术
机载信息系统	机载信息一体化技术 飞行地面信息一体化技术 机载网络安全技术；飞行数据记录技术
飞行管理系统	飞行引导技术；性能计算与预测技术；导航数据库技术； 飞行计划技术；航路规划系统技术
飞控系统	主飞行控制、自动飞行控制、高升力飞行控制一体化设计与验证技术 电传飞控系统设计技术 多电飞控系统架构设计技术
共性关键技术	机载系统健康管理技术 机载系统数字孪生技术 机载软件开发与验证技术　机载系统适航符合性验证技术
战略支撑与保障	成立国家机载设备与系统重点实验室 实施航空机载设备与系统国家级专项计划

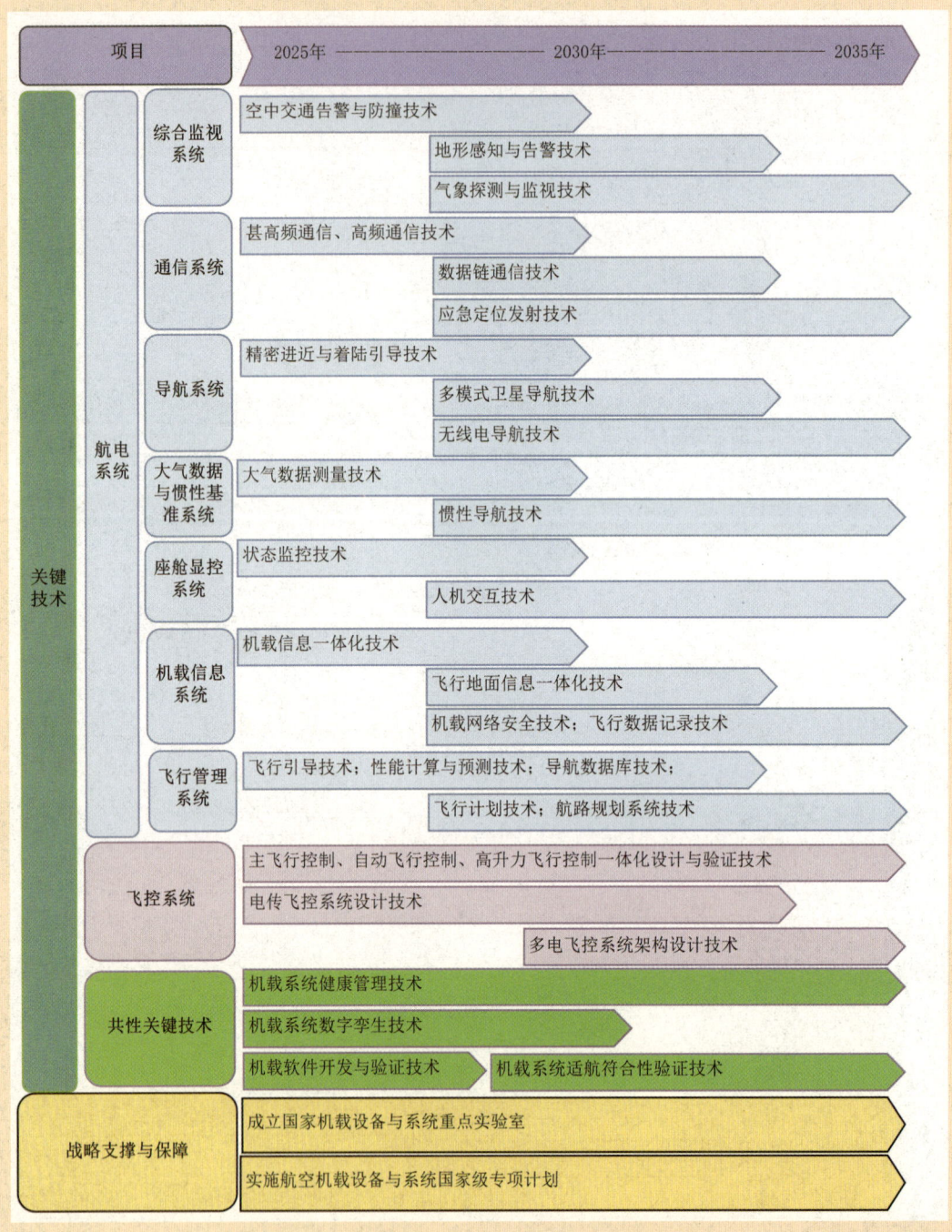

图 3-2　航空机载设备与系统技术路线图（续）

航天装备

航天装备主要指运载火箭等航天运输系统装备，卫星、飞船、深空探测器等空间飞行器，以及航天发射、测控、地面数据与服务等基础性地面系统设备。航天装备水平是代表一国航天能力的核心标志，也是衡量综合国力的重要标志之一。

需求

21 世纪以来，航天技术发展极大地促进了生产力发展和人类文明进步，以卫星应用为主的空间应用已经成为国家创新管理、保护资源环境、提供普遍信息服务以及培育新兴产业不可或缺的手段。

当前，航天领域商业创新活跃，快速推进航天产品研制模式创新，太空活动向更普遍、更高效方向转型，世界航天产业日益向低成本、集约化、规模化发展。根据美国卫星产业协会 2022 年最新数据，2021 年全球航天经济增长 4%，达到 3860 亿美元。与此同时，中国航天进入创新发展"快车道"，国家空间基础设施建设稳步推进，北斗全球卫星导航系统进入持续稳定运行、规模应用发展新阶段，商业航天蒸蒸日上，空间信息消费市场快速发展，2021 年我国卫星导航与位置服务产业总产值达 4690 亿元，增长 16.29%，预计 2025 年卫星应用产业规模近 1 万亿元，2035 年可达 3 万亿元。当前，在卫星应用方面，对高可靠、高精度卫星导航定位授时能力，广覆盖、高效能信息传输分发能力，高时间与空间分辨率、多要素综合探测和智能化、定量化对地观测能力，以及通导遥综合应用能力等提出了进一步需求，重大航天工程、卫星星座组网则需要进一步发展高可靠大运载能力、大规模高密度发射能力。面向未来，建设航天强国、支持新一代信息基础设施建设、服务经济社会发展，对进出空间、探索空间和利用空间能力提出了更高、更广泛的需求，需要不断提高自主创新和原创策源能力，建立与国民经济深度融合、多元开放发展的航天科技工业体系，以及优质普惠的应用产业体系，发展先进航天装备，低成本、高效益、成规模、可持续地提供太空产品与服务，为经济社会和科技发展提供重要推动力，为促进人类文明进步做出更大贡献。

目标

2025年，建成高效、安全、适应性强的航天运输体系，布局合理、全球覆盖、高效运行的国家空间基础设施，形成长期稳定高效的空间应用服务体系。近地载人空间站稳定运行，广泛开展空间科学与应用研究。形成较为完备的深空探测工程和科学应用体系，具备行星际探测能力。空间信息应用自主保障率达到80%，商业化发展模式基本形成，产业化发展达到国际先进水平。

2030年，完成无毒无污染的新一代运载火箭更新换代，新一代载人运载火箭首飞，我国进入空间能力跻身国际前列。发展新一代智能化国家空间基础设施与应用体系，具备全域覆盖、随遇接入、智能自主、泛在服务能力。深空探测工程技术与科学研究体系进一步完善，取得原创性空间科学成果。核心技术及关键材料、核心元器件基本实现自主可控，空间技术应用与经济建设、社会生活深度融合。

2035年，完成重型运载火箭的研制，拥有较为完备的重大中小运载火箭型谱，商业火箭规模化发展，重复使用运载器具备天地往返运输能力。构建形成全域覆盖、全维感知、跨域通联、泛在导航的空间信息网络与服务能力。深空探测工程技术体系能力大幅提升，建成国际月球科研站，具备火星取样返回、探索太阳系主要行星的星际探测能力。太空制造与在轨服务能力实用化，太空资源开发利用等新业态不断拓展，太空经济对经济社会发展的贡献进一步提升。

发展重点

1. 重点产品/系统/工程

▶航天运输系统

构建按需往返、灵活多样、快速机动、经济实用、自主智能的航天运输系统，满足低成本、高密度、高可靠发射需求，大幅度提升我国自主进出空间的能力。完善运载火箭型谱，加速实现运载火箭更新换代，研制发射新一代载人运载火箭和大推力固体运载火箭,优化运载能力梯度,面向商业航天市场需求,发展高费效比商业运载火箭。开展新一代可重复使用、低成本天地往返运输系统研制。研制低温上面级、先进通用上面级,提升轨道转移和轨道部署能力。加快推动重型火箭研制及飞行试验。

▶ **国家空间基础设施**

以协调集约建设、体系化发展和高效服务为主线,建设高速互联的卫星通信系统、全球覆盖的卫星导航授时系统、全域感知的卫星遥感系统,推动通信、导航、遥感卫星融合技术发展,推进空间基础设施智能化发展,不断提升泛在通联、精准时空、全维感知的空间信息服务能力。

❖ **卫星通信广播与数据中继系统**

面向行业及市场应用,发展固定通信广播、移动通信广播和数据中继等卫星系列,研制新一代广播电视传输卫星、高承载比及超大容量宽带通信、全球移动通信、低轨互联网通信、新一代数据中继等卫星系统,多轨道协同建设天地一体化信息网络。面向未来,开展新型通信卫星技术验证与商业应用,逐步建设弹性重构、智能化的天空地海综合信息网络。

❖ **卫星导航定位系统**

统筹推进北斗地基、星基增强系统建设,加强北斗卫星导航系统与其他卫星导航系统的兼容与互操作,形成高质量定位、导航和授时的全球服务能力。启动下一代北斗卫星导航和增强系统建设,逐步构建更加泛在、更加融合、更加智能的国家综合定位导航授时(PNT)体系。

❖ **卫星遥感系统**

按照一星多用、多星组网、多网协同的发展思路,建立多星座协同运行的陆地、海洋、气象卫星业务体系,发展新一代遥感卫星和新型观测手段,逐步形成高、中、低空间分辨率合理配置、多种观测手段优化组合的综合高效全球观测能力。统筹建设和完善遥感卫星接收站网、定标与真实性检验场、数据中心、共享网络平台和共性应用支撑平台,大力发展高值应用服务系统,形成卫星遥感数据全球接收与智能化服务能力。

▶空间科学探索工程

围绕极端宇宙、时空涟漪、日地全景、宜居行星等科学主题，开展爱因斯坦探针、先进天基太阳天文台、太阳风-磁层相互作用全景成像卫星、高精度地磁场测量卫星、空间引力波探测卫星等空间科学卫星研制，持续规划未来空间科学卫星研发，推进空间天文、日球物理、月球与行星科学、空间地球科学、空间基础物理等领域的前瞻探索和基础研究。

▶载人航天与深空探测工程

全面建成并运营中国空间站，打造国家太空实验室，开展航天员长期驻留、大规模空间科学实验、空间站平台维护等工作，不断拓展提升空间实验室能力与应用水平。深化载人登月论证，研制新一代载人飞船，逐步推进载人探索开发地月空间。

研制嫦娥系列月球探测器，完成月球极区采样返回、月球极区高精度着陆和阴影坑飞跃探测，联合开展国际月球科研站建设。继续实施行星探测工程，研制深空探测器群，建立深空探测工程技术体系，完成近地小行星采样和主带彗星探测，开展火星着陆与采样返回探测，开展木星系及行星际穿越探测、太阳边际探测等深空探测活动。

▶空间环境治理系统

研制与建设在轨服务与维护系统，逐步形成轨道救援、故障修复、在轨装配与加工能力、碎片清除能力，保证我国空间设施在轨可靠安全运行。统筹推进空间环境治理体系建设。建设完善空间碎片监测设施体系，全面加强防护力量建设。建设近地小天体防御系统，提升监测、编目、预警和应对处置能力。建设天地结合的空间天气监测系统，持续完善业务保障体系，有效应对灾害性空间天气事件。

▶航天发射场与测控系统

在强化航天产品统一技术体制的基础上，进一步完善现有航天发射场系统，统筹开展发射场通用化、集约化、智能化建设，增强发射场系统任务适应性和可靠性，提升高密度、多样化发射任务支撑能力。建设商业发射工位和商业航天发射场，满足各类商业发射需求。布局智慧航天港。

持续完善现有航天测控系统，发展商业航天测控系统，优化组织模式，加强国际合作、测控联网及测控资源综合运用，强化天地基测控资源融合运用能力，推动构建全域覆盖、泛在互联、安全可靠、灵活响应、天地一体的航天测控体系，统筹实施国家太空系统运行管理。建强深空测控通信网，保障月球、火星等深空探测任务实施。

2. 关键技术

▶高效智能运载火箭关键技术

突破大推力液氧烃发动机、氢氧发动机、发动机深度节流技术、线性调节技术、故障诊断及容错重构技术，重型运载火箭总体设计、大直径箭体结构研制、轻质高效箭体结构设计与制造、低温推进剂加注无人值守、低温推进剂在轨管理，落区控制与垂直起降重复使用技术、运载火箭智能感知与飞行控制技术、智能飞行电气系统等一系列关键技术。

▶先进宇航动力技术

开展固液火箭发动机、吸气式组合动力、新型无毒单组元推进、太阳能源推进、新型电推进、核热推进、光帆推进、电磁发射等先进宇航动力技术研究，开展可重复使用运输系统、轨道转移飞行、高效在轨机动能力等关键技术攻关，探索新概念运输系统技术发展。

▶天地一体化系统及组网技术

发展天地一体化系统设计与集成、技术体制与协议体系、天基密集组网、星群/星座协同控制、卫星编队飞行、卫星网络与地面网络异构融合、大容量/大动态范围星间链路、网络综合管控等关键技术。开展新概念新体制天地一体化系统和组网技术研究。

▶长寿命、高可靠、高定位与高指向精度先进卫星平台

突破高稳定、高定位与高指向精度、大承载和强敏捷遥感卫星平台技术，高功率、高承载比、长寿命先进通信卫星平台技术，发展先进敏捷平台、超静平台、下一代大型地球同步轨道公用平台、高可靠全电推平台、智能化可重构平台技术等。

▶高性能、新型有效载荷技术

发展高分辨率、高精度、高可靠的光学、微波、激光及综合探测、计算式成像等遥感有效载荷技术，双天线 X 波段干涉合成孔径雷达、陆地水资源等卫星技术，高功率、大天线、多频段、多波束、星载数字处理等卫星通信有效载荷技术，突破大容量星载交换载荷、高速激光通信载荷、微纳级芯片卫星技术、高精度原子钟与自主定轨技术，以及太赫兹探测载荷等新型有效载荷技术。开展下一代北斗卫星导航系统导航通信融合、低轨增强等深化研究和技术攻关。发展星上数据智能处理技术、智能自主故障预测和健康管理技术。突破影响有效载荷产品在轨长寿命、高可靠、抗干扰等瓶颈技术。

▶载人航天关键技术

突破近地空间站组合体建造、航天器部件在轨 3D 打印、空间智能机器人、人机协同空间设施建造等关键技术。

▶深空探测关键技术

发展行星际轨道设计、深空测控通信、高精度自主导航与控制、高速再入小型返回器、行星际弱引力天体软着陆、长期生存及采样返回技术、

高效先进空间能源与推进技术、行星探测特殊空间环境适应性与试验技术、近日探测热设计等关键技术。

▶在轨维护与服务关键技术

发展飞行器维修性设计技术，变结构动力学，非合作目标探测、跟踪与测量技术，空间自主交会制导、导航与控制技术，在轨维修维护与重构技术，以及空间碎片清除技术等。

▶航天产品制造关键技术

开展高性能轻合金精密铸造技术、大型薄壁整体结构件精密旋压成型技术、大型复杂曲面薄壁覆盖件充液拉伸成型技术、大型空间光学机构超精密加工等关键产品精密与超精密制造技术、大尺寸复杂复合材料构件制备技术、无重力自动化装配技术、高可靠特种焊接技术、大型火箭固体推进剂连续混合与浇注技术、难加工材料特种加工技术、空间电源制造及组装技术、航天微纳电子制造技术、先进航天表面工程技术、复杂构件高效增材制造技术等一系列航天制造关键技术研发，开展航天新材料、新器件、新工艺在轨试验验证。

3. 关键零部件/元器件

▶航天高性能集成电路与混合集成器件

研制新一代航天专用集成电路设计、制造技术，研制宇航功率驱动模块及IPM组件、宇航用高可靠信息处理及控制SiP等宇航级混合系统集成器件，发展基于多种衬底材料的满足航天器空间恶劣环境长期可靠运行要求的高性能辐照加固集成电路设计、制造、测试、试验能力。构建智能可重构系统平台芯片设计与开发技术平台，开展面向航天应用的人工智能集成电路设计、制造、测试和应用研究。

▶ 航天微波器件

发展航天微波器件与太赫兹器件设计制造技术，突破千瓦/兆瓦级高功率微波器部件及新型高功率太赫兹器件产业化技术。

▶ 微系统

开展微系统集成工程研究，研制高功能密度、高性能、高效低功耗的集成微系统，创新微系统产品体系，突破微系统体系架构设计、多物理场联合建模仿真、智能信息处理芯片、多层次三维集成、多源信息融合、硅与化合物半导体器件的异构集成等关键技术，突破高密度系统耦合与自主重构、超大尺寸器件的微组装、异质集成工艺和TSV三维互联等关键技术，提高航天产品的功能和性能。

4. 关键材料

突破高性能碳纤维及其复合材料、大规格超大规格铝合金、钛合金等工程应用技术，建立由金属材料、无机非金属材料、有机材料、高性能纤维及其复合材料等组成的航天材料骨干体系，实现高性能化、系列化、标准化，支撑航天装备的快速发展。

（1）发展以大尺寸超大尺寸铝锂合金为代表的新一代航天金属材料技术，突破 ϕ10m 量级结构件工程制备技术；发展低成本短流程高性能钛合金材料技术，实现大规格超大规格轻质铝合金、钛合金等金属材料的体系创新和工程应用。

（2）发展长寿命耐特种介质氟醚橡胶材料、长寿命高质量硅橡胶材料、可重复使用耐高温密封材料等无机非金属材料工程化应用技术，进一步拓展航天功能材料使用环境，提升使用可靠性。

（3）持续推进高性能碳纤维及其复合材料工程技术发展，突破高强高模、高强中模、高强高模高韧纤维及其复合材料工程化制备关键技术，实现第二代先进航天结构复合材料工程广泛应用，发展第三代先进航天结构复合材料体系，大幅提升航天装备的量化水平。

（4）发展以超高温低成本碳化物纤维为代表的高性能陶瓷纤维及其复合材料技术，突破各类纤维及其前驱体高性能、高质量、高稳定工程化制备关键技术，实现低成本制备，解决工程尺寸复合材料制备瓶颈，支撑新型航天装备的创新发展。

5. 关键制造装备及检测设备

▶设计制造一体化工程

构建数字化、智能化的研发体系。以三维模型全过程应用为主线，实施设计制造一体化工程，建立产品全生命周期数据管理机制，构建智能制造软装备能力平台，建立航天型号产品数字化综合保障系统，全面提升型号协同研制与全生命周期保障效率。

▶数字/智能车间与工厂建设

开展航天数字/智能车间与工厂建设试点并推广，重点开展智能化制造装备、三维工艺设计/仿真/制造等关键系统建设，打造适应多品种小批量、低成本大批量生产任务的智能生产单元和柔性生产线，建设智能生产管控平台，优化制造模式，建设智能物流与精准供应链，全面提升生产质量与效率，大幅提升航天制造快速响应能力。

▶航天关键制造装备和智能制造成套装备

重点研发关键元器件与复杂结构件精密/超精密制造装备、先进功能性复合材料制备装备、大型复杂异型结构制造装备、大型旋压装备、大型金属壳体内绝热层机械化成型装备、10m级运载火箭贮箱搅拌摩擦焊装备、固体发动机喉衬预置体制造装备、自动化柔性对接装备、先进检测设备、航天增材制造装备、高精度航天器柔顺力控总装机器人等机器人装备、五轴联动大型龙门高精度加工机床、卫星柔性装配数字化生产线成套装备等制造装备。

战略支撑与保障

（1）完善政策法规体系，加快推进航天法立法，完善国家航天政策、数据政策和航天产品与服务定价机制，完善航天发射项目许可管理、空间物体登记管理、科研生产许可管理等法规，依法指导和规范各类航天活动。进一步制定支持商业航天参加空间基础设施建设的具体措施，扩大政府采购商业航天产品和服务范围，确保商业航天企业有序进入退出、公平参与竞争。

（2）面向航天强国建设加强顶层设计与长远规划。论证部署新的重大航天探索工程；加强国家空间基础设施的长远规划与统筹建设，制定卫星频率轨道资源管理条例，重视频轨资源规划、利用与开发；将空间科学作为重大领域进行规划，形成可持续的发展机制和投入保证。

（3）强化重大航天工程的牵引带动作用，超前布局，加强前沿和应用基础研究，建立健全"产、学、研、用"深度融合、开放发展的航天技术创新体系，形成上中下游协同、大中小企业融通的创新发展格局，建立开放、活跃的航天科技人才队伍，进一步巩固我国航天自主创新能力。

（4）完善卫星应用产业发展政策，建立标准统一、机制协同、资源共享、响应灵活的应用服务生态，加快培育卫星应用市场，支持各类市场主体创新卫星应用产品和卫星应用模式。加大重大行业应用基础设施建设，推进区域应用；大力提高卫星应用技术水平，支持和大力发展自主可控的卫星终端产品、应用模型、软件、技术与产品服务，与人工智能、区块链技术等新技术相结合，促进空间信息服务体系效能提升。

（5）优化调整航天科研生产能力结构和布局，持续完善基于系统集成商、专业承包商、市场供应商和公共服务机构的航天科研生产组织体系，建立开放协同的航天供应链与产业链。

（6）加强国际交流合作，加快构建"一带一路"空间信息走廊，推动国际化发展。

技术路线图

航天装备产业发展技术路线图如图3-3所示。

3 航空航天装备

项目	2025年	2030年	2035年
需求	2025年卫星应用产值近1万亿元	2030年卫星应用产值预计达到1.6万亿元	2035年卫星应用产值预计达到3万亿元
	完善运载火箭型谱，以满足无污染、低成本、短周期、高密度发射及高运载能力的需求	重大航天工程对大运载能力的需求，新兴产业发展对航班化航天运输系统的需求	
	卫星导航亚米级、分米级精确定位需求		未来空间高可靠、高精度导航、定位、授时等需求
	新一代信息基础设施建设万物互联、人机交互、天地一体的网络空间对卫星互联网、物联网的发展需求		
	多尺度、多种观测手段、高定位精度、高时间分辨率卫星遥感需求		遥感应急分钟级服务需求
	高清晰、快速反应、低成本、多样化和个性化空间信息服务需求		太空资源开发、太空旅游等新业态发展需求
	地球系统科学、空间科学及基础研究发展需求，极端宇宙现象、暗物质暗能量与时空本质等研究需求		
目标	建成高效、安全、适应性强的航天运输体系和便捷灵活的测运控体系	新一代运载火箭实现更新换代，新一代载人运载火箭首飞	重型运载火箭完成研制，形成低成本、可重复、高可靠、高安全航天运输体系，形成永远在线、安全可靠的航天测运控体系
	建成布局合理、全域覆盖、高效运行的空间基础设施，形成长期稳定高效的空间应用服务体系		建成全域覆盖、随遇接入、智能协同的下一代国家空间基础设施
	建成运营载人空间站，形成较为完备的深空探测工程和科学应用体系，初步具备星际探测能力	建成月球科研试验站，具备载人登月能力，建成完整的深空探测工程技术与科学研究体系，具备探测太阳系主要天体和空间的技术能力	
	空间信息应用自主保障率达到80%以上，精细化、定制化空间信息服务能力不断提升		形成具备全球服务能力的智能化空间信息服务体系，空间信息服务与产业深度融合
	商业化发展模式基本形成	形成高效的商业航天产品与服务体系	商业航天生态全面形成，商业航天服务具备全球竞争力

图 3-3 航天装备产业发展技术路线图

项目	2025年	2030年	2035年
重点产品/系统/工程 — 航天运输系统	完成新一代无毒无污染中型运载火箭研制,推进运载火箭升级换代,持续提升航天运输系统综合性能		
	推进大推力火箭发动机研制完成新一代载人运载火箭等初样研制与地面试验验证	新一代载人运载火箭形成能力,支撑我国载人登月重大工程实施	重型运载火箭实现首飞,航天运输系统的水平和能力进入世界航天强国前列
	发展部分可重复使用、低成本天地往返运输系统	研制成功以火箭发动机为动力的两级重复使用运载器	完成水平起降两级完全重复使用运载器飞行试验
	通用低温上面级等先进上面级	高性能通用长期在轨上面级	先进轨道转移运载器实现长时间在轨应用,智能化上面级进入工程应用
重点产品/系统/工程 — 国家空间基础设施	新一代广播电视传输卫星	高承载比及超大容量宽带通信卫星系统	
	发展新一代卫星移动通信、卫星移动多媒体通信系统,建设低轨移动通信卫星星座	拓展低轨卫星移动通信系统,发展基于激光通信、太赫兹通信的新型空间通信系统	
	构建多轨道协同的卫星通信系统,建设新一代数据中继卫星系统;开展"天基组网、地面跨代、天地互联"的天地一体化信息网络建设		拓展建设弹性重构、智能化的天空地海综合信息网络
	完成北斗全球系统部署,开展补充、备份和增强系统建设,不断提升全球服务能力,推动国家综合定位导航授时(PNT)体系建设	基于北斗的国家综合定位导航授时体系形成综合应用能力	研制脉冲星导航系统,发展月球、深空探测与星际导航网
	启动新一代智能化北斗导航卫星研制	建设下一代北斗高中低轨混合星座与一体化智能化地面系统	
	研制静止轨道微波探测、新一代海洋水色、陆地生态系统碳监测、大气环境监测等卫星;构建综合要素对地观测卫星系统	发展新一代遥感卫星,发展新型观测手段、扩展覆盖能力、提高观测精度,建立多星座协同运行的陆地、海洋、气象卫星业务体系,发展智能化先进成像系统	
	发展低成本光学、SAR成像/视频遥感卫星/星座,实现新型微纳卫星技术验证与商业应用	推进微纳卫星集群化在轨业务应用	
	发展商业遥感与通信综合微小卫星		

图 3-3 航天装备产业发展技术路线图(续)

项目	2025年	2030年	2035年
空间科学探索	研制太阳风-磁层相互作用全景成像卫星、爱因斯坦探针、先进天基太阳天文台、空间引力波探测卫星、高精度地磁场测量卫星	围绕宇宙和生命起源与演化、极端宇宙、时空涟漪、日地全景、宜居行星等主题进一步规划部署空间科学卫星研发	
载人航天与深空探测	建造并完善我国载人空间站，建立国家太空实验室，形成空间大科学装置运行和研究体系	持续运营空间站，进一步打造国家太空实验室，广泛开展空间科学与应用研究，拓展应用效益；形成灵活高效、形式多样的人员与货物运输体系，拓展载人进入太空和空间服务能力	
	完成载人月球探测关键技术攻关、方案深化论证，研制新一代载人火箭、新一代载人飞船等载人飞行器，开展试验验证	进行载人月球探测前期飞行验证，开展月面着陆区勘探，突破载人月地往返技术	持续开展载人月球探测，突破月面长期生存、月面移动等关键技术，为载人月球科考与开发奠定基础
	发射"嫦娥六号"探测器，完成定点着陆和月球极区采样返回	发射"嫦娥七号"探测器，完成月球极区高精度着陆和阴影坑飞跃探测；发射嫦娥八号，建成月球科研站基本型	集中建设国际月球科研站，开展全面、大规模的科学探测、技术试验与月球资源开发利用
	近地小行星探测、伴飞采样和主带彗星探测	研制、发射火星采样返回探测器群，开展火星着陆与采样返回探测	
		以木星其他巨行星多任务探测为目标，研制木星系及行星穿越探测器	推进海王星及其卫星探测、金星探测、彗星采样返回
空间环境治理	研制建设在轨维护与服务系统基本型，初步形成轨道救援、故障恢复、在轨装配与加工能力	初步具备在轨服务能力，开展在轨服务试验试用	基本形成快速响应、高效经济的在轨维护服务能力
	建设完善空间碎片监测设施体系、编目数据库和预警服务系统，论证建设近地小天体防御系统	部署低轨厘米级空间目标与碎片监测卫星，发展多手段碎片清除系统，初步具备空间交通管理能力，初步建立地基与天基结合的空间环境监测网	开展小行星防御技术在轨验证，进一步完善碎片监测与治理、小行星监测与防御、空间交通管理和空间天气监测系统，具备较为完整的空间安全环境全球监测与治理体系
航天发射场与测控系统	统筹开展发射场通用化、集约化、智能化建设，增强发射场系统任务适应性和可靠性，提升高密度、多样化发射任务支撑能力		适应高密度发射服务需求，增强智能化发射服务能力
	探索发展适应新型发射方式的发射平台与技术，建设商业发射工位和商业航天发射场		
	改进航天测控系统，发展商业航天测控系统，拓展与优化测控系统布局，推进地面站网普适性能力提升		建设智慧航天港，建成全域覆盖、泛在互联的航天测控体系

图 3-3 航天装备产业发展技术路线图（续）

项目	2025年	2030年	2035年
关键技术	大推力液氧烃发动机关键技术、液氧液氢发动机技术原理样机演示验证	重型运载火箭总体设计、大直径箭体结构研制、轻质高效箭体结构设计与制造、运载火箭智能感知与飞行控制技术、智能飞行电气系统等关键技术	
	固液火箭发动机技术、新型无毒单组元推进技术、落区无人值守测试发射技术		
	低成本高可靠固体运载火箭技术		
	空基发射技术攻关与飞行试验验证	空基发射技术工程化运用	
	运载火箭智能在线故障诊断与任务重规划	运载火箭智能测试发射与飞行	
	太阳能源推进、新型电推进、核热推进等先进宇航动力技术攻关		核热推进装置研制
		低成本全球快速抵达运输总体设计技术	
	火箭动力一二级可重复使用技术	组合动力可重复使用技术	
	天基组装发射技术地面验证	天基组装发射完成飞行试验验证	
	全电推平台技术	先进空间能源技术	
	下一代大型地球同步轨道公用平台	开放式、模块化、智能化、可重构卫星体系架构与平台技术	
	大型多口径多波束天线、大型可展开网状天线、宽带转发器功率动态调整技术	空间通用天线技术	
	大动态范围星间链路技术、天基密集组网技术、异购网络融合与星地一体化低轨移动通信技术	智能化信息体系构架、智能天基信息网络技术	
	天基量子密钥分发技术		
	高精度导航载荷和自主定轨技术、下一代北斗卫星导航系统导航通信融合、低轨增强技术	未来多域复杂场景的空间高精度泛在PNT技术、量子导航定位技术	
	一体化大功率激光探测、太赫兹微波探测技术	发展量子、太赫兹、中微子等新型探测手段	

图 3-3 航天装备产业发展技术路线图（续）

3 航空航天装备

项目	2025年 —————— 2030年 —————— 2035年
关键技术	发展双天线X波段干涉合成孔径雷达、甚高分辨率红外超光谱成像、可见红外高光谱一体化成像技术、高轨中分辨率多波段成像等技术 → 新一代高分辨率全谱段高光谱探测、高轨高光谱技术、静轨高分辨率光学探测与微波成像技术 → 计算式成像技术
	遥感卫星星群自主运行与管理技术
	星上数据智能处理技术、智能自主故障预测和健康管理技术 → 多星自主任务智能协同技术
	新一代空间高效能计算平台
	月面大范围移动技术、月球科研站构建与安全防护关键技术;载人登月关键技术;地月空间一体化通信导航技术;原位资源利用技术
	深空多波段多模式成像等探测技术、深空信息网络技术 → 太阳光学探测技术、地外星球表面广域长久探测技术
	长周期可循环生命保障技术
	4亿千米深空测控通信、自主导航与控制 → 高效能源与推进、超长期自主管理、10亿千米深空测控通信技术
	行星际弱引力天体采样返回技术 → 火星表面起飞及轨道交会对接技术、小行星资源开发利用技术
	航天器部件在轨3D打印、空间智能机器人技术、大型衍架结构在轨构建技术 → 在轨智能芯片技术、超大型航天器附件在轨构建技术
	低温推进剂在轨储存与传输技术地面系统演示验证 → 低温推进剂在轨储存与传输技术实现工程应用
核心零部件/元器件	构建智能可重构系统平台芯片的设计与开发技术平台,发展14nm及以下抗辐射集成电路设计及制造技术
	宇航MW级高功率微波部件及新型高功率太赫兹器件
	开展3DMEMS惯性器件的研究,拓展在航天领域的工程化应用,开展AI集成电路研究,推动AI集成电路在航天领域的应用
	重点突破高导热多层基板制备、基板内嵌式微流体管道、基板内埋置无源元件、LCP功能基板制备、细节距倒扣焊技术、TSV三维叠层组装、Fan-O封装工艺等微系统组装工艺 → 发展基于chiplet的设计、制造、测试与接口标准的研究,研究新型纳米材料和TSV、TGV、TQV、柔性基板等基板的封装工艺,THz器件与三维异质集成工艺
	突破第三代功率半导体和高效能源智能管理模块设计、高速高精度传感器测试等关键技术 → 发展光电多学科异类芯片组装技术,芯片间信号协同技术,实现多学科微系统三维结构封装

图 3-3 航天装备产业发展技术路线图(续)

项目	2025年 —————— 2030年 —————— 2035年
关键材料	新型低成本超高强度钢推广应用 / 实现低成本易焊接超高强度钢工程应用
	大尺寸铝合金结构样件性能考核和验证试验、大尺寸复杂钛合金结构工程应用 / 实现低成本短流程大规格超大规格轻质铝合金、钛合金等金属材料工程应用
	耐特种介质氟醚橡胶材料、长寿命硅橡胶材料、可重复使用耐高温密封材料等工程化应用技术
	突破高强高模、高强中模、高强高模高韧纤维及其复合材料工程化制备关键技术，构建第二代先进航天结构复合材料体系，发展第三代先进航天结构复合材料体系 / 实现第三代先进航天结构复合材料体系工程应用
	发展以超高温低成本碳化物纤维为代表的高性能陶瓷纤维及其复合材料技术 / 实现低成本高性能陶瓷纤维及其复合材料技术工程应用
	HfC、TaC、NbC、ZrC等吨级制备，特种粉体研制工程应用平台
关键制造装备及检测设备 — 设计制造一体化工程	发展数字孪生技术，初步建立新型数字化研制体系，在新型号推广应用 / 推进数字化研制模式向智能化转型升级
关键制造装备及检测设备 — 数字/智能车间与工厂建设	数字化工厂建设与示范、智能制造单元示范 / 智能生产线、智能工厂建设
关键制造装备及检测设备 — 航天关键制造装备和智能制造成套装备	大型复杂异型结构制造装备、超大型运载火箭贮箱搅拌摩擦焊装备、五轴联动大型龙门高精度加工机床、大尺寸薄壁预制体自动化缝合成型工艺及装备
	大型旋压装备、卫星柔性装配数字化生产线成套装备、关键元器件与复杂结构件精密/超精密制造装备、先进功能性复合材料制造装备、大型金属壳体内绝热层机械化成型装备、自动化柔性对接装备、先进检测设备、航天增材制造装备、高精度航天器柔顺力控总装机器人

图 3-3 航天装备产业发展技术路线图（续）

项目	2025年 —————————— 2030年 —————————— 2035年
战略支撑与保障	加快以航天法为核心的航天法律法规政策体系制定，完善国家航天政策、数据政策和航天产品与服务定价机制，完善航天发射项目许可管理等法规，落实航天产业化、商业化发展政策，优化发展环境　　持续完善国家航天政策与发展环境
	加强航天强国建设的顶层设计与长远规划，安排重大航天探索工程，加强国家空间基础设施的长远规划与统筹建设，将空间科学作为重大领域进行规划并形成可持续的发展机制　　论证、实施新的重大航天探索工程
	加强频轨资源规划、利用与开发
	加大重大行业应用基础设施建设，推进区域应用，不断提高精细化服务能力
	加大重大行业应用基础设施建设，推进区域应用　　持续提升应用水平，不断提高精准化精细化服务能力
	加强前沿技术和应用基础研究布局，鼓励产研结合、开放发展，持续提升航天关键技术水平与自主创新能力
	加强以国家战略性科技力量为核心、企业牵头、高等院校和科研院所支撑、各创新主体相互协同的创新联合体建设，大力推进航天领域开放创新和商业创新
	优化调整航天科研生产能力结构和布局；构建基于系统集成商、专业承包商、市场供应商和公共服务机构的开放的航天科研生产组织体系　　推进建立开放融合、数字化智能化航天装备制造产业体系，不断提升航天核心竞争力
	加强国际交流合作，加快构建"一带一路"空间信息走廊，推动国际化发展

图 3-3　航天装备产业发展技术路线图（续）

先进轨道交通装备

先进轨道交通装备领域重点发展的产品是新一代高效轻量化高速动车组、川藏铁路列车、智慧城轨列车、时速600km以上高速磁浮运输工程化系统、重载列车、新一代市域及城际列车、列车运行控制系统、区域轨道交通协同运输与服务成套系统及核心装备。

4 先进轨道交通装备

轨道交通装备是我国高端装备"走出去"的重要代表。重点发展的产品是新一代高效轻量化高速动车组、川藏铁路列车、智慧城轨列车、时速600km以上高速磁浮运输工程化系统、重载列车、新一代市域及城际列车、列车运行控制系统、区域轨道交通协同运输与服务成套系统装备。

轨道交通装备是国家公共交通和大宗运输的主要载体，属高端装备。先进轨道交通装备包含采用现代技术的干线轨道交通、区域轨道交通和城市轨道交通的运载装备、通信信号装备、运控装备、供电装备与路网装备。轨道交通制造业将重点围绕研制安全可靠、先进成熟、节能环保、互联互通的绿色智能谱系化产品，建立世界领先的现代轨道交通装备产业体系，实现全球化运营。

需求

我国是全球最大的轨道交通装备市场。"十四五"期间，我国将基本贯通"八纵八横"高速铁路，铁路建设投资不低于3.19万亿元。到2025年，全国铁路营业里程将达到17万千米，其中高铁（含城际铁路）5万千米，铁路基本覆盖98%城区人口以上城市。总体来看，我国轨道交通建设和装备需求规模仍将持续处于高位。

全球轨道交通产业和轨道交通装备产业呈现出强劲的增长态势，据德国SCI Verkehr公司的统计，"十四五"时期全球轨道交通装备市场规模呈"V"形增长趋势，到"十四五"末将超过"十三五"末的需求水平。

我国政府提出了"一带一路"倡议，沿线国家及辐射区域互联互通工程建设将为我国轨道交通装备制造业带来可观的市场需求。

目标

到2025年，我国轨道交通装备制造业形成完善且具有持续创新能力的创新体系，在主要领域推行智能制造模式，主要产品达到国际领先水平，境外业务占比达到40%，服务业务占比超过20%，实现主导国际标准修订，建成全球领先的现代化轨道交通装备产业体系。

到2030年，我国轨道交通技术、设施、系统和装备的谱系化、多样化，以及融合化研发、试验和验证能力达到国际先进水平。

到2035年，在全球范围内主导资源配置、主导行业发展、主导产业布局、主导标准发行，占据全球轨道交通装备价值链制高点，处于世界级先进产业集群核心地位。

发展重点

1. 重点产品

▶新一代高效轻量化高速动车组

定义和研发满足经济、社会和发展模式变革需求,更高速、更安全、更舒适、更环保、更节能、更智能的新一代高速动车组,实现轴重≤13t、运营速度≥400km/h、能耗降低≥30%、可再生材料的应用率≥10%的目标。

▶川藏铁路列车

研发满足高海拔4400m和高寒-50℃的机车车辆及关键部件适应性技术、适应高海拔高桥隧比(桥梁和隧道占总里程的比例)环境的列车系统集成技术、川藏铁路列车运行安全与救援保障技术等关键技术,形成相关的技术标准与规范,研制适应川藏铁路特殊环境及线路条件的成套移动装备。

▶智慧城轨列车

研发多速度等级、灵活编组、高加减速性能和高精度控制、基于能量转换的牵引制动一体化、多源车地协同驱动、材料高效回收利用等关键技术,形成智慧城市轨道交通一体化解决方案,研制舒适便捷、低碳绿色的智慧市域及城际列车。

▶时速600km以上高速磁浮运输工程化系统

研发磁浮交通系统车辆与核心部件、牵引供电与控制系统、运行控制系统、复杂环境下列车-轨道-隧道多远耦合与控制等关键技术,提出高速磁浮交通系统评估方法,建立系统技术指标体系,研制具有自主知识产权时速600km以上的高速磁浮运输工程化系统。

▶ 重载列车

研发大轴重货车低动力作用转向架、单元制动及车轮异常磨耗机理等关键技术；形成支撑我国综合物流体系的铁路货运服务技术体系和装备；实现3万吨级重载列车重大突破，具备重载运输成套系统装备的技术和产业能力。

▶ 新一代市域及城际列车

开展新一代市域及城际列车关键技术研究及其平台建设，研发多速度等级、灵活编组、快速起停、氢燃料电池驱动、智能传感、模块化配置等关键技术，形成模块化、标准化、系列化市域及城际列车产品，满足城市间、城市中心-郊区快速、高效通勤需求。

▶ 列车运行控制系统

研究形成高速铁路列车自动驾驶及运行控制系统(C3+ATO)技术体系、开展相关设备研发及试验验证；研究时速 400km 以上高速列车运行控制系统解决方案及装备研制；形成自主化全自动驾驶、互联互通的城市轨道交通 CBTC 系统，并形成系统技术标准体系；研究有轨电车智能控制系统；研究形成高速磁浮列车运行控制系统；研究智能化道岔转换系统。

▶ 区域轨道交通协同运输与服务成套系统及核心装备

突破区域轨道交通协同运输与综合服务关键技术，实现区域轨道交通网络的高效能一体化运输、协同安全保障与综合信息服务。研究一体化系统框架设计，构建大数据中心体系，研究协同运输组织、安全综合保障、智能信息服务子系统设备，研制一体化平台下的区域轨道交通协同运输与服务成套系统及核心装备。

2. 关键零部件

▶ 传感器及传感网络

突破适用于轨道交通系统领域传感器的无源化、小型化、集成化、智能化、低功耗、传感网络构建、云边协同等关键技术；满足传感器网络扩展性、容错性能要求；研制小型化无源复合传感器，开发适用于工业现场复杂环境的成套传感系统。

▶功率半导体器件

重点突破硅基 IGBT、MOSFET 等先进功率半导体器件芯片技术瓶颈，推进国产硅基器件的应用和产业发展；推进碳化硅（SiC）、氮化镓（GaN）等第三代功率半导体器件的研制和产业化。

▶转向架用轴承

突破高性能轴承设计、高精度轴承批量制造、绝缘喷涂等关键技术，有效提升旋转精度、寿命及绝缘性能等指标，实现轴承自主可控。

▶制动系统

研制适用于下一代高速动车组、城轨列车、川藏铁路列车的轻量化高耐热的制动系统，技术达到国际先进水平。

▶氢燃料电池

积极促进轨道交通车辆用高比功率、长寿命、强低温冷启动性能和低成本的氢燃料电池和动力型超级电容器技术研究和产品研制，实现公共交通储能式电力牵引技术产业化。

▶高效牵引供电装备

研究轨道交通地面牵引供电系统高效节能技术，开展覆盖 AC 25kV、DC 3000V/1500V/750V 等不同交直流牵引系统供电节能装置的研制，形成轨道牵引绿色供电体系。

▶ **高可靠性联轴器**

突破联轴器锥度比值选型、表面粗糙度等基础关键技术，掌握鼓形齿和内齿套的材料热处理技术、制造加工技术和试验验证技术，实现工程化应用。

▶ **超大型、高参数齿轮及传动装置**

掌握高性能设计与制造、轻量化开发、模拟服役试验、齿轮热处理、轻合金箱体铸造等核心技术，形成适合不同平台的谱系化齿轮传动产品。

▶ **减振器**

研制垂向、横向、抗蛇行等减振器，突破批量生产工艺难点，提高质量稳定性，实现产品国产化。

3. 关键共性技术

▶ **绿色节能技术**

开展既有动力减排、新能源综合利用、大功率能量实时转换利用等节能减碳技术研究，实现轨道交通能源的高效管理与环境融合。

▶ **高效能牵引传动技术**

突破永磁化、驱动一体化的智能化牵引电机、更高功率密度变流装置等关键技术，推进电传动系统谱系化，实现轨道交通牵引传动技术的升级换代。

▶ **智能化关键技术**

研发应用于轨道交通装备领域的智能感知、大数据分析、机器学习等关键应用技术，推进人工智能、数字孪生、物联网等智能化技术与轨道交通装备领域技术的融合。

▶ 自动驾驶技术

突破轨道车辆智能驾驶技术，研究车载车地无线传输、多传感信息融合的行车安全自主预警及轨旁协同预警感知技术，形成新一代自主式全自动驾驶技术体系。

▶ 模块化、谱系化技术

深入研究轨道车辆元模块、基模块、辅助模块和功能模块构建机理，突破基于新一代信息技术，适用于设计、制造和运维功能一体化的轨道车辆模块化配置关键技术，降低产品全生命周期成本。

▶ 互联互通技术

突破不同交通方式、不同载运工具等互操作技术，深化研究不同轨距、供电制式、通信信号等跨标准体系的适配技术，全面提升人流、物流、信息流、价值流的综合技术水平。

▶ 设计、节能与环境友好技术

研究全生命周期成本关键要素辨识及分析方法，突破面向全生命周期成本的一体化设计技术、列车环境友好技术和能耗过程解耦与能效提升关键技术，形成工程化技术和标准规范体系。

▶ 安全保障技术

突破轨道交通系统运营状态全息化智能感知、快速辨识、风险评估、预警和应急处置技术；强化列车控制及工业信息化网络安全体系化技术研究；持续开展轨道交通产品的本构安全、主动安全和信息安全研究；构建轨道交通系统全寿命周期 RAMSI 综合评估与保障技术体系。

4. 关键材料

▶碳纤维复合材料

掌握轻量化复合材料产品设计、仿真优化、成型工艺等核心技术，形成低成本、高安全、高效率应用技术体系及产品，推进碳纤维复合材料在轨道交通领域的全面应用。

▶石墨烯及其复合材料

突破石墨烯及其复合材料的可控制备及改性，实现石墨烯基金属复合材料、石墨烯超级电容器、锂离子电池、透明柔性薄膜和有机聚合物太阳能电池材料等工程化应用。

▶高强铝合金材料

掌握高强铝合金的成分设计、材料制备、成型及后处理工艺等核心技术，形成不同强塑（强度和塑性）等级、低成本、质量稳定的系列铝合金材料及工程应用技术体系，推进关键零部件轻量化、结构功能一体化的工程化应用。

▶永磁及软磁材料

提出高效能牵引电机用关键电磁材料的综合性能指标与应用策略，突破高磁能积高稳定性稀土永磁材料和低铁损高磁感软磁材料可控制备、电机的集成设计与制造等关键技术，实现装车验证。

战略支撑与保障

（1）进一步完善和健全行业协调机制。完善行业协调机制，提高行业素质，加强行业自律，避免无序和恶性竞争，并对企业研发成果、资源利用等多方面进行评估，构建评价模型，建立评价激励机制。

（2）提升原创能力。集聚创新要素，完善创新机制，激发人才活力，强化创新政策，推进创新平台建设和共享，加强基础性、前瞻性技术研究，打造先进轨道交通装备领域原创技术策源地，全面提升共性技术供给能力。

（3）构建国际标准体系。加强产品质量检验检测能力建设，加快培育第三方的专业检验检测和认证机构，建立和完善轨道交通装备产品认证制度。加强轨道交通装备标准的研究和修订工作，鼓励有实力的单位牵头制定国际标准。

（4）支持国际化经营。加强对企业"走出去"的宏观指导和服务，引导有实力的制造企业抓住全球产业布局下的新机遇，有序"走出去"，开展绿地投资、并购投资、联合投资等，在境外设立研发机构、制造服务基地和市场营销网络。

技术路线图

先进轨道交通装备产业发展技术路线图如图 4-1 所示。

4 先进轨道交通装备

项目	2025年 ————————————————————>2035年
需求	我国经济发展和城镇化建设带来巨大的轨道交通建设需求，我国铁路、城市轨道交通建设规模长期保持高位增长
	全球轨道交通装备产业呈现出强劲的增长态势，同时，我国政府正强有力推动"一带一路"倡议实施，建设互联互通工程，将带来可观的海外市场需求
目标	形成完善、具有持续创新能力的创新体系，在主要领域推行智能制造模式，主要产品达到国际领先水平，主导国际标准修订 / 技术、设施、系统和装备的谱系化、多样化，以及融合化研发、试验和验证能力达到国际先进水平 / 主导资源配置、主导行业发展、主导产业布局、主导标准发行，占据全球轨道交通装备价值链制高点
	境外业务占比达到40%，服务业务占比超过20%，建成全球领先的现代化轨道交通装备产业体系

重点产品：

产品	2025年	→2035年
新一代高效轻量化高速动车组	研制时速400km及以上新一代高速动车组	
川藏铁路列车	研发川藏铁路环境适应性机车集成等关键技术	研制适应川藏铁路特殊环境及线路条件的成套移动装备
	形成相关的技术标准与规范	
智慧城轨列车	研发多源车地协同驱动等关键技术	研制舒适便捷、低碳绿色的智慧市域及城际列车
	形成智慧城市轨道交通一体化解决方案	
时速600km以上高速磁浮运输工程化系统	突破磁浮交通系统车辆与核心部件等关键技术	提出评估方法，建立系统技术指标体系，研制具有自主知识产权时速600km以上的高速磁浮运输工程化系统
重载列车	研发车轮异常磨损机理等关键技术	突破3万吨级重载列车，具备重载运输成套系统装备产业化能力
新一代市域及城际列车	开展关键技术研究及其平台建设	研制形成模块化、标准化、系列化市域及城际列车
列车运行控制系统	开展不同列车运行控制系统研究	
	形成系统技术标准体系	
区域轨道交通协同运输与服务成套系统及核心装备	研制区域轨道交通协同运输与服务成套系统及核心装备	

图 4-1　先进轨道交通装备产业发展技术路线图

项目	2025年 --->2035年		
关键零部件	传感器及传感网络	突破传感器无源化、小型化、传感网络构建等关键技术	研制小型化无源复合传感器
	功率半导体器件	研制硅基IGBT、MOSFET等先进功率半导体器件芯片，并批量应用	下一代功率半导体器件研制及产业化
	转向架用轴承	突破高性能轴承设计等关键技术	实现轴承自主可控
	制动系统	研制适用于下一代高速动车组、城轨列车、川藏铁路列车的轻量化高耐热的制动系统	
	氢燃料电池	促进氢燃料电池和动力型超级电容器技术研究和产品研制	公共交通储能式电力牵引技术产业化
	高效牵引供电装备	研制不同交直流牵引系统供电节能装置，形成轨道牵引绿色供电体系	
	高可靠性联轴器	研究基础关键技术，掌握彭形齿和内齿套的材料热处理技术、制造加工技术和试验验证技术	实现工程化应用
	超大型、高参数齿轮及传动装置	掌握核心技术，形成适合不同平台的谱系化齿轮传动产品	齿轮产业化
	减振器	突破批量生产工艺难点	减振器国产化
关键共性技术	绿色节能技术	开展节能减碳技术研究	
	高效能牵引传动技术	突破关键技术，实现轨道交通牵引传动技术的升级换代，推进电传动系统谱系化	
	智能化关键技术	研发智能感知、大数据分析、机器学习等关键技术，推进智能化技术与轨道交通装备领域技术的融合	
	自动驾驶技术	突破轨道车辆智能驾驶技术，研究安全自主预警及轨旁协同预警感知技术	
		形成新一代自主式全自动驾驶技术体系	
	模块化、谱系化技术	深入研究轨道车辆功能模块构建机理，突破模块化配置关键技术	
	互联互通技术	突破互操作技术，深化研究跨标准体系的适配技术	

图4-1　先进轨道交通装备产业发展技术路线图（续）

4 先进轨道交通装备

项目	2025年————————————————————>2035年
关键共性技术	
设计、节能与环境友好技术	突破设计、节能与环境友好关键技术,形成工程化技术和标准规范体系
安全保障技术	突破运营状态全息化智能感知、快速辨识、风险评估、预警和应急处置技术
	强化列车控制及工业信息化网络安全体系化技术研究,持续研究列车的本构安全、主动安全和信息安全
	构建轨道交通系统全寿命周期RAMSI综合评估与保障技术体系
关键材料	
碳纤维复合材料	掌握轻量化复合材料产品设计、仿真优化、成型工艺等核心技术
	推进碳纤维复合材料产业化应用
石墨烯及其复合材料	突破石墨烯及其复合材料的可控制备及改性
	实现石墨烯基金属复合材料、石墨烯超级电容器和有机聚合物太阳能电池等工程化应用
高强铝合金材料	掌握核心技术,形成不同强塑等级、低成本、质量稳定的系列铝合金材料及工程应用技术体系
	推进工程化应用
永磁及软磁材料	提出高效能牵引电机用关键电磁材料的综合性能指标与应用策略
	突破高磁能积高稳定性稀土永磁材料和低铁损高磁感软磁材料可控制备等关键技术
	实现装车验证
战略支撑与保障	完善行业协调机制,构建评价模型,建立评价激励机制
	集聚创新要素,推进创新平台建设和共享,加强基础性、前瞻性技术研究,打造先进轨道交通装备领域原创技术策源地,全面提升共性技术供给能力
	培育建立第三方的专业检验检测和认证机构,建立和完善轨道交通装备产品认证制度
	加强轨道交通装备标准的研究和修订,鼓励有实力的单位牵头制定国际标准
	引导有实力的制造企业抓住全球产业布局下的新机遇,有序"走出去",开展绿地投资、并购投资、联合投资等,在境外设立研发机构、制造服务基地和市场营销网络

图 4-1 先进轨道交通装备产业发展技术路线图(续)

节能和新能源汽车

节能汽车

节能汽车产业重点发展的产品是节能内燃动力乘用车、混合动力乘用车、节能柴油商用车、混合动力商用车、替代燃料汽车。

新能源汽车

新能源汽车产业重点发展的产品是插电式混合动力汽车、纯电动汽车、燃料电池汽车。

智能网联汽车

智能网联汽车产业重点发展的产品是高级别智能网联乘用车、智能网联货运车辆、智能网联客运车辆、功能型无人车。

节能汽车

节能汽车是指以内燃机为主要动力系统、融合各种节能降耗技术，综合工况燃料消耗量优于下一阶段目标值的汽车。传统汽车在未来较长一段时期仍将在消费中占主体地位，因此大力推广节能汽车对缓解我国能源与环境压力起着至关重要的作用。传统动力汽车技术的持续优化也是我国汽车工业高质量发展并有利于新能源汽车发展和市场导入的重要举措。

需求　目前，车用汽柴油消费占全国汽柴油消费的比例已经达到55%左右，每年新增石油消费量的70%以上被新增汽车所消耗。伴随节能环保法规的不断加严，无论是国家层面、企业层面，还是用户层面，都对节能汽车提出强烈需求。近年来，汽车平均油耗持续下降，节能汽车的市场规模呈现快速提升态势。

目标　到2025年，传统能源乘用车油耗水平达到5.6L/100km（WLTC工况），相比2019年，载货汽车油耗水平降低8%~10%，客车油耗水平降低10%~15%。提升混合动力系统应用占比，在乘用车方面，混合动力新车销量占传统能源乘用车销量的50%~60%；在商用车方面，搭载48V轻混系统的轻型商用车节油率达到8%并开始推广应用，推进中重型商用车混合动力化，实现15%的节油率。

到2035年，乘用车节能技术达到国际先进水平，传统能源乘用车油耗水平达到4L/100km（WLTC工况），混合动力新车销量占传统能源乘用车销量的100%，替代燃料新车占传统能源乘用车的10%；商用车节能技术同步国际领先，相比2019年，载货汽车油耗降低15%~20%，客车油耗降低20%~25%，48V轻混系统广泛应用于轻型商用车，并联及混联式混合动力技术广泛应用于中重型商用车。

发展重点

1. 重点产品

▶ **节能内燃动力乘用车**

以小型节能乘用车的开发和大量普及为主,实现汽油机技术升级、变速器效率及轻量化水平提升、能量损失减少、中低压助力与能量回收等技术在全系列乘用车产品的推广应用;到2035年,节能内燃动力乘用车平均油耗达到5.3L/100km（WLTC工况）。

▶ **混合动力乘用车**

以A级以上混合动力乘用车的开发和普及为主,逐步实现混合动力技术在家庭用车、商务用车等全系列乘用车的推广应用;到2035年,混合动力乘用车平均油耗降至4L/100km（WLTC工况）。

▶ **节能柴油商用车**

以节能型物流运输车的大规模发展为主,实现高效动力总成、综合电子控制、轻量化、排放控制等技术在全系列商用车的推广应用。以综合燃料消耗位于前20%的商用车为带动,形成中国特色节能品牌产品。

▶ **混合动力商用车**

以混合动力城际客车的大规模发展为主,加快开发低成本、高节油率的城际客车及载货车专用的混合动力系统,并逐步实现大规模应用。

▶ **替代燃料汽车**

实现天然气、甲醇等低碳燃料在商用车和乘用车上的大量应用。同时,加强电子控制单元、排放减少、气电混合动力、储气装置等方面的技术开发与应用,最终推出全生命周期碳排放优于汽柴油汽车的节能型产品。

2. 关键零部件

▶ **高效内燃机**

　　轻型柴油机热效率≥44%，重型柴油机热效率≥48%；进一步掌握发动机高效燃烧机理及控制理论，持续优化发动机结构，逐步掌握并应用50MPa直喷系统，持续提升汽油机压缩比。

▶ **高效内燃机关键零部件**

　　成熟应用米勒循环/阿特金森循环、冷却废气再循环（EGR）技术；掌握并应用稀薄燃烧、快速燃烧技术；配合不同EGR率、稀薄燃烧等技术，开发并应用新型点火技术；掌握并成熟应用电动VVT及电动气门、电动CVVL/DVVL技术；突破电动增压技术和可变截面增压技术，实现产业化。

▶ **混合动力电机/电池/专用发动机**

　　开发阿特金森/米勒循环等专用发动机并持续提升性能水平，开发专用动力耦合机构，实现传动效率≥95%、驱动电机功率密度≥5.0kW/kg、电机控制器功率密度≥40kW/L的目标，持续优化混合动力系统构型。

▶ **中低压助力与能量回收系统**

　　持续优化48V系统的制动能量回收、启停、电动助力等功能；一体化电机总成比功率≥1.5kW/kg，集成式功率单元实现功率密度≥11kW/L（含散热器），48V电池系统功率达到26kW，系统能量达到0.85kW·h。

▶ **高效变速器**

　　持续提升变速器传动效率；掌握8挡及以上双离合器自动变速器研发及制造，突破无级变速器钢带技术，掌握8挡及以上自动变速器研发及制造等。

▶ **高效变速器关键零部件**

突破离合器总成、低噪声高压静音油泵、高频响电液耦合液压阀、液力变矩器技术，实现产业化发展。

▶ **轻量化零部件**

车身、车身闭合件、内饰件、车轮、副车架、制动器、油箱等零部件广泛采用轻量化技术。

3. 关键技术/关键共性技术

▶ **高效内燃机技术**

合适化增压直喷汽油机燃烧和控制技术；突破高效商用车柴油机燃烧和控制技术；突破乘用车先进柴油机技术；突破排放后处理技术及控制技术；突破48V系统技术。

▶ **高效混合动力总成技术**

形成自主、可控、完整的混合动力汽车产业链；在扩大混合动力应用规模的基础上实现有利于节能的汽车产品结构调整，产业化应用前瞻性技术；系统匹配开发混合动力汽车，进一步降低整车油耗。

▶ **高效变速器技术**

突破高效自动变速器的开发和控制技术。

▶ **低阻力技术**

突破内部机构优化、低黏度机油、低滚阻轮胎、低风阻正向设计优化等技术难题。

▶热管理技术

逐步研发朗肯循环、动力涡轮、热电转换等余热回收技术、加大电控附件应用比例，持续研发车身保温技术；持续推进材料工艺优化。

▶电子控制技术

加快电动发动机附件的应用，如电子水泵、电子调温器、电动压缩机、可变机油泵等，全面实现无刷风扇的应用与发动机ECU开环控制；陆续掌握油耗改进助手、智能玻璃等循环外技术并实现批量化应用，持续降低车载娱乐系统等电器的消耗。

▶整车集成技术

突破节能车系列化开发、匹配与控制技术难题。

▶轻量化技术

突破轻质材料和复合材料汽车零部件性能分析、成型及连接等技术难题。

▶生产管控技术

开发车间设备、物流状态实时监测技术，车间自适应调度与排产技术，实现多品种、柔性化生产管控技术的应用。

▶大数据技术

开发三维模型、工艺数据传输技术，基于制造过程大数据突破工艺优化技术、生产可视化技术和质量管控技术。

▶虚拟现实技术

开发工厂布局与工艺仿真优化技术、智能化工厂物流及其仿真技术，突破混合现实技术在汽车生产中的应用。

4. 关键专用制造装备

▶ 动力系统制造装备

持续开发电控高压共轨柴油喷射系统制造技术与关键装备，掌握发动机与变速器壳体、轴齿类加工用高效精密数控机床及近净成型技术，开发基于自主化装备的成组成套生产线技术及自动化装配与检测技术。

▶ 动力电池生产制造装备

掌握影响电池质量水平的预涂系统、连续合浆系统、高速叠片系统、电池组高效组装系统等相关技术，开发智能化动力电池生产技术与装备，促进动力电池产品性能提升。

▶ 电驱动系统制造装备

开发电驱动系统的自动化生产装备及混合动力制造集成技术，主要包括混合动力柔性集成系统、混合动力电控制造系统、混合动力在线检测系统。

▶ 车身制造装备

以超高强钢、铝合金、碳纤维轻质高强材料应用为方向，重点开发轻量化异种材质混合车身、基于国产机器人的伺服冲压成型、高效连接（激光焊接、铆接、粘接等）技术与装备，开发环保型涂装车间、基于智能化机器人的装配生产线。

▶ 轻量化零部件制造装备

开发汽车轻量化零部件用高质量、长寿命、高精度模具/夹具，超高强度钢、玻璃纤维复合材料、碳纤维复合材料、玄武岩纤维复合材料高效先进成型工艺与成型装备，以及中空曲轴等动力系统、底盘系统的典型零部件加工成套装备；开发多材料车身（钢、铝合金、复合材料）、全铝车身及超轻车身自动化连接工艺等生产线与智能系统。

战略支撑与保障

（1）完善"中国汽车道路行驶工况"，推进在各类车辆能耗和排放法规检验认证中的应用；持续开展工况数据采集和工况研究工作，加快推进"中国汽车道路行驶工况"标准制定和测试规程的制定。

（2）继续完善知识产权保护政策法规，持续营造我国良好的创新发展环境。

（3）制定并实施合理的分阶段乘用车和商用车油耗、排放限制标准。

（4）尽快出台 CAFC 及 NEV 积分动态调节机制，加快建立商用车积分管理办法。

（5）加快突破混合动力系统关键技术，不断提升混合动力汽车自主研发水平，构建完善的混合动力汽车产业链体系，加强混合动力产品推广应用。

（6）加大对关键共性技术研发的支持力度，鼓励行业联合会建立节能汽车产业共性基础技术研究平台，促进行业交流平台建设，实现节能环保汽车技术提升。

（7）开展高效率动力总成、低摩擦、轻量化等国家技术专项，引导先进技术快速突破和推广应用，培育形成具有自主知识产权的产品，提升企业自主创新能力。

（8）调整优化小型乘用车购置税优惠等节能汽车鼓励政策，适时打通 HEV、小型车等在购置税、车船税等方面的政策调整渠道，促进节能环保车型的推广应用。

技术路线图

节能汽车产业发展技术路线图如图 5-1 所示。

项目	2025年	2030年	>2035年
需求	石油资源消耗总量的限值推动节能汽车技术的需求		
	温室气体排放总量控制需求，环境保护的需求		
	消费者对节能、环保、安全、舒适、智能、低成本汽车的需求		
	不断加严的油耗限值及排放标准的需求		
目标	传统能源乘用车油耗5.6L/100km（WLTC工况）	传统能源乘用车油耗4.8L/100km（WLTC工况）	传统能源乘用车油耗4L/100km（WLTC工况）
	相比2019年，载货汽车油耗降低8%～10%，客车油耗降低10%～15%	相比2019年，载货汽车油耗降低10%～15%，客车油耗降低15%～20%	相比2019年，载货汽车油耗降低15%～20%，客车油耗降低20%～25%
	燃油乘用车整车轻量化系数在2019年基础上降低10%	燃油乘用车整车轻量化系数在2019年基础上降低18%	燃油乘用车整车轻量化系数在2019年基础上降低25%
重点产品 - 节能内燃动力乘用车	非混合动力乘用车油耗6.2L/100km（WLTC工况）	非混合动力乘用车油耗5.7L/100km（WLTC工况）	非混合动力乘用车油耗5.3L/100km（WLTC工况）
重点产品 - 混合动力乘用车	混合动力新车占传统能源乘用车总量的50%～60%，平均油耗降至5.2L/100km（WLTC工况）	混合动力新车占传统能源乘用车总量的75%～85%，平均油耗降至4.5L/100km（WLTC工况）	混合动力新车占传统能源乘用车总量的100%，平均油耗降至4L/100km（WLTC工况）
	重度混合动力新车占传统能源乘用车总量的5%～10%，平均油耗降至4.1L/100km（WLTC工况）	重度混合动力新车占传统能源乘用车总量的20%～25%，平均油耗降至3.6L/100km（WLTC工况）	重度混合动力新车占传统能源乘用车总量的40%～45%，平均油耗降至3.3L/100km（WLTC工况）
	轻度及中度混合动力新车平均油耗降至5.4L/100km	轻度及中度混合动力新车平均油耗降至4.9L/100km	轻度及中度混合动力新车平均油耗降至4.5L/100km
	在整车集成方面，重视混合动力整车的系统性开发，进行系统性优化和升级，提升每一部分的效率，实现整体油耗的改善		
重点产品 - 节能柴油商用车	相比2019年，重型牵引半挂车风阻降低10%；客车整车风阻降低8%～10%	相比2019年，重型牵引半挂车风阻降低15%；客车整车风阻降低10%～15%	相比2019年，重型牵引半挂车风阻降低20%；客车整车风阻降低15%～20%
	轮胎滚阻系数低于5	轮胎滚阻系数低于4.5	轮胎滚阻系数低于4
	开发单机版的可视化节油驾驶辅助系统	开发基于车联网、中控大屏的节油驾驶辅助系统	
	实现配合主流发动机、变速器的道路预见性巡航控制系统，应用道路预见及智能滑行等智能控制功能		
重点产品 - 混合动力商用车	搭载48V轻混系统的轻型商用车节油率达到8%并开始推广应用	重度混合动力轻型商用车逐步推广	48V轻混系统广泛应用于轻型商用车
	推进中重型商用车混合动力化，实现15%的节油率	串联式混合动力技术在重型商用车特定工况推广	并联及混联式混合动力技术广泛应用于中重型商用车
重点产品 - 替代燃料汽车	实现天然气、甲醇等低碳燃料在商用车和乘用车的示范应用		
	替代燃料新车占传统能源乘用车的5%	替代燃料新车占传统能源乘用车的8%	替代燃料新车占传统能源乘用车的10%

图 5-1 节能汽车产业发展技术路线图

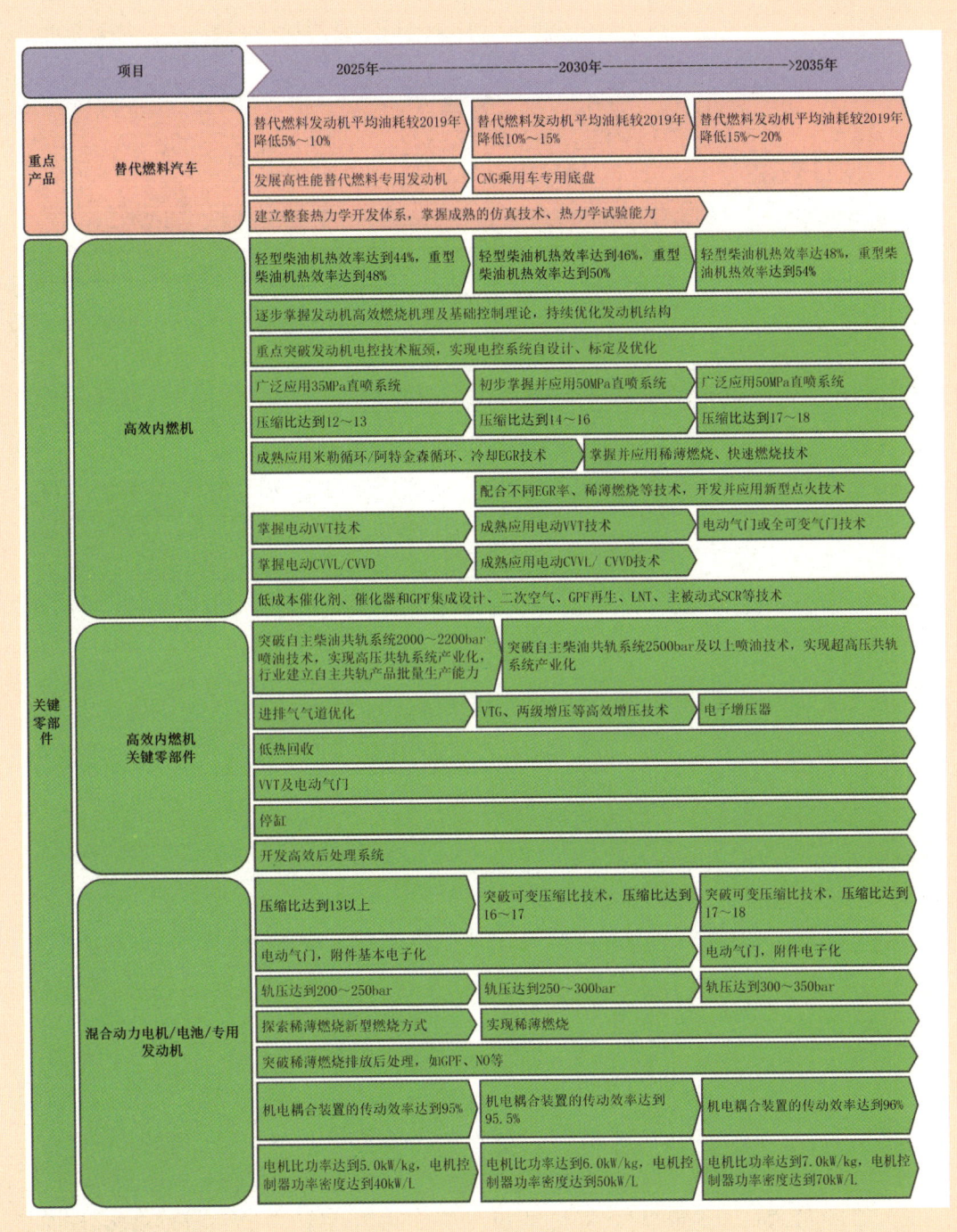

项目	2025年	2030年	>2035年
重点产品 — 替代燃料汽车	替代燃料发动机平均油耗较2019年降低5%~10%；发展高性能替代燃料专用发动机；建立整套热力学开发体系，掌握成熟的仿真技术、热力学试验能力	替代燃料发动机平均油耗较2019年降低10%~15%；CNG乘用车专用底盘	替代燃料发动机平均油耗较2019年降低15%~20%
关键零部件 — 高效内燃机	轻型柴油机热效率达到44%，重型柴油机热效率达到48%；逐步掌握发动机高效燃烧机理及基础控制理论，持续优化发动机结构；重点突破发动机电控技术瓶颈，实现电控系统自设计、标定与优化；广泛应用35MPa直喷系统；压缩比达到12~13；成熟应用米勒循环/阿特金森循环、冷却EGR技术；掌握电动VVT技术；掌握电动CVVL/CVVD；低成本催化剂、催化器和GPF集成设计、二次空气、GPF再生、LNT、主被动式SCR等技术	轻型柴油机热效率达到46%，重型柴油机热效率达到50%；初步掌握并应用50MPa直喷系统；压缩比达到14~16；掌握并应用稀薄燃烧、快速燃烧技术；配合不同EGR率、稀薄燃烧等技术，开发并应用新型点火技术；成熟应用电动VVT技术；成熟应用电动CVVL/CVVD技术	轻型柴油机热效率达到48%，重型柴油机热效率达到54%；广泛应用50MPa直喷系统；压缩比达到17~18；电动气门或全可变气门技术
关键零部件 — 高效内燃机关键零部件	突破自主柴油共轨系统2000~2200bar喷油技术，实现高压共轨系统产业化，行业建立自主共轨产品批量生产能力；进排气气道优化；低热回收；VVT及电动气门；停缸；开发高效后处理系统	突破自主柴油共轨系统2500bar及以上喷油技术，实现超高压共轨系统产业化；VTG、两级增压等高效增压技术	电子增压器
关键零部件 — 混合动力电机/电池/专用发动机	压缩比达到13以上；电动气门，附件基本电子化；轨压达到200~250bar；探索稀薄燃烧新型燃烧方式；突破稀薄燃烧排放后处理，如GPF、NO等；机电耦合装置的传动效率达到95%；电机比功率达到5.0kW/kg，电机控制器功率密度达到40kW/L	突破可变压缩比技术，压缩比达到16~17；轨压达到250~300bar；实现稀薄燃烧；机电耦合装置的传动效率达到95.5%；电机比功率达到6.0kW/kg，电机控制器功率密度达到50kW/L	突破可变压缩比技术，压缩比达到17~18；电动气门，附件电子化；轨压达到300~350bar；机电耦合装置的传动效率达到96%；电机比功率达到7.0kW/kg，电机控制器功率密度达到70kW/L

注：1 bar=1.0×10^{5}Pa

图 5-1 节能汽车产业发展技术路线图（续）

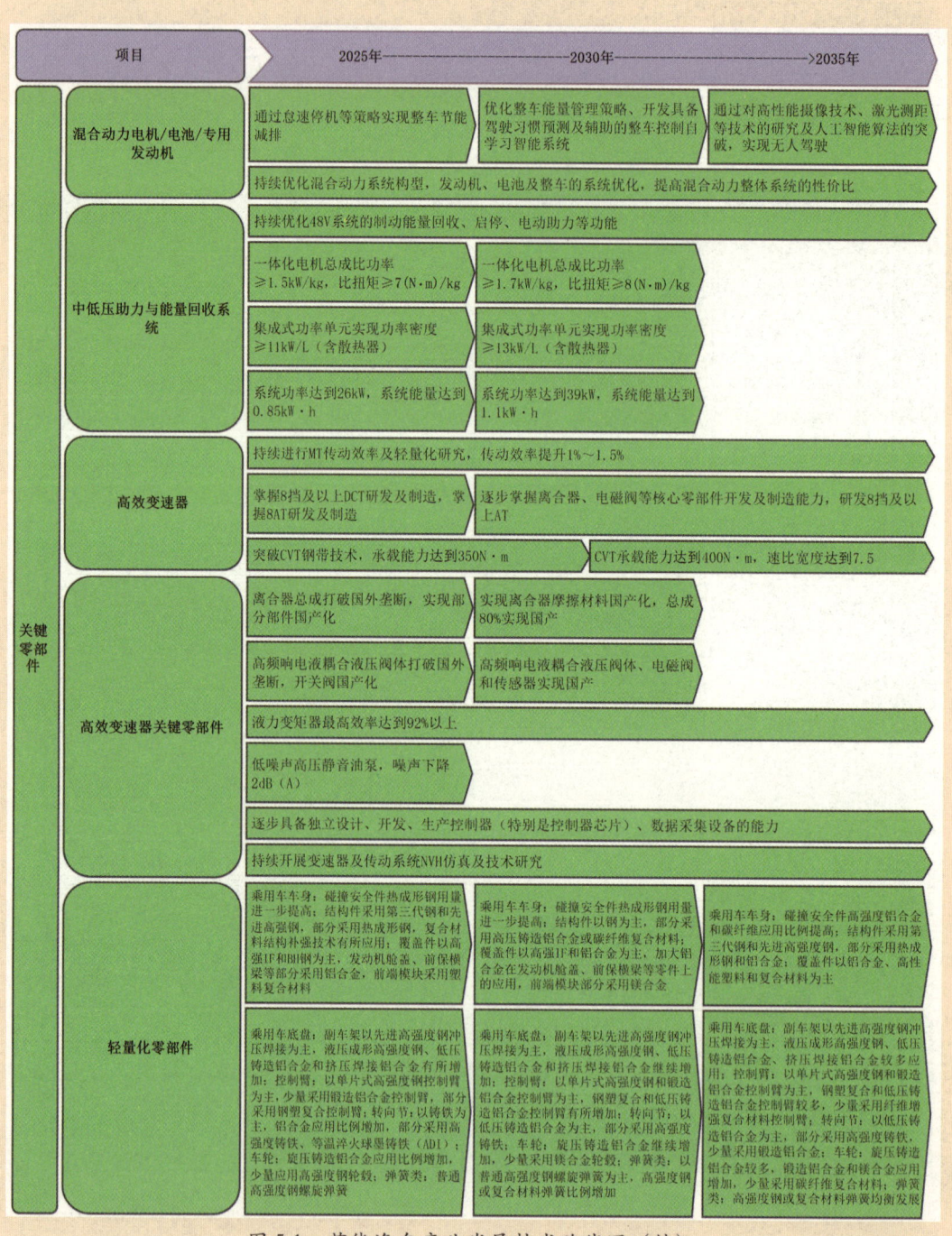

项目		2025年	2030年	>2035年
关键零部件	混合动力电机/电池/专用发动机	通过怠速启停机等策略实现整车节能减排	优化整车能量管理策略、开发具备驾驶习惯预测及辅助的整车控制自学习智能系统	通过对高性能摄像技术、激光测距等技术的研究及人工智能算法的突破，实现无人驾驶
		持续优化混合动力系统构型，发动机、电池及整车的系统优化，提高混合动力整体系统的性价比		
	中低压助力与能量回收系统	持续优化48V系统的制动能量回收、启停、电动助力等功能		
		一体化电机总成比功率≥1.5kW/kg，比扭矩≥7(N·m)/kg	一体化电机总成比功率≥1.7kW/kg，比扭矩≥8(N·m)/kg	
		集成式功率单元实现功率密度≥11kW/L（含散热器）	集成式功率单元实现功率密度≥13kW/L（含散热器）	
		系统功率达到26kW，系统能量达到0.85kW·h	系统功率达到39kW，系统能量达到1.1kW·h	
	高效变速器	持续进行MT传动效率及轻量化研究，传动效率提升1%～1.5%		
		掌握8挡及以上DCT研发及制造，掌握8AT研发及制造	逐步掌握离合器、电磁阀等核心零部件开发及制造能力，研发8挡及以上AT	
		突破CVT钢带技术，承载能力达到350N·m	CVT承载能力达到400N·m，速比宽度达到7.5	
	高效变速器关键零部件	离合器总成打破国外垄断，实现部分部件国产化	实现离合器摩擦材料国产化，总成80%实现国产	
		高频响电液耦合液压阀体打破国外垄断，开关阀国产化	高频响电液耦合液压阀体、电磁阀和传感器实现国产	
		液力变矩器最高效率达到92%以上		
		低噪声高压静音油泵，噪声下降2dB（A）		
		逐步具备独立设计、开发、生产控制器（特别是控制器芯片）、数据采集设备的能力		
		持续开展变速器及传动系统NVH仿真及技术研究		
	轻量化零部件	乘用车车身：碰撞安全件热成形钢用量进一步提高；结构件采用第三代钢和先进高强钢，部分用热成形钢，复合材料结构补强技术有所应用；覆盖件以高强IF和BH钢为主，发动机舱盖、前保险杠等部分采用铝合金，前端模块采用塑料复合材料	乘用车车身：碰撞安全件热成形钢用量进一步提高；结构件以钢为主，部分采用高压铸造铝合金或碳纤维复合材料；覆盖件以高强钢和铝合金为主，加大铝合金在发动机舱盖、前保险杠等零件上的应用，前端模块部分采用镁合金	乘用车车身：碰撞安全件高强度铝合金和碳纤维应用比例提高，结构件采用第三代钢和先进高强钢，部分采用热成形钢和铝合金，覆盖件以铝合金、高性能塑料和复合材料为主
		乘用车底盘：副车架以先进高强度钢冲压焊接为主，液压成形高强度钢、低压铸造铝合金和挤压焊接铝合金有所增加；控制臂：以单片式高强度钢控制臂为主，少量采用锻造铝合金控制臂，部分采用钢塑复合控制臂；转向节：以铸铁为主，铝合金应用比例增加，部分采用高强度铸铁、等温淬火球墨铸铁（ADI）；车轮：旋压铸造铝合金较多，少量应用高强度钢轮毂；弹簧类：普通高强度钢螺旋弹簧	乘用车底盘：副车架以先进高强度钢冲压焊接为主，液压成形高强度钢、低压铸造铝合金和挤压焊接铝合金继续增加；控制臂：以单片式高强度钢控制臂为主，钢塑复合和低压铸造铝合金控制臂有所增加；转向节：以低压铸造铝合金为主，部分采用高强度铸铁；车轮：旋压铸造铝合金继续增多；弹簧类：普通高强度钢螺旋弹簧为主，复合材料弹簧比例增加	乘用车底盘：副车架以先进高强度钢冲压焊接为主，液压成形高强度钢、低压铸造铝合金、挤压焊接铝合金较多应用；控制臂：钢塑复合和低压铸造铝合金控制臂较多，少量使用纤维增强复合材料控制臂；转向节：以低压铸造铝合金较多，锻造铝合金和镁合金应用少量采用锻造铝合金，车轮：旋压铸造铝合金较多，锻造铝合金和镁合金应用；弹簧类：高强度钢和复合材料弹簧均衡发展

图 5-1 节能汽车产业发展技术路线图（续）

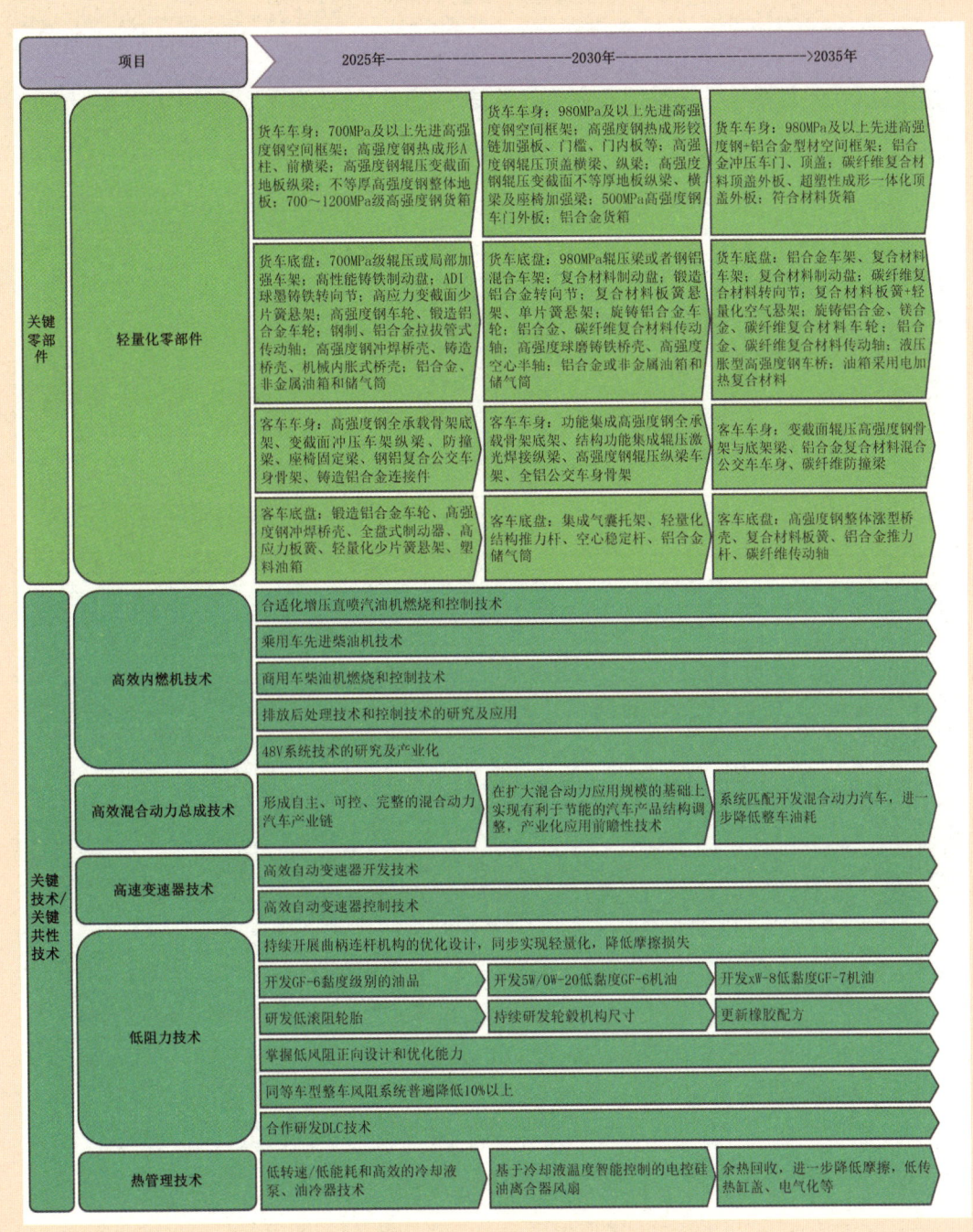

项目		2025年	2030年	>2035年
关键零部件	轻量化零部件	货车车身：700MPa及以上先进高强度钢空间框架；高强度钢热成形A柱、前横梁；高强度钢辊压变截面地板纵梁；不等厚高强度钢整体地板；700～1200MPa级高强度钢货箱	货车车身：980MPa及以上先进高强度钢空间框架；高强度钢热成形铰链加强板、门槛、门内板等；高强度钢辊压顶盖横梁、纵梁；高强度钢辊压变截面不等厚地板纵梁、横梁及座椅加强梁；500MPa高强度钢车门外板；铝合金货箱	货车车身：980MPa及以上先进高强度钢+铝合金型材空间框架；铝合金冲压车门、顶盖；碳纤维复合材料顶盖外板、超塑性成形一体化顶盖外板；符合材料货箱
		货车底盘：700MPa级辊压或者局部加强车架；高性能铸铁制动盘；ADI球墨铸铁转向节；高应力变截面少片簧悬架；高强度钢车轮、锻造铝合金车轮；钢制、铝合金拉拔管式传动轴；高强度钢冲焊桥壳、铸造桥壳、机械内胀式桥壳；铝合金、非金属油箱和储气筒	货车底盘：980MPa辊压梁或者铝镁混合车架；复合材料制动盘；锻造铝合金转向节；复合材料板簧悬架、单片簧悬架；旋锻铝合金车轮；铝合金、碳纤维复合材料传动轴；高强度球磨铸铁桥壳、高强度空心半轴；铝合金或非金属油箱和储气筒	货车底盘：铝合金车架、复合材料车架；复合材料制动盘；碳纤维复合材料转向节；复合材料板簧+轻量化空气悬架；旋锻铝合金、镁合金、碳纤维复合材料车轮；铝合金、碳纤维复合材料传动轴；液压胀型高强度钢车桥；油箱采用电加热复合材料
		客车车身：高强度钢全承载式骨架底架、变截面冲压车架纵梁、防撞梁、座椅固定梁、钢铝复合公交车身骨架、铸造铝合金连接件	客车车身：功能集成高强度钢全承载骨架底架、结构功能集成辊压激光焊接纵梁、高强度钢辊压纵梁车架、全铝公交车身骨架	客车车身：变截面辊压高强度钢骨架与底架梁、铝合金复合材料混合公交车身、碳纤维防撞梁
		客车底盘：锻造铝合金车轮、高强度钢冲焊桥壳、全盘式制动器、高应力板簧、轻量化少片簧悬架、塑料油箱	客车底盘：集成气囊托架、轻量化结构推力杆、空心稳定杆、铝合金储气筒	客车底盘：高强度钢整体涨型桥壳、复合材料板簧、铝合金推力杆、碳纤维传动轴
关键技术/关键共性技术	高效内燃机技术	合适化增压直喷汽油机燃烧和控制技术		
		乘用车先进柴油机技术		
		商用车柴油机燃烧和控制技术		
		排放后处理技术和控制技术的研究及应用		
		48V系统技术的研究及产业化		
	高效混合动力总成技术	形成自主、可控、完整的混合动力汽车产业链	在扩大混合动力应用规模的基础上实现有利于节能的汽车产品结构调整，产业化应用前瞻性技术	系统匹配开发混合动力汽车，进一步降低整车油耗
	高速变速器技术	高效自动变速器开发技术		
		高效自动变速器控制技术		
	低阻力技术	持续开展曲柄连杆机构的优化设计，同步实现轻量化，降低摩擦损失		
		开发GF-6黏度级别的油品	开发5W/0W-20低黏度GF-6机油	开发xW-8低黏度GF-7机油
		研究低滚阻轮胎	持续研发轮毂机构尺寸	更新橡胶配方
		掌握低风阻正向设计和优化能力		
		同等车型整车风阻系统普遍降低10%以上		
		合作研发DLC技术		
	热管理技术	低转速/低能耗和高效的冷却液泵、油冷器技术	基于冷却液温度智能控制的电控硅油离合器风扇	余热回收，进一步降低摩擦，低传热缸盖、电气化等

图 5-1 节能汽车产业发展技术路线图（续）

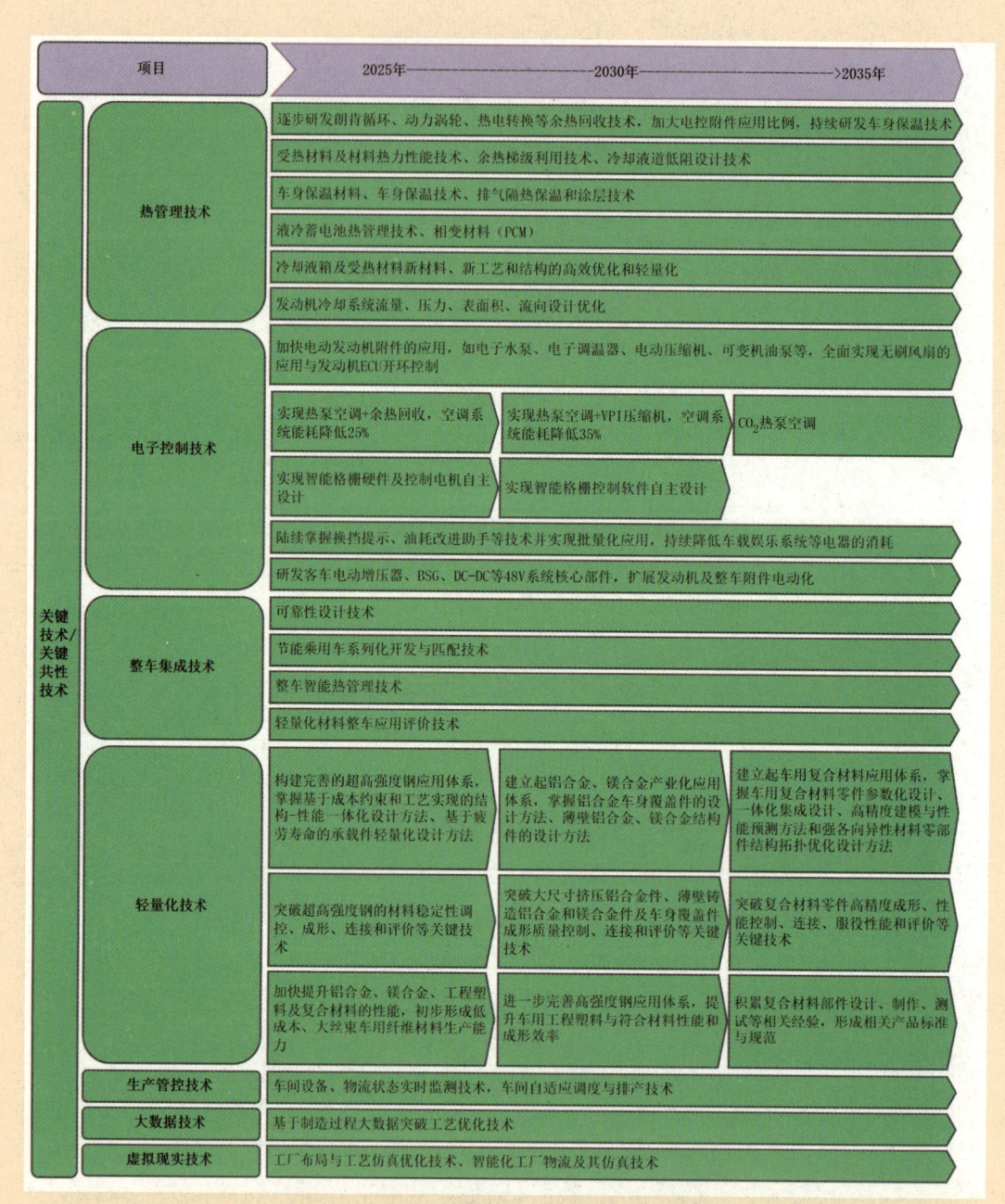

项目	2025年 — 2030年 — >2035年
关键技术/关键共性技术 — 热管理技术	逐步研朗肯循环、动力涡轮、热电转换等余热回收技术，加大电控附件应用比例，持续研发车身保温技术
	受热材料及材料热力性能技术、余热梯级利用技术、冷却液道低阻设计技术
	车身保温材料、车身保温技术、排气隔热保温和涂层技术
	液冷蓄电池热管理技术、相变材料（PCM）
	冷却液箱及受热材料新材料、新工艺和结构的高效优化和轻量化
	发动机冷却系统流量、压力、表面积、流向设计优化
电子控制技术	加快电动发动机附件的应用，如电子水泵、电子调温器、电动压缩机、可变机油泵等，全面实现无刷风扇的应用与发动机ECU开环控制
	实现热泵空调+余热回收，空调系统能耗降低25% / 实现热泵空调+VPI压缩机，空调系统能耗降低35% / CO_2热泵空调
	实现智能格栅硬件及控制电机自主设计 / 实现智能格栅控制软件自主设计
	陆续掌握换挡提示、油耗改进助手等技术并实现批量化应用，持续降低车载娱乐系统等电器的消耗
	研发客车电动增压器、BSG、DC-DC等48V系统核心部件，扩展发动机及整车附件电动化
整车集成技术	可靠性设计技术
	节能乘用车系列化开发与匹配技术
	整车智能热管理技术
	轻量化材料整车应用评价技术
轻量化技术	构建完善的超高强度钢应用体系，掌握基于成本约束和工艺实现的结构-性能一体化设计方法、基于疲劳寿命的承载件轻量化设计方法 / 建立起铝合金、镁合金产业化应用体系，掌握铝合金车身覆盖件的设计方法、薄壁铝合金、镁合金结构件的设计方法 / 建立起车用复合材料应用体系，掌握车用复合材料零件参数化设计、一体化集成设计、高精度建模与性能预测方法和强各向异性材料零部件结构拓扑优化设计方法
	突破超高强度钢的材料稳定性调控、成形、连接和评价等关键技术 / 突破大尺寸挤压铝合金件、薄壁铸造铝合金和镁合金件及车身覆盖件成形质量控制、连接和评价等关键技术 / 突破复合材料零件高精度成形、性能控制、连接、服役性能和评价等关键技术
	加快提升铝合金、镁合金、工程塑料及复合材料的性能，初步形成低成本、大丝束车用纤维材料生产能力 / 进一步完善高强度钢应用体系，提升车用工程塑料与复合材料性能和成形效率 / 积累复合材料部件设计、制作、测试等相关经验，形成相关产品标准与规范
生产管控技术	车间设备、物流状态实时监测技术，车间自适应调度与排产技术
大数据技术	基于制造过程大数据突破工艺优化技术
虚拟现实技术	工厂布局与工艺仿真优化技术、智能化工厂物流及其仿真技术

图 5-1 节能汽车产业发展技术路线图（续）

项目		2025年 ——————— 2030年 ——————— >2035年	
关键专用制造装备	动力系统制造装备	持续开发电控高压共轨柴油喷射系统制造技术于关键装备，掌握发动机与变速器壳体、轴齿类加工用高效精密数控机床及近净成形技术	开发基于自主化装备的成组成套生产线技术及自动化装配与检测技术
	动力电池生产制造装备	掌握影响电池质量水平的预涂系统、连续合浆系统、高速叠片系统、电池组高效组装系统等相关技术	开发智能化动力电池生产技术与装备，促进动力电池产品性能提升
	电驱动系统制造装备	开发电驱动系统的自动化生产装备及混合动力制造集成技术，主要包括混合动力柔性集成系统、混合动力电控制造系统、混合动力在线检测系统	
	车身制造装备	以超高强钢、铝合金、碳纤维轻质高强材料应用为方向，重点开发轻量化异种材质混合车身、基于国产机器人的伺服冲压成形、高效连接（激光焊接、铆接、粘接等）技术与装备	开发环保型涂装车间、基于智能化机器人的装配生产线等
	轻量化零部件制造装备	开发汽车轻量化零部件用高质量、长寿命、高精度模具/夹具，超高强度钢、玻璃纤维复合材料、碳纤维复合材料、玄武岩复合材料高效先进成形工艺与成形装备，以及中空曲轴等动力系统、底盘系统的典型零部件加工成套装备；开发多材料车身（钢、铝合金、复合材料）、全铝车身及超轻车身自动化连接工艺等生产线与智能系统	
战略支撑与保障		完善"中国汽车道路行驶工况"，推进在各类车辆能耗和排放法规检验认证中的应用	持续开展工况数据采集和工况研究工作，加快推进"中国汽车道路行驶工况"标准制定和测试规程的制定
		继续完善知识产权保护政策法规，持续营造我国良好的创新发展环境	
		制定并实施合理的分阶段乘用车和商用车油耗、排放限制标准	
		尽快出台CAFC及NEV积分动态调节机制，加快建立商用车积分管理办法	
		加快突破混合动力系统关键技术，不断提升混合动力汽车自主研发水平，构建完善的混合动力汽车产业链体系，加强混合动力产品推广应用	
		加大对关键共性技术研发的支持力度，鼓励行业联合会建立节能汽车产业共性基础技术研究平台，促进行业交流平台建设，实现节能环保汽车技术提升	
		开展高效率动力总成、低摩擦、轻量化等国家技术专项，引导先进技术快速突破和推广应用，培育形成具有自主知识产权的产品，提升企业自主创新能力	
		调整优化小型乘用车购置税优惠等节能汽车鼓励政策，引导鼓励整车企业发展高效、低排、小型化产品	进一步细化消费税征收条件，适时打通HEV、小型车等在购置税、车船税等方面的政策调整渠道，促进节能环保车型的推广应用

图 5-1　节能汽车产业发展技术路线图（续）

新能源汽车

新能源汽车是指采用新型动力系统，完全或主要依靠新型能源驱动的汽车，主要包括纯电动汽车、插电式混合动力汽车和燃料电池汽车。

新能源汽车的大规模发展是有效缓解我国能源与环境压力，推动汽车产业技术创新与转型升级的重要战略举措。

需求

近年来，新能源汽车呈现快速发展态势。2021年我国新能源汽车进入快速发展阶段，生产354.5万辆，销售352.1万辆，同比分别增长159.5%和157.5%，新能源汽车市场渗透率也由2020年的5.4%大幅提升至2021年的13.4%。其中，纯电动汽车产销分别完成294.2万辆和291.6万辆，比2020年同期分别增长166.3%和161.5%；插电式混合动力汽车产销分别完成60.1万辆和60.3万辆，同比分别增长131.0%和140.4%；燃料电池汽车产销分别完成1790辆和1596辆，同比分别增长48.7%和35.0%，规模进一步扩大。中国已连续七年位居全球新能源汽车单一市场首位。预计我国汽车产业碳排放总量将在2030年之前达峰，到2035年行驶阶段碳排放量将降至10亿吨以下。随着新能源汽车在家庭用车、公务用车、公交客车、出租车和物流用车等领域的大量普及，到2035年，我国新能源汽车核心技术将达到国际领先水平，纯电动汽车成为新销售车辆的主流，公共领域用车全面电动化，燃料电池汽车实现商业化应用。

目标

到2025年，形成自主可控完整的产业链，与国际先进水平同步的新能源汽车年销量占总销量的35%左右；拥有2家在全球销量进入前10名的一流新能源汽车整车企业，海外销量占总销量的10%。其中，燃料电池汽车累计推广应用规模达到5万~10万辆。继续推动充电基础设施建设，完成纯电动汽车和插电式混合动力汽车、融合风光发电的智能电网的整体联网的区域试点，无线充电技术水平进一步提升。

到2030年，自主产业链发展完善，新能源汽车年销量占总销量的50%左右，海外销量占总销量的15%；主流自主品牌企业新能源汽车技术国际领先，形成多个具有国际影响力的自主新能源汽车品牌，培育具有国际领先水平的新能源汽车零部件企业，新能源汽车性能和产品竞争力得到大幅提升。其中，燃料电池汽车累计推广规模达到30万~50万辆。建设公共充换电设施7640万台，推广新能源汽车与电网双向互动技术（V2G），充储放一站式电能交易得到应用，无线充电产品实现小型化、实用化。

到2035年，自主安全可控的产业链体系进一步完善，新能源汽车年销量占总销量的70%左右，海外销量占总销量的20%；形成2家以上自主品牌大型跨国企业集团和一批具有国际领先水平的新能源汽车零部件企业，新能源汽车及关键零部件技术及经济竞争力达到国际领先水平。其中，燃料电池汽车累计推广规模达到50万~100万辆。建设公共充换电设施1.6亿台，新能源汽车与分布式综合微电网和智能电网实现能量互动，与可再生能源实现高效协同，与交通和信息通信实现深度融合发展。

发展重点

1. 重点产品

▶插电式混合动力汽车

实现插电式混合动力技术在紧凑型及以上乘用车的私人用车、公务用车，以及其他日均行驶里程较长的使用领域实现大规模使用。技术领先的典型紧凑型插电式混合动力汽车车型在电量维持模式条件下油耗小于3.8L/100km（WLTC）。

▶纯电动汽车

实现纯电动技术在乘用车和中短途商用车领域的大规模应用。技术领先的紧凑型纯电动乘用车（整备质量1600kg）综合工况电耗小于10kW·h/100km（CLTC），技术领先的纯电动客车（车长12m）综合工况电耗小于55kW·h/100km（CHTC）。

▶燃料电池汽车

实现燃料电池技术在商用车领域的大规模商业化推广应用，通过优化燃料电池系统结构和储氢系统，整车性能全面提升，49吨重型卡车续驶里程超过1000km、氢气消耗量低于8kg/100km。

2. 关键零部件

重点推进动力电池、驱动电机、电机控制器、燃料电池等关键零部件自主化，满足新能源汽车产业的发展需求。

▶动力电池系统

插电式混合动力汽车用动力电池单体比能量达到400（W·h）/kg以上，系统比能量达到280（W·h）/kg以上，循环寿命达到5000次或日历寿命达到10年以上；纯电动汽车用动力电池单体比能量达到500（W·h）/kg以上，系统比能量达到375（W·h）/kg以上，循环寿命达到2000次或日历寿命达到10年以上。

▶驱动电机

乘用车电机质量功率密度≥7.0W/kg（有效质量），峰值效率≥98.5%，全速域性能包络线下1m声压级≤75dB(A)；商用车电机质量转矩密度达到30（N·m）/kg或质量功率密度达到6.0kW/kg。

▶电机控制器

乘用车电机控制器体积功率密度达到70kW/L，峰值效率为99.2%，电机系统EMC达到4级，功能安全等级达到ASIL D或同等水平；商用车电机控制器体积功率密度达到60kW/L，峰值效率为99.2%。基于自主新器件和新材料的高效高密度智慧电机控制器实现产业化。

▶电驱动总成

乘用车电驱动总成最高效率为 94.5%，CLTC 综合效率为 90%，峰值质量功率密度为 2.8kW/kg，全速域性能包络线下 1m 总噪声≤75dB(A)；商用车纯电动力总成质量功率密度为 1.5kW/kg，最高效率为 94.5%，全速域性能包络线下 1m 总噪声≤75dB(A)；轮毂电机系统最高效率为 94.5%，超过 80% 的高效区 90%，系统 CLTC 综合效率为 86%，全速域性能包络线下 1m 总噪声≤72dB(A)，实现全产业链自主可控。

▶机电耦合装置

机电耦合装置体积和质量相比 2020 年降低 30%，纯发动机驱动最高机械传动效率≥98%，纯电驱动系统最高效率≥93%，纯电驱动全速域性能包络线下 1m 总噪声≤75dB(A)。混合动力驱动工况最高机械传动效率≥97%，机电耦合系统 WLTC 综合效率≥86%。

▶增程器总成

增程式发动机最低比油耗降至 200g/(kW·h) 以下，满功率工况下增程器总成 1m 总噪声≤90dB(A)。

▶插电式混合动力专用发动机

突破多种燃烧模式的稀薄燃烧技术和活性燃料技术，进一步拓展最佳燃烧区域、提高发动机热效率、优化发动机运行区域、降低有害排放物，掌握动态寻优的全过程系统控制策略。

▶高压电气系统

逆变器、车载充电机、DC-DC 等高压系统在结构上、电气上实现高度集成化发展，各系统效率达到 95% 以上，NVH、EMC 性能取得较大进步。高压继电器、熔断器实现小型化、低成本，实现新型导体材料线束及电连接技术的应用。

▶整车控制系统

　　整车控制器与信息化、智能化深度融合，同时搭载适用于主流自动驾驶水平的低能耗控制器。

▶燃料电池系统及电堆

　　乘用车燃料电池系统功率密度达3kW/L，耐久性为2万小时，电堆比功率达到9kW/L，寿命达到2万小时；商用车燃料电池系统功率密度达2kW/L，耐久性为4万小时，电堆比功率达到8kW/L，寿命达到4万小时。

▶车载储氢系统

　　高效车载储氢技术进一步提升，质量储氢率为6.5%，体积储氢密度为65g/L。集成式瓶阀、碳纤维实现国产化替代，车载高压储氢系统和车载液氢系统实现全面国产化替代和商业化成熟应用。

▶轻量化车身

　　多材料应用均衡发展，复合材料等应用大幅增加，先进轻量化材料在新能源汽车上广泛应用，使用率达到50%，其中碳纤维车身制造技术与生产能力达到国际领先水平。

▶制动系统

　　制动执行系统同域控制器的融合技术取得突破，具备高响应、高可靠、异构冗余的新型制动系统实现产业化应用。EHB（One-Box）产品渗透率达到95%以上，EMB在部分车型实现量产应用。

▶转向系统

　　转向执行系统同域控制器的融合技术取得突破性进展，高响应、高精度、高可靠和智能化的线控转向技术得到产业化应用，新销售车型装配率达60%以上。

▶ **热管理系统**

宽温度带、高效热泵空调技术趋于成熟,在新能源汽车上实现规模化应用,新型、高效、环保的电动空调系统具有国际竞争力。针对超大算力智能驾驶、超大功率充电等新兴配置和应用场景的一体化汽车热管理系统趋于成熟并实现规模化应用。

3. 关键共性技术

▶ **整车集成技术**

实现基于下一代动力系统的全新概念电动汽车底盘平台化技术,基于车路云一体化的架构平台;与自动驾驶、智能交通、智慧城市相融合的整车控制技术。

▶ **轻量化技术**

车用塑料及复合材料应用技术体系,轻量化多材料综合应用体系,车用复合材料零部件一体化集成设计、复合材料-钢-铝零部件连接设计与性能评价技术广泛应用。

▶ **自动化、数字化、智能化制造技术及装备技术**

智能制造虚拟现实交互、系统集成技术、大数据技术、数字化协同研制、数字化工厂等技术逐步应用。

▶ **测试验证技术**

形成涵盖动力电池全生命周期的"材料-电池-系统"标准化和定量化检测评价体系,建立实测验证和虚拟仿真结合、端/云大数据分析和线下失效分析结合的集成化、智能化测试验证平台。

▶绿色循环利用技术

　　退役动力蓄电池实现多场景梯次利用的规模化应用，实现全自动柔性拆解。突破电解（液）质和隔膜资源化回收利用技术，实现全组分高效回收；有机物无害化处置率达到 100%，有价金属组分及石墨回收率＞99%。

▶智能充换电基础设施技术

　　研发智能型高性能双向传导及无线充放电技术，支撑实现车网融合智能电能调度、有序充放电技术；完成移动式连接装置、双向无线充电标准，乘用车无线充电技术实现较大范围推广应用；换电技术实现规范化、通用化、标准化；光储充换电站具备融入区域电能互动能力，实现针对多元场景下多目标多层次的电能互动响应能力。

▶加氢基础设施技术

　　加氢站数量超过10000座，终端氢燃料成本低于25元/kg，氢气加注计量偏差≤0.8%，实现液氢加氢站和站内制氢的商业化推广应用。

4. 产品关键技术

▶能量存储系统技术

　　研发动力电池和电池智能管理技术，下一代锂离子电池、固态电池和智能电池等实现产业化应用，锂硫电池和锂空气电池等新体系电池具备工业化应用基础，研发高集成度、全气候和高安全储能系统；实现"车端-云端"电池管理模式，形成基于大数据驱动的电池性能和寿命预测及安全预警技术。

▶电驱动系统技术

　　突破电驱动总成深度集成、高效机电耦合动力总成、高效低噪声增程器总成、高效轮毂电机与电动轮总成、高效高密度驱动电机、新结构新原理电机、高效高密度集成电机控制器、电驱动总成综合测试与评价、高速低噪声减/变速器、电驱动系统专用设计与认证软件等多项技术。电驱动系统基础材料自给率达到90%以上,工艺设备国产化率达到90%以上;电驱动产品开发工具国产化率达到50%以上;自主软件架构平台开发达到50%电控平台通用;搭建基于国产芯片和标准的功能安全基础平台。

▶高压电气系统技术

持续研发高成熟度大功率充电技术,车辆与电网双向充电技术(V2G)得到应用,突破高安全性、大功率双向无线充电技术、自动充电装置,突破新导体材料高压电连接长接插寿命等技术难题。

▶燃料电池系统技术

攻克燃料电池关键材料、部件自主研发和国产化;突破燃料电池关键材料、部件的批量国产和降本技术,大功率、长寿命电堆产品和集成技术,供给系统及关键部件低成本技术,燃料电池低成本、高集成化控制技术;实现规模化生产和产业链自主可控。

▶车载储氢系统技术

突破储氢系统集成化开发与应用技术、瓶阀与瓶体密封技术、高强度碳纤维制备技术、氢瓶检测技术、车载液氢系统可靠性技术。

5. 关键材料及部件

▶动力电池关键材料

开发高容量/高电压正极材料、高容量负极材料、安全性/高电压电解(液)质、高离子电导率固态电解质、高熔点薄型隔膜等关键材料。重点解决材料结构稳定性、热稳定性和性能衰减等核心问题。

▶驱动电机关键材料及部件

开发低（无）重稀土永磁体、低损耗硅钢片、高电导率低损耗电磁线、耐高频高压绝缘材料、低黏度润滑油、高速轴承、高线速度密封件、高精度位置传感器等材料和器件，重点解决复杂条件下材料稳定性、部件可靠性等问题。

▶电机控制器关键材料及部件

开发第三代宽禁带半导体功率器件、高压高温高纹波电流膜电容器、高性能滤波器、高性能多核微处理器（MCU）、高安全等级驱动芯片，重点解决产品的可靠性问题。

▶燃料电池关键材料及部件

研发燃料电池关键基础材料的设计制备技术，包括长寿命高活性催化剂材料、低溶胀耐高温超薄质子膜、非贵金属涂层、高可靠密封材料等；突破大尺寸器件的设计制备技术，包括超薄金属/石墨双极板、低流阻强排水流道设计、高均匀性高导电率膜电极等；攻克关键材料、部件和电堆的自动化生产、装配及检测工艺，实现长寿命大功率电堆批量化生产。

6. 关键专用装备

▶动力电池及关键材料制造、测试装备

实现生产制造流程智能化、控制及管理系统一体化、生产制造过程中的信息化管理和生产过程可视化，建立动力电池及关键材料数字化智慧工厂，实现动力电池及关键材料制造及测试评价过程的核心测试设备自主化。

▶电驱动总成关键制造、测试装备

扁线定子铁芯制造工艺及设备、高转速高密度扁导线工艺与装备、功率半导体芯片流片及模块封装设备、膜电容器镀膜与卷绕设备、高端

MCU/ASIC 芯片制造工艺、高精度磨齿机设备等制造设备，以及超高速驱动电机及控制器测功机系统、驱动电机系统硬件在环 HIL 系统、高功能安全等级 ASIL 开发与认证平台等测试验证装备。

战略支撑与保障

（1）在国家层面，强化跨领域跨部门协同，进一步提升国家顶层设计的统领作用，持续引导产业高质量可持续发展。

（2）持续完善新能源汽车财税支持政策，不断优化双积分调节机制，开展全生命周期碳足迹评价体系研究，研究建立与碳交易市场衔接机制。

（3）完善以企业为主体、市场为导向、"产、学、研、用"相结合的技术创新体系，强化企业创新主体地位，加大对新型研发机构建设支持力度，加快关键核心技术攻关和产业化应用。

（4）完善新能源汽车的标准法规体系，强化检测评价能力建设。

（5）加快推进光储充换一体化综合性基础设施建设，提高互联互通和安全防护水平。

（6）形成新能源汽车与智能网联汽车、智能电网、智慧城市建设及关键部件、材料等的协同发展机制。

（7）组建汽车产业对外合作联盟，提升国际贸易、政策法规、知识产权和产品认证等领域的系统性、专业化海外发展服务能力。

（8）组建"中国汽车战略咨询委员会"，打造国家级跨产业创新战略咨询智库平台，持续开展技术路线图编制、评估与修订工作。

技术路线图

新能源汽车产业发展技术路线图如图 5-2 所示。

项目	2025年	2030年	2035年
需求		汽车产业碳排放总量先于国家碳减排承诺和产业规模，在2030年之前达到峰值，到2035年行驶阶段碳排放量将降至10亿吨以下	
		建立安全、高效、便携、绿色的智慧出行体系，引领全球汽车智慧出行变革，率先形成汽车—交通—能源—城市融合发展的新兴产业生态	
		新能源汽车在家庭用车、公务用车、公交客车、出租车和物流用车等领域大量普及，纯电动汽车成为新销售车辆主流，公共领域用车全面电动化，燃料电池汽车实现商业化应用	
		技术创新体系成熟，持续创新能力和零部件产业具备国际引领能力，新能源汽车核心技术达到国际领先水平	
目标	新能源汽车年销量占总销量的35%左右，燃料电池汽车累计推广应用规模达到5万~10万辆	新能源汽车年销量占总销量的50%左右，燃料电池汽车累计推广规模达30万~50万辆	新能源汽车年销量占总销量的70%左右，燃料电池汽车累计推广规模达50万~100万辆
	拥有2家在全球销量进入前10名的一流新能源汽车整车企业，海外销量占总销量的10%	形成多个具有国际影响力的自主新能源汽车品牌，海外销量占总销量的15%	形成2家以上自主品牌大型跨国企业集团，海外销量占总销量的20%
	主流自主品牌企业新能源汽车技术及经济竞争力国际领先，自主产品美誉度与国际品牌接轨		
	动力电池、驱动电机等关键零部件实现批量出口；燃料电池关键材料和零部件实现国产化和批量供应	培育具有国际领先水平的新能源汽车零部件企业	形成一批具有国际领先水平的新能源汽车零部件企业
	与汽车轻量化、信息化、智能化同步规划、融合发展、协同创新，并成为新技术先导应用的载体	新能源汽车与电网（V2G）能量互动、与可再生能源高效协同、与交通和信息通信实现深度融合发展	
重点产品 - 插电式混合动力汽车	紧凑型及以上乘用车的私人用车、公务用车，以及其他日均行驶里程较长的使用领域实现大规模使用		
	技术领先的典型紧凑型插电式混合动力汽车在电量维持模式条件下油耗小于4.3L/100km（WLTC）	技术领先的典型紧凑型插电式混合动力汽车在电量维持模式条件下油耗小于4.0L/100km（WLTC）	技术领先的典型紧凑型插电式混合动力汽车在电量维持模式条件下油耗小于3.8L/100km（WLTC）
重点产品 - 纯电动汽车	在中型及以下乘用车的城市家庭用车、租赁服务、公务车实现大批量应用	在乘用车和短途商用车上实现大规模应用	
	乘用车：技术领先的典型紧凑型纯电动车（整备质量为1600kg）综合工况电耗小于11（kW·h）/100km（CLTC）	乘用车：技术领先的典型紧凑型纯电动车（整备质量为1600kg）综合工况电耗小于10.5（kW·h）/100km（CLTC）	乘用车：技术领先的典型紧凑型纯电动车（整备质量为1600kg）综合工况电耗小于10（kW·h）/100km（CLTC）

图5-2　新能源汽车产业发展技术路线图

项目		2025年	2030年	2035年
重点产品	纯电动汽车	公交客车：技术领先的典型纯电客车（车长12m）综合工况电耗小于65(kW·h)/100km（CHTC）	公交客车：技术领先的典型纯电客车（车长12m）综合工况电耗小于60(kW·h)/100km（CHTC）	公交客车：技术领先的典型纯电客车（车长12m）综合工况电耗小于55(kW·h)/100km（CHTC）
	燃料电池汽车	在城市物流用车、公共服务用车领域实现区域大批量应用	在城市私人用车、公共服务用车领域实现区域大批量应用	在商用车领域实现大规模商业化推广应用
		乘用车耐久性达到25万千米，续驶里程达到650km，冷起动温度达到-30℃	乘用车耐久性达到30万千米，续驶里程达到800km，冷起动温度达到-40℃	在长途重卡和特定领域等商用车中具有经济竞争力并得到应用，49吨重型卡车续驶里程超过1000km，氢气消耗量低于8kg/100km
		商用车耐久性达到40万千米，续驶里程达到500km，冷起动温度达到-30℃	商用车耐久性达到100万千米，续驶里程达到800km，冷起动温度达到-40℃	
关键零部件	动力电池系统	插电式混合动力汽车用动力电池单体比能量达到300(W·h)/kg，系统比能量达到180(W·h)/kg，热扩散时间>90min	插电式混合动力汽车用动力电池单体比能量达到400(W·h)/kg，系统比能量达到260(W·h)/kg，不发生热扩散	插电式混合动力汽车用动力电池单体比能量达到400(W·h)/kg，系统比能量达到280(W·h)/kg，不发生热扩散
		纯电动汽车用动力电池单体比能量达到400(W·h)/kg，系统比能量达到260(W·h)/kg，热扩散时间>90min	纯电动汽车用动力电池单体比能量达到500(W·h)/kg，系统比能量达到350(W·h)/kg，不发生热扩散	纯电动汽车用动力电池单体比能量达到500(W·h)/kg，系统比能量达到375(W·h)/kg，不发生热扩散
		插电式混合动力汽车用动力电池循环寿命达到5000次或日历寿命达到10年以上，纯电动汽车用动力电池循环寿命达2000次或日历寿命达到10年以上		
	驱动电机	乘用车电机质量功率密度≥5.0W/kg（有效质量），峰值效率≥97.5%，全速域性能包络线下1m声压级≤75dB(A)	乘用车电机质量功率密度≥6.0W/kg（有效质量），峰值效率≥98%，全速域性能包络线下1m声压级≤75dB(A)	乘用车电机质量功率密度≥7.0W/kg（有效质量），峰值效率≥98.5%，全速域性能包络线下1m声压级≤75dB(A)
		商用车电机质量转矩密度达到20(N·m)/kg或质量功率密度达到4.0kW/kg	商用车电机质量转矩密度达到24(N·m)/kg或质量功率密度达到5.0kW/kg	商用车电机质量转矩密度达到30(N·m)/kg或质量功率密度达到6.0kW/kg

图 5-2 新能源汽车产业发展技术路线图（续）

项目		2025年	2030年	2035年
关键零部件	电机控制器	乘用车电机控制器体积功率密度达到40kW/L，峰值效率为98.7%，电机系统EMC达到4级，功能安全等级达到ASIL C或同等水平	乘用车电机控制器体积功率密度达到50kW/L，峰值效率为99%，电机系统EMC达到4级，功能安全等级达到ASIL D或同等水平	乘用车电机控制器体积功率密度达到60kW/L，峰值效率为99.2%，电机系统达到EMC达到4级，功能安全等级达到ASIL D或同等水平
		商用车电机控制器体积功率密度达到30kW/L，峰值效率为98.5%	商用车电机控制器体积功率密度达到40kW/L，峰值效率为98.8%	商用车电机控制器体积功率密度达到60kW/L，峰值效率为99.2%
	电驱动总成	乘用车动力总成最高效率为93.5%，CLTC综合效率为87%，峰值质量功率密度为2.0kW/kg，1m总噪声≤75dB(A)	乘用车动力总成最高效率为94.0%，CLTC综合效率为88%，峰值质量功率密度为2.4kW/kg，全速域性能包络线下1m总噪声≤75dB(A)	乘用车动力总成最高效率为94.5%，CLTC综合效率为90%，峰值质量功率密度为2.8kW/kg，全速域性能包络线下1m总噪声≤75dB(A)
		商用车纯电动力总成质量功率密度为0.8kW/kg，最高效率为92%	商用车纯电动力总成质量功率密度为1.2kW/kg，最高效率为93%	商用车纯电动力总成质量功率密度为1.5kW/kg，最高效率为94.5%
		轮毂电机系统最高效率为92%，超过80%的高效区85%，系统CLTC综合效率为80%，全速域性能包络线下1m总噪声≤75dB(A)	轮毂电机系统最高效率为93.5%，超过80%的高效区88%，系统CLTC综合效率为83%，全速域性能包络线下1m总噪声≤73dB(A)	轮毂电机系统最高效率为94.5%，超过80%的高效区90%，系统CLTC综合效率为86%，全速域性能包络线下1m总噪声≤72dB(A)
	机电耦合装置	体积和质量相比2020年降低12%	体积和质量相比2020年降低20%	体积和质量相比2020年降低30%
		纯发动机驱动最高机械传动效率≥97%，纯电驱动系统最高效率≥92%，纯电驱动全速域性能包络线下1m总噪声≤85dB(A)	纯发动机驱动最高机械传动效率≥97.5%，纯电驱动系统最高效率≥92.5%，纯电驱动全速域性能包络线下1m总噪声≤80dB(A)	纯发动机驱动最高机械传动效率≥98%，纯电驱动系统最高效率≥93%，纯电驱动全速域性能包络线下1m总噪声≤75dB(A)
		混合动力驱动工况最高机械传动效率≥95%，机电耦合系统WLTC综合效率≥83%	混合动力驱动工况最高机械传动效率≥96%，机电耦合系统WLTC综合效率≥84.5%	混合动力驱动工况最高机械传动效率≥97%，机电耦合系统WLTC综合效率≥86%
	增程器总成	增程式发动机最低比油耗降至220g/(kW·h)以下	增程式发动机最低比油耗降至210g/(kW·h)以下	增程式发动机最低比油耗降至200g/(kW·h)以下
		增程器总成满功率工况下1m总噪声≤94dB(A)	增程器总成满功率工况下1m总噪声≤92dB(A)	增程器总成满功率工况下1m总噪声≤90dB(A)

图 5-2 新能源汽车产业发展技术路线图（续）

5 节能和新能源汽车

项目		2025年 —————————— 2030年 —————————— 2035年
关键零部件	插电式混合动力专用发动机	突破多种燃烧模式的稀薄燃烧技术和活性燃料技术，进一步拓展最佳燃烧区域、提高发动机热效率、优化发动机运行区域、降低有害排放物，掌握动态寻优的全过程系统控制策略
		插电式混合动力专用发动机点工况的最高热效率可达44% / 插电式混合动力专用发动机点工况的最高热效率可达47% / 插电式混合动力专用发动机点工况的最高热效率可达50%
	高压电气系统	逆变器、车载充电机、DC/DC等高压系统在结构上、电气上实现高度集成化发展，各系统效率达到95%以上，NVH、EMC性能取得较大进步
		DC/DC大功率化技术、功率器件等初步实现国产化替代 / DC/DC双向大功率技术、小型化技术、功率密度得到进一步提升，功率器件等国产化率50%
		高压继电器、熔断器实现小型化、低成本，实现新型导体材料线束及电连接技术的应用
	整车控制系统	具备与全球定位系统（GPS）、地理信息系统和智能交通系统（GIS/ITS）相结合的智能行驶控制功能的纯电、插电式混合汽车整车控制器，整车控制系统自主化率达到80%，关键国产化芯片应用率达到30%，自主实时操作系统应用率达到50% / 与信息化、智能化融合的整车控制器，整车控制系统可出口20% / 与信息化、智能化深度融合的整车控制器，同时搭载适用于主流自动驾驶水平的低能耗控制器，整车控制系统可出口40%
	燃料电池系统及电堆	乘用车燃料电池系统功率密度达600W/L，系统效率为50%，循环工况耐久性达到1万小时 / 乘用车燃料电池系统功率密度达2000W/L，系统效率为55%，循环工况耐久性达到1.5万小时 / 乘用车燃料电池系统功率密度达3000W/L，系统效率为60%，循环工况耐久性达到2万小时
		商用车燃料电池系统功率密度达500W/L，系统效率为50%，循环工况耐久性达到1.5万小时 / 商用车燃料电池系统功率密度达1000W/L，系统效率为55%，循环工况耐久性达到3万小时 / 商用车燃料电池系统功率密度达2000W/L，系统效率为60%，循环工况耐久性达到4万小时
		乘用车燃料电池电堆比功率达到5kW/L，寿命达到1万小时 / 乘用车燃料电池电堆比功率达到8kW/L，寿命达到1.5万小时 / 乘用车燃料电池电堆比功率达到9kW/L，寿命达到2万小时
		商用车燃料电池电堆比功率达到4kW/L，寿命达到1.5万小时 / 商用车燃料电池电堆比功率达到6kW/L，寿命达到3万小时 / 商用车燃料电池电堆比功率达到8kW/L，寿命达到4万小时
		高集成度燃料电池专用空气供应系统，具备空气压缩、冷却、气体再循环等功能，最高压比≥4.0 / 高集成度空压机-膨胀剂空气系统，氢气引射-喷射混合循环系统
	车载储氢系统	70MPa IV型高压瓶实现应用 / 高效车载储氢技术进一步提升，集成式瓶阀、碳纤维实现国产化替代，车载高压储氢系统和车载液氢系统实现全面国产化替代和商业化成熟应用

图 5-2 新能源汽车产业发展技术路线图（续）

项目		2025年	2030年	2035年
关键零部件	车载储氢系统	质量储氢率为5.5%，体积储氢密度为35g/L	质量储氢率为6.5%，体积储氢密度为65g/L	
	轻量化车身	用材以钢为主，铝合金及复合材料应用比例有所增加，连接以焊接为主，激光焊接和铆接较为普遍	铝合金应用比例大幅增加，多材料融合进一步加强，多材料连接技术应用更加广泛	多材料应用均衡发展，复合材料等应用大幅增加，连接技术更加多样化
		先进轻量化材料逐步应用，使用率达到30%	先进轻量化材料广泛应用，使用率达到50%	
		低成本技术、大规模生产应用	碳纤维车身制造技术与生产能力达到国际领先	
	制动系统	EHB（Two-Box）方案技术日趋成熟并实现规模化应用，EHB（One-Box）开始产业化应用	制动执行系统同域控制器的融合技术取得突破，具备高响应、高可靠、异构冗余的新型制动系统实现产业化应用，EHB（One-Box）产品渗透率达到95%以上，EMB在部分车型实现量产应用	
	转向系统	冗余转向系统成熟且大规模应用，线控转向系统开始量产应用	转向执行系统同域控制器的融合技术取得突破性进展，高响应、高精度、高可靠和智能化的线控转向技术得到产业化应用，新销售车型装配率达60%以上	
	热管理系统	乘员舱、蓄电池、电驱动系统一体化汽车热管理系统实现大规模应用	宽温度带、高效热泵空调技术趋于成熟并实现规模化应用，新型、高效、环保的电动空调系统具有国际竞争力。针对超大算力智能驾驶、超大功率充电等新兴配置和应用场景的一体化汽车热管理系统趋于成熟并实现规模化应用	
关键技术/关键共性技术	整车集成技术	基于专用总成的动力系统电动化技术；太阳能电池整车集成应用技术		基于下一代动力系统的全新概念电动汽车底盘平台化技术
		底盘、电驱动系统与制动系统集成设计技术，纯电动汽车产品平台化	底盘、电驱动系统与制动系统集成一体化技术，滑板底盘实现一定规模应用	
		电动车整车安全、NVH、寿命、动力性经济性驾驶性等性能控制技术		
		基于高强度钢、轻金属和复合材料的车身和底盘轻量化技术		新型整车轻量化技术
		基于域控制器的电子电气架构平台；以能量管理为核心的整车智能控制技术	以计算平台为核心的电子电气架构平台；与信息化、智能化相融合的整车智能控制技术	基于车路云一体化的架构平台；与自动驾驶、智能交通、智慧城市相融合的整车控制技术

图 5-2　新能源汽车产业发展技术路线图（续）

项目		2025年	2030年	2035年
关键技术/关键共性技术	轻量化技术	完善的超高强度钢应用技术体系，提升铝合金、镁合金、工程塑料及复合材料性能，形成初步的低成本大丝束车用纤维材料生产能力	铝镁合金应用技术体系，提升车用塑料及复合材料性能和成型效率，高压铸造薄壁铝、镁合金零部件应用，模块化非全承载车身结构集成优化设计应用；铝合金温、热成形零件设计应用	车用塑料及复合材料应用技术体系，轻量化多材料综合应用体系，车用复合材料零部件一体化集成设计、复合材料-钢-铝零部件连接设计与性能评价技术广泛应用
	自动化、数字化、智能化制造技术及装备技术	智能制造虚拟现实交互、系统集成技术、大数据技术、数字化协同研制、数字化工厂等技术逐步应用		
	测试验证技术	建立关键材料定量测评技术，发展原位表征、失效分析、无损检测等先进测试技术；完善全生命周期电池安全测评体系，建立安全分级标准体系；建立基于实际工况的电池性能、安全和寿命测评技术	实现原位表征、失效分析、无损检测方法的标准化；建立动力电池全生命周期的化-电-热-力多场性能仿真评价体系；建立面向实际工况的电池系统快速评价技术	形成涵盖动力电池全生命周期的"材料-电池-系统"标准化和定量化检测评价体系，建立实测验证和虚拟仿真结合、端/云大数据分析和线下失效分析结合的集成化、智能化测试验证平台
	绿色循环利用技术	实现重组电池系统的梯次利用，实现铜、铁、铝回收率>90%，镍、钴、锰回收率>98%，铁、锂回收率>92%	实现退役电池系统和模组的梯次利用，实现铜、铁、铝回收率>95%，镍、钴、锰回收率>99%，铁、锂回收率>98%	实现退役电池系统的梯次利用，实现全自动流水线的柔性拆解和多场景梯次利用商业化运营；实现全组分高效回收，有机物无害化处置率100%，有价金属组分及石墨回收率>99%
	智能充换电基础设施技术	优化充电接口通信协议及控制导引电路，实现预约休眠、车桩协同电流环激励及边缘计算安全防护增强等功能，支持V1G、V2G应用；公交客车顶置式充电弓智能充电实用；研发直流小功率智能充电终端	采用基于高级通信技术协议，支持电能调节及安全性能数据交互，具备安全认证、加密、宽带扩展能力，支持标准前向兼容及应用平滑升级，支持多级密钥互认、安全态势感知与快速处置	
		大功率充电电压为1000V（或1500V），带冷却最大充电电流为500A（或600A）；电源模块效率达到96%	大功率充电功率达到MW级别，电源模块效率进一步提升，柔性模块投切自动分断，机器臂辅助自动插枪连接	
		建立充电负荷调控精细化模型，掌握基于充电功率柔性调节的主动式微网及台区级有序充电技术	深化研究考虑可再生能源消纳的充电运营商有序充放电调控策略与用户引导技术	掌握能源互联网框架下多层次网-站-桩-车有序充放电协调控制能力

图5-2 新能源汽车产业发展技术路线图（续）

项目	2025年	2030年	2035年
关键技术/关键共性技术 — 智能充换电基础设施技术	无线充电互操作性技术、电磁兼容技术，设备功率提高至20kW，最高效率≥93%	实现V2G双向无线充电、自动充电场景引导；具备完备的安全性功能和良好的智能化水平	移动式无线充电技术具备实用化性能，在特定路段实现规模应用
	开展兼容不同平台车型的换电站试点；锁止机构、接口寿命优于3000次，乘用车快换时间为5~7min	实现无人值守自动换电技术电池包及控制流程标准化；锁上机构、连接件接口寿命与车辆寿命匹配，快换时间为3~5min	与自动驾驶技术融合，基于车-站-网协同的标准化共享换电站模式实现规模化应用；乘用车自动快换时间为1~3min
	建立安全信任机制，实现即插即充自动认证并规模化应用；实现自动充电泊车引导、机械辅助自动连接装置（顶、底、侧）、人工智能情景管理技术		实现多场景智能充换电引导、车网协同自主泊车、充（换）电控制高安全保障技术
	含光伏、储能、充电装置及其他分布式电源等元素的充电系统拓扑设计及能源管理技术	设计光储充换电站多目标优化配置方法与面向能源互联网的通用性框架，支持低碳园区电能聚合虚拟电厂服务	光储充换电站具备融入区域电能互动能力，实现针对多元场景下多目标多层次的电能互动响应能力
加氢基础设施技术	加氢站数量超过1000座，终端氢燃料成本低于40元/kg，氢气加注系统计量偏差≤1.5%	加氢站数量超过5000座，终端氢燃料成本低于25元/kg，氢气加注系统计量偏差≤1.0%，实现加氢枪、压缩机等核心零部件国产化，实现液氢加氢站和站内制氢加氢站推广应用	加氢站数量超过10000座，终端氢燃料成本低于25元/kg，氢气加注系统计量偏差≤0.8%，实现加氢枪、压缩机国产化，实现液氢加氢站和站内制氢商业化应用
能量存储系统技术	下一代锂离子电池、固态电池具备工业化应用基础；锂硫电池和锂空气电池等新体系电池突破界面稳定调控技术	固态电池初步工业化应用；突破锂硫电池和锂空气电池等新体系电池的长寿命运行技术	下一代锂离子电池、固态电池和智能电池等实现产业化应用，锂硫电池和锂空气电池等新体系电池具备工业化应用基础
	高安全储能系统集成	全气候和高安全储能系统集成	高集成度、全气候和高安全储能系统
	基于模型的动力电池全生命周期管理和监控技术	突破基于大数据分析和智能传感的动力电池精准管控技术	实现"车端-云端"电池管理模式，形成基于大数据驱动的电池性能和寿命预测及安全预警技术
电驱动系统技术	突破电驱动总成深度集成、高效机电耦合动力总成、高效低噪声增程器总成、高效轮毂电机与电动轮总成、高效高密度集成电机控制器、高速低噪声减/变速器等核心产品，完成电驱动总成综合测试与评价、电驱动系统专用设计与认证软件等多项技术并形成产品		

图 5-2 新能源汽车产业发展技术路线图（续）

5 节能和新能源汽车

项目		2025年	2030年	2035年
关键技术/关键共性技术	电驱动系统技术	电驱动系统基础原材料自给率达到50%以上，工艺设备国产化率达到50%以上	电驱动系统基础原材料自给率达到70%以上，工艺设备国产化率达到70%以上	电驱动系统基础原材料自给率达到90%以上，工艺设备国产化率达到90%以上
		开发工具软件核心算法、工具链，并实现检测对标	电驱动产品开发工具国产化率达到30%以上	电驱动产品开发工具国产化率达到50%以上
		自主软件架构平台开发达到动力域自主电控软件开发平台通用	自主软件架构平台开发达到舒适域自主电控平台通用	自主软件架构平台开发达到50%电控平台通用
		搭建ASIL C功能安全等级基础平台架构	搭建ASIL D功能安全等级基础平台架构	搭建基于国产芯片和标准的功能安全基础平台
	高压电气系统技术	高集成度、高功率密度、高效率车载充电机技术	智能化、小型化、轻量化车载充电机技术，车辆与电网双向充电技术（V2G）得到应用	
		大功率充电电压为1000V（或1500V），带冷却最大充电电流为500A（或600A）	持续研发高成熟度大功率充电技术，大功率充电功率达到MW级别	
		无线充电互操作性技术、辅助功能安全技术、电磁兼容技术，设备功率提高至20kW，最高效率≥93%	无线充电高精度自动导引、对齐技术；无线双向充放电技术；无线充电效率进一步提升	突破低成本异物检测技术，高安全性、大功率双向无线充电技术和移动式无线充电实用化
		耐高压、大电流、屏蔽性能等高压线束导体技术	高压线束导体新型材料、结构和新型连接长接插寿命技术；高耐压等级薄壁绝缘层技术	
	燃料电池系统技术	国产高耐久性燃料电池关键材料、部件及其小批量生产技术	国产低成本燃料电池关键材料、部件及其批量生产技术	燃料电池关键材料、部件的批量国产和降本技术
		高比功率、高耐久性燃料电池电堆产品技术	低成本燃料电池电堆产品技术	大功率、长寿命电堆产品和集成技术
		高可靠性供给系统及其关键部件产品技术	供给系统及关键部件低成本技术	
		燃料电池高可靠性控制技术	燃料电池低成本、高集成化控制技术	
	车载储氢系统技术	储氢系统高可靠性技术	储氢系统降本，高效车载储氢技术应用	储氢系统集成化开发与应用技术、瓶阀与瓶体密封技术、高强度碳纤维制备技术、氢瓶检测技术、车载液氢系统可靠性技术
关键材料及部件	动力电池关键材料	磷酸铁锂>165（mA·h）/g，三元材料>210（mA·h）/g，富锂材料>260（mA·h）/g	磷酸铁锂>165（mA·h）/g，三元材料>220（mA·h）/g，富锂材料>300（mA·h）/g，新型正极材料>600（mA·h）/g	磷酸铁锂>165（mA·h）/g，三元材料>240（mA·h）/g，富锂材料>400（mA·h）/g，新型正极材料>800（mA·h）/g

图 5-2 新能源汽车产业发展技术路线图（续）

项目	2025年	2030年	2035年
关键材料及部件 — 动力电池关键材料	石墨材料>360（mA·h）/g、无定形碳>350（mA·h）/g、硅碳材料>800（mA·h）/g	石墨材料>360（mA·h）/g、无定形碳>400（mA·h）/g、硅碳材料>1200（mA·h）/g、锂合金材料>1600（mA·h）/g	石墨材料>360（mA·h）/g、无定形碳>500（mA·h）/g、硅碳材料>1500（mA·h）/g、锂合金材料>2000（mA·h）/g
	隔膜安全使用温度>200℃，电化学窗口>5V，基膜厚度<7μm	隔膜安全使用温度>250℃，电化学窗口>5V，基膜厚度<5μm	隔膜安全使用温度>300℃，电化学窗口>5V，基膜厚度<3μm
	电解液电化学窗口>5V，室温电导率>10^{-2}S/cm，固态电解质电导率>10^{-3}S/cm	电解液电化学窗口>5V，室温电导率>10^{-2}S/cm，固态电解质电导率>$5×10^{-3}$S/cm	电解液电化学窗口>5V，室温电导率>10^{-2}S/cm，固态电解质电导率>10^{-2}S/cm
驱动电机关键材料及部件	硅钢片铁损 P1.0/400≤13W/kg，P1.0/800≤36W/kg	硅钢片铁损 P1.0/400≤12W/kg，P1.0/800≤33W/kg	硅钢片铁损 P1.0/400≤11W/kg，P1.0/800≤30W/kg
	永磁体剩磁≥1.40T，重稀土Dy/Tb总量≤1.0%wt	永磁体剩磁≥1.45T，重稀土Dy/Tb总量≤1.0%wt	永磁体剩磁≥1.50T，重稀土Dy/Tb总量≤1.0%wt
	耐电晕漆包扁线20kHz下寿命>100h，复合纸导热系数>0.3W/mK，绝缘系统对地PDIV>1.2kV	耐电晕漆包扁线30kHz下寿命>100h，复合纸导热系数>0.5W/mK，绝缘系统对地PDIV>1.4kV	耐电晕漆包扁线50kHz下寿命>100h，复合纸导热系数>0.8W/mK，绝缘系统对地PDIV>1.6kV
	高速轴承极限转速20000r/min（d≤35mm），疲劳寿命达到5L_{10}	高速轴承极限转速25000r/min（d≤35mm），疲劳寿命达到6L_{10}	高速轴承极限转速达到28000r/min（d≤35mm），疲劳寿命达到8L_{10}
	位置传感器检测精度达到±12' max（机械角）	位置传感器检测精度达到±6' max（机械角）	位置传感器检测精度达到±5' max（机械角）
电机控制器关键材料及部件	硅基IGBT最高工作温度为175℃，750V芯片电流密度为350A/cm²，1200V芯片电流密度为200A/cm²	硅基IGBT最高工作温度为200℃，750V芯片电流密度为400A/cm²，1200V芯片电流密度为240A/cm²	硅基IGBT最高工作温度为200℃，750V芯片电流密度为450A/cm²，1200V芯片电流密度为300A/cm²
	宽禁带半导体击穿电压等级为650~1200V，单芯片导通电流为150A，芯片电流密度为450A/cm²，芯片最高工作结温为225℃	宽禁带半导体击穿电压等级为650~1500V，单芯片导通电流250A，芯片电流密度为600A/cm²，芯片最高工作结温为250℃	宽禁带半导体击穿电压等级为650~1700V，单芯片导通电流为400A，芯片电流密度为800A/cm²，芯片最高工作结温为275℃

图 5-2 新能源汽车产业发展技术路线图（续）

项目	2025年	2030年	2035年
关键材料及部件 — 电机控制器关键材料及部件	高温介质电容器最高工作温度为140℃，耐纹波电流为0.42A/μF，工作电压为800V	高温介质电容器最高工作温度为150℃，耐纹波电流为0.5A/μF，工作电压为1000V	高温介质电容器最高工作温度为175℃，耐纹波电流为0.6A/μF，工作电压为1200V
	主频不低于300MHz多核锁步MCU，ASIL D	主频不低于600MHz多核锁步MCU，ASIL D	主频不低于1GHz多核锁步MCU，符合中国标准的汽车功能安全标准
关键材料及部件 — 燃料电池关键材料及部件	研发燃料电池关键基础材料设计及制备技术，包括长寿命高活性催化剂材料、低溶胀耐高温超薄质子膜、非贵金属涂层、高可靠密封材料等		
	突破大尺寸器件的设计制备技术，包括超薄金属/石墨双极板、低流阻强排水流道设计、高均匀性高导电率膜电极等		
	攻克关键材料、部件和电堆的自动化生产、装配及检测工艺，实现长寿命大功率电堆批量化生产		
关键专用装备 — 动力电池及关键材料制造、测试装备	实现生产制造流程智能化、控制及管理系统一体化、生产制造过程中的信息化管理和生产过程可视化，建立动力电池及关键材料数字化工厂，实现动力电池及关键材料制造及测试评价过程的核心测试设备自主化		
关键专用装备 — 电驱动总成关键制造、测试装备	扁线定子铁心制造工艺及设备、高转速高密度扁导线工艺与装备、功率半导体芯片流片及模块封装设备、膜电容器镀膜与卷绕设备、高端MCU/ASIC芯片制造工艺、高精度磨齿机设备等制造设备，以及超高速驱动电机及控制器测功机系统、驱动电机系统硬件在环HIL系统、高功能安全等级ASIL开发与认证平台等测试验证装备		
战略支撑与保障	在国家层面，强化跨领域跨部门协同，进一步提升国家顶层设计的统领作用，持续引导产业高质量可持续发展		
	持续完善新能源汽车财税支持政策，不断优化双积分调节机制，开展全生命周期碳足迹评价体系研究，研究建立与碳交易市场衔接机制		
	完善以企业为主体、市场为导向、"产、学、研、用"相结合的技术创新体系，强化企业创新主体地位，加大对新型研发机构建设支持力度，加快关键核心技术攻关和产业化应用		
	完善新能源汽车的标准法规体系，强化检测评价能力建设		
	加快推进光储充换一体化综合性基础设施建设，提高互联互通和安全防护水平		
	形成新能源汽车与智能网联汽车、智能电网、智慧城市建设及关键部件、材料等的协同发展机制		
	组建汽车产业对外合作联盟，提升国际贸易、政策法规、知识产权和产品认证等领域的系统性、专业化海外发展服务能力		
	组建"中国汽车战略咨询委员会"，打造国家级跨产业创新战略咨询智库平台，持续开展技术路线图编制、评估与修订工作		

图 5-2　新能源汽车产业发展技术路线图（续）

智能网联汽车

智能网联汽车是指搭载先进的车载传感器、控制器、执行器等装置，融合现代通信与网络、人工智能等技术，实现车与X（车、路、人、云等）智能信息交换、共享，具备复杂环境感知、智能决策、协同控制等功能，可实现"安全、高效、舒适、节能"行驶，并最终可实现替代人来操作的新一代汽车。

智能网联汽车是伴随新一轮科技革命而产生的新兴车辆产品形态，可显著改善交通安全、实现节能减排、降低拥堵、提升社会效率，并拉动汽车、电子、通信、服务、社会管理等领域协同发展，催生新的经济模式和产业生态，对促进我国产业转型升级具有重大战略意义。

需求　截至2022年8月，中国汽车保有量已达到3.12亿辆，"能源紧缺、环境污染、道路拥堵、交通事故"汽车带来的四大社会问题日益尖锐。作为智能化、网联化技术的集成体，智能网联汽车可以提供更安全、舒适、节能、环保的乘行体验和交通出行综合解决方案，更是智慧城市、智能交通实现融合的关键节点与抓手，打通客流、物流、能源流和信息流，实现汽车与城市、交通、能源互联互通，将从根本上改变城市发展理念。

在此背景下，智能网联汽车也是全球汽车产业转型升级的战略方向。在新一轮科技革命与产业变革的推动下，各国纷纷加快战略部署，通过发布政策顶层规划、制定/修订相关法规、鼓励技术研发、支持道路测试示范及运营项目等，推动产业落地。在各界共同努力下中国与世界汽车强国在智能网联汽车领域基本保持"并跑"，正在迎来行业发展的重要窗口期，逐步形成产业发展特色和领先优势。

目标　到2025年，确立中国方案智能网联汽车发展战略，构建跨部门协同的管理机制，基本建成中国智能网联汽车的政策法规、技术标准、产品安全和运行监管体系框架，智能网联汽车协同创新体系、多产业融合体系和新型生态体系初步形成。

建立较为完善的智能网联汽车自主研发体系、生产配套体系、创新产业链体系；掌握智能网联汽车关键技术，产品质量与价格均具有较强国际竞争力，拥有在世界排名前十的供应商企业1~2家；智能交通系统建设取得积极进展，建设基本覆盖大城市、高速公路的车用无线通信网络和智能化基础设施，北斗高精度时空服务实现全覆盖，"人－车－路－云"系统达到初步协同。

PA、CA级智能网联汽车销量占当年汽车总销量的比例超过50%，HA级智能网联汽车开始进入市场，C-V2X终端新车装配率达50%，网联协同感知在高速公路、城市道路节点（如交叉路口、匝道口）和封闭园区实现成熟应用，具备网联协同决策功能的车辆进入市场。在高速公路、专用车道、停车场等限定场景及园区、港口、矿区等封闭区域实现HA级智能网联汽车的商业化应用。

到2030年，中国方案智能网联汽车成为国际汽车发展体系重要组成部分，全面建成中国智能网联汽车的政策法规、技术标准、产品安全和运行监管体系框架，汽车与交通、信息通信等产业深度融合，新型产业生态基本建成。

形成完善的智能网联汽车自主研发体系、生产配套体系、创新产业链体系；部分智能网联汽车关键技术达到国际领先水平，中国品牌智能网联汽车及关键零部件企业具备较强的国际竞争力，实现产品大规模出口；建立完善的智能交通系统，形成覆盖城市主要道路的车用无线通信网络和智能化基础设施，"人－车－路－云"系统达到高度协同，智能网联汽车与智能交通形成高效的协作发展模式。

PA、CA级智能网联汽车销量占当年汽车总销量的比例超过70%，HA级车辆占比达20%，C-V2X终端新车装配基本普及，具备车路云一体化协同决策与控制功能的车辆进入市场。HA级智能网联汽车在高速公路广泛应用，在部分城市道路规模化应用。

到2035年，中国方案智能网联汽车技术和产业体系全面建成、产业生态健全完善，整车智能化水平显著提升，高度自动驾驶智能网联汽车大规模应用。由于采用智能化和网联化技术，驾乘安全性和舒适性显著提高，交通事故和人员伤亡数量大幅降低，交通出行和物流运输效率显著提升，道路交通能源消耗和污染排放有效降低。中国方案智能网联汽车关键核心技术处于国际领先水平，有效助推汽车产业转型升级、新兴产业经济重构和安全、高效、绿色的汽车社会文明形成，促进建设世界汽车强国的战略目标实现。

发展重点

1. 重点产品

▶高级别智能网联乘用车

基于车载传感器和网联式信息交互，逐步实现机器系统对车辆的智能驾驶辅助、驾驶介入和驾驶接管，随着智能化与网联化的高度耦合，推动高级别自动驾驶场景的感知、决策与控制由车端、路侧、云端共同实现。到 2025 年，实现 CA 级自动驾驶技术的规模化应用，HA 级自动驾驶技术开始进入市场。到 2030 年，实现 HA 级自动驾驶技术的规模化应用。2035 年以后，FA 级自动驾驶乘用车开始应用。

▶智能网联货运车辆

基于多源信息融合、多网融合，利用人工智能、机器学习、数据挖掘及自动控制技术，配合智能环境和辅助设施实现限定作业场景内商用汽车的高度自动驾驶。到 2025 年，实现高速场景 DA、PA 级自动驾驶技术规模化应用，CA 级自动驾驶货运车辆开始进入市场，限定场景 HA 级自动驾驶实现商业化应用。到 2030 年，城市道路 HA 级自动驾驶技术开始应用，高速公路 HA 级自动驾驶技术实现商业化应用，限定场景 HA 级自动驾驶、高速公路队列行驶实现规模商业应用。2035 年以后，FA 级智能网联货运车辆开始应用。

▶ **智能网联客运车辆**

依托智慧城市和智慧交通体系建设，实现限定场景公交车、出租车、接驳车的智慧化共享应用管理。到2025年，实现限定场景公交车（BRT）CA级自动驾驶技术商业化应用、限定场景接驳车（如园区、景区等封闭区域）HA级自动驾驶技术商业化应用。到2030年，实现HA级自动驾驶接驳车（如园区、景区等区域）规模化应用、限定场景HA级自动驾驶公交车（BRT）商业化应用，HA级自动驾驶城市道路公交车开始进入市场。2035年以后，实现城市道路公交车HA级自动驾驶技术规模化应用、高速公路客运车HA级自动驾驶商业化应用。

▶ **功能型无人车**

推动形成中国方案智能网联汽车创新应用顶层战略，面向多场景应用需求特点，依托大型城市积极探索功能型无人车应用模式，实现末端配送、环卫清扫、巡逻侦察等多场景应用。到2025年，大中型城市积极开展智能网联汽车应用与商业化模式，各类场景逐步扩大示范范围，部分场景形成商业化运行，功能型无人车各类场景应用并存。2025年后，各类型功能型无人车应用覆盖主要城市，成为交通运输重要组成部分，逐步形成广泛商业化运行。

2. 关键零部件

▶ **车载视觉系统**

光学摄像头、夜视系统等产品具备图像处理和视觉增强功能，具有自主知识产权的图像感光芯片、专用图像处理ISP芯片、视觉增强算法取得突破，基于机器视觉的安全预警类产品、视觉与其他感知系统融合的ADAS控制类产品和高等级自动驾驶环境感知类产品大规模装配应用，性能与国际品牌相当并具有成本优势，到2025年，具有自主知识产权的国产机器视觉系统和驾驶辅助系统产品开始广泛装配。

▶车载雷达系统

近距与中远距毫米波雷达、远距超声波雷达、多线与固态激光雷达等实现关键芯片、软硬件制造、感知算法等核心技术的自主掌控,有效目标识别精度与国际品牌相当,并具有成本优势。实现基于国产核心部件的车载毫米波成像雷达、三维成像激光雷达、低成本小型化多线激光雷达和固态激光雷达产品的自主化开发和规模化应用。到 2030 年,具有自主知识产权的国产车载雷达产品开始广泛装配。

▶高精定位与地图

基于北斗系统开发,实现北斗高精度定位、多源辅助定位及其他新型定位定姿技术的深度融合,实现广域范围内高精度时空服务技术的自主突破,达到对 GPS 的逐步替代与升级。到 2030 年左右,数据精度达到广域分米级、局域厘米级,覆盖全国城市次干道及以上等级道路和一线城市热点区域等。2035 年左右,数据精度接近厘米级,数据覆盖全国路网,时空大数据各维度满足 FA 级自动驾驶需求。

▶车载智能终端

突破集成信息娱乐、信息协同和安全保障的车载智能化终端创新设计,突破 5G-V2X 车载通信终端、车载智能网关、数据协同处理、智能信息服务等核心技术和软硬件核心部件的自主供应率,满足具备网联协同决策与控制功能的 HA/FA 级自动驾驶汽车的产业化发展需求,实现软件、硬件和系统平台的国产化大规模应用,形成面向智能网联汽车应用的车载智能终端软硬件生态圈。到 2025 年,C-V2X 终端新车装配率达到 50%,网联协同感知在高速公路、城市道路节点和封闭园区实现成熟应用,具备网联协同决策功能的车辆进入市场。到 2030 年,C-V2X 车载智能终端新车装配基本普及,网联自动驾驶的车路云一体化协同决策控制功能开始应用。

▶线控执行系统

攻克线控驱动、制动、转向、悬架等智能系统的关键技术,满足 HA/FA 级自动驾驶对车辆驱动、制动、转向等系统的精确、高效、可靠及协调控制,形成完全自主的智能网联汽车底盘电控化技术。国产化部件在产品性能、产品成本和质量方面与国外品牌相比具有竞争优势,并得到规模化产业化应用。到 2025 年,实现面向 ADAS 功能的车辆纵向、横向、垂直动力学协同耦合控制及底层执行器控制算法开发。到 2030 年,实现线控系统集成化控制。到 2035 年,实现线控系统的集成化和模块化设计。

▶HMI 产品及智能座舱

面向智能网联汽车从有人驾驶向无人驾驶过渡的人机交互需求,实现低成本、多点触控、触感反馈的人机交互界面产品应用,并突破虚拟/增强现实、手势控制、语音控制、乘员状态监控、多模态人机智能交互关键技术,适应中国标准智能网联汽车、具备自主知识产权的智能座舱产品获得规模化实车应用。

到 2030 年,形成自主可控的自动驾驶汽车 HMI 产品和智能座舱产业链,国产产品得到广泛应用。

3. 关键技术/关键共性技术

▶电子电气架构技术

突破满足智能网联汽车需求的新型电子电气架构及其技术标准规范,以及关键硬件和软件平台的开发技术,建立以计算平台为核心的电子电气架构平台。

▶面向自动驾驶的人工智能技术

研究面向自动驾驶的专用人工智能技术框架和深度学习系统架构,发展"汽车+AI"的体系技术。建设面向中国道路环境不同级别自动驾驶系统的深度学习开源样本库和测试场景库。逐步全面实现高级别无人驾驶汽车的人工智能控制。

▶**通信与信息交互平台技术**

完成 C-V2X 通信协议、技术标准规范制定，实现 C-V2X 频谱规划和频谱指派，实现商用 C-V2X 模块产品开发及应用。形成较为完备的、标准化的全国车路云一体化自动驾驶与智能交通实时大数据共享与服务体系，平台能力满足大规模 HA 级自动驾驶车辆信息服务需求。

▶**车路协同决策控制技术**

基于车-路-网-云的通信架构，实现各交通参与者之间信息交互融合，实时并可靠获取车辆周边交通环境、交通态势认知及车辆决策信息，突破车路云等各交通参与者之间的协同决策与控制技术，实现交通安全与效率最大化。

▶**高精度动态基础地图平台技术**

实现高精度动态地图实时更新，建设车端、路侧、行业交通数据作为高精度地图，实时感知数据获取、成图、审图、加密、安全传输，以及更新发布数据中心运营保障服务系统。

▶**车载智能计算平台技术**

车规级通用芯片、人工智能处理 AI 芯片、高等级自动驾驶专用芯片和计算平台硬件的设计、开发和制造技术取得自主突破，具备自主知识产权的自动驾驶操作系统、核心应用和工具链关键软件实现商业化应用，计算平台逐步具备和车路云全方位无缝协同的能力。

▶多源信息融合技术

突破环境感知与多传感器信息融合，V2X通信模块集成，车载设备与路侧终端互联信息融合技术。

▶信息安全技术

突破基于端-网-云体系的信息安全架构、安全标准、保障体系等系统智能监测技术，研发汽车与信息安全防护体系融合的平台化技术，实现智能网联汽车信息安全防护体系的全面实施。

▶功能安全和预期功能安全技术

逐步实现功能安全标准和预期功能安全标准在智能网联整车、系统和部件的应用，建立具有自主知识产权的功能安全开发、管理工具链，提出具有创新性的功能安全及预期功能安全的分析方法和技术，开发新的方法论和分析手段。

▶智能基础设施与标准法规

突破道路基础设施信息化、智能化技术，分阶段建立适应我国国情并与国际接轨的智能网联汽车中国标准体系，建立国标、行业、团标协同配套新型标准体系，覆盖智能网联汽车发展过程中的产品设计、准入认证、过程管理与服务质量评价，在标准支撑下实现安全、高效的高度自动驾驶功能普及。

▶云控基础平台技术

构建完备的车路数据采集标准、平台架构标准和技术标准；攻克多接入边缘计算技术，推动运营商、交通管理部门、设备商协作；建设基于C-V2X等无线接入技术的边缘云，部署自动驾驶感知、决策和交通控制的应用服务，广泛进行测试，对自动驾驶汽车制造者和交通管理者所关注的问题进行探索并解决；建设中心云，用于大范围、准实时的全局数据管理，用于动态全局路径规划、交通控制与诱导、区域数据协同等。

战略支撑与保障

（1）推动中国方案顶层架构设计，建立中国方案的智能网联汽车信息物理系统架构，推进跨界协同，加速智能汽车与智能交通、智慧城市深度融合发展。

（2）完善智能网联汽车相关的法律和法规体系，形成法律、法规、规章的系统性突破，打通技术研发到规模化应用的法律法规全链条。

（3）针对高精度传感器、大算力车规级芯片、车用操作系统、工具链、线控底盘等重点领域核心技术，设立重大专项，促进自主研发和产业化应用能力的突破。

（4）建立计算基础平台、云控基础平台、高精动态地图基础平台等共性基础技术协同创新平台，打造开源生态，提升产业整体竞争力。

（5）制定出台国家层面的智能网联汽车环境感知传感器、网络通信、高精度地图及应用、网络安全及信息服务、高等级自动驾驶汽车产品认证和全寿命周期监管等技术标准。

（6）发挥 C-V2X 产业优势，推动智能化道路基础设施建设，加快道路基础设施数字化改造和新建，以及路侧设备部署和车企 C-V2X 前装量产应用步伐，推动车路协同发展。

技术路线图

智能网联汽车产业发展技术路线图如图 5-3 所示。

项目	2025年 ---------- 2030年 ---------->2035年		
需求	提供更安全、舒适、节能、环保的乘行体验和交通出行综合解决方案，更是智慧城市、智能交通实现融合的关键节点与抓手		
	智能网联汽车也是全球汽车产业转型升级的战略方向。在新一轮科技革命与产业变革的推动下，各国纷纷加快战略部署，通过发布政策顶层规划、制定/修订相关法规、鼓励技术研发、支持道路测试示范及运营项目等，推动产业落地		
目标	确立中国方案智能网联汽车发展战略，构建跨部门协同的管理机制	全面建成中国智能网联汽车的政策法规、技术标准、产品安全和运行监管体系框架，新型产业生态基本建成	中国方案智能网联汽车技术和产业体系全面建成、产业生态健全完善
	建立较为完善的智能网联汽车自主研发体系、生产配套体系、创新产业链体系；建设基本覆盖大城市、高速公路的车用无线通信网络和智能化基础设施，"人-车-路-云"系统达到初步协同	形成完善的智能网联汽车自主研发体系、生产配套体系、创新产业链体系；形成覆盖城市主要道路的车用无线通信网络和智能化基础设施，"人-车-路-云"系统达到高度协同	由于采用智能化和网联化技术，驾乘安全性和舒适性显著提高，交通事故和人员伤亡数量大幅降低，交通出行和物流运输效率显著提升，道路交通能源消耗和污染排放有效降低
	PA、CA级智能网联汽车销量占当年汽车总销量的比例超过50%，HA级智能网联汽车开始进入市场，C-V2X终端新车装配率达到50%	PA、CA级智能网联汽车销量占当年汽车总销量的比例超过70%，HA级车辆占比达到20%，C-V2X终端新车装配基本普及	整车智能化水平显著提升，高度自动驾驶智能网联汽车大规模应用
重点产品 高级别智能网联乘用车	基于车载传感器和网联式信息交互，逐步实现机器系统对车辆的智能驾驶辅助、驾驶介入和驾驶接管，随着智能化与网联化的高度耦合，推动高级别自动驾驶场景的感知、决策与控制由车端、路侧、云端共同实现		
	实现CA级自动驾驶技术的规模化应用，HA级自动驾驶技术开始进入市场	实现HA级自动驾驶技术的规模化应用	FA级自动驾驶乘用车开始应用

图 5-3 智能网联汽车产业发展技术路线图

项目	2025年 ------------ 2030年 ------------ >2035年		
重点产品	智能网联货运车辆	基于多源信息融合、多网融合,利用人工智能、机器学习、数据挖掘及自动控制技术,配合智能环境和辅助设施实现限定作业场景内商用汽车的高度自动驾驶	
		城市道路HA级自动驾驶技术开始应用,高速公路HA级自动驾驶技术实现商业化应用,限定场景HA级自动驾驶、高速公路队列行驶实现规模商业应用	FA级智能网联货运车辆开始应用
	智能网联客运车辆	依托智慧城市和智慧交通体系建设,实现限定场景公交车、出租车、接驳车的智慧化共享应用管理	
		实现限定场景公交车(BRT)CA级自动驾驶技术商业化应用、限定场景接驳车(如园区、景区等封闭区域)HA级自动驾驶技术商业化应用	实现HA级自动驾驶接驳车(如园区、景区等区域)规模化应用、限定场景HA级自动驾驶公交车(BRT)商业化应用,HA级自动驾驶城市道路公交车开始进入市场	实现城市道路公交车HA级自动驾驶技术规模化应用、高速公路客运车HA级自动驾驶商业化应用
	功能型无人车辆	面向多场景应用需求特点,依托大型城市积极探索功能型无人车应用模式,实现末端配送、环卫清扫、巡逻侦察等多场景应用	
		大中型城市积极开展智能网联汽车应用与商业化模式,各类场景逐步扩大示范范围,部分场景形成商业化运行,功能型无人车各类场景应用并存	各类型功能型无人车应用覆盖主要城市,成为交通运输重要组成部分,逐步形成广泛商业化运行	
关键零部件	车载视觉系统	光学摄像头、夜视系统等产品具备图像处理和视觉增强功能,具有自主知识产权的图像感光芯片、专用图像处理ISP芯片、视觉增强算法取得突破,基于机器视觉的安全预警类产品、视觉与其他感知系统融合的ADAS控制类产品和高等级自动驾驶环境感知类产品大规模装配应用	
		具有自主知识产权的国产机器视觉系统和驾驶辅助系统产品开始广泛装配		

图 5-3 智能网联汽车产业发展技术路线图(续)

项目	2025年----------2030年---------->2035年	
关键零部件	**车载雷达系统**	近距与中远距毫米波雷达、远距超声波雷达、多线与固态激光雷达等实现关键芯片、软硬件制造、感知算法等核心技术的自主掌控，有效目标识别精度与国际品牌相当，并具有成本优势
		到2030年，具有自主知识产权的国产车载雷达产品开始广泛装配；实现基于国产核心部件的车载毫米波成像雷达、三维成像激光雷达、低成本小型化多线激光雷达和固态激光雷达产品的自主化开发和规模化应用
	高精定位与地图	基于北斗系统开发，实现北斗高精度定位、多源辅助定位及其他新型定位定姿技术的深度融合，实现广域范围内高精度时空服务技术的自主突破，达到对GPS的逐步替代与升级
		到2030年左右，数据精度达到广域分米级、局域厘米级，覆盖全国城市次干道及以上等级道路和一线城市热点区域等 / 到2035年左右，数据精度接近厘米级，数据覆盖全国路网，时空大数据各维度满足FA级自动驾驶需求
	车载智能终端	突破集成信息娱乐、信息协同和安全保障的车载智能化终端创新设计，突破5G-V2X车载通信终端、车载智能网关、数据协同处理、智能信息服务等核心技术和软硬件核心部件的自主供应率，满足具备网联协同决策与控制功能的HA/FA级自动驾驶汽车的产业化发展需求
		C-V2X终端新车装配率达到50%，网联协同感知在高速公路、城市道路节点和封闭园区实现成熟应用，具备网联协同决策功能的车辆进入市场 / C-V2X车载智能终端新车装配基本普及，网联自动驾驶的车路云一体化协同决策控制功能开始应用
	线控执行系统	攻克线控驱动、制动、转向、悬架等智能系统的关键技术，满足HA/FA级自动驾驶对车辆驱动、制动、转向等系统的精确、高效、可靠及协调控制，形成完全自主的智能网联汽车底盘电控化技术

图 5-3　智能网联汽车产业发展技术路线图（续）

项目	2025年----------2030年---------->2035年
关键零部件		
线控执行系统	实现面向ADAS功能的车辆纵向、横向、垂直动力学协同耦合控制及底层执行器控制算法开发	实现线控系统集成化控制	实现线控系统的集成化和模块化设计
HMI产品及智能座舱	面向智能网联汽车从有人驾驶向无人驾驶过渡的人机交互需求，实现低成本、多点触控、触感反馈的人机交互界面产品应用，并突破虚拟/增强现实、手势控制、语音控制、乘员状态监控、多模态人机智能交互关键技术
	到2030年，形成自主可控的自动驾驶汽车HMI产品和智能座舱产业链，国产产品得到广泛应用
关键技术/关键共性技术		
电子电气架构技术	突破满足智能网联汽车需求的新型电子电气架构及其技术标准规范，以及关键硬件和软件平台的开发技术，建立以计算平台为核心的电子电气架构平台
面向自动驾驶的人工智能技术	研究面向自动驾驶的专用人工智能技术框架和深度学习系统架构，发展"汽车+AI"的体系技术。建设面向中国道路环境不同级别自动驾驶系统的深度学习开源样本库和测试场景库。逐步全面实现高级别无人驾驶汽车的人工智能控制
通信与信息交互平台技术	完成C-V2X通信协议、技术标准规范制定，实现C-V2X频谱规划和频谱指派，实现商用C-V2X模块产品开发及应用
	形成较为完备的、标准化的全国车路云一体化自动驾驶与智能交通实时大数据共享与服务体系，平台能力满足大规模HA级自动驾驶车辆信息服务需求
车路协同决策控制技术	基于车-路-网-云的通信架构，实现各交通参与者之间信息交互融合，实时并可靠获取车辆周边交通环境、交通态势认知及车辆决策信息，突破车路云等各交通参与者之间的协同决策与控制技术，实现交通安全与效率最大化

图 5-3 智能网联汽车产业发展技术路线图（续）

项目	2025年----------2030年---------->2035年
关键技术/关键共性技术 — 高精度动态基础地图平台技术	实现高精度动态地图实时更新，建设车端、路侧、行业交通数据作为高精度地图，实时感知数据获取、成图、审图、加密、安全传输，以及更新发布数据中心运营保障服务系统
车载智能计算平台技术	车规级通用芯片、人工智能处理AI芯片、高等级自动驾驶专用芯片和计算平台硬件的设计、开发和制造技术取得突破，具备自主知识产权的自动驾驶操作系统、核心应用和工具链关键软件实现商业化应用 / 计算平台逐步具备和车路云全方位无缝协同的能力
多源信息融合技术	突破环境感知与多传感器信息融合，V2X通信模块集成，车载设备与路侧终端互联信息融合技术
信息安全技术	突破基于端-网-云体系的信息安全架构、安全标准、保障体系等系统智能监测技术，研发汽车与信息安全防护体系融合的平台化技术，实现智能网联汽车信息安全防护体系的全面实施
功能安全和预期功能安全技术	逐步实现功能安全标准和预期功能安全标准在智能网联整车、系统和部件的应用，建立具有自主知识产权的功能安全开发、管理工具链，提出具有创新性的功能安全及预期功能安全的分析方法和技术，开发新的方法论和分析手段
智能基础设施与标准法规	突破道路基础设施信息化、智能化技术；分阶段建立适应我国国情并与国际接轨的智能网联汽车中国标准体系，建立国标、行业、团标协同配套新型标准体系，覆盖智能网联汽车发展过程中的产品设计、准入认证、过程管理与服务质量评价
云控基础平台技术	构建完备的车路数据采集标准、平台架构标准和技术标准；攻克多接入边缘计算技术，推动运营商、交通管理部门、设备商协作；建设基于C-V2X等无线接入技术的边缘云，部署自动驾驶感知、决策和交通控制的应用服务，广泛进行测试，对自动驾驶汽车制造者和交通管理者所关注的问题进行探索并解决；建设中心云，用于大范围、准实时的全局数据管理，用于动态全局路径规划、交通控制与诱导、区域数据协同等

图 5-3　智能网联汽车产业发展技术路线图（续）

项目	2025年------------2030年----------->2035年
战略支撑与保障	推动中国方案顶层架构设计，建立中国方案的智能网联汽车信息物理系统架构，推进跨界协同，加速智能汽车与智能交通、智慧城市深度融合发展
	完善智能网联汽车相关的法律和法规体系，形成法律、法规、规章的系统性突破，打通技术研发到规模化应用的法律法规全链条
	针对高精度传感器、大算力车规级芯片、车用操作系统、工具链、线控底盘等重点领域核心技术，设立重大专项，促进自主研发和产业化应用能力的突破
	建立计算基础平台、云控基础平台、高精动态地图基础平台等共性基础技术协同创新平台，打造开源生态，提升产业整体竞争力
	制定出台国家层面的智能网联汽车环境感知传感器、网络通信、高精度地图及应用、网络安全及信息服务、高等级自动驾驶汽车产品认证和全寿命周期监管等技术标准
	发挥C-V2X产业优势，推动智能化道路基础设施建设，加快道路基础设施数字化改造和新建，以及路侧设备部署和车企C-V2X前装量产应用步伐，推动车路协同发展

图 5-3　智能网联汽车产业发展技术路线图（续）

电力装备

发电装备

发电装备产业重点发展的产品是清洁高效煤电成套装备、燃气轮机发电装备、先进核电成套装备、大型先进水电成套装备、可再生能源发电装备、新型动力循环发电装备、氢能发电装备。

输配电装备

输配电装备产业重点发展的产品是特高压输变电成套装备、智能输配电成套装备、新型配用电装备、海洋工程供电装备、氢能装备、储能装备。

光伏发电装备

光伏发电装备产业重点发展的产品是多晶硅、单晶硅棒/硅片、电池片、光伏组件、逆变器。

储能装备

储能装备产业重点发展的产品是机械储能、电化学储能、电磁储能、氢储能、储热蓄冷等储能装备。

发电装备

发电装备是将一次能源转换为电能的装备，包括先进煤电、核电、水电、气电和风电、光热等可再生能源装备，是国家实现能源安全、结构优化和节能减排战略目标的重要保障。

需求　全生命周期的绿色清洁高效智能发电设备将成为我国发电领域主流技术，预计到2025年，发电设备的市场需求将在6000亿元左右，清洁高效、绿色环保的可再生能源发电装备将成为主体，可再生能源装机的占比将达到50%。预计到2030年，发电设备的市场需求将在7000亿元左右，可再生能源占终端能源消费比重提高到26%。预计到2035年，发电设备市场需求将达到1万亿元左右。

目标　到2025年目标：形成具有国际竞争力的企业集团。具备持续创新能力，大型火电、水电、核电等成套装备达到国际领先水平，新能源装备及储能装备达到国际先进水平。

到2030年目标：发电装备供给结构显著改善。高端化智能化绿色化发展及示范应用不断加快。

到2035年目标：国际竞争力持续增强，发电装备全面达到国际领先水平。

▶ **技术发展趋势及路径**

煤电发展以清洁高效、近零排放、二次再热、低热值、高碱和高水分煤的燃烧为重点，大力推进煤电三改联动，加大新能源消纳比例；水电以巨型冲击式机组和300MW及以上可变速抽水蓄能机组为重点；燃气轮机以30万千瓦及以上重型燃气轮机和分布式燃气轮机为重点；核电以华龙一号和国和一号，以及四代核电（快堆、高温气冷堆）等技术为重点；风电以5~8MW等级陆上风电，10~20MW海上风电为重点；太阳能以太阳能光伏发电、储热性光热发电为重点；发电装备的信息化、智能化、绿色化升级，以智慧电厂、多能互补、源网荷储一体化、发电装备绿色化和能源结构绿色化为重点。

发展重点

1. 重点产品

▶清洁高效煤电成套装备

❖1000~1350MW 等级超超临界机组

32~35MPa/600℃/620℃/620℃（二次再热），发电效率达到48%。

❖高参数630℃/650℃等级超超临界二次再热机组

35MPa/615℃/630℃/630℃，35MPa/630℃/650℃/650℃，发电效率达到50%。

❖高效、清洁，低热电比的分布式燃煤供热机组

亚临界或超临界，50~200MW 等级，高效、清洁，低热电比的分布式燃煤供热机组。

❖660MW 等级超超临界循环流化床锅炉

高煤种适应性，清洁燃烧，低排放。

❖1000MW 等级超（超）临界空冷和二次再热空冷机组

适用于富煤缺水地区。

❖1000MW 等级超（超）临界褐煤机组

25~28MPa/600℃/620℃，发电效率≥45%；适用于富褐煤地区。

❖660MW 等级超超临界W火焰锅炉

适用于无烟煤、贫煤。

- **高参数小容量亚、超临界、超超临界机组**

17.5～25.4MPa/600℃/600℃；适用于废气（如高炉煤气）利用，提升中小机组整体性能和经济性，实现节能减排。

- **在役机组（含亚临界锅炉）节能降碳改造、灵活性改造、供热改造成套装备。**

- **烟气高效超净排放成套装备**

烟尘排放指标高标准，脱硫、脱硝、除尘一体化。

- **煤基多联产及燃气轮机联合循环发电装备**

单炉日处理500吨或1000吨煤以上循环流化床煤气化技术及成套装备。

▶ **燃气轮机发电装备**

- **200MW及以下燃气轮机**

用于分布式能源及机械驱动等领域。

- **超低热值E级重型燃气轮机发电装备**

燃料适应范围2.8～6.5MJ/kg，联合循环效率达53%（不含煤气压缩耗功）。

- **F级300MW重型燃气轮机发电装备**

联合循环出力450MW及以上，联合循环效率达58%以上。

- **G/H级500MW重型燃气轮机发电装备**

联合循环出力700MW及以上，联合循环效率达62%以上。

- **掺氢和纯氢燃气轮机**

在天然气中掺烧氢气或100%氢气燃气轮机。

- **0.5MW及以下移动式燃气轮机发电装备**

用于应急电力保障领域。

▶先进核电成套装备

❖第三代大型先进压水堆核电成套装备

形成具有自主知识产权的1000MW、1500MW等级系列成套设备,并做好核能供热、多背压凝汽器等机组开发。

❖第四代核电成套装备

高温气冷堆功率达到200/600MW、钠冷快堆功率达到600/1000MW、钍基熔盐堆功率100MW等。

❖海洋核动力平台成套装备

功率达到25~125MW。

▶大型先进水电成套装备

❖大容量抽水蓄能机组

容量达到150~400MW,可变转速范围不小于8%、泵功率调节能力不低于30%的可变速抽水蓄能机组;700m水头段定速抽水蓄能机组。

❖高水头大容量冲击式水轮发电机组

800~1000m水头段、容量为300~1000MW的冲击式水轮发电机组。

▶可再生能源发电装备

❖大型风力发电装备

5~8MW等级风电机组:先进高可靠性风力发电机,风能转化效率(CP值)为0.55。

大型海上风电机组:10~20MW大型海上固定式及漂浮式风电机组。

❖先进太阳能发电装备

大型光热发电机组:太阳能单塔功率达到50~150MW,聚光集热系统、熔盐吸热器、熔盐蓄换热蒸汽发电系统;太阳能槽式光热发电50~200MW,

导热油集热管及熔盐储热系统换热系统。

熔盐蓄换热超临界 CO_2 发电系统。

❖ **生物质和垃圾发电装备**

生物质和垃圾清洁燃烧及气化成套装备：生物质和垃圾高效清洁焚烧发电成套装置；生物质和垃圾气化发电成套装备；生物质气化耦合发电技术及成套装备。生物质成型燃料制备及燃烧装备。

❖ **海洋能发电装备**

潮汐发电设备：单机容量为 0.1~1MW 的双向潮汐发电机组，电能转换效率达到 90%。

潮流发电设备：单机容量为 3MW 的潮流能发电机组，转换效率达到 40%。

波浪能发电设备：容量为 0.1~10MW 的振荡浮体式波浪能发电机组，整机转换效率达到 27%；单机容量为 0.01~0.1MW 的振荡水柱式波浪能发电机组，整机转换效率达到 23%。

❖ **地热发电装备**

1~20MW 等级地热发电机组：轴流汽轮机，温度范围：100~300℃，产品模块化/智慧化，适用于地热发电。

▶ **新型动力循环发电装备**

❖ **超临界 CO_2 循环发电装备**

1~100MW 等级发电机组：超临界 CO_2 循环涡轮入口温度达到 550~600℃、压力达到 20~35MPa，适用于第四代核电、太阳能光热发电、生物质发电等系统。

❖ **ORC 余热发电装备**

100~300kW 等级余热回收发电机组：向心透平，高速磁悬浮发电机，温度范围为 80~150℃，功率为 100~300kW，产品模块化，用于工业余热回收再利用。

❖ **稀有气体布雷顿循环发电装备**

氦气与氙气或氪气组合循环涡轮入口温度达到 800～900℃、压力为 2～20MPa，适用于深空探测推进动力，以及第四代核电、太阳能光热发电、生物质发电等系统。

▶ **氢能发电装备**

❖ 氢燃料电池膜电极、双极板、电堆、模块和系统，以及 2～10MW 等级氢能成套发电装备。

❖ **10kW 以上燃料电池发电系统**

面向工业园区、商业中心、港口等分布式能源应用领域，稳定、高效、可靠的热电联供燃料电池发电系统。

❖ **氢及富氢燃料高效热电联产技术系统及装备**

2. 关键零部件/元器件

▶ 燃气轮机燃烧室、透平叶片、转子等高温部件及控制装置

▶ 大型核电压力容器、蒸汽发生器、冷却剂主泵、控制棒驱动机构、堆内构件，传感器与仪器仪表、波纹管、密封件、泵、阀等核级关键零部件，大型核电汽轮机焊接（整锻）转子，2000mm 等级末级长叶片

▶ 可变速抽水蓄能交流励磁发电机电动机转子（含护环），可变速水泵水轮机转轮，调速系统，交流励磁设备、全功率可变速机组 M3C 变流设备，交流励磁和全功率可变速机组成套保护设备，大容量发电机保护断路器

▶ 超高水头巨型冲击式机组高动应力、抗疲劳、防断裂不锈钢转轮

▶ 大型风力发电机组的超长叶片、驱动链、轴承（主轴轴承、变桨轴承）、智能控制系统

▶大型热能发电机护环锻件

▶有机工质、CO_2等发电系统密封系统研究

▶超超临界高端阀门

　　主要包括高加三通阀、高低压旁路阀、安全阀、调节阀、光热发电机组高端熔盐泵等。

▶光热发电机组熔盐高端阀门

　　主要包括安全阀、调节阀、蝶阀、截止阀。

▶核电汽水分离再热器汽水分离板、鳍片管

▶燃气压缩机组动力涡轮部件、稀有气体布雷顿循环发电装备压缩膨胀发电一体化协同设计制造

▶托卡马克线圈用高强度、高导电软连接线

▶燃料电池膜电极、双极板、密封件等

3. 关键材料

▶深入研发 G115 锅炉材料，建立材料工程应用体系和性能数据库，满足未来高参数燃煤发电应用，P91/P92 焊材国产化开发

▶燃气轮机高温合金材料，完善燃气轮机材料体系，突破单晶、定向结晶和等轴晶铸造等关键部件制造技术，形成燃气轮机用关键材料工程应用技术体系

▶高温长寿命防护涂层陶瓷基复合材料，材料基体可承受1000℃以上高温，用于目前的F级燃机以及未来的H级燃机

▶燃气轮机材料性能数据库，形成材料开发的基础能力

▶3D打印金属材料技术，掌握3D打印高温合金材料的质量评估和检测技术，可用于热部件制造和修复

▶核电站核岛主设备材料

　　蒸汽发生器用特种换热管、第四代核电站核岛主设备配套锻件、特种焊材、快堆/高温堆用高温材料、耐腐蚀合金。

▶核电站新材料，第三、四代核电站用关键材料国产化和新材料研究

▶风力发电机组叶片用碳纤维材料

▶超大型转轴和护环锻件国产化，满足未来1200MW以上二极火电和第三代1300～2000MW四极核电发电机需求

▶大容量可变速抽蓄发电电动机600MPa等级大直径薄壁非磁性护环材料

▶巨型冲击式水轮机重、大不锈钢转轮锻件材料

▶巨型冲击式机组配水环管 1000MPa 级高强钢板材料

▶电机绝缘材料

▶开发及应用高导热绝缘材料、高场强主绝缘材料、高强度复合材料

4. 关键共性技术

▶清洁高效煤电技术

准东高碱煤煤质、煤灰和煤燃烧特性的判定和评价，准东高碱煤结渣、沾污和积灰机理，准东高碱煤结渣、沾污和积灰的控制和清除技术，新型气化技术，尾气处理一体化技术，烟气余热深度利用技术、煤电灵活性改造技术、煤电机组供热改造技术、220 吨以下燃准东煤热电联产锅炉成套技术、火电机组升级换代和高效延寿改造技术，退役机组改调相机技术，高效智能化深度调峰、运行灵活、无功补偿发电技术。

▶燃气轮机技术

低 NO_x 燃气技术研发。

▶混合燃烧技术

先进燃气轮机压气机、燃烧室、透平关键设计技术，系统设计技术、试验验证和控制技术，关键部件加工制造技术、煤与生物质耦合发电清洁燃烧技术。

▶核电共性技术

（1）新一代核岛及常规岛主设备设计、验证、制造技术。

（2）供热堆。

▶大型先进水电装备技术

抽水蓄能可变速电机、水泵水轮机水力设计、交流励磁、M3C全功率变流器等关键设计及制造技术,高水头大容量冲击式水轮机组设计及制造技术,水、风、光、储多能互补型新型水轮发电机组水力设计技术及相关验证技术。

▶其他可再生能源发电技术

(1) 超长柔性轻量化风力发电机组叶片设计技术、海上漂浮式风力发电机组及关键部件设计技术、海洋强腐蚀环境适应性技术、海上柔性直流输电技术、智能控制技术。

(2) 太阳能高效集热、储换热系统及设备研制,智能控制技术,系统集成技术,高海拔防晕技术,提高发电机负序能力的研究、有效防止发电机组轴电流的技术。

(3) 生物质和垃圾气化工艺、二噁英脱除及灰渣玻璃化处理技术、气流床气化技术和循环流化床气化技术、生物质成形燃料技术、VOCs及重金属脱除技术。

(4) 生物质散料、捆烧和成型燃料低NO_x燃烧技术及成套装备。

(5) 县级垃圾(固体废物)焚烧热电联产技术及成套装备。

▶发电设备运维控制技术

火电、水电、核电、太阳能发电、风电等电厂远程智能监测、智能诊断、智能运维、智能检修、优化运行、寿命预测等。

▶全寿命周期绿色制造技术

设计、材料、制造、运行、报废处置等全寿命周期绿色发电设备技术。

▶智慧发电设备技术

智能感知、智能诊断及评估技术,智能调节及自优化技术,数字化运维及服务技术。

▶ 智能制造技术

　　发电设备产品数字孪生技术、三维参数化设计平台建设关键技术、协同设计平台建设关键技术、设计制造数据流管控关键技术。

5. 关键专用制造装备与检测设备

▶ 智能制造装备

　　大容量发电机组定转子线圈、冲片的智能制造生产线、发电机智能叠片系统、百万千瓦级以上机组汽轮机焊接转子自动喷丸设备、先进光伏电池智能化生产线等设备。

▶ 专用机加工装备

　　核电蒸汽发生器管子管板深孔加工装备、核电蒸汽发生器管子支撑板异型孔拉削加工等设备、复杂零件的机加设备；燃气轮机高温透平叶片制造设备、转子轮盘加工设备等。

▶ 专用挤压、焊接、热处理装备

　　核电 1200/1500MN 锻挤压机组、核电堆内构件吊篮筒体/堆芯围筒激光-电弧复合焊接系统、高效可靠智能化焊接系统、核电空心导叶自动焊接、节能高效安全加热等设备；锅炉集箱短管和长管接头智能装焊系统、锅炉水冷壁全自动销钉焊系统；核电产品的压力容器焊接过程在线监测系统。轨道式全位置焊接机器人等设备。

▶ 专用试验验证装备

　　全参数超临界安全阀热态性能试验设备、压气机、燃烧室、涡轮等关键部件性能试验设备、光热发电机组高端熔盐泵阀性能验证装备、稀有气体布雷顿循环发电装备性能试验等设备、多因素耦合环境模拟加速试验等设备。

▶ 关键检测设备

（1）大壁厚粗晶材料焊缝检测设备、产品表面质量智能检测、智能焊缝缺陷检测、关节臂测量系统和激光跟踪仪及其软件、工业DR检测用成像板、三坐标检测仪。

（2）定子线圈智能检测中心、白光三维数字化测量设备、发电机智能检测设备。

战略支撑与保障

（1）完善政策措施，积极营造支持清洁高效发电装备产业发展的环境，支持清洁高效发电设备技术进步和产业化。

（2）建设清洁高效发电技术国家重大创新基地。支持发电装备行业龙头企业牵头创建国家级创新平台，以及原创技术策源地，优化和集成创新资源，进一步发挥创新链各类创新载体的整体优势，以新的组织形式，跨领域、跨部门、跨区域集中组织实施面向国家目标的协同创新。

（3）建立发电装备绿色设计、绿色评价公共服务平台。优化和集成标准化资源，开展绿色设计、绿色评价标准化技术、评价技术、碳核查技术研究，搭建发电装备的碳信息数据库。

技术路线图

发电装备产业发展技术路线图如图6-1所示。

项目	2025年 ----------------->2030年------------------>2035年		
需求	预计到2025年,发电设备的市场需求将在6000亿元左右,清洁高效、绿色环保的可再生能源发电装备将成为主体,可再生能源装机的占比将达到50%	预计到2030年,发电设备的市场需求将在7000亿元左右,可再生能源占终端能源消费比重提高到26%	预计到2035年,发电设备市场需求将达到1万亿元左右
目标	形成具有国际竞争力的企业集团。具备持续创新能力,大型火电、水电、核电等成套装备达到国际领先水平,新能源装备及储能装备达到国际先进水平	发电装备供给结构显著改善。高端化智能化绿色化发展及示范应用不断加快	国际竞争力持续增强,发电装备全面达到国际领先水平
技术发展趋势及路径	煤电发展以清洁高效、近零排放、二次再热、低热值、高碱和高水分煤的燃烧为重点,大力推进煤电三改联动,加大新能源消纳比例;水电以巨型冲击式机组和300MW及以上可变速抽水蓄能机组为重点;燃气轮机以30万千瓦及以上重型燃气轮机和分布式燃气轮机为重点;核电以华龙一号和国和一号,以及四代核电(快堆、高温气冷堆)等技术为重点;风电以5~8MW等级陆上风电、10~20MW海上风电为重点;太阳能以太阳能光伏发电、储热性光热发电为重点;发电装备信息化、智能化、绿色化升级以智慧电厂、多能互补、源网荷储一体化、发电装备绿色化和能源结构绿色化为重点		
重点产品	清洁高效煤电成套装备	1000~1350MW等级超超临界机组	
		高参数630℃/650℃等级超超临界二次再热机组	
		高效、清洁,低热电比的分布式燃煤供热机组	
		660MW等级超超临界循环流化床锅炉 / 1000MW等级超(超)临界空冷和二次再热空冷机组	
		1000MW等级超(超)临界褐煤机组	
		660MW等级超超临界W火焰锅炉	
		高参数小容量亚、超临界、超超临界机组	
		在役机组(含亚临界锅炉)节能降碳改造、灵活性改造、供热改造成套装备	

图6-1 发电装备产业发展技术路线图

项目	2025年---------->2030年---------->2035年
清洁高效煤电成套装备	烟气高效超净排放成套装备
	煤基多联产及燃气轮机联合循环发电装备
燃气轮机发电装备	200MW及以下燃气轮机
	超低热值E级重型燃气轮机发电装备
	F级300MW重型燃气轮机发电装备
	G/H级500MW重型燃气轮机发电装备
	掺氢和纯氢燃气轮机
	掺氢和纯氢燃气轮机，0.5MW及以下移动式燃气轮机发电装备
先进核电成套装备	第三代大型先进压水堆核电成套装备
	第四代核电成套装备
	海洋核动力平台成套装备
大型先进水电成套装备	大容量抽水蓄能机组
	高水头大容量冲击式水轮发电机组
可再生能源发电装备	5～8MW等级风电机组
	大型海上风电机组
	大型光热发电机组、熔盐蓄换热超临界CO_2发电系统
	生物质和垃圾发电装备
	潮汐发电设备
	潮流发电设备
	波浪能发电设备
	地热发电装备

重点产品

图 6-1　发电装备产业发展技术路线图（续）

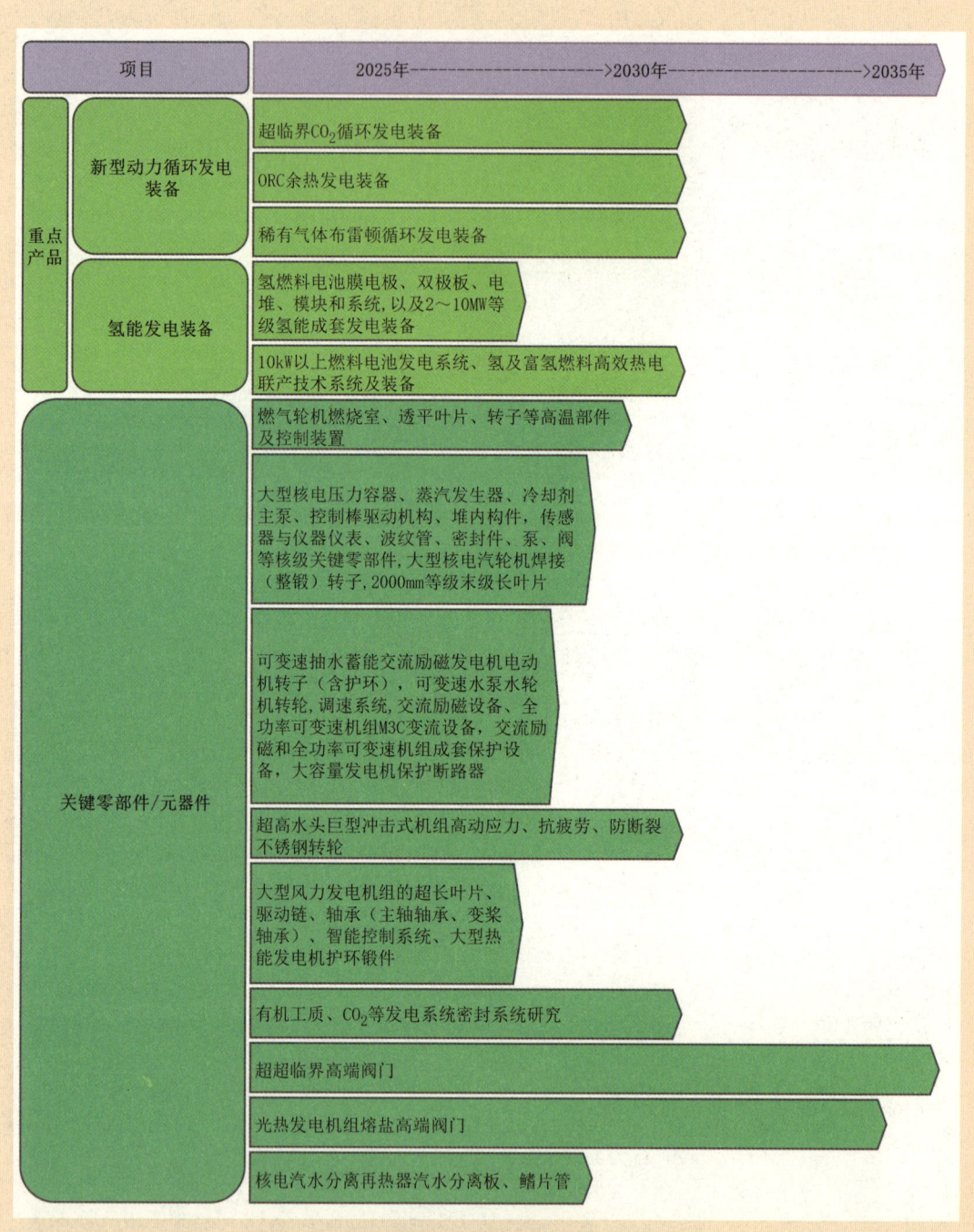

项目	2025年————————>2030年————————>2035年
重点产品 — 新型动力循环发电装备	超临界CO_2循环发电装备
	ORC余热发电装备
	稀有气体布雷顿循环发电装备
氢能发电装备	氢燃料电池膜电极、双极板、电堆、模块和系统,以及2～10MW等级氢能成套发电装备
	10kW以上燃料电池发电系统、氢及富氢燃料高效热电联产技术系统及装备
关键零部件/元器件	燃气轮机燃烧室、透平叶片、转子等高温部件及控制装置
	大型核电压力容器、蒸汽发生器、冷却剂主泵、控制棒驱动机构、堆内构件,传感器与仪器仪表、波纹管、密封件、泵、阀等核级关键零部件,大型核电汽轮机焊接(整锻)转子,2000mm等级末级长叶片
	可变速抽水蓄能交流励磁发电机电动机转子(含护环),可变速水泵水轮机转轮,调速系统,交流励磁设备、全功率可变速机组M3C变流设备,交流励磁和全功率可变速机组成套保护设备,大容量发电机保护断路器
	超高水头巨型冲击式机组高动应力、抗疲劳、防断裂不锈钢转轮
	大型风力发电机组的超长叶片、驱动链、轴承(主轴轴承、变桨轴承)、智能控制系统、大型热能发电机护环锻件
	有机工质、CO_2等发电系统密封系统研究
	超超临界高端阀门
	光热发电机组熔盐高端阀门
	核电汽水分离再热器汽水分离板、鳍片管

图 6-1 发电装备产业发展技术路线图(续)

项目	2025年 ————————>2030年————————>2035年
关键零部件/元器件	燃气压缩机组动力涡轮部件、稀有气体布雷顿循环发电装备压缩膨胀发电一体化协同设计制造
	托卡马克线圈用高强度、高导电软连接线
	燃料电池膜电极、双极板、密封件等
关键材料	深入研发G115锅炉材料，建立材料工程应用体系和性能数据库，满足未来高参数燃煤发电应用。P91/P92焊材国产化开发
	燃气轮机高温合金材料，完善燃气轮机材料体系，突破单晶、定向结晶和等轴晶铸造等关键部件制造技术，形成燃气轮机用关键材料工程应用技术体系
	高温长寿命防护涂层陶瓷基复合材料，材料基体可承受1000℃以上高温，用于目前的F级燃机以及未来的H级燃机
	燃气轮机材料性能数据库，形成材料开发的基础能力
	3D打印金属材料技术，掌握3D打印高温合金材料的质量评估和检测技术，可用于热部件制造和修复
	核电站核岛主设备材料
	核电站新材料，第三、四代核电站用关键材料国产化和新材料研究
	风力发电机组叶片用碳纤维材料
	超大型转轴和护环锻件国产化，满足未来1200MW以上二极火电和第三代1300～2000MW四极核电发电机需求
	大容量可变速抽蓄发电电动机600MPa等级大直径薄壁非磁性护环材料
	巨型冲击式水轮机重、大不锈钢转轮锻件材料

图6-1 发电装备产业发展技术路线图（续）

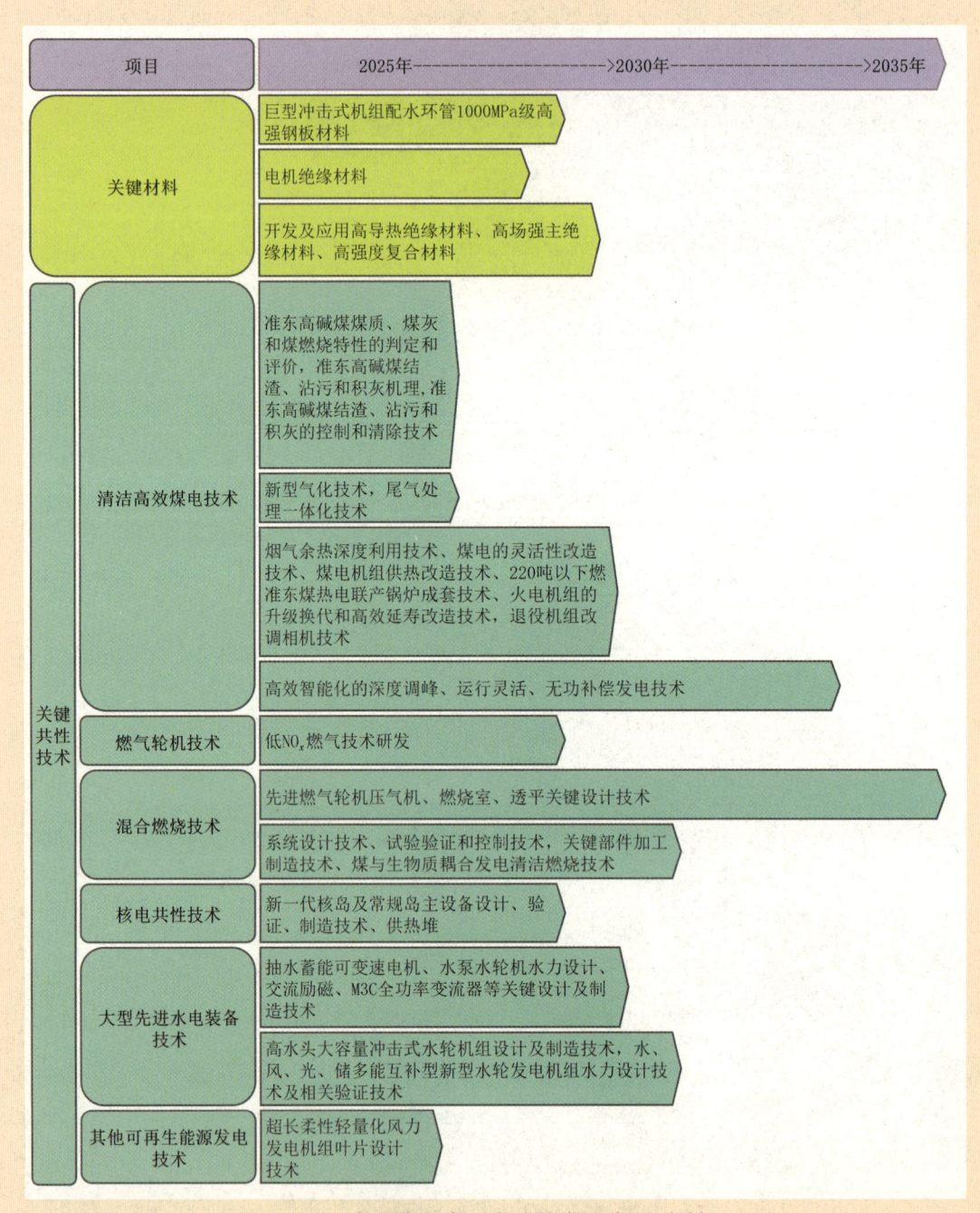

项目	2025年 ----------> 2030年 ----------> 2035年
关键材料	巨型冲击式机组配水环管1000MPa级高强钢板材料
	电机绝缘材料
	开发及应用高导热绝缘材料、高场强主绝缘材料、高强度复合材料
关键共性技术 — 清洁高效煤电技术	准东高碱煤煤质、煤灰和煤燃烧特性的判定和评价,准东高碱煤结渣、沾污和积灰机理,准东高碱煤结渣、沾污和积灰的控制和清除技术
	新型气化技术,尾气处理一体化技术
	烟气余热深度利用技术、煤电的灵活性改造技术、煤电机组供热改造技术、220吨以下燃准东煤热电联产锅炉成套技术、火电机组的升级换代和高效延寿改造技术、退役机组改调相机技术
	高效智能化的深度调峰、运行灵活、无功补偿发电技术
燃气轮机技术	低NO_x燃气技术研发
混合燃烧技术	先进燃气轮机压气机、燃烧室、透平关键设计技术
	系统设计技术、试验验证和控制技术,关键部件加工制造技术、煤与生物质耦合发电清洁燃烧技术
核电共性技术	新一代核岛及常规岛主设备设计、验证、制造技术、供热堆
大型先进水电装备技术	抽水蓄能可变速电机、水泵水轮机水力设计、交流励磁、M3C全功率变流器等关键设计及制造技术
	高水头大容量冲击式水轮机组设计及制造技术,水、风、光、储多能互补型新型水轮发电机组水力设计技术及相关验证技术
其他可再生能源发电技术	超长柔性轻量化风力发电机组叶片设计技术

图 6-1 发电装备产业发展技术路线图（续）

项目	2025年----------------->2030年----------------->2035年
关键共性技术	**其他可再生能源发电技术**: 海上漂浮式风力发电机组及关键部件设计技术、海洋强腐蚀环境适应性技术；海上柔性直流输电技术、智能控制技术；太阳能高效集热、储换热系统及设备研制，智能控制技术，系统集成技术，高海拔防晕技术，提高发电机负序能力的研究、有效防止发电机组轴电流的技术、生物质和垃圾气化工艺、二噁英脱除及灰渣玻璃化处理技术、气流床气化技术和循环流化床气化技术、生物质成型燃料技术、VOCs及重金属脱除技术、生物质散料、捆烧和成型燃料低NO$_x$燃烧技术及成套装备、县级垃圾（固体废弃物）焚烧热电联产技术及成套装备
	发电设备运维控制技术: 火电、水电、核电、太阳能发电、风电等电厂远程智能监测、智能诊断、智能运维、智能检修、优化运行、寿命预测、失效分析、可靠性评价等
	全寿命周期绿色设计、制造、评价技术: 设计、材料、制造、运行、报废处置等全寿命周期绿色发电设备技术
	智慧发电设备技术: 智能感知、智能诊断及评估技术；智能调节及自优化技术，数字化运维及服务技术
	智能制造技术: 发电设备产品数字孪生技术，三维参数化设计平台建设关键技术、协同设计平台建设关键技术、设计制造数据流管控关键技术
关键专用制造装备及检测设备	**智能制造装备**: 大容量发电机组定转子线圈、冲片的智能制造生产线、发电机智能叠片系统、百万千瓦级以上机组汽轮机焊接转子自动喷丸设备、先进光伏电池智能化生产线等设备
	专用机加工装备: 核电蒸汽发生器管子管板深孔加工装备、核电蒸汽发生器管子支撑板异形孔拉削加工等设备、复杂零件的机加设备；燃气轮机高温透平叶片制造设备、转子轮盘加工设备等

图 6-1 发电装备产业发展技术路线图（续）

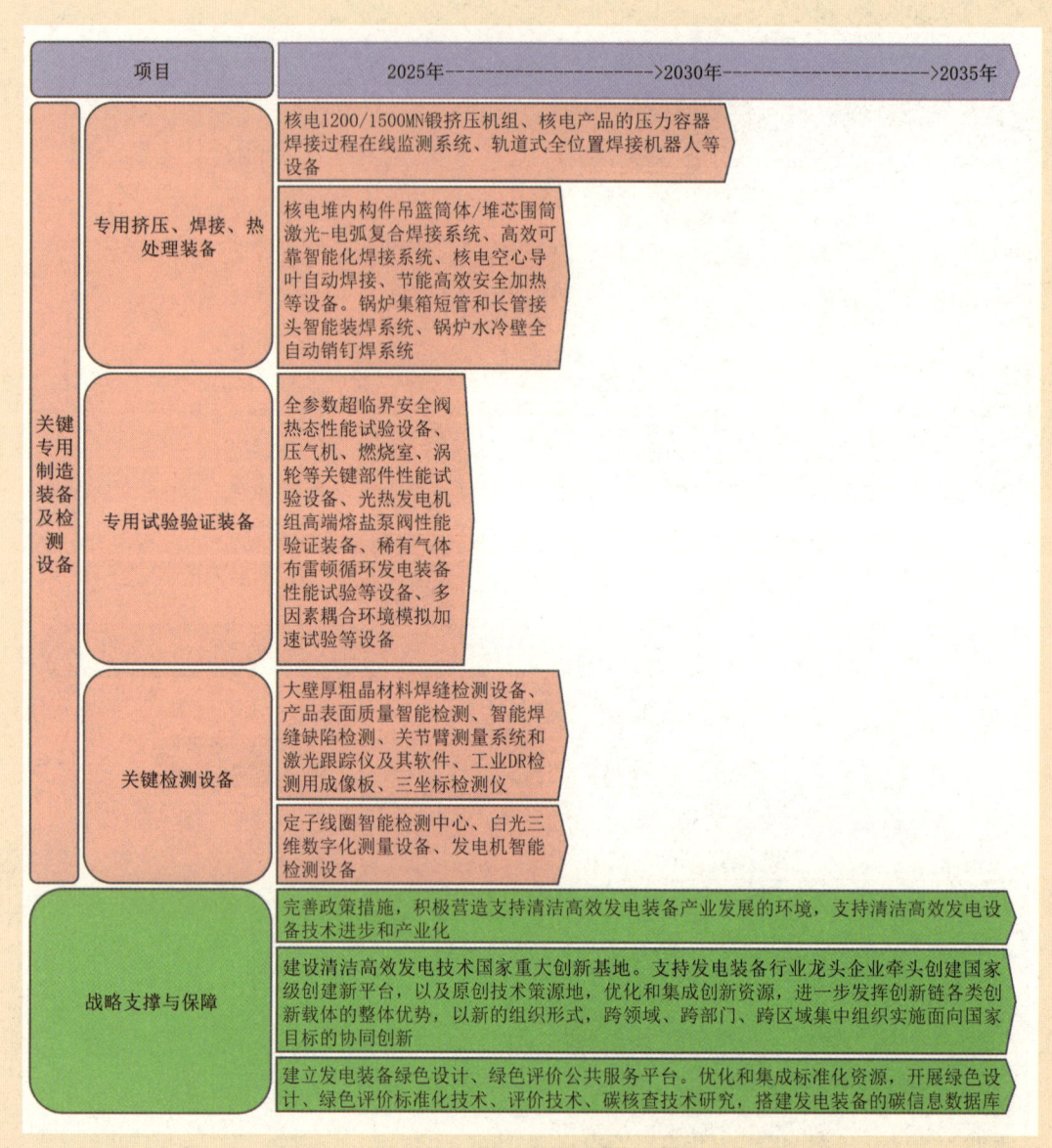

项目	2025年 ————————>2030年————————>2035年
关键专用制造装备及检测设备 — 专用挤压、焊接、热处理装备	核电1200/1500MN锻挤压机组、核电产品的压力容器焊接过程在线监测系统、轨道式全位置焊接机器人等设备
	核电堆内构件吊篮筒体/堆芯围筒激光-电弧复合焊接系统、高效可靠智能化焊接系统、核电空心导叶自动焊接、节能高效安全加热等设备。锅炉集箱短管和长管接头智能装焊系统、锅炉水冷壁全自动销钉焊系统
专用试验验证装备	全参数超临界安全阀热态性能试验设备、压气机、燃烧室、涡轮等关键部件性能试验设备、光热发电机组高端熔盐泵阀性能验证装备、稀有气体布雷顿循环发电装备性能试验等设备、多因素耦合环境模拟加速试验等设备
关键检测设备	大壁厚粗晶材料焊缝检测设备、产品表面质量智能检测、智能焊缝缺陷检测、关节臂测量系统和激光跟踪仪及其软件、工业DR检测用成像板、三坐标检测仪
	定子线圈智能检测中心、白光三维数字化测量设备、发电机智能检测设备
战略支撑与保障	完善政策措施,积极营造支持清洁高效发电装备产业发展的环境,支持清洁高效发电设备技术进步和产业化
	建设清洁高效发电技术国家重大创新基地。支持发电装备行业龙头企业牵头创建国家级创建新平台,以及原创技术策源地,优化和集成创新资源,进一步发挥创新链各类创新载体的整体优势,以新的组织形式,跨领域、跨部门、跨区域集中组织实施面向国家目标的协同创新
	建立发电装备绿色设计、绿色评价公共服务平台。优化和集成标准化资源,开展绿色设计、绿色评价标准化技术、评价技术、碳核查技术研究,搭建发电装备的碳信息数据库

图 6-1 发电装备产业发展技术路线图(续)

输配电装备

输配电装备是实现电能传输、转换及保障电力系统安全、可靠、稳定运行的设备，包括高压/超高压/特高压输变电设备、智能输配电设备、新型配用电设备。

需求 2022年我国全社会用电量8.6372万亿千瓦时，同比增长3.6%，分产业看，第一产业用电量1146亿千瓦时，同比增长10.4%；第二产业用电量57001亿千瓦时，同比增长1.2%；第三产业用电量14859亿千瓦时，同比增长4.4%。预计2023年全社会用电量将达到9.15万亿千瓦时，同比增长6%左右。2025年、2030年、2035年我国全社会用电量预计分别达到9.5万亿千瓦时、11.3万亿千瓦时、12.6万亿千瓦时，"十四五""十五五""十六五"期间预计年均增速分别为4.8%、3.6%、2.2%。输配电装备发展将呈现出智能化、集成化、绿色化、多元化的特点，并为实现"双碳"目标及落实"一带一路"倡议提供输配电装备支撑。

目标 到2025年输配电行业装备关键零部件自主化率达到80%以上，输配电成套装置出口比重超过10%，特高压输配电技术国际领先，通过关键核心技术创新和重大装备攻关推动产业"补链""延链""强链"，促进产业结构提档升级，为新型电力系统加速转型期的建设打好基础，进入世界强国行列。

到2030年输配电行业形成以我国为主导的国际特高压交直流输电成套装备标准体系；装备关键部件自主化率达到90%以上；输配电成套装置出口比重超过20%；提高电能在终端能源消费中的比重，配用电设备总体将从"跟跑"转为"并跑"，部分产品达到"领跑"，解决"双高""双随机"等关键问题，系统安全性、可靠性及技术指标达到国际先进水平。推动输配电技术持续创新，完成新型电力系统加速转型期的建设。

到2035年输配电行业装备关键部件自主化率达到95%以上；输配电成套装置出口比重超过25%；行业总体达到国际先进水平，部分领域达到国际领先水平。较大幅度提升中国标准在国际上的话语权及中国装备品牌的国际影响力。新型输配电技术创新实现突破，新型电力系统总体形成期的建设初见成效。

技术发展趋势及路径

特高压交直流输配电装备以1100kV和±800kV、±1100kV为重点；智能输配电成套装备以智能变电站成套装置、智能配电网成套装置、柔性直流输配电设备、绿色环保型输配电设备、电力物联网创新应用、极端环境适应性可靠性质量提升为重点；新型配用电装备以配用电保护与控制元件、高度自治配用电系统解决方案与成套装置为重点；海洋工程供电装备以海洋石油平台（含岛屿）成套供电设备、海底石油生产供电装备、船舶电器、海上风电汇集平台成套输电设备为重点；氢能装备以制氢装备、储氢装备、燃料电池、加氢装备为重点；储能装备以大规模电力储能装备研究、大规模化学储能及超导储能系统研究为重点。

发展重点

1. 重点产品

▶ **特高压输变电成套装备**

❖ **特高压交流输变电成套装备**

（1）铁路运输特高压变压器：电压达到1000kV，容量达到1000MV·A。现场组装发电机升压变压器：电压达到1000kV，容量达到400～600MV·A。

（2）特高压并联电抗器及可控电抗器：系列化产品涵盖电压1000kV、容量120～400MV·A全系列。

（3）超大容量开关成套设备：电压达到363～1100kV，额定短路开断电流达到80kA，额定电流达到8000A。

（4）气体绝缘金属封闭母线（GIL）：电压达到252～1100kV，额定电流达到2000～8000A。

（5）自主可控交流特高压保护控制装置。

❖ **特高压直流输变电成套装备**

(1) 现场组装式换流变压器：容量达到 200～620MV·A。

(2) 换流阀：±800kV/6250A 晶闸管换流阀、±1100kV/5455A 晶闸管换流阀、配套换流阀监视与控制设备，以及具备抵御换相失败能力的新型可控直流装备。

(3) 直流输电用开关设备：直流转换开关，±400～±800kV 电压等级工程；高压直流旁路开关，±1100kV 及以下电压等级直流输电系统；直流并列开关，适用于多端直流互联输电系统；滤波器组断路器，±1100kV 及以下电压等级直流输电系统滤波器小组侧；换流变压器阀侧断路器，±800kV 直流输电系统换流变压器和阀厅之间的故障隔离。

(4) 直流控制保护系统。

❖ **发电机保护断路器成套装置**

(1) SF_6 发电机保护断路器：适用于 CAP1000 核电机组，额定短路开断电流 210kA；适用于 CAP1400 核电机组，额定短路开断电流 250kA。

(2) 真空发电机保护断路器：适用于抽水蓄能，额定电流 6300～17000A，额定短路开断电流 120kA。

▶ **智能输配电成套装备**

❖ **智能变电站成套装置**

(1) 智能变压器：交流输配电用智能变压器，电压达到 110～1000kV，容量达到 50～1000MV·A；直流输电用智能换流变压器，电压达到 ±100～±1100kV，容量达到 200～600MV·A。

(2) 智能开关设备：126～1100kV 气体绝缘金属封闭智能开关设备。

(3) 智能变电站监控系统：实现全站信息智能共享，提供设备全寿命周期的管理与运维支持；掌握主厂站应用协同与灵活互动技术，基于人工智能的智能防误及虚拟监护技术。

(4) 智能变电站全景感知及远程专家诊断系统：实现设备智能控制和远程诊断服务，掌握基于植入式的传感器融合技术，基于大数据、人工智能的变电站设备状态评估及故障诊断技术。

(5) 智能变电站控制与保护系统：研发不依赖电源特性的新型继电保护设备，实现高比例新能源及电力电子设备接入的电力系统故障快速辨识及隔离；研发新型量测设备，实现新型电力系统广域实时动态宽频数据测量及传输；研发大电网稳定控制系统，实现大规模新能源发电接入后大电网的安全稳定运行；研发基于 5G 通信的输电线路差动保护装置，适用于新能源接入等 35kV 及以下线路，实现线路全范围快速保护；研发海上风电送出控制保护系统，实现海上风电关键电气设备的保护和控制功能，支撑海上风电大规模输出。

(6) 智能电缆及附件：110～500kV 高压智能电缆及附件，高压智能电缆及附件运行状态监测系统，实现高压电缆及附件全线路运行检测、评估及全寿命周期的管理和运维支持。

❖ 智能配电网成套装置

(1) 智能直流互联设备：直流电压等级达到±110～±10kV，容量在 50MVA 以内。

(2) 多端口电力电子变压器/直流变压器：基于 IGBT/IGCT 和基于 SiC 器件的电力电子变压器装置，满足多电压等级 AC-DC、DC-DC 电能变换需求，容量达到 1～10MV·A。重点研究内容为基于 IGCT 器件 10kV 多端口电力电子变压器的研制，负荷侧为直流±750V，容量达到 6MV·A。

(3) 智能配电开关、智能配电变压器、智能组件及电力电子装置。

(4) 交直流混合微电网设备及直流配网设备：控制保护设备、能量管理运行系统及核心交直流变流设备、直流断路器、台区柔性互联装备、直流故障限流器、直流潮流控制器及直流负荷开关。

(5) 储能系统：针对新能源并网及分布式微电网的发展需求，开发电池储能装置、电池管理系统、高压级联储能变流系统、超级电容储能系统、储能一体机装置、SiC 移动储能装置。重点研究内容为基于 IGBT/IGCT 器件高压级联储能变流装置，并网电压等级达到 10kV/35kV，容量达到 1～100MW。

(6) 10kV 交流电网柔性合环装置：额定容量达到 2.5～10MV·A。

(7) 城市轨道交通牵引供电系统制动能量回馈技术：峰值回馈功率达到 3.6MW，间歇工作制；额定回馈功率达到 2MW，持续工作制；标称电压为 DC 1500V；回馈装置动作电压范围：DC 1700～1900V。

(8) 直流配电网控制保护系统、多端口能源路由器。

(9) 大规模高渗透率分布式电源直挂并网装置：分布式电源容量达到 5～30MW，并网电压等级达到 10～35kV。

(10) 静止同步无功补偿装置：容量达到 5～100MW，并网电压等级达到 10～35kV。

(11) 新能源移动式应急储能装备：针对应急产业及特殊环境下分布式微电网发展需求，开发可车载移动的新能源储能装备。

(12) 低压配电网阻抗扫描装置：配电网节点 10～1000Hz 宽频阻抗主动扫描设备，评估配电网系统振荡风险。

(13) 交流配电网保护与故障自愈系统及装备。

(14) 宽频振荡预测、监视及抑制装备：容量为 5MW，接入电压等级为 10～35kV，可主动预测 10～100MW 新能源发电系统的振荡风险，具有相应的振荡抑制能力。

❖ **柔性直流输配电设备**

(1) 柔直换流阀：±525kV 海上轻型化柔性直流换流阀，以及配套换流阀监视与控制设备。研究基于 IGCT 器件的 MMC 直流换流阀。

(2) 直流耗能装置：±500kV 直流耗能装置，以及配套的监视与控制设备。

(3) 高压直流断路器：500kV/≤25kA、800kV/≤25kA；直流 GIS 和直流并列开关；±320kV、±500kV、±800kV。

(4) ±100～±800kV 换流变压器。

(5) 直流电网及混合直流输电控制保护。

(6) ±500kV 直流输电电缆及附件。

❖ **绿色环保型输配电设备**

(1) 环保型高压开关：选择环保型气体替代 SF_6 作为绝缘、开断介质，采用真空灭弧室替代 SF_6 灭弧室。

(2) 环保型变压器：采用天然酯的变压器、低噪声变压器、环保气体变压器。

(3) 低损耗变压器：立体卷铁芯变压器等。

(4) 超导输配电设备：超导变压器、超导电缆等。

(5) 串入电抗型经济型高压交流限流器：额定电压达到126～550kV，额定限制短路电流90kA。

❖ 低频输电系统用核心设备

(1) 低频变压器：三相低频电力变压器电流频率达到20Hz，电压达到220～275kV，额定容量达到330～550MV·A；单相低频电力变压器电流频率达到20Hz，电压达到220～275kV，额定容量达到110～250MV·A。

(2) 低频开关设备：频率达到20Hz，额定电压达到72.5～550kV，额定短路电流达到40～63kA。

(3) 低频换流阀：M3C 换频阀（3 相 9 桥臂），电压电流频率达到50Hz/20Hz，电压达到10～500kV，额定容量达到10～3000MV·A。

(4) 低频输电系统控制保护设备：M3C 控制系统、低频交流保护。

❖ 电力物联网创新应用

面向电力装备制造行业建设工业互联网平台并展开创新应用。研发智能电力装备、设备运行状态采集与控制系统、云服务平台，实现制造效率优化、产品质量提升，以及制造资源管理与协同和产品服务新模式的转变。

(1) 支持云端远程运维和健康状态监测的智能电力装备。

(2) 电力装备制造过程物联传感网络及状态采集监控系统。

(3) 基于云端的电力装备制造、试验和远程运维过程质量大数据分析及服务。

▶ 新型配用电装备

❖ 配用电保护与控制元件

(1) 断路器。

■ 智能型交流万能式断路器：AC 1500V，直流万能式断路器：DC 1500V。

- 智能/磁控交流微型断路器：AC 240V，直流微型断路器：DC 1200V。
- 智能交流塑壳断路器：AC 1140V，直流塑壳断路器：DC 1500V。
- 电力机车牵引用直流断路器：4000A/DC 1500V。
- 基于物联网技术，形成具备状态信息感知、健康度评估、能量监测管理、微网协调控制保护、边缘计算能力等多样化功能的传统断路器及上述新型断路器产品。

(2) 自动转换开关及隔离开关。

- 自动转换开关电器：6300A/AC-33A。
- 直流旋转隔离开关：63A/DC 1500V。
- 直流隔离开关：6300A/DC 1500V。

(3) 智能控制与保护电器。

- 交流空气式接触器：3000A，直流空气式接触器：DC 1500V。
- 电动机控制与保护开关电器：100kA/50万次/AC-3。
- 带过电流及剩余电流保护功能的电弧故障保护电器。
- 剩余电流动作保护电器：剩余电流类型 A/B/F/B+，$I_{\Delta n6} \sim 300mA$；直流剩余电流 $I_{\Delta n20} \sim 1000mA$；具备剩余电流自检功能。
- 直流熔断器：DC 1500V/3000A。

(4) 固态保护与控制电器。

- 固态万能式断路器：DC 1500V/2500A/100kA。
- 固态塑壳断路器：DC 480V/100A/100kA。
- 固态微型断路器：DC 60V/63A/25kA。
- 固态接触器：DC 1000V/600A。

(5) 配用电控制与管理关键装置。

- 多端口一体化电能转换装置。输入端：AC 100~415V/DC 200~750V，输出端：DC 24~1500V。
- 分布式储能变流装置：DC 500~1500V。
- 电动汽车充电站/桩有序充电管理装置。

❖ **高度自治配用电系统解决方案与成套装置**

基于工业互联网平台，支持各种形式的分布式电源源/网/荷/储/充系统的接入，具有资产管理、能效管理、健康管理和运维管理等模块，可实现多种分布式电源互补优化、功率平衡、低碳/零碳运行与评价、健康度评估和预测运维，各类应用场景中自运行、自愈等功能。

支持交直流混合及直流系统场景应用，包括交直流混合及直流微电网系统、移动通信基站直流配电系统、数据中心直流配电系统、光储直柔建筑直流配电系统、电动汽车直流充电系统、轨道交通用直流牵引系统及智能站用电系统。

▶ **海洋工程供电装备**

❖ **海洋石油平台（含岛屿）成套供电设备**

（1）海洋直流(包括柔性直流)平台建设(海上平台和海下平台)：±35～±500kV。

（2）高压直流海缆：10～500kV。

❖ **海底石油生产供电装备**

（1）海底开关设备：10～35kV。

（2）海底变压器设备：220kV 110kV/35kV 10kV。

（3）水下生产纯电控系统。

❖ **船舶电器**

（1）燃料电池动能系统用大功率高密度 DC-DC 变换器：基于 SiC 的器件，功率密度达到 15kW/L，额定容量达到 300kW。

（2）高压岸电电源。额定输入：10kV，50Hz。额定输出：6.6kV，50/60Hz，额定容量达到 2MW。

❖ **海上风电汇集平台成套输电设备**

海上风机用 35kV/66kV 升压集电设备，包括风机开关和风机变压器；海上风电交流升压平台成套电气设备：110～550kV；海上风电柔直换流平台成套电气设备：±200～±500kV。

▶氢能装备

❖制氢装备

电解水制氢、天然气制氢、大容量整流变压器、煤制氢装备研究与产业化；5~10MW 电力电子制氢电源装置。

❖储氢装备

35~70MPa 高压储氢装备、单罐容量 500~5000kg 大容量低成本高压钢质固定储氢系列装备、52MPa 道路运氢Ⅳ型瓶管束集装箱、70MPa 车载Ⅳ型储氢气瓶、1000m³ 液氢固定储罐、500L 车载液氢气瓶、大容量固态储氢装备。

❖燃料电池

开展电动汽车用燃料电池研究与装备研制。

❖加氢装备

90MPa 隔膜式氢气压缩机、90MPa 液驱式氢气压缩机、70MPa 加氢站用氢气预冷器、70MPa 加氢站用高压差氢气阀门、液氢泵、液氢阀门。

▶储能装备

开展大规模电力储能装备研究，包括但不限于大规模液态金属电池储能、大规模化学储能及超导储能系统研究。

2. 关键零部件

▶特高压用关键零部件

(1) 换流阀用大功率逆阻型 IGCT。

(2) 换流变压器阀侧直流（干式）套管：±800~±1100kV。

(3) 特高压直流换流变压器有载调压开关。

(4) 特高压交流变压器无励磁调压开关。

(5) 换流变压器阀侧±1100kV 出线装置。

(6) 特高压换流阀国产阻尼电容。

(7) 国产化芯片换流阀控制系统。

▶ **智能输配电装备用零部件**

（1）高压大功率 IGBT 器件：3.3kV/2500～4000A、4.5kV/2000～5000A、6.5kV/1000～3000A。

（2）高压大功率非对称型 IGCT 器件：4.5～6.5kV，最大可关断电流达到 3000～12000A。

（3）高压大功率 IGBT、IGCT 器件配套干式支撑电容器：3.3～6.5kV 配套支撑电容器。

（4）高压大功率 IGBT 模块国产化驱动器件。

（5）高压大功率 IGBT、IGCT 器件配套快恢复二极管、配套旁路开关。

（6）宽禁带高压大功率半导体器件。SiC 功率器件：10kV/60～300A，10kV 及以上 SiC 功率器件的封装与集成。

（7）高电压等级真空灭弧室：110～220kV，额定电流达到 1250～5000A，短路电流达到 31.5～63kA。

（8）大容量真空灭弧室：18～30kV，短路电流达到 80～210kA。

（9）开关设备大功率快速操动机构，干式插拔式电缆终端，外锥绝缘 66kV 直流套管、直流隔离开关、直流避雷器高性能电阻片。

（11）全国产化芯片柔直换流阀控制系统。

（12）集成电路：国产化处理器芯片等。

▶ **电力电子制氢电源装置零部件**

高压大功率 IGBT 器件；高压大功率逆阻型 IGCT 器件；整流二极管；高压大功率 IGBT 器件配套快恢复二极管；高压大功率 IGBT、IGCT 模块国产化驱动器件，直流水冷电抗、芯片；高压大功率 IGBT、IGCT 器件配套旁路开关。

▶ **新型配用电设备关键零部件**

（1）万能式断路器。操作机构：8000A，机械寿命：3 万次，超低功耗抽屉座，1 秒短时耐受电流 I_{cw}=150kA。

(2) 塑壳断路器。操作机构：1600A，机械寿命：5万次。

(3) 交流触头及灭弧系统：$I_{cu}=I_{cs}$ 大于（415V/690V/1500V)200kA/100kA/70kA。

(4) 直流触头及灭弧系统：$I_{cu}=I_{cs}$ 大于（DC 1500V 1P/1500V 2P)20kA/50kA。其中，P表示极。

(5) 传感器：直流电流传感器4000A及以下，精度高于1级；健康度评估传感器：触头磨损监测传感器、电气老化监测传感器、直流磁测电流传感器、电气连接可靠性监测传感器。

(6) 直流绝缘监测装置：检测误差小于10%，0~1MΩ。

(7) 超小型磁控机构：18mm微型断路器（1P+N）保护与控制一体化机构。

(8) 控制器：基于嵌入式操作系统，具有全电流范围选择性保护、故障预警、寿命指示、能量监测、状态监测、能耗评估、健康度评估等功能。

(9) 配用电成套装置母线系统：具有系统全封闭、安全可靠的防触电保护设计。

(10) 专用芯片：交直流AFDD+剩余电流保护专用芯片（终端用电安全多核监测专用芯片）、B+型剩余电流检测与保护专用芯片、剩余电流自检专用芯片、四合一集成（控制、保护、通信、计量）专用芯片等。

3. 关键材料

▶特高压交直流变压器用高端材料及部件

特高压交直流变压器采用的绝缘纸板、阀门、温度计、油流继电器、特高压交直流变压器用膨胀节等高端材料及组部件。

▶新型绝缘材料

(1) 基于纳米改性的高性能绝缘材料及电介质材料基础研究。

(2) 高韧性、高耐热、高导热树脂材料及其制品研究。

(3) 新型热塑性（工程塑料）环保绝缘材料、产气材料配方及关键工艺技术研究。

(4) 超净级220kV及以上交直流电缆用绝缘材料[交联聚乙烯（XLPE）]国产化研制及应用研究。

(5) 高耐热绝缘纸研究。

(6) 环保型天然酯/合成酯绝缘油研究与应用。

(7) 高强度SMC材料。

(8) 环保气体的研究与应用。

(9) 蒸发冷却液的研究与应用。

(10) 高性能耐C_4F_7N等环保气体密封材料及制品研究。

(11) 耐高温气体剥蚀的高分子喷口绝缘材料。

(12) 耐高温、高导热、高附着力纳米涂层材料及工艺制成。

(13) 适用于高压直流GIS绝缘件的环氧树脂配方及表面改性处理工艺技术研究。

(14) 超、特高压电气设备绝缘拉杆用芳纶、聚酯和玻璃纤维等材料。

(15) 无卤阻燃增强生物基高温尼龙：高流动性，满足小型化、薄壁化的发展；灭弧产气聚合尼龙；光伏产业专用红磷阻燃聚酰胺。

▶ **新型导电材料**

(1) 轻质高强高导电工合金材料配方及工艺技术研究。

(2) 高强高导、耐烧蚀、耐磨损新型电接触材料。

(3) 复杂结构高导电性铸铝合金材料配方及工艺技术研究。

▶ **半导体材料**

(1) 碳化硅、氮化镓等高压大功率器件材料制造关键工艺技术研究。

(2) 金刚石、氮化铝等高压大功率器件材料制造关键工艺技术研究。

(3) 宽禁带高压大功率器件模块封装材料关键工艺技术研究。

▶ **磁性材料**

高性能规模化取向电工硅钢片、高导磁低损耗硅钢片、高饱和磁密硅钢片、高灵敏度的非晶纳米晶材料的制造工艺和应用技术研究。

▶ **功能材料**

碳纳米管/石墨烯等新型涂层材料、环保型防腐涂料、阻燃防火涂料等表面功能材料、新型陶瓷材料、低频减振橡胶垫及高温超导材料等在电工产业的应用。

▶ **储能材料**

（1）高能量密度电池用聚合物薄膜材料。

（2）先进微纳米产业制造技术制备的电极材料。

▶ **新型配用电设备关键材料**

（1）传统触头材料性能改进：增强抗熔焊和自润滑功能；增强产品电寿命；增强抗熔焊性，适应高盐雾环境；增强耐电磨损性。

（2）石墨烯材料应用：用于改进铜钨（CuW）合金等铜基复合材料，提升导电率、抗烧蚀性等指标。

4. 关键共性技术

▶ **智能化技术**

（1）复杂环境下的低成本、长寿命智能传感器及其融合应用技术，高紧凑高耐受型集成化控制和保护技术及综合诊断专家系统应用技术。

（2）基于人工智能的设备远程运维、寿命预测、健康管理、故障预警、产品与系统安全等技术。

▶ **环境适应性与可靠性技术**

应用环境适应性、可靠性工程理论体系，创新设计、制造、检测的环境适应性与可靠性技术，对电器产品进行适用性改进与创新，创建以环境适应性、可靠性为中心的全寿命周期制造服务技术，建立可量化的设计、制造、试验和运行全过程的管理评估方法及标准体系。

▶ **数字仿真技术**

电弧、电磁、结构、流体、温度、运动、多物理场耦合等设计仿真技术。注塑、装配、焊接、冲压、挤压、铸造等工艺仿真技术。

▶ **新型电工材料应用技术**

（1）纳米技术在电工绝缘材料中的应用技术。

（2）轻质高强、高导电电工合金材料的研究和应用技术。

（3）先进功能材料——碳材料和高温超导材料应用技术。

（4）石墨烯在电工产品中的应用技术。

▶ **标准及试验检测技术**

（1）建立完善的标准体系，搭建与关键性能指标、绿色低碳相关的试验研究及检测平台。

（2）开展中国标准的推广，搭建"一带一路"的国际标准体系。

（3）依托重点领域、重大项目，开展中外标准、试验检测技术对比分析，实现与国际标准、试验检测技术的互采互认。

▶ **电力电子技术**

（1）变流器件高电压、大容量化、高频化的技术研究；主电路及保护控制电路模块化，产品小型化、智能化和低成本化研究。

（2）可再生能源、储能装置、电动汽车充电装置便捷灵活接入技术，交、直流混合配网的系统稳定性技术研究。

▶ **大规模高效储能技术**

研究适用于 10MW·h/40MW·h 级系统的液流电池储能技术和适用于 10MW·h/100MW·h 级系统的压缩空气储能技术；研究适用于数据中心 UPS

的200kW级飞轮储能技术和适用于电网调频的基于200kW和（或）500kW飞轮的兆瓦级飞轮阵列储能技术；研究200A·h液态金属电池单体技术，研究兆瓦级液态金属电池系统；研究5MW·h级以上系统的重力储能技术。

▶ 无线传感器网络化技术

智能配电网用多功能无线传感器网络关键技术。

▶ 新型配电网络中的储能应用技术

新型配电网络中储能应用的稳定建模及动态仿真、虚拟同步机、能量管理系统及协调运行等关键技术。

▶ 电力物联网技术

研究电力物联网技术，构建产业链共同参与生态建设的良性循环，通过智能设备的全面感知化和可视化，实现电力物联网平台的高级分析和诊断。

▶ 关键工业基础软件

新型配用电设备工业基础软件：云边端协同的配用电系统工业互联网平台软件、多能互补的微电网智慧能源管控系统与软件、多级运维服务系统与软件、数字孪生管理系统与软件、产业链协同制造管理系统与软件。

5. 关键制造装备及检测设备

(1) 变压器全自动绕线机、自动叠片机的开发与应用。

(2) 应用于高压开关、干式变压器的环氧浇注设备、大型加工中心。

(3) 应用于新型配用电保护与控制电器元件加工装配的"一键切换"柔性全制程数字化生产线，并实现装备关键部件磨损感知与装备动态可靠性追踪溯源。

（4）应用于新型配用电保护与控制电器元件检测的人工智能在线检测设备、激光测量装备、机器视觉检测设备、大数据检测实验系统。

（5）应用于输配电设备环境适应性测试的多因素耦合环境模拟加速试验设备。

战略支撑与保障

（1）打造完整的输配电装备研发、制造、试验、检测和认证体系，实现具有与国际实验室同等的认证资格。

（2）组建行业中央研究院，围绕产业发展提供规划、标准、试验认证、产品故障分析诊断、可靠性评价、行业管理、信息化咨询，以及基础性、前瞻性、共性技术的研发和服务。

（3）建立输配电产业"政、产、学、研、用"创新联盟，重点突破智能电网关键共性技术和重大应用技术方面的瓶颈。

（4）建立面向输配电设备产业链的技术创新中心与中小企业公共服务平台。

（5）建立新材料测试评价平台，面向超高压直流输配电及其相关国产化新材料、新技术，开展新材料的性能、技术成熟度、可靠性开展测试评价技术研究和测试评价标准研制，开展新材料应用验证技术研究，开展新材料认证工作。加快新材料在我国超高压直流输配电领域应用。

（6）建设关键零部件及装备的实证试验平台。针对高原、湿热海洋、海水等特殊应用环境搭建实证试验平台，开展实证试验技术和实证试验方法研究，面向全国输配电领域开展实证试验标准化和检验检测服务。

技术路线图

输配电装备产业发展技术路线图如图 6-2 所示。

6 电力装备

项目	2025年 ————————>2030年 ————————>2035年		
需求	2025年我国全社会用电量预计将达到9.5万亿千瓦时	2030年我国全社会用电量预计将达到11.3万亿千瓦时	2035年我国全社会用电量预计将达到12.6万亿千瓦时
	"十四五"期间预计年均增速为4.8%	"十五五"期间预计年均增速为3.6%	"十六五"期间预计年均增速为2.2%
目标	到2025年输配电行业装备关键零部件自主化率达到80%以上，输配电成套装置出口比重超过10%，特高压输配电技术国际领先，通过关键核心技术创新和重大装备攻关推动产业"补链""延链""强链"，促进产业结构提档升级，为新型电力系统加速转型期的建设打好基础，进入世界强国行列	到2030年输配电行业形成以我国为主导的国际特高压交直流输电成套装备标准体系；装备关键部件自主化率达到90%以上；输配电成套装置出口比重超过20%；提高电能在终端能源消费中的比重，配用电设备总体将从"跟跑"转为"并跑"，部分产品达到"领跑"，解决"双高""双随机"等关键问题，系统安全性、可靠性及技术指标达到国际先进水平。推动输配电技术持续创新，完成新型电力系统加速转型期的建设	到2035年输配电行业装备关键部件自主化率达到95%以上；输配电成套装置出口比重超过25%；行业总体达到国际先进水平，部分领域达到国际领先水平。较大幅度提升中国标准在国际上的话语权及中国装备品牌的国际影响力。新型输配电技术创新实现突破，新型电力系统总体形成期的建设初见成效
技术发展趋势及路径	特高压交直流输配电设备以1100kV和±800kV、±1100kV为重点；智能输配电成套设备以智能变电站成套装置、智能配电网成套装置、柔性直流输配电设备、绿色环保型输配电设备、电力物联网创新应用、极端环境适应性可靠性质量提升为重点；新型配用电设备以配用电保护与控制元件、高度自治配用电系统解决方案与成套装置为重点		
重点产品	特高压交流输变电成套装备	铁路运输特高压变压器		
		特高压并联电抗器及可控电抗器、超大容量开关成套设备、气体绝缘金属封闭母线（GIL）		
		自主可控交流特高压保护控制装置		

图 6-2　输配电装备产业发展技术路线图

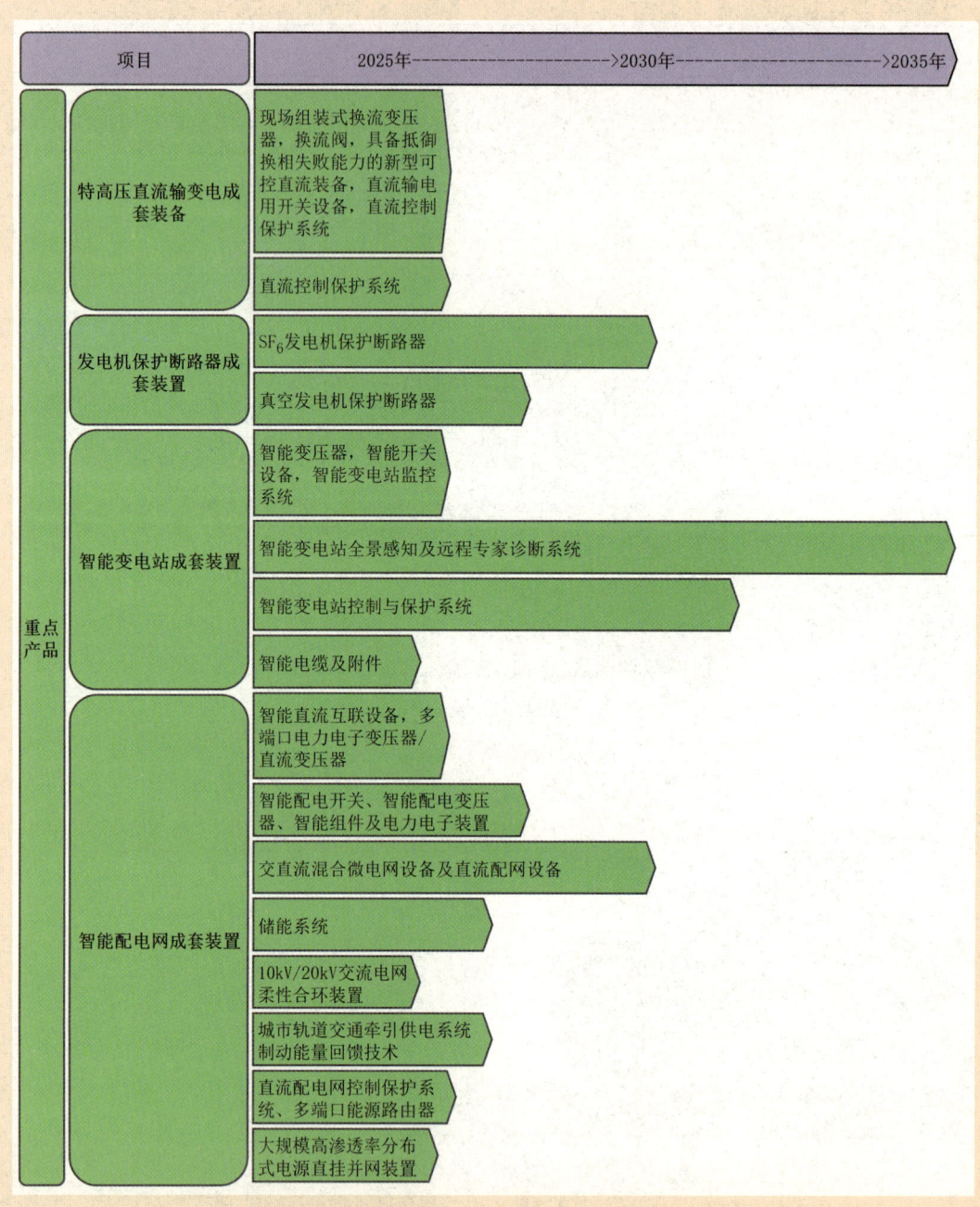

项目	2025年 ————————>2030年 ————————>2035年
特高压直流输变电成套装备	现场组装式换流变压器，换流阀，具备抵御换相失败能力的新型可控直流装备，直流输电用开关设备，直流控制保护系统
	直流控制保护系统
发电机保护断路器成套装置	SF_6发电机保护断路器
	真空发电机保护断路器
智能变电站成套装置	智能变压器，智能开关设备，智能变电站监控系统
	智能变电站全景感知及远程专家诊断系统
	智能变电站控制与保护系统
	智能电缆及附件
智能配电网成套装置	智能直流互联设备，多端口电力电子变压器/直流变压器
	智能配电开关、智能配电变压器、智能组件及电力电子装置
	交直流混合微电网设备及直流配网设备
	储能系统
	10kV/20kV交流电网柔性合环装置
	城市轨道交通牵引供电系统制动能量回馈技术
	直流配电网控制保护系统、多端口能源路由器
	大规模高渗透率分布式电源直挂并网装置

重点产品

图 6-2　输配电装备产业发展技术路线图（续）

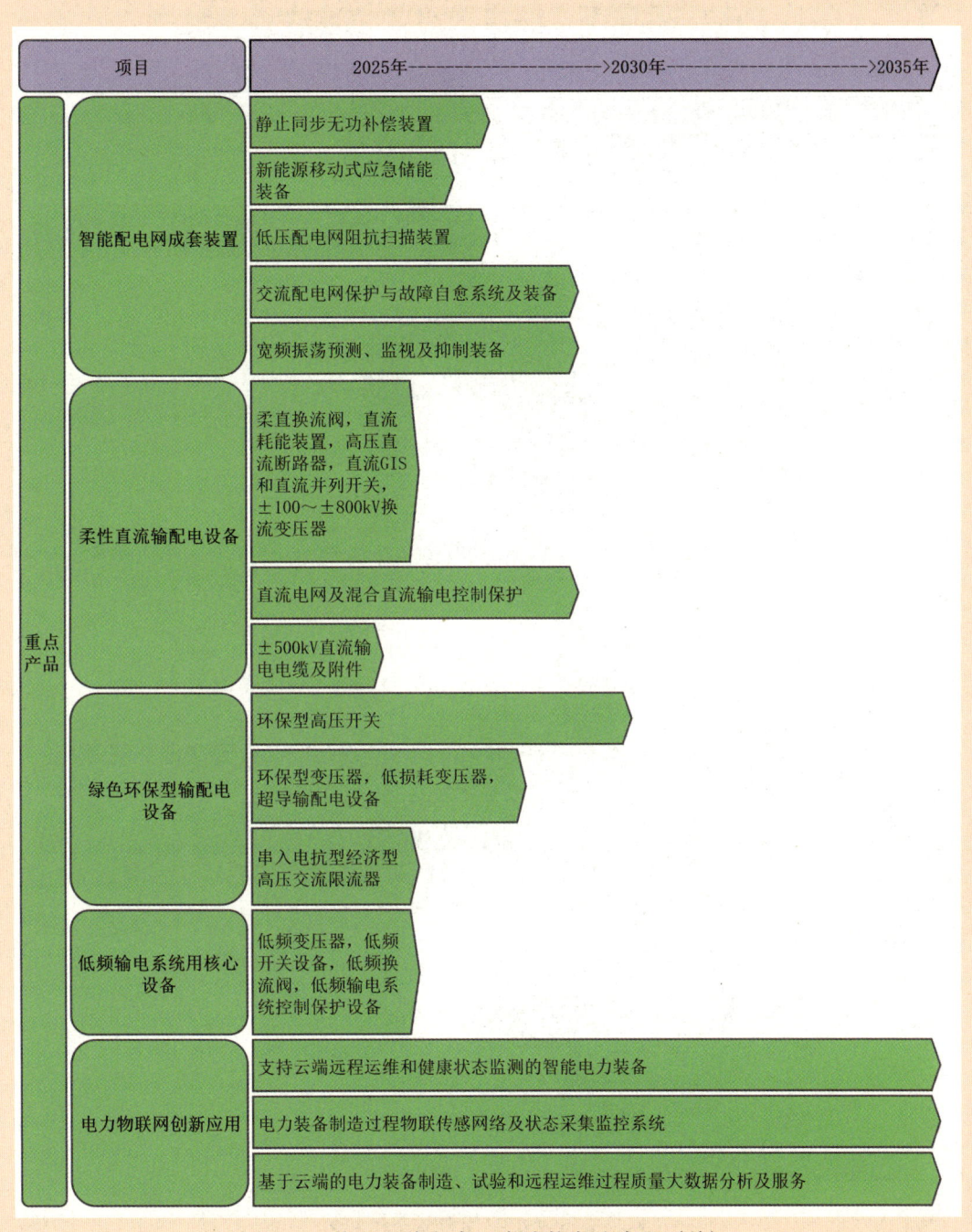

项目	2025年 ————————>2030年————————>2035年
重点产品	**智能配电网成套装置** 　静止同步无功补偿装置 　新能源移动式应急储能装备 　低压配电网阻抗扫描装置 　交流配电网保护与故障自愈系统及装备 　宽频振荡预测、监视及抑制装备 **柔性直流输配电设备** 　柔直换流阀，直流耗能装置，高压直流断路器，直流GIS和直流并列开关，±100～±800kV换流变压器 　直流电网及混合直流输电控制保护 　±500kV直流输电电缆及附件 **绿色环保型输配电设备** 　环保型高压开关 　环保型变压器，低损耗变压器，超导输配电设备 　串入电抗型经济型高压交流限流器 **低频输电系统用核心设备** 　低频变压器，低频开关设备，低频换流阀，低频输电系统控制保护设备 **电力物联网创新应用** 　支持云端远程运维和健康状态监测的智能电力装备 　电力装备制造过程物联传感网络及状态采集监控系统 　基于云端的电力装备制造、试验和远程运维过程质量大数据分析及服务

图 6-2　输配电装备产业发展技术路线图（续）

项目	2025年————————>2030年————————>2035年
重点产品 — 配用电保护与控制元件	智能型交流万能式断路器；直流万能式断路器；智能/磁控交流微型断路器；直流微型断路器；智能交流塑壳断路器；直流塑壳断路器；电力机车牵引用直流断路器
	基于物联网技术，形成具备状态信息感知、健康度评估、能量监测管理、微网协调控制保护、边缘计算能力等多样化功能的传统断路器及上述新型断路器产品
	自动转换开关电器，直流旋转隔离开关，直流隔离开关
	交流空气式接触器，直流空气式接触器，电动机控制与保护开关电器，带过电流及剩余电流保护功能的电弧故障保护电器，剩余电流动作保护电器，剩余电流类型，直流熔断器
	固态万能式断路器，固态塑壳断路器，固态微型断路器，固态接触器
	多端口一体化电能转换装置，分布式储能变流装置，电动汽车充电站/桩有序充电管理装置
高度自治配用电系统解决方案与成套装置	基于工业互联网平台
	支持交直流混合及直流系统场景应用
海洋石油平台（含岛屿）成套供电设备	海洋直流(包括柔性直流)平台建设(海上平台和海下平台)，高压直流海缆
海底石油生产供电装备	海底开关设备，海底变压器设备，水下生产纯电控系统
船舶电器	燃料电池动能系统用大功率高密度DC-DC变换器，高压岸电电源

图 6-2 输配电装备产业发展技术路线图（续）

项目	2025年---------->2030年---------->2035年
重点产品	**海上风电汇集平台成套输电设备**: 海上风机用35kV/66kV升压集电设备,海上风电交流升压平台成套电气设备,海上风电柔直换流平台成套电气设备
	氢能装备: 电解水制氢、天然气制氢、大容量整流变压器、煤制氢装备研究与产业化,5～10MW电力电子制氢电源装置,开发35～70MPa高压储氢装备、单罐容量500～5000kg大容量低成本高压钢质固定储氢系列装备,52MPa道路运氢Ⅳ型瓶管束集装箱、70MPa车载Ⅳ型储氢气瓶,1000m³液氢固定储罐、500L车载液氢气瓶,大容量固态储氢装备、90MPa隔膜式氢气压缩机、90MPa液驱式氢气压缩机、70MPa加氢站用氢气预冷器、70MPa加氢站用高压差氢气阀门、液氢泵、液氢阀门,开展电动汽车用燃料电池研究与装备研制
	储能装备: 开展大规模电力储能装备研究,包括但不限于大规模液态金属电池储能、大规模化学储能及超导储能系统研究
关键零部件	**特高压用关键零部件**: 换流阀用大功率逆阻型IGCT,特高压直流换流变压器有载调压开关,特高压交流变压器无励磁调压开关,特高压换流阀国产阻尼电容,国产化芯片换流阀控制系统
	换流变压器阀侧直流(干式)套管,换流变阀侧±1100kV出线装置
	智能输配电装备用零部件: 高压大功率IGBT器件,高电压等级真空灭弧室,大容量真空灭弧室

图 6-2 输配电装备产业发展技术路线图(续)

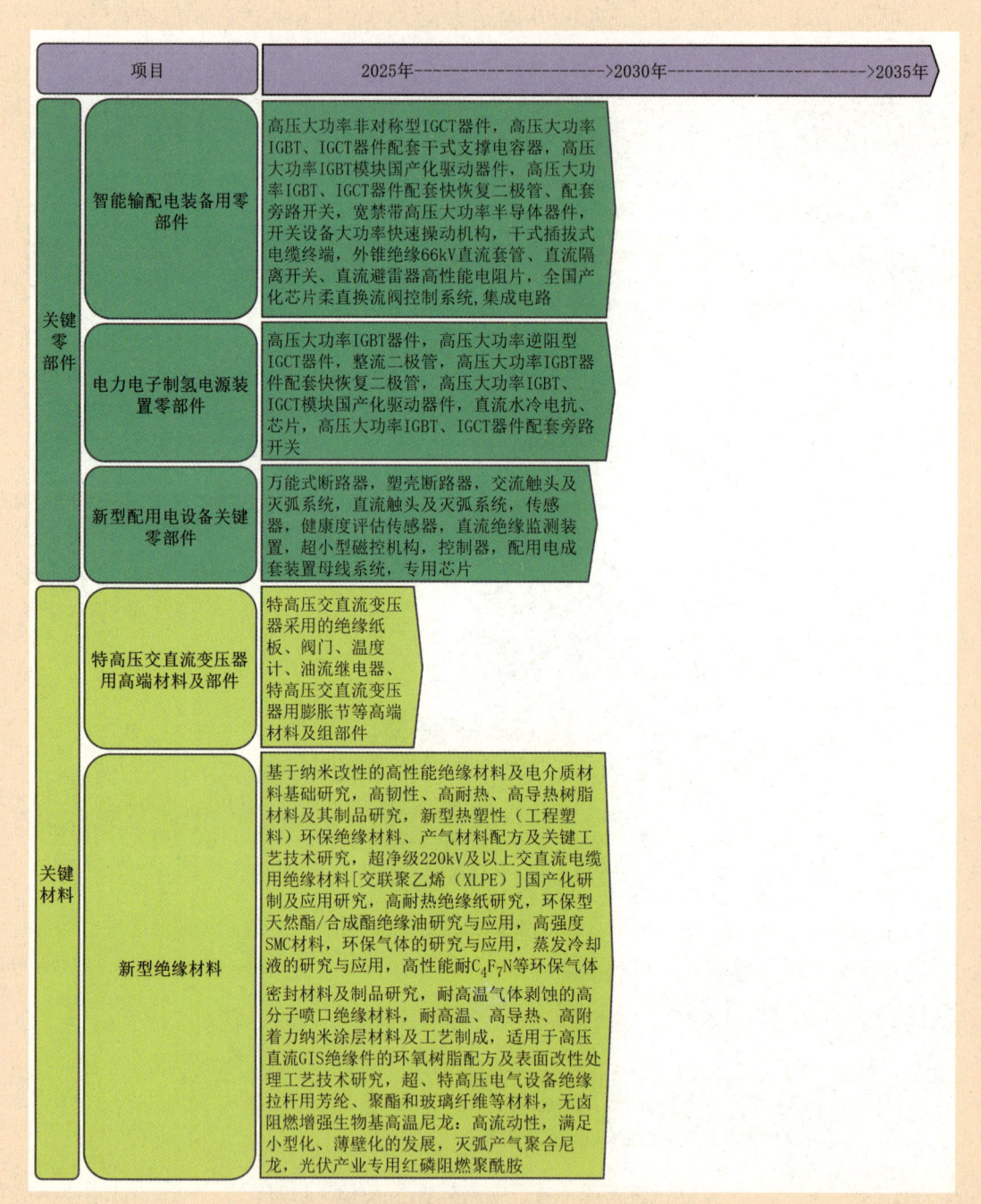

项目	2025年----------->2030年----------->2035年
关键零部件 / 智能输配电装备用零部件	高压大功率非对称型IGCT器件，高压大功率IGBT、IGCT器件配套干式支撑电容器，高压大功率IGBT模块国产化驱动器件，高压大功率IGBT、IGCT器件配套快恢复二极管、配套旁路开关，宽禁带高压大功率半导体器件，开关设备大功率快速操动机构，干式插拔式电缆终端，外锥绝缘66kV直流套管、直流隔离开关、直流避雷器高性能电阻片，全国产化芯片柔直换流阀控制系统，集成电路
关键零部件 / 电力电子制氢电源装置零部件	高压大功率IGBT器件，高压大功率逆阻型IGCT器件，整流二极管，高压大功率IGBT器件配套快恢复二极管，高压大功率IGBT、IGCT模块国产化驱动器件，直流水冷电抗、芯片，高压大功率IGBT、IGCT器件配套旁路开关
关键零部件 / 新型配用电设备关键零部件	万能式断路器，塑壳断路器，交流触头及灭弧系统，直流触头及灭弧系统，传感器，健康度评估传感器，直流绝缘监测装置，超小型磁控机构，控制器，配用电成套装置母线系统，专用芯片
关键材料 / 特高压交直流变压器用高端材料及部件	特高压交直流变压器采用的绝缘纸板、阀门、温度计、油流继电器、特高压交直流变压器用膨胀节等高端材料及组部件
关键材料 / 新型绝缘材料	基于纳米改性的高性能绝缘材料及电介质材料基础研究，高韧性、高耐热、高导热树脂材料及其制品研究，新型热塑性（工程塑料）环保绝缘材料、产气材料配方及关键工艺技术研究，超净级220kV及以上交直流电缆用绝缘材料[交联聚乙烯（XLPE）]国产化研制及应用研究，高耐热绝缘纸研究，环保型天然酯/合成酯绝缘油研究与应用，高强度SMC材料，环保气体的研究与应用，蒸发冷却液的研究与应用，高性能耐C_4F_7N等环保气体密封材料及制品研究，耐高温气体剥蚀的高分子喷口绝缘材料，耐高温、高导热、高附着力纳米涂层材料及工艺制成，适用于高压直流GIS绝缘件的环氧树脂配方及表面改性处理工艺技术研究，超、特高压电气设备绝缘拉杆用芳纶、聚酯和玻璃纤维等材料，无卤阻燃增强生物基高温尼龙：高流动性，满足小型化、薄壁化的发展，灭弧产气聚合尼龙，光伏产业专用红磷阻燃聚酰胺

图 6-2　输配电装备产业发展技术路线图（续）

项目	2025年 ----------------->2030年----------------->2035年
关键材料	
新型导电材料	轻质高强高导电工合金材料配方及工艺技术研究，高强高导、耐烧蚀、耐磨损新型电接触材料，复杂结构高导电性铸铝合金材料配方及工艺技术研究
半导体材料	碳化硅、氮化镓等高压大功率器件材料制造关键工艺技术研究，金刚石、氮化铝等高压大功率器件材料制造关键工艺技术研究，宽禁带高压大功率器件模块封装材料关键工艺技术研究
磁性材料	高性能规模化取向电工硅钢片、高导磁低损耗硅钢片、高饱和磁密硅钢片、高灵敏度的非晶纳米晶材料的制造工艺及应用技术研究
功能材料	碳纳米管/石墨烯等新型涂层材料、环保型防腐涂料、阻燃防火涂料等表面功能材料、新型陶瓷材料、低频减振橡胶垫及高温超导材料等在电工产业的应用
储能材料	高能量密度电池用聚合物薄膜材料，先进微纳米产业制造技术制备的电极材料
新型配用电设备关键材料	传统触头材料性能改进，石墨烯材料应用
关键共性技术	
智能化技术	复杂环境下的低成本、长寿命智能传感器及其融合应用技术，高紧凑高耐受型集成化控制和保护技术及综合诊断专家系统应用技术
	基于人工智能的设备远程运维、寿命预测、健康管理、故障预警、产品与系统安全等技术
环境适应性与可靠性技术	应用环境适应性、可靠性工程理论体系，创新设计、制造、检测的环境适应性与可靠性技术，对电器产品进行适用性改进与创新，创建以环境适应性、可靠性为中心的全寿命周期制造服务技术，建立可量化的设计、制造、试验和运行全过程的管理评估方法及标准体系
数字仿真技术	电弧、电磁、结构、流体、温度、运动、多物理场耦合等设计仿真技术。注塑、装配、焊接、冲压、挤压、铸造等工艺仿真技术
新型电工材料应用技术	纳米技术在电工绝缘材料中的应用技术，轻质高强、高导电工合金材料的研究和应用技术，先进功能材料碳材料和高温超导材料应用技术，石墨烯在电工产品中的应用技术

图 6-2 输配电装备产业发展技术路线图（续）

项目	2025年----------------->2030年----------------->2035年
关键共性技术 / 标准及试验检测技术	建立完善的标准体系，搭建与关键性能指标、绿色低碳相关的试验研究及检测平台，开展中国标准的推广，搭建"一带一路"的国际标准体系
	依托重点领域、重大项目，开展中外标准、试验检测技术对比分析，实现与国际标准、试验检测技术的互采互认
电力电子技术	变流器件高电压、大容量化，高频化的技术研究，主电路及保护控制电路模块化，产品小型化、智能化和低成本化研究，可再生能源、储能装置、电动汽车充电装置便捷灵活接入技术，交、直流混合配网的系统稳定性技术研究
大规模高效储能技术	研究适用于10MW·h/40MW·h级系统的液流电池储能技术和适用于10MW·h/100MW·h级系统的压缩空气储能技术，研究适用于数据中心UPS的200kW级飞轮储能技术和适用于电网调频的基于200kW和（或）500kW飞轮的兆瓦级飞轮阵列储能技术，研究200A·h液态金属电池单体技术，研究兆瓦级液态金属电池系统，研究5MW·h级以上系统的重力储能技术
无线传感器网络化技术	智能配电网用多功能无线传感器网络关键技术
新型配电网络中的储能应用技术	新型配电网络中储能应用的稳定建模及动态仿真、虚拟同步机、能量管理系统及协调运行等关键技术
电力物联网技术	研究电力物联网技术，构建产业链共同参与生态建设的良性循环，通过智能设备的全面感知化和可视化，实现电力物联网平台的高级分析和诊断
关键工业基础软件	云边端协同的配用电系统工业互联网平台软件、多能互补的微电网智慧能源管控系统与软件、多级运维服务系统与软件、数字孪生管理系统与软件、产业链协同制造管理系统与软件
关键制造装备及检测设备	变压器全自动绕线机、自动叠片机的开发与应用，应用于高压开关、干式变压器的环氧浇注设备、大型加工中心
	应用于新型配用电保护与控制电器元件加工装配的"一键切换"柔性全制程数字化生产线，并实现装备关键部件磨损感知与装备动态可靠性追踪溯源，应用于新型配用电保护与控制电器元件检测的人工智能在线检测设备、激光测量装置、机器视觉检测设备、大数据检测实验系统，应用于输配电设备环境适应性测试的多因素耦合环境模拟加速试验设备

图 6-2 输配电装备产业发展技术路线图（续）

项目	2025年----------------------->2030年----------------------->2035年
战略支撑与保障	打造完整的输配电装备研发、制造、试验、检测和认证体系，实现具有与国际实验室同等的认证资格
	组建行业中央研究院，围绕产业发展提供规划、标准、试验认证、产品故障分析诊断、可靠性评价、行业管理、信息化咨询，以及基础性、前瞻性、共性技术的研发和服务
	建立输配电产业"政、产、学、研、用"创新联盟，重点突破智能电网关键共性技术和重大应用技术方面的瓶颈
	建立面向输配电设备产业链的技术创新中心与中小企业公共服务平台
	建立新材料测试评价平台，面向超高压直流输配电及其相关国产化新材料、新技术，开展新材料的性能、技术成熟度、可靠性开展测试评价技术研究和测试评价标准研制，开展新材料应用验证技术研究，开展新材料认证工作。加快新材料在我国超高压直流输配电领域应用
	建设关键零部件及装备的实证试验平台。针对高原、湿热海洋、海水等特殊应用环境搭建实证试验平台，开展实证试验技术和实证试验方法研究，面向全国输配电领域开展实证试验标准化和检验检测服务

图 6-2　输配电装备产业发展技术路线图（续）

光伏发电装备

光伏产业已成为我国少有的具备国际竞争优势、实现端到端自主可控、并有望率先成为高质量发展典范的战略性新兴产业,也是推动我国能源变革的重要引擎。目前,我国光伏产业在制造业规模、产业化技术水平、应用市场拓展、产业体系建设等方面均位居全球前列。光伏发电装备产业链主要包括多晶硅、硅棒、硅片、电池片、光伏组件和光伏逆变器等环节。

需求

为应对全球气候变化,加快推进能源转型,发展包括光伏在内的可再生能源已成为全球共识,加之光伏发电在全球越来越多的国家已成为最有竞争力的电源形式,全球光伏市场发展空间潜力巨大。在我国,随着"碳达峰、碳中和"目标的提出,发展以光伏等为代表的可再生能源成为加速推进我国能源转型的重要抓手。2022年6月,国家发展和改革委员会等九部门在发布的《"十四五"可再生能源发展规划》中明确"十四五"期间,可再生能源发电量增量在全社会用电量增量中的占比超过50%,太阳能发电量实现翻倍。

目标

▶ 多晶硅

多晶硅是一种超高纯材料,是集成电路、半导体分立器件和太阳能晶硅电池生产的基础材料。近几年,全球多晶硅产品中每年约4万吨用于集成电路和半导体分立器件,其他用于太阳能晶硅电池,2021年该用量约为58万吨。

到2025年,多晶硅材料产业规模进一步扩大,产业链供应链安全可控程度更高,智能制造、绿色生产和低碳技术特点更为突出,集成电路用多晶硅国内供应占比达到30%,太阳能多晶硅总体实现基本自给。

到2030年,多晶硅材料中,集成电路用多晶硅国内供应占比达到60%以上,太阳能多晶硅总体实现自给,能耗进一步降低,二氧化碳等温室气体排放进一步减少。

到2035年,多晶硅材料中,集成电路用多晶硅国内供应占比达到90%以上,实现智能制造与服务,二氧化碳等温室气体排放进一步减少,自主保障能力超过95%。

▶单晶硅棒/硅片

单晶硅棒/硅片是以高纯多晶硅为原料,通过单晶拉制、切割制备而来,主要用于太阳能晶硅电池生产。

到2025年,国内单晶硅片产量增长至400GW以上。单晶硅棒/硅片企业将具备相对完善且具有持续创新能力的创新体系,单晶硅片新产品的开发、生产效率与转换效率在全球持续领先;单晶制造工厂的自动化、信息化、智能化建设较为完备;通过提升高性能碳纤维和高纯石英砂的技术和资源的开发与替代生产能力,依赖于国外供应的问题初步缓解,基本实现供应链安全可控。

到2030年,整合全球资源,持续提升光伏产品设计和技术开发的能力;光伏生产制造持续升级,光伏工厂向更高程度的自动化、信息化及数字化方向转型,工厂布局与工艺仿真优化技术、智能化技术也将引入企业研发和工厂应用中;通过自主研发,高纯石英等原料品质大幅度提升,完全解决部分供应链对外依赖问题。

到2035年,国内光伏龙头企业将持续加大研发投入并引入先进管理方法,继续深化在全球范围内的技术领先、制造领先和供应领先的地位。在创新能力上,光伏行业的创新领域逐渐向上下游双向延伸,全产业链各环节的创新链接更加紧密。同时,光伏行业的创新将从生产端逐渐将重点转移至深层基础理论的研究。在创新的范围和目标对象上也将逐渐扩大,不局限于当前的应用场景。逐步形成创新模式一体化、创新重点深层化和创新范围多样化,生产制造全面迈向智能化。

▶光伏电池和组件

到2025年,我国光伏电池和组件年产量将超过450GW,量产电池平均效率大于26%,组件效率超过23%。

2025—2035年,我国光伏全产业链的创新能力将得到进一步提升,先进的n型硅电池将成为主流,单结晶体硅电池的最高效率将突破27%,钙钛矿/硅叠层电池效率将突破35%,并在产业化上取得突破,光伏组件全生命周期绿色发展技术将得到快速发展,生产每瓦光伏电池和组件的二氧化碳的排放量将降低50%以上。

▶ 逆变器

到 2025 年，国产光伏逆变器产能规模将超过 500GW，模块化、集成化、智能化等先进技术将进一步融入逆变器设计中，逆变器的安全性、可靠性与智能化水平将得到持续提升，生产自动化水平达到 60%。我国逆变器龙头企业将继续保持领先优势，市场份额进一步提高。

2025—2035 年，国产光伏逆变器产业规模进一步扩大，智能化水平进一步提升，基本实现元器件的可控供给。我国逆变器企业集中度进一步加大，技术水平与产能在全球保持绝对领先地位，市场份额进一步提升。

▶ 光伏电站端

建设智能光伏系统。实现智能光伏产品在光伏发电系统踏勘、设计、集成、运维、结算、交易中的应用，开发应用各类电网适应性技术，增强智能光伏系统自感知、自诊断、自维护、自调控能力，提升光伏发电电网友好性。创新智能光伏市场应用场景，拓展多种形式的"光伏+"综合应用，加强新兴领域智能光伏与相关产业融合发展。

发展重点

▶ 多晶硅

高品质硅烷法颗粒硅安全生产技术，全国产量占比提升；冷氢化设备关键材料（镍基合金 N08120、N08810 等）实现自主供应，三氯氢硅法关键设备大型化、系统集成化，单位产品投资和能耗进一步降低，技术达到世界领先水平，多晶硅产量全球占比超过 90%，供应充足，实现产业链自主可控，多晶硅工厂实现数字化、智能化。

▶ 单晶硅棒/硅片

开发高效率大尺寸超薄 n 型直拉单晶硅片、提升直拉单晶生产效率技术、降低多线切割硅片成本及机加工成本、降低单晶硅片能耗、提升单位重量硅棒的出片数。加快提升国产高性能碳纤维和高纯石英砂的技术和资源的开发与替代生产能力,推动生产制造向数字化、智能化转型,进一步巩固我国光伏单晶硅棒和硅片产业在国际上的竞争力。

▶电池片

掌握异质结光伏电池用低温银浆、溅射靶材等关键材料制造技术;自主研发钙钛矿/晶硅叠层电池用核心装备,形成兆瓦(MW)级的产能。加大鼓励对晶硅电池结构的原始创新,具有原创的新型电池逐渐开始产业化,持续保持我国在晶硅电池产业化技术领域的先进性。

▶光伏组件

突破EVA和POE等光伏封装胶膜粒子核心技术,大幅提升光伏封装胶膜粒子产品的国产规模比例,实现EVA、POE胶膜粒子从研发到生产的自主可控;进一步开发高透射率的光伏封装玻璃,降低光反射损失,提升光伏组件的光电转换效率;开发长寿命组件封装技术,提升无氟绿色光伏组件市场规模。

▶逆变器

提高光伏逆变器的系统化、集成化和智能化程度,进一步提升逆变器的功率密度、稳定性和安全性;SiC和GaN等新一代功率器件的导入,进一步提高逆变器转换效率;开发更高工作电压和功率等级的地面型逆变器,并提高其电网友好性;通过高频化、多体化,进一步提升微型逆变器的功率密度和转换效率。

关键共性技术

▶ 多晶硅

　　集成电路用直拉料和区熔用多晶硅产业化应用

　　集成电路用多晶硅生产核心装备、管道、阀门、材料等

　　高纯硅基材料等检测方法及设备（等离子体质谱、傅里叶低温红外等）

　　核心装备关键材料（耐高温、长寿命、耐磨损、耐氢蚀）

　　数字化、智能化多晶硅工厂建设

▶ 单晶硅棒/硅片

　　低氧、高少子寿命、高一致性电阻率的单晶硅材料技术

　　低成本单晶硅棒、硅片技术

　　在地化、高性能、低成本高纯石英砂和碳纤维的替代与应用技术

▶ 电池片

　　晶硅钝化接触（HJT、TOPCon、XBC）太阳电池技术

　　钙钛矿/晶硅叠层太阳电池技术

　　高稳定的钙钛矿单结太阳电池技术

　　低成本CIGS及CdTe薄膜太阳电池技术

　　宽光谱利用新型太阳电池技术

▶ 光伏组件

　　长寿命组件封装技术

　　退役光伏组件绿色回收及再利用技术

▶ 逆变器

　　光伏并网逆变/监控技术

　　安全防护技术

　　光储一体化技术

　　虚拟电站技术

▶ 关键检测设备

　　光伏组件着火危险试验设备。

战略支撑与保障

（1）注重技术创新、行业服务和光伏系统验证等公共服务平台建设。

（2）加强光伏标准体系研究和顶层设计，完善相关技术标准体系，注意专利技术的保护和应用，加强检测评价能力建设。

（3）强化光伏高层次人才培育，重点推动人才梯队建设、加大人才培养力度、引导人才合理流动。

技术路线图

光伏发电装备产业发展技术路线图如图 6-3 所示。

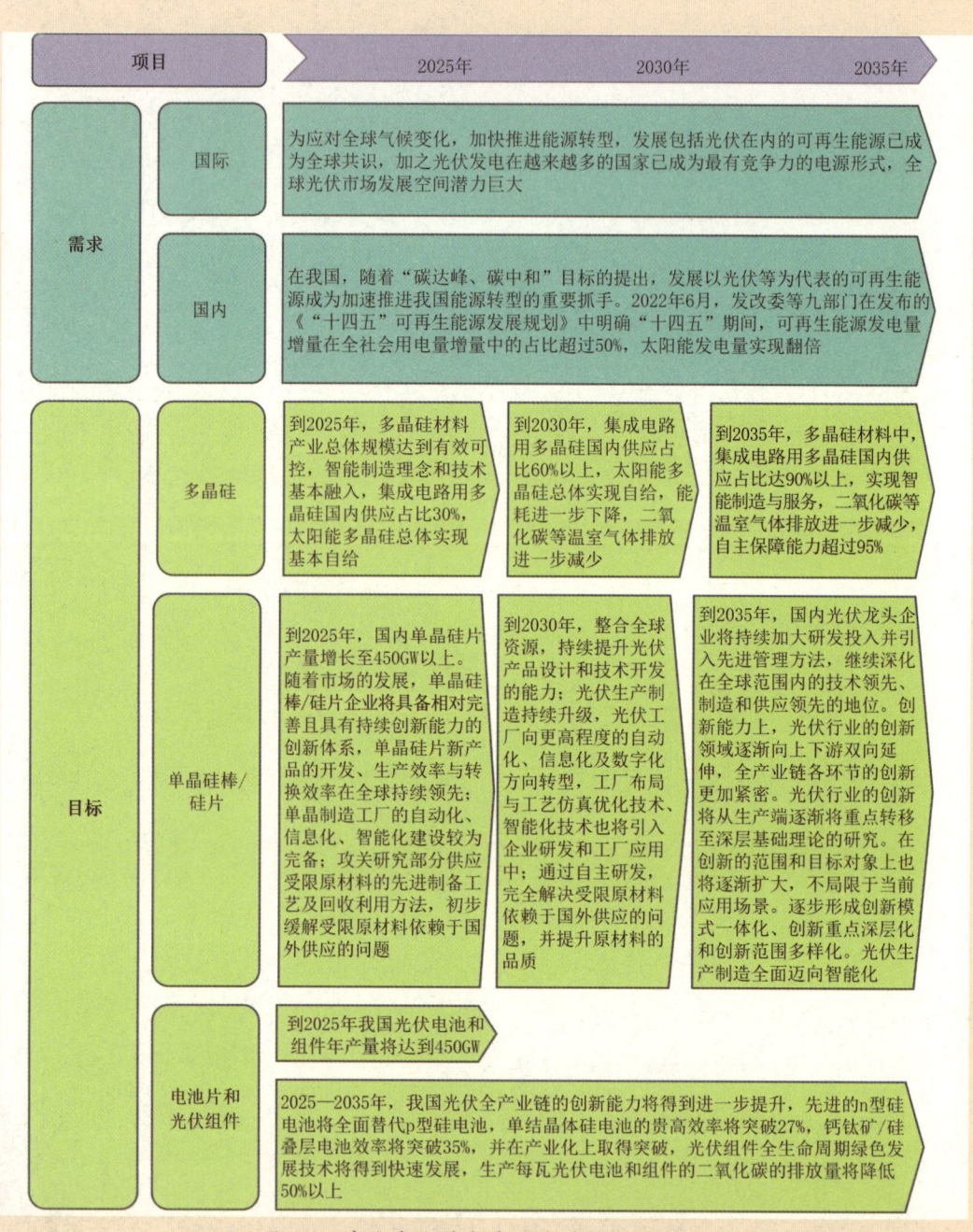

项目		2025年	2030年	2035年
需求	国际	为应对全球气候变化，加快推进能源转型，发展包括光伏在内的可再生能源已成为全球共识，加之光伏发电在越来越多的国家已成为最有竞争力的电源形式，全球光伏市场发展空间潜力巨大		
	国内	在我国，随着"碳达峰、碳中和"目标的提出，发展以光伏等为代表的可再生能源成为加速推进我国能源转型的重要抓手。2022年6月，发改委等九部门在发布的《"十四五"可再生能源发展规划》中明确"十四五"期间，可再生能源发电量增量在全社会用电量增量中的占比超过50%，太阳能发电量实现翻倍		
目标	多晶硅	到2025年，多晶硅材料产业总体规模达到有效可控，智能制造理念和技术基本融入，集成电路用多晶硅国内供应占比30%，太阳能多晶硅总体实现基本自给	到2030年，集成电路用多晶硅国内供应占比60%以上，太阳能多晶硅总体实现自给，能耗进一步下降，二氧化碳等温室气体排放进一步减少	到2035年，多晶硅材料中，集成电路用多晶硅国内供应占比达90%以上，实现智能制造与服务，二氧化碳等温室气体排放进一步减少，自主保障能力超过95%
	单晶硅棒/硅片	到2025年，国内单晶硅片产量增长至450GW以上。随着市场的发展，单晶硅棒/硅片企业将具备相对完善且具有持续创新能力的创新体系，单晶硅片新产品的开发、生产效率与转换效率在全球持续领先；单晶制造工厂的自动化、信息化、智能化建设较为完备；攻关研究部分供应受限原材料的先进制备工艺及回收利用方法，初步缓解受限原材料依赖于国外供应的问题	到2030年，整合全球资源，持续提升光伏产品设计和技术开发的能力；光伏生产制造持续升级，光伏工厂向更高程度的自动化、信息化及数字化方向转型，工厂布局与工艺仿真优化技术、智能化技术也将引入企业研发和工厂应用中；通过自主研发，完全解决受限原材料依赖于国外供应的问题，并提升原材料的品质	到2035年，国内光伏龙头企业将持续加大研发投入并引入先进管理方法，继续深化在全球范围内的技术领先、制造和供应领先的地位。创新能力上，光伏行业的创新领域逐渐向上下游双向延伸，全产业链各环节的创新更加紧密。光伏行业的创新将从生产端逐渐将重点转移至深层基础理论的研究。在创新的范围和目标对象上也将逐渐扩大，不局限于当前应用场景。逐步形成创新模式一体化、创新重点深层化和创新范围多样化。光伏生产制造全面迈向智能化
	电池片和光伏组件	到2025年我国光伏电池和组件年产量将达到450GW		
		2025—2035年，我国光伏全产业链的创新能力将得到进一步提升，先进的n型硅电池将全面替代p型硅电池，单结晶体硅电池的最高效率将突破27%，钙钛矿/硅叠层电池效率将突破35%，并在产业化上取得突破，光伏组件全生命周期绿色发展技术将得到快速发展，生产每瓦光伏电池和组件的二氧化碳的排放量将降低50%以上		

图 6-3 光伏发电装备产业发展技术路线图

项目		2025年	2030年	2035年
目标	逆变器	到2025年，国产光伏逆变器产能规模将达到300GW，模块化、集成化、智能化等先进技术将进一步融入逆变器设计中，逆变器的功率密度、安全性、可靠性将得到持续提升，生产过程中的自动化程度提高至50%。我国逆变器龙头企业将继续保持领先优势，市场份额进一步提升		2030—2035年，国产光伏逆变器产能规模进一步扩大，模块化、集成化、智能化等先进技术大范围融入逆变器设计中，逆变器的功率密度、安全性、可靠性进一步提升，生产过程中的自动化程度进一步提高至80%。我国逆变器龙头企业将逐渐集中，在全球保持绝对领先地位，市场份额进一步提升
	光伏电站端		建设智能光伏系统。实现智能光伏产品在光伏发电系统踏勘、设计、集成、运维、结算、交易中的应用，开发应用各类电网适应性技术，增强智能光伏系统自感知、自诊断、自维护、自调控能力，提升光伏发电电网友好性。创新智能光伏市场应用场景，拓展多种形式的"光伏+"综合应用，加强新兴领域智能光伏与相关产业融合发展	
重点产品	多晶硅		大规模三氯氢硅法高质量、低成本安全生产技术	
			高品质硅烷法颗粒硅安全生产技术	
	单晶硅棒/硅片		高品质、低成本单晶硅片生产技术	
			关键辅材的原料在地化替代与应用技术	
			自动化、数字化、智能化装备技术	

图 6-3 光伏发电装备产业发展技术路线图（续）

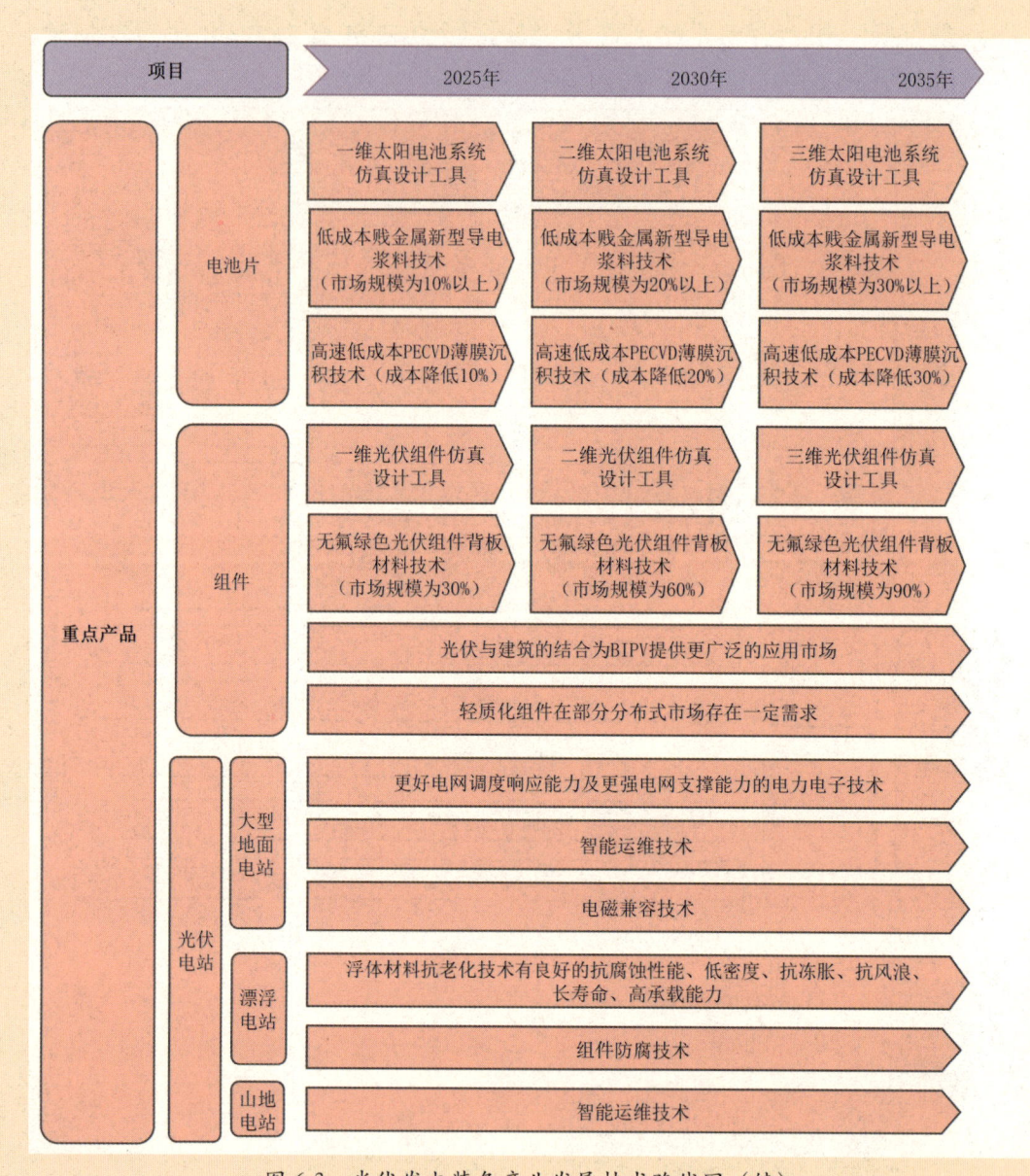

项目	2025年	2030年	2035年
重点产品 — 电池片	一维太阳电池系统仿真设计工具	二维太阳电池系统仿真设计工具	三维太阳电池系统仿真设计工具
	低成本贱金属新型导电浆料技术（市场规模为10%以上）	低成本贱金属新型导电浆料技术（市场规模为20%以上）	低成本贱金属新型导电浆料技术（市场规模为30%以上）
	高速低成本PECVD薄膜沉积技术（成本降低10%）	高速低成本PECVD薄膜沉积技术（成本降低20%）	高速低成本PECVD薄膜沉积技术（成本降低30%）
组件	一维光伏组件仿真设计工具	二维光伏组件仿真设计工具	三维光伏组件仿真设计工具
	无氟绿色光伏组件背板材料技术（市场规模为30%）	无氟绿色光伏组件背板材料技术（市场规模为60%）	无氟绿色光伏组件背板材料技术（市场规模为90%）
	光伏与建筑的结合为BIPV提供更广泛的应用市场		
	轻质化组件在部分分布式市场存在一定需求		
光伏电站 — 大型地面电站	更好电网调度响应能力及更强电网支撑能力的电力电子技术		
	智能运维技术		
	电磁兼容技术		
漂浮电站	浮体材料抗老化技术有良好的抗腐蚀性能、低密度、抗冻胀、抗风浪、长寿命、高承载能力		
	组件防腐技术		
山地电站	智能运维技术		

图 6-3　光伏发电装备产业发展技术路线图（续）

项目			2025年	2030年	2035年
重点产品	光伏电站	工商业屋顶电站	孤岛效应检测技术		
			组件级监控及主动安全防护		
			绿色电力交易平台		
		户用电站	光伏瓦技术		
			家庭能源管理系统		
关键共性技术	多晶硅		集成电路用直拉料和区熔用多晶硅产业化应用，市场规模分别达到40%和30%	集成电路用直拉料和区熔用多晶硅产业化应用，市场规模分别达到70%和60%	集成电路用直拉料和区熔用多晶硅产业化应用，市场规模分别达到90%和80%
			集成电路用多晶硅生产核心装备、管道、阀门、材料等的市场规模达到30%	集成电路用多晶硅生产核心装备、管道、阀门、材料等的市场规模达到70%	集成电路用多晶硅生产核心装备、管道、阀门、材料等的市场规模达到90%
			高纯硅基材料等检测方法及设备（等离子体质谱、傅里叶低温红外等）的市场规模达到20%	高纯硅基材料等检测方法及设备（等离子体质谱、傅里叶低温红外等）的市场规模达到50%	高纯硅基材料等检测方法及设备（等离子体质谱、傅里叶低温红外等）的市场规模达到70%
			核心装备关键材料（耐高温、长寿命、耐磨损、耐氢蚀）的市场规模达到50%	核心装备关键材料（耐高温、长寿命、耐磨损、耐氢蚀）的市场规模达到70%	核心装备关键材料（耐高温、长寿命、耐磨损、耐氢蚀）的市场规模达到95%
			数字化、智能化多晶硅工厂建设，占比达到40%	数字化、智能化多晶硅工厂建设，占比达到80%	数字化、智能化多晶硅工厂建设，占比达到95%

图 6-3　光伏发电装备产业发展技术路线图（续）

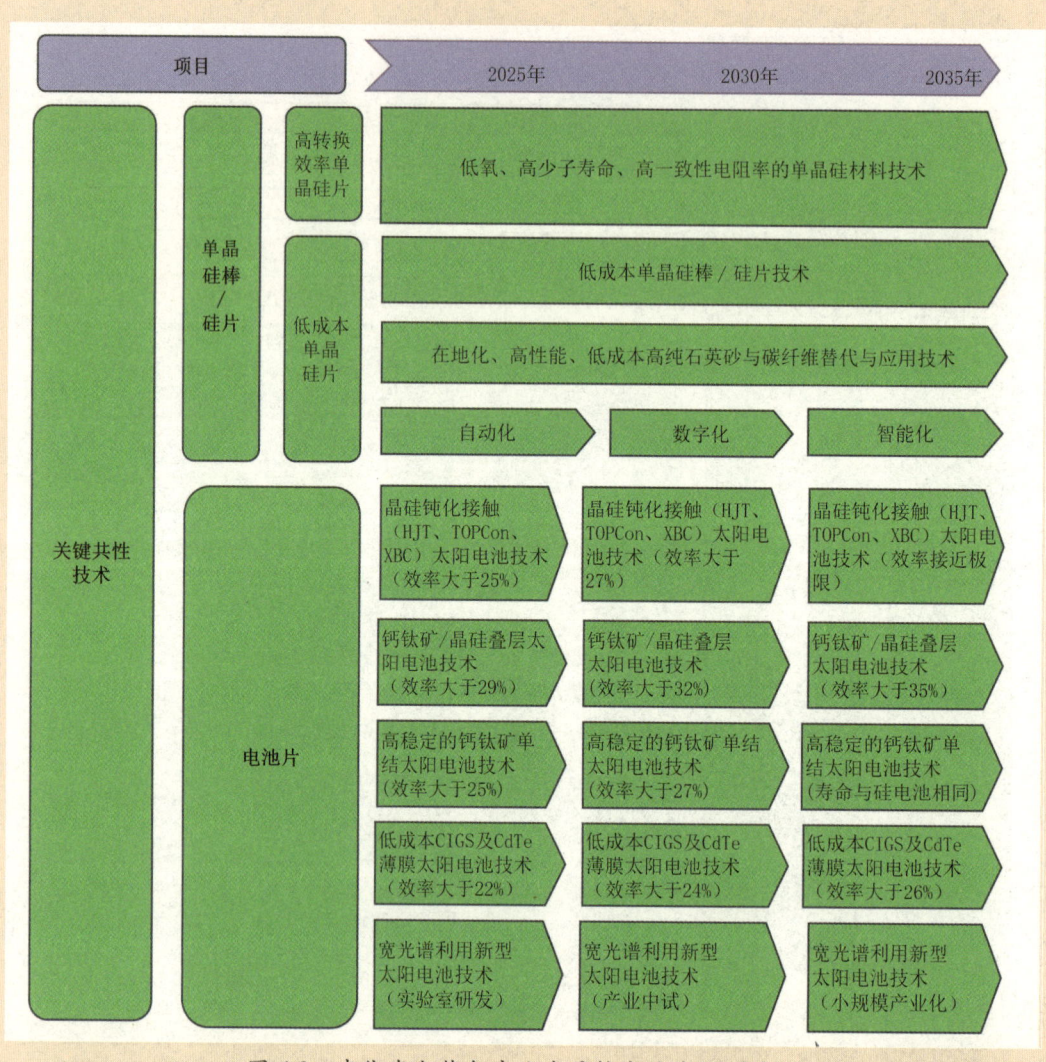

项目	2025年	2030年	2035年
关键共性技术 — 单晶硅棒/硅片 — 高转换效率单晶硅片	低氧、高少子寿命、高一致性电阻率的单晶硅材料技术		
关键共性技术 — 单晶硅棒/硅片 — 低成本单晶硅片	低成本单晶硅棒/硅片技术		
	在地化、高性能、低成本高纯石英砂与碳纤维替代与应用技术		
	自动化	数字化	智能化
关键共性技术 — 电池片	晶硅钝化接触（HJT、TOPCon、XBC）太阳电池技术（效率大于25%）	晶硅钝化接触（HJT、TOPCon、XBC）太阳电池技术（效率大于27%）	晶硅钝化接触（HJT、TOPCon、XBC）太阳电池技术（效率接近极限）
	钙钛矿/晶硅叠层太阳电池技术（效率大于29%）	钙钛矿/晶硅叠层太阳电池技术（效率大于32%）	钙钛矿/晶硅叠层太阳电池技术（效率大于35%）
	高稳定的钙钛矿单结太阳电池技术（效率大于25%）	高稳定的钙钛矿单结太阳电池技术（效率大于27%）	高稳定的钙钛矿单结太阳电池技术（寿命与硅电池相同）
	低成本CIGS及CdTe薄膜太阳电池技术（效率大于22%）	低成本CIGS及CdTe薄膜太阳电池技术（效率大于24%）	低成本CIGS及CdTe薄膜太阳电池技术（效率大于26%）
	宽光谱利用新型太阳电池技术（实验室研发）	宽光谱利用新型太阳电池技术（产业中试）	宽光谱利用新型太阳电池技术（小规模产业化）

图 6-3　光伏发电装备产业发展技术路线图（续）

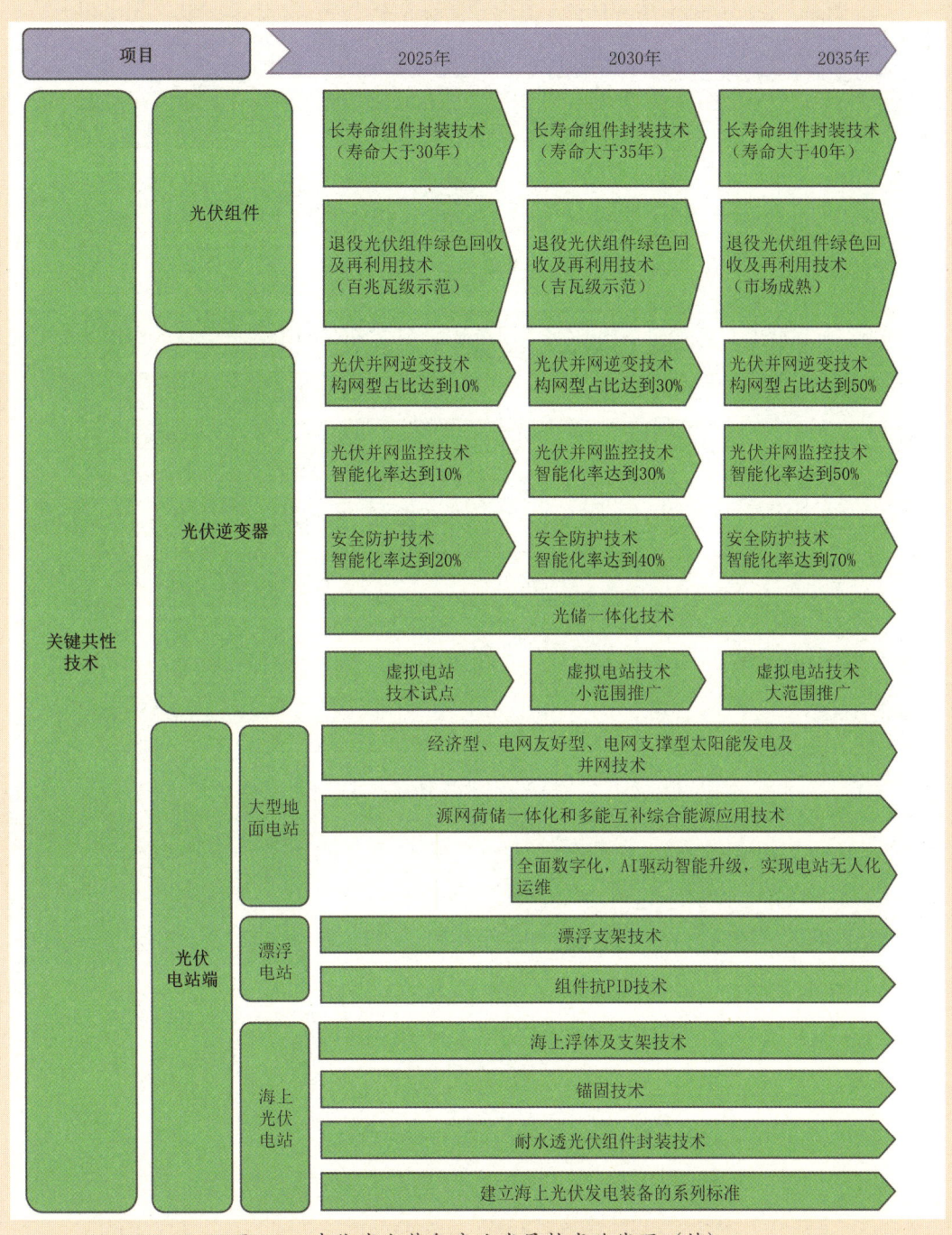

项目	2025年	2030年	2035年
关键共性技术			
光伏组件	长寿命组件封装技术（寿命大于30年）	长寿命组件封装技术（寿命大于35年）	长寿命组件封装技术（寿命大于40年）
	退役光伏组件绿色回收及再利用技术（百兆瓦级示范）	退役光伏组件绿色回收及再利用技术（吉瓦级示范）	退役光伏组件绿色回收及再利用技术（市场成熟）
光伏逆变器	光伏并网逆变技术构网型占比达到10%	光伏并网逆变技术构网型占比达到30%	光伏并网逆变技术构网型占比达到50%
	光伏并网监控技术智能化率达到10%	光伏并网监控技术智能化率达到30%	光伏并网监控技术智能化率达到50%
	安全防护技术智能化率达到20%	安全防护技术智能化率达到40%	安全防护技术智能化率达到70%
	光储一体化技术		
	虚拟电站技术试点	虚拟电站技术小范围推广	虚拟电站技术大范围推广
光伏电站端 — 大型地面电站	经济型、电网友好型、电网支撑型太阳能发电及并网技术		
	源网荷储一体化和多能互补综合能源应用技术		
	全面数字化，AI驱动智能升级，实现电站无人化运维		
光伏电站端 — 漂浮电站	漂浮支架技术		
	组件抗PID技术		
光伏电站端 — 海上光伏电站	海上浮体及支架技术		
	锚固技术		
	耐水透光伏组件封装技术		
	建立海上光伏发电装备的系列标准		

图 6-3　光伏发电装备产业发展技术路线图（续）

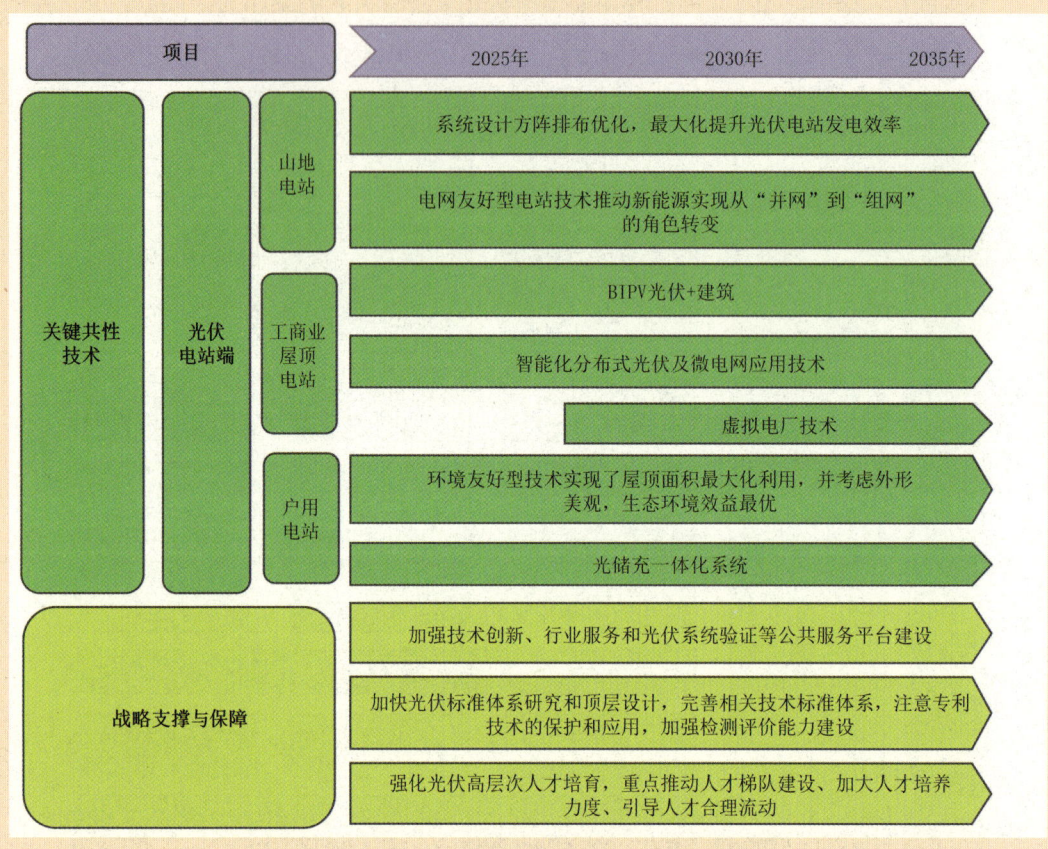

项目	2025年	2030年	2035年
关键共性技术 / 光伏电站端 / 山地电站	系统设计方阵排布优化，最大化提升光伏电站发电效率		
	电网友好型电站技术推动新能源实现从"并网"到"组网"的角色转变		
工商业屋顶电站	BIPV光伏+建筑		
	智能化分布式光伏及微电网应用技术		
		虚拟电厂技术	
户用电站	环境友好型技术实现了屋顶面积最大化利用，并考虑外形美观，生态环境效益最优		
	光储充一体化系统		
战略支撑与保障	加强技术创新、行业服务和光伏系统验证等公共服务平台建设		
	加快光伏标准体系研究和顶层设计，完善相关技术标准体系，注意专利技术的保护和应用，加强检测评价能力建设		
	强化光伏高层次人才培育，重点推动人才梯队建设、加大人才培养力度、引导人才合理流动		

图 6-3　光伏发电装备产业发展技术路线图（续）

储能装备

储能装备是将电能、热能通过多种形式进行转换存储的装备，包括机械储能（抽水蓄能、压缩空气储能、飞轮储能、重力储能）、电化学储能（锂/钠离子电池储能、液流电池储能等）、电磁储能（超导储能、超级电容储能等）、氢储能、储热蓄冷等多种技术路线的新型装备，是国家实现"双碳"目标、调整能源结构和保障能源安全的核心装备。

需求　机械储能、电化学储能、电磁储能、氢储能、储热蓄冷等不同储能装备按各自技术和应用特点，在我国储能领域的不同场景下获得广泛应用。预计到 2025 年，储能装备的市场需求将在 600 亿元左右，电化学储能装备是主力储能装备；预计到 2030 年，储能装备的市场需求将在 3000 亿元左右，压缩空气储能、飞轮储能、氢储能、储热蓄冷等技术路线的装备将从示范走向规模应用；预计到 2035 年，储能装备的市场需求将在 4000 亿元左右，储能装备成为与传统电力装备并列的标准装备。

目标　2025 年目标：我国储能装备的装机容量将超过 100GW·h，储能装备步入规模化发展阶段，具备大规模商业化应用条件，技术水平总体达到国际先进水平。

2030 年目标：我国储能装备的装机容量将超过 600GW·h，新型储能核心技术与装备自主可控，技术创新和产业水平稳居全球前列，机制体系成熟健全，基本满足构建新型电力系统需求，全面支撑能源领域碳达峰目标如期实现。

2035 年目标：各种类型的储能装备全面处于国际领先水平。

技术发展趋势及路径

机械储能装备发展以高水头抽水蓄能、大容量新型压缩空气储能、兆瓦级高功率飞轮储能单体与大规模飞轮储能阵列、大容量重力储能为重点。

电化学储能装备以锂离子和钠离子电池集装箱储能柜、低成本、大容量、高功率和长寿命水系液流电池，以及兆瓦级以上液流储能系统集成为重点。

电磁储能装备以高温超导储能，以及以超级电容器/储能电池混合电源系统为重点。

氢制备装备以碱性水电解制氢、PEM（质子交换膜）水电解制氢、固体氧化物水电解制氢为重点，氢储能装备以高压储氢和化合物储氢为重点，燃料电池以MW级电堆为重点。

蓄冷装备发展以高效电冷（热冷）转换过程、装备的标准化和模块化、功率与容量解耦设计，以及与能源系统的耦合集成为重点。

储热装备以规模化、低成本、长寿命的高储能密度显热储热，以及高功率密度相变储热与高可靠性热化学储热为重点。

发展重点

1. 重点产品

▶机械储能

❖压缩空气储能装备

容量为 10～400MW·h 的抽水与压缩空气复合储能技术。

单线储能功率为 10～300MW 的空气压缩机组。

单线释能功率为 10～400MW 的空气膨胀机。

压缩空气储能系统用新型高效低阻换热器。

❖飞轮储能装备

单体飞轮功率达到 1.0MW 及以上，容量超过 200kW·h，飞轮阵列可以管理 20 个以上飞轮单体，功率超过 50MW。

❖ 重力储能装备

容量不小于 5.0MW·h 的电机及辅助控制设备。

▶ 电化学储能

❖ 锂离子电池储能装备

价格低、比能量高、寿命长、安全性好的锂离子储能系统,集装箱储能电池单元额定容量不小于 10.0MW·h,功率达到 5.0MW 及以上,系统日历寿命大于 30 年。

❖ 钠离子电池储能装备

集装箱储能柜电池单元额定容量不小于 5.0MW·h,功率达到 2.5MW 及以上,系统日历寿命大于 30 年。

❖ 液流电池储能装备

标准电池模块:单模块功率≥100kW,容量≥400kW·h,运行环境温度为-40~60℃,系统能量转化效率≥80%,电池模块可灵活组串。

液流储能单元:功率≥800kW,容量≥3200kW·h。

大规模液流集成系统:功率≥200MW,容量≥1600MW·h,运行环境温度-40~60℃,系统能量转化效率≥80%。

▶ 电磁储能

❖ 高温超导储能装备

容量为 0.1~10MW,储能量为 0.1~2400 MJ,运行温度为 4~77K(-269.15~-196.15℃),逐渐由低温超导储能装备向高温超导储能装备发展。

❖ 超级电容储能装备

超级电容器/储能电池混合电源系统,单个集装箱储能柜额定能量不小于 2.0MW·h,功率为 10MW 及以上。其中,超级电容器/储能电池的能量配比为 2:10,系统日历寿命 15~30 年。

▶氢储能

❖制氢装备

碱性水电解制氢：单台设备最大产氢量为 5000Nm³/h，功率达到 25000kW，单位制氢能耗为 4.0~4.3kW·h/Nm³，最大电流密度达到 8000~15000A/m²，能量转化效率达到 70%，产出的氢气纯度达到 99.9%。

PEM 水电解制氢：单台设备最大产氢量为 1000Nm³/h，功率达到 5000kW，单位制氢能耗在 4~4.2kW·h/Nm³ 以内，最大电流密度达到 10000~15000A/m²，产出的氢气纯度为 99.9%。

❖储氢装备

释氢系统：使用寿命不低于 15 年；容量达到 0.050kg/L 以上，运行环境温度在-40~60℃内，操作压强在 5 个大气压以内。

高压储氢瓶：70MPa 的 IV 型储氢瓶的工业化生产。

❖燃料电池

质子交换膜燃料电池成套装备：电堆成本降至 600 元/千瓦，系统成本降至 1000 元/千瓦；燃料电池系统功率最高达到 100MW。

固体氧化物燃料电池单电池和连接体：单电池组堆后的稳定运行功率密度达到 500mW/cm² 以上，连接体在 600~800℃下稳定工作超过 40000 小时。

固体氧化物燃料电池电堆：输出功率为 1~5kW 的电堆衰减率小于 0.5%/1000h。

固体氧化物燃料电池热电联供系统：运行功率达到 200kW 级以上，电效率超过 50%，具备产业化能力。

▶储热蓄冷

❖蓄冷装备

直接蒸发式冰浆制备机组：功率为 500~5000kW。

❖ 显热储热装备

功率等级达到吉瓦，储热温度为-30～900℃，全功率响应时间为分钟级，效率达到95%以上。

❖ 相变储热装备

相变温度为-30～600℃，循环次数≥1万次，成本≤500元/千瓦时，效率达到95%以上。

❖ 热化学储热装备

储能密度≥500（kW·h）/m³，储热温度为50～1000℃，储热效率为80%以上，具备商业化应用潜力。

2. 关键零部件

▶ 机械储能

❖ 压缩空气储能

宽工况高效膨胀机、近等温压缩机、高水头水泵/水轮机、高压储能容器、紧凑式蓄热/蓄冷器的设计与制造技术。

宽工况高效高可靠性轴流压缩机、宽工况高效高可靠性离心压缩机、大功率高效高可靠性平行轴齿轮箱及多轴齿轮箱、大功率高效率电机、大功率高可靠性变频器。

可快速频繁启停且长寿命的转子；深度滑压大流量补气阀。

❖ 飞轮储能

飞轮转子、高速电机、电子器件、磁轴承。

▶ 电化学储能

❖ 锂离子电池储能

常温下单体电芯能量密度达到200（W·h）/kg以上，功率密度达到

1000W/kg 以上，充放电深度大于 90%，循环寿命达到 10000 次且容量保持率达到 80% 以上，-20℃温度下的放电保持率达到 85% 以上。电源系统效率不低于 96%。

❖ 钠离子电池储能

单体电芯常温下能量密度达到 180（W·h）/kg 以上，功率密度达到 1000W/kg 以上，充放电深度大于 90%，直流内阻小于 20mΩ，循环寿命达到 10000 次且容量保持率达到 80% 以上，-20℃温度下的放电保持率达到 80% 以上。

❖ 液流电池储能

端板、双极板、集流板、流场板和离子交换膜等电池模块子系统；电解液、储罐、输送管路与阀件、热交换器和送液泵等电解质溶液及其储供控制子系统；电路管理、温度、湿度控制系统等电力电子控制子系统。

▶ 电磁储能

❖ 高温超导储能

单螺管、多螺管及线饼环形，平行排列结构的超导储能磁体。

可靠性高、制冷量大、维护次数少或免维护的低温制冷系统；大容量、高功率，能独立控制有功功率和无功功率的电力电子变换装置。

❖ 超级电容储能

低成本、大容量、高功率/能量密度、超长寿命超级电容器，单体电容器电容量大于 6000F，电压 3.2V，常温下能量密度达到 15（W·h）/kg 以上，功率密度达到 22000W/kg 以上。电源系统效率不低于 99%，稳态电压控制误差不低于 99%，并联功率模块均衡度不低于 98%。

▶ 氢储能

❖ 制氢装备

碱性水电解制氢：碱性电解槽（重点包括极板、隔膜、密封垫、支撑网、电极）、后处理系统（气液分离装置、纯化系统）、电气控制系统、电源装置、补水补碱辅助系统。

质子交换膜(PEM)水电解制氢：PEM 电解槽（重点包括极板、隔膜、膜电极）、氢氧循环控制系统、电气控制系统、电源装置、辅助系统。

❖ 储氢装备

高压复合材料储氢气瓶的瓶体及进出口结构。

大流量供氢时的热控制装置。

氢气的温度及流量控制装置。

❖ 燃料电池

膜电极：有序化膜电极。

双极板：高抗腐蚀性、低成本、低电阻的金属基和碳基复合双极板。

单电池：稳定性良好、电导率较高的多孔电极和陶瓷薄膜电解质。

密封材料：具有和电池材料匹配的热膨胀系数，低成本、高电阻。

▶ 储热蓄冷

❖ 蓄冷技术

紧凑式过冷换热器，大型激光半焊板片（耐压等级为2MPa）。

高效促晶器：过冷解除度＞95%。

冰晶防传播器：可靠度＞99.5%。

❖ 储热技术

高温高压大温差换热器、宽温域储热器、工质泵、瞬变负荷高电压加热器及高效智能化运行控制装置。

3. 关键材料

▶ 机械储能

❖ 压缩空气储能

重点开展低成本耐磨、耐高压、耐低温的储能容器高分子材料的研发。

❖ 飞轮储能

开发碳纤维复合材料，满足飞轮高转速的需要，解决轮体质量大、成本高、安装要求高的问题。

▶ 电化学储能

❖ 锂离子电池储能

关键磷酸铁锂正极材料：比容量在160（mA·h）/g以上，平均工作电压在3.2V以上，首次效率达到96%以上；以正极材料质量计算的能量密度大于550（W·h）/kg，循环寿命达到10000次且容量保持率达到80%以上，-20℃温度下的放电保持率达到80%以上。

关键负极材料：比容量达到800（mA·h）/g以上，首次效率达到94%以上，循环寿命达到10000次且容量保持率达到80%以上，-20℃温度下的放电保持率达到80%以上。

❖ 钠离子电池储能

关键正极材料：比容量在140（mA·h）/g以上，平均工作电压在3.0V以上，首次效率达到93%以上；以正极材料质量计算的能量密度大于800（W·h）/kg，循环寿命达到10000次且容量保持率达到80%以上，-20℃温度下的放电保持率达到88%以上。

关键负极材料：比容量达到300（mA·h）/g以上，首次效率达到85%以上，循环寿命达到10000次且容量保持率达到80%以上，-20℃温度下的放电保持率达到88%以上。

❖ 液流电池储能

深入研发低成本、大容量和高功率的电解质材料，建立性质、性能数据库，满足未来高性能单体器件的储电需求。

长寿命、低成本离子交换膜材料，完善离子交换膜材料体系，突破在电导率、离子选择性和稳定性等关键指标不足的限制，实现高性能传导阴、阳离子交换膜国产化开发。

高电子电导和高机械强度的双极板和流场板，高活性、高强度和稳定性多孔集流体电极等材料，掌握其制造、质量评估和检测等技术，形成电极材料等系统化开发的综合能力。

▶ 电磁储能

❖ 高温超导储能

深入研究高温超导材料 ReBCO、Bi2212 和 Bi2223 等的特性，提高超导带材的临界电流、临界磁场。

优化新型超导带材的工艺和性能，提高高温超导带材成材的效率、载流性能、单根长度和产能。

❖ 超级电容储能

国产化的高纯度、高比容、低成本超级电容器碳材料，比容量达到 160F/g。

国产化的超级电容器用电解液电位窗口达到 3.7 V 以上，电导率达到 75 mS/cm。

▶ 氢储能

❖ 制氢

碱性水电解制氢装备：耐碱、亲水、高寿命的隔膜材料，抗压、抗腐、抗蠕变的密封材料，高析氢、高析氧、高寿命的活性电极材料，高活性、低成本、长寿命、大比表面积应用工艺催化剂。

PEM 水电解制氢装备：大面积质子交换膜材料，高析氢、高析氧、高寿命的活性电极材料，高活性、低成本、长寿命、大比表面积应用工艺催化剂。

❖ 储氢

高压储氢罐内胆材料、内胆外缠绕碳纤维材料的开发及缠绕工艺。

储氢材料的开发及设计。

释氢反应罐材料的选择及设计。

- ❖ 燃料电池

  电极催化剂：低铂含量、高电催化活性、高耐久性低铂碳载 PtM 合金纳米催化剂或非贵金属基催化剂。

  质子交换膜：低厚度、高强度、高气阻的质子交换膜。

  催化剂中的碳载体：高度石墨化、大比表面积、低电阻载体碳，如碳纳米管，其石墨晶格结构能够有效地提升膜电极的耐久性，同时提高催化剂的催化活性。

  气体扩散层：高孔隙度，以及传质、传热、导水和导电性能优异的碳纸（布）气体扩散层。

  固体电解质材料：固态非多孔金属氧化物，在工作温度下具有较高的离子电导率和离子迁移率。

  金属连接体：拥有良好的物理化学稳定性和相容性，在 600~1000℃ 工作温度下抗氧化性能优异的低成本金属连接体。

▶ 储热蓄冷

- ❖ 蓄冷技术

  疏水表面涂层：在-5~50℃范围内使用寿命>10年，接触角>135°。

  微纳过滤：等效过滤精度达到微米级，并且具有疏水性。

- ❖ 储热技术

  高导热、高热容固体储热材料，低熔点、高分解温度、低腐蚀性的液态储热材料：储热材料体系温度范围为-30~1000℃。

  抗腐蚀、耐疲劳的罐体材料：使用寿命≥30年。

4. 关键共性技术

▶ 机械储能

- ❖ 压缩空气储能技术

  重点突破非绝热膨胀设计及控制技术；高压状态下水和空气之间传热传质规律及控制技术；等温压缩及控制技术；变工况增压系统高效运行控

制技术；高负荷压缩机/膨胀机设计与控制技术；高水头、高效水泵/水轮机的设计与控制技术。

宽负荷高效空气膨胀机通流设计技术；膨胀机快速启停及关键结构寿命设计技术；深度滑压大流量补气及控制技术。

蓄热换热器高效传热元件设计与制造技术。

压缩空气储能压力管道智能检测和智慧诊断技术。

❖ **飞轮储能技术**

高速电机开发与控制；飞轮阵列管理；大功率电力电子器件开发。

❖ **重力储能技术**

电动机/发电机技术；吊装技术；重物/电机群控技术。

▶ **电化学储能**

❖ **锂/钠离子电池技术**

正负极材料前驱体的制备和烧结技术、电解液的制备技术、固态电解质的制备技术、隔膜的制备技术、电池批量化一致性制备技术、锂/钠电池生产设备一体化技术、高效节能锂/钠电池化成分容生产检测技术、电池管理技术、电池安全技术、极端环境电池系统实证技术等。

❖ **液流电池技术**

高效环保、低成本电解质生产制备技术：电解质有机、无机成分基本特性的判定和评价；电解质有机、无机活性组分失活机理；新型电解质研制技术；电解质溶液回收再生等灵活改造技术。

长寿命、低成本离子交换膜生产制备技术：离子交换膜基本特性的判定和评价；离子在离子交换膜传导及膜对离子选择性机理；新型离子交换膜研制技术；离子交换膜抗跨膜渗透技术。

高功率、大容量电堆研制及其自动化组装和储能系统控制技术：电堆双极板材料开发技术；电堆流道板材料开发技术；电堆电极材料开发技术；电堆制造工艺技术；电堆自动化组装技术；电池模块子系统控制技术；电解质溶液及其储供控制技术；储能模块及集成电力电子控制技术。

▶ 电磁储能

❖ 高温超导储能技术

超导储能磁体设计技术：超导储能系统（SMES）装置高精度、可靠的交流损耗计算方法；SMES 多场耦合仿真技术；考虑电磁动态特性的超导储能磁体以及低温系统设计技术。

超导储能运行与控制技术：分散储能、复合储能的协调控制技术；基于储能装置状态评估的动态控制技术；SMES 参与的混合储能功率分配与控制技术；SMES 综合性能量管理技术。

超导储能磁体的失超保护技术：SMES 磁体的高精度快速失超检测技术。

❖ 超级电容储能技术

高性能活性炭材料生产技术；高导电率、宽电位窗的电解液生产技术；高安全、低成本、高效能的超级电容器模组生产技术；可靠稳定的电力电子控制系统的生产技术。

▶ 氢储能

❖ 制氢技术

高析氢、高析氧、高寿命的活性电极材料开发技术；高寿命、高性能的隔膜材料开发技术；低成本、高稳定性催化剂技术开发；高性能密封材料及工艺设计。

可再生能源制氢关键技术：变功率波动下关键材料耐久性技术；高响应分离器设计；低谐波、高功率因数、宽功率波动/直流制氢电源关键技术开发；高度集成化电-氢协调控制系统技术开发；光伏/风电离网制氢系统中电解槽及系统适应性评价和表征方法。

适应大型质子交换膜应用的低析氧反应过电位、长寿命的材料技术开发和结构优化技术。

❖ 储氢技术

氢储能设备的储氢密度提高技术；储释氢动力学；低温度和压强的储释氢技术。

❖ 燃料电池技术

质子交换膜燃料电池膜电极技术。

▶ 储热蓄冷

❖ 蓄冷技术

冷能高效转换技术；冷量快速释放技术；高效蓄冷装置设计技术；大容量长时蓄冷技术。

❖ 显热储能技术

储能材料优选体系与遴选方法；适用高温度、高腐蚀显热储能材料的储能装置。

❖ 相变储能技术

满足商业应用的新型多元成分相变储能材料技术；相变储热内部强化传热技术；高性能相变储热模块优化设计与控制技术。

❖ 热化学储能技术

高效稳定的复合热化学储能材料开发及材料体系遴选、设计技术；热化学储能器件匹配集成与热化学反应器的设计、优化、调控技术。

5. 关键专用制造装备及检测设备

1）制造装备

▶ 机械储能

重点突破宽工况高效压缩机/膨胀机、低成本储能容器的制造技术。

▶电化学储能

❖锂离子电池储能

提高国产正负极材料制备（如反应釜、高速剪切混料机、砂磨机、喷雾干燥机、离心洗涤机、配料釜等）装备的生产稳定性；提高锂电池生产的自动化水平；实现锂电池生产设备一体化。

❖钠离子电池储能

建立安全、大容量和低成本的软包、圆柱和方形电池等国产化生产线装备，以及低成本高性能的关键正负极材料自主知识产权生产线。

❖液流电池储能

电解质制备生产线，离子交换膜制造生产线，双极板智能制造生产线，流道板智能制造生产线，多孔电极材料制备生产线，电堆组装液压机和自动化组装生产线，电池管理控制系统智能制造生产线等。

▶电磁储能

❖超导储能

高集成度、可制备超长带材的超导带材缓冲层制备装备以及超导层制备装备。

高精度超导带材冲裁装置、通用型超导带材绕带机。

❖超级电容储能

建立新型超级电容器和高安全、大容量、低成本超级电容器/储能电池混合电源系统国产化生产线装备和工艺技术，满足超级电容器和混合电源的生产产品的一致性（3σ标准）。

▶氢储能

❖制氢

碱性水电解制氢设备：大型极板组件加工设备、电镀工艺设备、隔膜制造设备、大型电极加工设备、智能化生产线设备、大型激光焊接设备、液压升降平台等。

检测类设备：电极材料的开发与检测等相关设备，气体纯度与安全检测设备，大型设备泄漏量测试设备，材料工艺均一性检测设备。

PEM水电解制氢设备：与碱性水电解制氢设备基本相同，在隔膜、电极材料等方向存在差异。

❖ **储氢**

针对高压的大规模高压氢气压缩机，针对储氢材料的高效加氢设备。

❖ **燃料电池**

流延机：可以实现批量的固体氧化物燃料电池电解质、阳极和阴极生产制备。

丝网印刷机：可以实现批量的固体氧化物燃料电池电解质、阳极和阴极生产制备。

涂层设备：沉积效率较高，操作灵活简单，成本较低，便于固体氧化物燃料电池的批量制造。

▶ **储热蓄冷**

❖ **蓄冷**

激光半焊板片成型和焊接设备。

❖ **储热**

专用化生产装备：储热材料生产、净化、检测智能化生产线。

专用机加工装备：储热罐体及结构件锻压、钻孔削加工装备，换热器管子支撑板拉削加工等设备。

专用焊接、热处理装备：储热罐体、换热器及管路的高效、可靠、智能化焊接系统，换热器内管路与管板接头智能装焊系统，储热压力容器焊接过程在线检测系统。

2）专用试验验证装备

▶机械储能

全参数超临界安全阀热态性能试验等设备。

超大内径管道安全阀在线校验设备、升压站异常放电在线监测设备。

大型旋转机械设备振动采集分析仪。

高参数大容量压缩机组专用性能试验验证设备。

高参数大容量膨胀机组专用性能试验验证设备。

▶电化学储能

电芯、模组及电池包在不同使用环境下的安全性试验验证平台。

新型高安全、大容量、低成本钠离子电池集装箱储能柜系统验证装备，包括模拟仿真系统和模拟实际应用场景工况条件的试验平台和装备。

电池综合参数自动测试设备，以及电池阻抗测试仪、示波器、空压机、电气安规测试仪等试验验证装备。

▶电磁储能

可靠、稳定的低温测量装置。

快速、高精度的失超检测装置。

新型超级电容器和高安全、大容量、低成本超级电容器/储能电池混合电源系统验证装备，包括模拟仿真系统和模拟实际应用场景工况条件的试验平台和装备。

▶氢储能

活性电极试验/检测设备，隔膜材料试验/检测设备，密封材料试验/检测设备；大型水电解槽/系统波动电源适应性（寿命、氧中氢含量、动/静态响应等）试验、评价等平台设备。

全参数超临界安全阀热态性能试验等设备。

释氢反应平台搭建，以验证储氢系统的储氢释氢的重量密度、体积容量、释氢速度、操作温度等。

高压氢气压缩机、氢气阀门、固态储氢系统等性能验证装备。

▶ 储热蓄冷技术

储热蓄冷效率测试技术。

3）关键检测设备

▶ 机械储能

宽工况压缩机/膨胀机性能在线检测设备，压缩空气储能在线监测仪，充/放电质量流量控制设备，温度、压力、流量测量仪。

压缩空气储能用压力管道智能检验检测机器人。

压缩储能监控系统功能及性能检测试验设备（含通讯网络分析及检测、数据采集、接地电阻测试、SOE测试、控制器负荷率测试、模件抗干扰测试、电源及通讯切换时间检测等）。

分布式光纤温度应变测量系统、支吊架在线监测设备。

▶ 电化学储能

低成本的电池充放电测试仪，电池阻抗测试仪，电池在不同条件下运行的安全性检测设备。

高性能金属离子电池过充、过放和短路等电学测试装备，电池挤压和碰撞等机械测试装备，以及电池低气压、高温、温度循环、振动和加速冲击等环境测试装备。

充/放电控制和质量流量控制仪，温度测量和控制仪，压力监测仪，漏液检测仪，绝缘检测仪，电压、电流、荷电状态检测系统等检测设备。

▶ 电磁储能

高精度纳伏表。

极低温条件下磁场测试装备。

新型超级电容器和高安全、大容量、低成本超级电容器/储能电池混合电源系统检测设备，包括极端和滥用条件下混合电源系统的安全性、储能性能等。

▶ 氢储能

高精度氢气流量、冷却水流量、氢氧浓度检测、露点分析等仪器/传感器设备。

大型电解槽极化、器件阻抗、电极寿命等检测、分析、评价等设备。

大型电解槽小室槽压、大面积隔膜泡点测试分析、大面积镀层一致性检测设备等。

▶ 储热蓄冷

储热蓄冷容量在线监控系统。

材料焊缝检测设备、产品表面质量检测设备、容器与管路耐压与密封性检测设备、储热蓄冷材料物性检测设备。

储热蓄冷性能检测设备。

战略支撑与保障

（1）完善政策措施与体制机制建设，积极营造支持储能装备产业发展的环境，加快储能市场化步伐，特别是在价格机制、商业应用模式等方面提供政策支持。

（2）加快建设储能领域技术与装备研发应用的国家级创新开发基地，支持多类型企业、事业单位牵头创建国家级创新平台，优化和集成创新资源，进一步发挥创新链各类创新载体的整体优势，以新的组织形式，跨领域、跨部门、跨区域集中组织实施面向国家目标的协同创新。

（3）鼓励各地结合现有政策机制，加大新型储能技术创新和项目建设支持力度。强化标准的规范引领和安全保障作用，积极建立健全新型储能全产业链标准体系，加快制定新型储能安全相关标准，开展不同应用场景储能标准制定/修订。加快建立新型储能项目管理机制，规范行业管理，强化安全风险防范。

（4）加快建设储能装备双碳目标公共服务平台，面向行业提供标准化、检验检测认证、碳核算核查审定、碳信息披露、人才培养等多类型服务，充分发挥不同机构在各自领域的优势，助力储能装备高质量发展。

技术路线图

储能装备产业发展技术路线图如图 6-4 所示。

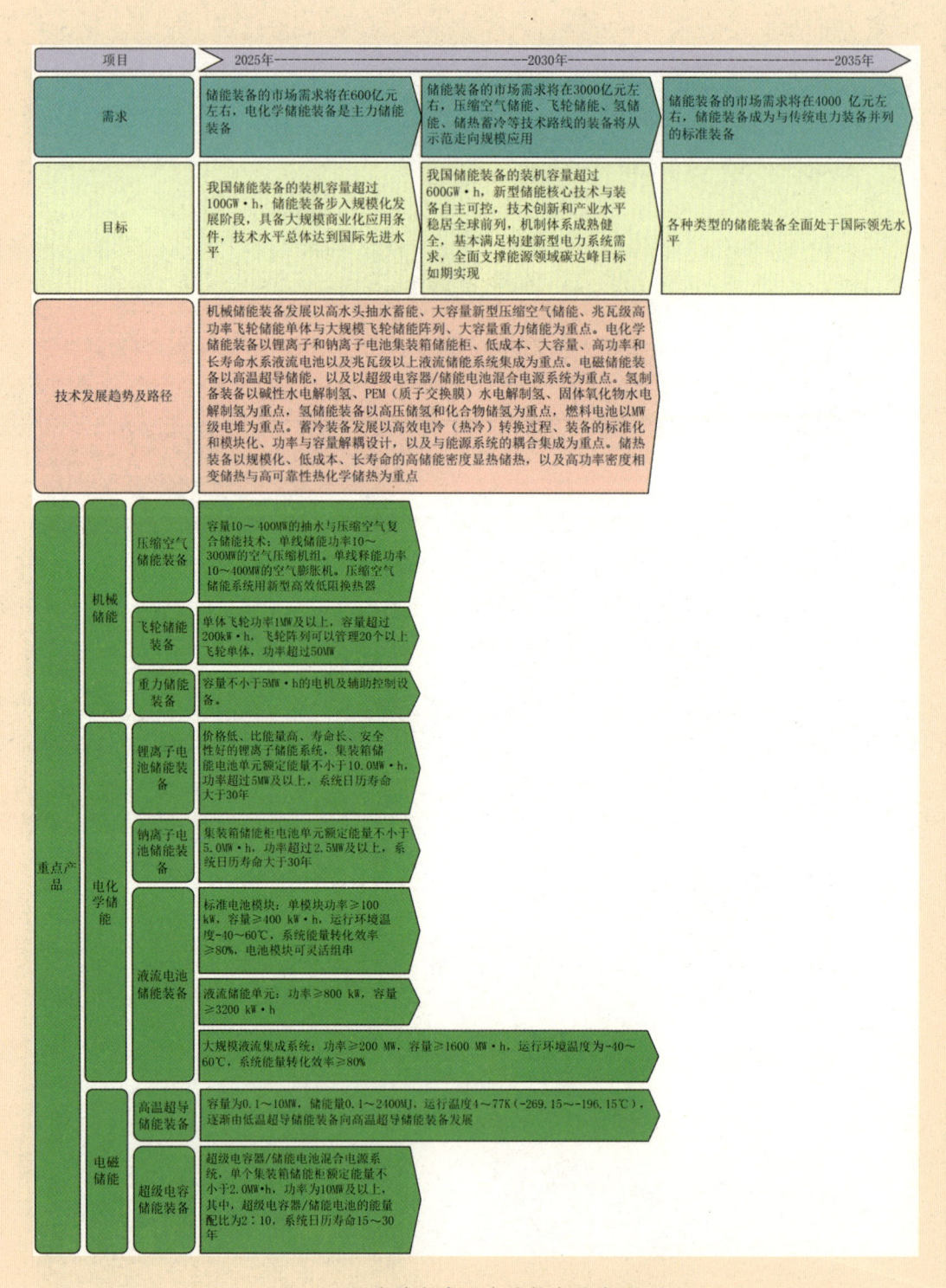

项目	2025年	2030年	2035年
需求	储能装备的市场需求将在600亿元左右，电化学储能装备是主力储能装备	储能装备的市场需求将在3000亿元左右，压缩空气储能、飞轮储能、氢储能、储热蓄冷等技术路线的装备将从示范走向规模应用	储能装备的市场需求将在4000亿元左右，储能装备成为与传统电力装备并列的标准装备
目标	我国储能装备的装机容量超过100GW·h，储能装备步入规模化发展阶段，具备大规模商业化应用条件，技术水平总体达到国际先进水平	我国储能装备的装机容量超过600GW·h，新型储能核心技术与装备自主可控，技术创新和产业水平稳居全球前列，机制体系成熟健全，基本满足构建新型电力系统需求，全面支撑能源领域碳达峰目标如期实现	各种类型的储能装备全面处于国际领先水平
技术发展趋势及路径	机械储能装备发展以高水头抽水蓄能、大容量新型压缩空气储能、兆瓦级高功率飞轮储能单体与大规模飞轮储能阵列、大容量重力储能为重点。电化学储能装备以锂离子和钠离子电池集装箱储能柜、低成本、大容量、高功率和长寿命水系液流电池以及兆瓦级以上液流储能系统集成为重点。电磁储能装备以高温超导储能，以及以超级电容器/储能电池混合电源系统为重点。氢制备装备以碱性水电解制氢、PEM（质子交换膜）水电解制氢、固体氧化物水电解制氢为重点，氢储能装备以高压储氢和化合物储氢为重点，燃料电池以MW级电堆为重点。蓄冷装备发展以高效电冷（热冷）转换过程、装备的标准化和模块化、功率与容量解耦设计，以及与能源系统的耦合集成为重点。储热装备以规模化、低成本、长寿命的高储能密度显热储热，以及高功率密度相变储热与高可靠性热化学储为重点		

重点产品	机械储能	压缩空气储能装备	容量10～400MW的抽水与压缩空气复合储能技术；单线储能功率10～300MW的空气压缩机组，单线释能功率10～400MW的空气膨胀机。压缩空气储能系统用新型高效低阻换热器
		飞轮储能装备	单体飞轮功率1MW及以上，容量超过200kW·h，飞轮阵列可以管理20个以上飞轮单体，功率超过50MW
		重力储能装备	容量不小于5MW·h的电机及辅助控制设备。
	电化学储能	锂离子电池储能装备	价格低、比能量高、寿命长、安全性好的锂离子储能系统，集装箱储能电池单元额定能量不小于10.0MW·h，功率超过5MW及以上，系统日历寿命大于30年
		钠离子电池储能装备	集装箱储能柜电池单元额定能量不小于5.0MW·h，功率超过2.5MW及以上，系统日历寿命大于30年
		液流电池储能装备	标准电池模块：单模块功率≥100kW，容量≥400kW·h，运行环境温度-40～60℃，系统能量转化效率≥80%，电池模块可灵活组串
			液流储能单元：功率≥800kW，容量≥3200kW·h
			大规模液流集成系统：功率≥200MW，容量≥1600MW·h，运行环境温度为-40～60℃，系统能量转化效率≥80%
	电磁储能	高温超导储能装备	容量为0.1～10MW，储能量0.1～2400MJ，运行温度4～77K（-269.15～-196.15℃），逐渐由低温超导储能装备向高温超导储能装备发展
		超级电容储能装备	超级电容器/储能电池混合电源系统，单个集装箱储能柜额定能量不小于2.0MW·h，功率为10MW及以上，其中，超级电容器/储能电池的能量配比为2:10，系统日历寿命15～30年

图 6-4　储能装备产业发展技术路线图

6 电力装备

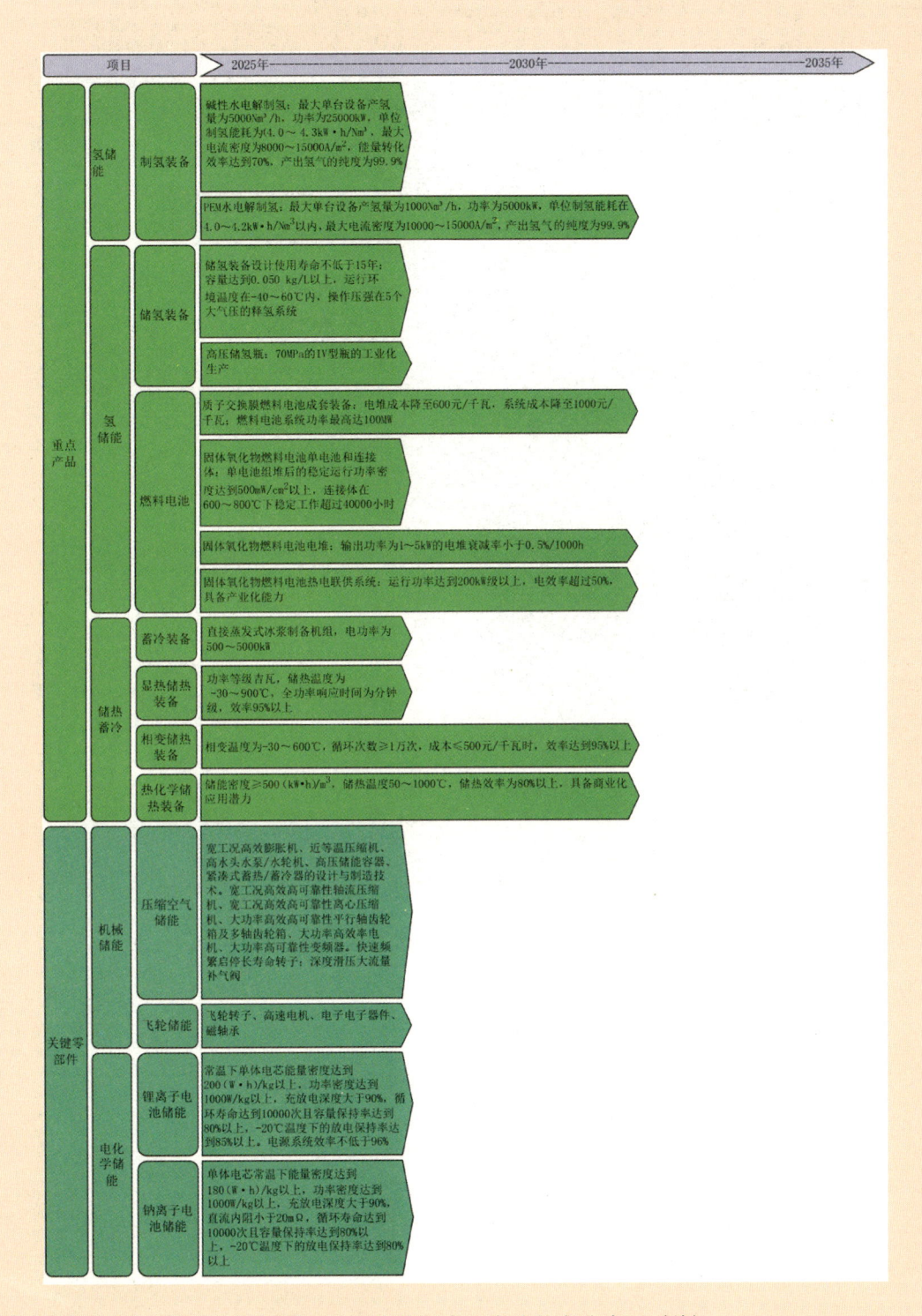

项目			2025年 — 2030年 — 2035年
重点产品	氢储能	制氢装备	碱性水电解制氢：最大单台设备产氢量为5000N㎥/h，功率为25000kW，单位制氢能耗为4.0～4.3kW·h/N㎥，最大电流密度为8000～15000A/㎡，能量转化效率达到70%，产出氢气的纯度为99.9%
			PEM水电解制氢：最大单台设备产氢量为1000N㎥/h，功率为5000kW，单位制氢能耗在4.0～4.2kW·h/N㎥以内，最大电流密度为10000～15000A/㎡，产出氢气的纯度为99.9%
		储氢装备	储氢装备设计使用寿命不低于15年；容量达到0.050 kg/L以上，运行环境温度在-40～60℃内，操作压强在5个大气压的释氢系统
			高压储氢瓶：70MPa的IV型瓶的工业化生产
	氢储能	燃料电池	质子交换膜燃料电池成套装备：电堆成本降至600元/千瓦；燃料电池系统成本降至1000元/千瓦；燃料电池系统功率最高达100MW
			固体氧化物燃料电池单电池和连接体：单电池组堆后的稳定运行功率密度达到500mW/cm²以上，连接体在600～800℃下稳定工作超过40000小时
			固体氧化物燃料电池电堆：输出功率为1～5kW的电堆衰减率小于0.5%/1000h
			固体氧化物燃料电池热电联供系统：运行功率达到200kW级以上，电效率超过50%，具备产业化能力
	储热蓄冷	蓄冷装备	直接蒸发式冰浆制备机组，电功率为500～5000kW
		显热储热装备	功率等级吉瓦，储热温度为-30～900℃，全功率响应时间为分钟级，效率95%以上
		相变储热装备	相变温度为-30～600℃，循环次数≥1万次，成本≤500元/千瓦时，效率达到95%以上
		热化学储热装备	储能密度≥500（kW·h）/m³，储热温度50～1000℃，储热效率为80%以上，具备商业化应用潜力
关键零部件	机械储能	压缩空气储能	宽工况高效膨胀机、近等温压缩机、高水头水泵/水轮机、高压储气容器、紧凑式蓄热器/蓄冷器的设计与制造技术。宽工况高效高可靠性轴流压缩机、宽工况高效高可靠性高心压缩机、大功率高效高可靠性平行轴齿轮箱及多轴齿轮箱、大功率高效率电机、大功率高可靠性变频器。快速频繁启停长寿命转子；深度滑压大流量补气阀
		飞轮储能	飞轮转子、高速电机、电子电子器件、磁轴承
	电化学储能	锂离子电池储能	常温下单体电芯能量密度达到200（W·h）/kg以上，功率密度达到1000W/kg以上，充放电深度大于90%，循环寿命达到10000次且容量保持率达到80%以上，-20℃温度下的放电保持率达到85%以上，电源系统效率不低于96%
		钠离子电池储能	单体电芯常温下能量密度达到180（W·h）/kg以上，功率密度达到1000W/kg以上，充放电深度大于90%，直流内阻小于20mΩ，循环寿命达到10000次且容量保持率达到80%以上，-20℃温度下的放电保持率达到80%以上

图 6-4 储能装备产业发展技术路线图（续）

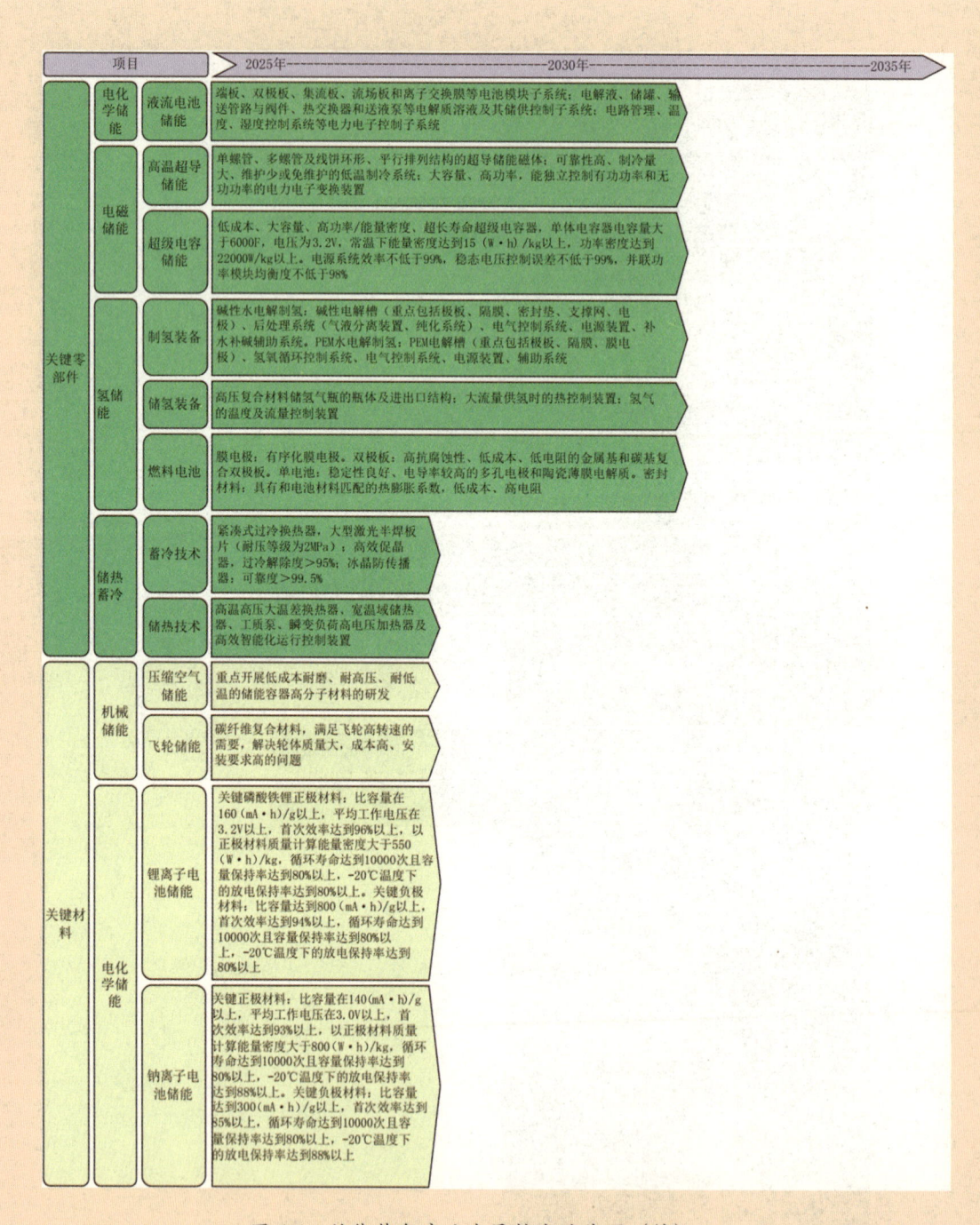

项目			2025年 —————————— 2030年 —————————— 2035年
关键零部件	电化学储能	液流电池储能	端板、双极板、集流板、流场板和离子交换膜等电池模块子系统；电解液、储罐、输送管路与阀件、热交换器和送液装置等电解质溶液及其储供控制子系统；电路管理、温度、湿度控制系统等电力电子控制子系统
	电磁储能	高温超导储能	单螺管、多螺管及线饼环形、平行排列结构的超导储能磁体；可靠性高、制冷量大、维护少或免维护的低温制冷系统；大容量、高功率，能独立控制有功功率和无功功率的电力电子变换装置
		超级电容储能	低成本、大容量、高功率/能量密度、超长寿命超级电容器。单体电容器电容量大于6000F，电压为3.2V，常温下能量密度达到15（W·h）/kg以上，功率密度达到22000W/kg以上。电源系统效率不低于99%，稳态电压控制误差不低于99%，并联功率模块均密度不低于98%
	氢储能	制氢装备	碱性水电解制氢：碱性电解槽（重点包括极板、隔膜、密封垫、支撑网、电极）、后处理系统（气液分离装置、纯化系统）、电气控制系统、电源装置、补水补碱辅助系统。PEM水电解制氢：PEM电解槽（重点包括极板、隔膜、膜电极）、氢氧循环控制系统、电气控制系统、电源装置、辅助系统
		储氢装备	高压复合材料储氢气瓶的瓶体及进出口结构；大流量供氢时的热控制装置；氢气的温度及流量控制装置
		燃料电池	膜电极：有序化膜电极。双极板：高抗腐蚀性、低成本、低电阻的金属基和碳基复合双极板。单电池：稳定性良好、电导率较高的多孔电极和陶瓷薄膜电解质。密封材料：具有和电池材料匹配的热膨胀系数，低成本、高电阻
	储热蓄冷	蓄冷技术	紧凑式过冷换热器，大型激光平焊板片（耐压等级为2MPa）；高效促晶器，过冷解除度>95%；冰晶防传播器，可靠度>99.5%
		储热技术	高温高压大温差换热器、宽温域储热器、工质泵、瞬变负荷高电压加热器及高效智能化运行控制装置
关键材料	机械储能	压缩空气储能	重点开展低成本耐磨、耐高压、耐低温的储能容器高分子材料的研发
		飞轮储能	碳纤复合材料，满足飞轮高转速的需要，解决轮体质量大，成本高、安装要求高的问题
	电化学储能	锂离子电池储能	关键磷酸铁锂正极材料：比容量在160（mA·h）/g以上，平均工作电压在3.2V以上，首次效率达96%以上，以正极材料质量计算能量密度大于550（W·h）/kg，循环寿命达到10000次且容量保持率达到80%以上，-20℃温度下的放电保持率达到80%以上。关键负极材料：比容量达到800（mA·h）/g以上，首次效率达到94%以上，循环寿命达到10000次且容量保持率达到80%以上，-20℃温度下的放电保持率达到80%以上
		钠离子电池储能	关键正极材料：比容量在140（mA·h）/g以上，平均工作电压在3.0V以上，首次效率达到93%以上，以正极材料质量计算能量密度大于800（W·h）/kg，循环寿命达到10000次且容量保持率达到80%以上，-20℃温度下的放电保持率达到88%以上。关键负极材料：比容量达到300（mA·h）/g以上，首次效率达到85%以上，循环寿命达到10000次且容量保持率达到80%以上，-20℃温度下的放电保持率达到88%以上

图6-4 储能装备产业发展技术路线图（续）

项目			2025年 —————————— 2030年 —————————— 2035年
关键材料	电化学储能	液流电池储能	深入研发低成本、大容量和高功率的电解质材料，建立性质、性能数据库，满足未来高性能单体器件的储电应用。长寿命、低成本离子交换膜材料，完善离子交换膜材料体系，突破在电导率、离子选择性和稳定性等关键指标不足限制，实现高性能传导阴、阳离子交换膜国产化开发。高电子电导和高机械强度的双极板和流场板、高活性、高强度和稳定性多孔集流体电极等材料，掌握其制造、质量评估和检测等技术，形成电极材料等系统化开发的综合能力
	电磁储能	高温超导储能	深入研究高温超导材料ReBCO、Bi2212和Bi2223等的特性，提高超导带材的临界电流、临界磁场；优化新型超导带材工艺和性能，提高高温超导带材成材效率、载流性能、单根长度和产能
		超级电容储能	国产化的高纯度、高比容、低成本超级电容器碳材料，比容量达到220F/g；国产化的超级电容器用电解液电位窗达到3.7 V以上，电导率达到75mS/cm
	氢储能	制氢	碱性水电解制氢装备：耐碱、亲水、高寿命的隔膜材料，抗压、抗腐、抗蠕变的密封材料，高析氢、高析氧、高寿命的活性电极材料，高活性、低成本、长寿命、大比表面积应用工艺催化剂。PEM水电解制氢装备：大面积质子交换膜材料，高析氢、高析氧、高寿命的活性电极材料，高活性、低成本、长寿命、大比表面积应用工艺催化剂
		储氢	高压储氢罐内胆材料、内胆外缠绕碳纤维材料的开发及缠绕工艺，储氢材料的开发及设计，释氢反应罐材料的选择及设计
		燃料电池	电极催化剂：低铂含量、高电催化活性、高耐久性低铂碳载PtM合金纳米催化剂或非贵金属基催化剂。质子交换膜：低厚度、高强度、高气阻的质子交换膜。催化剂中的碳载体：高度石墨化、大比表面积、低电阻载体碳，如碳纳米管，其石墨晶格结构能够有效地提升膜电极的耐久性，同时提高催化剂的催化活性。气体扩散层：高孔隙度，以及传质、传热、导水和导电性能优异的碳纸（布）气体扩散层。固体电解质材料：固态非多孔金属氧化物，在工作温度下具有较高的离子电导率和离子迁移率。金属连接体：拥有良好的物理化学稳定性和相容性，在600～1000℃工作温度下抗氧化性能优异的低成本金属连接体
	储热蓄冷	蓄冷技术	疏水表面涂层，在-5～50℃范围内使用寿命>10年，浸润角度>135°。微纳过滤，等效过滤精度达到微米级且疏水
		储热技术	高导热、高热容固体储热材料，低熔点、高分解温度、低腐蚀性的液态储热材料，储热材料体系温度范围为-30～1000℃；抗腐蚀、耐疲劳的罐体材料，使用寿命≥30年
关键共性技术	机械储能	压缩空气储能技术	重点突破非绝热膨胀设计及控制技术：高压状态下水和空气之间传热传质规律及控制技术；等温压缩及控制技术；变工况增压系统高效运行控制技术；高负荷压缩机/膨胀机设计与控制技术；高水头、高效水泵/水轮机的设计与控制技术。宽负荷高效空气膨胀机通流设计技术；膨胀机快速启停及关键结构寿命设计技术；深度滑压大流量补气及控制技术。蓄热换热器高效传热元件设计与制造技术。压缩空气储能压力管道智能检测和智慧诊断技术
		飞轮储能技术	高速电机开发与控制；飞轮阵列管理；大功率电力电子器件开发
		重力储能技术	电动/发电机技术、吊装技术、重物/电机群控技术

图6-4 储能装备产业发展技术路线图（续）

项目	2025年 — 2030年 — 2035年
关键共性技术 — 电化学储能 — 锂/钠离子电池技术	正负极材料前驱体的制备和烧结技术、电解液的制备技术、固态电解质的制备技术、隔膜的制备技术、电池批量化一致性制备技术、锂/钠电池生产设备一体化技术、高效节能锂/钠电池化成分容生产检测技术、电池管理技术、电池安全技术、极端环境电池系统实证技术等
关键共性技术 — 电化学储能 — 液流电池技术	高效环保、低成本电解质生产制备技术；电解质有机、无机成分基本特性的判定和评价；电解质有机、无机活性组分失活机理；新型电解质研制技术；电解质溶液回收再生等灵活改造技术。长寿命、低成本离子交换膜生产制备技术；离子交换膜基本特性的判定和评价；离子在离子交换膜传导及膜对离子选择性机理；新型离子交换膜研制技术；离子交换膜抗跨膜渗透技术。高功率、大容量电堆研制及其自动化组装和储能系统控制技术；电堆双极板材料开发技术；电堆流道板材料开发技术；电堆电极材料开发技术；电堆制造工艺技术；电堆自动化组装技术；电堆模块与系统控制技术；电解质溶液及其储供控制技术；储能模块及集成电力电子控制技术
关键共性技术 — 电磁储能 — 高温超导储能技术	超导储能磁体设计技术；SMES（超导储能系统）装置高精度、可靠的交流损耗计算方法；SMES多场耦合仿真技术；考虑电磁动态特性的超导储能磁体以及低温系统设计技术
	超导储能运行与控制技术；分散储能、复合储能的协调控制技术；基于储能装置状态评估的动态控制技术；SMES参与的混合储能功率分配与控制技术；SMES综合性能量管理技术
	超导储能磁体的失超保护技术；SMES磁体的高精度快速失超检测技术
关键共性技术 — 电磁储能 — 超级电容储能技术	高性能活性炭材料生产技术；高导电率、宽电位窗的电解液生产技术；高安全、低成本、高效能的超级电容器模组生产技术；可靠稳定的电力电子控制系统的生产技术
关键共性技术 — 氢储能 — 制氢技术	高析氢、高析氧、高寿命的活性电极材料开发技术；高寿命、高性能的隔膜材料开发技术；低成本、高稳定性催化剂技术开发；高析氢密材料及工艺设计；可再生能源氢关键技术包括：变功率波动下关键材料耐久性技术材料/结构性优化；高响应分离器设计；低谐波、高功率因数、宽功率波动/直流制氢电源关键技术开发；高度集成化电-氢协调控制系统开发；光伏/风电离网制氢系统中电解槽及系统适应性评价和表征方法；适应大型PEM应用的低析氧反应过电位、长寿命的材料技术开发和结构优化技术
关键共性技术 — 氢储能 — 储氢技术	氢储能设备的储氢密度提高技术；储释氢动力学；低温度和压强的储释氢技术
关键共性技术 — 氢储能 — 燃料电池技术	质子交换膜燃料电池膜电极技术
关键共性技术 — 储热蓄冷 — 蓄冷技术	冷能高效转换技术；冷量快速释放技术；高效储冷装置设计技术；大容量长时储冷技术
关键共性技术 — 储热蓄冷 — 显热储能技术	储能材料优选体系与遴选方法；适用高温度、高腐蚀显热储热材料的储能装置
关键共性技术 — 储热蓄冷 — 相变储能技术	满足商业应用的新型多元成分相变储能材料技术；相变储热内部强化传热技术；高性能相变储热模块优化设计与控制技术
关键共性技术 — 储热蓄冷 — 热化学储能技术	高效稳定的复合热化学储能材料开发及材料体系遴选、设计技术；热化学储能器件匹配集成与热化学反应器的设计、优化、调控技术

图 6-4 储能装备产业发展技术路线图（续）

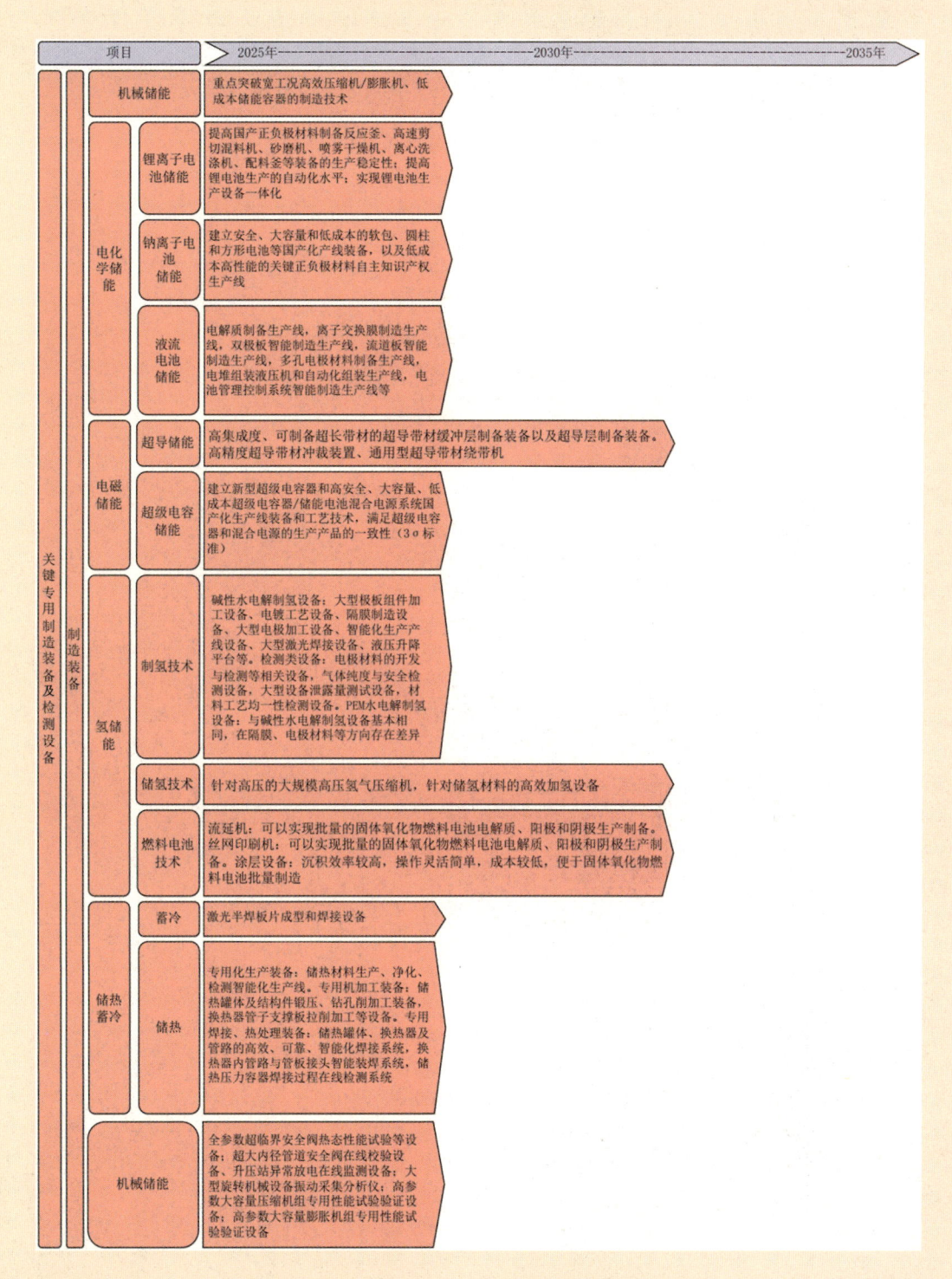

项目				2025年 —— 2030年 —— 2035年
关键专用制造装备及检测设备	制造装备	机械储能		重点突破宽工况高效压缩机/膨胀机、低成本储能容器的制造技术
		电化学储能	锂离子电池储能	提高国产正负极材料制备反应釜、高速剪切混料机、砂磨机、喷雾干燥机、离心洗涤机、配料釜等装备的生产稳定性;提高锂电池生产的自动化水平;实现锂电池生产设备一体化
			钠离子电池储能	建立安全、大容量和低成本的软包、圆柱和方形电池等国产化产线装备,以及低成本高性能的关键正负极材料自主知识产权生产线
			液流电池储能	电解质制备生产线、离子交换膜制造生产线、双极板智能制造生产线、流道板智能制造生产线、多孔电极材料制备生产线、电堆组装液压机和自动化组装生产线、电池管理控制系统智能制造生产线等
		电磁储能	超导储能	高集成度、可制备超长带材的超导带材缓冲层制备装备以及超导层制备装备。高精度超导带材冲裁装置、通用型超导带材绕带机
			超级电容储能	建立新型超级电容器和高安全、大容量、低成本超级电容器/储能电池混合电源系统国产化生产线装备和工艺技术,满足超级电容器和混合电源的生产产品的一致性(3σ标准)
		氢储能	制氢技术	碱性水电解制氢设备:大型极板组件加工设备、电镀工艺设备、隔膜制造设备、大型电极加工设备、智能化生产产线设备、大型激光焊接设备、液压升降平台等。检测类设备:电极材料的开发与检测等相关设备、气体纯度与安全检测设备、大型设备泄露测试设备、材料工艺均一性检测设备。PEM水电解制氢设备:与碱性水电解制氢设备基本相同,在隔膜、电极材料等方向存在差异
			储氢技术	针对高压的大规模高压氢气压缩机,针对储氢材料的高效加氢设备
			燃料电池技术	流延机:可以实现批量的固体氧化物燃料电池电解质、阳极和阴极生产制备。丝网印刷机:可以实现批量的固体氧化物燃料电池电解质、阳极和阴极生产制备。涂层设备:沉积效率较高,操作灵活简单,成本较低,便于固体氧化物燃料电池批量制造
		储热蓄冷	蓄冷	激光半焊板片成型和焊接设备
			储热	专用化生产装备:储热材料生产、净化、检测智能化生产线。专用机加工装备:储热罐体及结构件锻压、钻孔削加工装备,换热器管子支撑板拉削加工等设备。专用焊接、热处理装备:储热罐体、换热器及管路的高效、可靠、智能化焊接系统,换热器内管路与管板接头智能装焊系统,储热压力容器焊接过程在线检测系统
			机械储能	全参数超临界安全阀热态性能试验等设备;超大内径管道安全阀在线校验设备、升压站异常放电在线监测设备。大型旋转机械设备振动采集分析仪;高参数大容量压缩机组专用性能试验验证设备;高参数大容量膨胀机组专用性能试验验证设备

图 6-4 储能装备产业发展技术路线图(续)

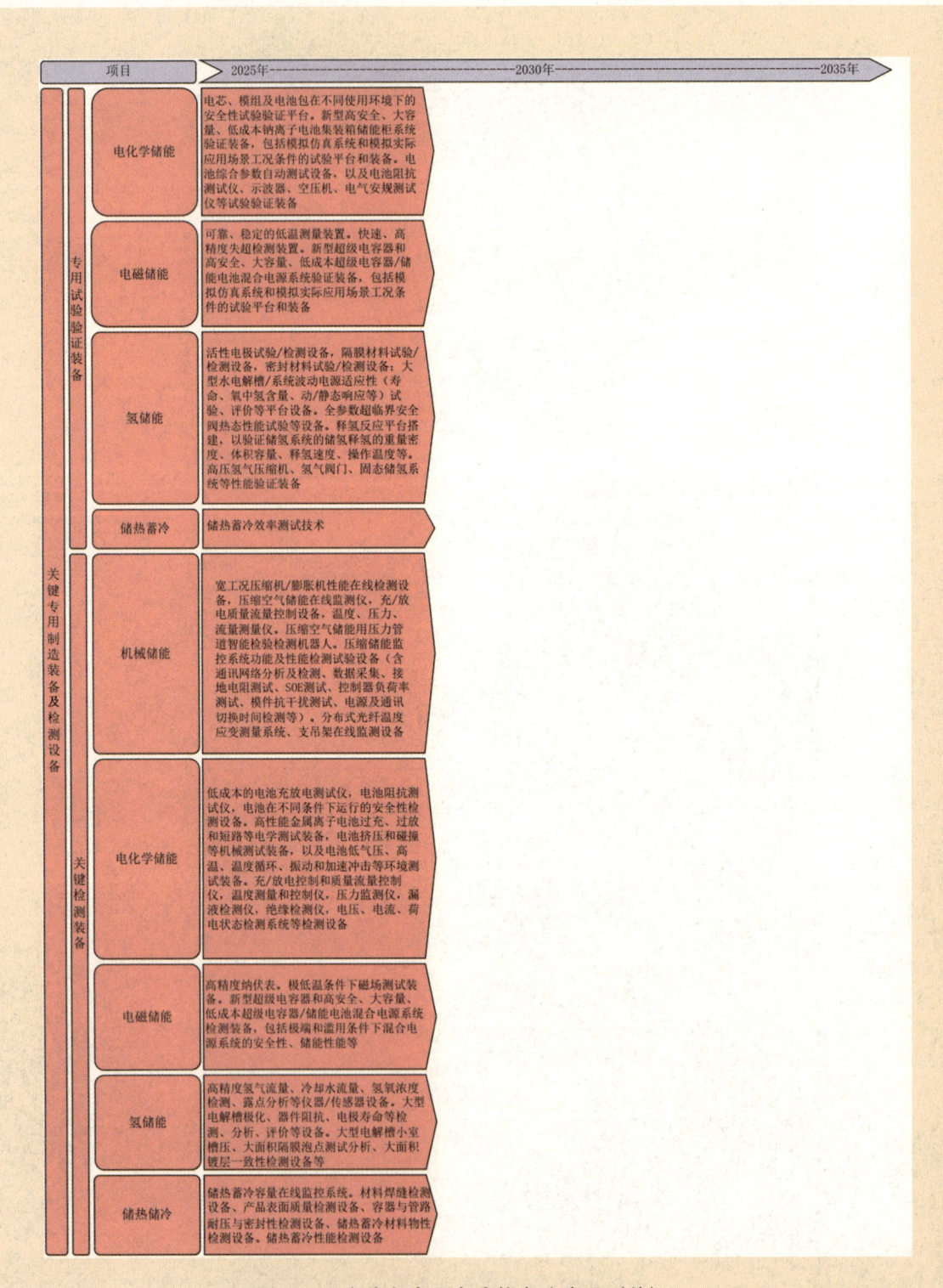

项目			2025年 — 2030年 — 2035年
专用试验验证装备		电化学储能	电芯、模组及电池包在不同使用环境下的安全性试验验证平台。新型高安全、大容量、低成本钠离子电池集装箱储能柜系统验证装备，包括模拟仿真系统和模拟实际应用场景工况条件的试验平台和装备。电池综合参数自动测试设备，以及电池阻抗测试仪、示波器、空压机、电气安规测试仪等试验验证装备
		电磁储能	可靠、稳定的低温测量装置。快速、高精度失超检测装置。新型超级电容器和高安全、大容量、低成本超级电容器/储能电池混合电源系统验证装备，包括模拟仿真系统和模拟实际应用场景工况条件的试验平台和装备
		氢储能	活性电极试验/检测设备，隔膜材料试验/检测设备，密封材料试验/检测设备；大型水电解槽/系统波动电源适应性（寿命、氧中氢含量、动/静态响应等）试验、评价等平台设备。全参数超临界安全阀热态性能试验等设备。释氢反应平台搭建，以验证储氢系统的储释氢的重量密度、体积容量、释氢速度、操作温度等。高压氢气压缩机、氢气阀门、固态储氢系统等性能验证装备
		储热蓄冷	储热蓄冷效率测试技术
关键专用制造装备及检测设备		机械储能	宽工况压缩机/膨胀机性能在线检测设备，压缩空气储能在线监测仪，充/放电质量流量控制设备，温度、压力、流量测量仪。压缩空气储能用压力管道智能检修检测机器人。压缩储能监控系统功能及性能检测试验设备（含通讯网络分析及检测、数据采集、接地电阻测试、SOE测试、控制器负荷率测试、模件抗干扰测试、电源及通讯切换时间检测等）。分布式光纤温度应变测量系统、吊架在线监测设备
	关键检测装备	电化学储能	低成本的电池充放电测试仪，电池阻抗测试仪，电池在不同条件下运行的安全性检测设备。高性能金属离子电池过充、过放和短路等电学测试装备，电池挤压和碰撞等机械测试装备，以及电池低气压、高温、温度循环、振动和加速冲击等环境测试装备。充/放电控制和质量流量控制仪，温度测量和控制仪，压力监测仪，漏液检测仪，绝缘检测仪，电压、电流、荷电状态检测系统等检测设备
		电磁储能	高精度纳伏表、极低温条件下磁场测试装备。新型超级电容器和高安全、大容量、低成本超级电容器/储能电池混合电源系统检测装备，包括极端和滥用条件下混合电源系统的安全性、储能性能等
		氢储能	高精度氢气流量、冷却水流量、氢氧浓度检测、露点分析等仪器/传感器设备，大型电解槽极化、器件阻抗、电极寿命等检测、分析、评价等设备。大型电解槽小室槽压、大面积隔膜泡点测试分析、大面积镀层一致性检测设备等
		储热储冷	储热蓄冷容量在线监控系统。材料焊缝检测设备、产品表面质量检测设备、容器与管路耐压与密封性检测设备，储热蓄冷材料物性检测设备。储热蓄冷性能检测设备

图6-4 储能装备产业发展技术路线图（续）

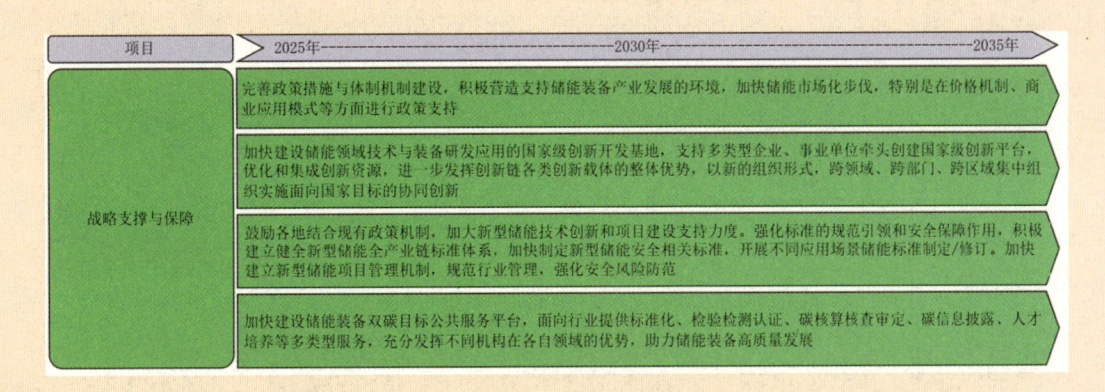

项目	2025年 — 2030年 — 2035年
战略支撑与保障	完善政策措施与体制机制建设，积极营造支持储能装备产业发展的环境，加快储能市场化步伐，特别是在价格机制、商业应用模式等方面进行政策支持
	加快建设储能领域技术与装备研发应用的国家级创新开发基地，支持多类型企业、事业单位牵头创建国家级创新平台，优化和集成创新资源，进一步发挥创新链各类创新载体的整体优势，以新的组织形式，跨领域、跨部门、跨区域集中组织实施面向国家目标的协同创新
	鼓励各地结合现有政策机制，加大新型储能技术创新和项目建设支持力度。强化标准的规范引领和安全保障作用，积极建立健全新型储能全产业链标准体系，加快制定新型储能安全相关标准，开展不同应用场景储能标准制定/修订。加快建立新型储能项目管理机制，规范行业管理，强化安全风险防范
	加快建设储能装备双碳目标公共服务平台，面向行业提供标准化、检验检测认证、碳核算核查审定、碳信息披露、人才培养等多类型服务，充分发挥不同机构在各自领域的优势，助力储能装备高质量发展

图 6-4 储能装备产业发展技术路线图（续）

农业装备

农业装备产业重点发展的产品是新型农业动力装备、高速耕整与栽植装备、精量施肥与播种装备、高效田间管理作业装备、智能收获装备、种业装备、畜禽与水产养殖装备、农产品运贮与加工装备。

农业装备

农业装备是实现农业农村现代化和乡村振兴的物质保证和核心支撑。其重点发展的产品是新型农用动力装备、高速耕整与栽植装备、精量施肥播种装备、高效田间管理作业装备、智能收获装备、种业装备、畜禽水产养殖装备、农产品运贮与加工装备。

农业装备是融合农业、工程、信息和生物学科，集成先进制造、新材料、新一代信息通信等先进技术的高效、绿色、智能装备，发展重点是关乎国计民生的主要粮食和经济作物育、耕、种、管、收、运、贮等作业装备，以及畜禽水产养殖、农产品加工装备。农业装备是不断提高土地产出率、劳动生产率、资源利用率和农业综合生产能力，实现农业农村现代化和乡村振兴的物质保证和核心支撑。

需求 我国是世界农业装备生产和使用大国，产业发展进入转型升级新阶段，主要矛盾是高质高效、绿色智能的现代农业需求与农业装备不平衡不充分发展之间的矛盾。推进中国式现代化，创新驱动发展、乡村振兴、制造强国、农业强国等国家重大战略实施，构建现代化产业体系，树立大食物观，全方位夯实粮食安全根基，大力推进农业机械化、智能化，要求农业装备产业不断增强基础、增加品种、提升水平、完善功能、拓展领域，并着力向高效化、智能化、网联化、绿色化发展，实现高水平科技自立自强、产业高质量自主可控。

目标 2025年，我国成为世界最大的农业装备制造和使用国家，农作物耕种收综合机械化率达到75%；全面掌握关键零部件制备和整机可靠性技术，主要产品质量可靠性达到世界先进水平；农业装备品类基本齐全，高端产品占比达到30%，产品和技术供给基本满足需要，1~2家企业进入世界先进水平行列；形成智能技术及产品全面创新能力，以智能装备、智能管理服务为核心的智能农业生产实现示范应用。

2030年，我国农业装备产业规模稳居世界首位，迈入农业装备制造强国行列，农作物耕种收综合机械化率超过80%；质量可靠性水平达到世界先进水平；形成以智能装备为主导的产品格局，产品品种达到5000种以上，满足现代化农业需求，1~2家企业进入世界前列，具备产业链、供应链自主可控能力；构建以自主创新为核心的技术创新体系，形成新一代智能农业装备技术、产品、服务体系，创新能力基本达到先进国家水平。

2035年，我国农业装备产业规模稳居世界首位，进入农业装备制造强国前列，基本实现全程全面农业机械化、智能化；产业基础实现高级化，质量可靠性与世界先进水平平齐；高效、绿色、智能农业装备产品齐全，产业链、供应链实现现代化且形成引领能力，2~3家企业进入世界前列；实现高水平科技自立自强，原创技术创新能力大幅跃升，具备未来发展领先技术优势。

发展重点

1. 重点产品

▶ **新型农业动力装备**

❖ **全动力换挡拖拉机、液压机械无级变速拖拉机**

300马力及以上。

❖ **混合动力（或增程式）拖拉机**

100马力及以上，0~40km/h无级变速行驶，具有田间作业、道路运输等模式。

❖ **纯电动拖拉机**

25马力及以上，高低挡无级变速，作业续航时间≥6小时；具备自动驾驶、远程运维等功能。

❖ 农业无人机

有效载荷30kg及以上,满足搭载遥感、农情监测、植保、播种等装置及系统需求,具备自动避障、失控自返等功能。

❖ 通用型机器人化移动作业平台

可搭载耕整、播种、植保、收获等智能作业装置。

❖ 丘陵山区轻量化实用动力底盘

30马力及以上,爬坡度≥20°,满足"耕、种、管、收、运"配套作业需求。

▶ 高速耕整与栽植装备

❖ 高速水稻插秧机

作业6行及以上,配备同步施肥装置,具备株距、种苗识别、漏栽监测、栽插及施肥深度自动调节等功能。

❖ 全自动高速移栽机

作业效率≥7000株/(小时·行),具备种苗识别、漏栽重栽监测等功能。

❖ 农田残膜回收机

拾净率≥90%。

❖ 智能平地机

激光/卫星导航控制,平整度达到误差≤±2cm。

❖ 大型开沟埋管机

开沟、埋管、裹砂、敷土一次完成,开沟及埋管深度≥1.5m,用于盐碱地排碱。

▶ 精量施肥与播种装备

❖ 6行及以上水稻精量直播机

具备施肥播种一体、播深播量可调、堵塞监控等功能。

❖ 小麦、玉米、大豆等精量施肥播种机、电驱精量播种机

作业行数≥6行,作业速度≥12km/h,实现种床整备(免耕)、变量施

肥、精量播种、覆膜一体化或复合播种作业，具备播深播量监测、漏播重播堵塞监控等功能。

❖ **马铃薯、蔬菜、油菜等精量播种机**

种床整备、播种、施肥、培土等一体化作业，具备堵塞或漏播监控等功能。

▶ **高效田间管理作业装备**

❖ **大中型自走式高地隙喷杆喷雾机**

离地间隙达到1500mm及以上，喷杆喷幅达到24m及以上。

❖ **轻型水田自走式喷杆喷雾机**

离地间隙达到800mm及以上，静液压驱动、地隙与轮距自动可调、喷杆自动仿形，具备导航作业、参数监测、变量喷施等功能。

❖ **智能大型喷灌机组**

长度达到400m及以上，具备水肥药一体化喷洒、远程遥控、作业环境及参数监测等功能。

❖ **智能水肥一体化滴灌设备**

可基于作物长势和需水量进行水肥调控灌溉。

❖ **农情监测巡检设备及机器人**

满足对环境、土壤墒情、病虫害、长势、成熟度等监测需求。

▶ **智能收获装备**

喂入量15kg/s及以上谷物联合收获机、喂入量8kg/s及以上水稻联合收获机、4行及以上玉米籽粒与穗茎兼收收获机、6行及以上采棉机，以及马铃薯、甘蔗、油菜联合收获机，割幅达到4m以上青饲料收获机、自走式割草压扁机、大型打捆机等秸秆和饲草料收获机，丘陵山区稻麦油、林果蔬等轻简高效收获装备，具备导航控制、作业质量调控、故障诊断、产量监测、远程运维管理等智能控制功能。设施果蔬采摘机器人，满足番茄、草莓、苹果、食用菌等选择性采摘需求，单株采摘时间≤5s。

▶种业装备

玉米、小麦、水稻、蔬菜等小区精细种床整备,父母本复合精量播种、去雄授粉、高净度低损收获等种子繁育机械,具备参数监测、智能调控等功能。种子数控干燥、精细分选、智能丸化、计数包装等精细选别加工成套设备,水稻、小麦、玉米种子加工成套装备,生产率≥10吨/小时。智能考种、活性/健康检测、溯源等种子品质检测设备。固定式或机器人化高通量植物表型平台,可用于种苗全生育期表型信息获取、分析及管理。

▶畜禽与水产养殖装备

❖ 环境精准监测与调控设备

实现对温度、湿度、光照、水质等环境参数和有害气体的精准监测与智能调控。

❖ 畜禽与水产个体行为与生长健康状况智能监测设备及巡检机器人

实现对生理、生态和生长信息,以及采食、发声、应激、疫病、繁殖等行为监测。

❖ 精量饲喂及投料设备

满足畜禽个体饲养、水产养殖需求,具备采食量、投喂时间及投喂量等在线采集功能。

❖ 智能化挤奶系统、智能化集蛋系统、水产捕捞采收设备

具备在线采样、品质检测、在线计量等功能。

❖ 防疫消毒自动化设备及机器人、畜禽粪便固液分离机、病死畜禽无害化处理设备

具备远程监控功能。

▶农产品运贮与加工装备

粮食、果蔬等农产品节能干燥设备,具备精准在线水分监测、精准自动温湿度控制功能。粮食、果蔬、畜禽及水产品等农产品运贮品质监测、环境调控、微生物滋生控制等智能控温控湿运贮设备。果蔬茶及中药材产地预冷、高效分拣及清选、规格切制、分等分级、定量包装等设备。畜类自动化屠宰、畜禽肉品智能化分割分级、水产品自动化剥制及分级等设备。禽蛋高通量检测及

分级包装设备，生产能力 60000 枚/小时及以上。农产品品质无损检测设备，实现现场无损、快速判别和品质分析，满足质量、尺寸、形状、缺陷、病变、物质含量等检测需求，识别准确率≥95%。

2. 关键零部件

▶农业装备动力与传动系统

❖农业柴油机

排放达到非道路国Ⅳ及以上标准，转矩储备系数达到35%以上，电控燃油系统等关键部件及系统、整机自主化。

❖全动力换挡变速器

不少于16个前进挡，传动效率≥87%。

❖液压机械无级变速器（CVT）

传动效率≥85%。

❖柴电混合动力系统

传动效率≥85%，持续作业时间≥12h。

❖电动动力驱动系统

传动效率≥90%，电机、控制器、驱动器等自主化。

❖液压全悬浮转向驱动桥

满足200马力及以上拖拉机、喂入量10kg/s及以上联合收获机的需要。

❖电液悬挂系统

具备力、位置、高度调节及智能调节功能。

▶专用传感器及智能仪表

施肥播种装备作业深度、播种量与重播漏播等检测传感器。植保装备喷量、压力、喷洒面积等检测传感器。收获装备割台高度、滚筒转速、清选与夹带损失、籽粒破碎率、产量流量和谷物水分等检测传感器。土壤有机物质、重金属、硝态氮等检测传感器，动植物生理、生态、生长等信息检测传感器，农田及设施环境、养殖水质检测传感器。多功能多源信息监测仪表，满足多种工况参数、作业质量监测信息融合显示需求，传感器、智能仪表平均故障间隔工作时间超过10000小时。

▶导航与智能化控制作业装置

农业装备作业导航定位装置，作业导航控制精度±2.5cm以内；农业装备作业对象智能感知跟踪装置，跟踪精度不低于5%；高速栽植、精量播种施肥、精量灌溉施药、低损采收、地膜高效捡拾及收集等智能部件，可基于总线技术实现作业参数调节；采摘机器人末端执行器，融合视觉、力位等控制，抓取、采摘成功率≥90%。

▶农业装备智能控制系统

❖农业装备智能作业控制系统

实现压力、转速、行驶速度、流量、产量等多参数融合调控，控制精度不低于5%。

❖农业装备无人作业系统

实现在特定条件下遥控行驶、辅助驾驶或自动驾驶功能，以及作业质量调控功能。

❖农业机器人操作系统

兼容多种多类农业机器人作业。

❖农业装备总线控制系统、组件及数据平台

符合CANBUS、ISOBUS等数据、接口、通信标准协议和规范。

❖立体种养智能管控系统

实现种养环境、全过程作业装备的高效智能监测与调控。

3. 关键共性技术

▶农业装备数字化设计及验证技术

突破关键部件及整机数字化建模、虚拟设计、动态仿真验证、数字孪生、基于模型的产品数字化定义（MBD），以及轻量化、模块化设计等技术，构建模型库、工具包及专用软件与设计平台等，发展众包设计、协同设计等新型模式，解决创新设计与智能制造融合发展问题。

▶农业装备可靠性技术

突破关键零部件及整机作业载荷、工况环境、失效特征、故障等检测分析与控制技术，以及可靠性试验方法、制造过程质量检测、再制造等技术，构建重点零部件失效及产品质量数据库，实现服役环境主动可靠性设计技术应用。

▶农业装备关键零部件标准验证技术

突破关键零部件标准化、系列化、通用化技术，关键零部件标准测试验证、性能指标数字化表征与检测技术，构建标准关键零部件库、智能控制策略模型库，推进农业装备产品组合化、模块化发展，加速产品创新开发。

▶农业装备新型动力及高效传动技术

突破柴油机高压共轨燃油喷射、排放后处理技术，柴电混合动力、纯电动、氢能动力、甲烷动力等新型动力系统在自走式农业装备中的应用技术，以及高效驱动与传动、动力输出、能量智能管理技术，与作业机具、功能部件的协同控制等关键技术，推进农业装备高效节能绿色发展。

▶农业装备传感与控制技术

突破土壤、动植物、环境等信息表征与感知技术，多传感器高度集成和时空同步采集技术，基于北斗卫星导航系统、新一代信息通信技术的农业装备高精度定位导航及自动驾驶技术，作业工况监测与智能调控技术，以及农业机器人目标识别与动态跟踪、高精度伺服控制等技术，实现人机物协同发展，以及装备、信息、生物融合发展。

▶农业装备智能作业技术

突破农业装备作业大数据智能分析与决策、自主作业、协同控制等智能作业技术，故障自动预警与自动诊断、远程运维等智能管理技术，环境精准调控、水肥种药精准施用、饲料精量投入、种苗精准分级等技术，无人农场智慧管控技术，构建以全链信息感知、定量决策、智能控制、精准投入、智慧管理为核心的智能农业生产技术体系。

▶ **高效绿色种养机械化技术**

突破土壤植物机器环境系统互作机理，作物高速种植、节水灌溉、水肥一体化、低损收获、秸秆资源化处理、农产品产地分选分级，以及畜禽、水产精细饲养等机械化、标准化生产工艺技术，形成适合不同农业生产区域性特点、农艺要求、生产规模、耕作制度、气候环境的种养高效化、绿色化、机械化生产技术与装备体系及模式，构建高效、绿色的生产机械化系统。

4. 关键材料

犁铧、旋耕刀、耙片、开沟圆盘等土壤耕作部件，以及收割机切割切碎部件、采棉机采棉头与包膜、打捆机打结器、植保和喷灌喷头等关键重要部件用耐磨延寿材料，包括硼钢、等温淬火球墨铸铁、高铬铸铁等铸造耐磨材料；碳化铬、碳化钨等堆焊合金材料；掺杂稀土元素的多元合金表面增材材料；高强度耐磨橡塑和高分子材料。

5. 关键专用制造装备及检测设备

▶ **制造装备**

变速箱、传动箱等复杂部件智能化、绿色化制造装备；联合收割机底盘、脱粒滚筒等数字化智能化焊接与检测设备；土壤工作、采收作业等关键部件智能冲压、模压成型、增材制造及表面工程等成套装备。

▶ **检测设备**

农业装备专用传感器测试平台、农业机器人测试验证平台、农业装备电液控制单元与系统硬件在环仿真平台、收获机械可靠性测试验证平台、整机出厂质量在线检测系统、田间试验测试系统。

战略支撑与保障

（1）完善农业装备产业技术创新体系。强化国家战略科技力量，打造全国重点实验室、国家技术创新中心、国家工程研究中心、国家制造业创新中心等国家级平台；建立共性技术平台和研发、设计、检测、标准等行业数据平台；全链条协同开展基础前沿、关键共性技术及重大战略装备等原创性引领性科技攻关；开展研发设计、科技服务、检验检测、信息服务等公共技术服务；鼓励多方投入设立产业创新基金；构建适应国情、立足产业、协同高效、支撑发展、开放协同创新生态。

（2）实施农业装备"强链补链"行动。推进企业"两化"融合，发展智能制造、绿色制造、服务型制造，培育创新型领军整机企业和高性能零部件"专精特新"中小企业；推进农业装备企业研发布局全球化及产业国际化，支持产业链、供应链稳定发展；完善财政、税收、保险、信贷等联动机制，优化农业装备购置补贴、新型农业装备和关键环节农业装备作业补贴等政策，形成以创新为导向的产业支持政策体系。

（3）实施农业装备"补短板"行动。部省联动、央地协同，分区域、分产业、分品种、分环节推进"补短板"行动；促进研发、制造、推广、应用一体化，探索建立"企业+合作社+基地"的农业装备产品研发、生产、推广新模式；加强全面全程机械化、信息化解决方案集成，支持高端、智能、绿色农业装备研发成果应用示范和推广；建立购置补贴、作业监测等农业机械化大数据平台，支持全程机械化、"互联网+农业装备"、智慧农场等试点示范，提升机械化、智能化水平。

技术路线图

农业装备产业技术路线图如图7-1所示。

7 农业装备

项目	2025年	2030年	2035年
需求	推进中国式现代化，创新驱动发展、乡村振兴、制造强国、农业强国等国家重大战略实施，构建现代化产业体系		
	树立大食物观，全方位夯实粮食安全根基，保障粮食安全，大力推进农业机械化、智能化，给农业现代化插上科技的翅膀		
	提升农机装备研发应用水平，迫切需求增强基础、增加品种、提升水平、完善功能、拓展领域，向高效化、智能化、绿色化发展，实现高水平科技自立自强、产业高质量自主可控		

目标

	2025年	2030—2035年
产业规模	产业规模稳居世界首位，农作物耕种收综合机械化率超过80%	进入农业装备制造强国前列，基本实现全程全面农业机械化、智能化
质量效益	质量可靠性水平达到世界先进水平	产业基础实现高级化，质量可靠性与世界先进水平平齐
结构优化	产品品种达到5000种以上，具备产业链、供应链自主可控能力，满足现代化农业需求，1～2家企业进入世界前列	高效、绿色、智能农业装备产品齐全，产业链、供应链实现现代化且形成引领能力，2～3家企业进入世界前列
持续发展	构建以自主创新为核心的产业技术创新能力	实现高水平科技自立自强，原创技术创新能力大幅跃升
	形成新一代智能农业装备技术、产品、服务体系	具备未来发展领先技术优势

重点产品

新型农业动力装备

- 300马力及以上全动力换挡拖拉机、液压机械无级变速拖拉机产业化 → 无人驾驶大型拖拉机产业化
- 100马力及以上混合动力（或增程式）拖拉机产业化
- 25马力及以上纯电动拖拉机产业化
- 大载荷农业无人机动力平台产业化 → 作业配套体系基本完备
- 通用型机器人化移动作业平台产业化
- 丘陵山区轻量化实用动力底盘产业化

图 7-1 农业装备产业技术路线图

项目	2025年 ---------- 2030年 ---------- 2035年
重点产品	**高速耕整与栽植装备**
	具备肥量及作业调节功能的高速水稻插秧机产业化 → 精量精准调控、自主作业等栽植装备实现产业应用
	具备作业测控的全自动高速移栽机产业化
	农田残膜回收机产业化
	智能平地机产业化 → 耕整装备高效化、智能化、精细化
	大型开沟埋管机产业化
	精量施肥播种装备
	6行及以上水稻精量直播机产业化
	小麦、玉米、大豆等精量施肥播种机产业化 → 复合播种、精量播种、机器人化播种等智能施肥播种机实现产业应用
	马铃薯、蔬菜、油菜等精量播种机产业化
	高效田间管理作业装备
	大中型自走式高地隙喷杆喷雾机、轻型水田自走式喷杆喷雾机产业化、智能化
	智能大型喷灌机组产业化 → 对象精准识别、水肥药智慧施用、自动无人作业实现产业应用
	智能水肥一体化滴灌设备产业化
	农情监测巡检设备及机器人产业化
	智能收获装备
	喂入量15kg/s及以上谷物联合收割机产业化 → 谷物联合收割机智能化、机器人化
	6行及以上大型智能采收、打包一体的采棉机产业化 → 大型自主智能采棉机实现产业应用
	高效低损玉米籽粒、甘蔗、油菜、秸秆及饲草料收获机产业化 → 玉米籽粒、甘蔗、油菜、饲草料高效智能收获机产业化
	丘陵山区轻简高效收获装备产业化
	设施果蔬采摘机器人产业化

图 7-1 农业装备产业技术路线图（续）

项目	2025年 ---- 2030年 ---- 2035年
重点产品 — 种业装备	种床整备、去雄授粉智能装备产业化 → 种床整备、播种、去雄授粉、高净度收获智能装备产业化
	复合精量播种、高净度低损收获装备实现产业应用
	精细分选、计数包装等精细识别加工成套设备，以及种子智能考种、活性和健康检测等种子品质检测设备产业化 → 种子干燥、分选、包装、溯源等智能加工成套设备及品质检测设备产业化
	高通量植物表型平台应用 → 机器人化高通量植物表型平台实现产业化
重点产品 — 畜禽水产养殖装备	环境精准监测与调控设备普遍应用
	畜禽水产个体行为与生长健康状况智能监测设备产业化 → 精量饲喂及投料设备产业化
	智能化挤奶系统、智能化集蛋系统、水产捕捞采收设备普遍应用 → 畜禽水产产品采集机器人产业化
	畜禽粪便固液分离机与病死畜禽无害化处理智能化设备普遍应用 → 防疫消毒自动化设备及机器人产业化
重点产品 — 农产品运贮与加工装备	粮食、果蔬等农产品节能干燥设备产业化 → 粮食、果蔬高效绿色智能干燥设备产业化
	粮食、果蔬、畜禽及水产品等智能控温控湿运贮设备产业化 → 农产品品质监测、环境调控、微生物滋生控制等智能成套设备产业化
	果蔬茶及中药材产地预冷、高效分拣及清选、规格切制、分等分级、自动包装等设备智能化、产业化
	畜类自动化屠宰、畜禽肉品智能化分割分级、水产品自动化剥制及分级等智能设备产业化 → 畜类屠宰、畜禽肉品分割、水产品剥制机器人化装备实现产业化
	60000枚/小时及以上禽蛋高通量检测及分级包装设备研发及应用 → 80000枚/小时及以上禽蛋高通量检测及分级包装设备研发及产业化
	农产品品质无损检测设备实现产业应用

图 7-1 农业装备产业技术路线图（续）

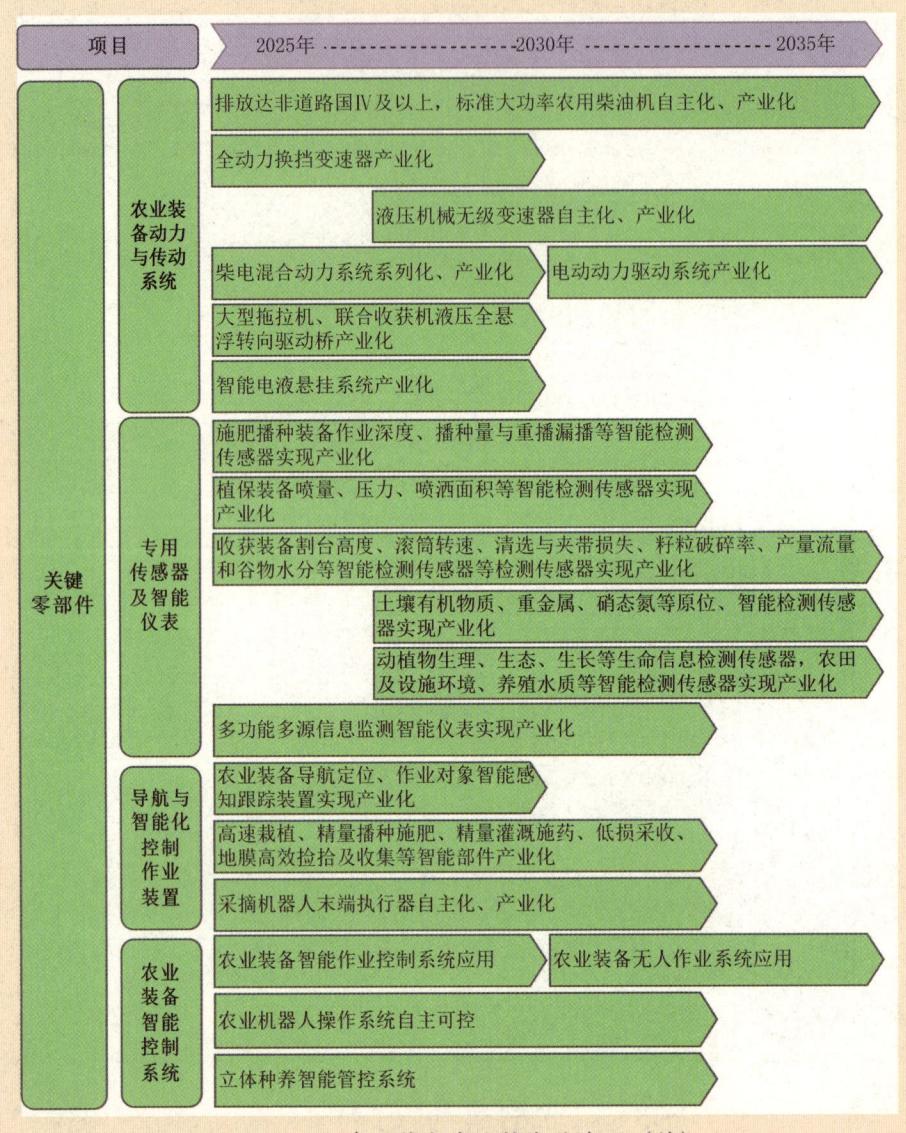

项目	2025年 — 2030年 — 2035年
关键零部件 — 农业装备动力与传动系统	排放达非道路国Ⅳ及以上，标准大功率农用柴油机自主化、产业化 全动力换挡变速器产业化 液压机械无级变速器自主化、产业化 柴电混合动力系统系列化、产业化 ／ 电动动力驱动系统产业化 大型拖拉机、联合收获机液压全悬浮转向驱动桥产业化 智能电液悬挂系统产业化
关键零部件 — 专用传感器及智能仪表	施肥播种装备作业深度、播种量与重播漏播等智能检测传感器实现产业化 植保装备喷量、压力、喷洒面积等智能检测传感器实现产业化 收获装备割台高度、滚筒转速、清选与夹带损失、籽粒破碎率、产量流量和谷物水分等智能检测传感器等检测传感器实现产业化 土壤有机物质、重金属、硝态氮等原位、智能检测传感器实现产业化 动植物生理、生态、生长等生命信息检测传感器，农田及设施环境、养殖水质等智能检测传感器实现产业化 多功能多源信息监测智能仪表实现产业化
关键零部件 — 导航与智能化控制作业装置	农业装备导航定位、作业对象智能感知跟踪装置实现产业化 高速栽植、精量播种施肥、精量灌溉施药、低损采收、地膜高效拾捡及收集等智能部件产业化 采摘机器人末端执行器自主化、产业化
关键零部件 — 农业装备智能控制系统	农业装备智能作业控制系统应用 ／ 农业装备无人作业系统应用 农业机器人操作系统自主可控 立体种养智能管控系统

图 7-1　农业装备产业技术路线图（续）

项目	2025年 ———————— 2030年 ———————— 2035年
关键共性技术	**设计与制造技术**
	农业装备数字化建模、虚拟设计、动态仿真验证等技术
	作业载荷、失效特征等检测、可靠性试验等技术
	关键零部件标准测试验证、性能指标数字化表征与检测技术
	农业装备新型动力与高效传动技术
	柴油机高压共轨燃油喷射、排放后处理技术
	柴电混合动力、纯电动、氢能动力、甲烷动力等新型动力系统在自走式农业装备中的应用技术
	高效驱动与传动、动力输出、能量智能管理技术，与作业机具、功能部件的协同控制技术
	农业装备传感与控制技术
	土壤、动植物、环境等信息表征、感知、获取技术
	农业装备工况检测与参数智能调控、高精度导航及定位、自动驾驶技术
	目标识别与动态跟踪、高精度伺服控制等农业机器人技术
	农业装备智能作业技术
	农业装备作业大数据智能分析与决策、自主作业、协同控制等智能作业技术
	故障自动预警与自动诊断、远程运维等智能管理技术
	环境精准调控、水肥种药精准施用、饲料精量投入、种苗精准分级等技术
	无人农场智慧管控技术
	高效绿色种养机械化技术
	高速种植、节水灌溉、水肥一体化、低损收获、秸秆资源化处理等高效绿色机械化、智能化技术、体系及模式
	畜禽、水产精细饲养、畜禽水产品采集加工等高效绿色机械化、智能化技术、体系、模式
	农产品产地保质运贮·分选分级高效绿色机械化、智能化技术、体系、模式

图 7-1　农业装备产业技术路线图（续）

项目	2025年	2030年	2035年
关键材料	硼钢、等温淬火球墨铸铁、高铬铸铁等高性能钢材在农业装备关键重要零部件生产制造中广泛应用		
	碳化铬、碳化钨、多元合金表面增材材料等在农业装备关键零部件耐磨延寿制造中广泛应用		
关键专用制造装备及检测设备 — 制造装备	变速箱、传动箱等复杂部件智能化、绿色化制造装备实现产业应用		
	联合收割机底盘、脱粒滚筒等自动焊接装备及质量检测设备实现产业应用		
	农业装备关键部件智能冲压、模压成型、增材制造、表面工程等成套智能装备实现产业应用		
关键专用制造装备及检测设备 — 检测设备	农业装备可靠性测试验证平台、整机出厂质量在线检测系统、田间试验测试系统实现产业应用		
	农业装备电液控制单元与系统硬件在环仿真平台、田间试验测试系统实现产业应用		
	农业装备专用传感器和农业机器人测试验证平台实现产业应用		
战略支撑与保障	完善农业装备产业技术创新体系。强化国家战略科技力量,推进原创性引领性科技攻关,建立共性技术和数据平台	构建适应国情、立足产业、协同高效、支撑发展、开放协同创新生态	
	实施农业装备"强链补链"行动。培育创新型领军企业和"专精特新"中小企业,推进研发布局全球化及产业国际化;完善财政、税收、保险、信贷等政策联动机制	发展智能制造、绿色制造、服务型制造,形成以创新为导向的产业政策体系	
	实施农业装备"补短板"行动。促进研发、制造、推广、应用一体化,加强全面全程机械化、信息化解决方案集成,支持高端、智能、绿色农业装备研发成果应用示范和推广;支持全程机械化、"互联网+农业装备"、智慧农场等试点示范		

图 7-1　农业装备产业技术路线图(续)

新材料

先进基础材料

先进基础材料产业重点发展的产品是先进钢铁材料、先进有色金属材料、先进石化材料、先进建筑材料、先进轻工材料、先进纺织材料。

关键战略材料

关键战略材料产业重点发展的产品是高温合金、高性能耐热耐蚀合金、高强高韧高耐蚀轻合金、高性能纤维及其复合材料、新型能源材料、先进半导体材料和芯片制造及封装材料、稀土功能材料、电子陶瓷、人工晶体、高性能分离膜材料、新型显示材料、新一代生物医用材料、生物基材料。

前沿新材料

前沿新材料产业重点发展的产品是超材料、增材制造材料、超导材料、智能仿生材料、石墨烯材料。

先进基础材料

先进基础材料是钢铁、有色金属、石化、建筑、轻工、纺织等行业中性能优异、量大面广、应用范围宽的精品材料,具有"一材多用"的特点,既在国民经济和国防建设各个领域起着保障作用,又是支撑航空航天、现代交通、海洋工程、先进能源、电子信息等高端制造业和战略性新兴产业发展的基础材料,是材料产业的"压舱石"。

需求 先进基础材料产业是实体经济不可或缺的发展基础,更是新时期实现经济、国防、民生高质量发展的物质基础。我国百余种先进基础材料产量已达世界第一,但存在总体产能过剩、产品结构不合理、高端应用领域尚不能完全实现自给等突出问题,并面临资源、能源与环境的挑战,迫切需要实施精品制造、智能制造、绿色制造战略。

发达国家重振制造业,我国也制定了多项国家规划,以提升制造业的发展水平,对先进基础材料的高性能、差别化、功能化,以及材料制备过程的绿色化、智能化提出了更为迫切的需求。

目标 2025年,先进基础材料中高端产品占比达到30%,智能化制造与服务的理念和技术初步融入基础材料的设计、生产、服务全过程,二氧化碳等温室气体排放量减少10%,自主保障能力超过90%。

2030年,先进基础材料中高端产品占比达到40%,智能化制造与服务的理念和技术基本融入先进基础材料的设计、生产、服务全过程,二氧化碳等温室气体排放量减少15%。

2035年,先进基础材料中高端产品占比达到50%,智能化制造与服务的理念和技术全面融入先进基础材料的设计、生产、服务全过程,二氧化碳等温室气体排放量减少20%。

发展重点

1. 先进钢铁材料

▶ **先进制造零部件用钢**

突破先进装备用高端轴承、齿轮、工模具、弹簧、紧固件等关键基础件用钢的合金化再设计、高洁净冶炼、均质化与细质化制造、高性能基表热处理及应用评价等系列关键技术,重点发展高效节能电机、高端发动机、飞机起落架、高速重载铁路、高端精密机床、高档汽车、工程机械与极端环境装备等先进制造零部件用高性能钢铁材料,建立先进制造零部件用钢的研发、生产和评价平台,保障关键零部件寿命和性能稳定性。

▶ **高性能海工钢**

通过 690MPa 级低预热焊接特厚板(100mm 以上)及无缝管、420~460MPa 级可大线能量焊接厚板,以及 R6 级大规格锚链钢的研发、生产、应用技术和规范标准研究,实现工程化示范考核,满足我国 121.92m(400ft) 以上自升式平台、重型导管架平台,以及新一代半潜式平台对国产材料的迫切需求;降低高端海工钢的生产成本。

▶ **高技术船舶用钢**

发展船体结构用耐低温钢、超大型油轮用可大热输入耐蚀钢板及配套材料、货油舱用耐蚀钢、集装箱船用高止裂钢(最大厚度达到100mm,止裂钢脆性断裂指标 $K_{ca} \geq 8000N/mm^{3/2}$),并实现产业化生产。开发极地、极寒等苛刻环境科考作业船舶用钢,研发高性能、轻质化、结构与功能复合的船舶用钢及复合金属材料。

▶新型高强高韧汽车钢

研发汽车车身结构件和加强件用包括 Q&P（淬水-配分）钢、中锰钢、δ-TRIP（相变诱发塑性）钢、TWIP（孪晶诱发塑性）钢、低 Mn-TWIP 钢、低密度钢等在内的新型超高强高韧汽车用钢，强塑积达到 20~50GPa%。

▶高速、重载轨道交通用钢

突破 350km/h 以上高速列车及 30~40t 轴重重载列车车轮、车轴、钢轨用钢高断裂韧性、高疲劳性能、高耐磨性的协同控制，研发承载寿命 2 亿~4 亿吨级快速重载铁路用钢，研发川藏铁路用高耐磨、高耐蚀、抗变温钢轨及辙叉用钢，开发 400km/h 高速列车用新型转向架构架用易焊接高耐候钢、高速车轮和车轴用钢。

▶新一代建筑桥梁用钢

开发屈服强度 500MPa 级以上高强度低屈强比（≤0.80~0.85）建筑用抗震、耐蚀、耐火功能复合化钢板；突破建筑用钢 600℃耐火性能（600℃屈服强度不低于室温强度指标的 2/3）；开发适合我国东南海域气候条件的抗高湿热、高浸蚀、强辐射、强风暴建筑用钢。发展屈服强度 500MPa 级以上高强高韧、低屈强比（≤0.80~0.85）、易焊接、耐候桥梁钢板；开发适合我国高原复杂环境的耐候桥梁钢板及复合板。

▶先进能源用钢

突破超大输量油气管道用超高强管线钢、厚/特厚规格管线钢的断裂韧性、强韧化匹配控制技术，突破深海油气资源开发用海洋立管及管线管的强塑性匹配、高疲劳性能、高尺寸精度控制技术，研发 X90~X120 超高强管线钢、X80 超厚规格（厚度为 33mm 以上）管线钢、海洋油气开发用高强高塑抗疲劳管线管及立管用钢，满足油气资源开发对高性能管线钢的迫切需求；突破 630~700℃高蒸汽参数先进超超临界机组用钢关键技术，推动630℃以上高蒸汽参数先进超超临界机组用国产耐热材料的工程化、产业化和示范工程应用；发展核级低合金钢、不锈耐热钢。

2. 先进有色金属材料

▶大品种轻合金结构材料

新型高强高韧、低淬火敏感性铝合金预拉伸板；高性能5XXX系、6XXX系铝合金车身板；中高强耐蚀船用铝合金；大口径钛合金管材，钛合金连续油管，海洋工程用耐蚀可焊钛合金宽厚板，低成本钛合金型材；大尺寸、高性能铸造镁合金材料。

▶功能元器件用有色金属关键配套材料

开发宽度在600mm以上高纯无氧铜压延铜箔等配套材料；研发抗拉强度为900～1350 MPa、弹性模量为$135×10^3$～$140×10^3$MPa、δ（延伸率）为4%～9%、150℃/100 小时应力松弛≤2%、在室温和3.5%Cl^-+0.5%S^{2-}条件下的腐蚀速率≤0.01毫米/年的超高强铜合金的板、带、箔、管、棒、线。

▶稀贵金属材料

在现有基础上提高稀贵金属及高纯金属纯度1～2N，注重材料的循环再生与高效利用，利用率提高10%。

3. 先进石化材料

▶润滑油脂

注重基础油的开发与利用，实现先进制造装备用液压油、重载工业齿轮油、航空与航海用透平油、复合基润滑脂中最常见工业润滑油脂的通用型产品的自主知识产权配方开发；重点发展满足电子、能源、交通、航空航天等领域使用的高性能、长寿命空间润滑剂产品和芯片制造配套电子级润滑油等。

▶高性能聚烯烃材料

在改善高碳α-烯烃供应条件的基础上,加快高碳α-烯烃改性聚乙烯发展,同时茂金属催化聚烯烃技术取得突破,突破茂金属聚乙烯、聚烯烃弹性体(POE)、高压聚乙烯的国产化聚合技术;超高分子量聚异丁烯等的工业化生产技术实现规模化应用。提升新产品和高端牌号及专用料比重,2025年力争高端聚烯烃塑料的自给率提升到70%左右。

▶聚氨酯材料

聚氨酯复合材料、改性材料广泛应用,聚氨酯产品质量明显改善,用户体验良好。生物基、可降解聚氨酯材料得到应用,开发高端功能性聚氨酯树脂材料的关键技术,并形成自主知识产权的成套技术,固体废物回收、处置和再利用得到改善,聚氨酯产业链条上下布局合理,一体化水平世界领先,使我国成为原料和制品的重要出口国。

▶氟硅材料

发展各类苯基聚硅氧烷、超高分子量聚硅氧烷产品,超低挥发、低离子含量的高纯聚硅氧烷产品、产品质量达到国际先进水平。重点开发无溶剂型硅树脂、个人护理用硅树脂、电子灌封胶/密封剂用硅树脂、重防腐涂料用改性聚硅氧烷涂料,以及高透明、耐高温、防水、防紫外线的发光二极管(LED)和太阳能电池封装用硅树脂,耐高温、高绝缘性的有机硅模塑料,耐热、耐候、防污等有机硅涂料新品种。发展水性PVDF(聚偏二氟乙烯)、水性FEVE(三氟氯乙烯共聚物)、水性含氟丙烯酸乳液、PVDF粉末、FEVE粉末、高固体份FEVE等氟硅树脂,实现自给有余,并有较高比例出口。

▶特种合成橡胶和弹性体

突破耐低温（-60℃以下）与耐多类油脂的聚膦腈橡胶的生产技术。重点发展溴化丁基、氢化丁腈、高端溶聚丁苯、稀土异戊橡胶、高端苯基硅橡胶和电子用硅橡胶；重点发展全氟醚橡胶、耐低温氟橡胶、四丙氟橡胶、高含氟耐含醇燃料氟橡胶、过氧化物硫化氟橡胶。开发无卤阻燃动态硫化热塑性弹性体。

▶工程塑料及特种工程塑料

重点发展通用工程塑料聚苯醚（PPO）树脂、高流动性尼龙树脂[PA6、PA66及单体、生物基尼龙、聚甲醛（POM）、聚对苯二甲酸丁二醇酯（PBT）]、特种工程塑料聚苯硫醚、聚酰亚胺（PI）树脂原料、特种工程塑料杂环聚芳醚系列（PPESK、PPENSK，包括高性能热塑性复合材料）、聚醚醚酮（PEEK）、聚砜（PSF）聚醚砜（PES）、耐高温尼龙（PA46、PA6T、PA9T、PA12）、聚芳酯和液晶材料，以及高性能功能涂料、特种胶黏剂用的配套特种工程塑料等。

▶催化剂及催化材料

重点发展第六代聚烯烃催化剂、高端炼油催化剂、茂金属催化剂、高端催化材料、助催化剂、高端工业生物催化剂等。开发高端催化剂及催化材料的生产技术，形成具有自主知识产权的成套技术。

▶高端高分子材料加工工艺

重点发展材料双向拉伸技术及配套高分子基材（如双向拉伸聚丙烯薄膜、双向拉伸聚酯薄膜等）、固相拉伸技术、纳米注塑技术、新型吹塑技术及3D打印用低形变材料（ABS塑料[①]等）、生物相容性材料（如聚乳酸）

---

① ABS塑料：丙烯晴（A）、丁二烯（B）、苯乙烯（S）三种单体的三元共聚物。

等高端高分子材料加工技术及装备。开发高端高分子材料加工工艺，形成具有自主知识产权的成套技术。

4. 先进建筑材料

▶极端环境下重大工程用水泥基材料

研发满足水电工程的冲刷磨损破坏混凝土，非贯穿裂缝、渗漏快速修补水泥基材料；开发满足海洋工程用高抗侵蚀低碳水泥基胶凝材料，超高强、高韧低碳水泥基复合材料；攻克满足超低温海洋油田固井水泥制备技术，研发复杂地质环境下固井（高温、酸性气体侵蚀）自修复水泥基材料；开发满足轨道交通用道桥混凝土结构超快速修复水泥基材料；开发满足结构性能和功能提升、特殊建造、未来建造、可自修复、绿色低成本、可持续发展等需求中不可或缺的新型高性能水泥基材料。

▶功能化、智能化玻璃材料

加强10.5代/11代TFT-LCD（薄膜晶体管液晶显示器）玻璃基板、大尺寸OLED（有机发光二极管）玻璃基板、太阳能薄膜发电玻璃等高端技术玻璃基础理论及产业化技术研究，开发柔性、智能感知等新型超薄玻璃和新一代光电建筑用高转化效率太阳能薄膜发电玻璃，实现传统材料与信息材料充分融合、建材的智能感知与物联网的全面融合。研发绿色建筑所使用的外围护建材材料（如大面积电致变色智能玻璃、智能感知显示玻璃等），整体技术达到国际领先水平。智能光伏与建筑一体化建材制备技术得到全面应用。

▶工业陶瓷材料

攻克关键基础陶瓷高端粉体材料、新型陶瓷部件的绿色智能制造技术，攻克静压氮化硅陶瓷轴承球、微波介质陶瓷等材料的批量制备技术，实现全规格热等静压氮化硅陶瓷轴承球大批量制造，达到国外同类产品的先进水平。开发高效、高温 CO_2 陶瓷分离膜材料,突破电池隔膜用大尺寸中空、薄壁、异型陶瓷电解质膜构件成型、加工与组装等关键技术,形成自主工程化稳定生产能力。突破大功率器件IGBT(绝缘栅双极型晶体管)用高导热、高强度氮化铝覆铜基板制备技术。高性能非氧化物陶瓷粉体实现大批量制备,关键装备制造实现自主可控。突破国产高性能陶瓷纤维关键制备技术,提高规模化、工程化建设能力。

▶ 环境友好型非金属矿物功能材料

开发农业农村、生物医药、环境治理与环境调节用矿物功能材料,突破伴生萤石矿等优势矿种的选别方法理论和选矿技术。深入研究矿物材料设计与制备的新原理与新方法,以及纳米尺寸矿物材料理化性能;研发精深加工技术,研制隔热防火复合矿物功能材料、大功率石墨基相变储能材料等高端非金属矿物材料。

5. 先进轻工材料

▶ 高性能纸基材料

重点发展高性能纸基或纸基复合材料,实现进口替代和原始创新。研发高精度、高容量、高效率的过滤分离材料。研发特高压用电气绝缘纸和纸板,超级电容器纸隔膜材料。研发液体食品保鲜纸基包装材料、纳米纤维素基阻隔包装材料、代塑限塑用可降解纸基替代材料。研发纤维素纤维-天丝(Lyocell)用高纯度溶解级纸浆材料。

▶ 高性能皮革材料

重点发展无铬鞣皮革,收缩温度≥95℃。研发阻燃皮革,水平燃烧速度≤100mm/min。开发抗菌抑菌皮革,对大肠杆菌、金黄色葡萄球菌和白色念珠菌的抑菌率≥95%。研发具有防水、防油、防污性能的"三防"皮革,弯曲次数为≥15000次,皮革防水性:防水渗透,防油污性级别≥6级。研发可洗皮革，色泽牢度（耐光、耐水洗）≥4级，面积收缩率≤3%。开发高强度皮革，抗拉强度≥200MPa。

6. 先进纺织材料

▶ **差别化功能纤维材料**

研发分子结构设计与可控聚合、新型催化体系、新型功能添加组分制备与分散混合、大容量原位连续聚合、大容量液相增黏、超细纤维形态结构精确控制等关键技术与核心装备，实现超仿真、原液着色、阻燃、抗静电、抗菌、可生物降解等差别化功能纤维的品质、功能的升级换代，以及规模化、智能化制备，满足高端纺织品和工业领域的需求。

▶ **生物基纤维材料**

突破高效生物发酵、精制技术，纤维用再生纤维素浆粕国产化技术，实现高纯度生物法呋喃二甲酸、丙交酯、二元胺、二元醇等原料的生物基单体高品质、规模化、低成本制备；突破Lyocell国产化装备大型与超大型化技术，低成本原纤化控制技术，PLA（聚乳酸，又称聚丙交酯）立构复合技术，生物基合成纤维大容量连续聚合直纺技术，海藻、壳聚糖、蛋白纤维等低成本、高品质制备技术，实现生物基纤维的规模化、高品质化制备与高水平应用。

▶ **非织造纤维材料**

突破静电纺、闪蒸纺等超细纤维、纳米纤维高效率制备，多工艺、多组分、多规格复合，特种纤维湿法均匀成网；突破制造过程高效、节能、柔性化、复合化、智能化关键技术与核心装备；实现超细、高强、耐温、长效驻极、可降解、粗旦、绿色非织造材料等非织造纤维材料品质、功能的升级换代和规模化、柔性化制备，满足过滤、分离、医疗、防护、救援、土工建筑、电池、包装等特殊功能和特殊领域的高端需求。

▶ 纺织复合材料

研发复合材料设计、制造一体化技术，复杂预制体制备技术、热压预定型技术，高精度混合注射技术，防热-透波一体化材料技术，飞艇蒙皮等材料的多层结构与功能涂层复合技术、囊体等宽幅材料的多层涂层及稳定控制技术、柔性可展开复合材料应用技术等；开发危险化学品、核工业、疫情等救援的高阻隔材料，消防救援的防火隔热材料，安全事故应急处理的防刺防爆材料，伪装与屏蔽多功能材料，汽车车身、飞机壳体、大型船舶、安全防护、临近空间等应用领域的复合材料产品。

▶ 回收再利用纤维材料

突破废旧纺织品快速识别与分拣技术、预处理技术、化学法规模化高效率再生技术等，实现废原料、废旧瓶、废旧纯纺与混纺织物的高效率、高比例利用，制备出高品质、差别化功能再生纤维材料。

战略支撑与保障

（1）建立重点基础材料的"产、学、研、用"创新发展平台，平台间相互依靠、支持、长期合作，实现双赢目标，以解决材料制备与服役脱节、需求与供应脱节的突出问题。

（2）建立健全基础材料全生命周期（LCA）服役评价平台。

（3）加强基础共性标准、关键技术标准和重点应用标准的研究制定；建立专业化的新材料认证评价体系，培育发展我国自主的专业性材料质量认证品牌；积极参与国际标准化工作，与国际认证结果形成互认。

（4）完善第三方检测评价等公共服务平台、新材料技术成熟度评价体系和新材料产品认定体系，构建国家基础材料数据库，开展专业质量认证评价工作，实施先进基础材料质量提升评价示范项目。

技术路线图

先进基础材料产业发展技术路线图如图 8-1 所示。

项目	2025年 — 2030年 — 2035年
需求	我国在钢铁、有色金属、石化、建材、轻工、纺织等基础材料方面有较好的基础和优势，大多数大宗材料产量居世界首位。通过持续科技投入，有力地促进了各行业科技创新能力的提升，形成了一批竞争能力较强的优势企业，组建了若干创新平台，为支撑材料产业持续发展提供了有力支撑。但同时，我国基础材料产业的技术水平、国产化技术装备与世界领先水平之间依然存在较为明显的差距
目标 — 总体目标	通过先进基础材料产业的升级换代，提升先进基础材料产业的整体竞争力。实现先进基础材料的性能均匀一致、制造绿色智能、应用满足需求、标准引领发展的目标。先进基础材料的高端产品，应具有国际视野的材料研发自主创新能力，具备实现高端产品布局、研发、生产、应用、标准全环节的能力，具备自主集成高端产品制造装备的能力，高端产品具备与先进制造强国的产品竞争的能力
目标 — 先进钢铁材料	吨钢CO_2排放降低到1.8t；吨钢能耗下降5%；电炉钢比40%；废气排放按超低排放标准占80%；废水处理达标不外排100%；固体废物利用率98%（其中钢渣利用率>80%） / 吨钢CO_2排放降低到1.5t；吨钢能耗下降5%；电炉钢比>40%；废气排放按超低排放标准占100%，达到国际领先水平；废水处理达标不外排100%，达到国际领先水平；固体废物利用率100%
	工艺生产线少人/无人化占80%；协同优化占90%；决策智慧化占70% / 工艺生产线少人/无人化占90%；协同优化占100%；决策智慧化占90%
	主要品种自主保障率超过95%；大部分产品性能质量达到世界水平；形成品种生产、应用评价与标准规范体系 / 主要品种自主保障率超过98%；材料质量稳定性、可靠性、适用性整体达到国际先进水平，满足国民经济建设、重大工程、高端装备制造等需求
目标 — 先进有色金属材料	先进有色金属材料产业整体水平达到国际领先水平，实现大规模绿色制造和循环利用，建成高性能金属材料产业创新体系，实现金属材料的自给和输出，领导全球相关产业的发展。突破下一代高强韧铝合金大型整体结构件、新一代超高强和超高导电铜合金及其复合材料、高性能低成本钛合金和镁合金及其复杂精密加工材料产业化核心技术。到2035年，国家重大工程用先进有色金属材料实现保障，形成12000亿元的金属材料产业规模并带动相关产业规模达到40000亿元，促进交通运输领域节能40%以上、减排50%以上
目标 — 先进石化材料	工程塑料、合成树脂、合成橡胶和高分子复合材料实现高性能化，掌握特种高端石化材料制备技术并形成自主知识产权的成套技术，部分产品具备国际竞争力
目标 — 先进建筑材料	形成产品门类齐全的先进建筑工业体系，材料制造技术水平与产品性能达到或超过国际龙头企业的水平。建立完善的建材先进基础材料产业科技创新体系，形成若干在国际上具有一定影响力的基础研究中心与共性关键技术输出中心，形成覆盖各类产品的技术标准体系与核心专利布局，大幅度提高我国重大工程的先进建筑材料自主保障率

图 8-1　先进基础材料产业发展技术路线图

8 新材料

项目			2025年 —————— 2030年 —————— 2035年
目标	先进轻工材料	高性能纸基材料	高性能纸基材料总体水平进入世界先进行列。绝大部分产品性能指标达到或接近国际同类先进产品；满足我国高新技术发展对高性能纸基材料的需求；重点发展品种自给率提升至20%；高性能纸基材料（特种纸和纸板）的产量占比从5%提高到6%	实现高性能纸基材料的跨越式发展，建成高性能纸基材料自主创新体系；主要装备实现国产化；一些关键技术能够引领国际高性能纸基材料行业的发展。重点发展品种自给率提升至50%以上；高性能纸基材料（特种纸和纸板）的产量占比从6%提高到8%
		高性能皮革材料	突破下一代皮革生产及相关制品产业的工程化能力，重点发展材料实现进口替代。形成1000亿元高性能皮革材料产业规模，带动相关产业规模达到3000亿元，促进全行业领域节能30%以上、减排40%以上	皮革材料整体水平达到国际领先水平，实现皮革全行业全面的绿色制造、生态制造和循环利用，实现绝大部分高性能皮革材料的自给和输出。突破下一代皮革生产及相关制品产业的核心技术。形成2000亿元高性能皮革材料产业规模，促进全行业领域节能40%以上、减排50%以上
	先进纺织材料		自主创新能力与产业总体水平国际领先，中高端产品、绿色纤维材料总量均居全球第一，先进纺织材料重点企业实现智能制造，拥有若干有国际竞争力的跨国公司和品牌产品	
发展重点	先进钢铁材料	先进制造零部件用钢	基本满足高端先进装备关键零部件的需求，实现长寿命、性能稳定产品的绿色制造、智能制造	全面满足高端先进装备关键零部件的需求，形成有国际竞争力的品牌产品
		高性能海工钢	齿条钢特厚板关键服役性能达到或超过同类型进口产品。开发420～460 MPa级高强韧特厚钢板及配套焊接技术，稳定产品质量，建立统一的产品规范	形成具有我国海域特色的全系列、全品种海洋平台用钢体系
		高技术船舶用钢	发展51kg、56 kg集装箱船用止裂钢、船体结构用轻质钢、400 kJ/cm及以上大线能量焊接钢，稳定产品质量，建立统一的产品规范	形成具有我国自主知识产权的系列高技术船舶用钢体系
		新型高强韧汽车钢	突破先进高强度钢的质量一致性控制、应用技术和低碳化生产技术，实现先进高强度钢及零件的质量一致性控制	实现轻质超高强韧钢产业化应用
		高速、重载轨道交通用钢	推动高速、重载车轮、车轴用钢以及转向架构架用易焊接高耐候钢分别在350km/h以上高速列车及30～40吨轴重重载列车应用；实现高耐磨、高耐蚀、抗变温钢轨及辙叉用钢在川藏铁路应用	建立综合考虑安全性与经济性的高速、重载钢轨服役性能考核与综合评价体系；开发400km/h以上列车用新型高速车轮和车轴用钢；进行示范应用及推广
		新一代建筑桥梁用钢	实现屈服强度690MPa级高强韧、抗震耐蚀耐火钢板、型钢及配套的连接材料在高浸蚀、强风暴环境中的应用；实现屈服强度550MPa级以上高强韧、易焊接、耐候钢板及复合板在高海拔、高寒环境中的应用	研发适用于极端腐蚀、高海拔、高寒环境下的功能复合化钢板、高耐蚀钢筋、高性能型钢，完善配套连接材料，满足我国在海洋、高原、冻土等复杂环境下基础建设用钢需求

图 8-1　先进基础材料产业发展技术路线图（续）

项目			2025年 —————————— 2030年 —————————— 2035年	
发展重点	先进钢铁材料	先进能源用钢	开发适用于各种特殊环境的高强韧、高塑性、抗疲劳管线钢新材料，满足油气管道建设需求，保障油气管网运行安全；形成我国自主的先进核电用钢规范标准体系，建立先进核电用钢研究评价体系和公用技术平台；650～700℃高蒸汽参数大型高效超净排放煤电机组关键用国产耐热材料通过考核认证	满足我国油气管网建设需求，进入国际高端市场；实现核电材料设备数字化制造一体化及协作；实现650～700℃高蒸汽参数大型高效超净排放煤电机组关键用国产耐热材料的工程化、产业化和示范工程应用
	先进有色金属材料	大品种轻合金结构材料	五代铝合金国产化率达到80%以上，航空航天用轻合金产量20万吨/年，交通运输用轻合金300万吨/年。超薄铝箔在动力电池领域实现80%的替代	五代铝合金全面国产化，开发具有国际领先水平的六代铝合金，航空航天用轻合金产量30万吨/年，交通运输用轻合金产量400万吨/年
		功能元器件用有色金属关键配套材料	开发新一代高强极薄高纯铜箔；新一代高强高导、高强高弹、耐磨耐蚀等先进铜合金材料实现产业化，替代50%的同类材料	超薄高纯铜箔产量达到200万吨/年。新一代高强高导、高强高弹、高强耐磨等先进铜合金材料实现产业化，替代80%的同类材料
		稀有稀贵金属材料	产业化生产纯度达6~8N的高纯Ga、Se、Zn、Te、Cd、As、Sb等金属；4N5超细稀土金属及合金靶材；产业化生产纯度达≥5N5的高纯Ti、Ta、Co、W、Mn等金属；铂族金属二次资源回收利用；高纯高洁净稀有稀贵金属合金多元靶材及电子封装材料高性能锆/铪合金材料等高性能稀有稀贵金属材料国产化率达到70%以上，替代30%的同类普通材料	高纯金属替代同类普通材料的比例达到90%。稀有稀贵材料全面实现国产化，实现普通同类材料完全替代
	先进石化材料	润滑油脂	重点发展满足电子、能源、交通、航空航天等领域使用的高性能长寿命空间润滑剂产品和芯片制造配套电子级润滑油等。形成自主知识产权的产品开发体系，主要产品达到国际先进水平	主要产品具备国际竞争力，部分产品达到国际领先水平，并实现出口
		高性能聚烯烃材料	发展茂金属聚丙烯、聚烯烃弹性体等高端聚烯烃制备关键技术，开发高端聚烯烃成套技术并形成自主知识产权	建立国际先进的、品种与类型完善的高性能聚烯烃系列产品的规模化生产技术，产品种类范围覆盖大部分国外同类产品，形成自主创新牌号，抢占国际市场
		聚氨酯材料	开发高端功能性聚氨酯树脂材料的关键技术，并形成自主知识产权的成套技术	建立全球领先的高端功能性聚氨酯树脂材料的合成、加工、应用技术

图 8-1　先进基础材料产业发展技术路线图（续）

项目	2025年—————2030年—————2035年	
先进石化材料 — 氟硅材料	突破高端氟硅材料生产的关键技术，开发拥有自主知识产权的成套技术	建立全球领先的高端氟硅材料的合成、加工、应用技术
先进石化材料 — 特种合成橡胶	开发高端橡胶材料的关键技术，并形成自主知识产权的成套技术，技术和产品达到国际先进水平	实现合成橡胶产业升级，整体竞争力达到国际先进水平，产品具备国际竞争力
先进石化材料 — 工程塑料及特种工程塑料	发展高端工程塑料及开发特种工程材料的关键生产技术，形成自主知识产权的成套技术	实现高性能工程塑料在航空航天、核能等重大工程领域的应用技术提升，整体竞争力达到国际先进水平
先进石化材料 — 催化剂及催化材料	发展具有高端催化剂及催化材料的关键技术，形成自主知识产权的成套技术	形成完善的高效催化技术体系，满足石化、化工需求，技术达到世界先进
先进建筑材料 — 极端环境下重大工程用水泥基材料	满足水电工程的混凝土及修补水泥基材料；满足海洋工程用低碳水泥基胶凝材料及复合材料；满足复杂地质环境下固井自修复水泥基材料；满足轨道交通用超快速修复水泥基材料	完善水工大坝工程的裂缝修补，保障大坝工程安全运营；发展极地严寒、超深页岩气等新型油气资源开发固井水泥基材料；建立油气井固井水泥完整性评价体系，提高油气井采收率和服役寿命；保障高放射性废物地下实验室和地质处置工程安全运行；实现负温条件下水泥基材料正常工作，解决极寒地区海洋工程施工难题；海工大体积混凝土工程用低热水泥、微膨胀高抗裂海工水泥，实现产业化生产和应用
先进建筑材料 — 功能化、智能化玻璃	实现玻璃的功能化、智能化升级，实现高选择性、稳定性低辐射镀膜玻璃的智能改造。大幅提升高强盖板玻璃产品质量，解决10.5代/11代TFT-LCD超薄基板产业化技术难题。突破新一代光电建筑用高转化效率太阳能薄膜发电玻璃关键制备技术与核心装备国产化，完成示范线的建设	实现传统材料与信息材料的充分融合，实现建材的智能感知与物联网的全面融合。绿色建筑所使用的外围护建筑材料，如大面积电致变色智能玻璃、真空玻璃、智能感知显示玻璃等，整体技术水平达到技术领先。智能光伏与建筑一体化建材制备技术得到全面应用

图 8-1　先进基础材料产业发展技术路线图（续）

项目			2025年 —————————— 2030年 —————————— 2035年

<table>
<tr><th colspan="3">项目</th><th>2025年</th><th>2030年 — 2035年</th></tr>
<tr><td rowspan="12">发展重点</td><td rowspan="6">先进建筑材料</td><td rowspan="3">工业陶瓷材料</td><td>实现高端氮化硅陶瓷轴承球批量制造，攻克微球（直径小于1mm）高效近净尺寸成型技术，大尺寸规格（25.4~50.8mm）静压陶瓷轴承球制造技术；超、特高压带釉瓷芯复合绝缘子批量制备关键技术，圆柱头悬式瓷绝缘子绿色、智能制造；大功率器件IGBT用高导热、高强度氮化铝覆铜基板制备技术；高温陶瓷膜材料的烧结增韧技术，高强度陶瓷纤维膜材料制备技术及与纳米催化剂的高效复合技术，大尺寸陶瓷平板膜材料的功能改性技术，CO_2陶瓷分离膜材料制备技术；高纯超细氮化硅、氮化铝等非氧化物陶瓷粉体绿色制备技术</td><td>攻克中大尺寸氮化硅陶瓷轴承球、组分均化、自动化造粒、自动化成型及表面缺陷智能检测等产业化技术；带釉瓷芯复合绝缘子、防"污闪"绝缘材料、圆柱头悬式瓷绝缘子产业化，高压直流用非线性瓷绝缘子关键技术；高效高温CO_2陶瓷分离膜材料，高性能、大尺寸、异型电解质陶瓷膜构件；非氧化陶瓷粉体的原料处理、稳定控制、在线监测等规模化技术</td></tr>
<tr><td>环境友好型非金属矿物功能材料</td><td>渗透系数≤$50×10^{-11}$m/s的防渗材料，难溶钾转化率≥80%及生防菌≥$2.5×10^{13}$个/千克的土壤修复剂，悬浮物SS 30mg/L、COD＜100mg/L的水处理剂，指定摩擦系数0.4±0.06的摩擦材料，导热系数≤0.05W/(m·K)的保温材料，氧指数≥35%的阻燃剂及高强石膏、高效冶金保护渣、高端石墨制品、高效催化剂、助滤剂、缓控释药物和化肥、高性能聚合物等典型新材料</td><td>突破伴生萤石矿等优势矿种的选别方法理论和选矿技术。隔热防火复合矿物功能材料、大功率石墨基相变储能材料等高端非矿材料，满足农业农村、生物医药、环境治理与环境调节的需求，技术水平达到国际领先水平</td></tr>
<tr><td rowspan="6">先进轻工材料</td><td colspan="2">过滤分离材料领域形成"产、学、研"创新体系，主要产品类别的品种和性能满足航空航天、交通运输和军工装备的需求 | 过滤分离材料形成自主知识产权体系，智能化制造技术实现工业化应用，部分品种产品质量达到国际领先水平</td></tr>
<tr><td rowspan="4">高性能纸基材料</td><td>特高压变压器用绝缘纸和纸板、高等级芳纶绝缘纸、耐电晕性的芳纶云母纸基绝缘材料在国家重大工程中自给率≥70%</td><td>纸基电气绝缘材料形成自主知识产权体系，总体达到国际领先水平</td></tr>
<tr><td>阻隔包装材料：重点突破纸基液体包装复合材料、高档纸浆模塑制品、纳米纤维素基阻隔包装材料、代塑限塑纸基替代材料的技术与产业化障碍，满足食品、化妆品和高档包装材料的安全化和绿色化消费需求</td><td>形成高性能纸基阻隔包装材料的产业化创新体系，建立资源节约型的可降解、可循环、使用安全的绿色包装材料工业，技术水平和创新能力国际领先</td></tr>
<tr><td>以竹材和麻类原料开发高等级溶解浆粕，实现特色LyoceLL纤维的产业化</td><td>形成系列化高等级溶解浆粕材料供给能力，满足纺织行业占据国际竞争优势地位的需求，支撑我国纺织行业高端面料和纺织品的发展</td></tr>
<tr><td>高性能皮革材料</td><td>建立高性能皮革生产示范工厂；实现绝大部分高性能皮革材料的自给；实现下一代皮革生产及相关制品产业的工程化</td><td>大规模推广高性能皮革生产工艺；建成产业创新体系，实现绝大部分高性能皮革材料的自给和部分高性能皮革材料输出</td></tr>
</table>

图 8-1　先进基础材料产业发展技术路线图（续）

项目	2025年	2030年	2035年
差别化功能纤维材料	突破万吨规模功能聚酯、聚酰胺原位连续聚合技术，非重金属新型催化体系等关键核心技术，可降解聚酯单线产能≥5万吨/年；实现超仿真、原液着色、阻燃、抗静电、抗菌、可降解等产品的升级换代，以及规模化、智能化制备；高端产品产量达到1200万吨，聚酯纤维等材料实现全流程智能化		中高端产品产量达到3000万吨，居全球第一，占我国化学纤维总量的50%以上；实现制造全流程的智能化，达到国际领先水平；拥有若干有国际竞争力的跨国公司和品牌产品
生物基纤维材料	突破戊二胺、1,3丙二醇、呋喃二甲酸、丙交酯等纤维原料高品质、规模化、低成本制备，Lyocell大型化、低成本抗原纤化，高品质PLA、生物基聚酯、生物基聚酰胺大容量连续聚合国产化技术；Lyocell单釜溶解能力≥3万吨/年，万吨规模丙交酯国产化，聚乳酸、生物基聚酯、生物基聚酰胺连续聚合单线产能≥3万吨/年；生物基纤维总量达到200万吨		实现全生物基聚酯、聚酰胺工业化，生物基纤维总量达到500万吨，产量居全球第一，在高端产品中广泛应用，形成有国际影响力的全产业链、全生命周期的标准与认证体系
非织造纤维材料	突破双组分的纺熔复合、纺粘水刺的规模化制备，纺熔复合幅宽≥3200mm，速度≥600m/min，纺粘水刺纤维直径≤6μm；突破闪蒸纺、静电纺的规模化、国产化技术与装备；满足过滤、分离、医疗、防护、土工建筑、电池、包装等领域高端需求		高端产品和装备的自主保障率超过90%，制造过程的绿色化、复合化、智能化水平达到国际先进；在重要细分领域，拥有国际竞争力的公司和品牌产品，拥有标准与认证体系的国际话语权
纺织复合材料	实现应急救援的高阻隔材料、消防救援的防火隔热材料、伪装与屏蔽多功能材料、安全事故应急处理的防刺防爆材料、大型船舶与临近空间等应用领域复合材料产品的国产化；突破复杂预制体制备及复合成型国产化技术；突破柔性可展开复合材料应用技术，膜结构等复合材料幅宽≥5500mm，使用寿命≥25年；飞艇蒙皮等气密性材料克重≤140g/m^2、强力≥1000N/cm		高端产品的自主保障率超过90%；形成完善的标准与认证体系；复合材料制造过程的绿色化、智能化水平达到国际先进；满足应急救援、空天运输、航空航天、国防军工等重大工程的需求
回收再利用纤维材料	实现废旧纺织品识别分拣生产线自动化，突破涤棉纺织品高比例、高值化利用，聚酰胺纤维的化学法再利用国产化技术，化学法再生聚酯单线产能≥5万吨/年；再利用纤维产量超过500万吨		实现化学纤维主要品种、混纺织物、纺织复合材料的高品质、规模化回收再利用，再利用纤维产量超过1000万吨，居全球第一；形成有国际影响力的全产业链、全生命周期的标准与认证体系；拥有若干国际竞争力的跨国公司和品牌产品

发展重点：先进纺织材料

图 8-1　先进基础材料产业发展技术路线图（续）

项目	2025年──────────2030年──────────2035年
关键技术及装备 / 先进钢铁材料	复杂、极端服役环境下材料行为研究、洁净化冶炼技术、组织性能精细控制和精确成形、生态钢铁材料高效、绿色制备关键技术及装备
先进有色金属材料	高比强、高比模轻合金综合性能全流程调控技术；大规格厚板/锻件/挤压材及精密铸件工业化制备技术；高加工成材率关键技术；高效短流程制备加工技术
	高端引线框架铜合金带材制备工艺-残余应力-表面质量-形状尺寸协同控制技术；大口径高耐蚀白铜管成套制备技术；高强极薄铜箔制造成套技术；高强高导、抗高温软化和抗应力松弛性能协同调控技术；高纯高强高精超细无氧铜丝制备技术
	高端电子信息用高纯贵金属、新型合金及化合物功能材料制备技术；医用贵金属介入/植入丝、箔、环、管材制备关键技术；高性能铂族金属催化剂制备技术；铂族金属二次资源清洁高效回收技术
先进石化材料	合成树脂、合成橡胶、合成纤维催化体系、超高压聚合技术、POE（聚烯烃弹性体）溶液聚合技术、关键单体、合成工艺和关键设备、特种加工技术
先进建筑材料	水泥绿色制造成套关键技术及装备；建筑玻璃绿色智能化制造技术和成套装备；建材工业智能化制造技术
先进轻工材料 / 高性能纸基材料	基于制浆造纸平台的生物质精炼技术体系；纸基材料过滤分离机理的系统研究和共性技术体系的建立；超长纤维和非植物纤维的分散、混合、成型和干燥技术 / 纸基高性能材料结构表征和仿生设计技术；高性能纸基材料生产专用装备的开发
高性能皮革材料	高性能皮革的生产技术；高性能皮革生产的配套技术；建立产品性能的评价、品质检测方法及标准体系
先进纺织材料	分子结构设计与可控聚合、超细纤维材料形态结构精确控制；编织、复合等制造过程的高效率、自动化；装备的大型与超大型化、计算机仿真与精密加工；先进纺织材料的应用技术与标准评价等关键技术与核心装备
战略支撑与保障	建立基础材料的"产、学、研、用"创新发展平台，平台间相互依靠、支持、长期合作，实现双赢目标，以解决材料制造与服役脱节、需求与供应脱节的突出问题
	建立健全基础材料全生命周期（LCA）服役评价平台
	加强基础共性标准、关键技术标准和重点应用标准的研究制定；建立专业化的新材料认证评价体系，培育发展我国自主的专业性材料质量认证品牌；积极参与国际标准化工作，与国际认证结果形成互认
	完善第三方检测评价等公共服务平台、新材料技术成熟度评价体系和新材料产品认定体系，构建国家基础材料数据库，开展专业质量认证评价工作，实施先进基础材料质量提升评价示范项目

图 8-1 先进基础材料产业发展技术路线图（续）

关键战略材料

关键战略材料是支撑战略性新兴产业、高端装备制造、国防安全、重大工程发展的主干材料，主要包括高温合金、高性能耐热耐蚀合金、高强高韧高耐蚀轻合金、高性能纤维及其复合材料、新型能源材料、先进半导体材料和芯片制造及封装材料、稀土功能材料、电子陶瓷、人工晶体、高性能分离膜材料、新型显示材料、新一代生物医用材料、生物基材料等。

需求

关键战略材料是支撑和保障航空航天、能源、车辆、海洋工程船舶等高端装备领域发展的物质基础，是实施智能制造、新能源、电动汽车、智能电网、环境治理、医疗卫生、新一代信息技术和国防尖端技术等重大战略的重要保障，更是调整产业结构、形成新的经济增长点、提升国家实力的战略支撑。

发展以新型结构材料、高性能功能材料等为代表的一大批关键战略材料，解决我国关键战略材料自主保障问题，破解关键核心技术受制于人的局面，将有效推动传统产业转型升级和战略性新兴产业发展，对实现社会生产力和经济发展质量的跃升，对实施创新驱动发展战略、加快供给侧结构性改革、增强产业核心竞争力，具有重要战略意义。

目标

到2025年，初步建成关键战略材料产业体系，国家重大工程、重点国防装备、战略性新兴产业重点领域关键战略材料受制于人的问题得到有效缓解，部分关键战略材料品种填补国内空白，部分产品初步进入国际供应体系。

到2030年，建成关键战略材料自主发展体系，国家重大工程、重点国防装备、战略性新兴产业重点领域关键战略材料受制于人的问题基本解决，部分关键战略材料品种的性能、质量、成本、产量达到国际同期先进水平。

到2035年，国家重大工程、重点国防装备、战略性新兴产业重点领域所需关键战略材料制约问题全面解决，形成自主可控、安全高效的关键战略材料产业链供应链，全面建成绿色、创新、可持续的自主发展体系。

发展重点

1. 高温合金

发展高性能变形、铸造与粉末高温合金材料技术，突破高性能主干变形高温合金工程化应用、高承温铸造高温合金大尺寸部件精铸、三代以上高代次单晶高温合金与低密度低成本单晶合金及部件规模化生产、第四代粉末高温合金材料与制造、增材制造高温合金材料与制造、航天用超高强度板材合金工程化应用、石化用高温合金大规模生产等关键技术，建立高温合金材料体系，高温合金国产化率达到90%以上，形成高温合金自主保障能力，国产高代次合金制航空发动机与燃气轮机涡轮盘和单晶叶片等高端高温合金产品形成稳定供应能力，满足航空、航天、核工业、能源动力、交通运输、石油化工、冶金等领域重大关键装置装备对高温合金材料的需求。

2. 高性能耐热耐蚀合金

▶先进耐热合金

发展以 700℃超超临界电站汽轮机用耐热合金为代表的先进耐热合金材料技术，突破10~30吨级耐热合金超纯净均质化制备、大型铸锻件成套制造及跨尺度表征技术，建立先进耐热合金体系；以超超临界电站汽轮机高中压转子、高温汽缸、叶片及紧固件等为代表的先进耐热合金关键部件，通过700℃环境下10万小时持久强度大于100MPa 的等效考核，实现在超超临界电站等工程装备中的应用和自主保障。

▶先进耐蚀合金

发展深海、远海、南海海洋工程用先进耐蚀材料，突破高强高韧、高耐蚀、高耐磨特种不锈钢、耐蚀合金、硬质合金等关键材料及零部件成套制造技术，建立特殊使役工况下耐蚀合金材料腐蚀性能评价技术，形成海洋工程装备用先进耐蚀合金材料体系；无磁钻铤、立管、水下管汇、脐带缆、缆带浮力组件、涂覆管道、隔水管等关键零部件实现工程应用；大型浮式结构平台、机场、雷达站等用耐蚀耐候钢、不锈钢、耐蚀合金等实现自主研制和应用，海洋工程装备用关键零部件实现完全自给。

3. 高强高韧高耐蚀轻合金

发展特种规格铝、镁、钛合金材料制备及精密成型工艺技术，突破材料成分性能精细化控制、复杂精密结构件精确成型制造、服役性能评价等关键技术，建立高性能铝、镁、钛合金设计、制造及应用共性技术平台，实现第三代、第四代铝合金升级换代；新一代超高强铝合金、第四代铝锂合金、新型耐蚀铝合金，超轻、高性能、耐蚀系列镁合金，以及耐高温、超高强高韧、纤维增强钛基复合材料、低成本高性能钛合金等实现升级换代和工程应用，满足航空、航天、兵器和深海装备研制的需要。

4. 高性能纤维及其复合材料

▶ **碳纤维及其复合材料**

持续推进国产碳纤维及其复合材料在航空航天、兵器、交通、能源、建筑等国防和国民经济领域的工程应用，构建完整的碳纤维及其复合材料产业链。建立满足航空航天高端装备技术要求的新一代高性能碳纤维技术指标体系，突破新一代高性能碳纤维工程化制备关键技术，并完成在航空航天高端装备上的应用验证。突破大丝束碳纤维千吨级产业化制备与应用技术，以国产T300、T700级碳纤维为增强体的第一代先进复合材料在民用领域应用取得显著突破，以国产T800级碳纤维为增强体的第二代先进复合材料实现规模化应用，高强高模高韧第三代先进复合材料实现自主发展。

▶ 有机纤维及其复合材料

发展间位芳纶、聚酰亚胺、聚苯硫醚、超高分子量聚乙烯等国产有机纤维及其复合材料技术，突破对位芳纶、高强高模聚酰亚胺、聚对苯撑苯并双噁唑（PBO）等国产高性能有机纤维产业化制备及其复合材料工程应用关键技术，实现在国家重大装备上的稳定应用。

▶ 陶瓷纤维及其复合材料

发展以超高温低成本碳化物纤维为代表的高性能陶瓷纤维及其复合材料技术，突破碳化硅、氧化铝、氮化硅、氮化硼、硅硼氮等纤维及其前驱体的工程化稳定制备技术，解决工程尺寸复合材料制备、工艺与装备瓶颈，初步形成系列陶瓷纤维及其复合材料产品型谱，实现陶瓷基复合材料在燃气发动机等重大装备上的工程应用。

5. 新型能源材料

▶ Si 基太阳能电池材料

发展光电转换效率大于 20% 的柔性 Si 基太阳能电池材料、光电转换效率大于 25% 的新结构 Si 基太阳能电池材料技术，探索光电转换效率大于 30% 的新结构 Si 基太阳能电池材料技术，解决太阳能电池低成本发展瓶颈，逐渐实现太阳能电池对煤电的替代化发展。

▶ GaAs 基太阳能电池材料

突破极宽光谱响应的单结 GaAs 太阳能电池结构设计技术，发展光电转换效率大于 40% 的新结构、柔性 GaAs 基太阳能电池材料技术，探索 GaAs 基石墨烯肖特基结太阳能电池材料技术，有效支撑太阳能电池材料的创新发展。

▶锂离子电池材料

发展新型高能量密度锂离子动力电池关键正负极材料（高镍三元、富锂锰基固溶体、硅碳、锂碳等），功能电解液及添加剂等功能性材料的稳定制备技术，突破快充锂离子电池和电芯等动力电池关键材料的工程化制备与应用关键技术，建立锂离子电池新型关键材料评估技术和方法，支撑高性能锂电池的快速发展。

▶全固态电池材料

发展以高性能固体电解质、高稳定性锂或锂合金负极等为代表的全固态电池关键材料技术，突破关键部件（如集流体、封装材料）制备成型和电池组装工艺稳定控制等关键技术，开发出具有自主知识产权的固态锂二次电池材料，并形成中试级产品。

▶PEM 水电解制氢及燃料电池材料

发展 PEM 水电解用质子交换膜、低铱非铱催化剂、金属双极板、电解槽集成技术，燃料电池催化剂、质子交换膜、固体电解质、固态金属储氢及有机储氢等所需的关键材料技术，突破低铂膜电极集合体技术、超薄长寿命质子交换膜技术、高性能碳纸和扩散层制备技术、高性能长寿命膜电极批量制备技术；发展 PEM 水电解制氢与燃料电池综合利用技术；解决高比功率燃料电池电堆、低功耗高压比空压机、氢气循环泵、固体氧化物燃料电池鼓风机等系统关键部件制造问题，实现高可靠性燃料电池发动机、高效"气态-固态"复合储氢等系统的集成应用，推动燃料电池产业化、规模化发展。

▶其他能源材料

发展钙钛矿太阳能电池材料、有机太阳能电池材料、铜铟镓硒太阳能电池材料技术，突破关键材料稳定、低成本的工程化制备技术，实现太阳能电池体系创新发展；发展高性能热电转换材料与器件技术、同位素热电电源技术、薄膜与微型热电技术等新兴能源材料技术，支撑能源的有效利用和循环再利用。

6. 先进半导体材料和芯片制造及封装材料

▶大尺寸硅半导体材料

突破12英寸硅片的完整晶体生长、纳米尺度精密加工、高纯控制、绝缘体上硅（SOI）制备、关键装备、检测方法等成套工程化技术，12英寸硅片实现稳定生产，满足10nm/7nm以下集成电路规模化应用需求；支撑国内智能制造、通信、大数据、人工智能、消费电子和自动驾驶等发展。

▶Ⅲ-Ⅴ族半导体材料

发展6/8英寸GaAs和InP高品质外延片高稳定批量制备技术，初步建成GaAs和InP微波器件应用产业链，支撑我国5G及未来6G通信设备发展。

▶第三代半导体材料

面向第三代半导体应用器件不断向更高电压、更大电流、更高功率密度、更高效率和更高可靠性的发展需求，发展第三代半导体大尺寸单晶衬底材料技术，突破6/8英寸SiC，4/6英寸GaN，2/4英寸AlN单晶生长和相关装备技术，突破8/12英寸Si基GaN和6/8英寸SiC基GaN外延片制备技术，实现对SiC和GaN单晶材料的电学性能调控；面向电力电子、功率微波和光电子器件，研发本征、半绝缘和高导电的单晶衬底材料，发展其外延技术，实现在光电子、电力电子、微波射频等领域应用，满足国家重大需求，支撑第三代半导体产业全面发展。

▶ 超宽禁带半导体材料

发展氮化硼、金刚石、氧化镓等超宽禁带半导体单晶衬底材料技术，突破 4 英寸及以上金刚石单晶、6 英寸氧化镓单晶生长和相关装备技术；发展电子级单晶薄膜材料及超大功率高频电子器件技术；实现氧化镓单晶的推广应用，金刚石电子器件的示范应用。

▶ 芯片制造和封装材料

发展以光刻胶与光掩模、电子气体、CMP（化学机械抛光）材料等为代表的芯片制造关键材料，突破 ArF/ArFi、EUV 和电子束光刻胶等光刻胶和光掩模制备用材料关键技术，解决高端光刻材料所需的树脂、光敏剂等原料保障问题，通过应用验证；突破离子注入、蚀刻/清洗、化学沉积等工艺用高纯电子气体的规模化稳定制备技术，实现在集成电路领域规模化应用；开发高端 CMP 抛光液、抛光垫及其核心原料，ppt（10^{-12}）级超净高纯工艺化学品和功能性化学品；提升溅射靶材及超纯金属产业化水平，实现批量稳定生产与供货。

发展互连、底板、基板等封装关键材料技术，突破新型高熔点温度软钎料技术、高效低成本瞬时液相扩散连接技术、纳米银浆料低温烧结低温连接技术、高导热高温可靠封装基板材料技术、新型制冷底板与热沉连接技术等系列关键技术，实现在集成电路先进封装和宽禁带半导体器件等领域的工程应用。

7. 稀土功能材料

▶ 稀土永磁材料

针对轨道交通、工业/医用机器人、新能源汽车、风力发电、5G/6G 通信、全电飞机/舰船、星空计划/空间站、"双碳"目标和国防安全等应用领域对高端稀土永磁材料的发展需求，重点突破高磁能稀土永磁材料的低碳工艺流程和产品数字化制备技术，抢占高磁能稀土永磁材料科技发展制高点；突破高能量密度、高耐候性、高可靠性新型稀土永磁材料制备新技术；实现重大装备用高能量密度稀土永磁材料产业基础高级化。战略性超强各向异性高磁能稀土永磁材料形成100%的自主保障能力，实际应用材料的能量密度达到理论值的95%。

▶ **稀土光功能材料**

针对"双碳"目标、深海深空深地探测、医疗装备、疾病诊疗、物信互联、核探测、光通信等应用领域对高端稀土发光/晶体材料的迫切需求，重点突破高灵敏度、高能量密度、高可靠性、大尺寸、低缺陷等高端稀土荧光/激光/闪烁/磁光/陶瓷晶体等发光材料新材料体系及产业化技术，开发基于高性能稀土发光/晶体材料的器件及应用技术，开发基于稀土光功能材料的危重疾病诊疗一体化关键应用技术，稀土发光材料在物信互联、疾病诊疗、能源高效转换等领域达到国际领先水平。

▶ **稀土催化材料**

从石化产业转型升级、新能源开发及环境治理等方面，开展新型稀土催化材料的研发及工程化，促进能源及环境领域的低碳化及战略资源高效循环利用；建立完善的稀土催化理论体系，突破能源环境领域低碳化发展的系列稀土催化新材料；突破废催化剂铂族金属绿色高效回收技术，铂族金属回收率>99%。

▶ **磁动力系统技术与应用**

突破磁动力系统核心材料磁能积的现有理论极限，催生新一代稀土强磁材料制备技术；开发绿色、高效、长寿命、免维护的新一代磁动力系统及应用技术；突破磁动力系统用关键材料的产业化制备及系统集成技术；发展磁悬浮、磁传动、永磁非晶电机、磁制动、磁传感、磁编码等新型磁工业化应用技术；发展集新材料、新工艺、新科技等于一身的颠覆性、变革性磁动力产业技术，实现在舰船、新能源汽车、数控机床、人形机器人、轨道交通、工业动力系统等领域的大规模应用。

▶稀土储氢材料

针对碳达峰/碳中和国家战略、燃料电池用氢、智能电网与储能系统等应用场景,解决高安全氢储运/用等重大工程应用难题,突破兼顾高安全和高容量气/固复合稀土储氢材料供氢集成技术;实现低压稀土储氢材料为氢源的燃料电池发电系统大规模应用;建成高容量、宽平台、长服役循环条件下的稀土储氢材料规模化应用产业;稀土储氢材料在冶金化工、交通运输、分布式发电、储能等领域大规模应用,以稀土储氢为氢源的燃料电池技术规模应用。

▶高纯稀土金属及化合物

针对新能源汽车、新型能源、集成电路及稀土资源绿色、平衡、高质利用等重大战略需求,研发高纯稀土材料及其规模制备与应用技术;开发超高纯大尺寸靶材、纳米抛光材料短流程制备与应用技术;开展典型稀土矿产及尾矿绿色精准采选、绿色低碳冶炼分离及物料循环利用等关键技术及装备开发,实现稀土资源的高效利用和全生命周期绿色化提升;分离提纯过程实现多物料高效低成本循环利用,6N高纯稀土化合物、5N高纯金属实现批量化制备,满足高端应用需求,高纯及高质化稀土基础材料自给率大于85%;开发耐蚀稀土钢、高端特种钢、高强/耐热/耐蚀稀土镁/铝合金等规模化制备技术,形成新型高性能稀土钢/镁/铝等合金材料体系并实现规模应用,形成新一代稀土钢/镁/铝功能-结构一体化材料体系。

8. 电子陶瓷

发展高性能低成本多层陶瓷电容器元件与材料、新型片式感性元件与材料、高性能敏感陶瓷材料与元器件、高性能压电陶瓷材料与器件、高性能微波/毫米波介质陶瓷材料与元器件技术,突破材料配方设计、规模化生产质量控制、高端电子陶瓷元件精密成型和加工工艺与装备等系列关键技术，保证高品质电子陶瓷粉体的自主稳定供应，实现新型元器件的工程化应用和产业化制备。

发展无源集成模块设计、制备、测试及其关键材料技术，突破LTCC（低温共烧陶瓷）用系列化电磁介质材料批量制备、无源模块集成制备工艺等关键技术，实现关键材料的自主可控和器件的工程应用。

9. 人工晶体

发展大尺寸和超大尺寸激光晶体、闪烁晶体、半导体晶体、压电晶体与非线性光学晶体等人工晶体制备技术，突破大口径YAG（钇铝石榴石）晶体、钛宝石、非线性光学晶体、高性能弛豫铁电晶体、氟化钙晶体，以及磁光、声光、电光晶体等材料高质量、高效率制备技术瓶颈，形成模块化、计量化、自动化和智能化的大尺寸晶体制备理论与技术，发展多尺度耦合可控量子晶体材料，如铌酸锂晶体及单晶薄膜，助力量子技术发展，实现高性能人工晶体的数字化设计与制造，批量生产和规模化应用。

10. 高性能分离膜材料

▶水处理膜材料

发展耐污染、耐高压、耐氯氧化、高通量反渗透膜材料技术；发展高抗污染、大通量正渗透膜材料技术；发展高抗污染性、高耐受性、高精度、低阻力纳滤膜材料技术；发展工业废水处理用高强度超滤膜材料技术；发展面向膜蒸馏等新型膜过程应用的高性能膜材料技术。

▶特种分离膜材料

发展高稳定性、高渗透选择性的分子筛型/有机型/混合基质型渗透汽化膜材料技术；发展高选择性离子交换膜、双极膜及燃料电池膜材料技术；

发展高分离精度及高稳定性陶瓷纳滤膜、高装填密度陶瓷超微滤膜材料技术；发展超浸润微滤油水分离膜材料等。

▶ 气体分离膜材料

发展耐高温、高过滤性能、高功能化的聚四氟乙烯（PTFE）、陶瓷及金属等中高温分离膜材料技术；发展低成本高性能CO_2分离膜、气固分离膜、氢分离膜、氧分离膜等关键膜材料技术；发展空气净化、工业烟气除尘、煤化工应用等中高温气体过滤膜材料技术。

▶ 医用分离膜材料

发展高过滤精度、低溶出物、抗病毒吸附的医用超滤膜包制备技术；发展高强度、高透气性、优异微生物阻隔性的特种医用透气膜材料技术；发展高通量、血液相容性优异的血液透析膜材料技术；发展低密度、高透气性体外膜肺氧合器（ECMO）用聚-4-甲基-1-戊烯膜材料及原料等。

▶ 新能源电池膜材料

发展高强度、高孔隙率、耐酸碱腐蚀性、耐温性的锂电池隔膜（包括聚烯烃隔膜涂层技术）材料及原料制备技术；发展低成本、耐高温、高质子传导率、耐久性和机械稳定性的氢燃料电池用质子交换膜材料技术；发展高绝缘阻抗、低介电损耗的电容器膜材料及原料等。

▶ 高端显示膜材料

发展高透明性、高延展性的光电显示领域用聚乙烯醇光学膜材料及原料制备技术；发展耐热性、高机械性能、耐化学稳定性的柔性显示用聚酰亚胺基板膜；发展高光泽度和透光率、低雾度的背光模组用聚对苯二甲酸乙二酯光学膜；发展平板显示器、有机发光二极管等领域用的透明导电膜等。

11. 新型显示材料

▶OLED（有机发光二极管）显示材料

发展高效率、长寿命的蒸镀 OLED 发光材料，高传输能力高稳定性的蒸镀 OLED 功能性材料，以及批量合成及升华提纯技术；发展高效率、长寿命、良好成膜性的印刷 OLED 可溶红绿蓝主客体材料，与印刷 OLED 发光材料配套的可溶可做固化的功能层材料，以及批量合成及升华提纯技术；发展高性能、高稳性、高兼容性的墨水配方技术，墨水溶剂杂质去除技术，印刷 OLED 墨水与装备、工艺适配技术；构建具有自主知识产权的蒸镀 OLED、印刷 OLED 显示关键材料体系，实现规模化产业应用，国产化率达到 80%，技术指标达到国际先进水平。

▶QLED（量子点发光二极管）显示材料

发展高效率、长寿命、窄半峰宽的红绿蓝量子点发光材料，与量子点发光材料配套的功能性材料，以及批量合成及提纯技术；发展高性能、高稳定性、低成本量子点墨水配方技术，QLED 墨水溶剂杂质去除技术，QLED 墨水与装备、工艺适配性技术；构建具有自主知识产权的印刷 QLED 显示关键材料体系，实现规模化产业应用，国产化率达到 80%，技术指标达到国际领先水平。

▶Micro-LED（微发光二极管）显示材料

发展低缺陷密度外延衬底、高波长均匀性外延生长与芯片材料技术，微纳芯片尺寸、小注入条件下量子效率的提升机制和实现方法；发展低温金属键合材料的低成本制备、芯片键合互联技术；发展印章、临时衬底等巨量转移材料及其应用技术，激光修复光敏材料及其应用技术；发展 Micro-LED 的高效光耦合、光提取、色转换材料及应用技术；发展快速准确无损巨量检测探头材料、高迁移率 TFT 和 CMOS 材料及其应用技术；实现超高亮度、超超密度、超长寿命的 Micro-LED 显示材料规模应用国产化率达到 70%，技术指标达到国际领先水平。

▶激光显示材料

发展低成本、长寿命、大功率的红绿蓝LD（激光二极管）发光芯片材料的高质量生长、制备与集成应用技术，大注入下量子阱载流子的泄漏抑制、发光调控及光增益增强实现方法；突破超高分辨率、小像素成像芯片材料的高效耦合与反射提升实现方法，高性能基底材料制备、结构设计、芯片制备工艺与应用验证方法；构建完整的激光显示关键材料体系，红绿蓝三基色激光显示材料等关键材料达到国际领先水平，支撑激光显示整机规模化生产。

▶TFT（薄膜晶体管）背板材料

发展氧化物半导体材料新的配方体系、靶材制造技术、薄膜制备和器件工艺技术，掌握高迁移率和高稳定性的氧化物TFT技术；发展低温多晶硅薄膜制备和TFT器件工艺技术，掌握多晶硅材料制备过程中用到的高纯度特气、高精度激光器等技术，实现高性能的低温多晶硅技术。

▶其他显示材料

发展玻璃基板的高效熔化、澄清均化、精密成型的关键技术，以及满足特定生产工艺的玻璃配方技术；发展耐高温透明聚酰亚胺（PI）单体纯化、浆料配比、涂膜工艺技术，PI材料与生产工艺的匹配技术；发展高透过率、高偏振度的偏光片光学处理技术，PVA（聚乙烯醇）膜的延伸、防眩或减反射处理技术；发展掩模版的高纯度石英锭的提纯与合成技术，光阻黏度调整优化、光阻膜厚及均匀性优化等光阻涂布技术，激光或光刻刻蚀工艺技术等。

12. 新一代生物医用材料

▶再生医学产品

发展具有调控干细胞功能、诱导定向分化、可控因子释放性能的组织器官再生生物活性材料，开展骨、软骨、皮肤、神经、肌肉、心脏组织等组织器官再生修复研究的新型修复材料开发。

▶功能性植入/介入材料

发展骨科修复与植入材料技术，突破可承载骨诱导修复材料、新型骨修复材料等关键技术，研制出可吸收骨固定产品，高耐磨长耐久新型人工髋、人工膝及人工椎间盘等；发展新一代具有高杀灭率、低毒性及耐药性的骨植入材料。

发展口腔修复与种植材料技术，突破仿生电活性颌骨修复材料和神经生理反应性种植体材料、力学增强增韧全瓷材料、牙齿原位修复及粘贴材料等关键材料技术；研制出高生物相容性的口腔植入材料、力学适配长耐久牙齿修复材料等。

发展新型心脑血管修复与植入/介入材料技术，突破血管支架可控降解及药物缓释、小口径人造血管抗凝血与抗栓塞、心脏瓣膜抗钙化与抗增生、心脏缺损促修复等技术，研制出新一代全降解血管支架、心脏封堵器、小口径人造血管、新型人工心脏瓣膜系统等。

发展中枢神经修复与再生材料技术，突破电活性神经修复与再生材料的制备与加工技术，研制出可促进中枢神经再生的脊髓、脑神经修复的中枢神经修复材料和产品等。开发具有国际先进水平的肿瘤治疗、药物缓释材料及抗感染材料。

▶医用级基础材料

实现90%以上关键医用级基础材料完全自主供给，支撑量大面广的医用耗材、渗透膜、可降解材料、检测材料等产品应用。

13. 生物基材料

▶天然高分子生物基材料

发展纤维素、淀粉、木质素、壳聚糖等天然高分子基新材料及制品技术，突破新溶剂法纤维素材料工程化制备、淀粉（纤维素）可塑性加工与制备等关键技术,实现对石油基日用塑料制品PE(聚乙烯)、PP(聚丙烯)的规模化替代;发展天然橡胶提取、制备与加工技术,达到国际领先水平。

▶生物基合成材料

发展聚乳酸(PLA)、聚丁二酸丁二醇酯(PBS)、聚己二酸/对苯二甲酸丁二醇酯(PBAT)、聚羟基脂肪酸酯(PHA)、聚酰胺(PA)、聚对苯二甲酸丙二醇酯(PTT)、聚碳酸亚丙酯(PPC)等聚合物合成与装备技术,突破关键单体(丙交酯、1,3-丙二醇、己二酸、丁二酸、丁二醇、戊二胺、对苯二甲酸等)的生物制备技术瓶颈,关键单体国产化率达到80%以上;实现生物基塑料、生物基尼龙、生物基助剂等生物基产品的应用领域拓展;发展新型生物基涂料和生物基橡胶制备技术;进一步降低生物基产品的成本,提高对石油基产品的替代率。

战略支撑和保障条件

(1)建立产业链安全评估机制,发挥举国体制优势,汇聚科研和人才资源,解决关键核心技术和产业安全问题。

(2)实施生产应用示范工程,建立材料研发、生产及应用全链条融通的生态环境。

(3)扶持基础材料和制造装备的国产化,加强共性和基础技术研发,实现产业基础再造。

(4)在重点领域创建一批由新材料生产企业、重点用户和科研院所共同组建的国家级新材料产业联合创新中心,构建协同创新体系。

(5)加强关键战略材料产品标准及应用标准的研究制定,加强产品全生命周期服役性能评价。

技术路线图

关键战略材料产业发展技术路线图如图8-2所示。

项目	2025年 ——————— 2030年 ——————— 2035年
需求	高温合金、高性能耐热耐蚀合金、高强高韧高耐蚀轻合金、高性能纤维及其复合材料、新型能源材料、先进半导体材料和芯片制造及封装材料、稀土功能材料、电子陶瓷、人工晶体、高性能分离膜材料、新型显示材料、新一代生物医用材料、生物基材料等关键战略材料是支撑和保障航空航天、能源、车辆、海洋工程船舶等高端装备领域发展的物质基础，也是实施智能制造、新能源、电动汽车、智能电网、环境治理、医疗卫生、新一代信息技术和国防尖端技术等重大战略的重要保障
	目前，发达国家对这些材料实施严格管控和技术封锁，而我国关键战略材料的自主保障能力低；需要加快发展，解决关键战略材料自主保障问题，破解核心关键技术受制于人的局面，以支撑产业结构调整、重大工程实施和国家实力提升
目标 — 总体目标	建立战略材料自主发展体系，国家重大工程、重点国防装备、战略性新兴产业重点领域关键战略材料受制于人问题基本解决，部分关键战略材料品种的性能、质量、成本、产量达到国际同期先进水平 | 国家重大工程、重点国防装备、战略性新兴产业重点领域所需关键战略材料制约问题全面解决，形成自主可控、安全高效的关键战略材料产业链供应链，全面建成绿色、创新、可持续的自主发展体系
高温合金	主干高温合金产量比例提升至50%以上，变形、铸造与粉末冶金高温合金国产化率达到70%以上，单晶叶片和粉末涡轮盘满足型号研制批产需求，形成关键高温合金自主保障能力和尖端品种、前沿技术的自主创新能力 | 建立高温合金材料体系，高温合金国产化率达到90%以上，支撑高端装备开发，形成高温合金自主保障能力；建立标准体系和性能数据库，国产高温合金性能和质量整体达到世界强国水平
高性能耐热耐蚀合金	解决700℃超超临界电站和海洋工程装备对先进耐热耐蚀合金品种急需，初步形成先进耐热耐蚀合金的自主供应能力 | 建成先进耐热耐蚀合金品种开发、生产制造、应用评价全链条创新体系，产业整体达到国际先进水平；700℃超超临界电站用先进耐热合金实现自主保障，支撑我国高参数超超临界电站批量建设；海洋工程装备用先进耐蚀合金实现完全自给，满足我国深海油气开发和海洋平台与基础设施建设需求
高强高韧高耐蚀轻合金	建立新一代高强、高韧、耐蚀铝合金材料体系，超轻、高性能镁合金材料体系，耐高温、超高强韧、低成本钛合金、钛基复合材料体系，满足航空、航天、兵器和深海装备的研制需要，基本实现自主保障 | 建立完整的铝合金、镁合金、钛合金材料、工艺、装备以及评价体系，形成低成本、稳定的产业化制备能力，实现高端装备用铝、镁、钛合金全面自主保障，部分材料引领全球创新发展
高性能纤维及其复合材料	国产碳纤维产量达到15万吨/年，实现在国防和国民经济领域的规模化应用；对位芳纶纤维国内自给率达到90%以上，芳纶/超高分子量聚乙烯纤维高端产品达到国际先进水平，聚酰亚胺纤维实现规模化应用；初步形成系列陶瓷纤维及其复合材料产品型谱，全面满足国家重大工程和重点国防装备的应用需求 | 国产碳纤维、芳纶、超高分子量聚乙烯、聚酰亚胺等有机纤维创新型产品达到国际领先水平，建设万吨级对位芳纶纤维智能化生产线，打造1~2个知名品牌；建立陶瓷纤维及其复合材料完整产业链。高性能纤维及其复合材料的规模、质量、成本在国际市场具有一定优势和品牌影响力

图 8-2 关键战略材料产业发展技术路线图

项目	2025年————————2030年————————>2035年	
目标 — 新型能源材料	突破新型太阳能电池材料技术，解决太阳能电池低成本发展瓶颈，逐渐实现太阳能电池对煤电的替代化发展；实现固液混合锂电池比能量≥450(W·h)/kg，全固态金属锂电池比能量≥500(W·h)/kg；燃料电池关键材料满足10万套车用PEMFC系统需要，实现燃料电池和氢能的标准化、规模化推广应用；实现新型能源材料技术多元化、品种系列化、产能规模化发展，建立新能源材料创新发展体系	突破新型太阳能电池结构设计技术，实现Si基电池光电转换效率突破35%、GaAs基电池光电转换效率突破45%；实现全固态金属锂电池比能量达到600(W·h)/kg，新型电池达800(W·h)/kg；非铂催化剂能够进行行车实验，低铂催化剂等满足500万套车用PEMFC系统需要，满足1000MW SOFC发电系统的系统需要。实现燃料电池和氢能大规模利用，氢能汽车将占动力车辆的10%~15%，并承担8%左右的能源需求
先进半导体材料和芯片制造及封装材料	12英寸Si片实现全面放量，占据全球主要市场；突破8英寸SiC、6英寸GaN等第三代半导体单晶衬底及外延材料产业化制备技术，实现在光电子、电力电子、微波射频等领域规模应用；建立3英寸金刚石、6英寸氧化镓等超宽禁带单晶及外延材料产业化能力；光刻胶、电子气体、工艺化学品、抛光材料、靶材、封装材料成为国内供应主力并进入国际采购体系	12英寸硅片达到国际先进水平，发展新兴半导体材料，建立后Si时代集成电路材料技术优势；12英寸Si基GaN外延片和8英寸SiC基GaN外延片实现量产与规模化应用；形成8英寸SiC、6英寸GaN单晶和外延材料生长、芯片工艺、模块封装与测试的规模化产业能力，构建完整的第三代半导体产业链；4英寸金刚石单晶晶圆实现量产，8英寸氧化镓单晶及外延材料实现量产；光刻胶、电子气体、工艺化学品、抛光材料、靶材、封装材料进入国际采购体系
稀土功能材料	基本解决稀土功能材料现有领域的卡脖子问题，实现稀土资源的平衡利用；稀土磁性新材料重大原创成果全球占比达到8%；稀土储氢燃料电池形成产业应用体系；稀土高效绿色分离提纯过程物料循环利用率大于70%；稀土新材料综合保障能力超过85%	稀土新材料对国家重大装备和重大工程形成全面自主保障能力；永磁、发光、催化、储氢、高纯与合金等稀土新材料及绿色生产技术以及磁动力应用技术获得颠覆性突破；稀土新材料重大原创成果全球占比提升至20%；中国在国际标准中的占比达到30%以上
电子陶瓷	主要电子陶瓷产品的材料国产化率达到80%以上，产品占国际市场份额的35%以上	主要电子陶瓷产品的材料国产化率达到85%以上，产品占国际市场份额45%以上
人工晶体	全面建立极端尺寸人工晶体制备的自动化/智能化制备能力，健全大尺寸晶体数字化设计与制造、大尺寸晶体制备理论建设，实现人工晶体的全面自主可控，国际市场分额达到80%以上	人工晶体实现规模化制备，成本革命性地降低，支撑国家重大科学装置和战略性新兴产业的持续发展

图 8-2 关键战略材料产业发展技术路线图（续）

项目	2025年----------2030年---------->2035年	
目标	高性能分离膜材料	实现关键膜材料包括水处理膜材料、特种分离膜材料、气体分离膜材料、医用分离膜材料、新能源电池膜材料、高端显示膜材料在国内外大型工程中获得广泛应用，具备国际竞争优势	实现反渗透膜、纳滤膜在海水淡化、饮水净化工程中得到稳定应用。陶瓷膜、渗透汽化膜、离子交换膜在工业废酸碱、溶剂回收中获得广泛应用，气固分离膜、CO_2分离膜、双极膜及燃料电池膜在能源、化工得到广泛应用，医用超滤膜包、特种医用透气膜、锂电池隔膜、电容器膜、聚乙烯醇和聚对苯二甲酸乙二醇酯光学膜得到广泛应用。实现关键膜材料总体性能提升50%以上，膜材料产业链进入世界先进行列
	新型显示材料	全面掌握全印刷显示器件技术、高成品率/低成本红绿蓝三基色LD量产工艺和Micro-LED量产技术，支撑多元化显示产品市场开发。建成新型显示材料、器件到整机的完整产业链，提升关键材料成熟度、持续创新能力和产品的市场竞争力，国产化率超过80%	形成具有自主知识产权的新型显示关键材料体系，实现在国民经济重大领域全面自主保障；构建新型显示材料与显示器公共服务平台，完善新型显示产业体系，在人才、团队、技术、产业等方面达到国际领先水平
	新一代生物医用材料	研制出高端生理反应性颌骨修复材料及种植体，高耐磨持久人工关节及椎间盘，活性骨及软骨、心血管等；实现高端生物医用材料产品的国产化率达到85%以上，产品占国际市场份额30%以上	研发出一批高活性、可控替代及可控再生的医用材料，高端生物医用材料产品实现全面自主供给，形成一批医疗器械产业聚集区，培育一批具有国际竞争力的高集中度、多元化生产的龙头企业
	生物基材料	生物基材料产能达到1600万吨。开发新型单体及聚合物，主要单体国产化率达到90%以上；生物基纤维达到合成纤维总量的20%以上，生物降解一次性用品替代率达到90%以上，建立4个以上国家级产业技术创新平台，牵头制定国际标准3项以上	生物基材料产能达到3500万吨，国际标准主导率为30%，非粮生物质为原料的生物制造技术成熟，进入全球生物基材料强国行列
发展重点	高温合金	发展航空发动机用复杂冷却单晶叶片批产与验证技术、航天用超高强度板材合金技术、高性能主干变形高温合金、低成本第四代单晶高温合金和高损伤容限第四代粉末高温合金材料技术；增材制造高温合金实现系列化，关键生产及检测设备实现国产化	发展航空发动机用第四代粉末盘和复杂冷却单晶叶片工程化技术、航天用超高强度板材合金工程化技术、H级燃气轮机用超大尺寸盘件及叶片技术、石化用高温合金大规模生产技术；实现高性能、特殊性能高温合金的自主设计开发及标准体系和数据库建设
	高性能耐热耐蚀合金	研制高中压转子、高温汽缸、叶片及紧固件等关键部件，实现先进耐热合金产业化生产及在700℃超超临界电站示范应用	建立我国具有自主知识产权的先进耐热合金材料体系和产业化技术，形成具有国际竞争力的产品品牌
		突破系列特种不锈钢、耐蚀耐候钢、镍基耐蚀合金等材料关键工艺和应用技术，实现规模化稳定生产，研制出海洋工程关键装备用零部件，实现工程示范应用	建立我国深海油气开发和海洋平台与基础设施建设用耐蚀合金体系，实现全寿命周期性能评价，深海油气钻、采、集、输、储关键部件自主生产，海洋平台建设等用钢、合金及关键部件实现完全自给

图8-2 关键战略材料产业发展技术路线图（续）

项目		2025年————————2030年————————>2035年
发展重点	高性能纤维及其复合材料 / 高强高韧高耐蚀轻合金	突破新型材料成分优化设计、精密成形、性能评价等关键技术，完成第三、四代铝合金升级换代；突破新一代超高强铝合金、第四代铝锂合金、新型耐蚀铝合金关键制备技术；形成超轻、高性能镁合金批产与工程化应用能力；发展耐高温、超高强韧、纤维增强钛基复合材料、低成本高性能钛合金技术，具备小批量供应能力 / 建立完全自主、可持续发展的铝、镁合金体系，满足各型重大装备自主研发需求；提升高端钛合金及其制件精密化、大型整体化、低成本化制造技术的成熟度，建立稳定批量自主供应能力
	碳纤维及其复合材料	新一代高性能碳纤维突破百吨级工程化稳定制备技术，完成航空航天高端装备应用验证 / 建立高强高模高韧第三代先进复合材料自主发展体系，实现规模化应用。开发新型碳基纤维、新型复合材料及其应用技术
		以国产T300、T700级碳纤维为增强体的复合材料在民用领域应用取得显著突破；以国产T800级碳纤维为增强体的复合材料实现规模化应用
		突破大丝束碳纤维产业化制备及应用技术；发展新型低成本碳纤维及其复合材料制备技术
	有机纤维及其复合材料	低成本化超高韧型对位芳纶拉伸强度≥3.6GPa；聚酰亚胺纤维拉伸强度≥4.5GPa，模量≥150GPa；实现在国家重大装备上的稳定应用 / 杂环芳纶强度≥6.5GPa；聚酰亚胺纤维强度≥4.5GPa，模量≥160GPa。开发新型有机纤维及其复合材料应用技术
	陶瓷纤维及其复合材料	突破新型陶瓷纤维稳定制备技术；解决工程尺寸复合材料制备、工艺装备制造瓶颈，初步建立系列陶瓷纤维及其复合材料产品型谱，实现在重大装备上的工程应用 / 建立陶瓷纤维及其复合材料完整产业链，开发新型吸波、透波、中子吸收与防护等特种陶瓷纤维，满足国家重大工程等的新型应用场景需求
	新型能源材料 / 太阳能电池材料	发展光电转换效率大于20%的柔性Si基太阳能电池材料，光电转换效率大于25%的新结构Si基太阳能电池材料技术，探索光电转换效率大于30%的新结构Si基太阳能电池材料技术 / 发展光电转换效率大于35%的Si基电池、光电转换效率大于45%的GaAs基电池等太阳能电池新结构设计与制备技术
		发展光电转换效率大于40%的新结构、柔性GaAs基太阳能电池材料技术，探索GaAs基石墨烯肖特基结太阳能电池材料技术
	锂电池材料	突破关键正负极材料（高镍三元、富锂锰基固溶体、硅碳、锂碳等）技术
		发展功能电解液及添加剂等功能性材料的稳定制备技术，突破快充锂离子电池和电芯等动力电池关键材料的工程化制备与应用关键技术
		发展以高性能固体电解质、高稳定性锂或锂合金负极等为代表的全固态电池关键材料技术，突破关键部件（如集流体、封装材料）制备成型和电池组装工艺稳定控制等关键技术
	PEM水电解制氢及燃料电池材料	发展燃料电池催化剂、质子交换膜、固体电解质、固态金属储氢及有机储氢等所需的关键材料；突破低铂膜电极集合体技术、超薄长寿命质子交换膜技术、高性能碳纸和扩散层制备技术、高性能长寿命膜电极批量制备技术；发展膜电极、质子交换膜、金属双极板等材料部件的批量制备技术；发展燃料电池电堆系统一体化组装自动化技术

图 8-2 关键战略材料产业发展技术路线图（续）

项目	2025年 — 2030年 — >2035年
发展重点 / 新型能源材料 / PEM水电解制氢及燃料电池材料	解决燃料电池系统关键部件制造问题，实现高可靠性燃料电池发动机、高效"气态-固态"复合储氢等系统的集成应用
	发展PEM水电解用质子交换膜、低铱非铱催化剂、金属双极板、电解槽集成技术；发展百兆瓦级、兆瓦级PEM水电解槽系统集成技术
	突破大规模氢的制备、存储、运输、应用协同化发展关键技术，实现加氢站现场储氢、制氢模式的标准化和推广应用
其他能源材料	发展钙钛矿太阳能电池材料、有机太阳能电池材料、铜铟镓硒太阳能电池材料技术；发展高性能热电转换材料与器件技术、同位素热电电源技术、薄膜与微型热电技术等新兴能源材料技术
先进半导体材料和芯片制造及封装材料 / 大尺寸硅半导体材料	突破12英寸硅片的完整晶体生长、纳米尺度精密加工、高纯控制、绝缘体上硅（SOI）制备、关键装备、检测方法等成套工程化技术，满足10nm/7nm以下集成电路规模化应用需求 / 发展拓扑绝缘体、二维材料等新兴半导体材料，建立后Si时代集成电路材料技术优势
Ⅲ-Ⅴ族半导体材料	发展6英寸/8英寸GaAs和InP高品质外延片高稳定批量制备技术，初步建成GaAs和InP微波器件应用产业链，支撑我国5G及未来6G通信设备发展
第三代半导体材料	突破6英寸/8英寸SiC，4英寸/6英寸GaN，2英寸/4英寸AlN单晶生长和相关装备技术，面向电力电子、功率微波和光电子器件，研发本征、半绝缘和高导电的单晶衬底材料，发展其外延技术，实现在光电子、电力电子、微波射频等领域应用
超宽禁带半导体材料	发展金刚石、氧化镓、氮化硼等超宽禁带半导体单晶衬底材料技术，突破4英寸及以上金刚石单晶、6英寸/8英寸氧化镓单晶生长和相关装备技术，发展电子级单晶薄膜材料及超大功率高频电子器件技术，实现氧化镓单晶的推广应用，金刚石电子器件的示范应用
芯片制造和封装材料	突破ArF/ArFi、EUV和电子束光刻胶等光刻胶和光掩模制备关键技术，突破离子注入、蚀刻/清洗、化学沉积等工艺用高纯电子气体的规模化稳定制备技术，开发高端CMP抛光液、抛光垫及其核心原材料，ppt级超净高纯工艺化学品和功能性化学品，提升溅射靶材及超纯金属产业化水平
	发展互连、底板、基板等封装关键材料技术，突破新型高熔点温度软钎料技术、高效低成本瞬时液相扩散连接技术、纳米银浆料低温烧结低温连接技术、高导热高温可靠封装基板材料技术、新型制冷底板与热沉连接技术等系列关键技术
稀土功能材料 / 稀土永磁材料	针对轨道交通、工业/医用机器人、新能源汽车、风力发电、5G/6G通信、全电飞机/舰船、星空计划/空间站、"双碳"目标和国防安全等应用领域对高端稀土永磁材料的发展需求，重点突破高磁能积稀土永磁材料的低碳工艺流程和产品数字化制备技术，抢占高磁能积稀土永磁材料科技发展制高点；突破高磁能密度、高耐候性、高可靠性新型稀土永磁材料制备新技术；实现重大装备用高能量密度稀土永磁材料产业基础高级化。战略性超强各向异性高磁能稀土永磁材料形成100%的自主保障能力，实际应用材料的能量密度达到理论值的95%
稀土光功能材料	针对"双碳"目标、深海深空深地探测、医疗装备、疾病诊疗、物信互联、核探测、光通信等应用领域对高端稀土发光/晶体材料的迫切需求，重点突破高灵敏性、高能量密度、高可靠性、大尺寸、低缺陷等高端稀土荧光/激光/闪烁/磁光/陶瓷晶体等发光材料新材料体系及产业化技术，开发基于高性能稀土发光/晶体材料的器件及应用技术，开发基于稀土光功能材料的危重疾病诊疗一体化关键应用技术，稀土发光材料在物信互联、疾病诊疗、能源高效转换等领域达到国际领先水平

图 8-2 关键战略材料产业发展技术路线图（续）

项目	2025年――――――2030年――――――>2035年
发展重点 / 稀土功能材料 / 稀土催化材料	从石化产业转型升级、新能源开发及环境治理等方面开展新型稀土催化材料的研发及工程化，促进能源及环境领域的低碳化及战略资源高效循环利用；建立完善的稀土催化理论体系，突破能源环境领域低碳化发展的系列稀土催化新材料；突破废催化剂铂族金属绿色高效回收技术，铂族金属回收率＞99%
发展重点 / 稀土功能材料 / 磁动力系统技术与应用	突破磁动力系统核心材料磁能积的现有理论极限，催生新一代稀土强磁材料制备技术；开发绿色、高效、长寿命、免维护的新一代磁动力系统及应用技术；突破磁动力系统用关键材料的产业化制备及系统集成技术；发展磁悬浮、磁传动、永磁非晶电机、磁制动、磁传感、磁编码等新型磁工业化应用技术；发展集新材料、新工艺、新科技等于一身的颠覆性、变革性磁动力产业技术，实现在舰船、新能源汽车、数控机床、人形机器人、轨道交通、工业动力系统等领域的大规模应用
发展重点 / 稀土功能材料 / 稀土储氢材料	针对碳中和/碳达峰国家战略、燃料电池用氢、智能电网与储能系统等应用场景，解决高安全氢储运/用重大工程应用难题，突破兼顾高安全和高容量气/固复合稀土储氢材料供氢集成技术；实现低压稀土储氢材料为氢源的燃料电池发电系统大规模应用；建成高容量、宽平台、长服役循环条件下的稀土储氢材料规模化应用产业；稀土储氢材料在冶金化工、交通运输、分布式发电、储能等领域大规模应用，以稀土储氢为氢源的燃料电池技术规模应用
发展重点 / 稀土功能材料 / 高纯稀土金属及化合物	针对新能源汽车、新型能源、集成电路及稀土资源绿色、平衡、高质利用等重大战略需求，研发高纯稀土材料及其规模制备与应用技术；开发超高纯大尺寸靶材、纳米抛光材料短流程制备与应用技术；开展典型稀土矿产及尾矿绿色精准采选、绿色低碳冶炼分离及物料循环利用等关键技术及装备开发，实现稀土资源的高效利用和全生命周期绿色化提升；分离提纯过程实现多物料高效低成本循环利用，6N高纯稀土化合物、5N高纯金属实现批量化制备，满足高端应用需求，高纯及高质化稀土基础材料自给率大于85%；开发耐蚀稀土钢、高端特种钢、高强/耐热/耐蚀稀土镁/铝合金等规模化制备技术，形成新型高性能稀土钢/镁/铝等合金材料体系并实现规模应用，形成新一代稀土钢/镁/铝功能-结构一体化材料体系
发展重点 / 电子陶瓷	发展高性能多层陶瓷电容器元件与材料、新型片式感性元件与材料、高性能敏感元件与材料、高性能压电陶瓷材料与元器件、高性能微波/毫米波介质材料与元器件
	发展无源集成模块关键材料技术，突破LTCC用电磁介质材料、生带的产业化制备及高密度无源集成模块设计、制备工艺等关键技术
发展重点 / 人工晶体	发展大尺寸和超大尺寸激光晶体、闪烁晶体、半导体晶体、压电晶体与非线性光学晶体等人工晶体制备技术，突破大口径YAG晶体、钛宝石、非线性光学晶体、高性能弛豫铁电晶体、氟化钙晶体，以及磁光、声光、电光晶体等材料高质量、高效率制备技术瓶颈，形成模块化、计量化、自动化和智能化的大尺寸晶体制备理论与技术，发展多尺度耦合可控量子晶体材料，如铌酸锂晶体及单晶薄膜，助力量子技术发展
发展重点 / 高性能分离膜材料 / 水处理膜材料	发展混合基质型反渗透膜、正渗透膜、高性能纳滤膜、超滤膜等关键材料技术，实现其在海水淡化、工业废水处理等工程领域示范应用
发展重点 / 高性能分离膜材料 / 特种分离膜材料	发展分子筛型/有机型/混合基质型渗透汽化膜材料，高选择性离子交换膜、双极膜及燃料电池膜，陶瓷纳滤膜、超微滤膜，油水分离膜等膜材料技术
发展重点 / 高性能分离膜材料 / 气体分离膜材料	发展聚四氟乙烯（PTFE）、陶瓷及金属中高温分离膜，低成本高性能CO_2分离膜、气固分离膜、氢分离膜、氧分离膜，以及空气净化、工业烟气除尘、煤化工应用中高温气体过滤膜等膜材料技术
发展重点 / 高性能分离膜材料 / 医用分离膜材料	发展医用超滤膜包、特种医用透气膜、血液透析膜、体外膜肺氧合器（ECMO）用聚-4-甲基-1-戊烯膜等膜材料及原料技术，实现其在病毒分离、医疗器械包装等医疗健康领域的应用

图 8-2　关键战略材料产业发展技术路线图（续）

项目	2025年----------2030年---------->2035年

发展重点	高性能分离膜材料	新能源电池膜材料	发展锂电池隔膜（包括聚烯烃隔膜涂层技术）、氢燃料电池用质子交换膜、电容器膜等膜材料及原料制备技术
		高端显示膜材料	发展光电显示领域用聚乙烯醇光学膜、柔性显示用聚酰亚胺基板膜、背光模组用聚对苯二甲酸乙二酯光学膜、平板显示器和有机发光二极管等领域用的透明导电膜等膜材料及原料制备技术
	新型显示材料	OLED显示材料	构建具有自主知识产权的蒸镀OLED、印刷OLED显示关键材料体系，实现规模化产业应用，实现蒸镀OLED、印刷OLED显示材料、装备、工艺、器件技术的全面领先 / 进一步提升蒸镀OLED材料、印刷OLED材料性能，完善全球专利布局，国产材料占据全球主要市场份额
		QLED显示材料	开发环保型QLED材料，完成印刷QLED显示材料及装备工艺的技术验证与导入 / 进一步提升印刷QLED材料性能，完成印刷QLED显示产业规模化产业应用，实现印刷QLED显示材料、装备、工艺、器件技术的国际领先
		Micro-LED材料	开发低缺陷Micro-LED衬底、外延及芯片材料，巨量转移材料、低温键合互联材料、检测修复材料，光效提升、色彩转换材料，以及TFT、CMOS驱动材料，中大尺寸拼接式显示、宽温区车载显示、高画质微纳显示实现大规模量产，材料国产化率达到70% / 构建自主可控Micro-LED发光与显示材料体系，实现0.1~200英寸Micro-LED全尺寸大规模量产、户外大屏/电视/笔电/穿戴/近眼显示/微纳显示等应用场景全覆盖、平板/投影/柔性/曲面/三维等显示形态全实现，材料国产化率超过80%
		激光显示材料	全面掌握可控制备/高成品率/低成本的红绿蓝三基色LD稳定量产工艺，实现激光显示整机规模量产，120英寸激光家庭影院成本小于1万元，开发出激光近眼/投影/平板等三维显示器 / 建立具有自主知识产权的激光显示产业体系，国产化率超过85%
		TFT背板材料	全面掌握氧化物半导体材料、用于低温多晶硅的高纯度电子气体和激光器以及量产工艺等，实现高性能的氧化物TFT和低温多晶硅TFT的规模量产 / 进一步研究氧化物半导体材料的配方和靶材制造工艺技术，以及低温多晶硅用的高纯气体和激光器技术，形成自主TFT材料体系，国产化材料比较提升至80%以上
		其他显示材料	提升显示用的玻璃基板、聚酰亚胺单体、偏光片、掩模版等材料的性能，国产化率达到80%以上 / 全面实现显示用的玻璃基板、聚酰亚胺、偏光片、掩模版等材料的国产化替代，完善专利布局，国产材料占据全球主要市场份额
	新一代生物医用材料	再生医学产品	研制出一批应用于骨、软骨、皮肤、神经、肌肉、心脏组织等组织器官再生修复的生物活性材料，实现产业化，提高国产化率
		功能性植入/介入材料	开发一批可吸收骨固定产品，高耐磨、长耐久新型骨关节科修复材料，口腔修复与种植材料，新型心脑血管修复与植入/介入材料，中枢神经修复与再生材料，肿瘤治疗、药物缓释材料及抗感染材料
		医用级原材料	实现90%以上关键医用级基础材料完全自主供给，支撑量大面广的医用耗材、渗透膜、检测材料、可降解材料等产品应用
	生物基材料	天然高分子生物基材料	发展纤维素、淀粉、木质素、壳聚糖等天然高分子基新材料及制品技术，突破新溶剂法纤维素材料工程化制备、淀粉（纤维素）可塑性加工与制备等关键技术，发展第二天然橡胶提取、制备与加工技术

图 8-2 关键战略材料产业发展技术路线图（续）

项目			2025年――――――――2030年――――――――>2035年
发展重点	生物基材料	生物基合成材料	发展聚乳酸(PLA)、聚丁二酸丁二醇酯(PBS)、聚己二酸/对苯二甲酸丁二酯(PBAT)、聚羟基脂肪酸酯(PHA)、聚酰胺(PA)、聚对苯二甲酸丙二醇酯(PTT)、聚碳酸亚丙酯(PPC),突破关键单体(丙交酯、1,3-丙二醇、己二酸、丁二酸、丁二胺、戊二胺、对苯二甲酸等)的生物制备技术瓶颈,关键单体国产化率达到80%以上;实现生物基塑料、生物基尼龙、生物基助剂等生物基产品的应用领域拓展
关键技术及装备		高温合金	变形高温合金三联冶炼及镦拨开坯技术,超高强度板材合金轧制技术,复杂结构单晶叶片、粉末盘件生产技术,超大尺寸盘件及叶片工程化技术,机匣精铸技术,高温合金残余应力检测与调控、高温合金部件寿命管理技术等;真空自耗、水浸探伤及炉前分析等关键设备及控制软件,高温度梯度定向凝固炉,全封闭等温锻造设备,高温合金增材制造,高温合金残余应力控制及预置设备等	单晶高温合金复杂结构涡轮叶片、粉末高温合金盘件稳定生产技术,先进主干高温合金工程化应用技术、返回料重复使用技术等;超高强度板材合金钣金设备、复杂结构涡轮叶片分析检测设备及控制软件、金属间化合物重熔用大型感应凝壳炉等
		高性能耐热耐蚀合金	700℃超超临界电站先进耐热合金设计技术,大型铸锻件洁净化、均质化制造及跨尺度表征技术与装备,海洋工程装备先进耐蚀合金设计、部件制造及全寿命周期性能评价技术与装备	先进耐热耐蚀合金材料设计、工程制造、应用评价的自主体系化建设技术及装备
		高强高韧高耐蚀轻合金	高冶金质量合金优化技术,冷、热加工整体成型技术,绿色制造、短流程加工关键技术,紧固件丝材、型材和无缝管材等产品深加工技术等;残料回收清洗设备,冷床炉熔炼设备,增材制造设备等	
		高性能纤维及其复合材料	碳纤维、芳纶纤维、陶瓷纤维低成本化和高性能化制备技术;复合材料低成本化加工、制造和回收/再利用技术	
			高性能纤维大规模生产装备(高精度计量泵、收丝机、宽口石墨化炉等);复合材料连续自动化智能制造装备	
		新型能源材料	新型高效太阳能电池技术及关键设备;动力电池及关键材料低成本规模化制备技术;高速电极生产设备;全自动高速电池生产及电池模块组装设备;电池和电池模块内部缺陷检查等关键设备	
		先进半导体材料和芯片制造及封装材料	超大尺寸单晶生长设备及超大尺寸晶圆的加工设备,用于大尺寸碳化硅、氮化镓、氮化铝、氧化镓、金刚石等单晶快速生长设备,分子束外延设备(MBE)及金属有机化学气相沉积设备(MOCVD);高温离子注入、高温氧化、高温退火,以及刻蚀、封装等工艺用关键设备	
		稀土功能材料	稀土永磁合金产业基础高级化、低成本高性能技术和产业链现代化关键技术、工程应用技术;高端稀土发光原创性新材料体系及产业化技术;兼顾高安全和高容量气/固复合稀土储氢材料供氢集成技术;快速动态响应的高效稀土储氢材料规模化储能装备系统技术;稀土资源绿色低碳提取短流程先进制备与应用技术;开发纯净/均质/复合稀土母合金添加剂/变质剂关键制备技术;新一代磁动力系统及应用技术,关键材料的产业化制备及系统集成技术	
		电子陶瓷	100nm以下粒径高性能电子陶瓷粉体批量生产技术,多组元、高密度低温共烧陶瓷材料与制备	

图8-2 关键战略材料产业发展技术路线图(续)

项目	2025年 ——————2030年——————>2035年
关键技术及装备 / 人工晶体	极端尺寸激光、闪烁、非线性光学、半导体、压电、磁光与声光晶体材料关键制备技术；人工晶体自动化、智能化批量制备技术与装备；大尺寸晶体缺陷、均匀性控制技术；晶体多自由度耦合技术；大尺寸晶体制备理论与模拟仿真软件与技术；大尺寸单晶薄膜制备技术；具有计量功能的大尺寸晶体制备装备
关键技术及装备 / 高性能膜材料	面向水处理、海水淡化、小分子分离等应用的混合基质膜材料研制技术及关键装备
	面向化工分离、高纯溶剂、重油加工等应用的高装填密度无机膜材料研制技术及关键装备
	面向氯碱、酸碱回收、燃料电池等应用的高性能离子交换膜及双极膜材料研制技术及关键装备
	面向医疗器械包装、医疗防护等应用的高强度、高透气性、优异微生物阻隔性特种医用透气膜材料研制技术及关键装备
关键技术及装备 / 新型显示材料	可印刷OLED/QLED显示材料体系与技术；可印刷TFT材料体系与技术；印刷墨水配方体系与技术；大尺寸柔性可卷绕显示技术；高分辨率印刷工艺与装备技术
	InP红光、InGaN蓝绿光LD材料/器件/工艺/装备技术；性能表征评价与标准等技术
	Micro-LED显示芯片与高性能单色器件关键技术；高密度Micro-LED巨量转移技术与设备；Micro/Mini-LED与CMOS/TFT背板键合关键技术；Micro-LED显示色彩化技术
关键技术及装备 / 新一代生物医用材料	组织再生材料的活性化技术，植入/介入材料的表面改性技术，生物医用材料个性化成型加工技术
关键技术及装备 / 生物基材料	关键生物单体的制备关键技术，新型绿色催化剂制备关键技术
	生物基聚合物合成、加工关键技术
战略支撑与保障条件	建立产业链安全评估机制，发挥举国体制优势，汇聚科研和人才资源，解决关键核心技术和产业安全问题
	实施生产应用示范工程，建立材料研发、生产及应用全链条融通的生态环境
	扶持基础材料和制造装备的国产化，加强共性和基础技术研发，实现产业基础再造
	在重点领域创建一批由新材料生产企业、重点用户和科研院所共同组建的国家级新材料产业联合创新中心，构建协同创新体系
	加强关键战略材料产品标准及应用标准的研究制定，加强产品全生命周期服役性能评价

图 8-2 关键战略材料产业发展技术路线图（续）

前沿新材料

前沿新材料是指具有新的或超越现有材料的优异性能或特殊功能，可推动经济社会发展或对国防建设产生重大影响，在引领新兴产业和未来产业发展中起重要作用的一类新材料。近年来，前沿新材料不断涌现，超材料、增材制造材料、超导材料、智能仿生材料、石墨烯材料在量子技术、人工智能、生命健康等领域中的应用逐渐显现，并为颠覆技术创新提供了关键支撑。面向未来产业的发展，我国还需加大前沿新材料科技创新投入强度，积极发挥新型举国体制优势，提升前沿新材料发展效能，改善前沿新材料创新与应用生态环境，培育交叉融合的创新型人才，使前沿新材料成为科技强国建设的重要支撑。

需求 前沿新材料是类脑智能、量子信息、基因技术、未来网络、深海空天开发、氢能与储能等前沿科技和产业变革需要的关键保障材料。加速发展前沿新材料，是顺应全球科技革命和产业变革加速演进趋势、实现高水平科技自立自强的重要方向，是前瞻布局培育壮大新材料产业和未来产业、推动供给侧结构性改革和经济高质量发展的重要举措，是满足信息技术、智能制造、能源安全、生命健康等领域需求快速增长的重要途径，是满足人民对美好生活向往的重要内容，是加强国家新材料领域风险防控、推进国家制造强国和科技强国的重要保障。

目标 围绕新材料产业高质量发展重大需求，准确把握前沿新材料创新发展方向，聚焦长板优势，适度超前部署一批前沿新材料方向，持续加强基础研究、关键技术和颠覆性技术创新，建立完善更加协同高效的创新体系，不断提升前沿新材料科技和产业竞争力和创新力。

到 2030 年，前沿新材料支撑科技强国建设取得明显成效，在新兴产业和未来产业发展中取得较大进展，市场竞争力大幅提升，形成较为完备的前沿新材料产业技术创新体系及供应体系，产业布局合理有序，前沿新材料在多领域实现广泛应用。

到 2035 年，形成健全完善的前沿新材料产业体系，构建涵盖载人航天、探月探火、深海深地探测、量子信息、新能源技术、智能制造、武器装备、生物医药等领域的多元应用生态。抢占未来新材料产业竞争制高点，形成一批市场规模在百亿至千亿级别的产业集聚区，为拉动制造业转型升级和实体经济持续发展提供长久推动力，有力支撑科技强国目标实现。

发展重点

1. 超材料

▶ **电磁及光学超材料**

利用超材料超常物理性质的可设计性，研制出新型毫米波/太赫兹超材料元器件、光学超表面透镜、超快探测器件、集成全光芯片、高性能核磁超材料等先进产品。建立从微波到光学频段的智能化超材料设计和制备平台。形成具有自主知识产权的高性能电磁超材料的规模化低成本生产技术。形成规模化的高性能电磁及光学超材料产业链和产业集群，整体产业能力达到国际领先。

▶ **力学及声学超材料**

面向生物医学领域重大需求，开发新型轻质超硬生物医学材料，实现规模化稳定生产。针对新型声呐、高速轨道交通噪声防护、超声波探测及成像等应用需求，持续发展高性能隔声降噪超材料，形成面向声波滤波、聚焦、隐身、超高分辨率等多功能超材料制备技术。形成规模化力学及声学超材料产业，产品研发与生产方面均达到世界先进水平。

▶ **热学超材料**

基于热流控制理论，开发高性能隔热、散热、控热超材料器件，实现其规模化稳定生产。形成规模化热学超材料产业链，在产品研发与生产方面达到世界先进水平。

▶ **超材料与常规材料融合**

结合多物理场调控和极端环境耐受性，开发系列新型多物理场复合超材料，实现超材料超常特性、多功能性集成，满足高性能、高质量生产要求，形成规模化产业链。实现规模化生产与应用，研发与产品水平达到世界先进水平，形成超材料产业集群。

2. 增材制造材料

▶增材制造金属材料

建立和完善增材制造金属材料的国家标准体系，我国自主知识产权的增材制造高性能金属材料在品种、数量和质量上都能够基本满足高端装备制造与应用的主要需求，使基于增材制造的产品创新设计在我国高端装备的跨越式发展中起到关键支撑作用。

形成比较完善的金属增材制造专用材料设计、制备、生产与应用的技术体系，实现金属增材制造不仅在航空航天高端装备和医疗植入体等高附加值产业，而且在船舶、汽车和普通机械工业等成本敏感产业中得到普及性应用。

▶增材制造有机高分子材料

建立与高端增材制造装备和工艺配套的较为完善的增材制造材料和技术体系，高端增材制造高分子材料及其制备装备60%以上实现国产化，增材制造高分子材料成本平均降低80%，普遍满足高质量、大规模稳定生产要求。

形成比较完善的增材制造高分子材料设计、制备、生产与应用的技术体系，实现高分子材料增材制造除了在传统的研发、文创、教育、工装和备件等领域的广泛普及应用，也在包括铸造、模具、汽车、注塑等大规模产业领域，以及航空航天、医疗、电子信息等高附加值产业的普及性应用。

▶增材制造生物材料

针对功能性组织仿生构建的材料及工艺研究，实现微生理系统、器官芯片的制备与初步产业转化；部分主流国产组织打印装备技术性能达到国际领先水平；突破在（干）细胞扩增方法、转基因等应用，实现生物增材制造与干细胞、再生医学等前沿领域的交叉融合，开发针对新领域应用的材料体系和工艺方法，形成应用示范。

掌握功能性生物材料、智能响应生物材料等生物活性材料的设计方法和制备技术体系；实现皮肤、软骨、膀胱等简单功能性器官打印，为实现真正的组织器官移植奠定技术与材料基础；生物增材制造材料及其构建的植入医疗器械、体外组织模型、器官芯片等产品实现大批量医疗应用，在医疗领域得到普及推广与应用。

▶增材制造无机非金属材料

建立增材制造水泥材料设计方法和制备技术体系，能够提供满足增材制造工艺要求的高质量专用水泥及其辅助材料，系统地掌握水泥增材制造的全流程工艺技术，支撑增材制造建筑满足建筑设计国家标准要求，并实现示范性商业应用；陶瓷增材制造在广泛的产业领域实现规模化应用。

建立增材制造玻璃和碳材料设计方法和制备技术体系，能够提供满足增材制造工艺要求的高质量专用增材制造玻璃和碳材料，系统地掌握玻璃和碳材料增材制造的全流程工艺技术，实现示范性的商业应用；普及陶瓷增材制造和水泥增材制造的规模化产业应用；掌握太空环境增材制造建筑的材料、工艺与装备技术。

▶增材制造复合材料

形成面向不同增材制造技术的金属基和非金属基增材制造复合材料体系，建立增材制造复合材料与应用的国家标准，实现增材制造复合材料比较广泛的工业应用。增材制造铸造砂型在砂型铸造行业占比大于30%。

形成性能/功能具有颠覆性意义的复合材料增材制造新原理与新方法，打印超轻质超高性能结构、材料/结构/功能一体化构件、超材料结构、高度智能化结构等；增材制造铸造砂型在砂型铸造行业占比大于50%；复合材料增材制造在比较广泛的工业领域实现规模化应用。

3. 超导材料

▶强磁场用高性能超导线材

突破面向 30T 大型超导磁体应用的高性能超导线材结构设计及批量化加工控制技术,获得加速器、单晶硅制造等领域急需的超导磁体制造技术。

▶低成本、高性能千米级 Bi2223 和 YBCO 高温超导涂层导体

突破低成本 Bi2223 和 YBCO 涂层导体核心的前驱体制备、织构化技术和专用制造装备。

▶超导强电应用装备

突破强磁场超导磁体设计与制造技术,获得高容量超导电缆和高电压等级超导限流器的电磁设计、超高压绝缘、装配结构与挂网运行等关键技术。

▶超导电子装备

突破大型、高效、长寿命制冷机,以及低漏热、低温容器制备技术,开发面向不同波段和频率的超导电子装备。

4. 智能仿生材料

▶资源利用智能仿生材料

重点发展淡水采集、雾气富集、油气开采等资源富集与有效利用的智能仿生材料与技术。

▶环境保护用智能仿生材料

重点发展油水分离、污水处理、化工废液分离、自清洁建筑涂料及纺织品、抗海洋生物黏附材料、仿生减阻降噪材料、仿生防覆冰材料、高效农药肥料制剂等环境保护用智能仿生材料与技术。

▶能源利用智能仿生材料

重点突破高效光能利用仿生材料、抗垢节能材料、仿生浓差发电膜材料等关键制备技术，形成相关材料体系。实现智能建材涂层材料、仿生隔热节能材料、仿生低碳建材、高效热功转换材料、环境自适应材料等在能源利用、油气开采和"双碳"等领域的示范应用。

▶生命健康用智能仿生材料

重点发展仿生检测材料（癌症检测材料、病毒检测材料）、仿生药物载体材料、仿生黏附材料（湿态黏合剂、医用微针、伤口敷料等）、仿生修复材料（仿生组织工程支架材料、植入/介入器械表面仿生涂层材料、可仿生形变的修复材料等）、人工透析滤膜材料等的智能仿生材料，实现在生命健康领域的示范应用。突破药物筛选及分离材料、仿生载体、仿生涂层、仿生支架、类器官等关键制备技术，实现智能仿生材料的规模化制备和产业化应用。

▶仿生材料与智能集成

重点掌握仿生材料功能集成关键技术，发展集运动-传感-储能等多功能一体化的柔性可穿戴器件、仿生手、仿生足、仿生眼及水下机器人等系列智能产品并实现其示范应用。突破仿生器件功能集成的技术瓶颈，实现仿生器件多功能融合及感知环境变化等示范应用。

5. 石墨烯材料

▶ **新能源领域用石墨烯材料**

进一步突破石墨烯在太阳能电池、氢能源等关键领域的应用技术，实现初步应用。

▶ **信息电子领域用石墨烯材料**

突破石墨烯自旋电子器件、场效应晶体管、量子计算等关键技术，实现石墨烯在柔性电子与光电器件、光电子探测、传感器、射频通信、电磁屏蔽电子封装、THz（太赫兹）传感等领域的规模化应用。

▶ **医疗健康领域用石墨烯材料**

突破石墨烯药物/基因传递、抗菌材料、病毒检测、生物成像、电化学及生物传感器、肿瘤光热治疗、脑机接口等系列关键技术，实现部分领域的示范性应用。

战略支撑和保障

（1）加强顶层设计。建立以市场应用为导向的前沿新材料产业发展机制，实行以快速市场响应为基础的产品创新。部署中长期前沿新材料发展规划，将前沿新材料纳入即将启动的重点新材料研发和应用重大项目。增强企业作为前沿新材料创新主体的作用，激励企业加大前沿新材料研发投入，增强原始创新能力。重视和鼓励关联度高的前沿新材料产业技术创新，构建产业融合的技术平台，形成新的融合型前沿新材料产业体系发展模式。融合分立的前沿新材料产业价值链，激励产业链上、下游协同攻关，推动前沿新材料产业链的升级和完善，提高前沿新材料产业的创新效能、生产效率和国际竞争力。

（2）加大资本支持。充分发挥财政资金的激励和引导作用，积极吸引社会资本投入，进一步加大对前沿新材料产业发展的支持力度。发挥好中央预算内投资引导作用，支持前沿新材料相关领域发展。加强金融支持，鼓励银行及金融机构按照风险可控、商业可持续性原则支持前沿新材料发展，运用科技化手段为优质企业提供精准化、差异化的金融服务。利用多层次的资本市场，加大对前沿新材料产业发展的融资支持，鼓励产业投资基金、创业投资基金等按照市场化原则支持前沿新材料创新型企业，促进科技成果转移转化。鼓励金融机构按照风险可控和商业可持续原则，创新知识产权质押贷款等金融产品和服务。支持符合条件的新材料企业在科创板、创业板等注册上市融资。扩大通过保险补偿等机制支持前沿新材料首批次应用范围。

（3）强化人才保障。引导高等院校根据前沿新材料发展需要优化学科专业布局，扩大超材料、增材制造材料、超导材料、石墨烯、智能仿生材料等领域专业人才的培养规模。深化新工科建设，优化相关领域专业结构。开展前沿新材料重点领域人才需求摸底，建设科技和产业人才大数据平台和专家信息库。加强急需紧缺工程师和技术技能人才培养，实施职业教育提质培优计划。加大海外高层次团队、人才引进和服务保障力度。实施前沿新材料人才培养计划，持续组织前沿新材料领域人才出国（境）、国内培训。

（4）深化国际合作。加强国际前沿新材料创新合作和政策法规等信息引导，鼓励前沿新材料企业统筹利用两个市场、两种资源，提升在全球价值链中的地位。支持企业在境外设立前沿新材料企业和研发机构，通过海外并购实现技术产品升级和国际化经营，加快融入全球前沿新材料市场与创新网络。充分利用现有双边、多边合作机制，拓宽前沿新材料国际合作渠道，结合"一带一路"建设，促进前沿新材料产业人才团队、技术资本、标准专利、管理经验等交流合作。支持国内企业、高等院校和科研院所参与大型国际前沿新材料科技合作计划，鼓励国外企业和科研机构在我国设立前沿新材料研发中心和生产基地。定期举办各种层次的前沿新材料国际会议。

技术路线图

前沿新材料产业发展技术路线图如图8-3所示。

8 新材料

项目	2025年 —————————— 2030年 —————————— 2035年
需求	前沿新材料是类脑智能、量子信息、基因技术、未来网络、深海空天开发、氢能与储能等前沿科技和产业变革需要的关键保障材料。加速发展前沿新材料，是顺应全球科技革命和产业变革加速演进趋势、实现高水平科技自立自强的重要方向，是前瞻布局培育壮大新材料产业和未来产业、推动供给侧结构性改革和经济高质量发展的重要举措，是满足信息技术、智能制造、能源安全、生命健康等领域需求快速增长的重要途径，是满足人民对美好生活向往的重要内容，是加强国家新材料领域风险防控、推进国家制造强国和科技强国的重要保障

目标

总体目标

- 前沿新材料支撑科技强国建设取得明显成效，在新兴产业和未来产业发展中取得较大进展，市场竞争力大幅度提升，形成较为完备的前沿新材料产业技术创新体系及供应体系，产业布局合理有序，前沿新材料在多领域实现广泛应用
- 形成健全完善的前沿新材料产业体系，构建涵盖载人航天、探月探火、深海深地探测、量子信息、新能源技术、智能制造、武器装备、生物医药等领域的多元应用生态。抢占未来新材料产业竞争制高点，形成一批市场规模在百亿至千亿元级别的产业集聚区，为拉动制造业转型升级和实体经济持续发展提供长久推动力，有力支撑科技强国目标实现

超材料

- 面向信息技术、国防军工、生物医学、能源等产业领域重大需求，立足电磁及光学超材料、力学及声学超材料、热学超材料等专业技术，以超材料与常规材料融合技术为主要手段，实现超材料在基础研究和应用研究领域的突破，推动我国成为超材料强国
- 以功能应用为导向，形成具有自主知识产权的高性能、规模化、低成本超材料生产技术，初步建成超材料器件生产线
- 形成规模化高性能超材料产业链和产业集群，产品性能达到国际领先水平或世界先进水平

增材制造材料

- 建立与高端增材制造装备和工艺配套的材料技术体系，高端增材制造材料及制备装备90%以上实现国产化，国家重大需求中增材制造结构件的综合性能普遍达到或超过传统制造技术水平
- 建立完善的增材制造材料设计和制备体系，实现大规模增材制造产业化应用，增材制造材料全面支撑国家重大工程和产业需求

超导材料

- 实现超导材料、超导强电和超导弱电产品协同发展和规模化应用，超导材料总体技术水平达到国际领先水平，满足国内需求、全面进入国际市场
- 基于国产材料的超导强磁场应用装备全面实现产业化
- 超导材料总体技术水平和产业化能力达到国际领先水平

图 8-3　前沿新材料产业发展技术路线图

项目	2025年	2030年	2035年
目标 — 智能仿生材料	开发低成本、多功能集成、高效率的新型智能仿生材料。突破一批关键材料的制备技术，取得一批具有自主知识产权的核心技术成果，加强我国智能仿生材料领域自主创新能力和相关产业的核心竞争力，为我国经济社会发展与国防安全提供有力支撑		
目标 — 石墨烯材料	突破高品质石墨烯及功能化石墨烯材料的规模化制备技术，形成从材料、装备到应用的完整石墨烯产业链		
	带动传统产业转型升级，推动石墨烯在新能源、航空航天、节能环保、信息电子（如散热、电子封装、传感、光电子探测、自旋电子器件、柔性电子与光电器件、量子计算等）、医疗健康、现代农业、石油化工及纺织等产业领域的全面应用		
	突破电子级石墨烯制备技术，实现石墨烯材料在不同领域的规模化应用	形成完整的石墨烯产业链条和产业集群	
发展重点 — 超材料 — 电磁及光学超材料	利用超材料超常物理性质的可设计性，研制出新型毫米波/太赫兹超材料元器件、光学超表面透镜、超快探测器件、集成全光芯片、高性能核磁超材料等先进产品	形成规模化的高性能电磁及光学超材料产业链和产业集群，产业基础能力和产业链水平国际领先	
	形成具有自主知识产权的高性能电磁超材料规模化低成本生产技术		
发展重点 — 超材料 — 力学及声学超材料	面向生物医学领域重大需求，开发新型轻质超硬生物医学超材料，实现规模化稳定生产。面向精密机械、地震防护等领域重大需求，开发新型吸能、减震、隔振超材料及地震防护材料	形成规模化力学及声学超材料产业链，产品研发与生产规模达到世界先进水平	
	针对新型声呐、高速轨道交通噪声防护、超声波探测及成像等应用需求，持续发展高性能隔声降噪超材料，形成面向声波滤波、聚焦、隐身、超分辨等多功能超材料制备技术		

图 8-3 前沿新材料产业发展技术路线图（续）

项目			2025年 —————————— 2030年 —————————— 2035年	
发展重点	超材料	热学超材料	基于热流控制理论，开发高性能隔热、散热、控热超材料及器件，实现规模化稳定生产	形成规模化热学超材料产业链，产品研发与生产规模达到世界先进水平
		超材料与常规材料融合	结合多物理场调控和极端环境耐受性，开发系列新型多物理场复合超材料，实现超材料超常特性、多功能性集成，满足高性能、高质量生产要求，形成规模化产业链	实现规模化生产与应用，研发与产品质量水平达到世界先进水平，形成超材料产业集群
	增材制造材料	增材制造金属材料	建立和完善增材制造金属材料的国家标准体系，我国自主知识产权的增材制造高性能金属材料在品种、数量和质量上基本满足高端装备制造与应用的重大需求	形成完善的金属增材制造专用材料设计、制备、生产与应用技术体系，实现金属增材制造在航空航天高端装备和医疗植入体等高附加值产业，以及船舶、汽车和普通机械工业等成本敏感产业中的普及性应用
		增材制造有机高分子材料	建立与高端增材制造装备和工艺配套的增材制造材料和技术体系，高端增材制造高分子材料及其制备装备60%以上实现国产化，增材制造高分子材料成本平均降低80%，普遍满足高质量、大规模稳定生产要求	形成完善的增材制造高分子材料设计、制备、生产与应用的技术体系，实现高分子材料增材制造在传统的研发、文创、教育、工装和备件等领域的广泛普及，以及在包括铸造、模具、汽车、注塑等大规模产业领域和航空航天、医疗、电子信息等高附加值产业的普及性应用
		增材制造生物材料	针对功能性组织仿生构建的材料及工艺研究，实现微生理系统、器官芯片的制备与初步产业转化；部分主流国产组织打印装备技术性能达到国际领先水平；突破在（干）细胞扩增方法、转基因等应用，实现生物增材制造与干细胞、再生医学等前沿领域的交叉融合，开发针对新领域应用的材料体系和工艺方法，形成应用示范	掌握功能性生物材料、智能响应生物材料等生物活性材料的设计方法和制备技术体系；实现皮肤、软骨、膀胱等简单功能性器官打印，为实现组织器官移植奠定技术与材料基础；生物增材制造材料及构建的植入医疗器械、体外组织模型、器官芯片等产品实现大批量医疗应用，在医疗领域得到普及推广与应用
		增材制造无机非金属材料	建立增材制造水泥材料设计方法和制备技术体系，提供满足增材制造工艺要求的高质量专用水泥及其辅助材料，系统掌握水泥增材制造的全流程工艺技术，支撑增材制造建筑满足建筑设计国家标准要求，实现示范性商业应用；陶瓷增材制造在广泛的产业领域实现规模化应用	建立增材制造玻璃和碳材料设计方法和制备技术体系，提供满足要求的高质量专用增材制造玻璃和碳材料，系统掌握玻璃和碳材料增材制造的全流程工艺技术，实现示范性的商业应用；普及陶瓷增材制造和水泥增材制造的规模化产业应用；掌握太空环境增材制造建筑的材料、工艺与装备技术
		增材制造复合材料	形成面向不同增材制造技术的金属基和非金属基增材制造复合材料体系，建立增材制造复合材料与应用的国家标准，实现增材制造复合材料比较广泛的工业应用。增材制造铸造砂型在砂型铸造行业占比大于30%	形成性能/功能具有颠覆性意义的复合材料增材制造新原理与新方法，打印超轻质超高性能结构、材料/结构/功能一体化构件、超材料结构、高度智能化结构等；增材制造铸造砂型在砂型铸造行业占比大于50%；复合材料增材制造在比较广泛的工业领域实现规模化应用

图 8-3 前沿新材料产业发展技术路线图（续）

项目	2025年 —————————— 2030年 —————————— 2035年

发展重点	超导材料	强磁场用高性能超导线材	满足30T大型超导磁体制造需求	综合性能达到国际领先水平
		低成本高性能千米级Bi2223和YBCO高温超导涂层导体	性价比达到50元/千安米	实现规模化应用
		高温超导电缆	大容量交流和直流电缆产能达到100千米/年	大容量交流和直流电缆产能达到500千米/年
		加速器用超导磁体	5~15T加速器超导磁体产量达到1000台/年	5~15T加速器超导磁体全面进入国际市场
		磁控直拉单晶硅用超导磁体	产量达到500台/年	全面进入国际市场，市场份额达到50%
		超导量子计算机	实现批量制造	实现规模化应用
		资源利用智能仿生材料	攻克油、水、气富集与开采用智能材料的关键制备技术，初步实现示范应用	实现油、水、气富集与开采用智能材料的规模化制备与应用

图 8-3　前沿新材料产业发展技术路线图（续）

项目	2025年 ———————— 2030年 ———————— 2035年
发展重点 — 智能仿生材料 — 环境保护用智能仿生材料	实现油水分离、污水处理、化工废液分离、自清洁建筑涂料及纺织品等智能仿生材料的规模化应用
	攻克仿生防覆冰材料、高效农药肥料制剂、抗海洋生物黏附材料、仿生减阻降噪材料等智能仿生材料的规模化制备技术
能源利用智能仿生材料	突破高效光能利用仿生材料、抗垢节能材料、仿生浓差发电膜材料等关键制备技术，形成相关材料体系
	实现智能建材涂层材料、仿生隔热节能材料、仿生低碳建材、高效热功转换材料、环境自适应材料等在能源利用、油气开采和"双碳"等领域的示范应用
仿生材料与智能集成	发展仿生检测材料(癌症检测材料、病毒检测材料)、仿生药物载体材料、仿生粘附材料（湿态粘合剂、医用微针、伤口敷料等）、仿生修复材料(仿生组织工程支架材料、植介入器械表面仿生涂层材料、可仿生形变的修复材料等)、人工透析滤膜材料等的智能仿生材料，实现在生命健康领域的示范应用
	突破药物筛选及分离材料、仿生载体、仿生涂层、仿生支架、类器官等关键制备技术，实现智能仿生材料的规模化制备和产业化应用
生命健康用智能仿生材料	掌握仿生材料功能集成关键技术，发展集运动-传感-储能等多功能一体化的柔性可穿戴器件、仿生手、仿生足、仿生眼及水下机器人等系列智能产品，实现示范应用
	突破仿生器件功能集成的技术瓶颈，实现仿生器件多功能融合及感知环境变化等示范应用

图 8-3　前沿新材料产业发展技术路线图（续）

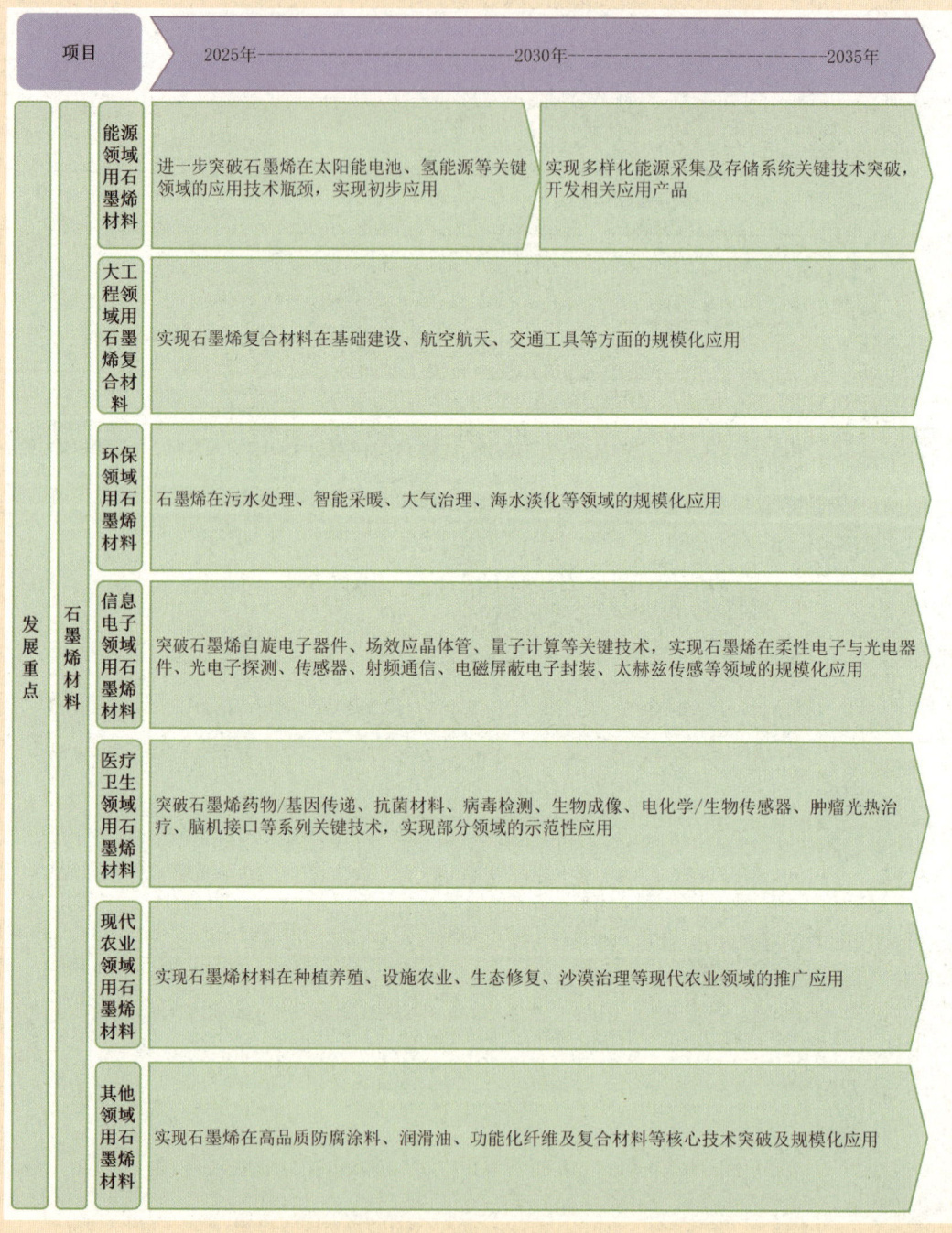

项目	2025年 — 2030年 — 2035年
发展重点 — 石墨烯材料 — 能源领域用石墨烯材料	进一步突破石墨烯在太阳能电池、氢能源等关键领域的应用技术瓶颈，实现初步应用 / 实现多样化能源采集及存储系统关键技术突破，开发相关应用产品
大工程领域用石墨烯复合材料	实现石墨烯复合材料在基础建设、航空航天、交通工具等方面的规模化应用
环保领域用石墨烯材料	石墨烯在污水处理、智能采暖、大气治理、海水淡化等领域的规模化应用
信息电子领域用石墨烯材料	突破石墨烯自旋电子器件、场效应晶体管、量子计算等关键技术，实现石墨烯在柔性电子与光电器件、光电子探测、传感器、射频通信、电磁屏蔽电子封装、太赫兹传感等领域的规模化应用
医疗卫生领域用石墨烯材料	突破石墨烯药物/基因传递、抗菌材料、病毒检测、生物成像、电化学/生物传感器、肿瘤光热治疗、脑机接口等系列关键技术，实现部分领域的示范性应用
现代农业领域用石墨烯材料	实现石墨烯材料在种植养殖、设施农业、生态修复、沙漠治理等现代农业领域的推广应用
其他领域用石墨烯材料	实现石墨烯在高品质防腐涂料、润滑油、功能化纤维及复合材料等核心技术突破及规模化应用

图 8-3　前沿新材料产业发展技术路线图（续）

项目	2025年 — 2030年 — 2035年	
关键技术及装备 — 超材料	建立多种类、多功能的智能化超材料专用设计和制备平台	成熟的超材料智能设计、精密加工、批量制造、标准化评价与关键表征技术及装备，全流程软硬件自主可控
增材制造材料	高端增材制造金属材料制备装备和有机高分子材料制备装备90%以上实现国产化，相关增材制造高端材料成本较5年前降低30%；研发具有核心自主知识产权的增材制造专用金属、无机非金属材料、复合材料、生物材料制备技术和装备，并实现90%以上国产化。高端增材制造装备国产化率较5年前提高30%	各种类型高端增材制造材料成本较5年前降低30%；研发成分、组织、结构和性能可高自由度调控的具有核心自主知识产权的智能化增材制造技术和装备，在金属材料、高分子材料、无机非金属材料、复合材料、生物材料增材制造中实现商业化应用
超导材料	大尺寸半导体级单晶硅用超导磁体、高效节能超导感应加热装备、大功率超导同步电机、高温超导电缆和高温超导限流器制备及应用技术	低/高温超导线材、高场超导磁体、高效超导量子计算器件、高效长寿命直冷机实现规模应用
智能仿生新材料	系列智能仿生材料的设计、加工、制造、测试评价新技术及相关装备，包括生物正交技术、等离子体介导共价接枝技术、生物3D打印技术、纳米压印技术、自组装技术、光流控技术、三维玻璃微流控可视化技术、导向性复合技术、梯度型化学气相沉积技术、仿生形貌高精度模拟制造技术、仿生模型的构建与AI整合技术、智能仿生材料结构精准化控制技术、集感应-反馈-调节为一体的交叉制备技术等	
石墨烯材料	实现国产化的石墨烯制备与检测装备国际领先，形成完整的石墨烯材料制备、检测及应用装备产业链	
战略支撑与保障	加强顶层设计。建立以市场应用为导向的前沿新材料产业发展机制，实行以快速市场响应为基础的产品创新。部署中长期前沿新材料发展规划，将前沿新材料纳入即将启动的重点材料研发和应用重大项目。增强企业作为前沿新材料创新主体的作用，激励企业加大前沿新材料研发投入，增强原始创新能力。重视和鼓励关联度高的前沿新材料产业技术创新，构建产业融合的技术平台，形成新的融合型前沿新材料产业体系发展模式；融合分立的前沿新材料产业价值链，激励产业链上、下游协同攻关，推动前沿新材料产业链的升级和完善，提高前沿新材料产业的创新效能、生产效率和国际竞争力	
	加大资本支持。充分发挥财政资金的激励和引导作用，积极吸引社会资本投入，进一步加大对前沿新材料产业发展的支持力度。发挥好中央预算内投资引导作用，支持前沿新材料相关领域发展。加强金融支持，鼓励银行及金融机构按照风险可控、商业可持续性原则支持前沿新材料发展，运用科技化手段为优质企业提供精准化、差异化的金融服务。利用多层次的资本市场，加大对前沿新材料产业发展的融资支持，鼓励产业投资基金、创业投资基金等按照市场化原则支持前沿新材料创新型企业，促进科技成果转移转化。鼓励金融机构按照风险可控和商业可持续原则，创新知识产权质押贷款等金融产品和服务。支持符合条件的新材料企业在科创板、创业板等注册上市融资。扩大通过保险补偿等机制支持前沿新材料首批次应用范围	

图 8-3 前沿新材料产业发展技术路线图（续）

项目	2025年　　　　　　　　　　2030年　　　　　　　　　　2035年
战略支撑与保障	强化人才保障。引导高等院校根据前沿新材料发展需要优化学科专业布局，扩大超材料、增材制造材料、超导材料、石墨烯、智能仿生材料等领域专业人才的培养规模。深化新工科建设，优化相关领域专业结构。开展前沿新材料重点领域人才需求摸底，建设科技和产业人才大数据平台和专家信息库。加强急需紧缺工程师和技术技能人才培养，实施职业教育提质培优计划。加大海外高层次团队、人才引进和服务保障力度。实施前沿新材料人才培养计划，持续组织前沿新材料领域人才出国（境）、国内培训
	深化国际合作。加强国际前沿新材料创新合作和政策法规等信息引导，鼓励前沿新材料企业统筹利用两个市场、两种资源，提升在全球价值链中的地位。支持企业在境外设立前沿新材料企业和研发机构，通过海外并购实现技术产品升级和国际化经营，加快融入全球前沿新材料市场与创新网络。充分利用现有双边、多边合作机制，拓宽前沿新材料国际合作渠道，结合"一带一路"建设，促进前沿新材料产业人才团队、技术资本、标准专利、管理经验等交流合作。支持国内企业、高等院校和科研院所参与大型国际前沿新材料科技合作计划，鼓励国外企业和科研机构在我国设立前沿新材料研发中心和生产基地。定期举办各种层次的前沿新材料国际会议

图 8-3　前沿新材料产业发展技术路线图（续）

9

生物医药及高性能医疗器械

生物医药

　　生物医药产业重点发展的产品是创新生物技术药物、新型化学药物、中医优势病种创新中药与植物药、组织工程和再生医学产品。

高性能医疗器械

　　高性能医疗器械产业重点发展的产品是医学影像器械、手术与急救器械、体外诊断器械、先进治疗器械、康复与健康信息器械、医用植入/介入治疗器械。

生物医药

生物医药是综合医学、药学和生物学等前沿交叉学科发展起来的，用于疾病防治及卫生保健制品及其技术体系的总称。生物医药产业是满足人民健康生活需求、保障民族健康安全、构建强大公共卫生体系的重要支撑，是实现"健康中国"建设的重要基础。

需求　"保障人民健康，推动健康中国建设"是需要优先发展的战略任务。居民健康消费升级，要求医药工业加快供给侧结构性改革，更好满足人民群众美好生活需要。目前，生物医药领域需要提升发展质量，需要医药工业加快质量变革、效率变革、动力变革，重点研发一批自主性强、安全有效的创新药物，提高我国医药产业的国际竞争力；提升仿制药、中药、辅料包材等领域质量控制水平；提升罕见病药、儿童药的研发能力；建立面向高质量发展的中药制药装备体系，引领医药产业技术创新升级；补齐产业链短板，提升产业链优势，优化产业链布局，推动医药全产业链优化升级，维护产业链、供应链稳定畅通，为构建以国内大循环为主体、国内国际双循环相互促进的新发展格局提供支撑。

目标　到 2025 年，我国生物医药前沿领域创新成果突出，创新驱动力增强，产业链现代化水平明显提高，国际化全面向高端迈进，在创新能力、制药规模和国际竞争力等方面达到世界先进水平。研发一批针对重大疾病及某些重要罕见病的化学药物、中药和生物技术药物新产品，重大创新产品和制药产业体系达到国际先进水平，进一步加强国家药物创新体系的国际竞争力，推动我国医药国际化进程。产业链供应链稳定可控，医药制造规模化、体系化优势进一步巩固，一批产业化关键共性技术取得突破，重点领域补短板取得积极成效，培育形成一批在细分领域具有产业生态主导带动能力的重点企业。

到 2030 年，生物医药在抗体、疫苗、细胞治疗等生物技术药物和中药/植物药方面逐步缩小与发达国家的差距，推动一大批企业实现药品质量标准和体系与国际接轨，有多家制药企业取得美国、欧洲、日本和 WTO 认证并实现产品出口，针对人类重大疾病及某些重要罕见病，研制并推动

10~20个化学药及其高端制剂、3~5个新中药、3~5个新生物技术药物，以及其伴随分子诊断试剂在FDA（美国食品药品监督管理局）、EMA（欧洲药品管理局）完成药品注册，加快药品国际化进程，突破10~15项制药关键核心技术，建立国家药物创新体系。

到2035年，一批全球领先的原始创新药物进入国际市场、生物医药产业达到世界先进水平；化学药物、中药/植物药和生物技术药物新产品，实现30~35个创新药物产业化；20~30个自主产权新药通过FDA、EMA认证，进入国际市场；药品全生命周期质量管理水平大幅提高。

发展重点

1. 重点产品

▶创新生物技术药物

自主研发25~35个创新生物技术药物，包括5~7个新靶点、新表位、新功能抗体药物，如黏附分子（CD147）、细胞因子（IL-17、IL-10）、免疫检测点分子（TIM-3、LAG3）、新型受体（GCGR），5~7个新型疫苗（联合疫苗、新冠病毒疫苗、猴痘疫苗、13价肺炎球菌结合疫苗、诺如病毒疫苗）、5~7个重组蛋白药物（NGF[①]、Insulin aspart、长效GLP-1）、5~7个免疫细胞治疗制剂（CAR-T、CAR-NK、DC等）、5~7个干细胞及衍生产品。

▶新型化学药物

立足于传统新结构小分子化学药物的设计、合成及药效学评估，加快重大疫情防控药物的研发，加快发展儿童特殊药物，发展针对肿瘤、自身免疫性疾病、神经退行性疾病、心血管疾病及罕见病等重大临床需求药物。加快研制新靶点、新机制、新结构的化学药物；加快开发小核酸药物技术、

---

① NGF：神经生长因子。

蛋白降解技术，加快构建共价抑制剂等新型技术平台。近年来，联合用药逐渐成为临床试验发展的趋势，特别是肿瘤免疫疗法的兴起，推动了联合用药方案的尝试与突破。

▶中医优势病种创新中药与植物药

推动中药配方颗粒、中药饮片的规范化和标准化生产，加强中药材全过程质量管理能力。深入研究重大疫情防控药物的科学机理，围绕病毒与宿主的交互作用深入研究其作用机制。针对心脑血管疾病、自身免疫性疾病、病毒感染性疾病、肾脏病等中医优势病种，推动10~20个中成药新药研发。开展中成药二次开发，发展中药大品种，推动中药配方颗粒、中药饮片的规范化和标准化生产。

▶组织工程和再生医学产品

加快我国生物3D打印体系在类器官、组织工程、再生医学领域中的应用；结合智能生物制造、引导组织再生新分子、新型种子细胞等，推动可降解的高分子材料、新材料3D打印器械、活细胞打印制品的临床转化应用，研制10~20个组织工程新产品和再生医学产品。

2. 关键共性技术

▶药物靶标蛋白结构预测关键技术

加快发展药物靶标蛋白结构预测关键技术，药物靶标蛋白结构预测技术主要包括基于临床病人疾病机理分析靶标挖掘/验证技术、利用深度学习的蛋白质结构预测技术、蛋白质-蛋白质的相互作用及蛋白质复合体三维结构预测技术、基于多组学的药物靶点发现技术等。以上技术在未来在蛋白质结构预测上准确度的提升，以及正确合理使用所产生的资源将是重中之重。加快上述算法研究，推出有自主知识产权的关键药物靶标蛋白结构预测软件产品等。

▶"老药新用"快速发现关键技术

加快发展"老药新用"快速发现关键技术，基于PKPD-Tox衔接的药物重定位技术、基于深度学习算法的药物重定位评价技术等。药物重定位评价技术对于抗病毒药物等靶部位内药物的药代动力学和药效动力学的相关性。

作为一项重要研究内容，将上市药物在机体细胞内外的动力学过程和效应了解更透彻，以更好地指导临床应用。使用药物重定位评价技术可显著加速药物研发流程，节省投资成本和加强药物可控性，使其相较于传统新药研发方法更具优势。开发上述技术，探寻已上市药物的新靶点、新机制。

▶非传统小分子化药技术

基于创新连接子的抗体-小分子偶联技术、全新蛋白降解技术等药物不同于传统小分子药物，对于抗病毒、抗肿瘤等适应症具有更强的靶向性。对于ADC（表示一类抗体偶联药物）和PROTAC（蛋白降解靶向联合体）技术当中的Linker部分的创新设计直接关系到此技术的发展。推动3~5个自主知识产权的智能释放（基于微环境、酶、pH值等）Linker的设计，基于E3泛素连接酶Trim21的蛋白靶向快速降解技术（Trim-Away），开展全新蛋白降解技术在动物、植物及原核生物蛋白靶向降解方面的相关研究。

▶中药新药设计关键技术

开发中药功效物质组分制备、筛选、表征、评价技术，探寻中药组分配伍规律，发展中药组分配伍优化与设计技术。

▶基于大数据和AI的精准药物设计技术

人工智能海量药学文献（自然语言）抓取分析技术；人工智能识别先导化合物技术、人工智能药物分子结构设计技术、人工智能药物分子结构筛选技术；医化结合的数字/信息技术；对药物分子在体内的复杂作用进行更精准的模拟预测，提升创新药物的研发效率。

▶药物成药性评价关键技术

发展药物代谢性质建模与模拟、药物代谢及安全性评价技术、贴近临床模型的药理、药效评价技术，以及类器官、微流控技术等。包括基于分子结构的ADME（药物代谢动力学）性质预测技术、模拟化合物细胞、屏障通透性关键技术，以及代谢稳定性、代谢位点、代谢关键产物预测技术等。推进相关模拟软件、算法研究，提升预测的准确性。以临床上疾病特点和需求为指引，提升药物筛选模型的可靠性。

▶ **先进制药工艺及装备研发技术**

发展先进制药工艺及装备研发技术，开发超大规模的细胞培养技术，以及新型生物药的产业化制备技术、加强生物制药柔性生产技术体系建设；开发符合中药特点、基于病症特点的制剂形式及给药技术，加速中药领域重大装备开发、中药复杂性多技术集成式质量评价智能装备、中成药连续智能制造装备；开发高效、优质、安全的原料药创新工艺及具有高选择性、长效缓控等特点的复杂制剂技术，提升化学药智能制造及连续制造技术。

▶ **高端辅料制备技术**

发展高端辅料制备技术，口服药物辅料（缓控释材料、快速崩解材料、胃溶肠溶材料等），透皮给药辅料（压敏胶、缓控释膜材料），生物降解高分子材料（微球、凝胶、脂质体、纳米粒、胶束等），针对制剂处方的辅料（新型填充剂、助流剂、抗黏剂等）。

战略支撑与保障

（1）贯彻落实党的二十大报告精神，推进健康中国建设。把保障人民健康放在优先发展的战略位置，完善人民健康促进政策。

（2）遵照《"十四五"医药工业发展规划》，加快创新驱动发展，推动产业链现代化，更高水平融入全球产业体系。

（3）建立符合国际规范和水平的监管支撑体系，遵照国际标准的药物临床试验质量管理规范（GCP）和药物非临床研究质量管理规范（GLP），依据《中华人民共和国药品管理法》，建立和标准化国际前沿的各项新药非临床和临床评价关键技术。

（4）建立和完善药物一致性评价体系，重视生物类似药的研发和质量控制。

（5）建立良好的政策环境与生态，鼓励药品创新，鼓励和支持民营机构和社会资本抢占前沿技术制高点。

技术路线图

生物医药产业发展技术路线图如9-1所示。

9 生物医药及高性能医疗器械

项目	2025年 —————— 2030年 ——————→ >2035年
需求	**2025年**: • 保障人民健康,推动健康中国建设是需要被优先发展的战略任务 • 医药工业需要加快供给侧结构性改革,更好地满足人民群众对美好生活的需要 • 提升处置重大公共卫生事件的能力,以及针对新发、突发传染性疾病防控的原创产品研发能力 • 提升我国仿制药、中药、辅料包材等领域质量控制水平 • 提升罕见病药、儿童药、小品种药的研发和供应能力 • 补齐产业链短板,提升产业链优势,优化产业链布局,推动全产业链优化升级,维护产业供应链稳定畅通 • 加快我国生物医药产业的发展,加强前沿技术的提升,重点研发一批自主性强、安全有效的创新药物 **2030年及以后**: • 强化自主可控的高质量药品质量保障体系 • 为构建以国内大循环为主体、国内国际双循环相互促进的新发展格局提供支撑 • 加强生物医药领域原始创新能力,完善"产学研医"协同创新体制机制 • 建立面向高质量发展的中药制药装备体系,提升中药产业技术创新水平
目标	**2025年**: • 保持生物医药领域规模效益稳步增长,进一步提高行业龙头企业集中度 • 推动生物医药在抗体、疫苗、细胞治疗等生物技术药物和中药/植物药方面发展,缩小与发达国家的差距 • 推动一大批企业实现药品质量标准和体系与国际接轨,有多家制药企业取得美国、欧洲、日本和WTO认证并实现产品出口 • 针对人类重大疾病及某些重要罕见病,研制并推动10~20个化学药及其高端制剂、3~5个新中药、3~5个新生物技术药物及其伴随分子诊断试剂在FDA、EMA完成药品注册,加快药品国际化进程 • 突破10~15项制药核心关键技术,建立国家药物创新体系 **2030年及以后**: • 提高产业集中度,促进并形成生物医药产业集群,保持产业链供应链稳定可控 • 一批全球领先的原始创新药物进入国际市场,生物医药产业达到世界先进水平 • 研发化学药物、中药/植物药和生物技术药物新产品,实现30~35个创新药物产业化;20~30个自主产权新药通过FDA、EMA认证,进入国际市场 • 加强药品全生命周期质量管理,提升制药装备的绿色化、数字化、智能化发展水平,增强风险管控能力

图9-1 生物医药产业发展技术路线图

项目	2025年——————2030年——————>2035年
重点产品 - 创新生物技术药物	分子诊断试剂
	细胞治疗制剂（CAR-T，CAR-NK，DC和干细胞制剂等）
	核酸药物
	重组蛋白
	抗体药物（新靶点、新表位抗体药物，新型工程抗体药物，新一代免疫检测点药物，双特异/多功能抗体，G 蛋白偶联受体(GPCR)抗体，抗体偶联药物(ADC)，抗体与其他药物的联用疗法等）
重点产品 - 新型化学药物	新型疫苗及其佐剂（联合疫苗、新冠疫苗、猴痘疫苗、13价肺炎球菌结合疫苗、诺如病毒疫苗及其新型佐剂等）
	发展儿童特殊药物
	重大疫情防控药物
	罕见病治疗需求药物
	针对肿瘤、自身免疫性疾病、神经退行性疾病、心血管疾病等重大临床需求药物
	发展基于反义寡核苷酸、小干扰 RNA、蛋白降解技术等新型技术平台的药物
重点产品 - 中医优势病种创新中药与植物药	针对心脑血管疾病、自身免疫性疾病、病毒感染性疾病、肾脏病等中医优势病种，加快推动中成药新药研发
	深入研究重大疫情防控药物的科学机理，围绕病毒与宿主的交互作用深入研究其作用机制
	开展中成药二次开发，发展中药大品种
	推动中药配方颗粒、中药饮片的规范化和标准化生产
	构建高质量中药材的栽培体系，加强中药材全过程质量管理能力
重点产品 - 组织工程和再生医学产品	结合智能生物制造、引导组织再生新分子、新型种子细胞等，推动可降解的高分子材料、无机材料3D打印器械、活细胞打印制品的临床转化应用，研究10~20个组织工程和再生医学产品
关键共性技术 - 药物靶标蛋白结构预测技术	基于临床病人疾病机制分析靶标挖掘/验证
	利用深度学习蛋白质结构预测技术
	蛋白-蛋白相互作用及蛋白复合体三维结构预测技术
	基于多组学的药物靶标发现技术
关键共性技术 - "老药新用"快速发现关键技术	基于PKPD-Tox衔接的药物重定位技术
	基于深度学习算法的药物重定位评价技术
关键共性技术 - 非传统小分子化药技术	基于创新连接子的抗体-小分子偶联技术
	全新蛋白降解技术

图 9-1　生物医药产业发展技术路线图（续）

9 生物医药及高性能医疗器械

项目	2025年 —————— 2030年 —————— >2035年
关键共性技术 — 中药新药设计关键技术	功效物质组分制备、筛选、表征、评价技术
	中药组分配伍规律发现技术
	中药组分配伍优化与设计技术
关键共性技术 — 基于大数据和AI的精准药物设计技术	人工智能海量药学文献（自然语言）抓取分析技术
	人工智能识别先导化合物技术、人工智能药物分子结构设计技术、人工智能药物分子结构筛选技术
	医化结合的数字/信息技术
	对药物分子在体内的复杂作用进行更精准的模拟预测，提升创新药物的研发效率
关键共性技术 — 药物成药性评价关键技术	药物代谢性质建模与模拟
	药物代谢及安全性评价技术
	贴近临床模型的药理、药效评价技术
关键共性技术 — 先进制药工艺及装备研发技术	开发超大规模的细胞培养技术及新型生物药的产业化制备技术，加强生物制药柔性生产技术体系建设
	开发符合中药特点、基于病症特点的制剂形式及给药技术，加速中药领域重大装备开发，如中药复杂性多技术集成式质量评价智能装备、中成药连续智能制造装备
	开发高效、优质、安全的原料药创新工艺，以及具有高选择性、长效缓控等特点的复杂制剂技术，提升化学药智能制造及连续制造技术
关键共性技术 — 高端辅料制备技术	口服：缓控释材料、快速崩解材料、胃溶肠溶材料等
	透皮：压敏胶、缓控释膜材料
	生物降解高分子材料：微球、凝胶、脂质体、纳米粒、胶束等
	制剂处方：新型填充剂、助流剂、抗黏剂等
战略支撑与保障	党的二十大报告指出，推进健康中国建设。把保障人民健康放在优先发展的战略位置，完善人民健康促进政策
	遵照《"十四五"医药工业发展规划》，加快创新驱动发展，推动产业链现代化，更高水平融入全球产业体系
	建立符合国际规范和水平的监管支撑体系，遵照国际标准的药物临床试验质量管理规范(GCP)和药物非临床研究质量管理规范(GLP)，依据《中华人民共和国药品管理法》，建立和标准化国际前沿的各项新药非临床和临床评价关键技术
	建立和完善药物一致性评价体系，重视生物类似药的研发和质量控制
	建立生态政策环境，鼓励药品创新，鼓励和支持民营机构和社会资本抢占前沿技术制高点

图 9-1 生物医药产业发展技术路线图（续）

高性能医疗器械

高性能医疗器械泛指在同类医疗器械中能够在功能和性能上满足临床更高要求的医疗器械，主要包括医学影像器械、手术与急救器械、体外诊断器械、先进治疗器械、康复与健康信息器械、医用植入/介入治疗器械几大类别。

我国医疗器械行业整体起步较晚，但随着国家对该产业的重视和推动、国民健康意识的提高，以及人口老龄化等因素的驱动，我国医疗器械市场发展迅速。2022年，我国医疗器械产业营业收入达13000亿元，同比增长12.46%，从2015年的6297亿元增长到2022年的13000亿元，年均复合增长率为10.91%，高于我国总体制造业增长水平。市场份额接近全球市场的三分之一，中国成为仅次于美国的全球第二大医疗器械市场。

需求

"十四五"时期是全面推进健康中国建设、深入实施制造强国战略的关键时期，也是推进医疗器械产业高质量发展的关键时期。《"十四五"医疗器械产业发展规划》对高性能医疗器械的发展提出了更高的要求，明确了2025年医疗器械产业发展的总体目标和2035年的远景目标。

在国际形势日趋紧张的环境下，我国医疗器械产业发展既面临重大机遇，又面临重大挑战。一方面，新一轮科技革命和产业变革深入推进，现代先进制造、信息技术、新材料、前沿生物等技术与医学工程技术跨学科、跨领域交融发展提速，新型医疗器械产品不断涌现，给医疗器械发展带来新的机遇。另一方面，随着国际形势愈加复杂严峻，全球产业链供应链区域化、本地化调整加速，发达国家争夺医疗器械竞争高地日趋激烈，我国医疗器械向产业链价值链中高端迈进面临的阻力和竞争压力明显加大，我国对全产业链、技术水平、企业活力、产业生态、品牌影响力等方面提出更高要求。

随着国家不断深入推进健康中国行动，推动优质医疗资源下沉扩容，以及人民群众健康意识增强带来医疗卫生支出增加。同时，因老龄化社会、新生育政策等因素的刺激，我国医疗器械市场将进一步发展。预计2025年我国医疗器械市场规模达到1.5万亿元；2030年，该市场规模达到3万亿元；2035年，该市场规模达到7.5万亿元。

目标

▶构建体系

到2025年，主流医疗器械基本实现有效供给，建设10个成规模的科技成果工程化平台，高性能医疗器械产品性能和质量水平明显提升，初步形成对公共卫生和医疗健康需求的全面支撑能力。到2030年，形成10个以上面向不同专业技术的国际创新交流中心，推进创新链、产业链和服务链融合发展，促进创新成果产业化和推广应用。到2035年，建设10个医疗器械产业发展共性技术服务平台，形成10个产值超1000亿元的产业聚集区，形成20家以上产值超100亿元的企业，医疗器械龙头企业的生态主导力和核心竞争力大幅度提升，涌现一批在细分领域全球领先的单项冠军企业，以及一批掌握核心技术和独特工艺的专精特新"小巨人"企业，提升高性能医疗器械全产业链自主研发水平。

▶补足短板

到2025年，医疗器械亟须基础零部件及元器件、基础软件、基础材料、基础工艺和产业技术基础等瓶颈短板基本补齐，产业发展不再有强制约项。到2030年，初步形成创新力强、附加值高、安全可靠的产业链供应链。到2035年，传统医疗器械的关键技术或零部件全面突破，部分拥有国际市场定价权，我国成为医疗器械创新方面的活跃力量，成为医疗器械工程技术创新的主导力量。

▶夯实基础

到2025年，产业基础应用研究实力增强，战略研究、产业信息等可为创新、生产和投资提供翔实的参考。到2030年，关键技术、重大工艺、核心部件、特种材料的研究能力显著提升，全面满足产业发展需要，与国际先进水平齐平；大数据和人工智能能力显著提升，为专业化的技术决策及CAD、CAM提供基础性支撑。到2035年，标准化柔性生产线成熟，生产走向集约化，产品质量和产业运行效率显著提升，形成具有竞争力的大数据和人工智能辅助设计、辅助生产能力，智能制造走向成熟。

▶ 开拓国际市场

到 2025 年，医疗器械产品认可度、品牌美誉度及国际影响力快速提升，在全球产业分工和价值链中的地位大幅提高，8 家企业跻身全球医疗器械行业 50 强。到 2030 年，在"一带一路"沿线国家建设若干集约化的采购、展销、临床培训、技术支持中心或共建园区，覆盖率达 50%。

▶ 促进融合

到 2025 年，"医学+工业""医院+工厂""医生+工程师"等多维度医工协同创新模式初步建立，健康医学快速发展，远程医疗、移动医疗、智慧医疗、精准医疗、中医特色医疗等新业态全面创新发展。到 2030 年，支持医疗机构与优势企业共建实验室、临床创新中心、临床应用数据库等平台，支持医疗机构和中国合格评定国家认可委员会（CNAS）共建医疗器械应用验证服务平台；产业的质量技术、工艺、生产管理、测试技术水平跨入新的台阶，医工深度融合取得成果，健康大数据与 AI 广泛运用于临床支持、个人生活方式干预，健康大数据和 AI 发展形成良好生态，发展步入良性循环。到 2035 年，产业生态逐步完善，产业界与学术界的横向合作、临床与工程技术的深度融合迅速发展，可靠性、可用性等工程技术支撑制造能力得到提升，形成完整的可靠性、可用性标准体系。

▶ 强化创新

到 2030 年，继续布局前沿技术，针对 5G 技术的发展研究未来临床及个人健康的数字生态，构建相应的规范标准，在超声成像、磁共振成像、分子诊断、免疫诊断、介入治疗器械、非侵入式脑机接口等多个方面达到国际先进；取得数个颠覆性医疗技术创新成果，在大型医疗影像、临床检验、先进治疗、医用材料、康复等多个领域达到工程技术一流水平，在方法学创新和尖端技术应用方面显著缩短与先进国家差距，并推出原创性技术。到 2035 年，医疗器械的研发、制造、应用提升至世界先进水平。我国进入医疗器械创新型国家前列，为保障人民全方位、全生命期健康服务提供有力支撑。

发展重点

1. 重点产品

▶医学影像器械

多功能动态实时三维超声成像系统，血管内超声成像系统，超声内窥镜，基于光子计数的能谱CT，静态CT系统，智能X射线成像系统，CT+DSA（数字减影血管造影）+多机融合诊疗系统，远程医疗系统及医学影像AI系统，高端变倍内窥镜设备，多模态智能化手术显微设备，多模态特种光纤内窥设备，全数字PET/CT、全数字PET/MRI、超高分辨部位专用MRI/PET等成像系统，原子磁力计心磁图仪，基于人工智能技术的多模态（目象、舌象、面象、耳象、手象、罐象）成像分析辅助诊断系统。

▶手术与急救器械

智能微创手术机器人，高性能重症治疗呼吸机，高性能无创呼吸机，智能反馈靶控麻醉机，手术中PET-荧光引导系统，高性能电外科设备，复合手术室。

▶体外诊断器械

心脑血管早期诊断装置，集各种抗凝全血检测项目于一体的全自动智能化流水线产品，全自动高通量、全集成基因检测系统，液态活检系统，面向社区和家庭的生理、生化检测器械，临床质谱检测仪及相关诊断试剂盒，用于家庭自检的核酸检测设备，快速多指标基因扩增产品，多模态可穿戴间质液分析系统，全集成快速多重分子POCT系统。

▶先进治疗器械

MRI/PET/SPECT/CT 等影像引导放疗加速器设备，高精度功能干预经颅神经磁刺激设备，质子束放射治疗设备（含小型质子放疗设备），中子束放射治疗设备，重离子束放射治疗设备，X 射线放射治疗设备（含射波刀、托姆刀、速锋刀），AI 辅助放射治疗计划系统，等离子体临床治疗肿瘤设备，无创经颅超声治疗与调控设备，MRI 引导磁热疗设备。

▶康复与健康信息器械

智能化康复训练系统，智能关节及助力系统，防摔倒装备，多模态动态康复评估系统，基于 3D 打印的个性化辅具，智能假肢，智能可穿戴康复设备，智能视听及言语功能代偿辅具，康复护理机器人，脑机接口，外骨骼机器人系统，闭环神经刺激调控系统，中西医结合智能康复设备，失能老人智能康复护理设备，可穿戴生命体征实时监测系统，多导联长程心电监护设备，基于人工智能技术的经络穴位触诊脑电信号分析系统。

▶医用植入/介入治疗器械

植入式生理、生化检测（监测）设备，血浆分离器，植入式神经调控设备、心脏节律调控设备，人工耳蜗、人工心脏、人工视网膜、人工肝、人工肺，植入式药物泵，生物可吸收冠状动脉药物洗脱支架及心脏封堵器，人工晶状体，介入心脏瓣膜，新型主动脉生物瓣膜置换系统，高性能骨科植入/介入治疗器械。

2. 关键共性技术及关键零部件

面向高性能医疗器械产业的关键技术及关键零部件，包括多物理场耦合仿真技术、失效模型数据库建立、可靠性验证及可靠性设计技术、产业基础共性技术、制造与服务过程中产品验证标准化与检测技术，适用于行业的大数据及人工智能（AI）技术（AI 辅助设计、辅助诊断及制造技术）、专用 AI 芯片、神经调控技术、立体定向技术、人机交互技术、生物反馈技术、机械通气技术。

▶ 医学影像领域

超声成像系统的量化与功能成像技术（造影成像、黏弹性成像、向量血流、光声成像等），智能化辅助诊断超声成像技术及智能应用（智能化成像、智能化工作流、智能化定量分析及辅助诊断），超宽带单晶超声换能器，超声面阵换能器，压电复合材料换能器，手持换能器，超低液氦或无液氦超导磁体，超高场MRI磁体，高温超导MRI磁体，多通道和多核高通量谱仪系统，多通道蜂巢射频平台技术，高性能宽带/窄带射频放大器，用于大容量X射线管的高转速轴承，液态金属轴承和难熔金属靶盘，新型CT探测器，X射线碳纳米管，大功率CT高压发生器，CT高速滑环，基于平板探测器的3D重建技术，高灵敏度、高分辨率、动态平板DSA（数字减影血管造影）光子计数探测器，基于非接触磁感应电阻抗成像的高灵敏度检测技术及图像重构算法，医学影像渲染引擎，生物影像处理软件，基于大数据和人工智能的医学影像设备辅助诊断技术，手术三维导航定位技术，医学影像专用集成电路（ASIC），PET专用硅光电倍增管，PET专用MVT（多阈值采样）数字化采样集成电路，高分辨率数字化PET探测器，大热容量X射线管，高灵敏度、超低剂量X射线平板探测器，超高分辨率极弱磁成像技术，智能质控图像采集技术，图像特征提取技术，中西医融合人工智能知识图谱技术，病证结合的中医多诊合参算法，跨尺度多模态数据融合和知识蒸馏技术。

▶ 手术与急救领域

多模态影像导航、机器人定位等技术，无标记点手术定位技术，颅脑血管三维高清可视化技术，基于计算机视觉的手术智能避障技术，基于力传感的高灵敏度感知技术，智能麻醉技术，用于呼吸机的智能通气决策技术，医疗手术导航机器人术中协作型机械臂和智能控制器，基于多生理参数信息反馈的靶控麻醉技术，肺部电阻抗三维实时成像技术，低噪声、大流量、高静压医用涡轮风机，高精度流量传感器，高精度电磁比例阀，经腔手术机器人多自由度末端器械，精密光学跟踪与定位装置。

▶ 体外诊断领域

心脑血管早期诊断及干预技术，柔性电子和微流控芯片技术，心电人工智能辅助诊断算法，可穿戴检测技术，单分子测序技术，单分子免疫检测技术，基于 AI 的细胞识别技术，临床质谱离子透镜技术，高灵敏度微通道平板检测器，高灵敏度特异性荧光染料，低噪声、高灵敏度光电倍增管，高像素、高灵敏度、高信噪比工业相机，电化学原理的气味传感与识别技术，高性能生化指标生物传感技术，颅内生理生化环境动态监测技术。

▶先进治疗领域

大功率磁控管，加速器用栅控阴极电子枪，多模态影像引导、复杂调强放疗、AI 辅助放疗技术，小型多注速调管，支气管平滑肌射频消融导管，质子/碳离子点扫描技术，螺旋断层放射治疗技术，磁刺激技术，激光治疗技术。

▶康复与健康信息领域

智能关节及智能助力装置，可实现多靶点、刺激点轨迹跟踪的经颅磁刺激导航技术，多模态康复评估技术及多模态综合干预技术，高精度微型柔性传感器，智能感知及柔性传感技术，微型驱动电机，智能非接触监测与评估技术，主被动结合个性化精准康复技术，失能老人卧床监测与并发症预防技术，失能老人床上康复与护理技术，中医人工智能辅助诊疗系统软件，多模态健康信息融合监测与分析技术，长程电生理信号实时监测技术。

▶医用植入/介入治疗领域

高密度馈通技术，高集成度微机电技术，植入级大功率、长寿命电池，高密度微型连接部件，导丝超滑亲水涂层技术和细芯轴研磨技术，人工晶状体高次非球面设计技术，动物源性植入材料的化学改性技术，人工骨修复材料聚醚醚酮（PEEK）及医用钛合金 3D 打印技术。

3. 关键材料

超声换能器晶体，用于 CT 检测的稀土闪烁陶瓷材料，临床检验用相关试剂，超高分子量聚乙烯运动医学缝线，长期植入级高分子材料，生物可降解医用高分子材料［如左旋聚乳酸（PLLA）等］，瓣膜材料，组织诱导再生材料，疏水性丙烯酸酯材料，植入级聚醚醚酮（PEEK）及其衍生物材料，生物陶瓷（骨科高性能增韧氧化铝陶瓷），低温热塑材料，长效抗菌高分子材料，形状记忆高分子材料，镍钛形状记忆合金，真空绝缘陶瓷，高计数率碲锌镉晶体（CZT），X 射线管用弥散铜（如 Glidcop[②]），高性能方形截面超导线材（Nb3Sn），传感器用亲水膜，导电水凝胶，微细编组钨丝绳，体外膜肺氧合器用聚 4-甲基-1-戊烯（PMP）中空纤维膜，超薄壁聚对苯二甲酸乙二酯热缩套管，丝素蛋白类创面修复材料，荧光编码微球，血液透析膜，医用光纤，用于 PET 探测器的超快时间性能的稀土闪烁晶体材料，高生物相容性高性能导电聚合物，纺织电子材料，高催化活性纳米酶。

4. 关键设备

精密飞秒激光切割机，高精度晶片切割机，等离子清洗机，派拉伦涂层设备，高精度 3D 打印机，流量检测设备，麻药浓度检测设备，激光干涉仪、激光测距仪，像差成像仪（高精度激光自准直仪）。

战略支撑与保障

1. 强化战略研究和基础应用研究

（1）面向未来临床与个人健康的数字生态开展场景研究。

（2）针对健康大数据和 AI 的相关标准及发展路线等开展研究。

---

② Glidcop：纳米氧化铝颗粒增强铜基复合材料。

（3）针对数字经济时代的知识产权交易、保护、管理开展研究并试点运行。

（4）针对产业大数据的架构进行研究，建立并启动相应的数据积累与管理。

（5）鼓励企业和科研机构面向前沿技术、关键共性技术开展基础应用研究。

2. 鼓励融合发展

（1）鼓励多学科交叉融合。

（2）整合国内高性能医疗器械领域的优势生产、制造、服务企业、高等院校、科研院所及临床机构协同攻坚，实现关键零部件、原料的自主可控。

（3）对跨国合作、在"一带一路"沿线国家建立集约化的服务中心、园区等予以鼓励。

（4）设立专项对关键技术与关键零部件的研发予以鼓励，对建立集约化、服务于关键技术与关键零部件的专业合同研发组织（CRO)、专业定制研发生产组织（CDMO）、科技创新服务机构等专业服务平台予以支持。

技术路线图

高性能医疗器械产业发展技术路线图如图9-2所示。

9 生物医药及高性能医疗器械

项目	2025年 —————————— 2030年 —————————— 2035年
需求	
医疗健康事业发展	医疗改革
	医学进步、临床技术高质量发展
	全生命周期健康管理和服务（监测、评估、干预）
	临床数据积累
技术发展	新一代信息技术、人工智能、新材料、前沿生物、精密制造等技术与医疗器械跨学科交叉融合提速，加速设备智能化、精准化、小型化发展
	基于先进的影像、体外诊断、治疗设备、植入/介入器械及康复设备，辅以人工智能全流程赋能，提供全生命周期的健康管理服务
国际竞争	品牌化、全球化、规模化
	产业链发展及产业链安全自主可控
市场	老龄化社会来临，健康需求增加
	生育政策刺激下，相关医疗需求增长
	健康中国行动推动优质医疗资源下沉扩容
	人民群众健康意识增强带来医疗卫生支出增加
	2025年市场规模达到1.5万亿元 / 2030年市场规模达到3万亿元 / 2035年市场规模达到7.5万亿元
目标	
构建体系	主流医疗器械基本实现有效供给，初步形成对公共卫生和医疗健康需求的全面支撑能力
	建设10个成规模的科技成果工程化平台 / 形成10个以上面向不同专业技术的国际创新交流中心
	形成10个产值超过1000亿元的产业聚集区
	形成20家以上产值超过100亿元的企业
	建设10个医疗器械产业发展共性技术服务平台
补足短板	产业发展不存在强制约项 / 初步形成创新力强、附加值高、安全可靠的产业链供应链
	成为医疗器械工程技术创新的主导力量

图 9-2　高性能医疗器械产业发展技术路线图

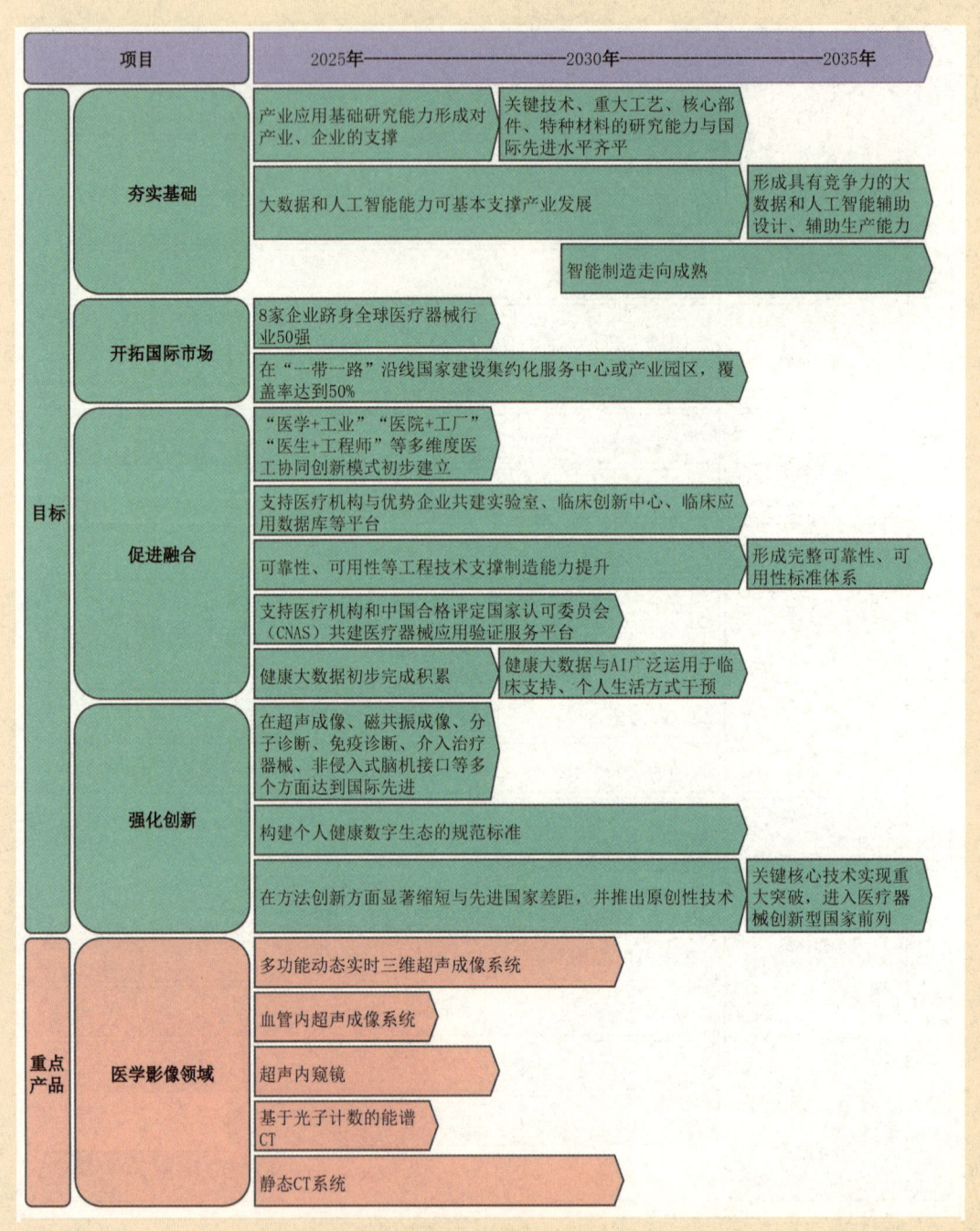

项目	2025年	2030年	2035年
目标 — 夯实基础	产业应用基础研究能力形成对产业、企业的支撑 大数据和人工智能能力可基本支撑产业发展	关键技术、重大工艺、核心部件、特种材料的研究能力与国际先进水平齐平 智能制造走向成熟	形成具有竞争力的大数据和人工智能辅助设计、辅助生产能力
开拓国际市场	8家企业跻身全球医疗器械行业50强 在"一带一路"沿线国家建设集约化服务中心或产业园区，覆盖率达到50%		
促进融合	"医学+工业""医院+工厂""医生+工程师"等多维度医工协同创新模式初步建立 支持医疗机构与优势企业共建实验室、临床创新中心、临床应用数据库等平台 可靠性、可用性等工程技术支撑制造能力提升 支持医疗机构和中国合格评定国家认可委员会（CNAS）共建医疗器械应用验证服务平台 健康大数据初步完成积累	健康大数据与AI广泛运用于临床支持、个人生活方式干预	形成完整可靠性、可用性标准体系
强化创新	在超声成像、磁共振成像、分子诊断、免疫诊断、介入治疗器械、非侵入式脑机接口等多个方面达到国际先进 构建个人健康数字生态的规范标准 在方法创新方面显著缩短与先进国家差距，并推出原创性技术		关键核心技术实现重大突破，进入医疗器械创新型国家前列
重点产品 — 医学影像领域	多功能动态实时三维超声成像系统 血管内超声成像系统 超声内窥镜 基于光子计数的能谱CT 静态CT系统		

图 9-2 高性能医疗器械产业发展技术路线图（续）

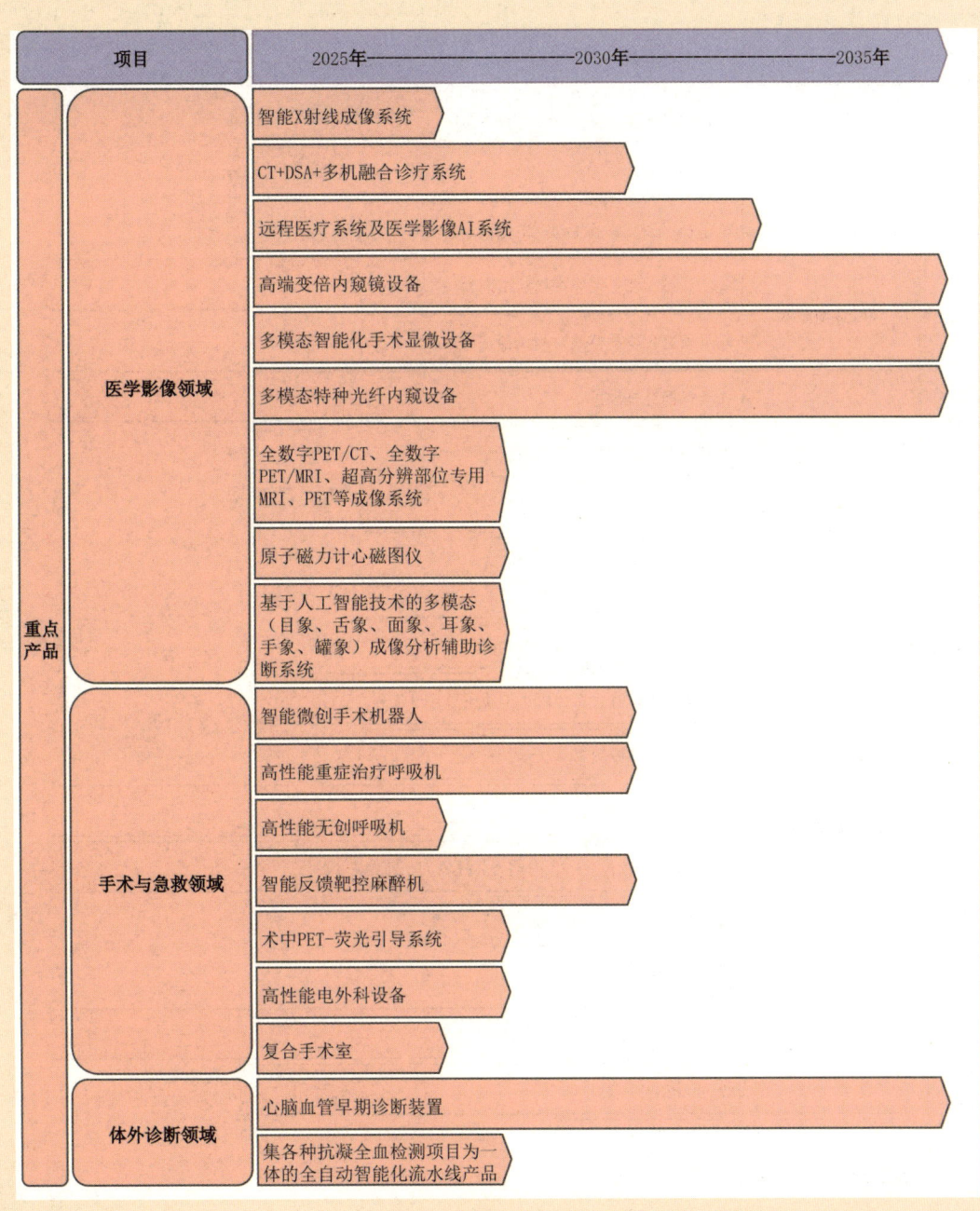

项目	2025年　　　　　　2030年　　　　　　2035年
重点产品	
医学影像领域	智能X射线成像系统
	CT+DSA+多机融合诊疗系统
	远程医疗系统及医学影像AI系统
	高端变倍内窥镜设备
	多模态智能化手术显微设备
	多模态特种光纤内窥设备
	全数字PET/CT、全数字PET/MRI、超高分辨部位专用MRI、PET等成像系统
	原子磁力计心磁图仪
	基于人工智能技术的多模态（目象、舌象、面象、耳象、手象、罐象）成像分析辅助诊断系统
手术与急救领域	智能微创手术机器人
	高性能重症治疗呼吸机
	高性能无创呼吸机
	智能反馈靶控麻醉机
	术中PET-荧光引导系统
	高性能电外科设备
	复合手术室
体外诊断领域	心脑血管早期诊断装置
	集各种抗凝全血检测项目为一体的全自动智能化流水线产品

图9-2　高性能医疗器械产业发展技术路线图（续）

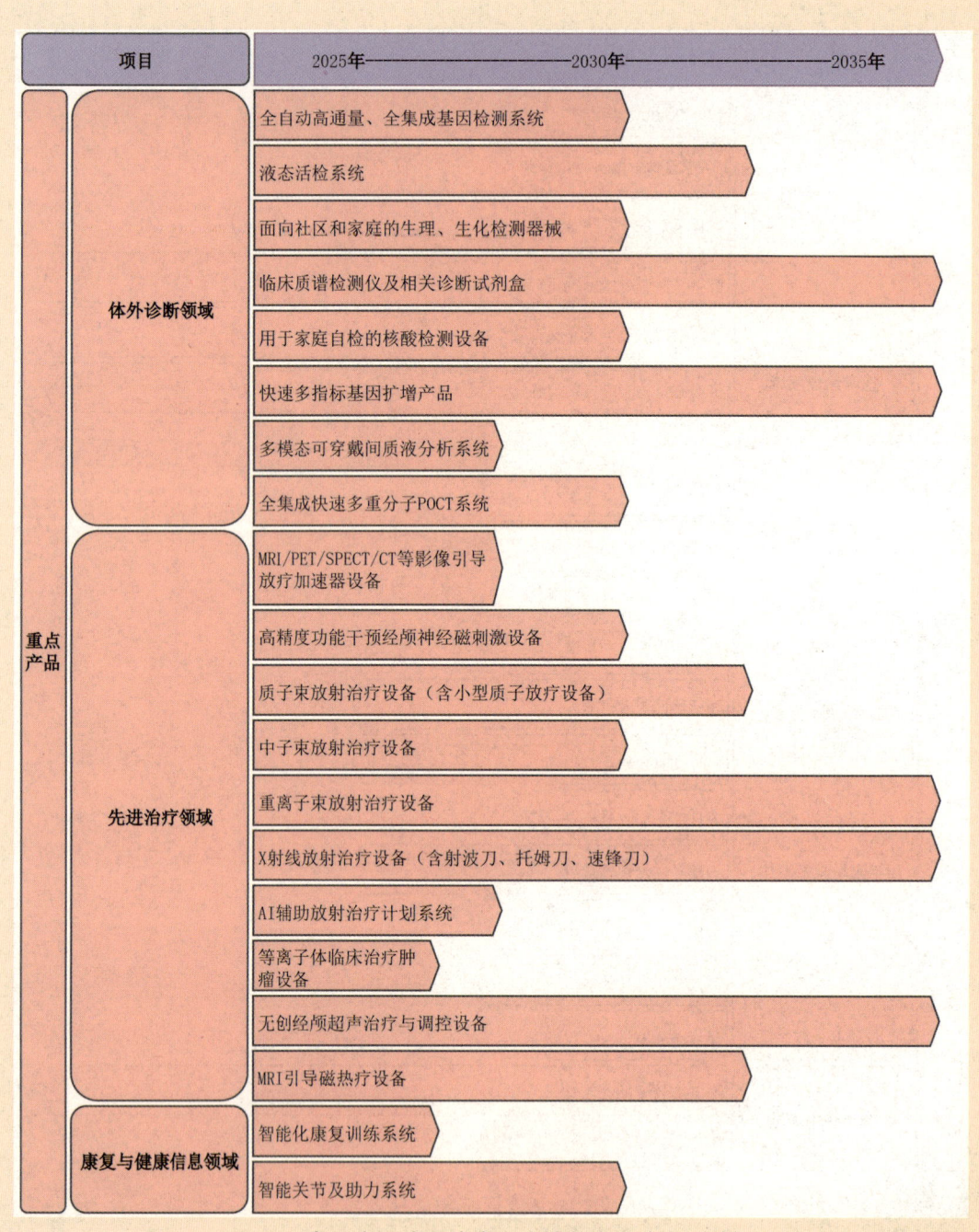

项目	2025年 — 2030年 — 2035年
重点产品 — 体外诊断领域	全自动高通量、全集成基因检测系统
	液态活检系统
	面向社区和家庭的生理、生化检测器械
	临床质谱检测仪及相关诊断试剂盒
	用于家庭自检的核酸检测设备
	快速多指标基因扩增产品
	多模态可穿戴间质液分析系统
	全集成快速多重分子POCT系统
先进治疗领域	MRI/PET/SPECT/CT等影像引导放疗加速器设备
	高精度功能干预经颅神经磁刺激设备
	质子束放射治疗设备（含小型质子放疗设备）
	中子束放射治疗设备
	重离子束放射治疗设备
	X射线放射治疗设备（含射波刀、托姆刀、速锋刀）
	AI辅助放射治疗计划系统
	等离子体临床治疗肿瘤设备
	无创经颅超声治疗与调控设备
	MRI引导磁热疗设备
康复与健康信息领域	智能化康复训练系统
	智能关节及助力系统

图 9-2 高性能医疗器械产业发展技术路线图（续）

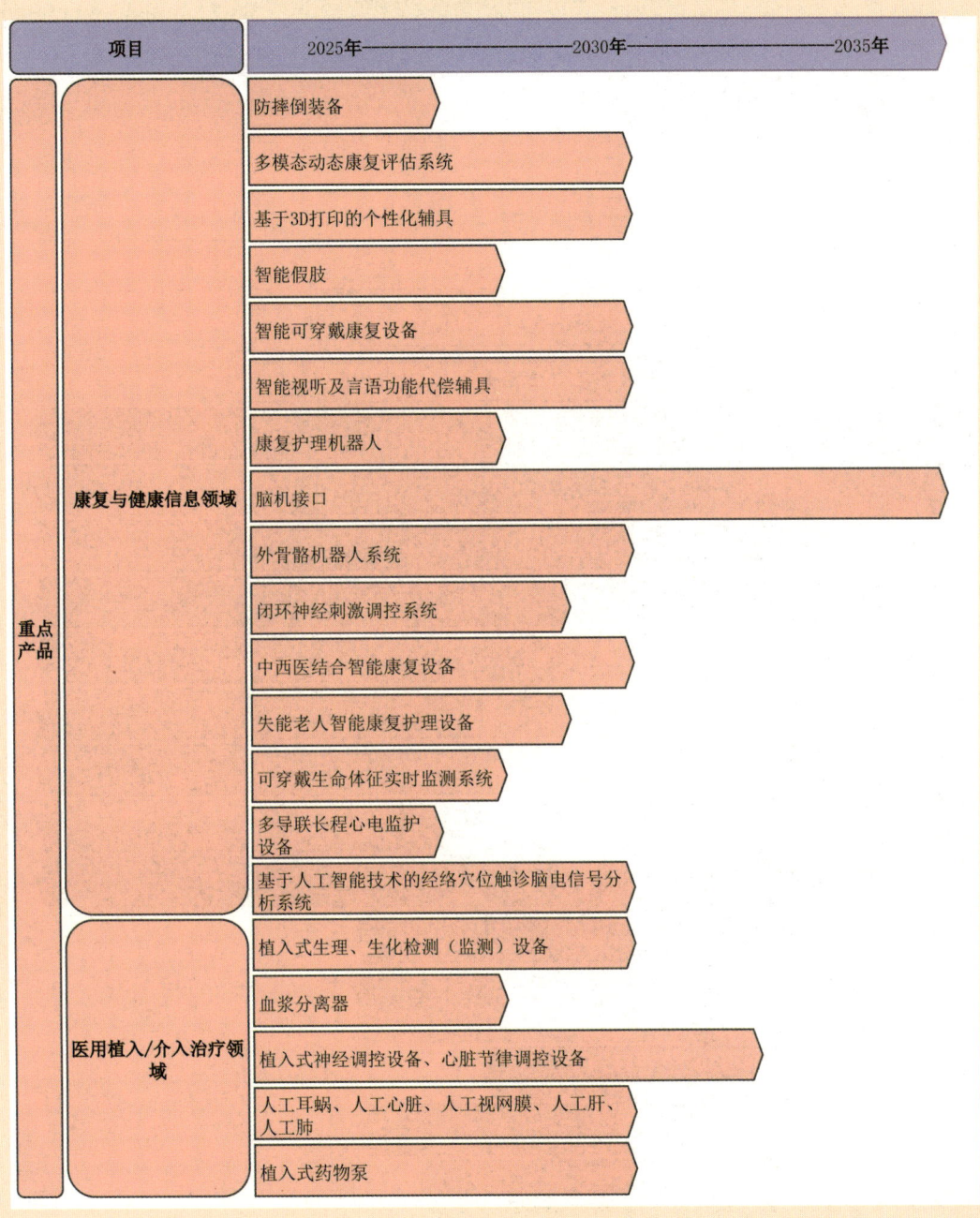

项目	2025年 — 2030年 — 2035年
重点产品 — 康复与健康信息领域	防摔倒装备
	多模态动态康复评估系统
	基于3D打印的个性化辅具
	智能假肢
	智能可穿戴康复设备
	智能视听及言语功能代偿辅具
	康复护理机器人
	脑机接口
	外骨骼机器人系统
	闭环神经刺激调控系统
	中西医结合智能康复设备
	失能老人智能康复护理设备
	可穿戴生命体征实时监测系统
	多导联长程心电监护设备
	基于人工智能技术的经络穴位触诊脑电信号分析系统
医用植入/介入治疗领域	植入式生理、生化检测（监测）设备
	血浆分离器
	植入式神经调控设备、心脏节律调控设备
	人工耳蜗、人工心脏、人工视网膜、人工肝、人工肺
	植入式药物泵

图 9-2　高性能医疗器械产业发展技术路线图（续）

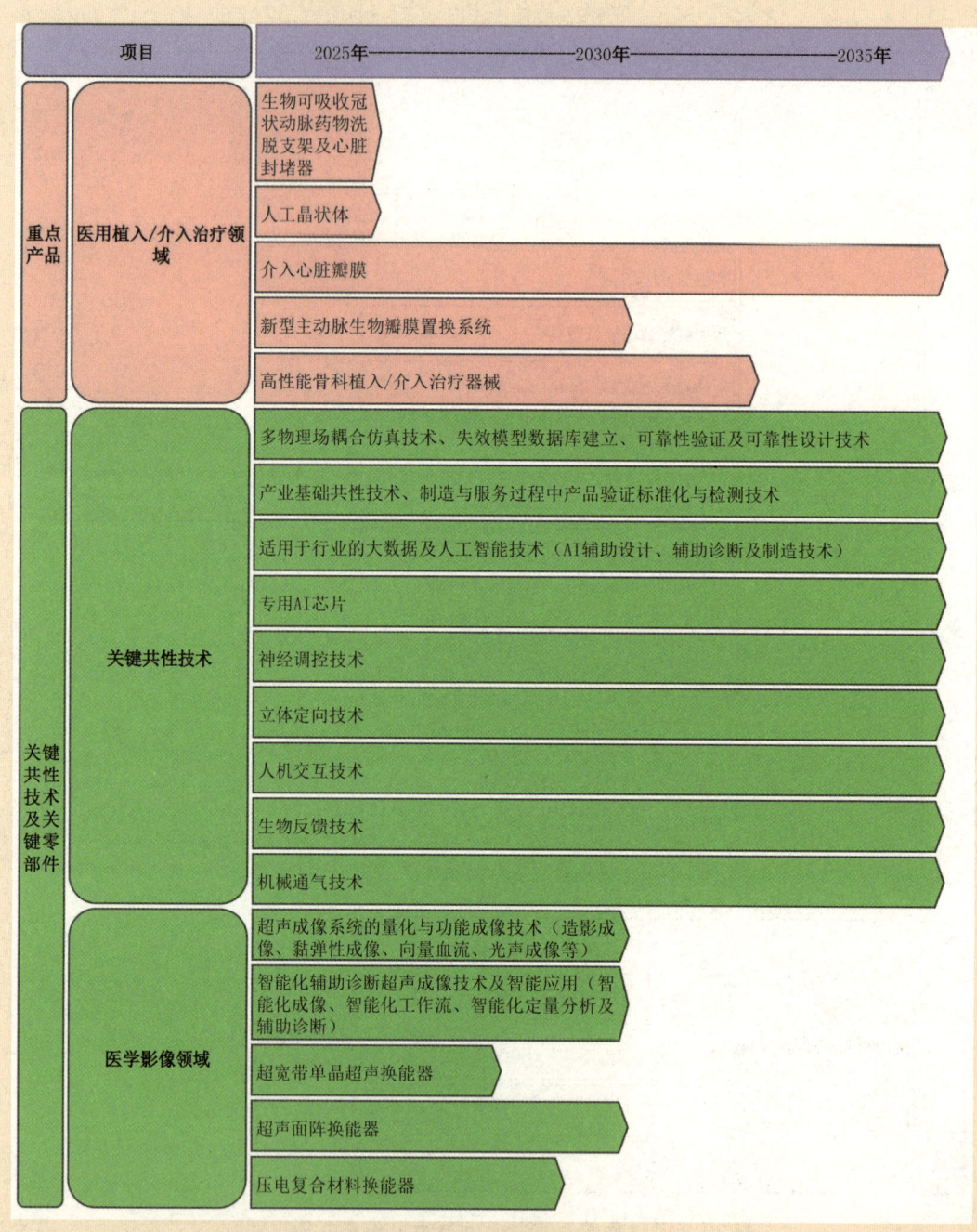

项目	2025年　　　　　　　　　　2030年　　　　　　　　　　2035年		
重点产品	医用植入/介入治疗领域	生物可吸收冠状动脉药物洗脱支架及心脏封堵器	
		人工晶状体	
		介入心脏瓣膜	
		新型主动脉生物瓣膜置换系统	
		高性能骨科植入/介入治疗器械	
关键共性技术及关键零部件	关键共性技术	多物理场耦合仿真技术、失效模型数据库建立、可靠性验证及可靠性设计技术	
		产业基础共性技术、制造与服务过程中产品验证标准化与检测技术	
		适用于行业的大数据及人工智能技术（AI辅助设计、辅助诊断及制造技术）	
		专用AI芯片	
		神经调控技术	
		立体定向技术	
		人机交互技术	
		生物反馈技术	
		机械通气技术	
	医学影像领域	超声成像系统的量化与功能成像技术（造影成像、黏弹性成像、向量血流、光声成像等）	
		智能化辅助诊断超声成像技术及智能应用（智能化成像、智能化工作流、智能化定量分析及辅助诊断）	
		超宽带单晶超声换能器	
		超声面阵换能器	
		压电复合材料换能器	

图 9-2　高性能医疗器械产业发展技术路线图（续）

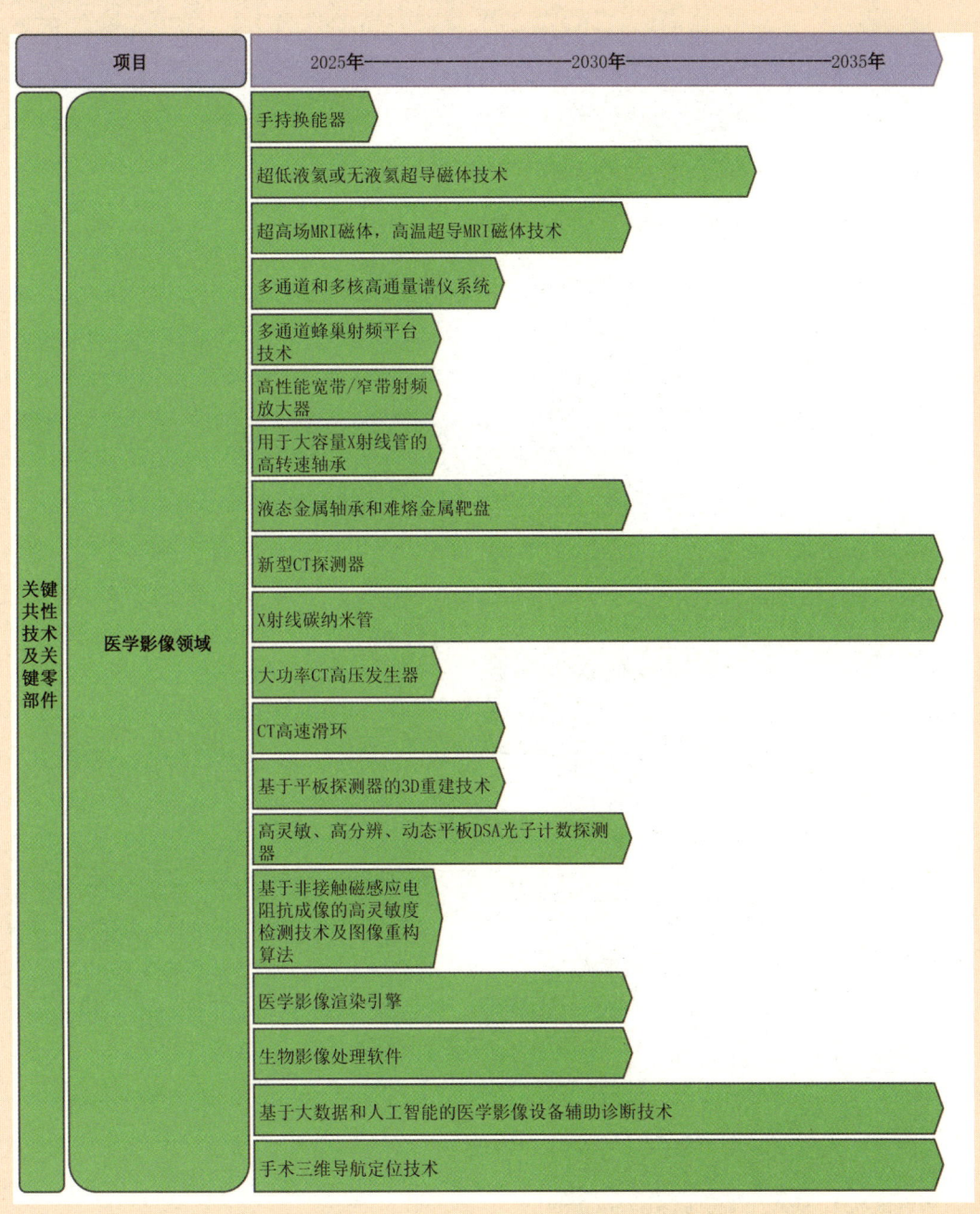

项目	2025年 — 2030年 — 2035年
关键共性技术及关键零部件 / 医学影像领域	手持换能器
	超低液氦或无液氦超导磁体技术
	超高场MRI磁体，高温超导MRI磁体技术
	多通道和多核高通量谱仪系统
	多通道蜂巢射频平台技术
	高性能宽带/窄带射频放大器
	用于大容量X射线管的高转速轴承
	液态金属轴承和难熔金属靶盘
	新型CT探测器
	X射线碳纳米管
	大功率CT高压发生器
	CT高速滑环
	基于平板探测器的3D重建技术
	高灵敏、高分辨、动态平板DSA光子计数探测器
	基于非接触磁感应电阻抗成像的高灵敏度检测技术及图像重构算法
	医学影像渲染引擎
	生物影像处理软件
	基于大数据和人工智能的医学影像设备辅助诊断技术
	手术三维导航定位技术

图 9-2 高性能医疗器械产业发展技术路线图（续）

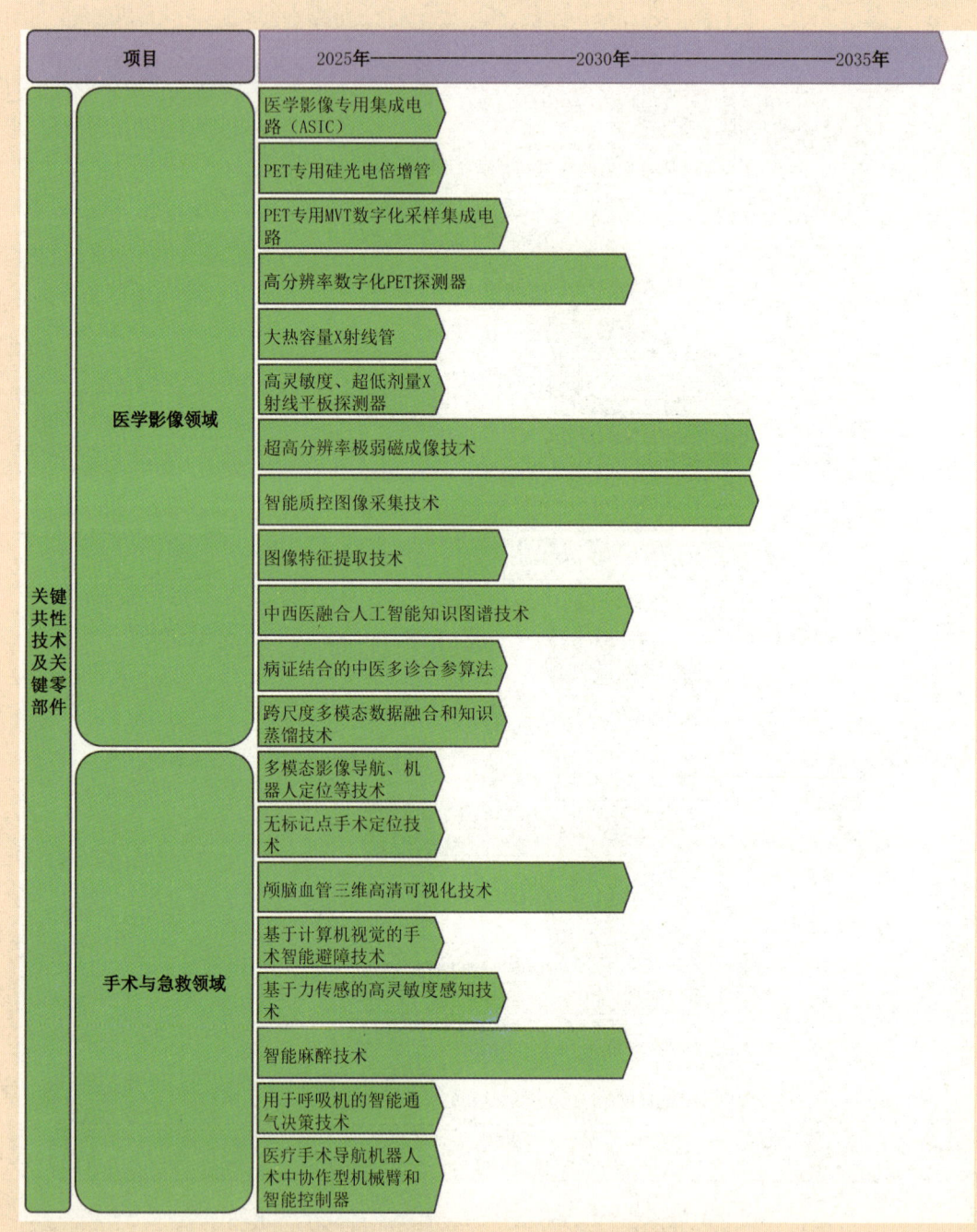

项目	2025年　　　　　　　2030年　　　　　　　2035年
关键共性技术及关键零部件 — 医学影像领域	医学影像专用集成电路（ASIC）
	PET专用硅光电倍增管
	PET专用MVT数字化采样集成电路
	高分辨率数字化PET探测器
	大热容量X射线管
	高灵敏度、超低剂量X射线平板探测器
	超高分辨率极弱磁成像技术
	智能质控图像采集技术
	图像特征提取技术
	中西医融合人工智能知识图谱技术
	病证结合的中医多诊合参算法
	跨尺度多模态数据融合和知识蒸馏技术
手术与急救领域	多模态影像导航、机器人定位等技术
	无标记点手术定位技术
	颅脑血管三维高清可视化技术
	基于计算机视觉的手术智能避障技术
	基于力传感的高灵敏度感知技术
	智能麻醉技术
	用于呼吸机的智能通气决策技术
	医疗手术导航机器人术中协作型机械臂和智能控制器

图 9-2　高性能医疗器械产业发展技术路线图（续）

9 生物医药及高性能医疗器械

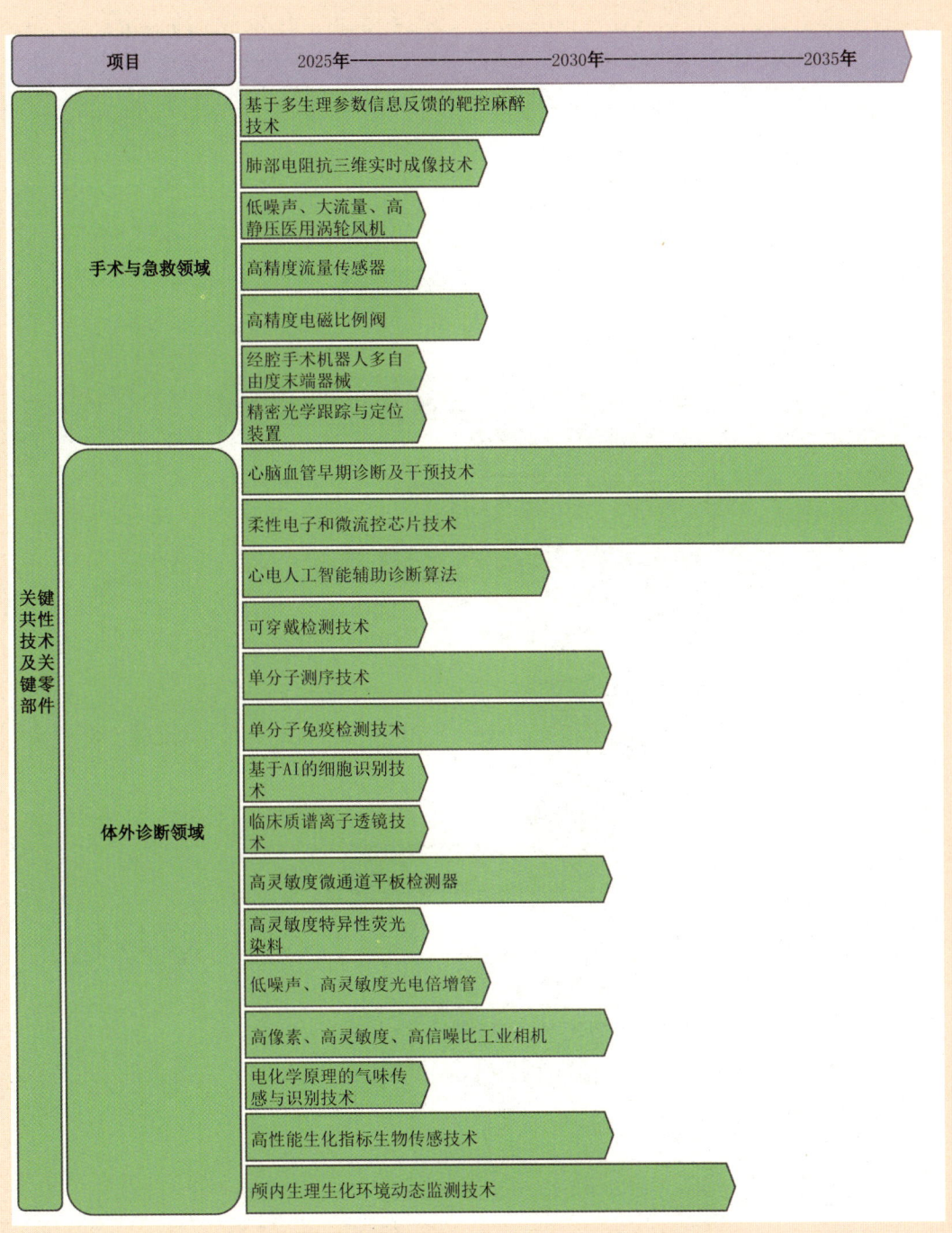

项目	2025年 ———————— 2030年 ———————— 2035年
关键共性技术及关键零部件 — 手术与急救领域	基于多生理参数信息反馈的靶控麻醉技术
	肺部电阻抗三维实时成像技术
	低噪声、大流量、高静压医用涡轮风机
	高精度流量传感器
	高精度电磁比例阀
	经腔手术机器人多自由度末端器械
	精密光学跟踪与定位装置
关键共性技术及关键零部件 — 体外诊断领域	心脑血管早期诊断及干预技术
	柔性电子和微流控芯片技术
	心电人工智能辅助诊断算法
	可穿戴检测技术
	单分子测序技术
	单分子免疫检测技术
	基于AI的细胞识别技术
	临床质谱离子透镜技术
	高灵敏度微通道平板检测器
	高灵敏度特异性荧光染料
	低噪声、高灵敏度光电倍增管
	高像素、高灵敏度、高信噪比工业相机
	电化学原理的气味传感与识别技术
	高性能生化指标生物传感技术
	颅内生理生化环境动态监测技术

图 9-2　高性能医疗器械产业发展技术路线图（续）

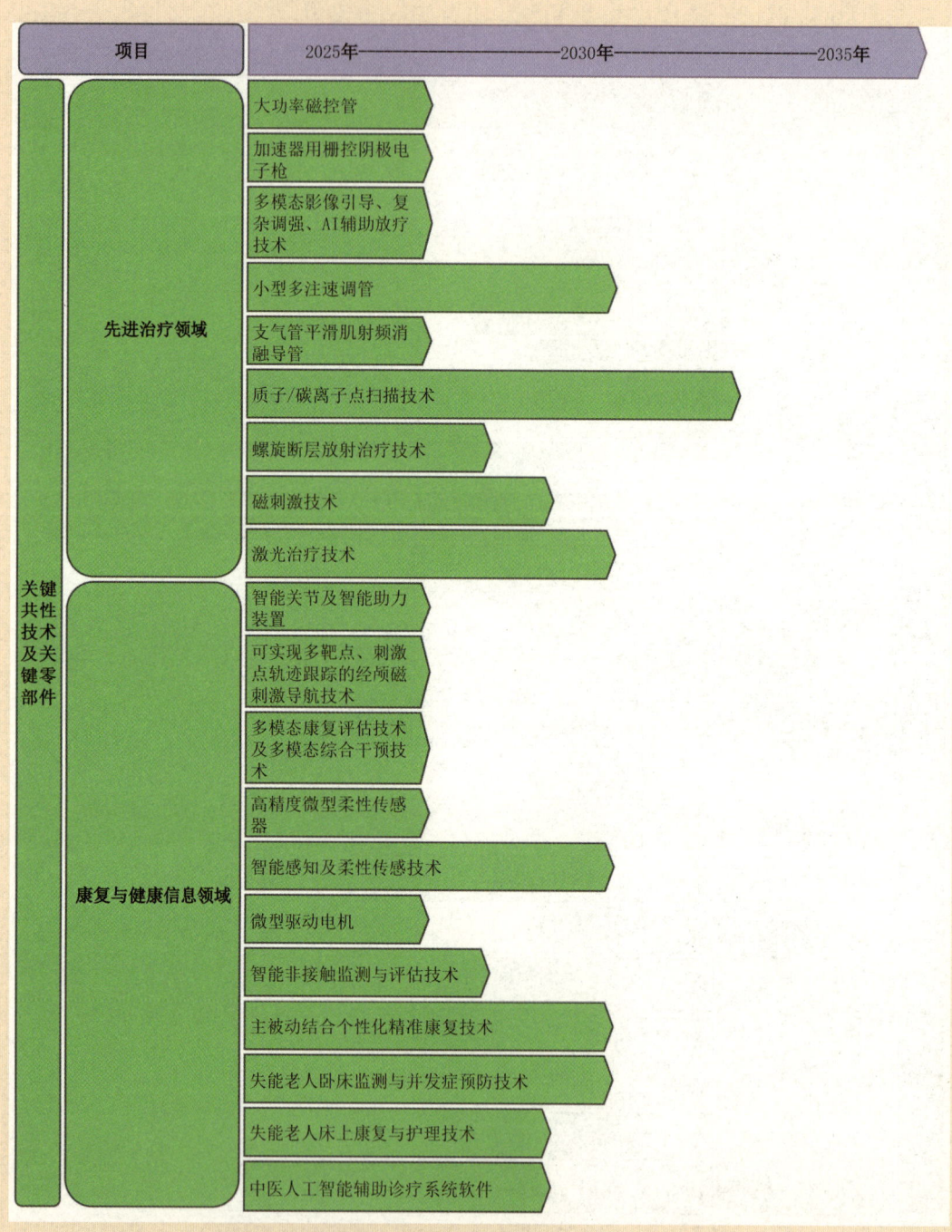

项目	2025年 — 2030年 — 2035年
关键共性技术及关键零部件 — 先进治疗领域	大功率磁控管
	加速器用栅控阴极电子枪
	多模态影像引导、复杂调强、AI辅助放疗技术
	小型多注速调管
	支气管平滑肌射频消融导管
	质子/碳离子点扫描技术
	螺旋断层放射治疗技术
	磁刺激技术
	激光治疗技术
关键共性技术及关键零部件 — 康复与健康信息领域	智能关节及智能助力装置
	可实现多靶点、刺激点轨迹跟踪的经颅磁刺激导航技术
	多模态康复评估技术及多模态综合干预技术
	高精度微型柔性传感器
	智能感知及柔性传感技术
	微型驱动电机
	智能非接触监测与评估技术
	主被动结合个性化精准康复技术
	失能老人卧床监测与并发症预防技术
	失能老人床上康复与护理技术
	中医人工智能辅助诊疗系统软件

图 9-2 高性能医疗器械产业发展技术路线图（续）

9 生物医药及高性能医疗器械

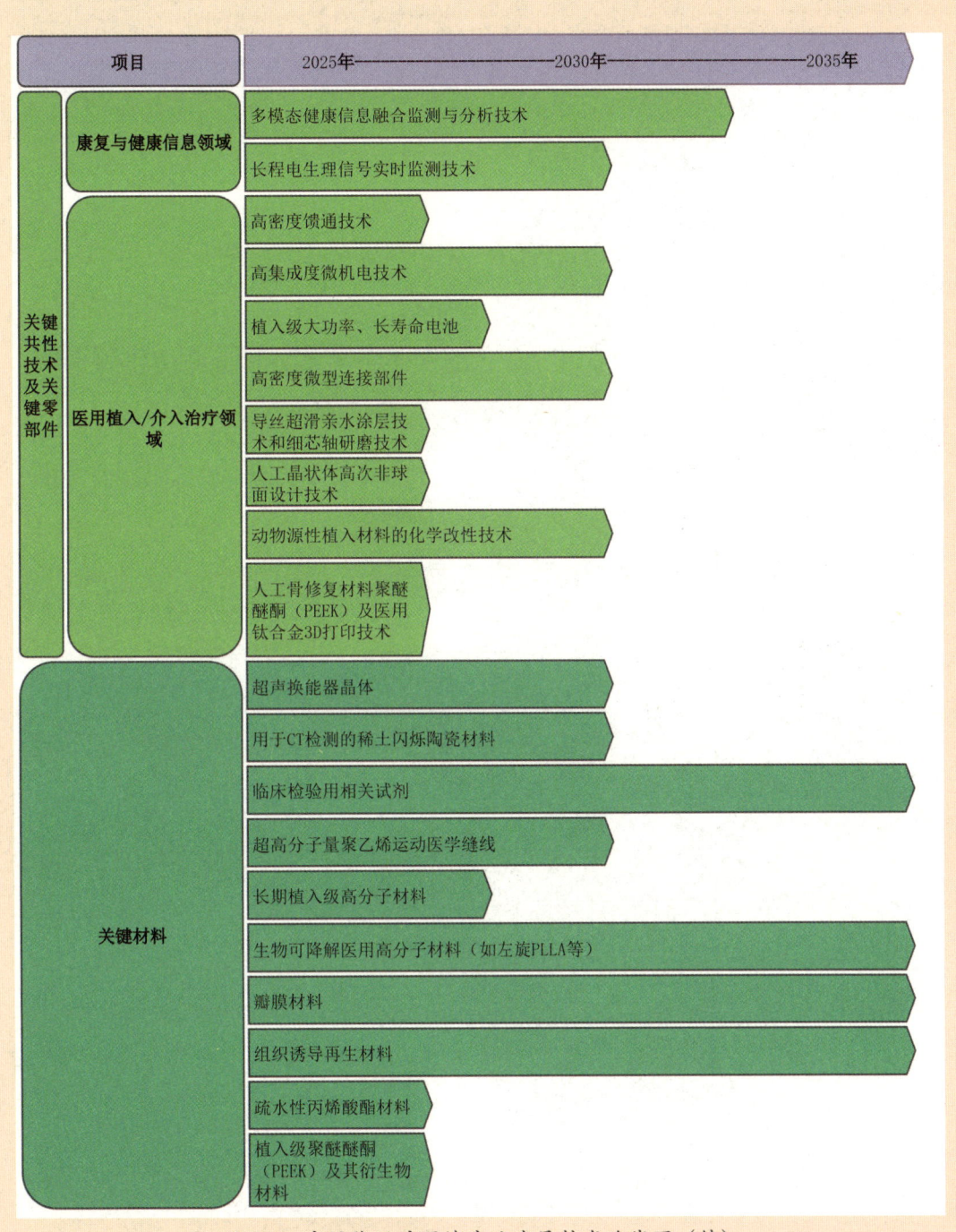

项目	2025年　　　　　　　　　　2030年　　　　　　　　　　2035年
关键共性技术及关键零部件 — 康复与健康信息领域	多模态健康信息融合监测与分析技术
	长程电生理信号实时监测技术
医用植入/介入治疗领域	高密度馈通技术
	高集成度微机电技术
	植入级大功率、长寿命电池
	高密度微型连接部件
	导丝超滑亲水涂层技术和细芯轴研磨技术
	人工晶状体高次非球面设计技术
	动物源性植入材料的化学改性技术
	人工骨修复材料聚醚醚酮（PEEK）及医用钛合金3D打印技术
关键材料	超声换能器晶体
	用于CT检测的稀土闪烁陶瓷材料
	临床检验用相关试剂
	超高分子量聚乙烯运动医学缝线
	长期植入级高分子材料
	生物可降解医用高分子材料（如左旋PLLA等）
	瓣膜材料
	组织诱导再生材料
	疏水性丙烯酸酯材料
	植入级聚醚醚酮（PEEK）及其衍生物材料

图 9-2　高性能医疗器械产业发展技术路线图（续）

355

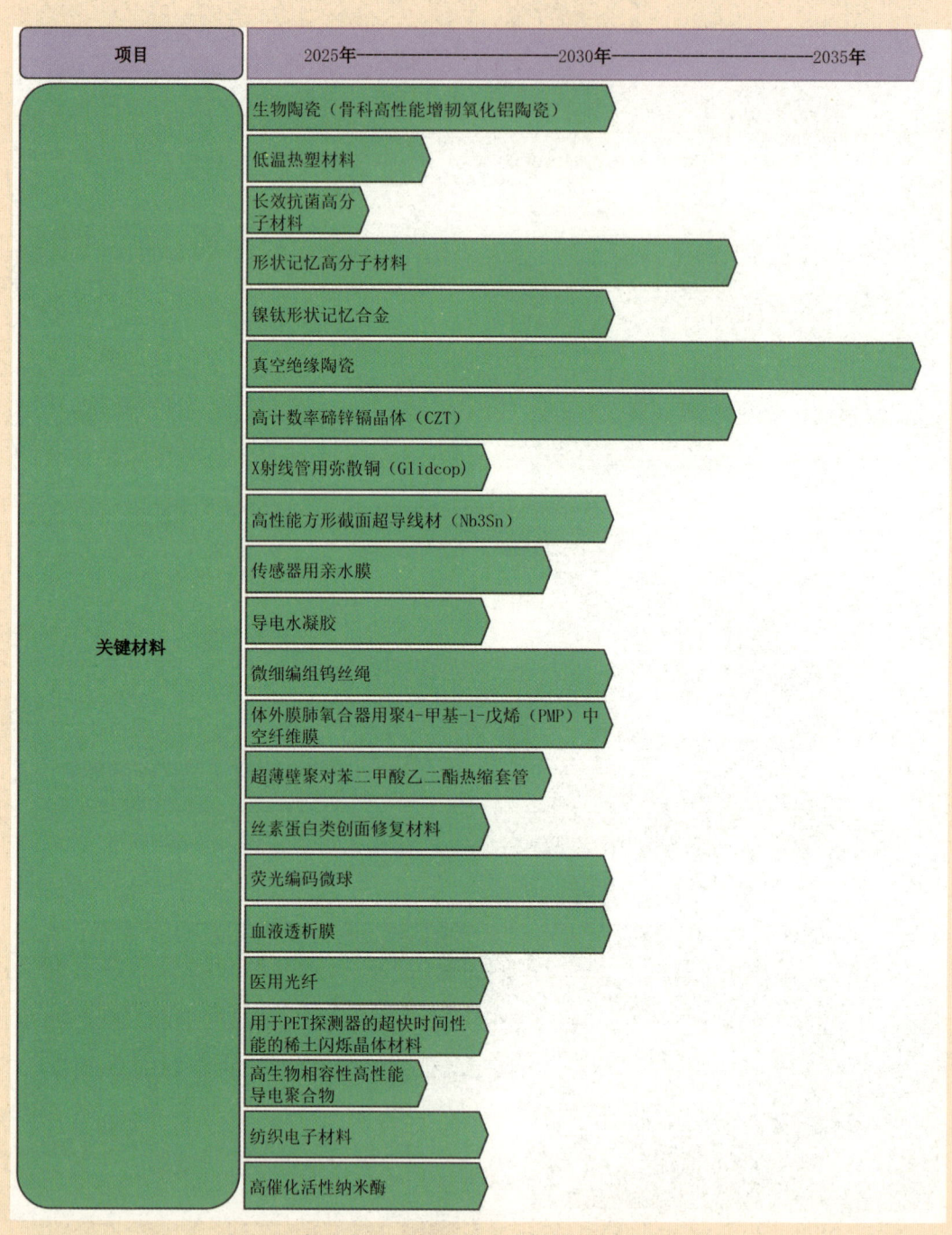

项目	2025年 — 2030年 — 2035年
关键材料	生物陶瓷（骨科高性能增韧氧化铝陶瓷） 低温热塑材料 长效抗菌高分子材料 形状记忆高分子材料 镍钛形状记忆合金 真空绝缘陶瓷 高计数率碲锌镉晶体（CZT） X射线管用弥散铜（Glidcop） 高性能方形截面超导线材（Nb3Sn） 传感器用亲水膜 导电水凝胶 微细编组钨丝绳 体外膜肺氧合器用聚4-甲基-1-戊烯（PMP）中空纤维膜 超薄壁聚对苯二甲酸乙二酯热缩套管 丝素蛋白类创面修复材料 荧光编码微球 血液透析膜 医用光纤 用于PET探测器的超快时间性能的稀土闪烁晶体材料 高生物相容性高性能导电聚合物 纺织电子材料 高催化活性纳米酶

图 9-2 高性能医疗器械产业发展技术路线图（续）

项目	2025年 —————————— 2030年 —————————— 2035年
关键设备	精密飞秒激光切割机
	高精度晶片切割机
	等离子清洗机
	派拉伦涂层设备
	高精度3D打印机
	流量检测设备
	麻药浓度检测设备
	激光干涉仪、激光测距仪
	像差成像仪（高精度激光自准直仪）
战略支撑与保障 — 强化战略研究和基础应用研究	面向未来临床与个人健康的数字生态开展场景研究
	针对健康大数据和AI的相关标准及发展路线等开展研究
	针对数字经济时代的知识产权交易、保护、管理开展研究并试点运行
	针对产业大数据的架构进行研究，建立并启动相应的数据积累积序与管理
	鼓励企业和科研机构面向前沿技术、关键共性技术开展基础应用研究
战略支撑与保障 — 鼓励融合发展	鼓励多学科交叉融合
	整合国内高性能医疗器械领域的优势生产、制造、服务企业、高等院校、科研院所及临床机构协同攻坚，实现关键零部件、原料的自主可控
	对跨国合作、在"一带一路"沿线国家建立集约化的服务中心、园区等予以鼓励
	设立专项对关键技术与关键零部件的研发予以鼓励，对建立集约化、服务于关键技术与关键零部件的专业合同研发组织（CRO）、专业定制研发生产组织（CDMO）、科技创新服务机构等专业服务平台予以支持

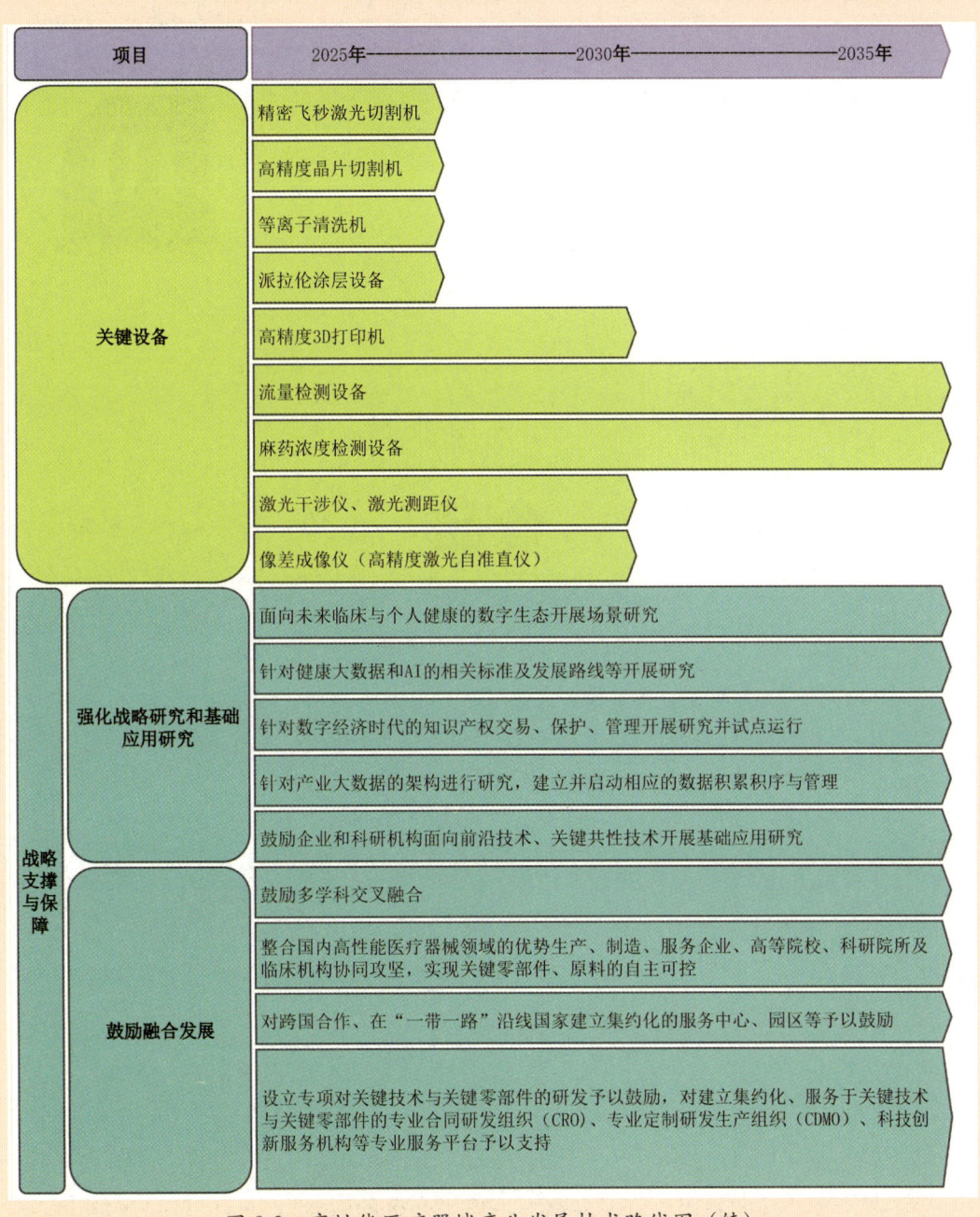

图9-2 高性能医疗器械产业发展技术路线图（续）

食品

食品产业重点发展的产品是现代厨房便捷中式传统食品、新形态果蔬制品、新型肉制品和水产食品、健康粮油制品、全谷物食品、功能性乳制品、发酵食品、精准营养食品、3D/4D 打印食品、植物基设计与重组食品、动物基设计与重组食品、"大食物观"食品、特殊环境食品、特定人群食品、特殊医学用途配方食品、应急救生/救灾食品。

需求

我国食品产业产值位居全球第一,年产值超过10万亿元,占全国GDP的9%,对全国工业增长贡献率达12%,拉动全国工业增长0.8个百分点,造就了18个中国500强企业,是国民经济的支柱产业。预计未来10年,我国食品消费将增长50%以上。世界各国均高度重视满足不同特殊需求的食品营养健康科技创新与产业发展,以精准个性化的营养健康调控为代表的科技创新已成为世界各国争夺的战略高地,我国食品工业在经历了食物安全、食品安全阶段后,正步入以食品营养健康为主要需求的新阶段。

我国食品加工制造资源利用率不高,产品附加值偏低,往往产生大量废弃产品,每年产生1500万~2000万吨的残次果与加工副产物被废弃,由米面过度加工造成的口粮损失每年高达1000多万吨。食品工业年用水约100亿立方米、耗电2500亿千瓦时、消耗2.8亿吨煤、排放废水50亿立方米、产生废弃产品4亿吨。我国迫切需要开发节能、降耗、减排的低碳食品加工集成技术,提高科技对食品资源高效利用的支撑作用,推动食品产业生产方式转变,实现食品加工制造的资源利用、高效转化、清洁生产。

慢性非传染性疾病已成为我国居民的主要死亡原因和疾病负担,心脑血管疾病、癌症、慢性呼吸系统疾病、糖尿病、儿童/青少年超重或肥胖等慢性病导致的负担占总疾病负担的70%以上。预计到2035年,我国总人口将达到14.35亿人的峰值,60岁以上老年人口将达到4亿人,65岁及以上人口将达到3.06亿人,占我国总人口的比重将超过20%,使我国成为"超老龄社会"。人口老龄化、慢性病预防、特殊需求激增等问题推动着特定人群、特殊环境和特殊医学用途的食品保障需求的持续提升。

我国80%以上的婴幼儿乳蛋白、直投式发酵剂、母乳寡糖等高端食品配料被国外企业垄断;先进加工智能装备及零部件和智能传感器等长期依赖高价进口和维护;食品危害物快速筛查与判别装置在精准度、高效性上与发达国家相比存在较大差距。突破当前及未来阶段关键核心技术,破解影响产业发展的关键瓶颈,迫切需要提升食品加工核心共性技术与装备自主研发能力,改变长期受制于人的局面。

目标

到 2025 年，推动设计与重组食品领域抢占世界前沿科技制高点，实现食品精准营养、食品健康靶向调控、食品安全主动保障领域的科技水平进入世界前列，国际领先技术比例由 5% 提升至 10% 以上；提高我国食品安全主动防控能力，显著降低食品毒害物侦测技术的国外依赖度，国际认可的国产快检产品占比由不足 10% 提升至 30% 以上；助推植物基设计与重组食品、特殊需求食品等新业态产品年增长率保持在 20% 以上，有效满足人民日益增长的美好生活需要；食品工业与农业产值比由 1.2∶1 提高至 2∶1，工业食品的消费比重全面提升，形成一批具有较强国际竞争力的知名品牌、跨国公司和产业集群，推动食品产业提质增效和高质量发展。

到 2030 年，我国食品科技自主创新能力和产业支撑能力显著提高，形成食品装备自主开发能力和改进创新能力，取得一批国际公认的创新成果，食品绿色制造、食品安全主动保障领域的科技水平进入世界前列，助力我国在 2030 年进入创新型国家前列。我国工业食品消费增长 50% 以上，农产品加工实现资源梯度增值和可持续利用，综合利用率接近 90%，食品资源综合利用水平显著提高；我国工业食品占食品消费总量提高到 80% 左右，基本接近发达国家先进水平，全面推动我国由食品制造大国转变为食品制造强国。支撑《"健康中国 2030"规划纲要》战略目标的实现：人民健康水平持续提升，人均预期寿命达到 79.0 岁，主要健康指标进入高收入国家行列；建立起体系完整、结构优化的健康产业体系，形成一批具有较强创新能力和国际竞争力的大型企业。

到 2035 年，建成我国食品基础理论体系和技术创新体系，原始创新能力处于领跑地位，研创一批具有自主知识产权的关键共性技术、前沿引领技术、现代工程技术、颠覆性技术，成为全球食品科学中心和科技创新高地。建立以市场为导向，产前、产中、产后及消费联动的协同创新体系，建立云端大数据智能一体化食品产业科技平台，形成智能互联时代下的世界主要食品全球食品全产业链体系。科技对产业发展的贡献率超过 75%，形成一批世界领先水平的食品跨国企业集群和国际知名品牌，食品工业产值与农业产值之比达到 3∶1，重点装备自主化率达到 80% 以上，产业水平达到国际领先。食品安全风险管控能力达到国际先进水平，从农田到餐桌全过程监管体系运行有效，彻底解决食品安全问题。满足人民日益增长的美好生活需要，为基本实现社会主义现代化、实现中华民族的伟大复兴奠定坚实基础。

发展重点

1. 重点产品

▶ **现代厨房便捷中式传统食品**

重点开展主食特征风味与质构保持、主食原料关键组分修饰与改性、营养均衡精准与设计、方便主食保质保鲜和安全控制等关键技术研发,创制蒸煮类和烘焙/煎烙类厨房预调理方便主食新产品;重点研究方便菜肴的天然食材护色、动态加热调味、质构修饰、产品预制与调理、低温非热杀菌、保鲜包装、冷冻冷藏等关键技术,开展以大米、面粉为主要原料的中式主食计量供送、馅料添加、柔性成型、蒸煮加工等关键技术研究;创制不同应用场景的系列现代厨房便捷食品。

▶ **新形态果蔬制品**

重点突破低温榨汁与制浆、非热杀菌、生物发酵、智能干燥、低温急冻与冻干、高效制粉、营养精准复合、粉体抗结、低盐批次稳定发酵等关键技术,创制 NFC(非浓缩还原)果蔬汁(浆)、脱水果蔬、冻干果蔬、即食果蔬粉、发酵果蔬等新形态产品,实现果蔬产品的品质提升与生产过程的节能降耗。

▶ **新型肉制品和水产食品**

重点开展肉和水产品品质"时空"评价研究,构建"四维"品质数据库;绘制传统肉制品特征风味、营养因子、潜在健康危害因子指纹图谱,研究特征风味保持、营养因子提升和潜在健康危害因子消减协同技术;开展 4R(即食、即烹、即热、即配)、3S(特需、特膳、特医)肉制品加工理论研究与产品研发。

▶ 健康粮油制品

重点突破功能性脂质高效制取技术及高效广适性功能脂质分子修饰与物理改性技术，制备结构稳定、功能显著、应用广泛的新型功能脂质，并形成低危害、高营养的健康油脂精准加工技术体系；开展大宗粮食食品原料学特性及粮食活性成分高效分离和精准加工关键技术研究，攻克全营养组配和品质调控关键技术，创制全营养主食产品及智能化加工技术。

▶ 全谷物食品

重点开展高纤基质全谷物食品加工共性关键技术研究，优化全谷物原/配料的活性物质的生物有效性、主食加工品质与安全品质特性，创制口感提升、营养优化、适合不同人群的全谷物健康食品，实现典型场景的全谷物食品生产。

▶ 功能性乳制品

重点探究热杀菌、干燥、膜过滤等单元操作对乳制品品质的影响，研发直接蒸汽杀菌法、膜过滤等新技术；突破高稳定性乳制品发酵剂制造技术、乳清深加工利用技术；攻克母乳低聚糖、乳脂肪球膜蛋白及脂质、乳铁蛋白等乳用功能基料关键制备技术，创制新型干酪产品和发酵乳制品。

▶ 发酵食品

重点开展高效抗逆菌种的高通量选育技术、基于代谢组学和风味组学的发酵过程定向调控技术，以及在线监控新型传感技术等关键技术研究，对中国传统特色发酵食品的风味组成、营养成分、功能特性、微生物组成及发酵过程进行深入研究，建立安全、绿色、高效、智能的发酵食品定向酿造技术体系。

▶ 精准营养食品

重点开展研究典型益生因子、活性蛋白/脂质/活性多糖、必需微量营养素等食品营养组分对人体健康效应的调节作用;构建喜好与健康多目标协同个性化餐谱推荐方法,实现精准营养食品的数字化设计;研发切片引擎快速成型设备和食品智能烹饪装备,形成个性化膳食数字化设计与制造技术体系。

▶3D/4D 打印食品

重点开展易吞咽食品、特殊造型休闲食品等个性化食品的高效精准打印、3D 打印品质智能检测、4D 智能打印快速响应等增材制造关键核心技术研究,研究基于批量快速打印的高品质 3D/4D 打印关键技术,研发可连续进出料的精准增材制造设备及控制系统,实现个性化食品增材制造。

▶植物基设计与重组食品

重点开展质构拟真技术,以及风味与营养强化技术研究,建立原料物性特征-组织化蛋白结构和性质-成品质构和品质特征的关系,构建产品纤维结构和质构预测与调控策略,突破整块植物基肉制品二次成型技术和色香味形的调整技术,突破植物基奶制品原料品质提升及专用发酵技术等。

▶动物基设计与重组食品

重点开展畜禽类动物细胞选育与培养的关键技术研究,包括多种类型动物干细胞的高效分离纯化与建系技术,体外长期稳定增殖的调控技术,定向成肌、成脂分化的诱导技术,肌纤维、脂肪细胞三维培养技术,动物细胞低成本培养技术;突破动物基设计与重组肉品质提升关键技术,实现其塑形、增色、调味、营养强化等全流程一体化。

▶"大食物观"食品

重点开展动物源、植物源、微生物源新食物资源的筛选研究,开发新食物资源的营养素稳态化高保留和风险因子精准化脱除技术;突破规模化、梯次化制造的关键核心技术与装备,实现"大食物观"食品的规模化制造。

▶ **特殊环境食品**

针对特殊作业环境对食品提出的特殊要求，重点开展高原、极寒、极热、航空航天和深海远航等特殊环境作业人员的营养需求、能量代谢模式及食品需求特征研究；突破营养强化补充、功能基料制备、食品轻量化/长时间保存及可降解高阻隔包装材料制备等共性关键技术；创制特殊环境条件下使用的能量密度高、质量稳定性好、针对性强、感官品质优良且具有特定功能的食品。

▶ **特定人群食品**

针对儿童、青少年、老人、孕产妇等特定人群的营养需求特征、消费喜好及饮食行为，构建膳食营养人体健康数据库；开发智能算法，制定营养配餐、预包装食品、膳食补充剂组合的特定人群食品营养精准调控策略；围绕代谢健康、眼健康、免疫调节等特殊生理状态人群的饮食和营养调节需求，创制特定人群营养健康食品。

▶ **特殊医学用途配方食品**

针对特殊生理、病理时期营养需求和能量代谢模式的规律，开发功能性特殊医学用途食品原料，重点开展营养基料物质产业化提取制备技术和加工活性保持关键技术研究；开发营养针对性强、溶解度好、稳定性高、感官品质好、患者接受程度高的特殊医学用途食品；提升婴幼儿特殊医学用途配方食品和非全营养配方食品剂型设计、标准化制造技术与装备并进行产业化示范。

▶ **应急救生/救灾食品**

重点开展洪水、矿难、地震、疫情等灾害或极端条件下普通及特殊人群营养素与代谢需求特征研究，创新满足粮油、畜禽、果蔬等典型食品多场景应急储备和使用的适应性加工及保藏关键技术；研发能量密度高、营养均衡和耐存储的即食、即热应急救灾食品。

2. 关键技术/关键共性技术

▶ 食品组学

重点研究食品蛋白质组学、脂质组学、糖组学、代谢组学等多组学技术，阐明膳食健康效应、肠道微生态健康调控等健康调节机制；系统研究传统/新型食品加工和贮藏过程中营养成分和小分子功能成分的结构变化、相互作用，以及对最终食品质构、安全、营养、色泽、风味等品质的影响规律。

▶ 食品合成生物学

基于系统生物学知识和工程科学概念，将工程学原理与方法应用于基因工程与细胞工程，重点研究从基因组合成、基因调控网络与信号转导路径，到细胞的人工设计与合成，以及食品规模化生物生产的"未来"食品产业化设计，实现食品组分的定向、高效、精准制造。

▶ 食品感知学

重点开展大脑处理视觉、嗅觉、触觉、味觉等化学和物理刺激过程所产生的神经元精细调节科学研究，阐明食品感官交互作用和味觉多元性的内在规律，系统揭示食品中复杂组分与各种感知受体的关联机制，靶向构建基于智能仿生识别的系列模型，实现感官模拟及个体差异化分析。

▶ 食品细胞工厂

针对蛋白质、油脂、新型食品功能因子等特定食品组分或添加剂，联合微生物基因编辑技术和代谢工程手段，构建具有高效、定向、精准生物制造能力的细胞工厂；建立细胞生长与产物合成平衡调控的方法和策略，通过协同调控细胞生长与产物合成途径与模块，全局优化微生物细胞工厂。

▶ 食品增材制造

重点研究食品柔性制造与组分互作调控的数字化设计、食品柔性制造系统技术与装备、食品增材制造与物性数字化技术、高效精确的食品 3D 打印制造技术与装备，创制特殊人群营养需求的 3D 打印食品，实现满足不同人群营养健康需求的食品柔性化加工特制食品，替代传统规模化食品制造模式。

▶ 新型酶制剂开发

利用海量生物数据库，基于酶家族进化及序列保守性分析，设计蛋白或核酸序列探针，挖掘具有高催化活性的新型食品酶；利用酶结构解析、理性或半理性设计、高通量筛选等技术手段，对食品酶进行分子改造，优化其应用适应性；构建高效酶催化体系，实现食品功能配料和添加剂的酶法制备。

▶ 食品新资源挖掘

开展我国潜在和已批准的新食品资源地理、安全和营养信息研究与数据库建设，构建新食品资源真实性、安全性评估技术和标准体系；建立新食品资源采后处理、初级加工、分离提取、食品制造、安全控制等产业链技术，开展特色新食品资源、新型蛋白和油脂资源的挖掘与开发应用。

▶ 食品大数据

基于不同食品的营养成分差异性和不同个体消费者的身体状况和营养需求，构建满足不同人群健康风险和营养结构需求的传统膳食、新资源、营养与健康大数据库；基于供受关系大数据应用基因工程分析技术，靶向智能设计个性化食品，实现定向营养调控，提供均衡化营养的膳食干预。

▶ 食品工业机器人制造

针对不同质地、形状、尺寸等复杂食品体系应用场景，开发高端传感系统和操作系统，实现食品机器人在食品分拣、分切、包装等环节的高灵敏度、高精度、高效率操作；重点研究关键工序智能化、关键岗位机器人替代、生产过程智能化控制，研发食品生产高速后道分拣、装箱、码垛、卸垛包装智能机器人。

▶食品柔性低碳加工

重点研究食品物性结构和组分互作，实现加工工艺的精细调节，开发系列适度化加工技术，构建食品柔性绿色高效制造平台；基于人体健康的大数据分析与判断或基于互联网订单的食品制造生产管理，系统构建多品种、变批量和混流式生产的自动化制造系统。

▶食品资源梯次高值利用

重点开展大宗粮油、果蔬、畜禽、水产和特色食品资源产地初加工、深加工、综合利用等多元化梯次加工关键技术与装备研究；开展食品加工特性与品质评价研究，构建我国食品品质大数据库，集成信息、生物、人工智能等前沿技术，建成基于大数据的食品资源梯次高值利用技术体系。

▶风味健康导向传统食品工业化

重点开展中华传统食品在加工过程中营养健康组分结构变化、风味品质修饰、加工适应性与品质调控等方面的前沿性基础研究；对中国传统特色发酵食品的风味组成、营养成分、功能特性及微生物组成进行深入研究，系统阐明传统食品酿造机理，智能设计产品组分。

▶智慧化中央厨房

重点研究建立传统烹饪方式科学量化体系，突破食物营养多维度可视化检测、食品基料智能化制备和中式菜肴数字孪生等关键技术，构建智能厨房新标准、基于公众云平台的大数据平台与专家决策系统，研发出食品自动烹饪等新装置，创制智慧化中央厨房，构建"从农田到餐桌"的现代餐厨食品供应体系。

▶**食品功能因子挖掘及稳态化**

　　充分发掘食品资源潜力，创制多糖、寡糖、功能性肽、功能性脂质等食源性功能因子，发展快速及高通量筛选与鉴定相应功能因子技术；以功能性食品制造为研究重点，突破食物营养靶向设计等关键核心技术；构建食品功能因子高效载运和释放体系，开发高生物效价的新型功能性食品。

▶**新型食品包装**

　　重点开展新型食品智能化包装材料、活性包装材料、绿色可降解包装材料开发及包装材料安全性评价研究；开展非规则固体物料和特种物料智能化包装技术研究；研究新型食品用纳米包装材料，并对其生物学效应与安全性进行评价；开展静电纺丝等技术在缓控释包装材料开发的应用研究。

▶**食品智慧保鲜**

　　开展食品品质调控、货架寿命预测预报、新型杀菌、防腐保鲜剂减量增效、超冰温/亚冻结保鲜等新型保质保鲜技术和配套装备研究，研究分子共激发、一次成型绿色包装、温湿气动态跟踪调节、产地储藏的充气冷库协同相温库、纳米流相防腐、蓄冷保温简约冷链等动态智能保鲜技术。

▶**食品智能制造**

　　重点研究食品智能装备数字化设计、信息感知、仿真优化与智能装备制造技术；开展虚拟现实技术在制造过程感知的应用，实现对食品样本整体信息的类人工智能的识别；建立食品装备的大数据分析处理系统，研究开发能够实现生产控制精准、生产制造协同度高和柔性化水平高的智能控制系统。

▶ 智能化冷链物流

重点研究生鲜食品物流品质劣变机制及其调控路径,利用基因编辑等技术改善生鲜食品物流性状;构建基于生物与环境耦合互作效应的物流精准监控体系;定位果蔬采后病害防控关键靶点,开发绿色防腐保鲜剂及高效物理杀菌技术;研制新型专用蓄冷剂、蓄冷单元模块、智能可移动预冷装备。

▶ 食品安全主动防控

重点解析食品加工中特征组分效应变化机制与品质调控机理,突破高、精、自主可控的食品质量安全速测技术及装备,研发危害物非靶向智能识别技术;针对食品真实性鉴别与溯源研发集成大数据、组学和无损检测的新技术体系;构建食品新业态全程质量安全智慧监控技术及人工智能控制平台。

▶ 食品危害物监测与评估

重点开展对致病微生物、化学致癌物、生物毒素等食品危害物的风险评估理论基础研究;构建我国食源性致病菌大规模的标准化组学数据库,开展基于系统生物学和多组学技术的微生物定量风险评估研究;基于不同食品危害物风险评估体系,构建食品安全风险溯源、预测、分析与决策的专家系统与平台。

3. 关键零部件/元器件

▶ 高性能聚合物空心膜

重点发展具有高渗透性和选择性,耐高压、抗污染食品级聚合物(如PVDF)中空纤维膜。

▶ **大容积超高压筒体**

重点发展单筒容积不小于 1000C，600MPa 压力下安全系数不低于 2，寿命不低于 50 万次的大容积超高压筒体。

▶ **超高压阀**

重点发展适用于 600MPa 及以上压力，具有完全自主知识产权的超高压单向阀、卸荷阀。

▶ **超高压密封系统**

重点研制适用于 600MPa 及以上压力，使用寿命不低于 1000 次，更换便捷的超高压密封系统。

▶ **料（液）位传感器**

重点发展高精度、智能化、强环境适应与抗干扰能力的料（液）位传感器。

▶ **微型流量传感器**

重点发展精确度高、智能化和强环境适应与抗干扰能力的流体流量传感器。

4. 关键材料

▶ **蛋白质类功能性物质**

重点研究乳铁蛋白、免疫球蛋白、豆球蛋白、甘露糖蛋白等蛋白质类功能性物质的高效绿色制备、提取分离关键技术与装备；探究蛋白质类功能性物质分离储存过程的劣变机制，突破其活性保持、稳态化调控等技术；

研究功能性蛋白质在消化道内效价降低机制，攻克活性蛋白质的修饰改性等关键技术；开发蛋白质类功能性物质的健康产品，提升蛋白质类功能性物质绿色制造的智能化水平。

▶功能性脂质

构建功能性脂质生物合成系统，建立功能性脂质细胞合成、酶法构建、特异修饰及高效提取技术体系；探究功能性脂质物性特征及营养健康功能，建立生物安全和营养功效评价体系；研究功能性脂质高纯度提质、稳态化加工、增效利用及规模化生产等关键技术，开发功能性脂质健康产品；提升功能性脂质绿色智能制造水平。

▶功能性多糖

重点研究具有典型结构特征的功能性多糖制备过程中结构与功能活性的构效关系及其变化规律，形成不同制备条件下多糖结构与生物效价的定向调控策略；突破 β-葡聚糖、果胶、葡甘露聚糖等为代表的功能性多糖绿色高效制造关键技术；创新微生物发酵制备结冷胶、糖胺聚糖等功能性多糖的关键技术，以及生物催化合成菊糖、抗消化 α-葡聚糖等功能性多糖的关键技术；构建功能性多糖绿色高效制备技术体系，开发新型功能性多糖食品配料与高附加值产品。

▶功能性维生素

重点研究维生素 A、D3、K2、B1、B2、B12、生物素等的生物合成及制备关键技术，建立维生素高效生物合成、结构修饰、提取纯化的梯次制备技术；研究维生素及分子修饰产物的结构及生物活性，并建立维生素营养强化的量效关系；建立维生素高通量检验、营养功效和生物安全评价技术体系；构建维生素的绿色生物制备技术体系，开发维生素高值化利用技术。

▶典型天然植物化合物

多维度挖掘多酚类、卟啉类、萜烯类等典型天然植物化合物的生理功能；研究天然植物化合物及其衍生物的稳态化、生物利用率改善、靶向递送和控释等技术难题，建立高稳定性天然植物化合物生物利用增效技术体系；研究天然植物化合物生物合成通路中的关键酶活及其相关功能基因，构建典型植物化合物的生物合成技术；研发天然植物目标化合物的低温高效、大规模连续分离提取、稳态化技术。

▶婴配乳品核心配料

重点研究鲜奶中各组分高效分级分离技术；研究大宗功能性乳基料规模化绿色生产技术；研究乳铁蛋白等功能性乳蛋白、低致敏性、易吸收、促进矿物质利用等功能性乳肽制备与功效评价技术；研究母乳化结构脂肪与低聚糖等核心配料的生物转化、生物合成技术；研究适于婴配乳品高活性、稳定性益生菌的制备技术。

▶食品品质改良剂

重点研究食品品质改良剂改善品质、增强功能活性及增味机制，研发健康增味、功能品质改良、精准分离、多元催化、快速定向制备等绿色制造技术。突破降糖增甜、味香协同、非钠代盐异味改良、低盐增鲜、多元高效定向制备等关键技术；创制新型甜味替代、减盐健康、兼具功能及环境友好型的食品品质改良剂；实现增色、增香、增味及功能性食品品质改良剂的绿色制造技术集成体系。

▶食品关键配料

构建高效食品关键配料生产菌种与酶蛋白表达体系，研究功能蛋白配料分子结构模拟、定向可控生物转化、分子修饰等技术，开发基于生物技术制造的高活性及宽适应性酶和高功能性蛋白；研究酶定向催化和产物高效富集提纯集成技术，建立高纯度脂质配料的底物高效转化和高附加值多产物联产技术体系；提升食品关键配料的生物转化和分离绿色智能水平。

▶高效乳酸菌发酵剂及特色发酵乳

筛选多菌株协同共生且体系稳定的复合发酵菌株；基于多组学和代谢网络调控，创制多因素交互调控的乳酸菌群体诱导培养技术，建立微包膜保护的高活性发酵剂制造关键技术；解析功能基因与功效产物协调机制，挖掘乳酸菌典型有益代谢产物；突破不同风味特征、益生功能和活性代谢物的特色发酵乳加工技术并实现产业化。

▶食品酶制剂

重点开展食品酶制剂高效生物制造技术研究。研究基于基因组学和生物信息学大数据分析的新型酶分子高通量快速筛选方法，进行典型食品酶制剂和产酶微生物的定向挖掘和高效筛选；设计基于高通量筛选与计算机辅助设计对的酶分子三维结构设计与改造，实现酶的催化活性、稳定性、环境适应性等特性改良；设计组装食品酶表达调控元件与功能修饰模块，建立多种食品酶制剂的食品级宿主高效表达系统。

5. 关键制造装备及检测设备

▶中式特色主食菜肴成套智能装备

重点开展米饭加压蒸制、新型节能米饭加工关键技术研究，研制智能化连续式高效米饭生产成套装备；研究自动和面、智能调馅、拟人化成型等关键技术，研制连续式智能面食生产成套装备；突破快速腌卤制、智能化自动炒制、汤羹风味保持加工等关键技术，研制智能化中式菜肴生产装备；开展主食菜肴品质的可视化感知、异物/次品识别并剔除等关键技术及装备研究；突破多物理场减菌、固液混合物料精准充填等关键技术，研发多斗式菜肴混合定量包装装备。

▶食品精准定量包装装备与连续杀菌装备

重点开展食品加工动态处理过程的模型化分析、工程化装备零部件的模块化设计；突破规模化粉体食品低频电磁波杀菌技术，研制超轻细粉体食品防潮防静电包装装备，连续式高黏度半固态食品精准定量灌装等关键装备；研究适用于高黏度食品的卫生型高效换热器结构设计，研制大流量高黏度食品超高温瞬时杀菌、连续式高黏度半固态食品精准定量灌装等关键装备；突破压力再利用、连续化处理等技术瓶颈，研发热敏性液态食品连续化非热杀菌装备，突破多规格容器快速切换、高速精准灌装等柔性灌装关键技术瓶颈，研制高速高精度柔性液体无菌灌装成套设备。

▶肉类品质数字识别与精准减损装备

重点研发肉类食用品质、营养品质、加工品质、新鲜度等多品质数字化同步识别技术，开发智能化在线检测监测系统与设备；研发肉类产品、环境因子信息感知系统，开发精准分级分割、多维立体输送、数字化监控技术与装备；研发肉类抗氧化防劣变、减菌防腐、抑僵直保质等精准减损技术，研制数字化超快速冷却、智能仓储物流等减损设施设备。

▶个性化食品增材制造与智能化加工装备

研发基于规模化应用和高保真调控的食品精准打印、基于低场核磁及近红外的打印品质智能检测、基于快速响应的4D智能打印等增材制造关键核心技术，研制食品打印专用智能打印检测与高效精准打印一体化装备，打印成型精度达到90%以上，打印效率提升30%以上。

▶食品柔性低碳加工装备

重点开发系列适度化加工技术，构建食品柔性低碳加工平台；研发食品生产物料平衡智能化技术、轻量化食品包装技术，构建食品适度加工新标准；基于人体健康的大数据分析与判断或基于互联网订单的食品制造生产管理，以物联网的原料智能供给、模块化的食品柔性制造技术为基础，通过有学习适应能力、具备人工智能的系统来组成多品种、变批量和混流式生产的自动化制造系统。

▶食品工业机器人

重点研发智能化新型击晕、自动宰杀放血、多轨道烫毛、劈半等畜禽屠宰加工设备，重点研究鱼类等重切分、形状修整、开片、去皮、贝类连续脱壳等精细前处理装备，重点研究果蔬去皮、去壳、去核、取籽及精准切分等前处理设备，实现机器换人的升级换代。

▶智能厨房装备

重点研究自调整和面、复杂馅料添加、拟人捏花成型等主食生产关键装备，研制智能连续式米面主食加工生产线；创制变压快速腌卤制、智能化自动炒制、汤羹风味保持加工智能装备；研究主食菜肴品质数字化识别与感知等技术，实现可视化检测；突破多物理场减菌、固液混合物料精准充填等关键技术，配套智能杀菌包装装备。建立智能厨房集成设计和装备制造技术体系，开发高营养、多品种食品的智能点配餐管理、烹饪专家系统、远程云运维平台等智能控制系统，研制后厨串/并联烹饪机器人等智能装备，开发24小时冷/热食品无人售卖智能终端，并进行应用推广研究，支撑消费新业态。

▶跨境食品危害因子快速识别及精准测定装备

针对影响进口食品安全的重点高风险化学和生物危害因子，开发智慧化口岸现场移动识别、探测技术和装备；研究跨境动物性食品中新发化学危害因子智能富集净化材料和原位快速识别方法；研发泛基质、泛目标物种类的通用性前处理技术和快速广谱识别技术；研发主要高风险进口食品中危害因子的快速识别和精准检测模块化与智能化技术体系及检测装备。

▶ **现场执法食品安全快速检测产品**

围绕当前一体化食品安全现场执法的新需求，研发适用不同应用场景的智能化快速检测装置，研究快检产品标准化、模块化装配技术与方法；研发食品安全现场执法快检监测一体化智慧监管系统；研究食品安全快速检测产品关键材料的测试评价技术、生产过程质量控制技术和整机产品性能评价技术，建立面向不同原理、不同载体、不同场景的食品安全快检产品评价数据库。

▶ **食品真实性全景分析关键技术及装备**

研究基于复杂食品基质的高通量、多组学食品真实性全景分析鉴别；研究基于特征指纹信息的地域特色食品产地溯源技术；研究食品品质、工艺、年份和新鲜度等食品质量真实性典型特征判别技术及其标准化；研究食品真实性特征标志物的标准样品/标准物质制备，研发食品品质及真实性智能快速检测技术及装备；构建食品真实性认证追溯体系。

▶ **食品安全快速筛查核心试剂与装备**

创制可耐受高盐/高温/有机溶剂的生物识别材料，研制靶向识别的高信噪比功能集成探针化学材料；研发食品基质中化学危害物的快速自动靶向提取和高效富集技术；研究检测传感体系中信号传输和放大策略；研发核心技术产品校准与计量技术，以及配套校准器、标准物质；建立"从样品到结果"检测全流程的集成化、一体化和自动化技术方案。

战略支撑与保障

（1）加强组织领导。深化科技管理体制机制改革，针对食品产业自身特点，基于重点产品和龙头企业，持续组织开展食品产业上中下游的全产业链图谱研究和数据库建设，包括将关键共性技术、关键零部件/元器件、关键材料、关键制造装备及检测设备等方面按产业链供应链进行细致梳理，一体化推进。构建适应食品科技创新发展的现代管理体系，建立链式联动机制，围绕产业链供应链部署创新链，围绕创新链布局产业链供应链，保障资金链和人才链，通过补链固链强链塑链行动，提升价值链，加强对食品科技创新的宏观管理和统筹协调。

（2）强化政策扶持。构建科学有效的科技创新资源统筹分配体系，加快形成以国家战略需求为导向、以重大产出为目标、责权利清晰的食品科技创新资源配置模式。按照每条产业链重新归集、梳理和完善扶持政策，建立针对每条产业链精准施策的链式保障体系。地方政府的政策与国家的政策应上下联动，增强政策的一致性和协同效应，引导食品企业和社会资本深度参与科技创新，强化食品新兴产业、新业态发展的政策扶持，以财政资金推动企业自主投入、主动研发；通过拓展国际合作，积极参与大型国际科技合作计划，引入国外资金，建设完善多元化投入保障机制。

（3）完善知识产权保护。大力加强知识产权保护，实施知识产权和标准战略，提升食品产业标准化水平。引导食品企业将技术创新、知识产权保护、标准制定相结合，提升产业竞争优势；瞄准国际先进水平，立足自主技术，健全食品标准体系、技术规范、检测方法和认证机制，打造标准服务平台。积极推动政府、企业、高等院校和科研院所结合自身情况制定配套政策，着力解决食品科技成果转化和推广的制度瓶颈，探索建立食品科技成果信息共享、传播、转化的机制，提升技术转化市场化服务水平，协调专项成果的示范、应用和推广等工作，推动食品科技成果转化与应用，促进食品新兴产业的发展。

（4）做好监测评估。实施国家创新调查制度，充分发挥第三方评估机构的作用，建立科学合理的监测指标体系，实现食品科技创新的持续性动态监测和绩效评估。建立规划实施监测评估与调整机制，对食品科技创新规划任务部署、实施进度和措施落实等情况进行监测评估，依据食品科技创新发展新形势、食品科技发展新需求和新变化，对规划指标和任务部署适时进行科学调整。

技术路线图

食品产业发展技术路线图如图 10-1 所示。

项目	2025年 —————————— 2030年 —————————— 2035年
需求	我国食品产业产值位居全球第一，年产值超过10万亿元，占全国GDP的9%，对全国工业增长贡献率达12%，拉动全国工业增长0.8个百分点，造就了18个中国500强企业，是国民经济的支柱产业。预计未来10年，我国食品消费将增长50%以上。世界各国均高度重视满足不同特殊需求的食品营养健康科技创新与产业发展，以精准个性化的营养健康调控为代表的科技创新已成为世界各国争夺的战略高地，我国食品工业在经历了食物安全、食品安全阶段后，正步入以食品营养健康为主要需求的新阶段
	我国食品加工制造资源利用率不高，产品附加值偏低，往往产生大量废弃产品，每年产生1500～2000万吨的残次果与加工副产物被废弃，由米面过度加工造成的口粮损失每年高达1000多万吨。食品工业年用水约100亿立方米、耗电2500亿度、消耗2.8亿吨煤、排放废水50亿立方米、产生废弃产品4亿吨。我国迫切需要开发节能、降耗、减排的低碳食品加工集成技术，提高科技对食品资源高效利用的支撑作用，推动食品产业生产方式转变，实现食品加工制造的资源利用、高效转化、清洁生产
	慢性非传染性疾病已成为我国居民的主要死亡原因和疾病负担，心脑血管疾病、癌症、慢性呼吸系统疾病、糖尿病、儿童/青少年超重或肥胖等慢性病导致的负担占总疾病负担的70%以上。预计到2035年，我国总人口将达到14.35亿人的峰值，60岁以上老年人口将达到4亿人，65岁及以上人口将达到3.06亿人，占我国总人口的比重将超过20%，使我国成为"超老龄社会"。人口老龄化、慢性病预防、特殊需求激增等问题推动着特定人群、特殊环境和特殊医学用途的食品保障需求的持续提升
	我国80%以上的婴幼儿乳蛋白、直投式发酵剂、母乳寡糖等高端食品配料被国外企业垄断；先进加工智能装备及零部件和智能传感器等长期依赖高价进口和维护；食品危害物快速筛查与判别装置在精准度、高效性上与发达国家水平存在较大差距。突破当前及未来阶段关键核心技术，破解影响产业发展的关键瓶颈，迫切需要提升食品加工核心共性技术与装备自主研发能力，改变长期受制于人的局面
目标 成为全球食品科技创新中心，进入创新型国家前列	实现食品精准营养、食品健康靶向调控、食品安全主动保障领域的科技水平进入世界前列，国际领先技术比例由5%提升至10%以上 / 形成食品装备自主开发能力和改进创新能力，取得一批国际公认的创新成果，食品绿色制造、食品安全主动保障领域的科技水平进入世界前列 / 研创一批具有自主知识产权的关键共性技术、前沿引领技术、现代工程技术、颠覆性技术，成为全球食品科学中心和科技创新高地
	提高我国食品安全主动防控能力，显著降低食品毒害物侦测技术的国外依赖度，国际认可的国产快检产品占比由不足10%提升至30%以上 / 支撑《"健康中国2030"规划纲要》战略目标的实现：人民健康水平持续提升，人均预期寿命达到79.0岁，主要健康指标进入高收入国家行列 / 食品安全风险管控能力达到国际先进水平，从农田到餐桌全过程监管体系运行有效，彻底解决食品安全问题

图10-1 食品产业发展技术路线图

项目	2025年	2030年	2035年
目标：成为全球食品科技创新中心，进入创新型国家前列	助推植物基设计与重组食品、特殊需求食品等新业态产品年增长率保持在20%以上，有效满足人民日益增长的美好生活需要	我国工业食品消费增长50%以上，农产品加工实现资源梯度增值和可持续利用，综合利用率接近90%，食品资源综合利用水平显著提高	建立以市场为导向，产前、产中、产后及消费联动的协同创新体系，重点装备自主化率达80%以上，产业水平达到国际领先
	食品工业与农业产值比由1.2:1提高至2:1，工业食品的消费比重全面提升，形成一批具有较强国际竞争力的知名品牌、跨国公司和产业集群	我国工业食品占食品消费总量提高到80%左右，基本接近发达国家先进水平，全面推动我国由食品制造大国转变为食品制造强国	科技对产业发展的贡献率超过75%，形成一批世界领先水平的食品跨国企业集群和国际知名品牌，食品工业产值与农业产值之比达到3:1
重点产品：现代厨房便捷中式传统食品	重点开展主食特征风味与质构保持、主食原料关键组分修饰与改性、营养均衡精准与设计、方便主食保质保鲜和安全控制等关键技术研发，创制蒸煮类和烘焙/煎烙类厨房预调理方便主食新产品	创制不同应用场景的系列现代厨房便捷食品	
	重点研究方便菜肴的天然食材护色、动态加热调味、质构修饰、产品预制与调理、低温非热杀菌、保鲜包装、冷冻冷藏等关键技术，开展以大米、面粉为主要原料的中式主食计量供送、馅料添加、柔性成型、蒸煮加工等关键技术研究		
新形态果蔬制品	重点突破低温榨汁与制浆、非热杀菌、生物发酵、智能干燥、低温急冻与冻干、高效制粉、营养精准复合、粉体抗结、低盐批次稳定发酵等关键技术，创制NFC（非浓缩还原）果蔬汁（浆）、脱水果蔬、冻干果蔬、即食果蔬粉、发酵果蔬等新形态产品，实现果蔬产品的品质提升与生产过程的节能降耗		
新型肉制品和水产食品	重点开展肉和水产品品质"时空"评价研究，构建"四维"品质数据库；绘制传统肉制品特征风味、营养因子、潜在健康危害因子指纹图谱，研究特征风味保持、营养因子提升和潜在健康危害因子消减协同技术	开展4R（即食、即烹、即热、即配）、3S（特需、特膳、特医）肉制品加工理论研究与产品研发	
健康粮油制品	重点突破功能性脂质高效制取技术及高效广适性功能脂质分子修饰与物理改性技术，制备结构稳定、功能显著、应用广泛的新型功能脂质，并形成低危害、高营养的健康油脂精准加工技术体系		
	开展大宗粮食食品原料学特性及粮食活性成分高效分离和精准加工关键技术研究，攻克全营养组配和品质调控关键技术，创制全营养主食及智能化加工技术		

图 10-1　食品产业发展技术路线图（续）

项目		2025年 —————————— 2030年 —————————— 2035年
重点产品	全谷物食品	重点开展高纤基质全谷物食品加工共性关键技术研究，优化全谷物原/配料的活性物质的生物有效性、主食加工品质与安全品质特性，创制口感提升、营养优化、适合不同人群的全谷物健康食品，实现典型场景的全谷物食品生产
	功能性乳制品	重点探究热杀菌、干燥、膜过滤等单元操作对乳制品品质的影响，研发直接蒸汽杀菌法、膜过滤等新技术；突破高稳定性乳制品发酵剂制造技术、乳清深加工利用技术 | 攻克母乳低聚糖、乳脂肪球膜蛋白及脂质、乳铁蛋白等乳用功能基料关键制备技术，创制新型干酪产品和发酵乳制品
	发酵食品	重点开展高效抗逆菌种的高通量选育技术、基于代谢组学和风味组学的发酵过程定向调控技术，以及在线监控新型传感技术等关键技术研究，对中国传统特色发酵食品的风味组成、营养成分、功能特性、微生物组成及发酵过程进行深入研究，建立安全、绿色、高效、智能的发酵食品定向酿造技术体系
	精准营养食品	重点开展研究典型益生因子、活性蛋白/脂质/活性多糖、必需微量营养素等食品营养组分对人体健康效应的调节作用
		构建喜好与健康多目标协同个性化餐谱推荐方法，实现精准营养食品的数字化设计 | 研发切片引擎快速成形设备和食品智能烹饪装备，形成个性化膳食数字化设计与制造技术体系
	3D/4D打印食品	重点开展易吞咽食品、特殊造型休闲食品等个性化食品的高效精准打印、3D打印品质智能检测、4D智能打印快速响应等增材制造关键核心技术研究，研究基于批量快速打印的高品质3D/4D打印关键技术，研发可连续进出料的精准增材制造设备及控制系统，实现个性化食品增材制造
	植物基设计与重组食品	重点开展质构拟真技术，以及风味与营养强化技术研究，建立原料物性特征-组织化蛋白结构和性质-成品质构和品质特征的关系，构建产品纤维结构和质构预测与调控策略，突破整块植物基肉制品二次成形技术和色香味形的调整技术，突破植物基奶制品原料品质提升及专用发酵技术等
	动物基设计与重组食品	重点开展畜禽类动物细胞选育与培养的关键技术研究，包括多种类型动物干细胞的高效分离纯化与建系技术，体外长期稳定增殖的调控技术，定向成肌、成脂分化的诱导技术，肌纤维、脂肪细胞三维培养技术，动物细胞低成本培养技术；突破动物基设计与重组肉品质提升关键技术，实现其塑形、增色、调味、营养强化等全流程一体化
	"大食物观"食品	重点开展动物源、植物源、微生物源新食物资源的筛选研究，开发新食物资源的营养素稳态化高保留和风险因子精准化脱除技术 | 突破规模化、梯次化制造的关键核心技术与装备，实现"大食物观"食品的规模化制造

图 10-1　食品产业发展技术路线图（续）

项目	2025年—————————2030年—————————2035年
重点产品	
特殊环境食品	针对特殊作业环境对食品提出的特殊要求，重点开展高原、极寒、极热、航空航天和深海远航等特殊环境作业人员的营养需求、能量代谢模式及食品需求特征研究
	突破营养强化补充、功能基料制备、食品轻量化/长时间保存及可降解高阻隔包装材料制备等共性关键技术
	创制特殊环境条件下使用的能量密度高、质量稳定性好、针对性强、感官品质优良且具有特定功能的食品
特定人群食品	针对儿童、青少年、老人、孕产妇等特定人群的营养需求特征、消费喜好及饮食行为，构建膳食营养人体健康数据库
	开发智能算法，制定营养配餐、预包装食品、膳食补充剂组合的特定人群食品营养精准调控策略
	围绕代谢健康、眼健康、免疫调节等特殊生理状态人群的饮食和营养调节需求，创制特定人群营养健康食品
特殊医学用途配方食品	针对特殊生理、病理时期营养需求和能量代谢模式的规律，开发功能性特殊医学用途食品原料，重点开展营养基料物质产业化提取制备技术和加工活性保持关键技术研究
	开发营养针对性强、溶解度好、稳定性高、感官品质好、患者接受程度高的特殊医学用途食品
	提升婴幼儿特殊医学用途配方食品和非全营养配方食品剂型设计、标准化制造技术与装备并进行产业化示范
应急救生/救灾食品	重点开展洪水、矿难、地震、疫情等灾害或极端条件下普通及特殊人群营养素与代谢需求特征研究，创新满足粮油、畜禽、果蔬等典型食品多场景应急储备和使用的适应性加工及保藏关键技术
	研发能量密度高、营养均衡和耐存储的即食、即热应急救灾食品
关键技术/关键共性技术	
食品组学	重点研究食品蛋白质组学、脂质组学、糖组学、代谢组学等多组学技术，阐明膳食健康效应、肠道微生态健康调控等健康调节机制
	系统研究传统/新型食品加工和贮藏过程中营养成分和小分子功能成分的结构变化、相互作用，以及对最终食品质构、安全、营养、色泽、风味等品质的影响规律
食品合成生物学	基于系统生物学知识和工程科学概念，将工程学原理与方法应用于基因工程与细胞工程，重点研究从基因组合成、基因调控网络与信号转导路径，到细胞的人工设计与合成，以及食品规模化生物生产的"未来"食品产业化设计，实现食品组分的定向、高效、精准制造
食品感知学	重点开展大脑处理视觉、嗅觉、触觉、味觉等化学和物理刺激过程所产生的神经元精细调节科学研究，阐明食品感官交互作用和味觉多元性的内在规律，系统揭示食品中复杂组分与各种感知受体的关联机制，靶向构建基于智能仿生识别的系列模型，实现感官模拟及个体差异化分析

图 10-1　食品产业发展技术路线图（续）

项目	2025年 —————————— 2030年 —————————— 2035年
食品细胞工厂	针对蛋白质、油脂、新型食品功能因子等特定食品组分或添加剂，联合微生物基因编辑技术和代谢工程手段，构建具有高效、定向、精准生物制造能力的细胞工厂 / 建立细胞生长与产物合成平衡调控的方法和策略，通过协同调控细胞生长与产物合成途径与模块，全局优化微生物细胞工厂
食品增材制造	重点研究食品柔性制造与组分互作调控的数字化设计、食品柔性制造系统技术与装备、食品增材制造与物性数字化技术、高效精确的食品3D打印制造技术与装备，创制特殊人群营养需求的3D打印食品，实现满足不同人群营养健康需求的食品柔性化加工特制食品，替代传统规模化食品制造模式
新型酶制剂开发	利用海量生物数据库，基于酶家族进化及序列保守性分析，设计蛋白或核酸序列探针，挖掘具有高催化活性的新型食品酶；利用酶结构解析、理性或半理性设计、高通量筛选等技术手段，对食品酶进行分子改造，优化其应用适应性；构建高效酶催化体系，实现食品功能配料和添加剂的酶法制备
食品新资源挖掘	开展我国潜在和已批准的新食品资源地理、安全和营养信息研究与数据库建设，构建新食品资源真实性、安全性评估技术和标准体系 / 建立新食品资源采后处理、初级加工、分离提取、食品制造、安全控制等产业链技术，开展特色新食品资源、新型蛋白和油脂资源的挖掘与开发应用
食品大数据	基于不同食品的营养成分差异性和不同个体消费者的身体状况和营养需求，构建满足不同人群健康风险和营养结构需求的传统膳食、新资源、营养与健康大数据库 / 基于供受关系大数据应用基因工程分析技术，靶向智能设计个性化食品，实现定向营养调控，提供均衡化营养的膳食干预
食品工业机器人制造	针对不同质地、形状、尺寸等复杂食品体系应用场景，开发高端传感系统和操作系统，实现食品机器人在食品分拣、分切、包装等环节的高灵敏、高精度、高效率操作；重点研究关键工序智能化、关键岗位机器人替代、生产过程智能化控制，研发食品生产高速后道分拣、装箱、码垛、卸垛包装智能机器人
食品柔性低碳加工	重点研究食品物性结构和组分互作，实现加工工艺的精细调节，开发系列适度化加工技术，构建食品柔性绿色高效制造平台；基于人体健康的大数据分析与判断或基于互联网订单的食品制造生产管理，系统构建多品种、变批量和混流式生产的自动化制造系统
食品资源梯次高值利用	重点开展大宗粮油、果蔬、畜禽、水产和特色食品资源产地初加工、深加工、综合利用等多元化梯次加工关键技术与装备研究 / 开展食品加工特性与品质评价研究，构建我国食品品质大数据库，集成信息、生物、人工智能等前沿技术，建成基于大数据的食品资源梯次高值利用技术体系
风味健康导向传统食品工业化	重点开展中华传统食品在加工过程中营养健康组分结构变化、风味品质修饰、加工适应性与品质调控等方面的前沿性基础研究 / 对中国传统特色发酵食品的风味组成、营养成分、功能特性及微生物组成进行深入研究，系统阐明传统食品酿造机理，智能设计产品组分
智慧化中央厨房	重点研究建立传统烹饪方式科学量化体系，突破食物营养多维度可视化检测、食品基料智能化制备和中式菜肴数字孪生等关键技术，构建智能厨房新标准、基于公众云平台的大数据平台与专家决策系统，研发出食品自动烹饪等新装置，创制智慧化中央厨房，构建"从农田到餐桌"的现代餐厨食品供应体系

图10-1 食品产业发展技术路线图（续）

项目	2025年 —————— 2030年 —————— 2035年
关键技术/关键共性技术	
食品功能因子挖掘及稳态化	充分发掘食品资源潜力，创制多糖、寡糖、功能性肽、功能性脂质等食源性功能因子，发展快速及高通量筛选与鉴定相应功能因子技术；以功能性食品制造为研究重点，突破食物营养靶向设计等关键核心技术；构建食品功能因子高效载运和释放体系，开发高生物效价的新型功能性食品
新型食品包装	重点开展新型食品智能化包装材料、活性包装材料、绿色可降解包装材料开发及包装材料安全性评价研究；开展非规则固体物料和特种物料智能化包装技术研究；研究新型食品用纳米包装材料，并对其生物学效应与安全性进行评价；开展静电纺丝等技术在缓控释包装材料开发的应用研究
食品智慧保鲜	开展食品品质调控、货架寿命预测预报、新型杀菌、防腐保鲜剂减量增效、超冰温/亚冻结保鲜等新型保质保鲜技术和配套装备研究，研究分子共激发、一次成型绿色包装、温湿气动态跟踪调节、产地储藏的充气冷库协同相温库、纳米流相防腐、蓄冷保温简约冷链等动态智能保鲜技术
食品智能制造	重点研究食品智能装备数字化设计、信息感知、仿真优化与智能装备制造技术；开展虚拟现实技术在制造过程感知的应用，实现对食品样本整体信息的类人工智能的识别；建立食品装备的大数据分析处理系统，研究开发能够实现生产控制精准、生产制造协同度高和柔性化水平高的智能控制系统
智能化冷链物流	重点研究生鲜食品物流品质劣变机制及其调控路径，利用基因编辑等技术改善生鲜食品物流性状；构建基于生物与环境耦合互作效应的物流精准监控体系；定位果蔬采后病害防控关键靶点，开发绿色防腐保鲜剂及高效物理杀菌技术；研制新型专用蓄冷剂、蓄冷单元模块、智能可移动预冷装备
食品安全主动防控	重点解析食品加工中特征组分效应变化机制与品质调控机理，突破高、精、自主可控的食品质量安全速测技术与装备，研发危害物非靶向智能识别技术
	针对食品真实性鉴别与溯源研发集成大数据、组学和无损检测的新技术体系 / 构建食品新业态全程质量安全智慧监控技术及AI智能控制平台
食品危害物监测与评估	重点开展对致病微生物、化学致癌物、生物毒素等食品危害物的风险评估理论基础研究
	构建我国食源性致病菌大规模的标准化组学数据库，开展基于系统生物学和多组学技术的微生物定量风险评估研究 / 基于不同食品危害物风险评估体系，构建食品安全风险溯源、预测、分析与决策的专家系统与平台
关键零部件/元器件	
高性能聚合物空心膜	重点发展具有高渗透性和选择性、耐高压、抗污染食品级聚合物（如PVDF）中空纤维膜
大容积超高压筒体	重点发展单筒容积不小于1000L，600MPa压力下安全系数不低于2，寿命不低于50万次的大容积超高压筒体
超高压阀	重点发展适用于600MPa及以上压力，具有完全自主知识产权的超高压单向阀、卸荷阀
超高压密封系统	重点研制适用于600MPa及以上压力，使用寿命不低于1000次，更换便捷的超高压密封系统

图 10-1　食品产业发展技术路线图（续）

项目		2025年 —————————— 2030年 —————————— 2035年
关键零部件/元器件	料（液）位传感器	重点发展高精度、智能化、强环境适应与抗干扰能力的料（液）位传感器
	微型流量传感器	重点发展精确度高、智能化和强环境适应与抗干扰能力的流体流量传感器
关键材料	蛋白质类功能性物质	重点研究乳铁蛋白、免疫球蛋白、豆球蛋白、甘露糖蛋白等蛋白质类功能性物质的高效绿色制备、提取分离关键技术与装备 ｜ 探究蛋白质类功能性物质分离储存过程的劣变机制，突破其活性保持、稳态化调控等技术 ｜ 研究功能性蛋白质在消化道内效价降低机制，攻克活性蛋白质的修饰改性等关键技术 ｜ 开发蛋白质类功能性物质的健康产品，提升蛋白质类功能性物质绿色制造的智能化水平
	功能性脂质	构建功能性脂质生物合成系统，建立功能性脂质细胞合成、酶法构建、特异修饰及高效提取技术体系 ｜ 研究功能性脂质高纯度提质、稳态化加工、增效利用及规模化生产等关键技术，开发功能性脂质健康产品；提升功能性脂质绿色智能制造水平
		探究功能性脂质物性特征及营养健康功能，建立生物安全和营养功效评价体系
	功能性多糖	重点研究具有典型结构特征的功能性多糖制备过程中结构与功能活性的构效关系及其变化规律，形成不同制备条件下多糖结构与生物效价的定向调控策略 ｜ 突破β-葡聚糖、果胶、葡甘露聚糖等为代表的功能性多糖绿色高效制造关键技术 ｜ 创新微生物发酵制备结冷胶、糖胺聚糖等功能性多糖的关键技术 ｜ 创新生物催化合成菊糖、抗消化α-葡聚糖等功能性多糖的关键技术 ｜ 构建功能性多糖绿色高效制备技术体系，开发新型功能性多糖食品配料与高附加值产品
	功能性维生素	重点研究维生素A、D3、K2、B1、B2、B12、生物素等的生物合成及制备关键技术，建立维生素高效生物合成、结构修饰、提取纯化的梯次制备技术；研究维生素及分子修饰产物的结构及生物活性，并建立维生素营养强化的量效关系；建立维生素高通量检验、营养功效和生物安全评价技术体系；构建维生素的绿色生物制备技术体系，开发维生素高值化利用技术
	典型天然植物化合物	多维度挖掘多酚类、卟啉类、萜烯类等典型天然植物化合物的生理功能 ｜ 研究天然植物化合物及其衍生物的稳态化、生物利用率改善、靶向递送和控释等技术难题，建立高稳定性天然植物化合物生物利用增效技术体系 ｜ 研究天然植物化合物生物合成通路中的关键酶活及其相关功能基因，构建典型植物化合物的生物合成技术 ｜ 研发天然植物目标化合物的低温高效、大规模连续分离提取、稳态化技术
	婴配乳品核心配料	重点研究鲜奶中各组分高效分级分离技术；研究大宗功能性乳基料规模化绿色生产技术；研究乳铁蛋白等功能性乳蛋白、低致敏性、易吸收、促进矿物质利用等功能性乳肽制备与功效评价技术；研究母乳化结构脂肪与低聚糖等核心配料的生物转化、生物合成技术；研究适于婴配乳品高活性、稳定性益生菌的制备技术

图 10-1 食品产业发展技术路线图（续）

项目	2025年 —————————— 2030年 —————————— 2035年
关键材料 / 食品品质改良剂	重点研究食品品质改良剂改善品质、增强功能活性及增味机制，研发健康增味、功能品质改良、精准分离、多元催化、快速定向制备等绿色制造技术
	突破降糖增甜、味香协同、非钠代盐异味改良、低盐增鲜、多元高效定向制备等关键技术；创制新型甜味替代、减盐健康、兼具功能及环境友好型的食品品质改良剂；实现增色、增香、增味及功能性食品品质改良剂的绿色制造技术集成体系
关键材料 / 食品关键配料	构建高效食品关键配料生产菌种与酶蛋白表达体系，研究功能蛋白配料分子结构模拟、定向可控生物转化、分子修饰等技术，开发基于生物技术制造的高活性及宽适应性酶和高功能性蛋白；研究酶定向催化和产物高效富集提纯集成技术，建立高纯度脂质配料的底物高效转化和高附加值多产物联产技术体系；提升食品关键配料的生物转化和分离绿色智能水平
关键材料 / 高效乳酸菌发酵剂及特色发酵乳	筛选多菌株协同共生且体系稳定的复合发酵菌株；基于多组学和代谢网络调控，创制多因素交互调控的乳酸菌群体诱导培养技术，建立微包膜保护的高活性发酵剂制造关键技术；解析功能基因与功效产物协调机制，挖掘乳酸菌典型有益代谢产物；突破不同风味特征、益生功能和活性代谢物的特色发酵乳加工技术并实现产业化
关键材料 / 食品酶制剂	重点开展食品酶制剂高效生物制造技术研究。研究基于基因组学和生物信息学大数据分析的新型酶分子高通量快速筛选方法，进行典型食品酶制剂和产酶微生物的定向挖掘和高效筛选；设计基于高通量筛选与计算机辅助设计对的酶分子三维结构设计与改造，实现酶的催化活性、稳定性、环境适应性等特性改良；设计组装食品酶表达调控元件与功能修饰模块，建立多种食品酶制剂的食品级宿主高效表达系统
关键制造装备及检测设备 / 中式特色主食菜肴成套智能装备	重点开展米饭加压蒸制、新型节能米饭加工关键技术研究，研制智能化连续式高效米饭生产成套装备；研究自动和面、智能调饼、拟人化成型等关键技术，研制连续式智能面食生产成套装备	开展主食菜肴品质的可视化感知、异物/次品识别并剔除等关键技术与装备研究
	突破快速腌卤制、智能化自动炒制、汤羹风味保持加工等关键技术，研制智能化中式菜肴生产装备	突破多物理场减菌、固液混合物料精准充填等关键技术，研发多斗式菜肴混合定量包装装备
关键制造装备及检测设备 / 食品精准定量包装装备与连续杀菌装备	重点开展食品加工动态处理过程的模型化分析、工程化装备零部件的模块化设计；突破规模化粉体食品低频电磁波杀菌技术，研制超轻细粉体食品防潮防静电包装装备，连续式高黏度半固态食品精准定量灌装等关键装备
	研究适用于高黏度食品的卫生型高效换热器结构设计，研制大流量高黏度食品超高温瞬时杀菌、连续式高黏度半固态食品精准定量灌装等关键装备；突破压力再利用、连续化处理等技术瓶颈，研发热敏性液态食品连续化非热杀菌装备，突破多规格容器快速切换、高速精准灌装等柔性灌装关键技术瓶颈，研制高速高精度柔性液体无菌灌装成套设备

图10-1　食品产业发展技术路线图（续）

项目	2025年—————————2030年—————————2035年
关键制造装备及检测设备 / 肉类品质数字识别与精准减损装备	重点研发肉类食用品质、营养品质、加工品质、新鲜度等多品质数字化同步识别技术，开发智能化在线检测监测系统与设备；研发肉类产品、环境因子信息感知系统
	开发精准分级分割、多维立体输送、数字化监控技术与装备；研发肉类抗氧化防劣变、减菌防腐、抑僵直保质等精准减损技术，研制数字化超快速冷却、智能仓储物流等减损设施设备
个性化食品增材制造与智能化加工装备	研发基于规模化应用和高保真调控的食品精准打印、基于低场核磁及近红外的打印品质智能检测、基于快速响应的4D智能打印等增材制造关键核心技术，研制食品打印专用智能打印检测与高效精准打印一体化装备，打印成型精度达到90%以上，打印效率提升30%以上
食品柔性低碳加工装备	重点开发系列适度化加工技术，构建食品柔性低碳加工平台；研发食品生产物料平衡智能化技术、轻量化食品包装技术，构建食品适度加工新标准
	基于人体健康的大数据分析与判断或基于互联网订单的食品制造生产管理，以物联网的原料智能供给、模块化的食品柔性制造技术为基础，通过有学习适应能力、具备人工智能的系统来组成多品种、变批量和混流式生产的自动化制造系统
食品工业机器人	重点研发智能化新型击晕、自动宰杀放血、多轨道烫毛、劈半等畜禽屠宰加工设备，重点研究鱼类等切分、形状修整、开片、去皮、贝类连续脱壳等精细前处理装备，重点研究果蔬去皮、去壳、去核、取籽及精准切分等前处理设备，实现机器换人的升级换代
智能厨房装备	重点研究自调整和面、复杂馅料添加、拟人捏花成型等主食生产关键设备，研制智能连续式米面主食加工生产线；创制变压快速腌卤制、智能化自动炒制、汤羹风味保持加工智能装备；研究主食菜肴品质数字化识别与感知等技术，实现可视化检测；突破多物理场减菌、固液混合物料精准充填等关键技术，配套智能杀菌包装装备
	建立智能厨房集成设计和装备制造技术体系，开发高营养、多品种食品的智能点配餐管理、烹饪专家系统、远程云运维平台等智能控制系统，研制后厨串/并联烹饪机器人等智能装备，开发24小时冷/热食品无人售卖智能终端，并进行应用推广研究，支撑消费新业态
跨境食品危害因子快速识别及精准测定装备	针对影响进口食品安全的重点高风险化学和生物危害因子，开发智慧化口岸现场移动识别、探测技术和装备；研究跨境动物性食品中新发化学危害因子智能富集净化材料和原位快速识别方法
	研发泛基质、泛目标物种类的通用性前处理技术和快速广谱识别技术；研发主要高风险进口食品中危害因子的快速识别和精准检测模块化与智能化技术体系及检测装备
现场执法食品安全快速检测产品	围绕当前一体化食品安全现场执法的新需求，研发适用不同应用场景的智能化快速检测装置，研究快检产品标准化、模块化装配技术与方法；研发食品安全现场执法快检监测一体化智慧监管系统；研究食品安全快速检测产品关键材料的测试评价技术、生产过程质量控制技术和整机产品性能评价技术，建立面向不同原理、不同载体、不同场景的食品安全快检产品评价数据库

图 10-1　食品产业发展技术路线图（续）

项目		2025年——————2030年——————2035年
关键制造装备及检测设备	食品真实性全景分析关键技术及装备	研究基于复杂食品基质的高通量、多组学食品真实性全景分析鉴别；研究基于特征指纹信息的地域特色食品产地溯源技术；研究食品品质、工艺、年份和新鲜度等食品质量真实性典型特征判别技术及其标准化；研究食品真实性特征标志物的标准样品/标准物质制备，研发食品品质及真实性智能快速检测技术及装备；构建食品真实性认证追溯体系
	食品安全快速筛查核心试剂与装备	创制可耐受高盐/高温/有机溶剂的生物识别材料，研制靶向识别的高信噪比功能集成探针化学材料；研发食品基质中化学危害物的快速自动靶向提取和高效富集技术；研究检测传感体系中信号传输和放大策略；研发核心技术产品校准与计量技术，以及配套校准器、标准物质；建立"从样品到结果"检测全流程的集成化、一体化和自动化技术方案
战略支撑与保障	加强组织领导	深化科技管理体制机制改革，针对食品产业自身特点，基于重点产品和龙头企业，持续组织开展食品产业上中下游的全产业链图谱研究和数据库建设，包括将关键共性技术、关键零部件/元器件、关键材料、关键制造装备及检测设备等方面按产业链供应链进行细致梳理、一体化推进。构建适应食品科技创新发展的现代管理体系，建立链式联动机制，围绕产业链供应链部署创新链，围绕创新链布局产业链供应链，保障资金链和人才链，通过补链固链强链塑链行动，提升价值链，加强对食品科技创新的宏观管理和统筹协调
	强化政策扶持	构建科学有效的科技创新资源统筹分配体系，加快形成以国家战略需求为导向、以重大产出为目标、责权利清晰的食品科技创新资源配置模式。按照每条产业链重新归集、梳理和完善扶持政策，建立针对每条产业链精准施策的链式保障体系。地方政府的政策与国家的政策应上下联动，增强政策的一致性和协同效应，引导食品企业和社会资本深度参与科技创新，强化食品新兴产业、新业态发展的政策扶持，以财政资金推动企业自主投入、主动研发；通过拓展国际合作，积极参与大型国际科技合作计划，引入国外资金，建设完善多元化投入保障机制
	完善知识产权保护	大力加强知识产权保护，实施知识产权和标准战略，提升食品产业标准化水平。引导食品企业将技术创新、知识产权保护、标准制定相结合，提升产业竞争优势；瞄准国际先进水平，立足自主技术，健全食品标准体系、技术规范、检测方法和认证机制，打造标准服务平台。积极推动政府、企业、高等院校和科研院所结合自身情况制定配套政策，着力解决食品科技成果转化和推广的制度瓶颈，探索建立食品科技成果信息共享、传播、转化的机制，提升技术转化市场化服务水平，协调专项成果的示范、应用和推广等工作，推动食品科技成果转化与应用，促进食品新兴产业的发展
	做好监测评估	实施国家创新调查制度，充分发挥第三方评估机构的作用，建立科学合理的监测指标体系，实现食品科技创新的持续性动态监测和绩效评估。建立规划实施监测评估与调整机制，对食品科技创新规划任务部署、实施进度和措施落实等情况进行监测评估，依据食品科技创新发展新形势、食品科技发展新需求和新变化，对规划指标和任务部署适时进行科学调整

图 10-1　食品产业发展技术路线图（续）

11 纺织

纺织产业是我国重要的民生产业和具有国际竞争优势的产业，也是科技应用和时尚发展需要的重要产业，与满足人民对美好生活的需要和全面建成小康社会紧密关联。我国纺织产业链的大部分环节已经达到国际先进水平，产业规模稳居世界第一。

纺织产业重点发展纺织产品、纺织工艺技术和纺织装备。

需求

▶ **纺织产品**

在纤维新材料方面，常规纤维附加值需进一步提升，高品质、智能化、绿色化生产有待进一步提高；高性能化学纤维生产应用水平仍落后于国际先进水平，质量一致性和批次稳定性亟待提高；生物基化学纤维和化学法循环再利用再生涤纶规模化生产与国外相比还存在一定差距，关键技术研发和产业化有待进一步提高。

在先进纺织制品方面，高品质纺织消费品、功能纺织消费品、个体防护医疗卫生用纺织品、智能纺织品、工业用纺织品和战略新材料纺织品中的重点高端产品在设计能力、标准认证和产品的功能性等方面，与国际领先水平存在差距。

▶ **纺织工艺技术**

在纺织绿色加工方面，重点绿色化学品、部分高档面料用染料、特殊功能整理助剂和喷墨印花喷头等依赖进口，无聚乙烯醇（PVA）及低能耗上浆和无锑聚酯纤维生产技术有待提高，高效低耗、短流程、非水介质印染技术亟须提升。纺纱短流程数字化生产技术和环锭纺全流程智能化纺纱技术亟须完善，重定量大牵伸工艺相关技术和器材研发亟须提升。

▶ **纺织装备**

纺织短流程生产装备、关键基础零部件和关键工艺机器人、智能检测技术与系统、生产专用制造执行系统（MES）等与国际领先水平有一定差距，智能纺织装备相关基础理论研究和跨领域交叉研究能力薄弱。

目标

▶ **纺织产品**

❖ **纤维新材料**

到2025年，巩固提升有机化工原料、聚合物、纤维到终端产品完整的产业技术创新链；常规纤维制备技术继续保持国际领先地位；高性能纤维及其复合材料、生物基化学纤维总体技术达到国际先进水平，部分达到国际领先水平；纳米纤维、智能纤维等前沿纤维新材料制备及应用技术进一步提升，实现规模化应用。

到 2030 年，基础纤维材料、战略纤维材料和前沿纤维材料规模化制备技术达到国际先进水平，实现废旧纺织品的高效循环利用，形成多个系列化纤维及制品回收利用产业化基地和纤维应用产品体系。

到 2035 年，基础纤维材料、战略纤维材料整体技术水平跻身世界前列，关键核心技术与装备自主可控，前沿纤维材料技术达到国际先进水平，基本建成适应纺织强国需要的纤维新材料科技创新体系。

❖ 先进纺织制品

到 2025 年，高品质纺织消费品、功能纺织消费品、个体防护医疗卫生用纺织品、智能纺织品、工业用纺织品和战略新材料纺织品等实现突破，适应不断升级的居民消费需求，基本能够满足下游应用市场需要。

到 2030 年，高品质纺织消费品、功能纺织消费品和智能纺织品品质大幅度提升，个体防护医疗卫生用纺织品、工业用纺织品和战略新材料纺织品形成分级体系化，建立相对完善的生产制造标准、设计规范和检测认证体系，部分重点产品达到国际领先水平。

到 2035 年，高品质纺织消费品、功能纺织消费品、智能纺织品、个体防护医疗卫生用纺织品、工业用纺织品和战略新材料纺织品等的大部分产品技术在原料、设计、生产、检测、应用等方面，均达到国际领先水平。

▶纺织工艺技术

到 2025 年，突破绿色纤维油剂助剂及聚酯用无锑催化剂、环保型浆料替代 PVA、过氧化氢水溶液（俗称双氧水）低温催化剂、绿色表面活性剂、分散染料、高固色率活性染料、纳米涂料等绿色化学品制备关键技术，研发免上浆/少上浆织造技术，高效低耗及短流程印染技术、非水介质印染技术，初步建立纺织绿色制造标准体系。

到 2030 年，生物基表面活性剂、生物源半合成染料和高功能整理剂达到国际先进水平，低成本高回用率废水深度处理技术实现推广，无 PVA 上浆、免上浆/少上浆织造技术得到广泛推广，低温、高效、短流程染整工艺成为主流工艺，非水介质印染技术实现工程示范，完善纺织绿色制造标准体系。

到 2035 年，纺织绿色化学品性能和品质达到国际先进水平，生态印染加工技术达到国际领先水平。

▶ **纺织装备**

到2025年，基于大数据、人工智能和工业互联网平台等新一代信息技术，实现纺织生产的自动化、数字化和网络化制造；构建纺织行业智能制造标准体系；短流程纺织装备及其关键基础零部件实现自主研发及产业化应用；纺织在线质量检测装备实现产业化应用。

到2030年，建立并推广基于新一代信息技术的纺织智能工厂；纺织装备远程运维、网络协同制造和大规模个性化定制等纺织智能制造新模式基本实现全面应用；建成纺织行业智能制造标准体系；智能检测系统、关键纺织智能装备、关键基础零部件、纺织专用机器人等实现产业化。

到2035年，建设全流程数据驱动、绿色低碳型的新一代纺织智能工厂和面向大规模集聚区的网络协同制造模式。

发展重点

1. 纺织产品（重点产品/工程、关键材料等）

▶ **纤维新材料**

◆ **基础纤维材料**

重点开发新型功能性聚酯、高品质化学单体及超仿真、阻燃、抗菌抗病毒、导电、相变储能、温控、光致变色、原液着色、吸附与分离、生物医用等功能性纤维新品种；提升聚乳酸（PLA）纤维、莱赛尔纤维、聚对苯二甲酸丙二醇酯（PTT）纤维、生物基聚酰胺纤维、海藻纤维、壳聚糖纤维和醋酸纤维等生物基化学纤维产业化技术，研发聚己二酸对苯二甲酸丁二醇共聚酯（PBAT）、聚丁二酸丁二醇酯（PBS）、聚羟基丁酸戊酸酯（PHBV）、呋喃二甲酸基聚酯（FDCA基聚酯）、聚羟基脂肪酸酯（PHA）、聚己内酯（PCL）等，有序开展聚3-羟基烷酸酯（PHA）、聚丁二酸丁二醇-共-对苯二甲酸丁二醇酯（PBST）等可降解纤维材料研发；发展废旧纺织品化学法、物理化学法等生产循环再利用化学纤维，开展棉/再生纤维素纤维废旧纺织品回收和绿色制浆。

❖ **战略纤维材料**

重点发展 T700 级以上高性能碳纤维、48K 以上大丝束碳纤维，配套开发相匹配的纺丝油剂、碳纤维上浆剂和纤维评价表征技术；重点研制高强型和高模型对位芳纶，超高强、高耐切割和耐热抗蠕变超高分子量聚乙烯纤维，耐热和高强高模聚酰亚胺纤维，细旦和高卷曲聚苯硫醚纤维，聚对苯撑苯并二噁唑（PBO）纤维、聚芳酯液晶纤维和聚醚醚酮（PEEK）纤维，连续玄武岩纤维、碳化硅、氧化铝、硅硼氮和氧化锆等高性能纤维并推广应用，提升纤维质量一致性和批次稳定性，进一步扩大高性能纤维在航空航天、风力和光伏发电、海洋工程、环境保护、安全防护、土工建筑、交通运输等领域的应用。

❖ **前沿纤维材料**

重点发展纳米纤维、智能纤维、生物医用纤维等前沿纤维新材料，突破静电纺丝、相分离纺丝等纳米纤维宏量稳定生产的关键技术。

▶ **先进纺织制品**

❖ **高品质纺织消费品**

通过纺织、印染、缝制等全产业链精细化加工及严格的质量保证体系，提升服装服饰及家用纺织品的品质，开发个性化、时尚创意纺织产品，满足不断升级的消费需求；进一步提升蚕丝、羊绒、牦牛绒等高端天然纤维纺织品的附加值；研究蚕丝和改良山羊绒纤维原料处理、纺织、印染等关键技术，建立加工生产体系。

❖ **功能纺织消费品**

创新完善新型纤维及功能材料、先进的纺织产品设计和印染加工等功能纺织品技术与评价体系，实现结构、功能与性能一体化，重点发展舒适、卫生、安全防护、保健和易护理等单功能及多功能复合产品。提升纺织品的吸湿排汗、单向导湿、防皱免烫、透气、保暖、凉感、阻燃、抗静电、防紫外线、抑菌抗菌、防水、防污和自清洁等功能与应用水平。

❖ 个体防护医疗卫生用纺织品

重点发展疫情防护、化学防护、热防护、电弧防护、核沾染防护和防刺防割等防护类纺织基制品和闪蒸法非织造布等重要基础原料；发展具有良好抗菌、高吸水、高保形和防水透气性能的个人卫生护理制品；研发纺织基医用人体器官管道材料、手术缝合线、功能敷料和血液透析材料等高端医用纺织材料及制品。

❖ 智能纺织品

研究特种纤维在智能纺织品中的应用，通过和电子、新材料、医疗等相关行业结合，攻克智能纺织品设计与加工技术，建立智能纺织品性能检测评价体系，研发具有感温、感光、传感、交互等功能的智能可穿戴纺织品和个人健康管理用家用纺织品。

❖ 工业用纺织品

重点发展高性能土工格栅、矿用假顶网、土工管袋、土工布和胎基布等土工建筑材料；发展纺织基柔性路面、高强度大通量给排水软管、软体油囊、气柱式应急帐篷和高性能救援绳索等应急救援用产品；发展特种海洋用绳缆、其他海洋用绳缆、远洋捕捞网和深远海养殖网箱等海洋工程用产品；发展高耐温、脱硝除尘一体化、超低排放和高效低阻高精度等工业过滤用产品；发展绿色环保、功能型车用纺织材料及其设计加工技术。

❖ 战略新材料纺织品

重点发展纺织基增强复合材料、纺织基电池隔膜、膜结构及囊体蒙皮材料、高性能纤维基复杂异型材料、碳纤维预浸料、碳-碳复合材料、轻量化防爆材料、陶瓷基复合材料及复合材料的专用树脂和助剂等产品技术。

2. 纺织工艺技术（关键技术/关键共性技术等）

▶ 绿色化学品

重点发展绿色纤维油剂助剂及聚酯用无锑催化剂、环保型浆料替代PVA、过氧化氢水溶液低温催化剂、绿色表面活性剂、分散染料、活性染料、纳米涂料。

▶短流程纺纱技术及绿色纺纱技术

重点发展高效短流程纺纱技术、环锭纺全流程智能化纺纱加工技术、再利用纤维纱线加工技术、特种/特殊纤维高效纺纱加工技术。

▶高效绿色织前准备技术

重点发展低能耗上浆、高速浆纱技术、筒子纱数字化染色技术及牛仔布环保浆染技术。

▶高效低耗及短流程印染技术

重点发展低温节能前处理、分散染料免（少）水洗染色印花、活性染料无盐染色、高速喷墨印花、低给液印染加工、多组分纤维短流程印染等高效低耗及短流程印染技术。

▶非水介质印染技术

重点发展超临界 CO_2 流体和活性染料新介质染色等非水介质印染技术，研发专用染色装备，建立示范工厂。

▶功能后整理技术

重点发展功能性原料及材料制备技术，基础研究成果集成与再开发技术，功能整理加工工艺设备，功能纺织品标准及评价体系等。

3. 纺织装备（关键零部件/元器件、关键制造装备及检测设备等）

▶化纤装备

研发莱赛尔纤维、聚乳酸纤维、T700级以上高性能碳纤维与48K以上大丝束碳纤维、万吨级芳纶1414纤维、玄武岩纤维、超高分子量聚乙烯纤维和废旧纺织品回收再利用等成套装备；研发大容量薄膜蒸发器、集约式高速卷绕一体机、超高速精密卷绕机、全自动高速节能假捻变形机、宽幅预氧化炉、高低温碳化炉、宽口径石墨化炉等关键单机；研发长丝卷绕自动生头、智能铲板、自动剥丝等化纤关键工艺环节机器人、高精度纺丝组件和高速假捻装置等关键零部件。

▶纺纱装备

研发棉条、细纱等自动接头机器人，全自动转杯纺、喷气涡流纺等关键设备；研制自动络筒机的精密定长装置、捻接器、电子清纱器、槽筒、数字式高精度纱线张力器和伺服驱动送纱器等关键装置；研制转杯纺纱机单锭纺纱磁悬浮电机、纺杯和分梳辊，喷气涡流纺纱机涡流管、空心锭等关键零部件。

▶织造装备

研发数字化高速无梭织机、碳纤维立体织机、碳纤维展纤装备、自动穿经机、智能纱架和物料自动更换与输送装备等关键设备，高速开口装置等关键零部件。研究数字化、网络化和智能化针织设备，开发一次编织成形、无须缝合的立体成形织可穿等关键技术与设备，研制高端细针距织针等关键零部件。

▶印染装备

研发连续式针织物印染生产线和连续式纯涤纶织物平幅印染生产线；研究针织物和涤纶长丝织物染色工艺与质量数控关键技术，多种织物数码喷墨技术，印染生产物料智能化输送关键技术；研发印染设备通信信息模型与网关转换装置，物料自动导航、运输、抓取装备和软件。

▶ **非织造布装备**

研发宽幅高速非织造布成套装备，研发自动配棉、转运系统，自动分拣和包装、在线品质检测、高速梳理机、交叉铺网机、高速针刺机和高速自动分切机等关键设备，研发熔喷模头等关键零部件。

▶ **服装和家纺装备**

研究服装三维量体、三维设计、服装增强现实/虚拟现实（AR/VR）系统、智能自动裁剪、智能验布、吊挂输送、自动模板缝制和成衣物流智能配送系统与装备；研发服装和家纺关键工艺环节机器人。

▶ **纺织成形装备**

研发纺织成形技术与装备，扩大纺织新材料和装备的应用领域。

▶ **纺织智能工厂/车间**

基于大数据、人工智能和工业互联网平台等新一代信息技术，建设和推广化纤智能工厂、车间无人值守环锭纺智能工厂、短流程纺纱智能工厂、智能化全流程机织生产线、针织数字化车间、印染数字化网络化工厂、非织造布全流程智能工厂、服装和家纺的智能工厂。

▶ **纺织智能系统与检测系统**

开发化纤生产在线智能检测系统、智能染判系统，天然纤维及其纺纱的质量检测系统，开发织物、非织造布质量在线检测系统，开发基于人工智能的印染质量检测设备与系统，研发纺织车间智能巡检机器人与纺织生产专用 MES。

▶ **纺织智能制造标准体系**

建立完善化纤、纺纱、机织、针织、印染、非织造布、服装和家纺等纺织行业各细分领域的智能制造标准体系。

战略支撑与保障

（1）加强顶层设计。联合纺织骨干企业、装备企业、行业协会、高等院校、科研院所、标准化组织与检测机构等，构建纺织行业技术协同创新体系。建设国家级纺织纤维新材料及应用、智能制造、绿色制造创新中心，建立跨学科跨领域的协同创新机制。建立纺织技术与装备的应用基础理论与共有关键技术研发平台。建设国家级企业技术中心，培育一批具有自主创新能力和核心竞争能力的大型科技型纺织企业。

（2）加强政策支持。国家和地方财政专项资金对纺织技术与装备的重大工程、共性技术突破、基础材料和基础零部件研发给予支持。对采用新技术、新装备的纺织行业先进示范项目给予财税和金融政策支持。鼓励和引导企业加大研发投入，扩大研发投入加计扣除范围和比重。

（3）加强标准体系建设。发挥行业组织和标准化组织机构作用，搭建纺织行业的标准体系和公共服务平台，提升行业的质量管理和服务水平，提高标准运行质量。加强纺织纤维新材料、功能性纺织品、产业用纺织品、纺织智能制造等领域标准的制定/修订。加强标准国际合作，加快国际标准转化，积极主导和参与国际标准制定/修订，推动纺织优势产业技术标准成为国际标准，推动纺织标准国际互认。

（4）加强跨部门跨领域协调沟通。加强与石化等上游原料产业的衔接，为纺织产业的发展提供基础原辅料及技术保障。加强与医疗卫生用品、轨道交通、航空航天等下游产业的衔接，完善医疗、基建等系统的采购通道，扶持自主品牌纺织产品参与竞争采购。

技术路线图

纺织产业发展技术路线图如图11-1所示。

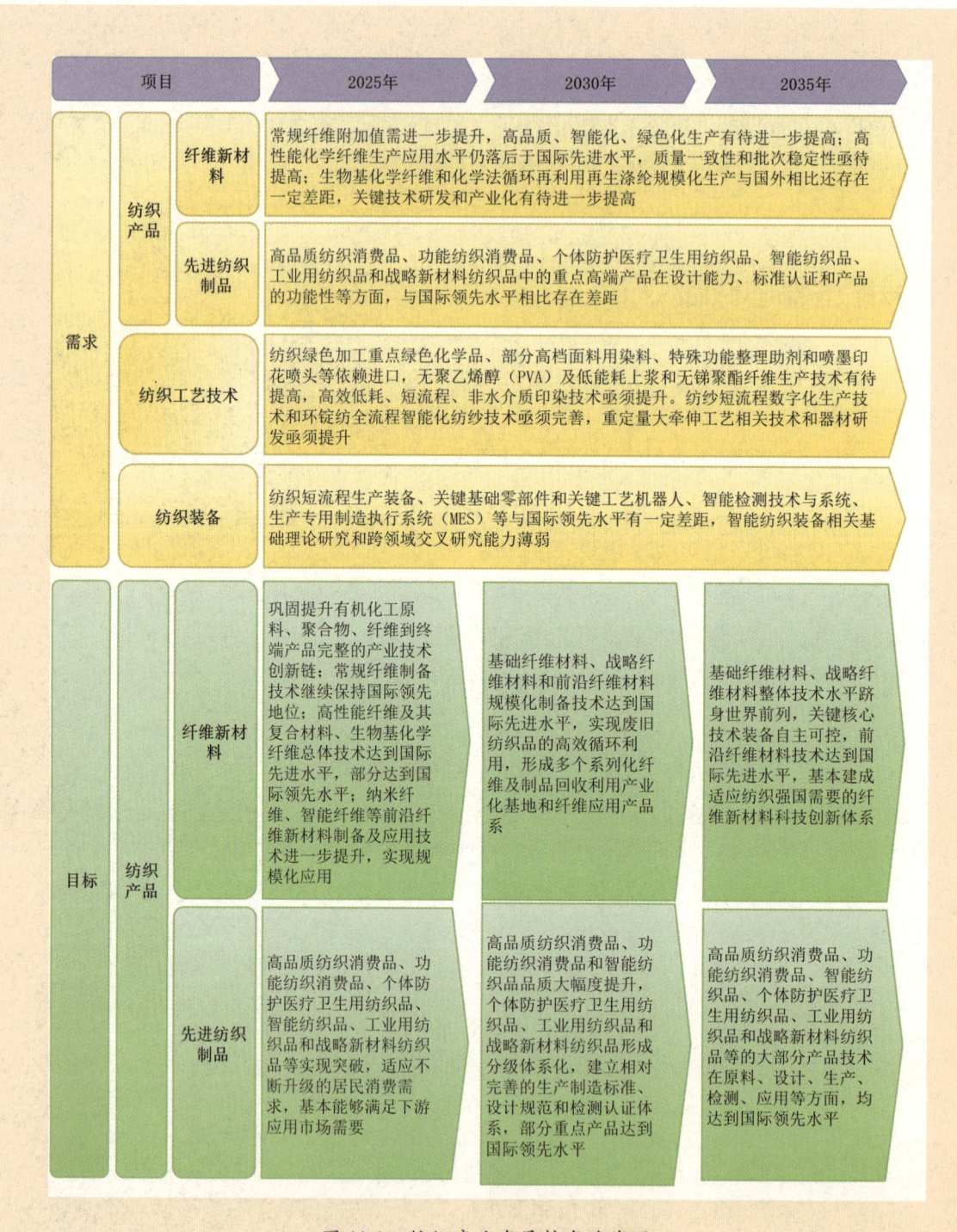

项目			2025年	2030年	2035年
需求	纺织产品	纤维新材料	常规纤维附加值需进一步提升，高品质、智能化、绿色化生产有待进一步提高；高性能化学纤维生产应用水平仍落后于国际先进水平，质量一致性和批次稳定性亟待提高；生物基化学纤维和化学法循环再利用再生涤纶规模化生产与国外相比还存在一定差距，关键技术研发和产业化有待进一步提高		
		先进纺织制品	高品质纺织消费品、功能纺织消费品、个体防护医疗卫生用纺织品、智能纺织品、工业用纺织品和战略新材料纺织品中的重点高端产品在设计能力、标准认证和产品的功能性等方面，与国际领先水平相比存在差距		
	纺织工艺技术		纺织绿色加工重点绿色化学品、部分高档面料用染料、特殊功能整理助剂和喷墨印花喷头等依赖进口，无聚乙烯醇（PVA）及低能耗上浆和无锑聚酯纤维生产技术有待提高，高效低耗、短流程、非水介质印染技术亟须提升。纺纱短流程数字化生产技术和环锭纺全流程智能化纺纱技术亟须完善，重定量大牵伸工艺相关技术和器材研发亟须提升		
	纺织装备		纺织短流程生产装备、关键基础零部件和关键工艺机器人、智能检测技术与系统、生产专用制造执行系统（MES）等与国际领先水平有一定差距，智能纺织装备相关基础理论研究和跨领域交叉研究能力薄弱		
目标	纺织产品	纤维新材料	巩固提升有机化工原料、聚合物、纤维到终端产品完整的产业技术创新链；常规纤维制备技术继续保持国际领先地位；高性能纤维及其复合材料、生物基化学纤维总体技术达到国际先进水平，部分达到国际领先水平；纳米纤维、智能纤维等前沿纤维新材料制备及应用技术进一步提升，实现规模化应用	基础纤维材料、战略纤维材料和前沿纤维材料规模化制备技术达到国际先进水平，实现废旧纺织品的高效循环利用，形成多个系列化纤维及制品回收利用产业化基地和纤维应用产品系	基础纤维材料、战略纤维材料整体技术水平跻身世界前列，关键核心技术装备自主可控，前沿纤维材料技术达到国际先进水平，基本建成适应纺织强国需要的纤维新材料科技创新体系
		先进纺织制品	高品质纺织消费品、功能纺织消费品、个体防护医疗卫生用纺织品、智能纺织品、工业用纺织品和战略新材料纺织品等实现突破，适应不断升级的居民消费需求，基本能够满足下游应用市场需要	高品质纺织消费品、功能纺织消费品和智能纺织品品质大幅度提升，个体防护医疗卫生用纺织品、工业用纺织品和战略新材料纺织品形成分级体系化，建立相对完善的生产制造标准、设计规范和检测认证体系，部分重点产品达到国际领先水平	高品质纺织消费品、功能纺织消费品、智能纺织品、个体防护医疗卫生用纺织品、工业用纺织品和战略新材料纺织品等的大部分产品技术在原料、设计、生产、检测、应用等方面，均达到国际领先水平

图 11-1　纺织产业发展技术路线图

项目			2025年	2030年	2035年
目标	纺织工艺技术		突破绿色纤维油剂助剂及聚酯用无锑催化剂、环保型PVA替代浆料、双氧水低温催化剂、绿色表面活性剂、分散染料、高固色率活性染料、纳米涂料和功能整理剂等绿色化学品制备关键技术，研发免上浆/少上浆织造技术，高效低耗及短流程印染技术、非水介质印染技术，初步建立纺织绿色制造标准体系	生物基表面活性剂、生物源半合成染料和高功能整理剂达到国际领先水平，低成本高回用率废水深度处理技术实现推广，无PVA上浆、免上浆/少上浆织造技术得到广泛推广，低温、高效、短流程染整工艺成为主流工艺，非水介质印染技术实现工程示范，完善纺织绿色制造标准体系	纺织绿色化学品性能和品质达到国际先进水平，生态印染加工技术达到国际领先水平
	纺织装备		基于大数据、人工智能和工业互联网平台等新一代信息技术，实现纺织生产的自动化、数字化和网络化制造；构建纺织行业智能制造标准体系；提高短流程纺织装备、关键基础零部件产业化应用规模，开发在线质量检测装置，助力完善非织造布质量检测标准和体系	建立并推广基于新一代信息技术的纺织智能工厂；纺织装备远程运维、网络协同制造和大规模个性化定制等纺织智能制造新模式基本实现全面应用；建成纺织行业智能制造标准体系，智能检测系统、关键纺织智能装备、关键基础零部件、纺织专用机器人等实现产业化	建设全流程数据驱动、绿色低碳型的新一代纺织智能工厂和面向大规模集聚区网络的协同制造模式
发展重点	纺织产品	纤维新材料 / 基础纤维材料 / 功能纤维材料	突破功能纤维原位聚合、多组分高比例共聚、在线添加及高效柔性化纺丝以及锦纶6熔体直接纺丝成形等技术，实现常规纤维高品质、智能化、绿色化生产，功能纤维性能和品质稳定性进一步提升，拓展功能性纤维应用领域，推进生物医用纤维产业化、高端化应用，能够有效满足消费升级和个性化需求，整体技术保持国际先进水平；攻克纺丝油剂、钛系催化剂、阻燃剂等品质提升与绿色制造技术，开发聚酯用无锑专用催化剂，催化剂性能基本达到目前含锑催化剂的水平，并进行产业化推广	支撑功能纤维材料开发的关键原材料、功能添加剂、助剂、催化剂等均实现全面国产化，功能纤维材料制备技术达到国际领先水平，满足高端领域需求	功能性纤维材料整体技术达到国际领先水平，进入领跑阶段，关键核心技术与装备自主可控，有效支持化纤行业高质量发展

图 11-1　纺织产业发展技术路线图（续）

项目					2025年	2030年	2035年
发展重点	纺织产品	纤维新材料	基础纤维材料	生物基化学纤维	莱赛尔纤维、聚乳酸纤维、生物基聚酰胺纤维、对苯二甲酸丙二醇酯纤维、聚呋喃二甲酸乙二醇酯纤维、海藻纤维、壳聚糖纤维和醋酸纤维等产业化技术进一步提升，攻克莱赛尔纤维、聚乳酸纤维关键原料、溶剂等低成本规模化制备技术；莱赛尔纤维纺丝工艺技术进一步优化，突破L/D乳酸立构复合技术，海藻、壳聚糖纤维纺丝原液制备及清洁纺丝技术。生物基化学纤维基本实现低成本规模化生产，总体技术水平达到国际先进水平	建立十万吨级聚乳酸纤维生产线，实现高耐热、有色等差别化聚乳酸纤维规模化生产，攻克莱赛尔纤维长丝高效制备技术，突破PTT纤维和生物基PA56纤维产业化生产技术，海藻纤维、壳聚糖纤维和蛋白复合纤维等实现产业化	生物基化学纤维整体技术达到国际领先水平，关键原料和核心技术与装备自主可控
				可降解纤维	攻克秸秆发酵、木薯发酵等单体制备关键技术，原料来源得到拓展，原料成本降低；攻克PGA、PBS、PBST、PBAT高比例共聚及性能调控技术	实现纤维级、无纺级、长丝级生物基降解聚酯稳定化、规模化制备，满足一次性医疗卫生材料等下游市场需求。建立万吨级熔体直纺生物降解聚酯纤维生产线	实现以CO_2为原料合成生物基材料，建立万吨级CO_2基生物降解纤维的工业化生产线
				循环再利用纤维	突破高品质聚酯高效再生、聚酰胺纤维再生、高性能纤维再生及混杂纤维再生复合材料等技术瓶颈，化学法再生涤纶长丝技术进一步优化，建立产业化生产线，产品品质稳步提升，研发再生纤维的纺纱、机织、针织、非织造、染整等关键技术，拓宽再生纤维产品应用领域	建立万吨级化学法再生纤维产业化生产线，聚酰胺、棉纤维再生实现产业化，废旧纺织品初步实现高值化高品质利用	高品质聚酰胺纤维、氨纶、丙纶再生、高品质纤维素纤维循环利用、高性能纤维再生及混杂纤维再生复合材料等循环利用率达到20%，国产循环再利用化学纤维品牌及认证具有国际影响力

图 11-1 纺织产业发展技术路线图（续）

项目				2025年	2030年	2035年
发展重点	纺织产品	纤维新材料	战略纤维材料			
			碳纤维	T300级、T700级、T800级碳纤维技术成熟度持续提高，T1000级、M55J级、M60J级等高性能碳纤维工程化技术进一步提升，攻克48K以上大丝束、高强高模高延伸、T1100级、M65J级碳纤维制备技术，研发沥青基、聚烯烃基、木质素基碳纤维，攻克碳纤维用高品质油剂、上浆剂及树脂关键技术	T1100级、M65J级等碳纤维实现工程化，大丝束碳纤维基本覆盖全规格，有效满足航空航天、新能源、轨道交通、海洋工程、汽车工业和建筑工程等领域需求；沥青基、聚烯烃基、木质素基和环氧基酚醛树脂基等新型碳纤维实现规模化生产	碳纤维基础研究和应用研究全面增强，产业整体技术达到国际先进水平，核心技术与装备自主可控，产品性能全面满足下游应用需求
			芳纶	突破高纯度原料制备、高黏度聚合体生产及溶剂回收技术，实现高强型、高模型对位芳纶工业化生产，满足航天航空、特种防护、光通信等领域应用，研发间位芳纶长丝干喷湿纺、高伸长低模量对位芳纶工艺技术	进一步提升高强型、高模型对位芳纶产业化技术水平，总体技术达到国际先进水平，满足航天航空、特种防护、橡胶增强、轨道交通等领域需求	芳纶产业整体技术达到国际先进水平，核心技术与装备自主可控，产品性能有效满足下游应用需求
			超高分子量聚乙烯纤维	突破超高分子量聚乙烯纤维高效环保制备技术，单线产能≥400吨，三废排放和能耗显著降低，实现超高强度、高耐切割超高分子量聚乙烯纤维产业化生产，突破耐热抗蠕变超高分子量聚乙烯纤维关键技术	研发高浓度高速干法纺丝技术，抗蠕变、耐高温等系列纤维实现国产化，满足海洋工程、安全防护和特种缆绳等领域需求	耐热抗蠕变超高分子量聚乙烯纤维产业化水平进一步提升，产业整体技术达到国际领先水平，核心技术与装备自主可控，产品性能有效满足下游应用需求
			连续玄武岩纤维	突破玄武岩纤维规模化池窑、多品种差异化浸润剂等技术，实现连续玄武岩纤维成本降低，及耐高温、耐碱及高强高模等差别化玄武岩纤维产业化生产	攻克大池窑或大组合炉制备玄武岩熔体，实现熔体均质化、温度均匀可控、熔体连续拉丝和降低能耗，满足建筑工程、海洋海事和轨道交通等领域需求	连续玄武岩纤维规模化池窑技术和差异化技术水平进一步提升，产品质量稳定性大幅度提高，产业整体技术达到国际领先水平，核心技术与装备自主可控，产品性能有效满足下游应用需求

图 11-1　纺织产业发展技术路线图（续）

发展重点		项目		2025年	2030年	2035年
纤维新材料		战略纤维材料	其他高性能纤维	攻克聚酰亚胺纤维染色、防火和防核等产品设计与编织技术，满足高温防护和高温过滤等领域应用，实现高强高模聚酰亚胺纤维规模化生产；攻克PBO纤维、芳纶Ⅲ、聚芳酯液晶纤维、PEEK纤维，以及第三代连续碳化硅、氧化铝、硅硼氮和氧化锆等高性能纤维产业化技术，实现稳定生产	实现聚酰亚胺纤维制备的低成本化和系列化，满足高温绝缘纸、高温过滤、轻质复合材料和航空航天服等领域需求；进一步提高PBO纤维、芳纶Ⅲ、聚芳酯液晶纤维、PEEK纤维，以及碳化硅、氧化铝、硅硼氮和氧化锆等高性能纤维产业化水平，满足在航空航天、防核和防磁等高端领域的应用	产品性能进一步稳定提升，有效满足在航空航天、防核和防磁等高端领域的应用，实现高技术产业领域关键材料的自主保障
		前沿纤维材料		突破静电纺丝、相分离纺丝等纳米纤维宏量稳定生产的关键技术，攻克生物发酵法制备纳米纤维长时间连续稳定生产技术；攻克光致变色、传感、能量采集转换、多重响应与驱动等智能纤维制备技术；攻克生物聚酯、聚乳酸等生物医用纤维制备技术，实现批量生产	建立静电纺、相分离纺丝、低成本碳源的生物纳米纤维素等纳米纤维规模化生产与应用技术体系；建立传感、能量采集转换、多重响应与驱动等智能纤维制备工艺与装备体系，实现智能纤维产业化应用和批量生产；建立生物医用纺织材料功能检测评价体系，生物医用纤维通过临床使用验证，实现稳定生产，建立应用体系	前沿纤维材料技术达到国际先进水平，满足国内需求
	纺织产品	先进纺织制品	高品质纺织消费品	大部分服装和家用纺织品品质和产品性能位居国际先进水平；突破新型蚕丝、羊绒、牦牛毛产品加工关键技术，开发高品质产品	纺织消费品品质大幅度提升，形成数个有国际影响力的知名品牌；形成新型蚕丝、羊绒加工产业链	服装、家用纺织品品质和产品性能位居国际领先水平；高品质纺织消费品满足国际高端品牌市场需求
			功能纺织消费品	单功能及复合多功能纺织服装处于领先地位，安全防护、阻燃等关键功能纺织品领域缩小与国际先进水平差距	阻燃、安全防护等主要品种处于国际领先水平，功能纺织品总体处于国际先进水平	功能纺织品品类与技术总体处于国际领先水平

图 11-1 纺织产业发展技术路线图（续）

发展重点	纺织产品	项目		2025年	2030年	2035年
发展重点	纺织产品	先进纺织制品	个体防护医疗卫生用纺织品	补齐个体防护产品种类，提升性能指标，完善使用操作规范，基本满足各类应急突发事件的个体防护需求；个人卫生护理制品基本满足人民群众高品质生活需要；基本实现高端医用纺织材料的自主有效供给	个体防护和医疗卫生用产品形成分级体系化，实现全维度高等级防护，建立相对完善的标准和检测认证体系，部分重点产品实现自主设计，掌握国际话语权；高端医用纺织材料及制品接近或达到国际先进水平	个体防护和医疗卫生用纺织品的重点产品，实现自主设计和生产，达到国际先进水平，并具有一定国际品牌影响力
			智能纺织品	突破重点智能服装服饰及家用纺织品制备关键技术，初步建立相关产品的产业链	建立智能服装服饰产业链，智能服装服饰及家用纺织品质量和加工技术得到大幅度提高，总体技术达到国际先进水平	全面推广实施智能纺织品与服装服饰在体育运动、医疗健康、安全防护等领域的应用，引领世界纺织科技革命
			工业用纺织品	提高土工建筑材料强力、耐候性和耐化学性等性能指标，基本满足不同应用工况需要；应急救援用产品基本满足预防防护、救援处置和灾后重建等应用需求；海洋用绳缆网产品突破大直径、定伸长、高强度、耐腐蚀和高抗污等加工制备技术，满足海洋食品和海洋权益安全应用需求；高温过滤材料满足耐高温高湿、低阻和长寿命等要求，液体过滤材料满足分级精细高通量过滤要求；车用纺织材料满足低VOC、绿色节能等要求	加强生态土工用纺织品研究，在保障工程质量的同时实现环境保护；应急救援用产品的设计、性能、检测和使用规范等达到国际先进水平；海洋用绳缆网产品技术达到国际先进水平，满足远洋捕捞、深海养殖和海上救援等领域需求。部分高温过滤材料性能达到国际领先水平，废旧过滤材料初步实现综合化利用；车用纺织材料实现边角料回收利用，车内饰材料部分使用绿色环保天然纤维	土工建筑材料、车用纺织材料的设计应用达到国际先进水平，应急救援用产品和海洋工程用产品可以满足国内市场需求，具有一定品牌影响力，工业过滤产品形成较为完善的系列化产品体系
			战略新材料纺织品	对原料、模具、加工装备、树脂和助剂等进行攻关，加快发展产品设计及立体、异型、多层和大截面等成型加工技术，提高复合成型效率、精度和稳定性，产品性能指标基本满足航空航天、国防军工、轨道交通、高端装备和新能源等领域应用需求	初步建立智能化生产线，实现设计、加工和控制等过程智能化，大幅度降低制造成本，形成完善生产制造标准、设计规范和检测认证体系	重点产品实现自主设计和生产应用，部分产品达到国际领先水平

图 11-1　纺织产业发展技术路线图（续）

项目	2025年	2030年	2035年
绿色纤维油剂助剂及催化剂	攻克纺丝油剂、纤维上浆剂、钛系催化剂、阻燃剂、生物基新单体等品质提升与绿色制造技术，开发聚酯用无锑专用催化剂，催化剂性能基本达到目前含锑催化剂的水平，并进行产业化推广	提升纤维油剂、助剂和催化剂的国产化技术水平与规模，无锑催化剂的应用比例达到40%以上	无锑催化剂的应用比例达到60%以上
环保型浆料代替PVA	开发易生物降解的天然高分子基浆料，研发低能耗上浆技术，实现30%PVA浆料的替代	进一步优化浆料分子结构设计，开发配套助剂及新型免上浆/少上浆织造技术，实现70%以上PVA浆料的替代	实现80%以上PVA浆料的替代
双氧水低温催化剂	锰系催化剂在前处理助剂中的应用比例达到10%	锰系催化剂在前处理助剂中的应用比例达到30%。研究开发新型铁系双氧水低温催化剂，并实现在纺织品低温前处理中的规模化应用	锰系催化剂在前处理助剂中的应用比例达到50%，新型铁系过氧化氢水溶液低温催化剂在前处理助剂中的应用比例达到10%
绿色表面活性剂	研究表面活性剂结构与其乳化、净洗、渗透、分散等性能间的关系，基于纺织印染工艺创新需求，开发绿色环保的表面活性剂	究表面活性剂关键单体的生物来源或生物合成制备，实现生物基表面活性剂占比达到10%	生物基表面活性剂占比达到30%
分散染料	开发低分散剂含量液态分散染料，提高利用率；攻关耐碱分散染料的设计开发技术，实现碱性介质中高效上染分散染料的系列化规模化生产技术，开发聚酯织物的前处理和染色一浴法工艺、分散/活性同浴染色工艺，实现分散染料、分散/活性染料短流程染色工艺工业化应用	液态分散染料占比达到10%以上；耐碱性分散染料形成全色谱，占比超过分散染料的5%	液态分散染料占比达到30%以上；耐碱性分散染料形成全色谱，占比超过分散染料的20%
活性染料	研究活性基结构及数量、发色基团及助色基团结构、染料整体结构对活性染料固色效率的影响，开发高固色率活性染料	开发生物源功能单体及其规模化制备技术；开发生物源半合成高利用率染料，占比达到5%以上	生物源半合成高利用率染料，占比达到10%以上

发展重点：纺织工艺技术 — 绿色化学品

图 11-1　纺织产业发展技术路线图（续）

发展重点	纺织工艺技术	项目		2025年	2030年	2035年
		绿色化学品	纳米涂料	研究涂料的超细化及其表面修饰技术，开发高牢度涂料染色印花技术并实现工业化推广	纳米涂料对染料的替代率达到5%以上	纳米涂料对染料的替代率达到10%以上
		短流程纺纱技术及绿色纺纱技术	高效短流程纺纱技术	研究转杯纺和喷气涡流纺短流程生产线的全流程自动化连接与数字化监控，全流程高速纺纱工艺，初步实现高效短流程数字化生产线的高效运行	高效短流程数字化生产线全流程自动连接、工艺流程技术及智能化管理系统基本成熟，推广比例达到20%	高效短流程数字化生产线完全成熟，推广比例达到35%
			环锭纺全流程智能化纺纱加工技术	研究全流程智能化纺纱生产线高速纺纱工艺，重定量大牵伸技术、质量实时监控诊断技术、纤维精准混合技术，初步实现环锭纺全流程智能化生产线的高效运行，推广比例达到10%	高速纺纱工艺、质量实时诊断技术、纤维精准混合技术、智能化管理系统基本成熟，环锭纺全流程智能化生产线推广比例达到20%	重定量大牵伸技术、最优工艺设计技术基本成熟，全流程智能化纺纱系统完全成熟，环锭纺全流程智能化生产线推广比例达到30%
			再利用纤维纱线加工技术	研究下脚料回收及纺织品拆解技术，优化提升再利用纤维的加工和清理质量水平。研究优化再利用纤维纺纱工艺，形成完整的再利用纤维加工工艺流程	新型再利用纤维拆解与清理专用设备基本成熟，纺纱工艺基本成熟，棉纺织再利用纤维应用比例达到10%	再利用纤维加工技术完全成熟，棉纺织再利用纤维应用比例达到15%
			特种/特殊纤维高质纺纱加工技术	研究聚丙烯、聚苯硫醚等多种高性能特种新纤维的高质加工技术，研究木棉可防性差的特殊天然纤维加工技术，初步实现纤维的高质量纺纱加工	加工技术基本成熟，基本上实现了当期纤维的高质加工	扩大技术推广应用，纤维高质加工技术能有效解决所有出现的新纤维纺纱问题

图 11-1 纺织产业发展技术路线图（续）

项目	2025年	2030年	2035年
低能耗上浆技术	攻克中低温调浆、低上浆率上浆的工艺机理，及织造过程对车间环境的要求，织造开发适合用于纯棉、再生纤维素纤维纱线的中低温、低上浆率上浆的浆料	实现上浆工艺进一步优化、提升浆料性能，开发对织造环境要求较低的适合高支棉型纤维、涤棉纱线的浆料产品	实现低湿度环境下，适用于高比例涤纶纤维、高支高密织物的环保浆料的开发及上浆工艺应用
高速浆纱技术	研究高速上浆机理，上浆高速化的关键工艺，实现浆纱速度达到120m/min左右	开发适合中低温上浆、低上浆率上浆的上浆装备，实现浆纱速度提升至150m/min左右	进一步提升浆纱装备的自动化、智能化水平，在满足浆纱工艺要求的基础上，实现浆纱速度达到200m/min左右
筒子纱智能染色技术	提升筒子纱智能染色技术的产品适应性，扩大产品应用范围	进一步优化装备智能化生产水平，提高装备普及率	实现完全智能化无人生产车间
牛仔布环保浆染技术	攻克环保靛蓝浆染、少化学品染色工艺机理，及天然染料提取、染色工艺，进行牛仔免退浆生产的可行性研究	初步完成靛蓝预还原惰性气体保护技术，减少生产过程中的化学品使用量，基本实现天然靛蓝染料高效率提取生产技术	实现环保靛蓝浆染生产技术、免退浆技术等工艺工业化生产
低温节能前处理技术	低温节能前处理技术推广应用比例达到10%	低温节能前处理技术推广应用比例达到30%	低温节能前处理技术推广应用比例达到60%
活性染料低温无盐染色	研究织物带液率、活性染料结构及工艺条件对染色性能的影响，开发活性染料低温"潮固色"新工艺并实现工业化推广；系统研究活性染料无盐固色机理，开发织物、纱线和散纤维的活性染料无盐染色工艺及装备，实现广泛应用	实现30%棉织物的活性染料低温无盐"潮固色"染色	活性染料低温、无盐染色技术的应用比例达到50%以上
高速喷墨印花技术	研究喷墨印花专用染料和预处理化学品，织物的预处理技术，超高速喷墨印花与圆网、平网印花的高精度协同印花技术，实现高速喷墨印花，并推广应用	高速喷墨印花技术达到国际同等水平	高速喷墨印花技术达到领跑水平

图 11-1　纺织产业发展技术路线图（续）

项目	2025年	2030年	2035年
低给液印染加工技术	研究接触式及非接触式工作液低给液均匀施加技术，接触式低给液技术替代5%传统浸轧给液技术，非接触低给液技术实现工程验证	接触式低给液技术推广比例达到20%，非接触式低给液技术实现产业化	接触式低给液技术推广比例达到30%，非接触式低给液技术应用比例达到20%
多分组纤维织物短流程印染技术	研究不同纤维素纤维同色染色技术、两组分纤维、三组分纤维甚至四组分纤维织物的短流程染色技术，缩短工艺流程50%以上	多组分纤维织物短流程染色技术推广比例达到30%	多组分纤维织物短流程染色技术推广比例达到60%
非水介质印染技术	研究超临界CO_2流体中染料溶解及上染行为，聚酯纤维上的油剂及纤维中的低聚物对染料染色行为和设备沾染行为的影响，研发高品质长寿命专用染色装备，建成示范工厂；开发活性染料新介质染色技术，优选适用于活性染料染色的新型介质，研究新介质体系中活性染料的固色规律，活性染料利用率超过90%，完成工程验证示范	分散染料超临界流体染色生产规模满足市场需求，研究功能整理剂在超临界二氧化碳流体中的溶解及与纤维织物的作用规律，实现纺织品超临界二氧化碳流体功能整理的工业化；突破适用于新介质体系的全色谱活性染料制备关键技术，开发活性染料新介质染色技术专用染色装备，实现示范应用	分散染料超临界流体染色技术加工聚酯纤维量超过100万吨，活性染料新介质染色技术加工纤维素纤维量超过50万吨
功能后整理技术	大部分功能整理剂实现国产化生产；服用纺织品功能整理技术及产品达到国际先进水平，基本建立功能纺织品评价标准与方法，全面满足民用服装和面料企业需求	大部分功能整理剂生产原料实现国产化生产，有原创性功能整理技术和整理设备，防护功能整理技术达到国际先进水平，全面建立功能纺织品评价标准、方法、指标体系	根据应用场景需求，提出具有原创性、综合性的功能整理剂及整理技术，具备提供成套功能整理解决方案的能力，功能纺织品与功能纺织整理技术设计与制备技术方面达到国际领先水平

发展重点：纺织工艺技术 — 高效低耗及短流程印染技术

图 11-1　纺织产业发展技术路线图（续）

项目	2025年	2030年	2035年
发展重点 / 纺织装备 / 化纤装备	开发大容量和非原纤化莱赛尔纤维、聚乳酸纤维、T700级以上高性能碳纤维与48K以上大丝束碳纤维、万吨级对位芳纶、超高分子量聚乙烯纤维和废旧纺织品回收再利用等成套装备；开发大容量薄膜蒸发器、集约式高速卷绕一体机和全自动高速节能假捻变形机等关键单机实现产业化；开发长丝卷绕自动生头、智能铲板和自动剥丝等专用机器人，实现复合纺高性能纤维及产业用纤维等高精度纺丝组件和高速假捻装置等关键零部件产业化	实现大容量莱赛尔纤维、T700级以上高性能碳纤维与48K以上大丝束碳纤维和废旧纺织品回收再利用、玄武岩纤维等成套装备产业化应用；实现化纤长丝质量检测智能化	开发纳米纤维及其复合材料、具有特殊电磁特性、光电特性、表面浸润特性等功能纤维成套装备；大丝束、高模量碳纤维，对位芳纶，超高分子量聚乙烯纤维等高性能纤维关键单机及零部件自主可控
发展重点 / 纺织装备 / 纺纱装备	实现自动络筒机的精密定长装置、捻接器、电子清纱器、槽筒、数字式高精度纱线张力器和伺服驱动送纱器，喷气涡流纺纱机涡流管、空心锭等核心零部件，棉条、细纱等接头机器人的小批量应用	喷气涡流纺和全自动转杯纺等实现产业化应用，短流程纺纱智能生产线推广应用，转杯纺纱机单锭纺纱磁悬浮电机、纺杯和分梳辊等，喷气涡流纺纱机空心锭子等核心零部件实现产业化应用	棉条、细纱等接头机器人实现产业化并大规模应用，纺纱智能无人工厂进入推广阶段。喷气涡流纺纱机最高引纱速度进一步提升

图 11-1 纺织产业发展技术路线图（续）

项目			2025年	2030年	2035年
发展重点	纺织装备	织造装备	新型数字化高速无梭织机、自动穿经机、碳纤维立体织机等关键装备实现产业化应用；研发智能化机织及准备设备和物料自动更换与输送装备，实现织造过程的智能化控制与物料自动配送；高速开口装置等核心零部件实现产业化应用。研究多针床编织、全成形编织（织可穿）与复合针技术与设备，实现横机复杂花型编织及衣物一次编织成形；研究电子横移等技术，实现经编机提花装置多功能复合、梳栉智能对位和大针距横移自动补偿等功能；研发无缝内衣织针等关键零部件；适用针织圆纬机送纱带数字接口的传感器等关键零部件实现产业化应用	织造车间实现由整经、浆纱、织造到验布的全流程连续化生产和智能化，碳纤维立体织机的速度和效率进一步提高。开发基于虚拟现实（VR）技术的横机制版系统，实现客户对产品的自定义设计，织可穿产品实现产业化应用；自主研发的细针距丝袜织针实现产业化应用	实现自动验布机的普及化，碳纤维立体织机品种的多样化。攻关细针距大圆机织针
		印染装备	研发连续式针织物印染生产线和连续式纯涤纶织物平幅印染生产线；建成全幅宽喷头高速数码喷墨印花生产线，提高喷墨印花生产速度及产量；开发印染设备通信信息模型与网关转换装置	实现物料智能化分配和自动化转运实现多区域分布式智能染色工厂的协同控制与智能生产，完成专家共享配方数据库开发及应用验证，开发染色全流程数字孪生技术	开发与超临界CO_2染色、溶剂染色、结构生色等生态环保型染整工艺相结合的生产设备及生产线，实现工程化
		非织造布装备	开发宽幅水刺、湿法水刺复合、宽幅纺粘熔喷、双组分纺粘、高速宽幅针刺等非织造布成套装备，研发孖纺成套装备；开发宽幅高速梳理机，交叉铺网机和高速自动分切机等关键单机，研发自动配棉、转运、立体仓储、自动包装等物流自动化生产系统，棉网孔隙率、金属疵点等在线检测装置	高速宽幅针刺非织造布成套装备实现产业化，宽幅高速水刺非织造布生产线实现自动分切，自动码垛和自动包装，开发具有直接冲散功能的非织造材料生产成套装备，医疗卫生用纺粘熔喷非织造布成套设备、纺粘热风卫材非织造布成套设备和孖纺成套装备实现产业化；开发宽幅高速并具有不同刺针运动轨迹的针刺机，宽幅高精度熔喷模头达到国际先进水平	聚乳酸等抗菌绿色新材料、面向老龄化等需求的新产品的非织造生产成套装备和高性能纤维针刺成形装备等实现工程化

图 11-1　纺织产业发展技术路线图（续）

项目	2025年	2030年	2035年
服装和家纺装备	研究三维量体、三维设计、服装AR/VR系统、智能自动裁剪、智能验布、吊挂输送、自动模板缝制、自动包装、成衣物流智能配送装备与系统，实现人、机器人和缝制设备协同工作，开发智能立体仓储系统、智能自动缝制产线和智能整理整烫生产线；开发自动识别、自动抓取、立体缝制与织物拼接缝合等服装和家纺关键工艺环节机器人	实现服装和家纺制造过程关键环节的自动化，建立基于生产装备互联和生产数据分析的智能化生产执行管理，生产过程少人化	实现服装和家纺制造个性化定制生产的全流程智能管理，生产过程实现无人化，建立基于数字孪生技术的生产场景应用，满足客户需求与生产运营的无缝对接需求
纺织成形装备	研发碳纤维复材大尺寸异型结构件预成型体成型装备、碳纤维编织-缠绕-铺层一体化复合成型装备、碳纤维自动模压成型、碳纤维复材超厚预成型体自动化编织装备、碳纤维多轴向经编机、民用高性能纤维复合材料自动化量产技术与装备；研发高性能纤维无结网成型装备，深海深空深地极地环境、生物医用等特种绳、缆、带、管等织材成型装备；研制特种纤维梳理成网成套设备	优化编织与复合一体化设备；实现碳/碳、陶瓷基复合材料等纤维增强成型体的智能制造；研制碳纤维复材高密度、超厚厚度预成型体自动化三维编织装备	研制高性能纤维增强复材自动化、智能化系列成型装备
纺织智能工厂/车间	建设基于大数据、人工智能和工业互联网的化纤智能工厂，推广车间无人值守纺纱智能工厂，开发织造协同制造系统，实现织造车间的数字化和智能化，建立针织设备互联互通互操作的示范性数字化生产车间，实现印染装备互联互通与互操作和印染车间智能化，推广服装和家纺大规模个性化定制和网络协同制造新模式，构建和应用大数据服务云平台	推广化纤智能工厂和短流程纺纱智能工厂，针织数字化生产车间实现产业化应用，建立全流程机织、印染、非织造布、服装和家纺的智能工厂	建设全流程数据驱动、绿色低碳型纺织智能工厂；构建并推广基于数字孪生技术的新一代纺织智能工厂，建设面向大规模集聚区网络协同制造模式，实现区域联动和市场快速响应

发展重点：纺织装备

图 11-1　纺织产业发展技术路线图（续）

项目		2025年	2030年	2035年
发展重点	纺织装备 — 纺织智能与检测系统	开发化纤生产在线智能检测系统和智能染判系统，天然纤维及其纺纱的质量检测系统；建立基于机器视觉的织物疵点在线监测与检验系统；研发基于人工智能的印染质量检测系统；研究车间环境下机器人识别、定位与信息实时监测技术，研发纺织车间智能巡检机器人与纺织生产专用MES	实现纺丝生产全流程智能监测、全面推广织物、非织造布疵点在线检测系统、实现疵点检测等级评定，推广印染质量智能检测系统	建立服务纺织服装生产全行业的智能检测云中心，建立面向纺织服装行业质量检测的算法标准与规范、深度学习算法库、数据集和云服务平台，并进行大规模质量检测应用与推广
	纺织智能制造标准体系	建立化纤、纺纱、机织、针织、印染、非织造布、服装和家纺等纺织行业各细分领域智能制造标准体系；补齐纺织生产的数据资源标准，纺织装备的互联互通和远程运维服务标准，机器视觉检测系统标准和纺织鞋服网络协同制造相关标准等	在已有基础上，不断完善纺织行业各细分领域的智能制造标准体系，进一步提高纺织智能化的水平	建全纺织领域人工智能应用标准体系，着重推进智能质检标准、设备异常诊断标准、车间功耗评估标准、质量追溯图谱标准和碳标签计算等标准，支持纺织行业转型升级
战略支撑与保障	加强顶层设计	联合纺织骨干企业、装备企业、行业协会、高等院校、科研院所、标准化组织与检测机构等，构建纺织行业技术协同创新体系。建设国家级纺织纤维新材料及应用、智能制造、绿色制造创新中心，建立跨学科跨领域的协同创新机制。建立纺织技术与装备的应用基础理论与共有关键技术研发平台。建设国家级企业技术中心，培育一批具有自主创新能力和核心竞争能力的科技型大型纺织企业		
	加强政策支持	国家和地方财政专项资金对纺织技术与装备的重大工程、共性技术突破、基础材料和基础零部件研发给予支持。对采用新技术、新装备的纺织行业先进示范项目给予财税和金融政策支持。鼓励和引导企业加大研发投入，扩大研发投入加计扣除范围和比重		
	加强标准体系建设	发挥行业组织和标准化技术机构作用，搭建纺织行业的标准体系和公共服务平台，提升行业的质量管理和服务水平，提高标准运行质量。加强纺织纤维新材料、功能性纺织品、产业用纺织品、纺织智能制造等领域标准的制定/修订。加强标准国际合作，加快国际标准转化，积极主导和参与国际标准制定/修订，推动纺织优势产业技术标准成为国际标准，推动纺织标准国际互认		
	加强跨部门跨领域协调沟通	加强与石化等上游原料产业的衔接，为纺织产业的发展提供基础原辅料及技术保障。加强与医疗卫生、轨道交通、航空航天等下游产业的衔接，完善医疗、基建等系统的采购通道，扶持自主品牌纺织产品参与竞争采购		

图 11-1　纺织产业发展技术路线图（续）

建筑材料

建筑材料产业重点发展的产品是水泥及水泥基材料、玻璃及玻璃基材料、陶瓷及陶瓷基材料、纤维及其复合材料、非金属矿及矿物功能材料、人工晶体、墙体材料、绝热保温材料、耐火材料、防水材料、土工合成材料。

需求

建筑材料产业是国民经济重要的原料与制品业,是提升人居环境、促进生态文明建设的基础产业,是建筑、国防和战略性新兴产业发展的重要保障,是服务经济社会发展和人类文明进步的重要基石。我国是全球最大的建筑材料生产国和消费国,建筑材料产业已发展成为门类比较齐全、产品基本配套、面向国内国际两个市场的较为完整的工业体系,但仍存在发展不平衡、不充分、矛盾突出;基础建筑材料产品产能过剩、结构调整任务艰巨;资源环境约束趋紧,节能减排压力大;高端无机非金属新材料制造技术水平与国际先进水平相比存在一定差距;部分无机非金属矿物资源利用率较低,深加工技术水平较低;部分高端产品及高端材料制造装备严重依赖进口;国际竞争能力仍然不强,拥有世界知名度和影响力的企业较少等问题。因此,建筑材料产业亟须进行重点产品研究攻关和关键技术与装备的突破,实现生产方式从资源、能源高负荷向绿色低碳方向转型,制造技术从传统集约式向高端智能化转型。

目标

到2025年,建筑材料产业形成与保障国民经济建设、满足人民高质量建筑材料需求相适应的良性发展新格局;行业结构调整、产业升级取得显著成效;水泥、玻璃等主要行业绿色低碳发展达到国际领先水平,资源能源利用效率和环境治理效果有大幅度提升;参与国际经济合作和竞争新优势明显增强,行业国内国际双循环格局初步建立。

到2030年,建筑材料产业成为具有国际引领能力,有创新能力和市场竞争力强的现代化原料与制品业。建筑材料产业链供应链完整度更高,新产品及其制造装备的研发实力显著增强,整体达到世界领先水平。建筑材料产业绿色低碳关键技术产业化实现重大突破,原燃料替代水平大幅度提高,基本建立绿色低碳循环发展的产业体系,行业全面实现碳达峰。

到2035年,建筑材料产业对国民经济建设和人民美好生活具有系统性、全方位、高质量的保供能力,我国成为世界建筑材料强国。建筑材料产业链供应链安全自主可控,关键装备、材料制备技术水平与产品性能达到或超过国际龙头企业的水平;碳中和目标取得初步进展,绿色低碳发展整体达到国际先进水平;培育一大批具有国际竞争力的生产制造企业,掌握一部分建筑材料领域的国际标准制定话语权。

发展重点

1. 重点产品

▶ 水泥及水泥基材料

❖ 低碳水泥

研究高贝利特水泥、高贝利特硫铝酸盐水泥、硫(铁)铝酸盐水泥及无/少熟料水泥等新型低碳水泥的制备与应用。重点发展无钙低碳水泥新品种及其制造与应用技术。加快建立低碳水泥产品及应用标准。

❖ 特种水泥

重点发展用于复杂环境、特种工程的特种水泥，如油井水泥、核电水泥、抗硫酸盐水泥、海工水泥等。推广发展早强低收缩低热硅酸盐水泥、高抗折道路硅酸盐水泥、低碱高强硅酸盐水泥等高性能水泥。

❖ 超高性能混凝土（Ultra-High Performance Concrete，简称 UHPC）

发展适应不同工程应用需求的高早强型、低收缩型、耐高温型等特色UHPC。扩大 UHPC 在钢桥面铺装、钢-UHPC 组合桥梁、混凝土结构维修加固的应用规模。推广装配式建筑和桥梁建设用 UHPC 湿接缝连接预制混凝土构件。重点发展 UHPC 建造新型结构，如轻量化装配式 UHPC 建筑构件（楼梯、外墙、阳台、夹层板、屋面板等）；预制大跨径桥梁和工业建筑重载大梁；高度为 200～300m 的风电塔筒；高等级抗侵蚀抗爆防护结构；严酷和腐蚀性环境中服役的超百年免维护工程结构等。

❖ 3D 打印混凝土

研究满足 3D 打印混凝土工艺要求的材料，构建 3D 打印混凝土的标准体系，支撑 3D 打印混凝土满足工程设计、施工和应用国家有关标准要求。

▶ 玻璃及玻璃基材料

❖ 信息显示玻璃

发展 8.5 代及以上 OLED 玻璃基板；发展 10.5 代及以上高表观质量、少缺陷、耐热稳定、化学稳定的超薄 TFT-LCD 基板玻璃；发展高硬度高韧高强超洁净表面、优异抗刮划性能、高透过率的超薄盖板玻璃；发展30μm以下极低缺陷密度与杂质含量、高抗疲劳强度、高表面硬度、高透光超薄可折叠柔性盖板玻璃（UTG）。

❖ **新能源玻璃**

重点发展高转换效率碲化镉/钙钛矿薄膜电池在线透明导电氧化物镀膜（TCO）玻璃。

❖ **节能安全玻璃**

推广应用LOW-E节能玻璃，提高膜层稳定性、耐磨性及牢固度；发展传热系数低、隔声性能好、结构轻薄、安全性高的真空玻璃；发展智能节能玻璃；重点发展并推广应用化学稳定性好、软化点高（850℃左右）、热膨胀系数低[$(3\sim 4)\times 10^{-6}/℃$]、机械强度高的高硼硅单片防火玻璃；发展无微泡、耐紫外线辐照、耐火隔热、防热辐射的高性能复合防火玻璃。

❖ **高性能交通运载玻璃**

汽车玻璃向功能化、智能化、模块化、轻量化发展，重点发展超薄化学钢化玻璃、智能调光玻璃、玻璃天线、抬头显示玻璃、可加热玻璃、低辐射玻璃等。重点发展高附加值特种航空玻璃原片，研究具有超高强度、优良的光学性能、轻量化、高可靠、长寿命的飞机风挡玻璃。

❖ **石英玻璃**

重点发展12英寸及以上单晶硅生产用大尺寸石英坩埚；11代以上平板显示器件生产用大尺寸石英掩模版；65nm及以下半导体芯片用掩模版；光刻机用石英玻璃；单模光纤用大尺寸石英套管、沉积管；超低损耗管线用大掺杂量氟石英玻璃。

❖ **其他特种玻璃**

重点发展中硼硅药用玻璃管、预灌封产品；高放废液玻璃固化体；超大口径红外玻璃；红外硫系玻璃光纤；高均匀性、高性能、低介电玻璃粉体；大尺寸、超低膨胀微晶玻璃。

▶ **陶瓷及陶瓷基材料**

❖ **先进陶瓷**

重点发展微型陶瓷封装基座、石英晶体振荡器和石英晶体谐振器等表面贴装器件用陶瓷封装基座、芯片封装用陶瓷基座。发展轻质高强高温膜材、高效复合除尘脱硝一体化膜材、陶瓷平板膜材、高效高温CO_2分离膜、连续氮化硼纤维隔膜等陶瓷膜材。研发高性能多级结构生物活性人工骨等生物陶瓷。研发及产业化燃料电池用大尺寸异型电解质膜固体氧化物燃料电池隔膜、阴极材料、阳极材料、单电池电堆、发电系统技术。发展高容量多层片式陶瓷电容器、高导热氮化铝陶瓷基板、高强度氮化硅AMB基板、热等静压氮化硅陶瓷球、CVD高纯碳化硅泛半导体部件、大尺寸透明陶瓷部件、全固态陶瓷电池、热敏电阻陶瓷、陶瓷隔热材料等。

❖ 建筑陶瓷

发展薄型化陶瓷砖、低质原料制备陶瓷砖。提升陶瓷岩板性能并探索应用场景及方案。发展具有吸附功能、噪声吸收功能、防静电功能、内外墙隔热保温功能、反辐射功能、抗菌功能、光触媒功能的建筑陶瓷。发展装配式建筑用复合产品。

❖ 卫生陶瓷

发展具有易洁、杀菌、智能化等功能的节水、轻量化绿色智能卫生陶瓷。发展休闲、家装整体卫浴。重点突破马桶盖座圈用快速发热陶瓷发热管和高质量冲洗部件。发展一体化的"防水底盘、壁板、顶板"整体框架及满足装配式要求的整体卫浴部品部件。

▶ 纤维及其复合材料

❖ 碳纤维及其复合材料

开发T1100级、M50级及以上高性能聚丙烯腈基碳纤维;研发高导热碳纤维、吸波碳纤维和介电碳纤维等新型功能性碳纤维;发展高强高模高韧碳纤维及高性能大丝束碳纤维。发展汽车、体育用品、高铁轨交、海洋船舶、石油开采、风电叶片、压力容器、商用航空用高效低成本碳纤维预浸带/料/丝,航空航天用高温抗氧化碳纤维复合材料,碳纤维复合材料拉索、锚杆,碳纤维70MPa车载高压储氢气瓶,碳纤维复合材料新能源客车整车壳体,碳纤维增强热塑性高性能复合材料等。

❖ 玻璃纤维及其复合材料

重点发展玻璃微纤维棉、高模量玻璃纤维、高强玻璃纤维、低介电玻璃纤维、本体彩色玻璃纤维、耐碱玻璃纤维、耐腐蚀玻璃纤维、玻璃纤维工业织物制品。开发高强高模/超细极细/超低损耗低介电电子级玻璃纤维、激光及传感用光导纤维、生物可降解玻璃纤维、半导体玻璃纤维、异型截面玻璃纤维、低膨胀玻璃纤维等新型高性能特种玻璃纤维。发展玻璃纤维增强热塑性复合材料制品，发展风电、光伏、汽车、船舶、建筑节能、海洋工程、智慧物流、安全防护等领域用玻璃纤维工业织物制品及玻璃纤维增强复合材料制品。

❖ 玄武岩纤维及其复合材料

研发高强度玄武岩纤维（浸胶纱拉伸强度>3000MPa）、高模量玄武岩纤维（浸胶纱拉伸弹模>95GPa）、耐高温玄武岩纤维（使用温度>800℃）、低磁导率及耐紫外线老化玄武岩纤维。研发低介电性能玄武岩纤维复合材料（介电常数<2.6），玄武岩复合材料拉索、锚杆，70m以上级别风力发电叶片用高模量玄武岩纤维单向布，玄武岩纤维增强高压管道及罐体，玄武岩纤维增强热塑性复合材料，结构增强用连续复合网格（拉伸强度>2000MPa）。发展高速铁路混凝土枕木、车体轻量化、海洋工程、国防等领域用玄武岩纤维复合材料。

❖ 陶瓷纤维及其复合材料

发展低氧含量、近化学计量比组成和高结晶结构第三代碳化硅（SiC）连续纤维及连续碳化硅（SiC）纤维增强碳化硅基体（SiC$_f$/SiC）复合材料。开拓碳化硅应用市场，研发航空发动机用相关产品、超高声速飞行器用碳化硅纤维增强复合材料，通天往返器复合材料、特种用途碳化硅复合材料等。重点开发耐温1400℃以上的高铝含量连续氧化铝纤维产品，形成高强、高韧、耐高温、高热稳定等多功能连续氧化铝纤维系列产品，并发展面向航空航天等高端应用领域的新型氧化铝纤维增强复合材料。发展高温透波材料、高温抗烧蚀材料、电池隔膜材料等领域用BN连续纤维及其复合材料；高温隔热和高温绝缘领域用Si$_3$N$_4$连续纤维及其复合材料；高端耐火保温、航空航天及国防工业用ZrO$_2$连续纤维及其增韧陶瓷。

▶非金属矿及矿物功能材料

❖石墨

发展用于新一代信息技术产业、航空航天装备、节能与新能源领域、核工业高温气冷堆、生物医药及高性能医疗装备等领域的超高纯石墨、石墨负极材料、高性能石墨密封材料及制品、高导热人工石墨膜、氢燃料电池用高扩散性碳纸、石墨双极板、石墨盘、超硬材料（人造金刚石、碳化硅）等。研究超高纯石墨（纯度99.99%）特大规格等静压各向同性石墨（直径≥1500mm）、氟化石墨并实现产业化应用。

❖石英

发展用于半导体、电工电子、光伏/光热行业，以及航空航天、国防等领域用低铁石英（Fe_2O_3≤100ppm）、高纯石英砂（总杂质<20ppm）、高纯超细球形硅微粉（D50<5μm）等。

❖膨润土

发展用于环保、化工、冶金、医药等领域的高端铸造用膨润土、纳米膨润土、有机膨润土、膨润土无机凝胶（分散体黏度≥5000mPa·s）、固沙植被材料、膨润土工业废水净化材料、医用辅料、重污染土壤污染治理材料等。

❖高岭土

研发用于造纸、化工、环保、陶瓷、国防等领域的高岭土，重点研发造纸用高岭土（黏浓度≥70%）、催化裂化用高岭土（孔体积≥0.1cm^3/g^3，游离石英含量≤1.5%）、日用化学用高岭土。研发高效催化剂载体、功能性填料、海洋工程材料等，重点研发新型靶向药物载体矿物功能材料并实现产业化应用。

❖凹凸棒石

研发用于食品、化工、环保等领域的脱色剂、催化剂载体、功能性填料、钻井泥浆材料、水处理吸附材料、土壤改良修复材料、汽车尾气净化材料等，研发凹凸棒替代抗生素产品并实现产业化应用。

❖硅灰石

发展用于橡塑、造纸、冶金等领域的高长径比硅灰石粉、改性硅灰石粉、高性能冶金保护渣材料等。

❖ 海泡石

研发用于环境保护、医疗、食品等领域的空气净化材料、分子筛、水处理材料、土壤改良剂、功能填料等。

▶人工晶体

研究发展雷达、卫星通信、高压输变电等领域核心材料碳化硅（SiC）单晶（6英寸及以上）、氮化铝（AlN）单晶衬底（2英寸及以上）、氧化镓（β-Ga_2O_3）晶体、高精度超硬金刚石等低缺陷半导体晶体。发展磷酸钛氧铷（RTP）晶体，周期性极化磷酸氧钛钾（PPKTP）晶体、硼酸盐非线性光学（LBO、BBO、CLBO等）晶体。研制弛豫铁电单晶材料、深紫外线级氟化钙（CaF_2）、高性能钇铝石榴石（YAG）系列激光晶体、高精度SC切型压电石英晶片、声表面波级钽酸锂晶片、UV-LED 4英寸纳米级图形化衬底、工业蓝宝石机械耐磨部件、稀土卤化物闪烁晶体等。

▶墙体材料

发展利用污泥、淤泥、粉煤灰、磷石膏、各类尾矿、废渣、煤矸石、污染土及地铁盾构土等工程渣土、赤泥、建筑垃圾等烧结类制品、固体废物制备混凝土制品、路面材料、蒸压制品、磷石膏制品、仿石材料等资源循环利用产品。

▶绝热保温材料

研发高效、耐久性好、安全环保、施工便捷的绝热节能材料。重点研究超细玻璃棉、无机多孔绝热材料、纤维类内墙保温材料、气凝胶材料及复合制品等。发展建筑用新型A级复合型绝热材料、外墙外保温装饰一体板系统。

▶耐火材料

加大对低品位镁矿、高铝矾土矿的综合开发利用。重点发展精炼钢用低碳无碳镁砖、炼铜双闪炉用高强低密镁砖、水泥窑用方镁石-尖晶石砖；发展固体废物/危险废物垃圾焚烧炉用高性能碳化硅砖、高温工业窑炉用节能型耐火材料、国防用特种耐火材料、核工业领域用高纯度特种刚玉砖；发展高技术电子玻璃窑用熔铸锆刚玉砖、高放废液固化设施用熔铸和烧结高氧化铬砖。

▶防水材料

重点发展热塑性聚烯烃（TPO）、聚氯乙烯（PVC）、预铺防水卷材（HDPE）等合成高分子防水卷材和环保型防水涂料。

▶土工合成材料

研发复杂环境条件下、重大基础设施用高性能、长寿命土工合成材料。重点研发聚丙烯长丝土工布、高强度大宽幅土工格栅、碳纤维复合土工格栅、高强土工格室、单向排水复合土工膜等，发展自感知监测智能化土工合成材料产品。

2. 关键技术与装备

▶关键共性技术

❖碳捕集提纯利用技术（CCUS）

研究低碳、零碳、负碳技术，重点研发低碳、无碳原燃料生产建筑材料产品的技术及成套装备，建筑材料窑炉烟气二氧化碳捕集及固碳利用技术等关键技术，开展CCUS与建筑材料制造的全流程深度耦合技术研发。

❖大宗固体废物综合利用技术

攻克固体废物高效综合利用技术的瓶颈问题，开发整装成套的固体废物资源化利用技术。重点研发智能回收分选，低成本调质改性、均质化，高效安全转化，可再生能源利用等全链条技术，形成资源、能源综合利用系统性解决方案并应用。

❖ **燃料替代技术**

推广利用太阳能、氢能、生物质燃料等可再生绿色能源，有效利用废物、余热余压等替代化石能源，开发全电窑炉、非化石能源烧成窑炉、余热余压高效梯次利用设备等核心技术装备。

❖ **绿色电力及储能成套技术研发与应用**

研发或集成应用高效余热发电、光伏发电、风力发电、生物质发电等绿色电力及储能技术，开发建筑光伏一体化技术、多电能耦合与智能调度控制系统等关键技术。

❖ **窑炉三废零排放技术**

研发废物全回收再利用技术、超低污染物控制与治理回收技术及成套装备，实现企业生产全过程固/液/气废物和污染物零或近零排放。

3.产品关键技术

▶ **水泥及水泥基材料**

❖ **水泥熟料新型悬浮煅烧技术**

研发新一代水泥熟料煅烧工艺，研究悬浮状态下不同温度区物料的反应变化历程、热动力学过程以及悬浮煅烧系统的构建与数值模拟；研制新型反应器、高压高效大流量供风系统装备，粒度控制与快速冷却技术与装备。

❖ **低碳零碳水泥技术**

研发低钙高胶凝性水泥熟料技术、水泥窑燃料替代技术、少熟料水泥生产技术、水泥窑富氧燃烧技术等。

❖ **超高性能混凝土（UHPC）制备与应用技术**

研究有效抑制UHPC自收缩及减少温度收缩的工艺技术；创新UHPC建筑设计与结构设计，提升模型制造、现场浇筑装备、成型养护、快速维修加固材料和施工技术水平。

- **低碳混凝土**

  发展精准智能的混凝土配制技术，有效利用机制砂石骨料和调制均化的工业固体废物提升混凝土颗粒堆积体密实度，实现各强度等级混凝土的单方水泥用量与碳排放因子降低25%左右。

- **装配式建筑用轻质绿色部品部件制备技术**

  研究新型低碳环保、轻质高强、高效保温隔热、装配式装修等建筑材料及其部品部件制备技术，开发工厂化制造、可折叠拆装、内部空间可变换、可重复使用、便于运输的折叠式建筑。

▶ 玻璃及玻璃基材料

- **玻璃新材料基因组体系应用开发技术**

  基于材料高效计算方法、高通量制备与表征技术、材料服役行为高效评价技术、材料数据库、大数据技术、智能设计技术，对设计与模拟算法进行整合，发展并程式化，集成逆向的、面向工程应用的设计软件技术，实现材料研发周期、研发成本大幅度降低。

- **深加工技术**

  开发高性能薄膜体系，突破工业大面积薄膜沉积技术与成套装备；实现真空玻璃与智能玻璃低成本工业量产技术；提升超薄玻璃与柔性玻璃的增强、切割等加工技术。

- **基/盖板玻璃制备技术**

  开发高世代（10.5代及以上）基板玻璃、盖板玻璃制备技术与装备，突破多场耦合、高精密调控的高质量熔化、超宽板成型与退火技术，攻克大面积高表观质量基板玻璃精加工技术及装备。

- **柔性玻璃制备技术**

  开发柔性玻璃一次成型工艺成套技术与装备，实现柔性超薄玻璃在柔韧性、抗冲击性、R2R制程技术突破。

- **飞机风挡玻璃制备技术**

  攻克航空玻璃原片制备、玻璃增强及层合、玻璃电加温等飞机风挡玻璃制备关键技术及装备。

▶陶瓷及陶瓷基材料

❖**先进陶瓷制备技术与装备**

开发高纯氮化硅、氮化铝、碳化硅、碳化硼、硼化锆等先进陶瓷高性能纳米粉体制备技术与装备。研究多相复杂体系电/热/力学性能协同调控配方设计技术、三维打印成型技术、热等静压技术、超声波加工技术和激光加工技术。提高粉体处理装置、高端热等静压机、气氛压力烧结炉、磁流变抛光设备、精密研磨加工设备等高性能陶瓷生产装备的可靠性、稳定性及耐久性。

❖**建筑陶瓷制备技术与装备**

发展建筑陶瓷干法、半干法和短流程制粉技术与装备、广适性原料在建筑陶瓷坯体配方体系的应用技术、高效碎粉制粉技术与装备、高稳定性快速烧结技术与装备、中低温快速烧成技术。研究超薄超厚板材成型技术与装备、大规格超薄陶瓷板和陶瓷岩板增强增韧技术。发展装配式建筑用陶瓷复合技术与装备。研发全自动高吨位压机、抛光研磨加工设备、陶瓷喷墨打印机喷头等装备。开发在线检测技术与装备、计算机辅助设计技术、智能分级技术、自动包装、智能化立体仓储装备等。

❖**卫生陶瓷制备技术与装备**

开发低温快烧配方，泥浆恒温系统与压力罐封闭送浆系统技术。发展低温快烧超薄边高强度陶瓷FFC泥浆制备技术、中高压注浆成型技术与装备、冲压成型技术与装备。开发微波干燥、红外线干燥技术与装备。研究基于3D打印和有限元分析技术的高效原模开发技术与装备。研究卫生陶瓷抗菌自洁釉面技术。开发人工智能检测、自动包装、智能分级、智能化仓储等，开发应用新型修补材料，开发高性能高质量配件的制备技术与装备。

▶纤维及其复合材料

❖**碳纤维及其复合材料**

研究中间相沥青的调制技术、沥青基碳纤维不熔化处理技术、聚丙烯腈高性能聚合物制备技术、高性能碳纤维用油剂及上浆剂制备技术、预浸料分割技术、碳纤维氧化环化分开技术、碳纸及气体扩散层批量制备技术与装备。研发高导热碳纤维、吸波碳纤维和介电碳纤维等新型功能性碳纤维制备技术。研究碳纤维复合材料低成本预制体成型技术,低成本、短周期致密化技术及材料复合的新技术。研发自动铺带/铺丝、自动裁切、碳纤维连续 3D 打印等国产化替代技术,加快研制碳纤维复合材料修复标准及相关技术,研发建筑修复、加固、增强用碳纤维复合材料技术,研究碳纤维复合材料高价值回收及应用技术。

❖ **玻璃纤维及其复合材料**

发展电子超细玻璃纤维、高强玻璃纤维、热塑复合玻璃纤维、异性截面玻璃纤维等高性能玻璃纤维产品的池窑化生产技术;发展耐碱玻璃纤维、高模量玻璃纤维、本体彩色玻璃纤维、低介电玻璃纤维、高硅氧玻璃纤维等产品的低成本池窑化生产技术;研究中空纤维成型控制技术,玻璃纤维工业织物织造及后处理技术;开发表面处理专用浸润剂配方。推进 70m 以上级别低风速及海上用玻璃纤维复合风力发电叶片设计优化和制造技术;研制连续玻璃纤维增强热塑性片材/卷材、玻璃纤维气凝胶复合绝热毡、玻璃纤维云母复合绝缘材料等玻璃纤维深加工制品制备技术。研究玻璃纤维零碳排放池窑生产技术;废旧玻璃纤维增强复合材料制品回窑再生技术;以锂矿冶炼废渣等可再生资源替代玻璃纤维生产原料的池窑生产技术。

❖ **玄武岩纤维及其复合材料**

研究天然火山岩矿石原料均化技术、天然火山岩矿石混配均化优化技术、玄武岩熔体的澄清与均化技术;突破规模化生产高效低能耗立体加热的年产 5000 吨及以上的池窑拉丝技术;研究稳定生产的 1200 孔及以上多排多孔长寿命大漏板成型技术;突破玄武岩纤维表面处理浸润技术,开发专用浸润剂。研究连续网格制备技术;多轴向纤维板材、型材制备技术;弯曲型材制备技术;大吨位拉索和锚具连续制备技术;考虑纤维随机强度、纤维混杂与复合设计;复合材料长寿命疲劳、蠕变、耐腐蚀性能评价;基于原位微观观测复合材料品质控制方法;面向应用的结构一体化设计、界面性能设计与自传感设计技术。

❖ **陶瓷纤维及其复合材料**

研究可纺性前驱体聚合物制备技术、高效不熔化处理技术、高温力热耦合作用机制及适用性。

▶ 非金属矿及矿物功能材料

❖ 非金属矿采选技术

研究基于地勘大数据的黏土类矿物分类精细开采技术,发展大鳞片石墨保护和选矿技术,推进低品质硅质资源的高值化综合利用绿色选矿技术,鼓励充填采矿技术应用。研究基于硅石、石英岩、花岗伟晶岩等矿物制备高纯石英砂技术。发展高效绿色浮选技术及高效捕收剂。

❖ 非金属矿及矿物功能材料加工技术及装备

推进石墨、石英的分质分选、短流程、球形化、深度提纯技术及装备。推进硅藻土、高岭土、膨润土、长石、海泡石的矿物成分与结构的破碎及分级、超细颗粒选矿、提纯、表面改性与改型、低温超导、多矿种功能复合技术、结构与功能化成套技术与装备。研究非金属矿物微波解离纳米级技术与装备。

❖ 资源高效利用技术

发展非金属矿"零尾矿"加工利用技术、大宗尾矿规模化高端化利用技术、低品位和伴生矿物的选矿提纯及产品应用技术。

▶ 人工晶体

突破单晶氮化铝、氮化硼等超宽禁带半导体材料高品质单晶衬底和外延材料的生长、掺杂及其材料加工等关键技术。加强晶体生长机理的基础研究及新的生长方法的探索,开发大尺寸、高质量、低成本的人工晶体。

▶ 墙体材料

研究装配式隧道窑烧成工艺技术、碳养护装备、大型装配式建筑用部品部件装备、工程渣土多特征快速识别分类装备、固体废物资源化处置装备等,提高墙材生产过程数字化、智能化水平及环保装备应用与制造水平。

▶绝热保温材料

研究矿物棉的电熔窑装备成套技术。研究玻璃棉超细工艺技术、真空绝热板的建筑应用技术、纤维类保温板的多功能复合技术、优化气凝胶工艺技术、橡塑的合成橡胶硫化发泡工艺，以及绝热保温材料的智能化成套装备、应用技术。

▶耐火材料

研究耐火材料的原料提纯及合成技术、精密成型技术和纳米粉体制备及分散技术。研究突破高强度硅质节能材料制造技术、微孔结构高效节能隔热绝热材料制造技术、新型高温结构材料和非氧化物复合材料制造技术。研究低碳冶金、低碳水泥用新型耐火材料制造技术，有色冶炼用无铬化耐火材料制造技术。

▶防水材料

研究高效节能防水卷材的沥青低温改性技术及卷材低温成型工艺、厚度自动控制技术、双胎基双锁边技术，研究改性沥青防水卷材（SBS/APP）的低温覆膜技术和高速生产线卷材快速冷却技术，研究合成高分子防水卷材（TPO\PVC\预铺）的物料高低混技术、卷材厚度精确调控技术、内增强层一次复合成型技术、卷材尺寸稳定性控制技术，研究防水涂料（PU\JS\MS\非固化）的高固含沥青乳化技术（水性非固化）。

▶土工合成材料

研究聚丙烯长丝土工布的纺丝成型技术、铺网与加固技术、油剂生产技术，研究碳纤维杂化复合经编技术、纤维格栅与土工布多重复合技术、三维立体编织技术、自感知智能化土工合成材料设计与制造技术等。

战略支撑与保障

（1）充分发挥研究引领支撑作用，构建建筑材料产业绿色低碳安全高质量发展的政策体系。营造政策鼓励环境，强化绿色、低碳、智能、安全等政策研究与落地实施，加大对基础原料、关键工艺装备、核心技术的支持力度。加强政策协同，推动产业、能源、生态环境、自然资源、投资、金融、进出口、财税、价格等政策的协同配合。

（2）引导相关企业加快适应以国内大循环为主体、国内国际双循环相互促进的新发展格局，实现产业链安全稳定向高端化发展的战略，推动产业链整合和价值链耦合。

（3）打造"政、产、学、研、金、服、用"相结合的技术创新体系，完善行业创新研发平台建设，组织科技创新计划项目，建立科研成果转化的有效机制。

（4）建立健全标准体系，形成一批具有原创核心技术的重点标准，提升我国在建筑材料领域的国际话语权。

（5）支持和鼓励行业协会、企业、科研院所、高等院校等机构加强合作，根据技术发展和市场需求，不断优化完善建筑材料产业发展技术路线图。

技术路线图

建筑材料产业发展技术路线图如图 12-1 所示。

项目	2025年	2030年	2035年
需求	建筑材料产业是国民经济重要的原料与制品业，是提升人居环境、促进生态文明建设的基础产业，是建筑、国防和战略性新兴产业发展的重要保障，是服务经济社会发展和人类文明进步的重要基石		
	建筑材料产业存在发展不平衡、不充分、矛盾突出：基础建材产品产能过剩、结构调整任务艰巨；资源环境约束趋紧，节能减排压力大；高端无机非金属新材料制备技术水平与国际先进水平相比存在一定差距；部分无机非金属矿物资源利用率较低，深加工技术水平较低；部分高端产品及高端材料制备装备严重依赖进口；国际竞争能力仍然不强，拥有世界知名度和影响力的企业较少等问题		
	建筑材料产业亟须进行重点产品研究攻关和关键技术及装备的突破，实现生产方式从资源、能源高负荷向绿色低碳方向转型，制造技术从传统集约式向高端智能化转型		
目标	建筑材料产业成为具有国际引领能力，有创新能力和市场竞争力强的现代化原料与制品业		建筑材料产业对国民经济建设和人民美好生活具有系统性、全方位、高质量的保供能力，我国成为世界建筑材料强国
	建筑材料产业链供应链更加安全高效，新产品及其制造装备的研发实力显著增强，整体达到世界先进水平		建筑材料产业链供应链安全自主可控，关键材料及装备研发与制造达到国际领先水平；培育一大批具有国际竞争力的生产制造企业，掌握一部分建筑材料领域的国际标准制定话语权
	建筑材料产业绿色低碳关键技术产业化实现重大突破，原燃料替代水平大幅度提高，建成1000条绿色低碳生产线。基本建立绿色低碳循环发展的产业体系，行业全面实现碳达峰		碳中和目标取得阶段性成果，绿色低碳发展整体达到国际领先水平
重点产品 水泥及水泥基材料	低碳水泥：研究高贝利特水泥、高贝利特硫铝酸盐水泥、硫（铁）铝酸盐水泥及无/少熟料水泥等新型低碳水泥的制备与应用。重点发展无钙低碳水泥新品种及其制造与应用技术。加快建立低碳水泥产品及应用标准		
	特种水泥：重点发展用于复杂环境、特种工程的特性水泥，如油井水泥、核电水泥、抗硫酸盐水泥、海工水泥等。推广发展早强低收缩低热硅酸盐水泥、高抗折道路硅酸盐水泥、低碱高强硅酸盐水泥等高性能水泥		
	超高性能混凝土（UHPC）：发展适应不同工程应用需求的高早强型、低收缩型、耐高温型等特色UHPC。扩大UHPC在钢桥面铺装、钢-UHPC组合桥梁、混凝土结构维修加固的应用规模。推广装配式建筑和桥梁建设用UHPC湿接缝连接预制混凝土构件。重点发展UHPC建造新型结构，如轻量化装配式UHPC建筑构件（楼梯、外墙、阳台、夹层板、屋面板等）；预制大跨径桥梁和工业建筑重载大梁；高度为200～300m的风电塔筒；高等级抗侵蚀抗爆防护结构；严酷和腐蚀性环境中服役的超百年免维护工程结构等		
	3D打印混凝土：研究满足3D打印混凝土工艺要求的材料，构建3D打印混凝土的标准体系，支撑3D打印混凝土满足工程设计、施工和应用国家有关标准要求		

图 12-1 建筑材料产业发展技术路线图

项目		2025年	2030年	2035年
重点产品	玻璃及玻璃基材料	信息显示玻璃：发展8.5代及以上OLED玻璃基板；发展10.5代及以上高表观质量、少缺陷、耐热稳定、化学稳定的超薄TFT-LCD基板玻璃；发展高硬度高韧高强超洁净表面、优异抗刮划性能、高透过率的超薄盖板玻璃；发展30μm以下极低缺陷密度与杂质含量、高抗疲劳强度、高表面硬度、高透光超薄可折叠柔性盖板玻璃（UTG）		信息显示玻璃品质及产业规模国际领先，性能应用评价形成规模标准体系
		新能源玻璃：重点发展高转换效率碲化镉/钙钛矿薄膜电池在线透明导电氧化物镀膜（TCO）玻璃	新能源玻璃广泛应用	
		节能安全玻璃：推广应用LOW-E节能玻璃，提高膜层稳定性、耐磨性及牢固度，降低生产成本；发展传热系数低、隔声性能好、结构轻薄、安全性高的真空玻璃；发展智能节能玻璃；重点发展并推广应用化学稳定性好、软化点高（850℃左右）、热膨胀系数低[（3~4）×10⁻⁶/℃]、机械强度高的高硼硅单片防火玻璃；发展无微泡、耐紫外线辐照、耐火隔热、防热辐射的高性能复合防火玻璃	节能玻璃广泛应用	
		高性能交通运载玻璃：汽车玻璃向功能化、智能化、模块化、轻量化发展，重点发展超薄化学钢化玻璃、智能调光玻璃、玻璃天线、抬头显示玻璃、可加热玻璃、低辐射玻璃等。重点发展高附加值特种航空玻璃原片，研究具有超高强度、优良的光学性能、轻量化、高可靠、长寿命的飞机风挡玻璃		
		石英玻璃：重点发展12英寸及以上单晶硅生产用大尺寸石英坩埚；11代以上平板显示器件生产用大尺寸石英掩模版；65nm及以下半导体芯片用石英掩模版；光刻机用石英玻璃；单模光纤用大尺寸石英套管、沉积管；超低损耗管线用大掺杂量氟石英玻璃	石英玻璃品种齐全、性能及规模达国际先进水平	
		其他特种玻璃：重点发展中硼硅药用玻璃管、预灌封产品；高放废液玻璃固化体；超大口径红外玻璃；红外硫系玻璃光纤；高均匀性、高性能、低介电玻璃粉体；大尺寸、超低膨胀微晶玻璃		

图 12-1　建筑材料产业发展技术路线图（续）

项目	2025年	2030年	2035年
重点产品 — 陶瓷及陶瓷基材料	先进陶瓷：重点发展微型陶瓷封装基座、石英晶体振荡器和石英晶体谐振器等表面贴装器件用陶瓷封装基座、芯片封装用陶瓷基座。发展轻质高强高温膜材、高效复合除尘脱硝一体化膜材、陶瓷平板膜材、高效高温CO_2分离膜、连续氮化硼纤维隔膜等陶瓷膜材。研发高性能多级结构生物活性人工骨等生物陶瓷。研发及产业化燃料电池用大尺寸异型电解质膜固体氧化物燃料电池隔膜、阴极材料、阳极材料、单电池电堆、发电系统技术。发展高容量多层片式陶瓷电容器、高导热氮化铝陶瓷基板、高强度氮化硅AMB基板、热等静压氮化硅陶瓷球、CVD高纯碳化硅泛半导体部件、大尺寸透明陶瓷部件、全固态陶瓷电池、热敏电阻陶瓷、陶瓷隔热材料等	先进陶瓷材料达国际先进水平	
	建筑陶瓷：发展薄型化陶瓷砖、低质原料制备陶瓷砖。提升陶瓷岩板性能并探索应用场景及方案。发展具有吸附功能、噪声吸收功能、防静电功能、内外墙隔热保温功能、反辐射功能、抗菌功能、光触媒功能的建筑陶瓷。发展装配式建筑用复合产品		
	卫生陶瓷：发展具有易洁、杀菌、智能化等功能的节水、轻量化绿色智能卫生陶瓷。发展休闲、家装整体卫浴。重点突破马桶盖座圈用快速发热陶瓷发热管和高质量冲洗部件。发展一体化的"防水底盘、壁板、顶板"整体框架及满足装配式要求的整体卫浴部品部件	智能卫生陶瓷产品及装配式卫浴部品部件普及	
重点产品 — 纤维及其复合材料	碳纤维及其复合材料：开发T1100级、M50级及以上高性能聚丙烯腈基碳纤维；研发高导热碳纤维、吸波碳纤维和介电碳纤维等新型功能性碳纤维；发展高强高模高韧碳纤维及高性能大丝束碳纤维。发展汽车、体育用品、高铁轨交、海洋船舶、石油开采、风电叶片、压力容器、商用航空用高效低成本碳纤维预浸带/料/丝、航空航天用高温抗氧化碳纤维复合材料，碳纤维复合材料拉索、锚杆，碳纤维70MPa车载高压储氢气瓶，碳纤维复合材料新能源客车整车壳体，碳纤维增强热塑性高性能复合材料等		
	玻璃纤维及其复合材料：重点发展玻璃微纤维棉、高模量玻璃纤维、高强玻璃纤维、低介电玻璃纤维、本体彩色玻璃纤维、耐碱玻璃纤维、耐腐蚀玻璃纤维、玻璃纤维工业织物制品。开发高强高模/超细极细/超低损耗低介电电子级玻璃纤维、激光及传感用光导纤维、生物可降解玻璃纤维、半导体玻璃纤维、异型截面玻璃纤维、低膨胀玻璃纤维等新型高性能特种玻璃纤维。发展玻璃纤维增强热塑性复合材料制品，发展风电、光伏、汽车、船舶、建筑节能、海洋工程、智慧物流、安全防护等领域用玻璃纤维工业织物制品及玻璃纤维增强复合材料制品	高性能玻璃纤维性能稳定并实现产业化	

图 12-1　建筑材料产业发展技术路线图（续）

项目		2025年	2030年	2035年
重点产品	纤维及其复合材料	玄武岩纤维及其复合材料：研发高强度玄武岩纤维（浸胶纱拉伸强度＞3000MPa）、高模量玄武岩纤维（浸胶纱拉伸弹模＞95GPa）、耐高温玄武岩纤维（使用温度＞800℃）、低磁导率及耐紫外老化玄武岩纤维。研发低介电性能玄武岩纤维复合材料（介电常数＜2.6），玄武岩复合材料拉索、锚杆，70m以上级别风力发电叶片用高模量玄武岩纤维单向布，玄武岩纤维增强高压管道及罐体，玄武岩纤维增强热塑性复合材料，结构增强用连续复合网格（拉伸强度＞2000MPa）。发展高速铁路混凝土枕木、车体轻量化、海洋工程、国防等领域用玄武岩纤维复合材料	实现玄武岩纤维生产规模化，产品的多样化	
		陶瓷纤维及其复合材料：发展低氧含量、近化学计量比组成和高结晶结构第三代碳化硅（SiC）连续纤维及连续碳化硅（SiC）纤维增强碳化硅基体（SiC$_f$/SiC）复合材料。开拓碳化硅应用市场，研发航空发动机用相关产品、超高声速飞行器用碳化硅纤维增强复合材料、通天往返器复合材料、特种用途碳化硅复合材料等。重点开发耐温1400℃以上的高铝含量连续氧化铝纤维产品，形成高强、高韧、耐高温、高热稳定等多功能连续氧化铝纤维系列产品，并发展面向航空航天等高端应用领域的新型氧化铝纤维增强复合材料。发展高温透波材料、高温抗烧蚀材料、电池隔膜材料等领域用BN连续纤维及其复合材料；高温隔热和高温绝缘领域用Si$_3$N$_4$连续纤维及其复合材料；高端耐火保温、航空航天及国防工业用ZrO$_2$连续纤维及其增韧陶瓷		
	非金属矿及矿物功能材料	石墨：发展用于新一代信息技术产业、航空航天装备、节能与新能源领域、核工业高温气冷堆、生物医药及高性能医疗装备等领域的超高纯石墨、石墨负极材料、高性能石墨密封材料及制品、高导热人工石墨膜、氢燃料电池用高扩散性碳纸、石墨双极板、石墨盘、超硬材料（人造金刚石、碳化硅）等。研究超高纯石墨（纯度为99.99%）特大规格等静压各向同性石墨（直径≥1500mm）、氟化石墨并实现产业化应用		
		石英：发展用于半导体、电工电子、光伏/光热行业，及航空航天、国防等领域用低铁石英（Fe$_2$O$_3$≤100ppm）、高纯石英砂（总杂质＜20ppm）、高纯超细球形硅微粉（D50＜5μm）等		
		膨润土：发展用于环保、化工、冶金、医药等领域的高端铸造用膨润土、纳米膨润土、有机膨润土、膨润土无机凝胶（分散体黏度≥5000mPa·s）、固沙植被材料、膨润土工业废水净化材料、医用辅料、重污染土壤污染治理材料等		
		高岭土：研发用于造纸、化工、环保、陶瓷、国防等领域的高岭土，重点研发造纸用高岭土（黏浓度≥70%）、催化裂化用高岭土（孔体积≥0.1cm^3/g，游离石英含量≤1.5%）、日用化学用高岭土。研发高效催化剂载体、功能性填料、海洋工程材料	实现新型靶向药物载体矿物功能材料产业化应用	

图 12-1　建筑材料产业发展技术路线图（续）

项目	2025年 —————————— 2030年 —————————— 2035年
重点产品 — 非金属矿及矿物功能材料	凹凸棒石：发展用于食品、化工、环保等领域的脱色剂、催化剂载体、功能性填料、钻井泥浆材料、水处理吸附材料、土壤改良修复材料、汽车尾气净化材料等 / 实现凹凸棒替代抗生素产品的产业化应用
	硅灰石：发展用于橡塑、造纸、冶金等领域的高长径比硅灰石粉、改性硅灰石粉、高性能冶金保护渣材料等
	海泡石：发展用于环境保护、医疗、食品等领域的空气净化材料、分子筛、水处理材料、土壤改良剂、功能填料等
人工晶体	研究发展雷达、卫星通信、高压输变电等领域核心材料碳化硅（SiC）单晶（6英寸及以上）、氮化铝（AlN）单晶衬底（2英寸及以上）、氧化镓（β-Ga_2O_3）晶体、高精度超硬金刚石等低缺陷半导体晶体。发展磷酸钛氧铷（RTP）晶体、周期性极化磷酸氧钛钾（PPKTP）晶体、硼酸盐非线性光学（LBO、BBO、CLBO等）晶体。研制驰豫铁电单晶材料、深紫外线级氟化钙（CaF_2）、高性能钇铝石榴石（YAG）系列激光晶体、高精度SC切型压电石英晶片、声表面波级钽酸锂晶片、UV-LED 4英寸纳米级图形化衬底、工业蓝宝石机械耐磨部件、稀土卤化物闪烁晶体等
墙体材料	发展利用污泥、淤泥、粉煤灰、磷石膏、各类尾矿、废渣、煤矸石、污染土及地铁盾构土等工程渣土、赤泥、建筑垃圾等烧结类制品、固体废物制备混凝土制品、路面材料、蒸压制品、磷石膏制品、仿石材料等资源循环利用产品
绝热保温材料	研发高效、耐久性好、安全环保、施工便捷的绝热节能材料。重点研究超细玻璃棉、无机多孔绝热材料、纤维类内墙保温材料、气凝胶材料及复合制品等。发展建筑用新型A级复合型绝热材料、外墙外保温装饰一体板系统
耐火材料	加大对低品位镁矿、高铝矾土矿的综合开发利用。重点发展精炼钢用低碳无碳镁砖、炼铜双闪炉用高强低密镁砖、水泥窑用方镁石-尖晶石砖；发展固体废物/危险废物垃圾焚烧炉用高性能碳化硅砖、高温工业窑炉用节能型耐火材料、国防用特种耐火材料、核工业领域用高纯度特种刚玉砖；发展高技术电子玻璃窑用熔铸锆刚玉砖、高放废液固化设施用熔铸和烧结高氧化铬砖
防水材料	重点发展热塑性聚烯烃（TPO）、聚氯乙烯（PVC）、预铺防水卷材（HDPE）等合成高分子防水卷材
土工合成材料	研发复杂环境条件下、重大基础设施用高性能、长寿命土工合成材料。重点研发聚丙烯长丝土工布、高强度大宽幅土工格栅、碳纤维复合土工格栅、高强土工格室、单向排水复合土工膜等，发展自感知监测智能化土工合成材料产品
关键技术及装备 — 关键共性技术	碳捕集提纯利用技术（CCUS）：研究低碳、零碳、负碳技术，重点研发低碳、无碳原燃料生产建筑材料产品的技术及成套装备，建材窑炉烟气二氧化碳捕集及固碳利用技术等关键技术，开展CCUS与建材材料制造的全流程深度耦合技术研发及示范
	大宗固体废物综合利用技术：攻克固体废物高效综合利用技术的瓶颈问题，开发整装成套的固体废物资源化利用技术。重点研发智能回收分选，低成本调质改性、均质化，高效安全转化，可再生能源利用等全链条技术，形成资源、能源综合利用系统性解决方案并应用

图 12-1 建筑材料产业发展技术路线图（续）

项目	2025年 —————— 2030年 —————— 2035年
关键技术及装备 — 关键共性技术	**燃料替代技术**：推广利用太阳能、氢能、生物质燃料等可再生绿色能源，有效利用废物、余热余压等替代化石能源，开发全电窑炉、非化石能源烧成窑炉、余热余压高效梯次利用设备等核心技术装备。
	绿色电力及储能成套技术：研发或集成应用高效余热发电、光伏发电、风力发电、生物质发电等绿色电力及储能技术，开发建筑光伏一体化技术、多电能耦合与智能调度控制系统等关键技术
	窑炉三废零排放技术：研发废物全回收再利用技术、超低污染物控制与治理回收技术及成套装备，实现企业生产全过程固/液/气废物和污染物零或近零排放
关键技术及装备 — 水泥及水泥基材料	**水泥熟料新型悬浮煅烧技术**：研发新一代水泥熟料煅烧工艺，研究悬浮状态下不同温度区物料的反应变化历程、热动力学过程以及悬浮煅烧系统的构建与数值模拟；研制新型反应器、高压高效大流量供风系统装备，粒度控制与快速冷却技术与装备
	低碳零碳水泥技术：研发低钙高胶凝性水泥熟料技术、水泥窑燃料替代技术、少熟料水泥生产技术、水泥窑富氧燃烧技术等
	超高性能混凝土（UHPC）制备与应用技术：研究有效抑制UHPC自收缩及减少温度收缩的工艺技术；创新UHPC建筑设计与结构设计，提升模型制造、现场浇筑装备、成型养护、快速维修加固材料和施工技术水平
	低碳混凝土：发展精准智能的混凝土配制技术，有效利用机制砂石骨料和调制均化的工业固体废物提升混凝土颗粒堆积密实度，实现各强度等级混凝土的单方水泥用量与碳排放因子降低25%左右
	装配式建筑用轻质绿色部品部件制备技术：研究新型低碳环保、轻质高强、高效保温隔热、装配式装修等建筑材料及其部品部件制备技术，开发工厂化制造、可折叠拆装、内部空间可变换、可重复使用、便于运输的折叠式建筑
关键技术及装备 — 玻璃及玻璃基材料	**材料基因组体系应用开发技术**：基于材料高效计算方法、高通量制备与表征技术、材料服役行为高效评价技术、材料数据库、大数据技术、智能设计技术，对设计与模拟算法进行整合，发展并程式化，集成逆向的、面向工程应用的设计软件技术，实现材料研发周期、研发成本大幅度降低
	深加工技术：开发高性能薄膜体系，突破工业大面积薄膜沉积技术与成套装备；实现真空玻璃与智能玻璃低成本工业量产技术；提升超薄玻璃与柔性玻璃的增强、切割等加工技术 / 相关技术与装备达国际先进水平
	基/盖板玻璃制备技术：开发高世代（10.5代及以上）基板玻璃、盖板玻璃制备技术与装备，突破多场耦合、高精密调控的高质量熔化、超宽板成形与退火技术，攻克大面积高表观质量基板玻璃精加工技术及装备 / 相关技术与装备达国际先进水平

图 12-1　建筑材料产业发展技术路线图（续）

项目		2025年 —————————— 2030年 —————————— 2035年
关键技术及装备	玻璃及玻璃基材料	柔性玻璃制备技术：开发柔性玻璃一次成型工艺成套技术与装备，实现柔性超薄玻璃在柔韧性、抗冲击性、R2R制程技术突破
		飞机风挡玻璃制备技术：攻克航空玻璃原片制备、玻璃增强及层合、玻璃电加温等飞机风挡玻璃制备关键技术及装备
	陶瓷及陶瓷基材料	先进陶瓷制备技术与装备：开发高纯氮化硅、氮化铝、碳化硅、碳化硼、硼化锆等先进陶瓷高性能纳米粉体制备技术与装备。研究多相复杂体系电/热/力学性能协同调控配方设计技术、三维打印成型技术、热等静压技术、超声波加工技术和激光加工技术。提高粉体处理装置、高端热等静压机、气氛压力烧结炉、磁流变抛光设备、精密研磨加工等高性能陶瓷生产装备的可靠性、稳定性及耐久性
		建筑陶瓷制备技术与装备：发展建筑陶瓷干法、半干法和短流程制粉技术与装备、广适性原料在建筑陶瓷坯体配方体系的应用技术、高效碎粉制粉技术与装备、高稳定性快速烧结技术与装备、中低温快速烧成技术。研究超薄超厚板材成型技术与装备、大规格超薄陶瓷板和陶瓷岩板增强增韧技术。发展装配式建筑用陶瓷复合技术与装备。研发全自动高吨位压机、抛光研磨加工设备、陶瓷喷墨打印机喷头等装备。开发在线检测技术与装备、计算机辅助设计技术、智能分级技术、自动包装、智能化立体仓储装备等 → 建筑陶瓷生产技术达国际领先水平
		卫生陶瓷制备技术与装备：开发低温快烧配方，泥浆恒温系统与压力罐封闭送浆系统技术。发展低温快烧超薄边高强度陶瓷FFC泥浆制备技术、中高压注浆成型技术与装备、冲压成形技术与装备。开发微波干燥、红外线干燥技术与装备。研究基于3D打印和有限元分析技术的高效原模开发技术与装备。研究卫生陶瓷抗菌自洁釉面技术。开发人工智能检测、自动包装、智能分级、智能化仓储等。开发应用新型修补材料。开发高性能高质量配件的制备技术与装备 → 卫生陶瓷生产技术达国际领先水平
	纤维及其复合材料	碳纤维及其复合材料：研究中间相沥青的调制技术、沥青基碳纤不熔化处理技术、聚丙烯腈高性能聚合物制备技术、高性能碳纤维用油剂及上浆剂制备技术、预浸料分割技术、碳纤维氧化环化分开技术、碳纸及气体扩散层批量制备技术与装备。研发高导热碳纤维、吸波碳纤维和介电碳纤维等新型功能性碳纤维制备技术。研究碳纤维复合材料低成本预制体成型技术，低成本、短周期致密化技术及材料复合的新技术。研发自动铺带/铺丝、自动裁切、碳纤维连续3D打印等国产化替代技术。加快研制碳纤维复合材料修复标准及相关技术。研发建筑修复、加固、增强用碳纤维复合材料技术。研究碳纤维复合材料高价值回收及应用技术

图 12-1　建筑材料产业发展技术路线图（续）

项目		2025年 ——————— 2030年 ——————— 2035年
关键技术及装备	纤维及其复合材料	玻璃纤维及其复合材料：发展电子超细玻璃纤维、高强玻璃纤维、热塑复合玻璃纤维、异性截面玻璃纤维等高性能玻纤产品的池窑化生产技术；发展耐碱玻璃纤维、高模量玻璃纤维、本体彩色玻璃纤维、低介电玻璃纤维、高硅氧等玻璃纤维产品的低成本池窑化生产技术；研究中空纤维成型控制技术，玻璃纤维工业织物织造及后处理技术；开发表面处理专用浸润剂配方。推进70m以上级低风速及海上用玻璃纤维复合风力发电叶片设计优化和制造技术；研制连续玻璃纤维增强热塑性片材/卷材、玻璃纤维气凝胶复合绝热毡、玻璃纤维云母复合绝缘材料等玻璃纤维深加工制品制备技术。研究玻璃纤维零碳排放池窑生产技术；废旧玻璃纤维增强复合材料制品回窑再生技术；以锂矿冶炼废渣等可再生资源替代玻璃纤维生产原料的池窑生产技术
		玄武岩纤维及其复合材料：研究天然火山岩矿原料均化技术、天然火山岩矿石混配均化优化技术、玄武岩熔体的澄清与均化技术；突破规模化生产高效低能耗立体加热的年产5000吨及以上的池窑拉丝技术；研究稳定生产的1200孔及以上多排多孔长寿命大漏板成形技术；突破玄武岩纤维表面处理浸润技术，开发专用浸润剂。研究连续网格制备技术；多轴向纤维板材、型材制备技术；弯曲型材制备技术；大吨位拉索和锚具连续制备技术；考虑纤维随机强度、纤维混杂与复合设计；复合材料长寿命疲劳、蠕变、耐腐蚀性能评价；基于原位微观观测复合材料品质控制方法；面向应用的结构一体化设计、界面性能设计与自传感设计技术
		陶瓷纤维及其复合材料：研究可纺性前驱体聚合物制备技术、高效不熔化处理技术、高温力热耦合作用机制及适用性
	非金属矿及矿物功能材料	非金属矿采选技术：研究基于地勘大数据的黏土类矿物分类精细开采技术，发展大鳞片石墨保护和选矿技术，推进低品质硅质资源的高值化综合利用绿色选矿技术，鼓励充填采矿技术应用。研究基于硅石、石英岩、花岗伟晶岩等矿物制备高纯石英砂技术。发展高效绿色浮选技术及高效捕收剂
		非金属矿及矿物功能材料加工技术与装备：推进石墨、石英的分质分选、短流程、球形化、深度提纯技术及装备。推进硅藻土、高岭土、膨润土、长石、海泡石的矿物成分与结构的破碎及分级、超细颗粒选矿、提纯、表面改性与改型、低温超导、多矿种功能复合技术、结构与功能化成套技术与装备。研究非金属矿物微波解离纳米级技术与装备
		资源高效利用技术：发展非金属矿"零尾矿"加工利用技术、大宗尾矿规模化高端化利用技术、低品位和伴生矿物的选矿提纯及产品应用技术
	人工晶体	突破单晶氮化铝、氮化硼等超宽禁带半导体材料高品质单晶衬底和外延材料的生长、掺杂及其材料加工等关键技术。加强晶体生长机理的基础研究及新的生长方法的探索，开发大尺寸、高质量、低成本的人工晶体
	墙体材料	研究装配式隧道窑烧成工艺技术、碳养护装备、大型装配式建筑用部品部件装备、工程渣土多特征快速识别分类装备、固废资源化处置装备等，提高墙材生产过程数字化、智能化水平及环保装备应用与制造水平 / 墙体材料绿色生态环境修复技术高度发达

图 12-1　建筑材料产业发展技术路线图（续）

项目	2025年 —————————— 2030年 —————————— 2035年
关键技术及装备 / 绝热保温材料	研究矿物棉的电熔窑装备成套技术。研究玻璃棉超细工艺技术、真空绝热板的建筑应用技术、纤维类保温板的多功能复合技术、优化气凝胶工艺技术、橡塑的合成橡胶硫化发泡工艺,以及绝热保温材料的智能化成套装备、应用技术 / 实现气凝胶产品与节能技术推广应用
关键技术及装备 / 耐火材料	研究耐火材料的原料提纯及合成技术、精密成型技术和纳米粉体制备及分散技术。研究突破高强度硅质节能材料制备技术、微孔结构高效节能隔热绝热材料制备技术、新型高温结构材料和非氧化物复合材料制备技术。研究低碳冶金、低碳水泥用新型耐火材料制备技术,有色冶炼用无铬化耐火材料制备技术
关键技术及装备 / 防水材料	研究高效节能防水卷材的沥青低温改性技术及卷材低温成型工艺、厚度自动控制技术、双胎基双锁边技术。研究改性沥青防水卷材(SBS/APP)的低温覆膜技术和高速生产线卷材快速冷却技术。研究合成高分子防水卷材(TPO/PVC/预铺)的物料高低混技术、卷材厚度精确调控技术、内增强层一次复合成型技术、卷材尺寸稳定性控制技术。研究防水涂料(PU/JS/MS/非固化)的高固含沥青乳化技术(水性非固化)
关键技术及装备 / 土工合成材料	研究聚丙烯长丝土工布的纺黏成型技术、铺网与加固技术、油剂生产技术,研究碳纤维杂化复合经编技术、纤维格栅与土工布多重复合技术、三维立体编织技术、自感知智能化土工合成材料设计与制造技术等
战略支撑与保障	充分发挥研究引领支撑作用,构建建筑材料产业绿色低碳安全高质量发展的政策体系。营造政策鼓励环境,强化绿色、低碳、智能、安全等政策研究与落地实施,加大对基础原料、关键工艺装备、核心技术的支持力度。加强政策协同,推动产业、能源、生态环境、自然资源、投资、金融、进出口、财税、价格等政策的协同配合
战略支撑与保障	引导相关企业加快适应以国内大循环为主体、国内国际双循环相互促进的新发展格局,形成产业链安全稳定向高端化发展的战略,推动产业链整合和价值链耦合
战略支撑与保障	打造"政、产、学、研、金、服、用"相结合的技术创新体系,完善行业创新研发平台建设,组织科技创新计划项目,建立科研成果转化的有效机制
战略支撑与保障	建立健全标准体系,形成一批具有原创核心技术的重点标准,提升我国在建筑材料领域的国际话语权
战略支撑与保障	支持和鼓励行业协会、企业、科研院所、高等院校等机构加强合作,根据技术发展和市场需求,不断优化完善技术路线图

图 12-1 建筑材料产业发展技术路线图(续)

13

家用电器

　　家用电器包括制冷电器、清洁电器、厨房电器及生活电器等。家用电器产业重点发展的关键技术包括智能化关键技术、绿色化关键技术、健康化关键技术、元宇宙技术融合关键技术；家用电器产业重点发展的关键零部件/元器件包括采用环保制冷剂的高效变频压缩机、高效长寿命全铝微通道换热器、压缩机用超高速低噪声直流电机、高效小体积直流水泵、防燃爆功率电池、高温高湿度高海拔防燃爆功率电池、电机用高精度高效变频控制器、低成本高可靠性的微控制单元（MCU）芯片、高精度高分辨率的红外热成像阵列、照明用高功率发光二极管（LED）灯珠、智能服务机器人的专用芯片及软硬件模组、高集成度功率半导体器件及模块。

家用电器是包括制冷电器、清洁电器、厨房电器以及生活电器等在内的，在家庭及类似场所中所使用的电子器具的总称，其作为轻工重点民生产业，与人民美好生活密切相关。我国现已发展成为全球最大的家电生产国、消费国和出口国。目前，我国家电产业正在向全球卓越产业迈进。

需求

新冠病毒感染席卷全球，对世界政治经济均产生深远影响。2019年—2022年期间，作为国民经济中重要的民生产业之一，家电产业在构建新发展格局中发挥着重要的支撑作用。

产业发展态势出现较明显的变化。一是家电产业运转模式更加适应新冠病毒感染的常态化管理。产品检验检测方式增多，互联网家电远程测试公共服务平台等远程测试服务模式正在被更多企业认可和应用。二是产品研发方向更加重视快速精准响应用户需求。新冠病毒感染大幅度提升消费者健康诉求，促使家电企业在产品研发时更注重健康、杀菌等需求。企业研发更注重健康功能与便捷高效的智能化集成。三是技术创新更加趋向多产业多领域的融通协同。光储直柔家电与建筑物、新能源的跨界创新，智能家居与中医中药产业的融合发展，可以说百年未有之大变局正加速推动着家电产业向智能家居产业的转型升级。

目标

到2025年，实现我国家电产业在标准体系、技术创新、产品质量等方面均达到世界领先水平。加强上下游产业融合应用，加强突破共性关键技术，补强家电产业基础材料、零部件和制造工艺等薄弱环节，家电产业链安全可控，高端家电市场份额增加。在智能化方面，家电产品智能化水平达到70%，加强元宇宙与智能家居技术融合，智能家居生态系统初步形成；在绿色环保方面，推动家用制冷器具天然工质制冷剂使用，氢氟碳化物（HFCs）制冷剂使用达到上限；在推动"双碳"目标方面，光储直柔家电产品研制成熟并面向市场推广；同时推动建立具有健康功能场景的智能家居生态平台，健康技术与智能家居产业有机融合。

到2030年，基本实现我国家电产业达到全面国际领先水平，国际标准和全球专利工作实现规模数量型向质量效益型的转变。同时，全球创新体系进一步完善，全球产业链安全可控。伴随"一带一路"倡议的实施，更多中国品牌、中国工厂在世界各地扎根，高端家电产品跻身全球家电市场。在智能化方面，家电产品智能化水平提升至 85%，出现拥有自主知识产权的元宇宙智能家居产品，中国主导的全球智能家居生态系统基本建立；在绿色环保方面，家用制冷器具天然工质制冷剂覆盖率超过 10%；在推动"双碳"目标方面，光储直柔家电产品覆盖率达到 10%，全生命周期碳排放减少 20%；同时推动建立超过 10 个具有健康功能场景的智能家居生态平台，深化健康技术与智能家居产业进一步融合。

到 2035 年，在实现我国家电产业全面维持国际领先地位的前提下，具有中国特色的智能家居健康场景技术引领全球智能家居生态，家电产品智能化水平提升至 90%，拥有自主知识产权的元宇宙智能家居产品逐步成为市场主流。在绿色环保方面，家用制冷器具天然工质制冷剂覆盖率超过 30%；在推动"双碳"目标方面，光储直柔家电产品覆盖率达到 30%，全生命周期碳排放减少 30%。

发展重点

1. 重点产品

▶智能化关键技术

❖语音交互技术

逐步完善支持多语种、多方言语音交互，逐渐支持语义理解功能；进而完善语义理解功能，支持情感计算，逐步形成行业测试数据库。

❖视觉交互技术

逐步完善支持复杂环境背景下手势、步态、行为识别；进而完善复杂环境背景下的物体分割及识别，形成行业测试数据库。

❖机器人技术

逐步完善支持复杂环境下机器人自主运动（行走和操作）；进而逐步完善机器人用宽动态范围机械手臂幅度及操作精度。

❖ 知识图谱技术

通过试验比对，逐步形成智能家居场景知识图谱，支撑智能家居场景数据库建设；进而通过收集用户数据，逐步形成智慧家庭知识图谱，支撑智慧家庭场景对用户的干预决策。

▶ 绿色化关键技术

❖ 柔性直流家电技术基础

直流家用电器产品研制成熟并面向市场推广，直流家用电器产品覆盖率达到 10%，助力家用电器全生命周期碳排放减少 20%；进而实现直流家用电器产品覆盖率达到 30%，助力家用电器全生命周期碳排放减少 30%。

❖ 家用电器可回收材料利用技术

主要家用电器产品可回收材料使用率超过 80%，其他常见家用电器产品可回收材料使用率超过 75%；进而实现主要家用电器产品可回收材料使用率超过 85%，其他常见家用电器产品可回收材料使用率超过 80%。

❖ 高品质再生材料加工与应用技术

实现家用电器产品再生塑料及金属材料的高品质应用；进而全面提高应用水平和再生材料使用率。

❖ 天然工质制冷剂替代技术

实现家用制冷器具天然工质制冷剂初步覆盖率超过 10%；进而实现家用制冷器具天然工质制冷剂覆盖率超过 30%。

❖ 家用电器产品全生命周期信息追溯技术

首先实现家用电器产品全生命周期信息追溯技术在主要家用电器产品开展应用；进一步提升该技术的应用范围和数量。

▶ 健康化关键技术

❖ 智能家居健康管理场景技术

通过研究居家场景下人体健康指标分析技术，筛选、提取有价值参数，建立数学模型，搭建数据库；进而扩充居家场景下人体健康参数数据库样本，研究具有指导人体日常行为功能的健康管理模型，将模型与智能家居融合联动。

▶元宇宙技术融合关键技术
❖ **智能家居元宇宙平台**

通过探索元宇宙技术与智能家居产品的融合方式，打造适配度高的应用场景；进而实现智能家居产品与元宇宙技术的初步融合应用。

2. 关键零部件/元器件

▶采用环保制冷剂的高效变频压缩机

首先提升压缩机性能系数（COP）和电机效率、减小运动部件阻力、降低噪声；降低压缩机的带油量；进而大规模推广使用环保制冷剂的家电产品，满足国内空调、冷冻冷藏领域工质替代需求。

▶高效长寿命全铝微通道换热器

通过突破微通道蒸发器两相流均液技术，加强扁管与翅片表面锌渗透和涂层防腐，研发扁管内齿强化换热技术和高质量连接钎焊技术以及翅片高效强化换热技术；进而通过推广应用小管径管翅式换热器及微通道换热器减少制冷剂消耗量，提升能效同时减少二氧化碳排放，实现微通道1亿套的产业规模。

▶压缩机用超高速低噪声直流电机

通过优化功率因数校正（PFC）智能调压，增强低频力矩补偿，加强单转子压缩机的脉动抑制，研究优化全局调磁导向槽结构抑制杂散谐波；进而建立满足新能效标准的家用空调变频驱动方案，在3HP（1HP≈735W）

以上的空调压缩机和1.5HP空调压缩机基础上，逐步实现电机超高转速切换。在主流产品市场实现大规模应用。

▶高效小体积直流水泵

实现水泵在高速运行时的流致噪声控制，转子的耐磨以及水泵电机在负载变化时输出功率、转速和电流的控制；进而改善旋转部件工作方式，从而在满足性能的条件下大大降低水泵制造难度及成本，使得零冷水功能的增量最大化。

▶防燃爆功率电池

通过电池相变-风冷综合热管理技术、新型聚合物电芯技术及"并联"散热技术系统创新，解决电池内阻大，大电流放电时热失控引发的燃爆安全问题；进而促进电池及用能产品产业链深度协同和创新高效发展，为促进能源转型和实现碳排放目标提供强有力的落地支撑。

▶高温高湿度高海拔防燃爆功率电池

基于"三防"耐潮湿技术、电池包灌胶防护与预设薄弱泄压结构技术，开发的新型导热吸热材料，可解决特殊环境引发的燃爆事故；进而推广到"一带一路"沿线国家的整机产品中，显著提升不同环境下电池使用的安全水平。

▶电机用高精度高效变频控制器

通过实现高精度控制，减少控制板上功率器件的开关动作，进而减少对电网造成的谐波电流，减少功率因素降低等污染；进而打破变频控制器核心半导体零部件由国外企业垄断的局面。

▶低成本高可靠性的微控制单元（MCU）芯片

通过完成工艺节点、内核和主频、存储器容量、支援通信协议等升级，优化器件性能，实现高可靠性与制造成本的平衡；进而建立完善的应用生态系统，提升易用性、技术支持能力，扩大应用基础；打造产品系列化，提升方案整体竞争力；最终实现面向应用场景的集成化能力提升。

▶高精度高分辨率的红外热成像阵列

通过完成低成本数字式热电堆阵列传感器的研发，保证产品性能一致性及长时稳定性；同时研制低成本多路信号采集电路或专用芯片，进而实现芯片在家用电器或消费类电子产品中得到广泛应用。

▶照明用高功率发光二极管（LED）灯珠

通过研发低成本红外封装技术及光学器件，打造高效的测试和标定技术及实验平台开发，实现消费级模块的低成本测试；进而突破可靠性与光衰等方面的技术瓶颈，实现第三代半导体的应用，全面加强国产元器件替代能力。

▶智能服务机器人的专用芯片及软硬件模组

通过完善面向建图与定位导航专用芯片的高效能硬件加速电路设计能力，优化建图与定位导航片上系统软硬件协同设计方法；实现机器人多场景环境感知建模的片上系统模组化，改善动态复杂环境下机器人定位导航的软硬件模组的协同效率；推动基于环境建图和定位导航片上系统集成芯片和软硬件模组的两大场景（室内家居场景、室内商超场景）、四类机器人（家用清洁机器人、家用娱乐家政服务机器人、商用清洁机器人、商超导引导购服务机器人）的应用示范。

▶高集成度功率半导体器件及模块

通过改善输出金属氧化物半导体场效应晶体管（MOSFET，简称金氧半场效晶体管）导通电阻、寄生电容等驱动效率，优化模块封装与散热工艺，提高耐压、驱动电流等参数的一致性与可靠性，增强模块抗干扰能力；进一步实现在上游原料方面，突破晶圆、陶瓷基覆铜板（DCB）等瓶颈，形成全面的国产元器件替代能力，在半导体方面降应用成本，形成技术优势。

3. 关键材料

▶ 新型高效固体吸附除湿材料

通过提高吸附量，降低脱附温度，提高循环次数，增强物理化学热稳定性；进而优化固体吸附材料的生产技术，实现批量生产，降低成本。实现固体除湿材料在湿度控制设备中的应用。

▶ 低/无重稀土压缩机用烧结钕铁硼

通过抑制低稀土总量下软磁相 α-Fe（体心立方晶格）的形成，降低生产过程中稀土损耗及稀土氧化、碳化；通过复合添加实现烧结钕铁硼晶界亚稳相生成及工程化稳定，构建均匀、连续的非磁性晶界相；进一步在工业上实现识别并控制批量生产中熔炼抑制 α-Fe 形成的关键控制点；识别并控制批量生产过程中气流磨、压制、烧结等工艺及流程中稀土损耗及稀土氧化、碳化的关键控制点。

▶ 高储热密度的相变蓄热材料

通过提高储热密度，提高材料的热导率和吸热放热速率，降低对储放热效率的影响；进而实现高储热密度、高储放热效率的固液相变蓄热材料，寿命达10年或循环使用5000次以上。

▶ 高性能制冷压缩机用冷冻油

通过提升冷冻机油与制冷剂、制冷系统材料的良好相容性；提高制冷剂在冷冻机油中的溶解度，同时优化冷冻机油/制冷剂混合物的运动黏度、润滑性；最终形成国产替代品，进一步提高国产油品的使用规模。

4.关键制造装备及检测设备

▶ **家用电器专用焊接工艺及装备**

通过提升焊缝区组织耐腐蚀性能水平,建立焊缝检测新工艺替代水检方案;实现内胆焊接工艺预研以及相关测试,同时在实际生产中应用焊接工艺。

▶ **竖插翅片微通道换热器翅片冲压及装配工艺**

通过优化竖直翅片间横纵交接排水技术,改善两相制冷剂均匀分配,改善不锈钢隔离铜铝防腐蚀工艺,同时开发换热器外表面的全涂层技术;进而增强新一代微通道换热器的生产能力,逐步推动替代铜管铝翅片换热器。

▶ **材料轻量化(高强钢)加工工艺**

通过改善模具设备工艺,研究破解高强钢强度提升与冲压成型工艺性的矛盾点,同时研究高强钢应用涉及的整机振动噪声分析方法,持续探索高强钢减薄以后各零部件的耐疲劳性分析;最终完成高强钢相关研究,实现风机架和挂钩间的切换。

▶ **基于石墨烯导电涂层的石英光波加热管制造工艺**

通过改善石英管管径小时的喷枪或化学气相沉积(CVD)工艺,研发大尺寸的涂层均匀度和厚度控制处理装置,同时优化抽真空、灌注氩气、连接导线等加热管封装工艺;进而建设具备大规模量产能力的生产线。

▶ **低成本高性能新型喷涂工艺及装备**

实现提高国内冷喷工艺使用高纯惰性气体的纯度,提高设备长时间运行的可靠性；进而降低过程参数波动的影响，克服高温条件下，气体波动、参数波动对涂层厚度、氧化率、导电性能的影响，保证产品合格率不低于95%。

▶细管径翅片管式换热器胀管工艺与设备

按照细化小管径、无倒伏、管翅贴合紧密的换热器胀管要求，研究提升机械胀管或气体胀管工艺，研制胀管设备。实现直径为 2~4mm 的管翅式换热器的胀管；进而实现空调换热器、冰箱冷柜冷凝器的制冷系统匹配和应用搭载。

▶无废液亲水/耐腐双效后处理涂层工艺

通过提高在湿膜固化过程中膜厚均匀性，降低涂层液有效成分中的挥发性，提高涂层耐热冲击性能，进而增强换热器的表面涂层处理能力，实现涂层液体国产化。

▶洗衣机紧配合轴承压装设备

通过提高电子伺服控制水平，精准控制压装过程中压力，配套压力位移曲线软件，实时跟踪反馈电缸压力曲线和前进位移；通过点位受力分析实际设备运行过程中各受力点是否符合标准，判定压装工艺是否合格，保证紧配合压装轴承无损。进而实现改善国内设备精准位移和压力控制反馈水平、硬件与软件系统的控制精度，提高伺服电缸国产化水平。

▶冰箱保温材料高压发泡机

通过提高发泡机的计量控制系统精准度，开展发泡机的高精度铸造技术研发，提高压力容器材料安全性能；进一步提升高压发泡机湿机的计量系统精准度，枪头和压力容器寿命。

▶高速冲压一体化伺服压力机

通过优化模拟液压成型及力传感控制算法，提升压力机械传递水平，实现伺服电机国产化，并推广应用多规格小型化伺服电机，替代液压、拉伸等低速加工，提高我国加工工艺水平。

▶家用电器行业制冷系统气密性检漏仪

提高检测冷媒泄漏精度和稳定性，优化检漏仪结构，减少零部件较多结构复杂带来的不稳定，优化国产检漏仪设计，实现模块化和制造精度的提升；实现在检漏前，对焊缝进行100%无损检测，实现焊缝去渣、去焊药等功能。

▶家用电器运转产生振动及噪声分析仪器

通过增大声学信号的采集频率，优化噪声及振动声源分析方法。提高产品设计的结构差异化，满足检测设备本身的结构尺寸及功能的不同要求；提升噪声检测设备本身的精度，优化家用电器零部件设计结构及装配精度。

▶家用电器电磁辐射检测设备

通过改善电路设计排版、降低布局产生的高频磁场感应和电场感应；优化探头模块、显示模块、报警模块等具体的硬件设计方案和实现方法。进而提升检测精度和稳定性，优化射频和工频电磁辐射防护标准。

▶高精度流量计

通过提高检测精度，填补质量流量等高精度流量计的国内空白；进而提高产品质量和适用范围，满足国内制冷类家电生产的不同需要。

战略支撑与保障

（1）设立家用电器行业国家级创新中心，加大家用电器产业共性关键技术的研发力度。

（2）加强家用电器产业技术基础公共服务平台建设，促进家用电器标准、检测、计量、研发和设计等服务能力提升。

（3）加快制定或完善家用电器产业在高新技术方面的国家和行业标准，推进家用电器产业标准的国际化，完善和提升标准化体系。

（4）促进跨产业、跨领域协作，强化基础科学和上下游融合应用。

技术路线图

家用电器产业发展技术路线图如图 13-1 所示。

13 家用电器

项目	2025年 —————— 2030年 —————— 2035年
目标 我国家用电器产业持续全面国际领先	我国家用电器产业引领国际标准、专利，全球产业链安全可控
	家用电器产品智能化水平提升至85%，中国主导的全球智能家居生态系统基本建立 / 家用电器产品智能化水平提升至90%
	直流家电产品覆盖率达到10%，全生命周期碳排放减少20%；家用制冷器具天然工质制冷剂覆盖率超过10% / 直流家用电器产品覆盖率达到30%，全生命周期碳排减少30%；家用制冷器具天然工质制冷剂覆盖率超过30%
	同时推动建立超过10个具有健康功能场景的智能家居生态平台，深化健康技术与智能家居产业进一步融合 / 具有中国特色的智能家居健康场景技术引领全球智能家居生态
	元宇宙与智能家居初步融合，工业生产水品提高，产品可靠性提升 / 形成可用的智能家用电器产品用户使用感官数据库，并对元宇宙中感官数据提到支撑作用
目标	在人民美好生活需要拉动下，家用电器技术向智能化、绿色化、健康化发展
	我国家用电器将从单机智能、网络智能朝着场景化演进，未来市场空间大
	家用电器作为产业链终端，为上游零部件、原料及装备、软件提供巨大的市场需求和应用空间
	家用电器产业未来发展对基础科学、绿色节能等方面技术存在迫切需求
关键零部件/元器件	采用环保制冷剂的高效变频压缩机：提升压缩机COP（性能系数）和电机效率、减小运动部件阻力降低噪声；降低压缩机的带油量 / 大规模推广环保制冷剂家用电器产品，满足国内空调、冷冻冷藏领域工质替代需求
	高效长寿命全铝微通道换热器：突破微通道蒸发器两相流均液技术，加强扁管与翅片表面锌渗透和涂层防腐；研发扁管内齿强化换热技术和高质量连接钎焊技术以及翅片高效强化换热技术 / 通过推广应用小管径管翅式换热器及微通道换热器减少制冷剂消耗量，提升能效同时减少二氧化碳排放，实现微通道1亿套的产业规模

图 13-1 家用电器产业发展技术路线图

项目	2025年————————2030年————————2035年

关键零部件/元器件

子项	2025年	2030年—2035年
压缩机用超高速低噪声直流电机	优化PFC（功率因数校正）智能调压，增强低频力矩补偿，加强单转子压缩机的脉动抑制，通过优化全局调磁导向槽结构抑制杂散谐波	建立满足新能效标准的家用空调变频驱动方案，在3HP以上的空调压缩机和1.5HP空调压缩机上，逐步实现电机超高转速切换。在主流产品市场实现大规模应用
高效小体积直流水泵	实现水泵在高速运行时的流致噪声控制，转子的耐磨以及水泵电机在负载变化时输出功率、转速和电流的控制	改善旋转部件方式，从而在满足性能的条件下大大降低水泵制造难度及成本，降低制造难度，使得零冷水功能的增量最大化
防燃爆功率电池	以电池相变-风冷综合热管理技术、新型聚合物电芯技术及"并联"散热技术系统，解决电池内阻大、大电流放电时热失控引发的燃爆问题	促进电池及用能产品产业链深度协同和创新高效发展，促进能源转型和实现碳排放目标提供有力的落地支撑
高温高湿度高海拔防燃爆功率电池	通过"三防"耐潮湿技术、电池包灌胶防护与预设薄弱泄压结构技术，开发导热吸热材料，解决特殊环境引发的燃爆事故	推广到"一带一路"沿线国家的整机产品中，显著提升在不同环境下电池使用的安全水平
电机用高精度高效变频控制器	实现高精度控制，减少控制板上功率器件的开关动作，进而降低对电网造成的谐波电流增加，功率因素降低等污染	打破变频控制器核心半导体零部件国外企业的垄断
低成本高可靠性的MCU（微控制单元）芯片	在智能化趋势下，完成工艺节点、内核和主频、存储器容量、支援通信协议等升级；优化器件性能，达成高可靠性与制造成本的平衡	建立完善的应用生态系统，提升易用性、技术支持能力，扩大应用基础；打造产品系列化，提升方案整体竞争力；面向应用场景的集成化能力提升

图13-1　家用电器产业发展技术路线图（续）

项目		2025年 —————— 2030年 —————— 2035年	
关键零部件/元器件	高精度高分辨率的红外热成像阵列	完成低成本数字式热电堆阵列传感器的研发，保证产品性能一致性及长时稳定性；研制低成本多路信号采集电路或专用芯片	在家用电器或消费类电子产品中得到广泛应用
	照明用高功率LED（发光二极管）灯珠	研发低成本红外封装技术及光学器件；打造高效的测试及标定技术及实验平台开发，实现消费级模块的低成本测试	突破可靠性与光衰等方面的技术瓶颈，实现第三代半导体的应用，全面加强国产替代能力
	智能服务机器人的专用芯片及软硬件模组	完善面向建图与定位导航专用芯片的高效能硬件加速电路设计能力，优化建图与定位导航片上系统软硬件协同设计方法；实现机器人多场景环境感知建模的片上系统模组化，改善动态复杂环境下机器人定位导航的软硬件模组的协同效率	推动基于环境建图和定位导航片上系统集成芯片和软硬件模组的两大场景（室内家居场景、室内商超场景）四类机器人（家用清洁机器人、家用娱乐家政服务机器人、商用清洁机器人、商超导引导购服务机器人）的应用示范
	高集成度功率半导体器件及模块	改善输出MOSFET（金氧半场效晶体管）导通电阻、寄生电容等驱动效率，优化模块封装与散热工艺，提高耐压、驱动电流等参数的一致性与可靠性；增强模块抗干扰能力	在上游原料，力争突破晶圆、DCB（陶瓷基覆铜板）等瓶颈，形成全面的国产替代能力，在半导体方面降成本应用，形成技术优势
关键材料	新型高效固体吸附除湿材料	提高吸附量，降低脱附温度，提高循环次数，增强物理化学热稳定性	优化固体吸附材料的生产技术，批量生产，降低成本。实现固体除湿材料在湿度控制设备中的应用

图 13-1　家用电器产业发展技术路线图（续）

项目	2025年—————————2030年—————————2035年		
关键材料	低/无重稀土压缩机用烧结钕铁硼	抑制低稀土总量下软磁相α-Fe（体心立方晶格）的形成，降低生产过程中稀土损耗及稀土氧化、碳化；通过复合添加实现烧结铁硼晶界亚稳相生成及工程化稳定；构建均匀、连续的非磁性晶界相	工业上实现识别并控制批量生产中熔炼抑制α-Fe（体心立方晶格）形成的关键控制点；识别并控制批量生产过程中气流磨、压制、烧结等工艺及流程中稀土损耗及稀土氧化、碳化的关键控制点
	高储热密度的相变蓄热材料	提高储热密度，提高材料的热导率和吸热放热速率，降低对储放热效率的影响	高储热密度、高储放热效率的固液相变蓄热材料，寿命10年或循环5000次以上
	高性能制冷压缩机用冷冻油	提升冷冻机油与制冷剂、制冷系统材料的良好相容性；提高制冷剂在冷冻机油中的溶解度；优化冷冻机油/制冷剂混合物的运动黏度、润滑性	形成国产替代品，进一步提高国产油品的使用规模
关键制造装备及检测设备	家用电器专用焊接工艺及装备	提升焊缝区组织耐腐蚀性能水平；建立焊缝检测新工艺替代水检方案	完成内胆焊接工艺预研以及相关测试；应用焊接工艺到实际生产中
	竖插翅片微通道换热器翅片冲压及装配工艺	优化竖直翅片间横纵交接排水技术，改善两相制冷剂均匀分配，改善不锈钢隔离铜铝防腐蚀工艺；开发换热器外表面的全涂层技术	增强新一代微通道换热器的生产能力，逐步推动替代铜管铝翅片换热器应用
	材料轻量化（高强钢）加工工艺	改善模具设备工艺，研究破解高强钢强度提升与冲压成型工艺性的矛盾点；建立高强钢应用涉及整机振动噪声分析方法，持续探索高强减薄以后各零部件的耐疲劳性分析	高强相关研究；完成风机架和挂钩间的切换

图 13-1　家用电器产业发展技术路线图（续）

项目	2025年 — 2030年 — 2035年		
关键制造装备及检测设备	基于石墨烯导电涂层的石英光波加热管制造工艺	改善石英管管径小时的喷枪或CVD（化学气相沉积）工艺，研发大尺寸的涂层均匀度和厚度控制处理装置；优化抽真空、灌注氩气、连接导线等加热管封装工艺	建设具备大规模量产能力的生产线
	低成本高性能新型喷涂工艺及装备	提高国内冷喷工艺使用高纯惰性气体的纯度，提高长时间运行的可靠性	降低过程参数波动的影响，克服高温条件下气体波动、参数波动对涂层厚度、氧化率、导电性能的影响，保证产品合格率不低于95%
	细管径翅片管式换热器胀管工艺与设备	细化小管径、无倒伏、管翅贴合紧密的换热器胀管要求，研究提升合适的机械胀管或气体胀管工艺，研制胀管设备。实现直径为2～4mm管翅式换热器的胀管	实现空调换热器、冰箱冷柜冷凝器的制冷系统匹配和应用搭载
	无废液亲水/耐腐双效后处理涂层工艺	提高在湿膜固化过程中，膜厚均匀性；降低涂层液有效成分中的挥发性；提高涂层耐热冲击性能	增强换热器的表面涂层处理能力，实现涂层液体国产化
	洗衣机紧配合轴承压装设备	提高电子伺服控制水平，配套压力位移曲线软件，实时跟踪反馈电缸压力曲线和前进位移。通过点位受力分析实际设备运行过程各受力点是否符合标准，保证紧配合压装轴承无损	改善设备精准位移和压力控制反馈水平、系统控制精度，提高伺服电缸国产化水平

图 13-1 家用电器产业发展技术路线图（续）

项目	2025年—————2030年—————2035年	
关键制造装备及检测设备	冰箱保温材料高压发泡机	提高发泡机的计量控制系统精准度；开展发泡机的高精度铸造技术研发；提高压力容器材料安全性能	进一步提升高压发泡机湿机的计量系统精准度，枪头和压力容器寿命
	高速冲压一体化伺服压力机	在高速大功率伺服电机国产化领域，优化模拟液压成型及力传感控制算法，增强压力机械传递水平	实现伺服电机国产化，并推广应用多规格小型化伺服电机，替代液压、拉伸等低速加工，提高我国加工工艺水平
	家用电器行业制冷系统气密性检漏仪	提高检测冷媒泄漏精度和稳定性，优化检漏仪结构，减少零部件较多结构复杂带来的不稳定	优化国产检漏仪设计，实现模块化和制造精度的提升；在检漏前，对焊缝进行100%无损检测
	家用电器运转产生振动及噪声分析仪器	增大声学信号的采集频率，优化噪声及振动声源分析方法。提高产品设计的结构差异化，满足检测设备本身的结构尺寸及功能的不同要求	提升噪音检测设备本身的精度，优化家用电器零部件设计结构及装配精度
	家用电器电磁辐射检测设备	改善电路设计排版、降低布局产生的高频磁场感应和电场感应；优化探头模块、显示模块、报警模块等具体的硬件设计方案和实现方法	提升检测精度和稳定性，优化射频和工频电磁辐射防护标准
	高精度流量计	提高检测精度，填补质量流量等高精度流量计在国内的空白	提高产品质量和适用范围，满足国内制冷类家用电器生产的不同需要

图 13-1　家用电器产业发展技术路线图（续）

项目	2025年	2030年——————2035年
智能化关键技术	语音交互技术	逐步完善支持多语种、多方言语音交互，逐渐支持语义理解功能	完善语义理解功能，支持情感计算，逐步形成行业测试数据库数量
	视觉交互技术	逐步完善支持复杂环境背景下手势、步态、行为识别	逐渐完善复杂背景下的物体分割及识别，形成行业测试数据库
	机器人技术	逐步完善支持复杂环境下机器人自主运动（行走和操作）	逐步完善机器人用宽动态范围机械手臂幅度及操作精度
	知识图谱技术	通过试验比对，逐步形成智能家居场景知识图谱，支撑智能家居场景建设	通过收集用户数据，逐步形成智慧家庭知识图谱，支撑智慧家庭场景对用户的干预决策
绿色化关键技术	柔性直流家电技术基础	直流家用电器产品研制成熟并面向市场推广，直流家用电器产品覆盖率达到10%，助力家电全生命周期碳排放减少20%	直流家用电器产品覆盖率达到30%，助力家用电器全生命周期碳排放减少30%
	家用电器可回收材料利用技术	主要家用电器产品可回收材料使用率超过80%，其他常见家用电器产品可回收材料使用率超过75%	主要家用电器产品可回收材料使用率超过85%，其他常见家用电器产品可回收材料使用率超过80%
	高品质再生材料加工与应用技术	实现家用电器产品再生塑料及金属材料的高品质应用	全面提高应用水平和再生材料使用率
	天然工质制冷剂替代技术	家用制冷器具天然工质制冷剂覆盖率超过10%	家用制冷器具天然工质制冷剂覆盖率超过30%
	家电产品全生命周期信息追溯技术	在主要家用电器产品开展应用	进一步提升应用范围和应用量

图 13-1　家用电器产业发展技术路线图（续）

项目		2025年——————2030年——————2035年	
健康化关键技术	智能家居健康管理场景技术	研究居家场景人体健康指标分析技术，筛选、提取有用参数，建立数学模型，搭建数据库	加强居家场景人体健康参数数据库样本，研究具有指导人体日常行为的健康管理模型，并与智能家居融合联动
元宇宙技术融合关键技术	智能家居元宇宙平台	摸索元宇宙技术与智能家居产品的融合方式，打造适配度高的应用场景	实现智能家居产品与元宇宙技术的初步融合应用
战略支持与保障	科研创新战略	设立家用电器产业国家级创新中心，加大家用电器产业共性关键技术的研发力度	
	科研创新战略	加强家用电器产业技术基础公共服务平台建设，促进家用电器标准、检测、计量、研发和设计等服务能力提升	
	科研创新战略	加快制定或完善家用电器产业在高新技术方面的国家和行业标准，推进家用电器产业标准的国际化，完善和提升标准化体系	
	科研创新战略	促进跨产业、跨领域协作，强化基础科学和上下游融合应用	

图 13-1 家用电器产业发展技术路线图（续）

14

仪器仪表

　　仪器仪表产业重点发展的产品是自动化仪表和控制系统（如变送器、流量计、物位仪表、控制阀、分散控制系统、可编程序控制器）、分析仪器（如高分辨率质谱仪、扫描探针显微镜、高灵敏度X射线荧光光谱仪）、电子测量仪器（如数字存储示波器、微波矢量网络分析仪、高速数据网络分析仪）、机械量测量仪器（如高精度三坐标测量机、激光跟踪测量仪、高精度光学三维形貌测量仪）。

仪器仪表是认识、改造世界的工具，是获取数据的源头，是实现国家创新驱动以及高质量发展战略的重要支撑。仪器仪表的发展水平是衡量一个国家创新、制造能力的重要标志。

需求 我国目前为发展中国家仪器仪表产业规模最大、产品品种最齐全的国家，中低端产品已满足了国内市场的大部分需求。随着技术进步、政策引导以及下游需求上升，国产中高端产品替代进口和进入国际市场的步伐明显加快。未来，"一带一路"发展中国家对仪器仪表的需求是我国仪器仪表企业出口的重要增长点。

据统计，2021年我国仪器仪表产业规模以上企业达到5400家，2021年度营业收入1428.8亿美元；2025年的营业收入预计达到1943.9亿美元，2030年的营业收入预计达到3130.7亿美元，2035年的营业收入预计达到5042.0亿美元。其中能源、装备制造、生命健康、新材料等领域对仪器仪表的需求是未来拉动仪器仪表市场规模增长的主要因素。

目标 到2025年，突破重点领域所需仪器仪表的关键技术；严重依赖进口的关键核心部件实现50%以上国产化，重大工程所需高端仪器仪表国产配套率达50%以上；形成合理的"金字塔型"产业结构，国产仪器仪表市场竞争力得到提升，贸易逆差逐步下降。

到2030年，掌握重点领域所需仪器仪表的关键技术；严重依赖进口的关键核心部件实现80%以上国产化，重大工程所需高端仪器仪表国产配套率达80%以上，国产仪器仪表可支撑国家重点领域发展需求；出口量大幅提高，我国成为国际仪器仪表市场需求的重要供给渠道。

到2035年，掌握大部分领域仪器仪表的关键技术；严重依赖进口的关键核心部件实现90%国产化，重大工程所需高端仪器仪表国产配套率达90%，国产仪器仪表可支撑国家重点领域发展高层次需求；出口至发达国家的仪器仪表产品数量大幅度提升，我国初步迈入仪器仪表强国的第二梯队。

发展重点

1. 重点产品

▶ **自动化仪表和控制系统**

❖ **变送器**

变送器是能输出国际标准信号的工业自动化仪表,根据被测参数不同,可分为压力变送器、差压变送器和温度变送器等产品。

❖ **流量计**

流量计是用来测量管道或明沟中的液体、气体或蒸汽等流体流量的工业自动化仪表。根据不同的测量原理,可分为电磁流量计、涡街流量计、超声流量计、质量流量计等产品。

❖ **物位仪表**

物位仪表是测量液态液面和粉粒状材料装载高度的工业自动化仪表。其中测量固态物料堆积高度的仪表称为料位计,测量液态高度的仪表称为液位计,测量两种不同介质的界面的仪表称为相界面计。

❖ **控制阀**

控制阀是接受控制系统的信号,改变液体、气体和蒸汽的压力、流量和方向的执行元件。根据控制阀配套的执行机构不同,可分为电动控制阀、气动控制阀、自力式控制阀等。

❖ **分散控制系统**

分散控制系统(DCS)是一个由过程控制级和过程监控级组成的、以通信网络为纽带的多级计算机系统,其基本特点是分散控制、集中操作、分级管理、配置灵活、组态方便。

❖ **可编程序控制器**

可编程序控制器(PLC)是一种数字运算、操作的电子系统,用来控制各种类型的机械设备或生产过程。PLC具有通用性强、使用方便、适用性广、可靠性高、编程简单等特点,在工业自动化控制特别是顺序控制中广泛应用。

▶ 分析仪器

❖ 高分辨率质谱仪

高分辨率质谱仪可对化合物的分子量实现更准确的鉴定，尤其可以用于一些样品中微量和超微量元素的定性和定量检测。其分辨率超过 500000 甚至 1000000，是质谱仪的重点发展方向之一，应用于生命科学、材料科学、地质科学、月球研究、核工业等领域。

❖ 扫描探针显微镜

可以实现原子分辨成像，还可以利用扫描隧道显微镜（STM）探针尖端与材料表面原子的相互作用，对表面原子进行操纵，从而构筑原子级精度的人工结构。用于研究纳米级上物理、化学、生物、材料结构和电子态性质。

❖ 高灵敏度 X 射线荧光光谱仪

能够对微焦斑 X 射线管发射的高强特征 X 射线进行布拉格（Bragg）衍射单色化并聚焦到直径数十到数百微米的聚焦面，对样品中的元素进行单波长激发。具有良好的峰背比，极低的检出限，可以对微量甚至痕量元素进行定性定量检测。

▶ 电子测量仪器

❖ 数字存储示波器

对宽带模拟信号、高速数字信号和微波信号进行实时观测与波形分析，能够精确复现时域波形随时间的变化规律，通过时域到频域变换可以测量信号的频域频谱分布。用于解决雷达、通信、电子侦察与电子对抗、精确制导、模拟核试验等电子系统科研、试验、生产和技术保障测试难题。

❖ 微波矢量网络分析仪

微波矢量网络分析仪被称为"微波仪器之王"和微波工程"万用表"，主要用于获得半导体芯片、器件、部件、组件、天线、材料、隐身目标、电磁波传输链路等被测网络的反射与传输特性。用于解决相控阵雷达、卫星通信与卫星导航、5G 和 6G 移动通信、电子侦察与电子对抗等电子装备科研、试验与生产测试难题。

❖ 高速数据网络分析仪

高速数据网络分析仪是数据通信网络测试的关键仪器，主要用于测试高速数据通信网络及路由交换设备的高速数据转发处理功能、吞吐量、时延、抖动等网络性能，以及协议仿真与分析能力，通过丢包率和时延等指标的测试和分析，实现大规模网络流量模拟以及对网络设备的压力测试。用于解决高速光纤通信、5G和6G移动通信、卫星互联网络等通信方式的高端路由交换设备和数据中心设备的科研、生产、入网测试和运行维护测试难题。

▶ 机械量测量仪器

❖ 高精度三坐标测量机

三坐标测量机凭借其高精度和通用性在精密检测，产品设计、生产过程控制和模具制造业中发挥着重要作用，高精度三坐标测量技术是未来发展的重点方向。

❖ 激光跟踪测量仪

激光跟踪测量仪采用了绝对测距、断光再续及激光跟踪技术的球坐标测量系统，它已成为当前大型装备制造不可或缺的核心测量仪器，高精度、高可靠性的激光跟踪测量技术是未来发展的重点方向。

❖ 高精度光学三维形貌测量仪

光学三维形貌测量仪是实现复杂曲面高精度测量与制造的关键仪器，是支撑大飞机、重载火箭等国之重器国产化精密制造必不可少的数字化检测设备，高精度、抗高光、全自动化是未来重点的发展方向。

2. 关键零部件/元器件

▶ 自动化仪表和控制系统

❖ 高精度低噪声模数转换器

主要技术参数：24位分辨率，Sigma-Delta（Σ-Δ）采样模式，采样率不低于500kS/s（每秒采样样本数量），信噪比（SNR）优于110dB，积分非线性（INL）优于0.5LSB（最低有效位）。

❖ **超低功耗微控制单元**

主要技术参数：运行状态功耗不大于9μA/MHz，运行状态功耗不大于214μA/MHz，温度范围为-40℃～85/105℃，32位微控制单元(MCU)，具有通信接口。

❖ **低温漂低噪声电压基准源**

主要技术参数：噪声不大于1μV，温漂不大于1ppm/℃。

❖ **高精度压力传感元件**

主要技术参数：测量范围为0～14MPa（差压）、0～70MPa（压力），线性误差＜0.5%F.S.（＞10kPa），工作温度为-40℃～85℃。

❖ **定位器**

主要技术参数：控制方式为开关式，驱动电压为24V（DC），环境温度为-40℃～80℃，工作压力为0.15MPa。

❖ **超声波传感器**

主要技术参数：超声波换能器频率为200～500kHz，产品测距为10cm～5m，产品测量精度为0.3mm，测试范围为20～2000g/cm^2，响应速度为3m/s。

▶ **分析仪器**

❖ **高可靠涡轮分子泵**

广泛应用于科学仪器、半导体、真空镀膜等行业。主要技术参数：抽速300L/s（N2）；压缩比＞1011（N2）；极限真空≥10^{-7}mbar；平均故障时间＞16000h。

❖ **连续式电子倍增器**

可以用于大部分类型质谱仪的离子信号检测，包括电子倍增、微通道板、光电倍增等类型。主要技术参数：模拟增益≥105；脉冲计数增益≥107；暗计数率≤5c/s（脉冲数/秒）；累计拾取电荷≥3.5C；能够在空气中长时间保存。

❖ **静电场高分辨率质量分析器**

具有超高分辨率（百分级）、体积小、故障率低、质量范围宽、灵敏度高等优点。

❖ X 射线管

用于产生 X 射线原级谱，端窗透射靶。主要技术参数：铍窗厚度 ≤200μm；8 小时稳定性<0.05%。

▶ 电子测量仪器

❖ 超宽带可变增益放大器模块

主要实现宽带信号增益放大和缩小。主要技术参数：带宽为 10GHz、30GHz、60GHz、110GHz，通道增益调节范围：−22.5～+37.5dB。

❖ 高速数字信号处理模块

采用可编程逻辑阵列（FPGA）和双倍速率同步动态随机存储器（DDR），接收和存储模数变换器输出的高速数据流，并实现触发和显示处理。主要技术参数：高速数据接口收发速率为 120Gb/s、240Gb/s、480Gb/s、1024Gb/s、2048Gb/s，存储深度为 1Gpts、2Gpts、3Gpts、4Gpts。

❖ 超宽带定向耦合器

定向耦合器是矢量网络分析仪的关键核心部件，可实现入射波、反射波和透射波分离。主要技术参数：方向性 15dB 以上；频率范围：10MHz～18GHz/26.5GHz/40GHz/50GHz/67GHz/110GHz/145GHz/220GHz/325GHz。

❖ 高性能协议仿真与分析模块

高性能协议仿真与分析模块是高速数据网络分析仪的关键部件，实现数据网络协议的 2～7 层仿真与测试。协议仿真与分析可支持路由、组播、接入、软件定义网络（SDN）等协议，支持多协议叠加测试。

▶ 机械量测量仪器

❖ 高端（长度）位移传感器

包括光栅、时栅、磁栅等精密长度位移传感器件，需达到亚微米量级精度，提供高分辨率、高精度的长度位移信息，是实现高精度直角坐标测量的关键零部件。

❖ **精密（直线）运动机构**

三坐标测量机的运动特性由三坐标测量机运动机构的精密程度来决定，包括控制系统、传动机构及执行机构等关键环节，要求达到亚微米量级的动静态定位精度。

❖ **高端（角度）位移传感器**

包括光栅、时栅、磁栅等精密角度位移传感器件，需达到亚角秒量级精度，提供高分辨率、高精度的角度位移信息，是实现高精度球坐标测量的关键零部件。

3. 关键技术

▶ **自动化仪表和控制系统**

❖ **集成多变量测量功能一体化技术**

针对当前流程工业温度、压力、物位/液位和流量等检测仪表功能单一的现状，研究并发展集成多变量测量功能一体化的传感器，结合紧凑型设计的过程连接件，具有方便现场安装，易用性高；管道漏点少，提高安全性；方便整体标定校准，提高测量精度等优点。

❖ **功能安全和信息安全融合的系统评估与验证技术**

建立满足 IEC61508《电气/电子/可编程电子安全系统的功能安全》和 IEC 62443《工业通信网络 网络和系统安全》要求的安全一体化生命周期管理程序，开展安全一体化危险和威胁分析，迭代开展安全一体化协同设计与测试验证。

❖ **边缘计算与云化控制技术**

边缘计算与云化控制技术包括工业云应用技术、高可靠性云平台技术、工业通信网络和边缘计算网关技术以及就地控制技术，具备更强大的算力，更好的协同管理能力以及故障容错能力。边缘系统架构将存储、计算、处理和组网等云功能推进为生成或使用数据的设备，具备更好的可靠性与实时性，保障现场稳定和安全。

❖ 工业语言编程编译技术

工业语言编程编译技术主要实现将工业控制系统专用工业语言编写的控制程序编译成可在控制系统运行的目标指令，这些专用工业语言通常由 IEC 61131-3（关于可编程逻辑控制器的标准，该标准的第 3 部分是编程语言）等标准进行规范，包括对工业语言的编程、编译、调试、链接、优化和仿真等全套工具链的技术。

❖ 基于先进物理层和开放性生产控制和统一架构（OPC UA）技术的网络通信技术

针对当前流程工业温度、压力、物位/液位和流量等检测仪表普遍采用的二线制（4~20mA）或具有总线供电的低速率现场总线的现状，研究并开发基于先进物理层的网络通信技术，提高网络通信的带宽和实时性；同时通过 OPC UA 协议及信息模型实现仪表的设备描述、设备管理和系统集成功能，替代各种不同现场总线和以太网采用的 EDD、FDT 和 FDI 等设备描述语言和设备集成技术。

❖ 自校正、自检测、自诊断、自适应功能设计技术

通过多参数复合感知、信号处理智能化、数据传输双向数字化等技术，能够获取较完整的环境状态信息，实现产品自身工作状态的检测与诊断，通过自学习等功能，实现检测参数的自动修正，达到环境变化的自适应能力。最终实现故障自诊断、寿命自评估以及外界环境故障报警等功能。

❖ 控制阀远程诊断与健康管理技术

通过对控制阀运行数据的实时记录、实时查询和追溯，采用机器学习等人工智能技术，实现对控制阀的远程自动故障识别，故障原因判别和自动报送。实现对控制阀的信息化管理，以及控制阀健康推送与查询功能。

▶ 分析仪器

❖ 高分辨率质量分析测控技术

电极设计加工技术通过仿真模拟与实验，设计加工静电离子阱电极结构，实现高容量离子囚禁与存储；镜像电荷检测技术实现离子信号的镜像电荷检测与放大；信号转换算法实现统一的、全息的镜像电荷信号转换，提高串联质谱装置灵敏度；高压电源技术提供多个数千伏级别的直流高

压，同时其电压温度稳定性达到 ppm 级，确保质谱分析质量精度、分辨率和稳定性。

❖ **离子源及离子传输设计技术**

离子源部件实现样品的离子化，离子传输部件将离子源产生的离子注入质量分析器中。离子产生和传输的效率、长时间稳定可靠是设计的重点。离子源环节涉及化学反应、多物理场的交叉学科知识，主要目的是如何尽可能多的产生目标物的离子，并且满足样品进样设备对流量的设置、目标物化学性质等需求。离子传输主要考虑气压、真空、电磁场控制使得离子丢失尽可能少，可以设计为宽范围传输、也可以设计为选择性传输，或者具有可切换或调节能力。

❖ **扫描探针精确控制技术**

扫描探针控制器是扫描探针系统的重要组成部分。主要包括高压放大器，压电陶瓷驱动器、主控制器，高增益的电流放大器以及控制器软件等部分。其功能很大程度上决定了整套扫描探针系统的性能和操作性。

❖ **双曲弯晶技术**

可以将光管特征 X 射线单色化，将入射 X 射线聚焦到样品较小面，同时，不同角度和材质的双曲面弯晶可以用于选择不同波长的射线，从而达到选择性和高效率激发样品中元素的效果。

▶ **电子测量仪器**

❖ **波形实时处理与分析技术**

由超高速数据流接收、大容量数据深度存储、低抖动高灵敏度数字触发、快速波形捕获与数字荧光显示等技术组成，是数字存储示波器的核心，决定了数字存储示波器的波形捕获率和存储深度等核心指标。高速数据流接收实现对超高速模数转换器（ADC）输出数据流的接收，大容量数据存储实现对高速 ADC 输出数据流的存储，低抖动高灵敏度数字触发实现触发点定位，确定示波器显示参考点，快速波形捕获与数字荧光显示技术减小示波器采集的死区时间，记录电压随时间变化曲线并生成显示图像。

❖ 调制域与数据域矢量网络分析技术

突破大功率窄脉冲调制S参数（散射参数）测试、双频非线性W参数测试、高速数据传输眼图和误码抖动测试等关键技术，解决第三代半导体功率芯片裸片在片测试、非线性模型表征、高速数字系统表征等测试难题。

❖ 多端口同时激励与同时测量矢量网络分析技术

突破多端口激励信号独立产生与调控、多端口响应信号同步接收与分析、多端口电子校准与误差修正等关键技术，解决超大规模T-R（Transmitter and Receiver Module）芯片阵列、超大规模相控阵天线、超大规模多进多出（MIMO）波束赋形天线和波束跟踪天线、大型隐身装备雷达散射截面等实时测量难题。

❖ 2~7层协议仿真与分析技术

全面测试网络通信协议、协议一致性等关键指标，支持多协议叠加等复杂场景测试，以及路由、接入、组播和SDN等各种协议的仿真与分析。用于网络通信高端路由器、高速交换机等高速中心设备和网络协议性能测试，满足大规模数据通信网络和数据中心协议分析需求。

▶ 机械量测量仪器

❖ 超精密多维运动机构设计技术

综合运用运动学、动力学、控制学理论知识，研究微小惯量精密轴系结构、精密线性驱动以及高动态精密控制算法，实现多轴线性、回转运动机构的高速、高精度、高稳定性运动控制，为高精度、高动态扫描与跟踪采样提供精密运动控制手段。

❖ 多自由度姿态和位置调整技术

针对不同尺寸、表面特征各异的被测产品，实现产品多自由度调节，调整被测产品的特征测量表面与测头敏感方向的一致性，提高测量结果的准确性和设备使用的广泛性。

❖ 空间极坐标系坐标测量系统误差补偿技术

建立空间极坐标系26项误差模型，基于空间全局控制点约束的超定系统多参数求解算法计算误差参数，降低系统误差对坐标测量精度的影响。

战略支撑与保障

（1）加强产业政策引导。充分发挥产业政策的引导作用，制定仪器仪表产业重点领域产品技术规范条件，提高行业准入门槛，遏制低水平重复建设。鼓励仪器仪表企业积极开展产品质量提升工作，推进制造过程绿色化。通过市场及金融扶持政策，提升仪器仪表企业在产业链中的话语权，提升上游产业链的供给能力，提升产业基础能力，提升产品质量。

（2）优化产业环境。健全产业和市场环境，建立产业信誉体系，规范市场行为，完善政府采购制度，发挥国内市场的支撑作用，促进企业形成良好的发展循环，提升企业质量管理水平，引导科研单位联合企业开展前沿、基础研究，推动产业关键技术和基础技术的发展。

（3）加强共性技术平台建设。以企业共性技术需求为主导，鼓励建设社会化技术服务平台，加快仪器仪表共性技术能力建设，推进新产品的开发，关键再造工艺技术的研究和专用设备的研制，重要应用技术的开发。积极推进"产、学、研、用"协同创新能力建设，鼓励国际化研发团队建设。

技术路线图

仪器仪表产业发展技术路线图如图14-1所示。

项目	2025年 ————————→ 2030年 ————————→ 2035年		
需求	我国目前为发展中国家仪器仪表产业规模最大、产品品种最齐全的国家,中低端产品已满足国内市场的大部分需求	随着技术进步、政策引导以及下游需求上升,国产中高端产品替代进口和进入国际市场的步伐明显加快	未来,"一带一路"发展中国家对仪器仪表的需求是我国仪器仪表企业出口的重要增长点
	2021年我国仪器仪表行业规模以上企业5400家,年度营业收入1428.8亿美元,2025年的营业收入预计达到1943.9亿美元	2030年的营业收入预计达到3130.7亿美元	2035年的营业收入预计达到5042.0亿美元
	其中能源、装备制造、生命健康、新材料等领域对仪器仪表的需求是未来拉动仪器仪表市场增长的主要因素		
目标	突破重点领域所需仪器仪表的关键技术;严重依赖进口的关键核心部件实现50%以上国产化,重大工程所需高端仪器仪表国产配套率达到50%以上;形成合理的"金字塔型"产业结构,国产仪器仪表市场竞争力得到提升,贸易逆差逐步下降	掌握重点领域所需仪器仪表的关键技术;严重依赖进口的关键核心部件实现80%以上国产化,重大工程所需高端仪器仪表国产配套率达到80%以上,国产仪器仪表可支撑国家重点领域发展需求;出口量大幅度提高,我国成为国际仪器仪表市场需求的重要供给渠道	掌握大部分领域仪器仪表的关键技术;严重依赖进口关键核心部件实现90%国产化,重大工程所需高端仪器仪表国产配套率达到90%,国产仪器仪表可支撑国家重点领域发展高层次需求;出口至发达国家的仪器仪表产品数量大幅提升,我国初步迈入仪器仪表强国的第二梯队

重点产品		
	自动化仪表	变送器、流量计、物位仪表、控制阀
	控制系统	DCS、PLC
	分析仪器	高分辨率质谱仪、扫描探针显微镜、高灵敏度X射线荧光光谱仪
	电子测量仪器	数字存储示波器、微波矢量网络分析仪、高速数据网络分析仪
	机械量测量仪器	高精度三坐标测量机、激光跟踪测量仪、高精度光学三维形貌测量仪

关键零部件				
	高精度低噪声模数转换器	在现有基础上,提高技术指标	实现产业化,推广应用	
	超低功耗微控制单元	在现有基础上,提高技术指标	实现产业化,推广应用	
	低温漂低噪声电压基准源	在现有基础上,提高技术指标	实现产业化,推广应用	
	高精度压力传感元件	完成研发和试验样机	批量试制	实现产业化,推广应用

图 14-1 仪器仪表产业发展技术路线图

项目	2025年	>2030年	>2035年
关键零部件 — 定位器	在现有基础上，提高技术指标	实现产业化，推广应用	
关键零部件 — 超声波传感器	在现有基础上，提高技术指标	实现产业化，推广应用	
关键零部件 — 高可靠涡轮分子泵	主要技术指标达到国际先进水平，部分具有自主知识产权的产品实现批量化生产及应用	部分主要技术指标达到国际领先水平，具有自主知识产权的产品基本满足市场需求	产品综合技术指标达到国际领先水平，具有自主知识产权的产品实现大批量生产应用
关键零部件 — 连续式电子倍增器	主要技术指标达到国际先进水平，部分具有自主知识产权的产品实现批量化生产及应用	部分主要技术指标达到国际领先水平，具有自主知识产权的产品基本满足市场需求	产品综合技术指标达到国际领先水平，具有自主知识产权的产品实现大批量生产应用
关键零部件 — 静电场高分辨率质量分析器	完成工程化开发	主要技术指标达到国际先进水平，部分具有自主知识产权的产品实现批量生产及应用	部分主要技术指标达到国际领先水平，具有自主知识产权的产品基本满足市场需求
关键零部件 — X射线管	主要技术指标达到国际先进水平，部分具有自主知识产权的产品实现批量化生产及应用	部分主要技术指标达到国际领先水平，具有自主知识产权的产品基本满足市场需求	产品综合技术指标达到国际领先水平，具有自主知识产权的产品实现大批量生产应用
关键零部件 — 超宽带可变增益放大器模块	超宽带可变增益放大器采用锗硅（SiGe）和磷化铟（Inp）工艺实现30GHz带宽、10dB以上增益范围	宽带可变增益放大器采用锗硅（SiGe）和磷化铟（Inp）工艺实现60GHz带宽、10dB以上增益范围	宽带可变增益放大器采用磷化铟（Inp）工艺实现110GHz带宽、10dB以上增益范围
关键零部件 — 高速数字信号处理模块	高速数字信号处理模块接口收发速率达到512Gb/s，存储容量达到2Gpts	高速数字信号处理模块接口收发速率达到1024Gb/s，存储容量达到3Gpts	高速数字信号处理模块接口收发速率达到2048Gb/s，存储容量达到4Gpts
关键零部件 — 超宽带定向耦合器	超宽带定向耦合器方向性达到15dB以上，工作频率覆盖10MHz～110GHz	超宽带定向耦合器方向性达到15dB以上，工作频率覆盖10MHz～145GHz/220GHz	超宽带定向耦合器方向性达到15dB以上，工作频率覆盖10MHz～325GHz
关键零部件 — 高性能协议仿真与分析模块	高性能协议仿真与分析模块实现通用路由、组播、接入、SDN仿真测试	高性能协议仿真与分析模块实现卫星互联网协议仿真与分析	高性能协议仿真与分析模块实现定制化协议及一致性仿真测试
关键零部件 — 高端（长度）位移传感器	主要技术指标达到国际先进水平，部分具有自主知识产权的产品实现批量化生产及应用	部分主要技术指标达到国际领先水平，具有自主知识产权的产品基本满足市场需求	产品综合技术指标达到国际领先水平，具有自主知识产权的产品实现大批量生产应用

图 14-1　仪器仪表产业发展技术路线图（续）

项目		2025年----------->2030年----------->2035年		
关键零部件	精密（直线）运动机构	主要技术指标达到国际先进水平，部分具有自主知识产权的产品实现批量化生产及应用	部分主要技术指标达到国际领先水平，具有自主知识产权的产品基本满足市场需求	产品综合技术指标达到国际领先水平，具有自主知识产权的传感器实现大批量生产应用
	高端（角度）位移传感器	主要技术指标达到国际先进水平，部分具有自主知识产权的产品实现批量化生产及应用	部分主要技术指标达到国际领先水平，具有自主知识产权的产品基本满足市场需求	产品综合技术指标达到国际领先水平，具有自主知识产权的产品实现大批量生产应用
关键技术	集成多变量测量功能一体化技术	技术研发	技术达到国际先进水平	达到国际领先水平
	功能安全和信息安全融合的系统评估与验证技术	形成SIL（功能安全完整性等级）+SL（信息安全等级）评估认证体系及规范	形成一体化安全SSIL（功能安全和信息安全融合的完整性等级）评估认证体系及规范	
	边缘计算与云化控制技术	能有完全适合用户需要的成熟的产品推出，达到规模化应用的条件	随着5G的完全成熟，行业应用将普遍，同时产业端会建立联盟和生态，通过制定标准的形式，开放接口	
	工业语言编程编译技术	实现多领域场景工艺化编程	实现智能化语言快速场景构建	实现多域联合系统智能化构建，多控制节点自适应程序迁移
	基于先进物理层和OPC UA技术的网络通信技术	国内外均处于APL技术标准制定、芯片研发及产品研发阶段	实现产品市场应用并开始推广，达到并跑或超越国际先进水平	实现产品市场应用并开始推广，达到并跑或超越国际先进水平
	自校正、自检测、自诊断、自适应功能设计技术	大部分仪表初步实现自检测、自诊断和自校正功能	智能仪表具备自检测、自诊断、自校正功能和环境自适应能力	人工智能全面植入，实现故障自诊断、寿命自评估以及外界环境故障报警能力
	控制阀远程诊断与健康管理技术	基于运行动态数据，实现控制阀故障预测，并进行自我状态修正，技术水平达到国内领先水平	基于管道压力、温度、流量等参数的采集和运算，实现安全事故提前预测与主动防护功能。技术水平达到国际先进水平	实现企业对控制阀的状态进行远程、实时、协同、多维度管理，技术水平达到国际领先水平
	高分辨率质量分析测控技术	完成工程化开发	推广应用	国际先进水平
	离子源及离子传输设计技术	部分解决	基本解决	推广应用
	扫描探针精确控制技术	部分解决	基本解决	推广应用
	双曲弯晶技术	基本解决	推广应用	国际先进水平

图 14-1 仪器仪表产业发展技术路线图（续）

项目		2025年——————>2030年——————>2035年		
关键技术	波形实时处理与分析技术	波形实时处理与分析技术达到100万个波形/秒的最高波形捕获率和2Gpts的最大存储深度	波形实时处理与分析技术达到120万个波形/秒的最高波形捕获率和3Gpts的最大存储深度	波形实时处理与分析技术达到140万个波形/秒的最高波形捕获率和4Gpts的最大存储深度
	调制域与数据域矢量网络分析技术	调制域与数据域矢量网络分析技术脉冲带宽为20ns,实现平均功率50W集成芯片在片测试和100Gb/s数字传输系统眼图测试	调制域与数据域矢量网络分析技术脉冲带宽为5ns,实现平均200W集成芯片在片测试和400Gb/s数字传输系统眼图测试	调制域与数据域矢量网络分析技术脉冲带宽为1ns,实现500W集成芯片在片测试和800Gb/s数字传输系统眼图测试
	多端口同时激励与同时测量矢量网络分析技术	多端口同时激励与同时测量矢量网络分析技术实现32×32多端口同时激励与测量分析	多端口同时激励与同时测量矢量网络分析技术实现64×64端口同时激励与测量分析	多端口同时激励与同时测量矢量网络分析技术实现128×128多端口同时激励与测量分析
	2~7层协议仿真与分析技术	2~7层协议仿真与分析技术实现高速数据通信网络、物联网络、互联网络和工业互联网络等协议仿真与分析	2~7层协议仿真与分析技术实现高速数据通信网络、6G移动通信、卫星互联网络和车联网络等网络协议仿真与分析	2~7层协议仿真与分析技术实现高速数据通信网络动态场景模拟仿真和协议分析,以及智能网络和无人操控自主网络的协议仿真与分析
	超精密多维运动机构设计技术	基本解决	推广应用	
	多自由度姿态和位置调整技术	部分解决	基本解决	推广应用
	空间极坐标系坐标测量系统误差补偿技术	部分解决	基本解决	推广应用
战略支撑与保障	加强产业政策引导	充分发挥产业政策的引导作用,制定仪器仪表产业重点领域产品技术规范条件,提高行业准入门槛,遏制低水平重复建设。鼓励仪器仪表企业积极开展产品质量提升工作,推进制造过程绿色化。通过市场及金融扶持政策,提升仪器仪表企业在产业链中的话语权,提升上游产业链的供给能力,提升产业基础能力,提升产品质量		
	优化产业环境	健全产业和市场环境,建立产业信誉体系,规范市场行为,完善政府采购制度,发挥国内市场的支撑作用,促进企业形成良好的发展循环,提升企业质量管理水平,引导科研单位联合企业开展前沿、基础研究,推动产业关键技术和基础能力的发展		
	加强共性技术平台建设	以企业共性技术需求为主导,鼓励建设社会化技术服务平台,加快仪器仪表共性技术能力建设,推进新产品的开发,关键再造工艺技术的研究和专用设备的研制,重要应用技术的开发。积极推进"产、学、研、用"协同创新能力建设,鼓励国际化研发团队建设		

图 14-1 仪器仪表产业发展技术路线图(续)

工程机械

　　工程机械产业重点发展的产品是智能化工程机械（如智能矿山机械、智能道路机械、智能地下工程装备、智能港口/物流机械、工程机械智能服务与运维系统）、新能源工程机械（如电动工程机械用电池系统、电动工程机械用电控系统、电动工程机械用电驱系统、电动工程机械换电系统、氢能工程机械动力系统）。

工程机械是国民经济发展的重要支柱产业之一，是装备工业的重要组成部分，主要应用于城市基础设施建设、国防、水利、电力、交通运输、能源工业等领域，应用范围广，品种繁多，属于资本、劳动、技术密集型行业。工程机械产品包括挖掘机械、铲土运输机械、起重机械、工业车辆、路面施工与养护机械、压实机械、凿岩机械、气动工具、混凝土机械、混凝土制品机械、掘进机械、桩工机械、市政与环卫机械、高空作业机械、装修机械、钢筋及预应力机械、军用工程机械、电梯与扶梯、专用工程机械、工程机械配套件、冰雪运动与应急救援装备等二十一大类。

需求　　作为我国国民经济发展的重要支柱产业之一，工程机械行业近年来获得了长足的发展，品牌影响力、国际化程度、科技和创新能力、规模和总量、品质和质量、价值链的综合能力以及发展质量等诸多方面显著提高，为国民经济建设做出了巨大贡献。中国工程机械为中国城市化、基础设施建设提供了强大的装备保障，部分领域取代进口，在部分国家，部分产品成为第一品牌，在中国装备领域表现突出。通过龙头企业引领、主配结合，支持产业链创新，解决了部分"卡脖子"问题，具备可自主生产高品质工程机械产品的能力。但工程机械高端关键零部件依赖进口，结构性产能过剩，创新机制和创新能力还有待加强，产品可靠性耐久性需要进一步提高，超大型和智能化产品竞争力有所不足，关键零部件可靠性及信誉度不高，绿色工程机械产品研发与标准化建设有待完善等问题尚需进一步解决，因此需要完善以企业为主体、市场需求为导向、"政、产、学、研、用"相结合的创新体系，围绕产业链部署创新链，围绕创新链配置资源链，加强关键核心技术攻关，加速科技成果产业化，提高关键环节和重点领域的创新能力，积极推动移动互联网、大数据、人工智能和工程机械行业的深度融合，实现工程机械产品的绿色化、数字化、智能化、大型化和网络化，引领新一代工程机械产品革命，使我国工程机械行业产品和技术达到国际先进水平，部分达到国际领先水平。

目标　　到2025年，建成一批支撑企业数字化、网络化、智能化、大型化转型的全流程平台，为企业转型发展和生态环境治理、安全生产、应急抢险等科学管理提供实时、准确、高效支撑；配套件自主化率达到80%以上，部分产品达到世界领先水平。

到2030年，重点突破设计、生产和施工的全价值链绿色智能应用，实现跨品牌、跨机种、跨领域的行业超级客户平台和智能施工平台，实现通过数据驱动智能服务和智能施工的新生态；高端配套件自主化率达到60%以上，部分分支行业达到世界一流水平。

到2035年，全面掌握关键核心技术，基本形成高效、创新、绿色的供应链体系，高度定制化、个性化、高端化的智能制造体系，数字化、绿色化、网络化的智能施工体系；实现工程机械新能源化；工程机械运行效率、作业安全、预测维护等实现世界领先，高端配套件自主化率达到70%以上，关键零部件自主可控，成为全球领先的工程机械强国。

发展重点

1. 重点产品

▶智能化工程机械

❖智能矿山机械

从地上到地下、从掘进到运输，积极推进全挖掘机械、铲土运输机械、掘进机械等矿山开采装备向着智能、安全、绿色的方向更新换代，深化矿山数字化应用，致力于为全球客户提供高质量的成套化施工解决方案，携手全产业链打造绿色矿山、安全矿山和智慧矿山。

❖智能道路机械

应用5G、大数据、物联网等科技新动能，以无人集群施工解决道路施工难题，有效攻克施工方在效率、成本、质量、安全、操控、监管等方面遇到的难点，实现筑养路机械、混凝土机械等设备"自诊断、自适应、自调整"，构建高标准、智能化、安全化的道路施工方案。

❖智能地下工程装备

通过智能地下工程装备研制、工法协同创新，为解决地下工程施工中的关键技术及凿岩机械、掘进机械、桩工机械等成套装备问题提供综合解决方案，整体技术水平与产品系列完善程度达到世界领先水平。

❖ 智能港口/物流机械

面向港口/物流自动化、智能化、绿色化的技术发展趋势，满足现代化港口/物流企业对港口/物流机械、起重机械、工业车辆等设备的迫切需求，辅助港口/物流运营科学化决策。

❖ 工程机械智能服务与运维系统

构建工程机械装备海量异构信息感知协同与智能终端技术，攻克大数据驱动、知识库支撑、多模型融合的装备健康精准评估技术，创立"智能在端、决策在云、管控在屏"的工程机械远程运维服务平台。以实现智慧工地全时空人机链接、全任务智能调度、全场景三维可视为目标，研发工程机械大型施工工程多模态人机协同系统、智能调度系统、数字孪生可视化系统，构建工程机械施工过程"信息一张网、管理一张表、监控一张图"。

▶ 新能源工程机械

❖ 电动工程机械用电池系统

电池是新能源工程机械的关键零部件，研发适用于工程机械各工况施工的专用高功率电池，使其可靠性、稳定性满足工程机械在复杂环境、复杂工况下的使用要求。

❖ 电动工程机械用电控系统

围绕通用型智能控制系统高压化、集成化、高可靠性发展趋势，开展新能源产品线多合一控制器开发。

❖ 电动工程机械用电驱系统

实现永磁电机技术突破，开发工程机械适用的高功率密度电机，进一步提升转矩密度、集成技术和可靠性。

❖ 电动工程机械换电系统

研制全部纯电动工程机械产品均适用的换电系统，实现主机企业同上游电池生产企业联合开发，提高用户换电效率；达到国际领先水平，安全性、可靠性、产能满足商业化要求。

❖ **氢能工程机械动力系统**

完善清洁氢气生产和氢储运配套环节,提高氢燃料电池、氢内燃机的效率,使氢能工程机械产品市场份额不断增加。

2. 关键零部件/元器件

▶ **液压零部件/元器件**

液压零部件和元器件向高压、超高压、大流量、高频响、数字化方向发展,满足工程机械大型化、节能化、数字化、智能化转型需要,重点突破安全性、可靠性要求,重点研发高频响数字多路阀、数字液压缸、高性能电液插装阀、闭环控制数字阀、大流量高压负载敏感多路阀、大流量平衡阀以及工程机械用大功率宽调速液压电机泵。

▶ **传动零部件/元器件**

工程机械大马力全自动动力换挡变速器、重型 AT 变速器、涡轮闭锁液力变矩器、工程机械用高效驱动电机及集中/轮毂/轮边驱动总成大速比高效率集成式电驱动桥、高速变速器总成级系统、高功率密度集成变速器及系统、高功率密度电驱回转减速器突破国外垄断,填补国内空白。

▶ **控制零部件/元器件**

研发工程机械用安全控制器、专用传感器、边缘计算单元、电机电控系统、电池管理系统、智能控制器、交流电机驱动控制器以及适合新能源产品线的多合一动力域控制器,满足工程机械电子元器件的可靠性、安全性、环境适应性等指标的高要求,适应工程机械大型化、新能源化、无人化、智能化发展方向。

▶ **轴承**

研发高承载、大倾覆、强冲击工况用大型重载轴承,突破超长寿命钢技术、匀质化处理技术和先进的密封润滑技术等。

▶ 发动机

提高内燃发动机的热效率，努力实现近零排放，发展高效、低碳（碳中和）、清洁和燃料多元化的新能源动力系统；攻克发动机增压器系统、先进燃油系统、智能控制系统以及后处理系统等关键零部件技术，实现关键零部件的自主可控。

3. 关键技术

▶ 大型化工程机械

重点发展高端大型挖掘机、大型沥青混合料搅拌装备；重点开发大型/超大型起重机、超大型动臂起重机；重点发展大直径/超大直径隧道掘进机。进一步完善系列化、大型化、结构轻量化、节能减排、智能控制等关键技术，提高整机可靠性。2025年，实现大型工程机械整机更加成熟；2030年，实现大型工程机械整机及零部件自主化率达90%。

▶ 工程机械可靠性试验技术

实施系统可靠性提升工程，建立涵盖产品设计、制造、零部件生产、试验及维护保养的可靠性技术体系。重点突破：可靠性数据采集与技术分析；整机及关键零部件可靠性设计技术；制造工艺可靠性提升关键技术及装备；高效可靠性试验技术、试验数据库及标准规范；关键零部件与系统的故障诊断与寿命预测技术。2025年，保证整机和关键零部件的平均无故障时间提高10%；2035年，大型工程机械可靠性达到国际先进水平。

▶ 大型工程机械检测技术

具备对大型工程机械整机及关键零部件进行全方位综合测试分析的能力，发现并解决核心技术在大型工程机械产品中推广应用的瓶颈问题，有效提升行业测试、验证水平，提升大型工程机械产品的可靠性和安全性，为重大工程机械产品产业化发展提供全方位技术服务。2030年，研发突破适应大型工程机械极端复杂环境下，高功率、超高压、大流量、超大转矩、大体量、大吨位等特点的多自由度振动、冲击疲劳检测技术与装备；大型工程机械服役过程中，全方位、多角度多元智能传感与在线监测自诊断技术。

战略支撑与保障

（1）深化体制机制改革。在国家层面加强工程机械行业发展战略、规划、政策、标准等制定和实施，强化行业自律，提高行业治理水平。完善"政、产、学、研、用"协同创新机制，改革技术创新管理体制和项目经费分配、成果评价和转化机制，促进科技成果资本化、产业化，激发工程机械企业创新活力。

（2）营造公平竞争的市场环境。以市场化手段引导工程机械企业进行结构调整和转型升级，深化市场准入制度改革，加强监管，打击不正当竞争行为，为企业营造良好的生产经营环境。完善淘汰落后产能工作涉及的职工安置、债务清偿、企业转产等政策措施，健全市场退出机制，强化工程机械企业社会责任建设。

（3）制定和完善产业政策、财税政策、金融政策以及相关的配套政策。深化金融领域改革，拓宽工程机械企业融资渠道，降低融资成本。加大对新一代信息技术、高端装备、新材料等重点领域的支持力度。加大对工程机械企业在境外开展业务融资的支持力度。

（4）健全多层次人才培养体系。支持企业家队伍建设，为企业家成长创造良好的环境，支持"高、精、尖、特"中小企业发展，健全多层次人才培养体系。

加强工程机械行业人才发展统筹规划和分类指导，组织实施工程机械行业人才培养计划，加大专业技术人才、经营管理人才和技能人才的培养力度，完善从研发、转化、生产到管理的人才培养体系。

（5）进一步扩大工程机械行业的对外开放。在投资管理体制、市场准入政策、引进海外人才方面，加大对工程机械企业的支持力度，支持鼓励工程机械企业"走出去"，实施海外投资并购。

（6）监督示范项目落地应用。加强监督，推进工程机械行业创新应用试点示范项目落地应用。

（7）发挥行业组织服务和自律作用。充分发挥行业组织在制定行业规范及从业人员行为准则、规范行业秩序、促进企业诚信经营、履行社会责任等方面的自律作用。提高行业组织在促进行业技术进步、提升行业管理水平、制定团体标准、反映企业诉求、反馈政策落实情况、提出政策建议等方面的服务能力，促进行业规范健康发展。

技术路线图

工程机械产业发展技术路线图如图 15-1 所示。

项目	2025年	2030年	2035年
需求	完善以企业为主体、市场需求为导向、政产学研用相结合的创新体系，围绕产业链部署创新链，围绕创新链配置资源链，加强关键核心技术攻关，加速科技成果产业化，提高关键环节和重点领域的创新能力		
	推动移动互联网、大数据、人工智能和工程机械行业的深度融合，实现工程机械产品的绿色化、数字化、智能化、大型化和网络化		
	引领新一代工程机械产品革命，促使中国工程机械产业在经济上和技术上达到国际先进水平，部分产品达到国际领先		
目标	建成一批支撑企业数字化、网络化、智能化、大型化转型的全流程平台，为企业转型发展和生态环境治理、安全生产、应急抢险等科学管理提供实时、准确、高效支撑；配套件自主化率达到80%以上，部分产品达到世界领先水平	重点突破设计、生产和施工的全价值链绿色智能应用，实现跨品牌、跨机种、跨领域的行业超级客户平台和智能施工平台，实现通过数据驱动智能服务和智能施工的新生态；高端配套件自主化率达到60%以上，部分分支行业达到世界一流水平	全面掌握关键核心技术，基本形成高效、创新、绿色的供应链体系，高度定制化、个性化、高端化的智能制造体系，形成数字化、绿色化、网络化的智能施工体系；实现工程机械新能源化；工程机械运行效率、作业安全、预测维护等实现世界领先；高端配套件自主化率达到70%以上，关键核心零部件自主可控，成为全球领先的工程机械强国
关键零部件/元器件 — 液压零部件/元器件	向高压、超高压、大流量、高频响、数字化、智能化方向发展，满足工程机械大型化、节能化、数字化、智能化要求，重点突破安全性、可靠性，实现自主产品量产	高端液压元件实现技术安全、自主可控，达到国际先进水平	
关键零部件/元器件 — 传动零部件/元器件	工程机械大马力全自动动力换挡变速器、重型AT变速器、涡轮闭锁液力变矩器、工程机械用驱动电机及集中/轮毂/轮边驱动总成、大速比高效率集成式电驱动桥等高端传动零部件和元器件突破垄断，填补国内空白	高端零部件，实现自主生产	实现高端化、大型化、智能化世界领先
关键零部件/元器件 — 控制零部件/元器件	工程机械用安全控制器、专用传感器、边缘计算单元、电机电控系统、电池管理系统、智能控制器、交流电机驱动控制器以及适合新能源产品线的多合一动力域控制器等实现功能安全	重点突破工程机械电控芯片的国产替代	工程机械用控制零部件和元器件达到国际领先水平
关键零部件/元器件 — 轴承	在高端轴承领域逐步实现技术的自主化，摆脱对进口轴承的技术依赖	实现工程机械乃至大型工程机械用轴承自主化率达到90%	
关键零部件/元器件 — 发动机	攻克发动机增压器系统、先进燃油系统、智能控制器系统以及后处理系统等核心零部件技术，实现关键零部件的自主可控。发展高效、低碳（碳中和）、清洁和燃料多元化的新能源动力系统，热效率和有害排放控制国际先进	自主智能控制器达到国际领先水平，实现近零排放，能耗或碳排放降低30%~50%	内燃机系统实现高度智能化，突破涡轮增压与发动机空气管理系统与智能控制技术，应用碳中性燃料，内燃动力系统碳排放降低50%以上

图 15-1　工程机械产业发展技术路线图

图 15-1 工程机械产业发展技术路线图（续）

项目		2025年	2030年	2035年
重点产品				
智能化工程机械	智能矿山机械	矿山施工场景下，远程操控挖掘机械、铲土运输机械、矿山机械等	需人工干预，自动判断矿山施工环境要求，实现挖掘机械、铲土运输机械、矿山机械等全自动施工	无须人工干预，自动判断矿山施工环境要求，实现挖掘机械、铲土运输机械、矿山机械等全自动施工
	智能道路机械	道路施工场景下，远程操控筑养路机械、混凝土机械等	需人工干预，自动判断道路施工环境要求，实现筑养路机械、混凝土机械等全自动施工	无须人工干预，自动判断道路施工环境要求，实现筑养路机械、混凝土机械等全自动施工
	智能地下工程装备	地下施工场景下，远程操控凿岩机械、掘进机械、桩工机械等	需人工干预，自动判断地下施工环境要求，实现凿岩机械、掘进机械、桩工机械等全自动施工	无须人工干预，自动判断地下施工环境要求，实现凿岩机械、掘进机械、桩工机械等全自动施工
	智能港口/物流机械	港口/物流施工场景下，远程操控港口/物流机械、起重机械、工业车辆等	需人工干预，自动判断港口/物流施工环境要求，实现港口/物流机械、起重机械、工业车辆等全自动施工	无须人工干预，自动判断港口/物流施工环境要求，实现港口/物流机械、起重机械、工业车辆等全自动施工
	工程机械智能服务与运维系统	实现自主品牌规模化应用	实现自主技术解决方案突破和生态构建	建立共性技术研发平台、建立国家共性技术研究院，推进技术标准和知识产权战略，高端配套件自主化率达到70%以上，行业总体达到世界一流水平
新能源化工程机械	电动工程机械用电池系统	与电池厂商合作开发工程机械适用的电池		完成满足工程机械各工况施工的专用高功率电池
	电动工程机械用电控系统	实现部分电控产品小批量生产	结合施工工况升级电控程序	实现精准工况的控制技术
	电动工程机械用电驱系统	永磁电机技术突破	开发工程机械适用的电机	开发功率密度更大的电机
	电动工程机械换电系统	纯电中小型机多机种试验	开发能量密度更大的电池	实现全面推广
	氢能工程机械动力系统	氢能中小型机多机种试验	开发能量密度更大的氢能动力系统	实现全面推广
关键技术	大型化工程机械	满足重大工程施工需求，提升大型工程机械整机保障能力	实现大型工程机械整机及零部件自主化率达到90%	
	工程机械可靠性试验技术	保证整机和关键零部件的平均无故障时间提高10%		工程机械可靠性达到国际先进水平
	大型工程机械检测技术	研发突破适应大型工程机械高功率、超高压、大流量、超大转矩、大体量、大吨位等特点的多自由度振动、冲击疲劳检测技术		
战略支撑与保障		在国家层面深化体制机制改革		
		营造公平竞争的市场环境		
		制定和完善产业政策、财税政策、金融政策以及相关的配套政策		
		健全多层次人才培养体系		
		进一步扩大工程机械行业的对外开放		
		监督示范项目落地应用		
		发挥行业组织服务和自律作用		

16

环保、低碳及资源综合利用技术与装备

水污染防治装备

水污染防治装备产业重点发展的产品是第三代高效厌氧生物反应器、耐污型污水水源热泵、二氧化碳电化学还原反应器、基于藻菌共生的减污捕碳反应器、负碳排型人工湿地、低氧生物控碳脱氮除磷装备、污水分质收集及分布式处理装备、高效低耗分盐浓缩装备、重金属回收及资源化装备、高盐高浓度有机废水电化学处理装备、污泥低耗碳化装置、污泥沼液营养盐回收装备、封闭式中压紫外线消毒反应器、蓝藻清除装备、超临界水氧化装备、高效臭氧反应装备、高效生物滤池。

大气污染防治装备

大气污染防治装备产业重点发展的产品是工业源烟气多污染物超低排放系统、移动源尾气污染物近零排放系统、挥发性有机物深度净化系统、碳捕集利用与封存系统。

16 环保、低碳及资源综合利用技术与装备

固体废物处理处置与土壤修复装备

　　固体废物处理处置与土壤修复装备产业重点发展的产品是垃圾填埋场生态修复集成装备，固体废物固化稳定化一体化装备，含抗生素废物水热闪蒸解毒装置，高效有机固体废物好氧发酵智能装备，有机固体废物好氧发酵-产品商品化成套装备，有机固体废物干式厌氧发酵设备，固体废物自动化分类回收、处理加工成套装置，高值固体废物自动回收、处理、加工装置，新能源汽车退役动力电池自动化拆解装置，报废汽车全自动化成套柔性拆解系统，多种固体废物中有价金属清洁提取装置，高效清洁能源作为反应供给能源的有价金属提取装置，原位热强化微生物耦合修复装备，高通量三段式异位热解吸装备，污染场地多相抽提与淋洗设备。

资源综合利用技术与装备

　　资源综合利用技术与装备产业重点发展的产品是大通量酸解萃取一体化强化装备、微气泡强化多相杂质快速分离装备、大规模连续转晶反应器、废弃电子产品智能拆解装备、废弃线路板及电子封装材料连续可控热解装备、退役动力电池处置利用装备、退役风电叶片大型化连续热解装备、退役光伏层压件大尺寸连续热解装备、战略金属高效深度提纯装备、强适应性高稳定性生物质可控热解多联产装备、基于催化与热质传递强化的生物质定向热解装备、原料特性匹配的差异化定向热解与产物分质调控装备。

483

水污染防治装备

水污染防治装备广泛应用于污废水处理，黑臭水体消除，生态流域治理及水体污染应急处置等领域。在我国经济社会发展全面绿色化转型背景下，水污染防治装备迎来减污降碳协同增效升级的发展机遇。其重点在于形成一批生产"低碳水""回用水""健康水"的智慧化装备。水污染防治装备作为绿色环保产业的核心组成部分，是深入打好污染防治攻坚战、碧水保卫战和促进经济社会绿色低碳发展的重要物质基础和技术保障。

需求 党的十八大以来，我国全面加大水污染治理力度，将生态环境治理和水污染防治提升到国家战略高度，自主研制了一批面向水处理、水环境治理和水环境监测的装备，一定程度上打破了高度依赖进口的被动局面。2022年我国水污染防治装备年产量已达40万台（套），未来市场潜力巨大，预计到2025年装备需求量将突破70万台（套），产值将突破4000亿元。然而，国产水污染防治装备低端化、同质化严重，规模化装备市场渗透率不足20%，且绝大部分属于污水处理装备，仍以实现污废水达标排放为单一导向，难以满足节能降碳、水回用、资源回收及水质安全的全方位需求。因此，在国家"双碳"重大战略部署下，面对水质水量型缺水造成的日益尖锐的水资源供需矛盾，当前人民群众对健康的极大重视，水污染防治装备发展亟须攻克关键核心技术，提升高端装备供给能力，推动数字化、智能化、绿色化、服务化转型，着力实现减污降碳协同增效、水资源高效回用及水质安全风险控制。

目标 2025年，突破6~8项污水低碳处理及能源化关键技术，形成新型装备样机并完成首次商业化应用，打造1~2家专精特新"小巨人"企业；发展系统高效、安全环保、经济可行的水回用装备，打造一批制造业单项冠军企业，装备产量突破10万台（套）/年，产值达1500亿元/年；面向新污染物实时监测装备品种达500种，满足搭建新污染物筛、评、控信息化管理平台的基本需求。

2030年，实现新型低碳水处理装备规模化生产，市场占有率达到10%，培育2～3家掌握低碳装备核心技术的国际知名企业；水回用及资源化装备品牌特色突出，产品类别极大丰富，副产物回收"短板"补齐，驱动拓宽水回用及资源化场景，形成国际领先的产业集群；在线监测产品实现广谱化和智能化，针对绝大部分水环境和用水场景，均有2项以上成熟的水质安全风险控制装备产品。

2035年，低碳装备市场占有率进一步提高，推动污水处理工艺重构和污水处理厂改革，建立一批以新型装备为核心的、可复制的示范工程；进一步深化回用水分级处理和利用，精细化、特色化的水回用及资源化装备市场需求强劲，力争实现全行业污废水回用及副产物资源化；拥有全球领先的水质安全保障体系和装备供应链，有1～2家企业在水质安全风险成套装备供应和服务上处于国际前列。

发展重点

1. 重点产品/工程

▶第三代高效厌氧生物反应器

实现一体化高效厌氧生物反应器的自主设计和生产，可自主培养高活性厌氧（颗粒）污泥，实现高效厌氧消化功能微生物大规模量产和商品化供应，完成高端厌氧生物反应器装备全产业链商业化。新装备可用于污泥消化和化学需氧量（COD）浓度为1000～70000mg/L的废水处理，COD去除率大于90%，COD去除量可达每天20～40kg/m^3。

▶耐污型污水水源热泵

在现有水源热泵的框架上搭载耐污耐腐蚀材料制作的防污塔和自动反冲洗模块，实现以聚天冬胺酸、聚环氧琥珀酸和天然植物提取物及其改性物为核心的新型绿色阻垢剂产品化。针对水温在15～25℃范围内，满足《城镇污水处理厂污染物排放标准》Ⅰ级B及以上标准的污水处理厂出水，实现持续运行下换热器热交换性能因结垢下降比小于 5%，热能原位利用量稳定达 1.2 kW·h/m³ 以上，性能系数大于 4。

▶二氧化碳电化学还原反应器

以无偏压微生物燃料电池和微生物电解池耦合反应器为框架，高稳定性、高活性微生物电极和单原子催化剂/微生物复合催化剂为核心的二氧化碳电化学还原装备。实现污废水中有机污染物去除率达 90% 以上，二氧化碳还原量大于 0.3 kg/t/d，催化剂性能稳定时间在 500h 以上，二氧化碳还原单一产物（如乙酸等）纯度达 99.5% 以上，实现催化剂商品化，装备体量达千百吨级。

▶基于藻菌共生的减污捕碳反应器

以藻菌共生膜带式反应器为核心的一体化封闭式装备。装备壳具备高透光和高保温性能；生物载体具备光导、自发光、高含水等功能，整体可拆卸更换；反应器内部架构紧凑，装备占地面积小，生物膜面积与占地面积比大于 5；配备智能化生物质收集系统。装备水力停留时间小于 12h，实现自然昼夜节律变化下处理出水水质稳定达《城镇污水处理厂污染物排放标准》（GB 18918—2002）一级 A 标准，二氧化碳直接固定量稳定地达到 40 g/m²/d 以上，装备体量达千百吨级。

▶负碳排型人工湿地

人工湿地搭载改良铁碳微电解填料与多孔生物滤料等新材料的复合基质，耦合微生物燃料电池，实现污染物削减、碳流能流的定向调控、电能回收、抑制甲烷和氧化亚氮逸散。相较于传统人工湿地，负碳排型人工湿地减少甲烷和氧化亚氮排放 30% 以上，固碳量不小于 150 mg/m²/d。

▶低氧生物控碳脱氮除磷装备

搭载物联网数据采集单元、机器学习模型预测节点、智能控制系统，实现生物单元进出水水泵、曝气设备、回流设备、进出水水质的在线监测和智能控制，在出水水质稳定达标的基础上不加药，少曝气。出水水质稳定达到地表水准Ⅳ类标准（总氮≤10 mg/L），装备能耗较常规活性污泥单元降低20%以上。

▶污水分质收集及分布式处理装备

前端智能化分质收集，后端分布式处理的装配式、自动化、易运维、集成化装备。水质分辨时间小于5min，可编程分级程序，水质分级数量达3级以上。分布式处理单元可覆盖绝大部分污废水特性，与工艺数据库实时互联，可根据水质、处理要求和用户的自定义分级方案实时调整运行参数。

▶高效低耗分盐浓缩装备

以基于高选择性离子交换膜的电驱动分盐装置，三维开放架构光能脱盐装置，以及其他适应不同水质条件的分质提盐、低耗浓缩装置为核心，搭载基于新型传感器、5G信息模块和物联网技术的智能化调控系统，实现高盐废水智能化处理，浓缩倍率达5~10倍，浓水总溶解固体（TDS）含量不低于150 g/L，与热法浓缩或传统膜法浓缩工艺相比，处理相同浓度的高盐废水，能耗降低20%以上。

▶重金属回收及资源化装备

针对工业废水复杂水质，实现重金属高特异性吸附/分离、脱附及资源化。吸附材料以仿生基质为主，吸附产品和膜分离产品向精细化、多样化、模块化方向发展，用户可根据目标重金属自由组合相应模块，针对ppm~ppb浓度级别的目标重金属去除率达98%以上；吸附材料具备优良的循环再生能力,可实现稳定高效脱附,使用寿命达半年以上;不同重金属可实现分区、分时回收,其纯度具备商业化潜力。

▶高盐高浓度有机废水电化学处理装备

配备耐腐蚀性好、机械强度高、性能稳定、析氧过电位高、析氧副反应小、可重复使用的新型阳极,搭载智慧控制系统可动态调控电流密度。实现 COD 和氨氮去除率 85% 以上,针对工业高盐有机原水的预处理,出水 COD 小于 1000 mg/L,针对反渗透膜进水预处理和膜浓水处理出水 COD 小于 50 mg/L;处理能耗低于 15 kWh/m^3,水力停留时间小于 1 h,水回收率大于 90%;非均相催化剂使用寿命超过 3 年,电极使用寿命超过 5 年。

▶污泥低耗碳化装置

采用先进的低温碳化工艺,获得零废生物炭、碳化颗粒燃料等污泥炭产品,配备余热回收、尾气处理模块,实现污泥碳化过程的低能耗及污染物近零排放。污泥干化能力大于 100 t/d,当污泥进料含水率为 60% 左右时出料含水率可低于 30%,污泥碳化实现出泥含水率低于 3%,污泥入料粒度小于 300 mm 时,出料粒度可小于 1 mm,装备运转率≥90%,智能化率≥30%,实现碳化成本低于 100 元/吨污泥。

▶污泥沼液营养盐回收装备

将有机碳、磷酸盐和氨氮转化为鸟粪石、羟基磷灰石或聚羟基丁酸酯藻酸盐等高附加值产品,形成的固体可由分离器实时截留收集。装备适用于磷含量大于 50 mg/L,氨氮含量大于 200 mg/L 的污泥沼液,磷负荷可达 100 kg/d,分离器收集的干固体产品含量大于 50%,颗粒的直径达到 0.9~3.0 mm,运行成本比同类进口产品低 50% 以上。

▶封闭式中压紫外线消毒反应器

呈封闭式承压一体化结构，配备国产化大功率中压紫外线灯和镇流器技术，可同步实现消毒和自来水特征污染物的光解去除。装备处理量大于50000 t/d，净水大肠杆菌小于3个/升，中水粪大肠杆菌小于500个/升，系统承压大于0.8MPa，光电转化率大于50%，灯管老化系数大于0.98。

▶蓝藻清除装备

全自动式蓝藻清除装备，配备高清晰度摄像头和图像识别系统，可自动识别蓝藻水域，规划工作计划，自发完成日常清理工作；融合5G通信和卫星遥感模块，可智慧化制定清除方案，对蓝藻爆发高风险点位实现预防式精准清除；搭载全自动清理卸货基站，可实现24 h无间断运行，日处理藻浆量大于10000 m^3，蓝藻清除率大于99%。

▶超临界水氧化装备

形成可应用于实际工程的超临界水氧化装备。由耐高压、耐腐蚀材料如高镍合金制成的反应壳体构成，反应压力可达1000 bar（1 bar=1.0×10^{-5}Pa），反应温度可达700℃；配备新型碳类、金属类和碱类催化剂；运行模式可间歇式，可连续式；实现有机污染物降解率超99.9%，出水水质可达《城镇污水处理厂污染物排放标准》(GB 18918—2002)一级A排放标准，尾气排放量小于焚烧排放量的5%，其中硫化物、氮氧化物和苯并[a]芘等有害气体含量优于国家《环境空气质量标准》(GB 3095—2012)一级标准。

▶高效臭氧反应装备

由稳定可控的等离子放电臭氧发生器和流体力学最优化的高传质臭氧反应塔组成。装备可提供臭氧浓度大于300mg/L，且浓度波动小于2mg/L，价格比同类进口产品低30%以上，市场占有率达到50%以上。

▶ **高效生物滤池**

采用基于硫-菱铁矿等新型材料的滤砖，布水布气均匀；形成混合营养或自养型微生物群落，减少甚至摆脱对外部碳源的依赖；配备智能化自清洗系统，可减少氮气聚集，减少堵塞，延长过滤周期。实现出水总氮小于 3 mg/L（当进水总氮小于 10 mg/L 时，出水总氮低于 1 mg/L），出水总磷低于 0.2 mg/L，总悬浮固体小于 10 mg/L，占地面积小于 100 m²/万吨水，启动时间 10~15 天，吨水投资小于 100 元，吨水运行费小于 0.01 元/去除 1 mg/L 总氮。

2. 关键技术

▶ **关键共性技术**

❖ **水污染控制装备设计数字化技术**

包括开发水处理装备数值模拟技术及反应器传质结构自优化软件，建立工艺基础宏数据库，为新工艺、新装备的开发提供数字化支撑。

❖ **水污染防治装备先进制造技术**

包括基于高精度激光切割的装备制造标准化技术，实现激光切割下料精度达到 0.3 mm；基于接口标准化的装备制造模块化技术；基于高自由度机器人的装备制造智能化技术，实现多自由度机器人和运动模块自动上料精度达到 0.5 mm；基于现代材料表面工程技术，突破水污染防治装备所需的耐高温、耐腐蚀、耐高压的高性能材料。

❖ **水污染防治装备全生命周期服务网络**

服务于水污染防治装备从设计到回收的全生命周期过程，重点突破水污染防治装备研发、测试及分级评估服务平台，以及基于物联网、大数据采集和人工智能的运行过程中调试和异常监测预警技术。

其他关键技术包括低碳水处理技术、水回用及资源化技术、水质安全风险控制技术，具体细分技术如下。

污废水及污泥能源化利用技术

废水有机物高效高值定向能源化技术

针对我国废水含沙量高、有机质含量低的特征，制定污泥快速絮凝沉降和低进水有机物浓度下的高效碳捕集措施，实现污水 COD 捕集效率达到 60% 以上（进水 COD 250 mg/L 以上）；突破污泥处理过程代谢阻断和电子流定向分配机制认识，创新微生物种群互作与菌群调控新技术，创建污泥碳转向、有机酸回收或原位利用等新原理新工艺。

污泥高效厌氧产能及低碳安全利用技术

基于碱发酵、导电材料和梯级热碱水解-厌氧消化组合技术等强化手段构建污泥有机质高效低碳厌氧转化产能方案，甲烷产率提高到 280 mL/g VS 以上；开发污泥与有机废物协同处置与碳源能源转化的新技术新工艺；开发发酵产物中难降解毒害污染物去除技术，污泥沼渣经脱水和好氧堆肥处理后制备为园林绿化土壤改良剂技术，开展污泥高效低碳处理处置关键技术创新、核心装备研制和工艺系统集成。

污废水潜热回收热泵防垢技术

研制新型耐污/腐蚀材料和自动冲洗装置、研发绿色复合缓蚀阻垢剂、优化热泵系统结构和运行参数提高热泵的整体传热系数和性能系数，开发高效、稳定、耐污的污水热泵技术。

水处理耦合二氧化碳捕集利用技术

二氧化碳原位电催化转化技术

突破高活性电催化剂研制技术瓶颈，构建微生物燃料电池和微生物电解池耦合体系，开发可提升细菌对复杂环境耐受性的纳米材料，制备高稳定性、高活性微生物电极和单原子催化剂/微生物复合催化剂，实现污水处理的零能耗、二氧化碳的低排放处理和高值化学品转化。

生物减污固碳协同增效技术

研发导光膜和高涵水膜材料等新型生物膜载体，提高藻菌生物膜的光利用率和生长稳定性，促进生物量载荷增长，提升装备结构紧凑性；建立膜载体空间结构参数和反应器氮磷去除效能和生物质产率的预测模型,为反应器迭代设计提供反馈;开发藻菌复合微生物药剂,可根据不同进水条件和处理需求,实现特异性藻菌共生生物膜群落构建。

▶再生水低碳生产技术

❖低碳消纳营养物的微生物生态系统构建

突破新型微生物及微生物碳氮磷循环过程的认识,发展微生物群落调控与功能强化的新原理新技术,攻关主流厌氧氨氧化和好氧颗粒污泥技术,开发高效低碳营养盐去除的新工艺与新技术。

❖污水分质收集、分布式处理技术

开发高灵敏度水质传感器和在线分析系统,实现水质的快速分类;突破智能化污水分质导流系统,实现水质的快速分选;推动分布式处理装备的标准化、模块化、智慧化生产,提高分布式水处理装备的广谱化程度和灵活性。

❖微量新污染物低碳控制技术

开发复杂悬浮物介质条件下的无机质精准分离技术,大幅提升生化反应单元体积利用率和曝气效率;以分析检测、自动控制、机器学习等学科领域新成果为基础,开发污水处理全过程能耗管控与智慧化运行模式。

▶工业废水绿色低耗脱盐与水循环利用技术

突破少(零)药剂低耗纳滤/反渗透技术,研制具有高选择性、高抗污染性能的纳滤/反渗透膜材料与膜组件,研发低耗高效的新型前处理技术,有效控制浓差极化、膜污染与膜结垢问题,提升系统脱盐效能与水回收效率;攻克绿色低耗脱盐新技术,如新型绿色低耗膜蒸馏、电吸附、光能蒸发、浓盐水蒸发结晶、机械蒸汽再压缩等技术,构建工业废水绿色低耗脱盐技术体系,实现浓度达到 10 g/L 的浓盐水蒸发浓缩,蒸馏水产量为 5L/m^2/d。研发工业废水脱盐与水循环利用系统智能化运行管理技术,研

究基于人工智能的多源数据融合的精准化运管技术，构建复杂应用场景下的运管策略，降低脱盐与水循环利用系统能耗，提升系统运行效能。

▶重污染行业难降解有毒污染物资源循环与近零排放技术

以生态型设计为导向，重点攻克有毒物质的逆向资源转化技术、重金属高附加值产品化、其他介质的再生利用技术，开发电辅助生物的高效污染物降解耦合能源转化技术。研制适用于难降解有毒工业废水的物联模块化、集成化、智能化的资源循环装备，培育生态工业产业园区。建立典型重污染行业污染物资源循环与近零排放方案与技术集成示范工程，开展技术经济性能分析。制定适应难降解有毒工业废水资源循环与近零排放的国际标准，引领国际前沿和提升国际话语权。

▶污废水及污泥资源化利用技术

基于定向化学转化的有机分子催化聚合技术，揭示废水中有机物碳链定向延长聚合机制，提升废水中污染物去除效率；研发高值有机物高效定向生物催化转化技术，突破废水中有机物转化率低的技术瓶颈；创建复合污染去除及资源回收技术，全面提升萃取、吸附等技术对有机复合污染物富集回收率，深度脱除废水中低浓度高风险物质；构建废水资源/能源综合利用技术体系，研发污水及污泥沼液中营养盐分离及资源化技术，提升资源利用率。

▶流域及地下水修复与安全利用技术

❖近自然修复与生态调控技术

攻克流域生态系统完整性构建理论、岸水同治技术系统、环境友好的人工构筑物构建技术、水生态最佳修复技术体系、绿色流域标准体系等重大理论和技术瓶颈问题，构建具有独立知识产权的体现复杂食物网络关系的水质-水动力-生态综合模型，形成一套完整科学的绿色流域构建创新模式。

❖ 水质异位修复技术与装备

研发基于绿色修复技术与装备，研究地下水复合污染原位、异位修复技术与装备，研究地下水回补技术与装备，建立以源头控制-过程调控-末端利用的地下水修复与安全利用技术体系。

▶ 医药废水风险控制及安全处置技术

❖ 病毒高通量实时监测及高效灭活技术

开发人工智能检测机器人、高自由度机械臂、高精度视觉系统，整合样品前处理、核酸提取构建和定量检测的一体化技术，检测通量大于10000个样品/d，可同时检测病毒种类大于15种；突破工程级UV/LED和催化光氧化等新型灭病毒技术，稳定实现病毒灭活率大于99.9%。

❖ 抗生素抗性风险因子监测及控制技术

突破高通量qPCR技术，可实时监测1000种以上抗性基因，成本较进口同等技术减少50%以上；开发抗生素抗性传播抑制技术，实现快速靶向识别携带抗生素抗性基因的细菌，破坏其细胞结构并破碎释放的抗生素抗性基因和eDNA序列，在工艺改进中采用不携带抗生素抗性基因的功能微生物代替生物处理单元原有的高风险微生物，建立新生态活性微生物群。

▶ 水环境中新污染物的优先控制筛选与风险评估技术

在水环境中新污染物快速识别和精准监测技术，对重点地区开展新污染物监测、污染评估和优控污染物筛选，建立区域性优先控制新污染物排放清单，为水环境中新污染物精准防控提供科技支撑。推进新污染物环境和健康风险常态化评估，建立水环境中新污染物环境风险管理信息系统。对于高风险新污染物，从生产和使用进行源头管控，对部分可以替代的高风险污染物，开发绿色替代品；进行新污染物相关行业清洁生产和全过程管理，开发源减排技术和处理处置技术，实现其环境风险管控。

▶水生态安全评估与调控技术

❖排水生态安全性影响模型构建技术

建立和优化CE-QUAL-W2模型、DYRESM-CAEDYM模型、AQUATOX模型、Vollenweider（VOL）模型、PCLake模型、MIKE系列模型、WASP模型和自主研发的新型模型，建立适应国情的综合评价体系，实现对水生态安全的评估与预测；建立水生态安全保障技术数据库，可根据模型预测结果提供因地制宜的技术解决方案。

❖水环境智能监测及厂网河一体化数字模拟技术

开发基于大数据挖掘的厂网建设、厂网效能、管网普查管理和管网系统中的物质信息分析的辅助调度管理系统，建立厂网河数字孪生系统，研制相关软件和云平台，实现信息互联互通。

3. 关键零部件/元器件

▶高均匀性布水布气器

包括微纳米气泡发生器、反冲洗布水布气器。

▶风机

包括空气悬浮风机、单级高速离心鼓风机和磁悬浮轴承高速离心鼓风机。

▶减速机

包括齿轮减速机、行星齿轮减速机及蜗杆减速机。

▶高精度过滤器

过滤精度达到 $100\sim500\mu m$。

▶ 高精度传感器

包括高准度、高精度污泥干度计、互相关流量计、TOC 分析仪和高仿生传感器。

4. 关键材料

▶ 催化剂

包括适用于高浓度过氧化氢水溶液（俗称双氧水）制取的阴极催化剂、单原子催化剂/微生物复合催化剂、高级氧化高性能长寿命催化剂、超临界水氧化专用催化剂。

▶ 功能菌剂

包括 COD 降解菌、硝化菌、反硝化菌、硫酸盐还原菌、藻菌复合菌剂。

▶ 高性能膜材料

包括醋酸纤维素、聚酰胺、聚酰亚胺反渗透膜；聚偏氟乙烯、聚乙烯、聚丙烯、聚醚砜、聚砜、聚酰胺纳滤膜；金属材料、金属氧化物材料超滤膜；氧化铝、氧化钛纳米平板陶瓷膜；聚合物离子交换膜。

▶ 高性能表面材料

包括高端稀土功能材料、高品质特殊钢材、高性能合金、高温合金、高纯稀有金属材料、高性能陶瓷、电子玻璃等先进金属和无机非金属材料，碳纤维、芳纶等高性能纤维及其复合材料，以及生物基材料。

5. 基础软件

▶ 智慧管控软件

具备统一的接入规范和协议的监测仪器物联化接入软件；生化系统生

物化学性质在线监测、数据即时收集处理和智慧加药、精准曝气一体化系统；覆盖采样任务发布、采样过程数据融合、样品转运、样品称重分析的装备制造质控云平台。

▶ **智慧水务成套系统**

包括数据采集与监视控制（SCADA）系统、地理信息系统（GIS）、物联网系统、客户服务系统、水务营销系统、办公自动化系统、辅助决策系统、异常预警系统、综合信息系统、自动调度系统、云平台办公系统、以及水厂、污水厂和环保部门的可视化终端和在线管理平台。

战略支撑与保障

（1）支持建立国家水污染防治装备技术创新中心。建立以创新中心为核心节点的创新生态网络，整合科研院所和产业链上下游骨干企业等创新资源，为行业发展提供水污染控制前沿和共性关键技术的研发扩散和首次商业化服务；面向行业、企业提供从技术研发到产品落地、从信息咨询到项目融资等一系列公共服务；建立"产、学、研、用"紧密结合的人才培养机制，扩大水污染防治装备制造业智库。

（2）加强行业规范引导。标准管理部门统筹规划，充分考虑我国国情和区域特点，即时制定、更新和推广行业及国家标准；行业协会积极为企业提供有针对性的解读和培训，加强对新标准的理解、宣贯和应用；鼓励中小微企业等新兴市场主体参与，推动建立公平竞争、健康有序的市场发展环境。

（3）建立健全绿色金融体系。建立资金保障，支持创新平台市场化运作，充分发挥市场在技术创新、工艺路线选择及资源配置中的导向性与决定性作用，推动水污染防治装备制造产业与绿色金融深度融合，发展信贷专项额度，强化直接融资，建立绿色发展基金，落实水污染防治装备制造产业税收优惠政策。

（4）加强技术、标准、人才等全方位的，成套装备出口、工程建设、运营维护等全流程业务的国际合作，积极拓展国际市场，提升产品的国际影响力和竞争力。

大气污染防治装备

　　大气污染防治装备包括脱硫脱硝除尘、挥发性有机物净化等大气治理所使用的专用设备、零部件及材料等，已被广泛应用于工业源和移动源等领域的废气治理。当前，我国已进入 $PM_{2.5}$ 和 O_3 污染协同治理、大气污染物和温室气体协同减排阶段，面向持续改善我国空气质量和应对气候变化的重大需求，大气污染防治装备亟须在技术优化、新材料开发、智慧控制等方面不断创新，形成一批适用于"十四五"乃至更长时间的绿色低碳技术装备，为打赢蓝天保卫战和实现碳达峰碳中和提供支撑。

需求

　　"十二五"以来，我国陆续发布实施《大气污染防治行动计划》《打赢蓝天保卫战三年行动计划》等政策文件，助力我国环境空气质量明显改善。然而也要认识到部分重点区域大气污染问题依然突出，如京津冀及周边、汾渭平原等区域 $PM_{2.5}$ 浓度仍处于高位，秋冬季重污染天气依然多发；臭氧污染日益凸显，已成为导致部分城市空气质量超标的首要因素，大气污染防治工作任重道远。2022年6月，我国发布实施《减污降碳协同增效实施方案》，推动减污降碳协同治理步入实践阶段。

　　助力实现空气质量改善和"双碳"目标下环境质量协同改善对大气污染防治装备提出新的需求。到2030年，我国持续加强污染物协同控制，大幅度削减常规大气污染物、非常规大气污染物和次生污染物的排放量，实现 $PM_{2.5}$ 和 O_3 污染协同治理，基本消除重污染天气，推进大气污染防治形势发生根本性转变，以及拓展"一带一路"实施下的海外市场；积极应对气候变化，推动能源清洁低碳高效利用，推进工业源、移动源等领域清洁低碳转型，加快提升人工碳汇能力，实现碳达峰国家战略需求。到2035年，实现重点区域空气质量全面改善，以及碳排放达峰后助力实现碳中和目标。

目标

　　2025年，突破非电行业超低排放、移动源近零排放等6~8项关键技术，选取重点行业开展多污染物全流程协同治理试点；挥发性有机物(VOCs)源头替代材料取得突破，形成2个以上先进制造业产业集群，培育一批单项冠军企业，产值达1300亿元/年；突破5~10项零碳工业流程再造、碳捕集利用与封存（CCUS）技术，以及非二氧化碳温室气体减排与替代技术。

2030年，多污染物深度治理核心技术与装备国产化率达到70%以上，形成10~20家具有行业引领力和国际竞争力的环保装备制造业龙头企业；移动源VOCs排放控制关键技术取得突破，培育3~5家行业龙头企业，形成VOCs全流程精细治理技术体系；1~2项温室气体减排前沿颠覆性技术取得突破，实现重点领域零碳负碳技术示范应用，开展百万吨级CCUS全流程工程示范。

2035年，形成多污染物低成本超低排放与温室气体协同减排技术体系，重点行业减污降碳协同增效达到世界领先水平；形成VOCs高效捕集与深度治理技术体系，支撑适用于不同区域不同季节的NO_x和VOCs协同减排优化路径；构建适用于我国的碳中和绿色低碳技术与装备体系，支撑大气污染物与温室气体协同减排及多重效益发展路径。

发展重点

1. 重点产品

▶ **工业源烟气多污染物超低排放系统**

◆ **高效除尘协同脱除SO_3装备**

在现有颗粒物超低排放技术基础上，研发常规和非常规污染物高效耦合治理技术与装备，实现多污染治理设备的系统集成，实现高效协同脱除烟气中颗粒物和SO_3等多组分污染物，提高污染物控制的经济性和适用性。技术与装备可在燃煤电站主流机组实现规模化应用，常规污染物（颗粒物）满足国家超低排放标准，非常规污染物（SO_3）的排放浓度小于 $2\ mg/m^3$。

◆ **$PM_{2.5}$和SO_3深度协同脱除装备**

以湿式电除尘技术为核心，研发适应各非电行业不同烟气工况的湿式电除尘器，实现深度脱除$PM_{2.5}$的同时协同脱除SO_3、雾滴、汞等，满足非电行业超低排放改造要求。相关技术与装备可在钢铁、有色冶金、建材等行业实现工程应用示范，$PM_{2.5}$排放浓度小于 $1\ mg/m^3$，SO_3脱除效率不低于50%，雾滴脱除效率不低于60%，总汞脱除效率不低于70%。

◆ **SO_2、$PM_{2.5}$和重金属高效协同脱除装备**

在现有SO_2超低排放技术基础上，研发可凝结颗粒物和汞及其化合物等重金属高效脱除技术，实现高效协同脱除烟气中SO_2、$PM_{2.5}$、汞、砷、硒、铅等多组分污染物。相关技术与装备可在燃煤电站主流机组实现规模化应用，SO_2和颗粒物满足国家超低排放标准，汞、砷、硒、铅四种重金属总排放浓度小于$30\mu g/m^3$。

❖ **高炉煤气精脱硫设备**

针对高炉煤气精脱硫难题，研发羰基硫水解催化剂关键材料，形成高炉煤气精脱硫技术与装备。相关技术与装备可在冶金行业实现工程应用示范，高炉煤气总硫（含有机硫和无机硫）浓度$\leq 30mg/m^3$。

❖ **高效脱硝协同重金属氧化装备**

在现有氮氧化物超低排放技术基础上，研发NO_x和VOCs以及CO等污染物高效协同一体化脱除催化剂，优化提升重金属汞、砷、硒、铅氧化率，形成创新工艺及成套装备。相关技术与装备可在燃煤电厂、有色冶金、建材等行业实现工程应用示范，氮氧化物满足相关行业超低排放标准，汞、砷、硒、铅四种重金属氧化率达50%以上。

❖ **贫燃预混燃烧器**

针对燃气锅炉超低氮改造需求，依托贫燃预混燃烧技术，研究智慧控制系统以控制空气当量比进而调节燃烧温度，解决预混燃烧器稳燃难题，形成新型预混燃烧器。相关技术与装备可在燃气锅炉上实现工程应用示范，NO_x排放浓度$\leq 20mg/m^3$，锅炉热效率损失可控。

❖ **基于陶瓷滤筒的烟气多污染物协同处理装备**

针对中小型工业燃烧烟气高温、高含尘烟气的多污染物净化需求，研发可协同脱除烟尘、SO_2、NO_x和二噁英等多污染物的功能型过滤材料，形成功能复合型一体化集成化装置。相关技术与装备可在火电、钢铁、建材等行业实现工程应用示范，除尘效率不低于99.9%，脱酸效率（SO_2、HCl、HF等）不低于85%，脱硝效率不低于90%。

❖ **径流式电除尘器**

为应对未来国家更加严格的环保除尘标准，研发新型放电极、泡沫金属阳极板等径流式电除尘技术与材料工艺，形成具有除尘效率高、稳定性好、能耗和水耗较低、运行费用低等优势的径流式电除尘器。相关技术与装备可在火电行业实现工程应用示范，径流式干式电除尘器出口颗粒物排放浓度$\leq 10mg/m^3$；径流式湿式电除尘器颗粒物排放浓度$\leq 1mg/m^3$，对雾滴及SO_3等污染物脱除效率不低于85%。

❖ 有毒有害大气污染物净化设备

针对我国有毒有害大气污染物治理需求，基于有毒有害大气污染物名录，对有毒有害大气污染物实行全过程管控，研发源头替代材料、过程减排工艺及末端深度净化技术与装备，形成相关污染控制技术规范。技术与装备可在典型行业实现工程示范应用，有毒有害大气污染物排放浓度满足国家相关行业最新排放标准。

▶ 移动源尾气污染物近零排放系统

❖ 国六标准机动车后处理装置

针对机动车排放控制需求，研发发动机与后处理系统一体化控制、热管理与排温控制、冷启动/热启动等过渡工况和实际行驶条件下污染物排放（RDE）控制、燃油蒸发系统集成与控制等关键技术，实现自主可控的高效能柴油车和汽油车排放后处理技术体系。国六标准机动车后处理装置可使柴油车主要污染物排放满足国六限值，汽油车主要污染物排放满足国六 B 限值，规模化应用的后处理装备国产化率实现自主可控。

❖ 国四标准非道路机械后处理装置

针对非道路机械排放控制需求，研发高抗振耐热冲击载体与柴油机颗粒捕集器（DPF）、发动机与后处理系统一体化控制、热管理、智能监管等关键技术，形成低成本长寿命集成式后处理装备。国四标准非道路机械后处理技术实现规模化应用，规模化应用的后处理装备国产化率实现自主可控。

❖ 国二标准船舶后处理装置

针对船舶国二标准排放管控方案需求，研发高效 PM 捕集等关键技术与装备，开展船舶排放控制及监测监管系统样机研制，形成国内船舶国二标准排放方案及路线。国二标准船舶后处理技术实现规模化应用，规模化应用的后处理装备国产化率实现自主可控。

▶ 挥发性有机物深度净化系统

❖ 安全型蓄热式热力燃烧装置

针对新一代 RTO 焚烧炉发展需求，研发高效节能结构设计及高热容量的陶瓷蓄热体，研究采用零泄漏多阀门气流切换方式，解决传统 RTO 结构导致的有机废气处理效率低和波动适应性差的缺点。相关技术与装备可在 VOCs 净化领域实现规模化应用，且 VOCs 去除效率达到 99.5%以上，蓄热效率达到 95%以上。

❖ 高效蓄热式催化燃烧装置

针对 VOCs 深度净化需求，研发高效节能结构以及广谱/高选择性催化剂，重点制备低贵金属、高催化活性、高稳定性和强抗毒性的多孔催化剂，缩小催化剂在稳定性等方面与国际先进水平的差距。相关技术与装备可在 VOCs 净化领域实现规模化应用，催化剂贵金属用量≤0.1g/L，起燃温度≤100℃，实现 CO 排放浓度≤10ppm、NO 排放浓度≤10ppm，使用寿命≥2 年。

❖ 低成本高效率挥发性有机物（VOCs）收集处理装备

针对高/低浓度 VOCs 废气分质收集不彻底等难题，开展 VOCs 废气收集新材料新工艺研究，形成设计规范、系统匹配、密闭到位、收集彻底的低成本高效率 VOCs 收集装备成套工艺。相关技术与装备可在 VOCs 净化领域实现示范应用，示范工程气量规模不小于 20000 Nm^3/h，VOCs 收集率大于 95%，收集处理后的尾气满足相应的国家排放标准。

❖ 高效分子筛 VOCs 净化装置

针对低浓度 VOCs 治理需求，研发分子筛表面改性技术及工艺和分子筛粒度与孔径调控制备技术及工艺，形成适用于复杂低浓度的高效吸附浓缩及低温高效脱附分子筛基净化设备，缩小吸附浓缩分子筛与国际先进水平的差距。相关技术与装备可在 VOCs 净化领域实现规模化应用，实现分子筛饱和吸附容量≥300mg/g、吸附效率≥95%，浓缩倍率达到 25 倍以上。

❖ 高效机动车 VOCs 净化技术与装备

针对移动源 VOCs 减排需求，重点开展机动车低 VOCs 含量原辅材料替代、含 VOCs 产品的使用过程的控制、干式喷涂工艺及系统优化和自动/静电涂装设备组合提升等关键技术研发，构建高效机动车 VOCs 净化技术与装备体系。该技术与装备可在汽车制造和维修行业实现规模化应用，推动相关行业 VOCs 排放总量减小 40%以上。

碳捕集利用与封存系统

❖ CO_2 低成本捕集设备

针对降低 CO_2 捕集成本的需求，研究新型低能耗高性能 CO_2 捕集材料，探究各类新型材料捕集特性和作用规律，形成系统的低成本碳捕集设备。相关技术装备在相关行业实现商业化应用，CO_2 捕集率＞95%，捕集能耗＜2.2 GJ/t CO_2，捕集材料再生损耗＜0.7 kg/t CO_2。

❖ CO_2 矿化封存装置

针对目前 CO_2 矿化反应速率低、反应条件苛刻、产物附加值低等问题，研发高适用性、高固碳率、高固废掺杂的 CO_2 矿化联产高附加值碳酸盐、建材等产品新工艺，形成适用于多组分的煤基固废 CO_2 矿化封存关键技术装置。相关技术装备在百万吨级示范项目上实现应用，矿化反应装置 CO_2 转化利用率不低于 95%，CO_2 矿化净封存利用率≥75%。

❖ CO_2 海洋地质封存装置

针对海洋封存工艺实现绿色化和经济固碳等需求，研究钙基、镁基等新型碱源及海上二氧化碳封存关键核心设备，形成适用于海洋高湿高盐环境的海上二氧化碳封存工程可行技术体系与成套装备。相关技术装备在百万吨级海洋咸水层封存示范工程上实现应用，每年封存二氧化碳达 50 万吨以上。

❖ 甲烷回收利用（以下简称"回用"）技术与装备

针对我国垃圾填埋场亟需提升甲烷回收利用率和资源化利用水平的需求，研发垃圾填埋气高效收集设备、新型高效吸附剂、高效甲烷分离工艺、集成化分离提纯装备，形成"高效收集—净化提纯预处理—资源化利用"的全流程甲烷回收利用成套技术装备。技术装备实现规模化推广应用，助力我国废弃物领域甲烷回收覆盖率达 50% 以上。

❖ CO_2 制备燃料

针对移动源领域实现碳中和目标需求，研发具备高选择性、低成本、高值化及可资源化利用的以 CO_2 为原料的燃料制备技术，开发纳米分子筛、石墨烯等新型催化剂，形成绿色燃料供应体系。

❖ CO_2 制备化学品

针对 CO_2 高效化学转化合成高附加值化学品需求，研发 CO_2 合成有机酸、醇、酯等新途经和新方法，开发 CO_2 定向转化高效催化剂制备方法，形成 CO_2 转化利用新体系。CO_2 定向转化制含氧化学品反应新途径或新方法可实现 CO_2 总转化率 ≥60%，单一产物选择性 ≥80%。

❖ CO_2 水肥制造技术与装备

针对盐碱地改良需求，研发高效连续碱性灌溉水溶碳制备 CO_2 水肥关键技术与装备，形成溶碳-滴灌-作物增产一体化实施方案及路线。关键技术装备实现规模化应用。

❖ 高能效碳减排技术与装备

针对船舶碳排放管控需求，研发高能效碳捕集与后处置关键技术与装备，研制船舶碳排放监测排放控制系统样机，形成国内船舶碳排放管控方案及路线。船舶碳后处理技术实现规模化应用，规模化应用的关键装备国产化率实现自主可控。

❖ 工业氧化亚氮及含氟气体替代、减量和回收技术与装备

针对氧化亚氮（N_2O）和含氟气体等非二氧化碳温室气体治理需求，研发 N_2O 直接分解及其配套催化剂技术工艺体系、含氟气体高效萃取精馏回收、膜分离回收和高附加值资源化利用等技术，形成低成本 N_2O 及含氟气体减量和回收技术装备体系。相关技术装备实现规模化推广应用，助力我国 N_2O 和含氟气体等非二氧化碳温室气体大幅度减排。

2. 关键技术

▶ 关键共性技术

❖ 大气污染控制装备产品与工艺设计技术

采用数值模拟计算软件、智能传感、互联网、大数据、数字孪生和人工智能等技术，实现大气污染治理高端装备数字化设计，提升装备性能、效能以及智能化水平。工艺设计主要包括预处理与后处理工艺耦合集成、减污降碳协同增效工艺和大气污染物监测治理远程智能控制等。

❖ **大气污染防治装备先进制造技术**

包括大气环保新材料设计、合成与加工技术，研发出水滑石类、环境矿物等吸附材料，多孔陶瓷、纤维（耐腐蚀、耐高温/超高温、抗水拒油、抗静电和聚酰亚胺纤维等）、金属及复合型材料等过滤材料，以及固定源烟气脱硫脱硝（稀土氧化物、纳米TiO_2光催化、活性炭等）和移动源尾气净化［稀土复合氧化物、稀土-(贵)金属、稀土-分子筛等］催化材料；基于高端装备制造能力的大气污染防治装备先进成型与连接技术；基于数字化设计的大气污染防治装备智能化制造技术。

❖ **大气污染防治装备调试与服务技术**

研发基于大气环保装备各种冷态/热态试验、系统调试和安全测试的冷态/热态安全调试技术。建设服务于大气污染防治装备减污降碳协同增效性能测试的技术服务验证平台，同时提供针对重点行业大气污染物和温室气体的相关监测、核算与评估服务，以及为环保装备提供可预测维护服务。

▶ **工业源大气污染物全流程高效协同治理技术**

❖ **常规和非常规污染物高效协同治理技术**

围绕重点行业烟气常规污染物与非常规污染物高效协同治理需求，在现有超低排放技术基础上，研发颗粒物与气态污染物协同一体化控制技术与装备，以及多场耦合协同净化烟气中重金属、三氧化硫和卤化物等技术与装备。在重点行业主流生产规模设施上建成烟气多污染物短流程高效协同治理技术示范工程，实现烟气中颗粒物、二氧化硫、氮氧化物的排放浓度（相应基准氧含量）分别≤$5mg/m^3$、$30mg/m^3$、$40mg/m^3$，重金属排放浓度低于国家排放限值50%以上。

❖ **烟气污染物与温室气体协同减排技术**

针对我国重点工业行业大气污染物和碳排放总量大、现有超低排放系统能耗高及"双碳"背景下碳减排需求迫切的现状，研发基于燃料替代、工艺节能优化和末端降耗优化等的烟气污染物与温室气体源头减排技术与装备，形成重点工业行业减污降碳技术指南或规范。相关技术与装备在重点工业行业实现示范应用，燃料替代、工艺节能和末端降耗优化协同实现燃料消耗量和碳排放量均下降30%以上。

❖ **氨逃逸等次生污染物脱除技术**

针对重点行业采用脱硫、脱硝工艺后形成的NH_3等次生污染物，研发氨逃逸等次生污染物精准控制关键技术，形成硫硝尘与氨逃逸等次生污染物高效低能耗协同治理技术与装备。相关技术与装备在典型行业实现示范应用，氨逃逸等次生污染物排放浓度比现有国家或地方排放标准限值降低50%以上。

❖ **高炉煤气精脱硫技术**

高炉煤气精脱硫已成为钢铁行业实现低成本SO_2超低排放亟须攻克的难点，围绕高炉煤气特点（CO_2浓度、灰分、碱性金属和氯化氢含量较高）和运行条件，开展高炉煤气高效预处理装置、羰基硫水解催化剂，以及精脱硫设施水解、吸附、脱附反应精准调控技术研发，不断提高高炉煤气精脱硫设施使用寿命，降低运行维护成本。相关技术与装备在钢铁企业实现工程案例示范，确保下游煤气用户燃烧废气中二氧化硫排放稳定达到超低限值要求。

❖ **烟气治理全流程智能调控技术**

针对重点行业烟气多污染物超低排放成套装备的节能降碳、降本增效需求，开展全流程智能优化控制系统及智能管控平台研发，形成工业级设备全流程智慧调控方案，降低运行能耗并协同降碳。相关技术与装备与管控平台在典型行业实现示范应用，污染物治理系统整体运行能耗降低30%以上。

▶ **移动源尾气污染物近零排放控制技术**

❖ **近零排放高效能机动车污染控制技术**

针对机动车近零排放需求，面向柴油车开展国六B后处理、醇内燃机、氢内燃机排放控制等关键技术与装备研发，形成自主可控的柴油车近零排放控制技术系统；面向汽油车、油电混动车开展小孔径与超高捕集率颗粒捕集器、污染物排放控制技术等关键技术与装备研发，形成自主可控的汽油车近零排放技术系统。相关技术与装备可使柴油车和汽油车主要污染物排放分别在国六限值和国六B的基础上降低50%以上，并实现至少两类典型技术路线的混动车后处理技术示范应用。

❖ 非道路机械多污染物协同控制技术

围绕工程和农业机械多污染物协同控制难题，研究抗硫抗灰分中毒催化与捕集材料、柴油机颗粒捕集器等关键技术与装备，耦合高效清洁燃烧技术，形成工程和农业机械多污染物协同控制技术体系，并开展面向下一阶段排放标准的污染控制技术预研。规模化应用的后处理装备国产化率高于90%，实现10万台满足国六标准的整机应用，形成满足下一阶段排放标准（参照欧盟Stage V标准）的非道路移动机械样机。

❖ 船舶尾气多污染物协同控制技术

针对船舶大气污染物减排需求，研究高效PM捕集、甲醇动力船未燃HC排放净化、氨动力船NH_3逃逸净化等关键技术与装备，开展船舶超低排放控制及监测监管系统样机研制，形成船舶超低排放管控方案及技术路线，以及未来新型燃料动力船舶排放控制技术储备。相关技术与装备可在沿海及内河典型水域完成实船示范，实现PM捕集样机捕集率≥90%，加权排放值≤0.1g/(kW·h)；甲醇燃料发动机非常规碳氢脱除效率≥90%，甲醛加权排放量≤0.05g/(kW·h)，HC总排放量≤5g/(kW·h)；氨燃料发动机样机NO_x排放满足TIER III要求，氨逃逸≤30ppm。

▶ VOCs高效捕集与深度治理技术

❖ VOCs深度治理与安全防控技术

针对VOCs排放点源多而分散、排放条件复杂多变、部分具有异味，以及部分VOCs治理设施存在安全隐患等难题，开展VOCs废气高效收集、高效预处理、深度净化治理技术等关键技术研发，形成适用于重点行业的VOCs深度治理与安全防控技术体系。相关技术与装备在重点行业实现示范应用，建成示范工程3~4项，单项工程气量规模不小于10000 m³/h，实现重点行业VOCs近零排放。

❖ 典型溶剂型产品VOCs源头替代技术

围绕溶剂型涂料存在的核心树脂原料具有性能缺陷、涂层性能达不到溶剂型产品水平等科学问题和共性技术，开展多相复合、新型功能填料制备、碳纤维涂装等关键技术研究，形成超低VOCs含量水性涂料与智能封闭涂装工艺。有机/无机杂化水性改性树脂可实现规模化生产，防腐水性涂料可在轨道交通、工程机械、金属防腐等行业实现规模应用，排放气体中VOCs含量达到现有直排标准值的30%以下。

❖ 含杂原子VOCs废气的多效净化技术

针对含杂原子VOCs废气高效安全治理难题，开展高性能高效吸附与催化净化材料研发，形成重点行业含杂原子VOCs高效治理技术体系，实现有机/无机污染物协同控制与达标排放，助力含杂原子VOCs规模化减排。国产化的技术与装备在典型行业实现规模化应用，高效吸附材料表面积≥1100 m²/g，吸附量≥15%，高效催化净化材料净化效率≥99%，排放浓度比国家标准特别排放限值降低50%以上。

▶ 温室气体减排技术

❖ CO_2低成本捕集设备

针对CO_2捕集过程中成本过高等难题，研发相变吸收剂、非水溶剂吸收剂、复合吸收剂等新型溶剂吸收法碳捕集技术和高效固体吸附法碳捕集技术，开发用于直接空气捕集的新型吸收剂/吸附新材料和吸附-催化多功能新材料，形成与典型排放源衔接的低成本吸收法/吸附法捕集方案。新型二氧化碳低成本吸收法/吸附法捕集技术建设和运行万吨级示范线，二氧化碳捕集率大于90%；百吨级直接空气捕集技术装备实现推广应用；二氧化碳捕集-转化一体化验证装置在百吨级示范线上实现示范应用，二氧化碳捕集率大于90%，转化率大于90%。

❖ CO_2高附加值利用技术

针对二氧化碳选择性转化难题，开发高活性、高选择性以及高稳定性的催化剂，研发二氧化碳高值化化学利用关键技术，探索新型可再生能源驱动的二氧化碳高效利用新途径，形成低成本、规模化应用的CO_2高附加值利用技术体系。技术装备可在十万吨级示范工程上实现建设和运行，二氧化碳利用率大于90%，产物选择性大于80%。

❖ CO_2封存技术

针对我国地质特点及封存技术亟需解决的共性难题，研发封存过程大规模CO_2注入工艺、高效数值模拟软件及经济性、灵敏度高的监测技术等关键核心技术，形成二氧化碳封存安全监测系统和规模化封存安全与风险评估体系。技术装备通过规模万吨级以上、深度大于1500m的工程试验，并进一步提高封存技术的经济性。

❖ 甲烷回收技术

针对废弃物填埋过程中的厌氧发酵环节产生的甲烷回收利用技术难度大、成本高等难题，开发新型脱硫吸附剂、不同硅氧烷种类占比选择吸附剂和低温高效稳定的脱氧催化剂等，形成废弃物填埋气净化与提纯的高效甲烷回收技术体系。提纯后的填埋气中甲烷含量达90%以上，可用于发电、锅炉燃料、车用压缩天然气、管道天然气以及化工原料等。

❖ **工业氧化亚氮及含氟气体减量和回收技术**

针对化工领域排放的 N_2O 和含氟气体等重要温室气体减排和回收需求，开发复合金属氧化物等新型催化剂，研发直接催化分解脱除 N_2O 技术、低成本吸脱附和精馏技术回收 HF、低成本氧化回收（基于 HCl 和 HBr） Cl_2 和 Br_2 技术、低成本高效萃取精馏和膜分离回收含氟有机化合物技术等。技术装备在相关化工行业实现规模化应用，支撑我国 N_2O 和含氟气体等温室气体实现大幅减排和资源化利用。

3. 基础零部件

SNCR脱硝喷枪：包括固定式、伸缩式等。旋转喷雾器：包括屋脊式、平板式。折叠滤筒：过滤效率≥99.99%，间距偏差≤±0.3mm，颗粒物排放浓度≤10mg/m³，技改后整体节能20%以上。金属间化合物过滤元件：高温600℃条件下抗氧化、抗硫化和抗腐蚀，增重率<5×10⁻³g/m²/h，颗粒物排放浓度≤10mg/m³。电磁脉冲阀专用控制器：脉冲精度<1ms；时间精度<1ms；电流精度<1%×量程；电压精度<1%×量程。VOCs监测采样罐：金属表面化合物吸附率<1%；镀膜厚度为纳米级，一般为40nm～150nm。超低排放烟尘测量仪专用高精度模组：烟尘测量仪专用微控器、烟尘测量仪专用芯片和烟尘测量仪专用高灵敏度激光器。

4. 基础材料

催化剂：包括超低温SCR脱硝催化剂、催化燃烧贵金属催化剂、煤气有机硫水解催化剂、一氧化碳氧化催化剂、密偶催化剂（CCC）、电加热催化剂（EHC）、三效催化剂、电加热催化剂和氨氧化催化剂等。

高性能新型材料：包括低能耗 CO_2 捕集吸附剂、疏水性分子筛、高性能铈基储氧材料、小孔分子筛催化材料、高温金属柔性膜材料、纳米纤维材料、多功能过滤材料、高温滤料及中低温合成纤维负载催化组分的一体化复合材料、含杂原子VOCs高效吸附与催化净化材料和抗硫抗灰分中毒催化与捕集材料等。

5. 基础工艺与装备

除尘脱硝一体化工艺：开发高温低阻高精度膜材料，在捕集 $PM_{2.5}$ 等细颗粒物的同时协同脱除 NO_x，形成适用于建材行业炉窑烟气净化的除尘脱硝一体化工艺。高温干法膜过滤工艺：针对黄磷尾气净化，突破净化系统防糊膜、炉压及过滤压差稳定性控制和系统安全保护及控制等关键技术，形成基于高温过滤材料的黄磷炉气高温干法膜过滤工艺。

6. 工业基础软件

在烟气治理基础研究的流场方面，开发媲美欧美发达国家如 Fluent 等软件的具有自主知识产权的国产计算流体力学（CFD）软件。

7. 产业技术基础

环保装备研发及测试服务平台：集大气环保装备（基础零部件、基础材料和基础工艺与装备）分析—测试—评估—信息共享为一体的服务决策支撑平台。

战略支撑与保障

（1）建立健全碳达峰碳中和标准体系。开展先进大气环保装备与低碳前沿技术标准引领行动，结合国家有关部门布局的大气专项与"双碳"领域重点研发计划项目，推动技术研发与标准研制协同布局。推动减污降碳协同增效领域国家技术标准创新平台创建，培育技术、装备、标准与产业联动的创新机制。积极引导大气环保装备制造企业制定节能、新能源、碳排放、碳汇、碳捕集利用与封存等绿色低碳技术相关标准。

（2）构建大气环保绿色技术与装备创新体系。构建以企业为主体、以市场为导向的绿色低碳技术创新体系，组建一批由龙头企业主导、科研院所共同参与的专业绿色低碳技术创新战略联盟，孵化开放式的绿色低碳技术创新基地和引领性的新型智库。

（3）多渠道投入助力平台建设和人才培养。拓宽减污降碳协同增效领域科技融资渠道，加强基础研究投入，注重提升原始创新能力；培养和引进具有全球视野的生态环境领域战略科学家和高水平绿色低碳技术创新团队，加强绿色低碳领域人才梯队建设；加强国际双多边合作与交流，开展应对区域大气环境污染治理、气候变化等方面的研究合作。

固体废物处理处置与土壤修复装备

固体废物处理处置与土壤修复装备作为绿色环保产业的重要组成部分，是深入打好污染防治攻坚战和加快构建绿色低碳循环发展经济体系的重要保障。未来，固体废物处理处置与土壤修复装备产业的重点是形成系统的固体废物安全处置装备、固体废物资源化与精细管控装备、污染土壤修复装备产业，助力减污降碳、协同增效。

需求 我国固体废物种类多、产生量大、高值资源化难度高，存在跨介质污染隐患等问题，这为固体废物处理处置带来了严峻挑战。针对以上难题，结合党的二十大报告提出的"大力推动绿色发展，促进人与自然和谐共生"的生态文明建设要求，亟须从健康安全、绿色低碳、数字智能等多个维度全面提升我国固体废物处理处置与土壤修复装备产业的创新、制造、应用能力。通过固体废物安全处置、资源化与精细管控、污染土壤修复等多个领域关键元器件、关键材料、关键技术、基础软件、重点产品的创新与突破，提升高端装备供给能力，推动智能化、低碳化、绿色化转型，着力实现固体废物处理处置和土壤修复领域降碳、减污、扩绿、增长协同推进。

目标 2025年，突破2~3项固体废物中新污染物深度降解的关键技术，研发固体废物安全处置集成化装备及样机，装备产量突破10万台（套）/年；突破3~5项新兴产业废物回收利用的关键技术，打造一批固体废物热化学处理、生物化学处理装备制造单项冠军企业，年产值突破1000亿元/年；发展智能化、一体化的污染土壤与地下水修复装备，装备产量突破10万台（套）/年。

2030年，实现固体废物安全处置与新污染物降解装备生产与应用，打造一批固体废物安全处置装备生产专精特新"小巨人"企业；针对多种固体废物，形成品类丰富、产品安全、绿色低碳的资源化装备体系，形成国际领先的产业集群；拥有全球领先的污染土壤与地下水修复装备生产-应用体系，培育2~3家掌握装备核心技术的国际知名企业。

2035年，形成固体废物安全处置行业装备标准化生产和应用能力，建立一批以固体废物安全处置装备为核心的、可复制的示范工程；进一步拓展固体废物资源化装备的应用场景，力争实现全行业典型固体废物的绿色低碳资源化；进一步提升污染土壤与地下水修复装备系统的低碳化、绿色化、智能化水平，力争打造高精尖的装备供应和服务行业。

发展重点

1. 重点产品

▶垃圾填埋场生态修复集成装备

在渗滤液和填埋气导排、防渗、封场覆盖等防止二次污染设备的基础上,实现恶臭处理、渗滤液净化、温室气体控制利用一体化设备的自主设计和生产,并完成生态修复集成装备的全产业链商业化。新装备可用于渗滤液的深度有效处理,氨氮、BOD 和 COD 等去除率大于 90%,出水水质达城镇污水处理厂一级 A 及以上水平。

▶固体废物固化稳定化一体化装备

对现有固体废物固化和稳定化装备进行集成和升级,实现对固体废物中污染成分有效钝化和包覆。固体废物经固化稳定化一体化装备后的浸出率达为当前水平的 1/10 及以下,增容比达当前水平的 5 倍以上,固化稳定化周期缩短至 3 天。

▶含抗生素废物水热闪蒸解毒装置

针对含有抗生素的有机固体废物,研发水热闪蒸解毒装置,在实现沼气生产的同时,将抗生素去除率提高到 70%以上。

▶高效有机固体废物好氧发酵智能装备

以高效资源化处理有机固体废物为目标,开发精准调控微生物生存环境参数的好氧发酵智能设备,开发以搅拌器和传感器为核心的一体化封闭式装备,装备处理能力增加至达百吨级。2025 年至 2030 年间,研发高精度温度和氧气传感器,其中温度传感器精度达到±0.3℃;氧浓度精度达到 1%,

响应时间小于30s；2030—2035年，两种传感器的精度、响应和使用寿命达到世界先进水平。

▶有机固体废物好氧发酵—产品商品化成套装备

在厨余垃圾、园林废物及粪污处理领域，推广智能化、分布式好氧发酵一体化装备。在2030—2035年期间形成流程运作体系成熟的有机固体废物好氧发酵—产品商品化成套装备。以畜禽粪便、秸秆等有机固体废物为原料的有机肥料产品的有机质质量分数、总养分、水分、种子发芽指数和机械杂质质量分数均达到或优于《有机肥料》（NY 525—2021）中的指标参数。提升好氧堆肥产品在农业市场中的占有率。

▶有机固体废物干式厌氧发酵设备

2025—2030年，开发针对我国有机生活垃圾高黏度特性的干式厌氧发酵设备，在保证体系内搅拌均质性的前提下，逐步提升体系含固率达到20%以上，并实现有机固体废物降解设备的稳定运行。干式厌氧发酵设备日处理规模达百吨级水平，产生沼气中甲烷比例在50%以上，有机质降解率达到60%以上。

▶固体废物自动化分类回收、处理加工成套装置

2025—2030年，开发固体废物自动化分选设备，实现固体废物的精细化分选。在生活垃圾处理领域，推广陈腐垃圾筛分分选成套装备；在工业废物分选领域，形成搭载物联网数据采集单元、机器学习预测模型和智能控制系统的设备，实现固体废物的自动化分选并防止二次污染。固体废物自动化分选设备可实现固体废物的识别与信息存储，并实现数据的实时监控。装备能耗低、处理能力达百/千吨级。

▶高值固体废物自动回收、处理、加工装置

2030—2035年，开发高值固体废物自动回收、处理、加工的成套装置。前端智能化分质收集，后端分布式处理和加工的装配式、自动化、易运维、集成化装备。分布式处理单元可覆盖绝大部分可回收物（如玻璃、金属、塑料和纸类等）的特性，与工艺数据库实时互联，可根据可回收物的种类、处理要求和用户的自定义分级方案实时调整运行参数。装备能耗低、处理能力达百/千吨级。

▶新能源汽车退役动力电池自动化拆解装置

2025—2030年，自主研发新能源汽车退役动力电池自动化拆解装置。针对不同型号的退役动力电池模组，引导生产线的运动控制系统，实现高效、准确的拆解作业过程，提高生产效率，减少运行成本。实现从电池包到电芯的智能无损拆解，并能够进行检测、分选，以及拆解部件的整列分类。同时，拆解装置可实现对电池中的钴、镍和石墨等高值可回收元素的初加工，并对不同种类物质分区回收。装置每3年故障维修率低于10%。

▶报废汽车全自动化成套柔性拆解系统

2030—2035年，建成完整的成套柔性拆解系统，该系统由预处理、精细化拆解、后处理环节组成，对可直接再利用的零部件进行选择性无损拆解，对不可直接再利用的零部件进行破坏性拆解、处理，并根据不同材质特性对其进行分类回收。系统通过智能检测和数字化控制技术，使拆解装备能够针对不同的车型自动调节作业参数和作业过程。此外，可通过模块化的设计手段，针对不同的客户需求快速提供定制化解决方案。

▶多种固体废物中有价金属清洁提取装置

针对固体废物种类多、成分复杂，开发实现有价金属的靶向分离、吸/脱附的清洁提取装置。吸附材料要向精细化和多样化方向发展，用户可根

据目标重金属自由组合相应模块,针对 ppm-ppb 浓度级别的目标金属提取率达 90% 以上;吸附材料可循环再生,使用寿命半年以上;不同重金属可实现分区、分时回收,其纯度应具备商业化潜力。

▶高效清洁能源作为反应供给能源的有价金属提取装置

2030—2035 年,以降低有价金属提取过程中污染物排放为目标,在"碳达峰、碳中和"背景下,利用清洁低碳、安全高效的能源供给体系,实现有价金属的高值、高效提取。

▶原位热强化微生物耦合修复智能实时控制装备

研发原位热强化微生物耦合修复智能实时控制装备,实现温度场精准控制和生物药剂有效分布,进行规模化示范,与原位热脱附技术相比节能 40% 以上,修复成本降低 30% 以上。

▶高通量三段式异位热解吸装备

开发进料段、解吸段和出料段三个不同温度区域的三段式高通量热解吸核心单元,并集成辅助系统形成模块化装备,热解析窑体装备处理量提高 3 倍以上,有机物去除率达 99.9% 以上,实现尾气彻底处理。同时,通过开发助燃空气与高温土壤、高温烟气与低温土壤间接换热技术工艺,降低热解吸能耗 30% 以上。

▶污染场地多相抽提与淋洗设备

以单泵和双泵系统为框架,建立基于单/双泵组合热氧化法、催化氧化法、吸附法、浓缩法、生物过滤及膜法过滤、生化和物化等方法的靶向污染物抽提与淋洗设备。实现污染土壤与地下水中有机污染物去除率达 95% 以上。

2. 关键技术

▶固体废物安全处置技术

❖存量垃圾填埋场生态修复与空间再生技术

针对恶臭、温室气体等关键污染因子，开发填埋场绿色修复技术。同时，针对不同填埋空间实现模块化管理，建立存量垃圾填埋场工艺基础数据库和地质地理信息数据库等，开发空间再生技术。

❖渗滤液全量收集与深度处理技术

开发由导流层、收集沟、多孔收集管、集水池等组成的渗滤液收集系统，实现现有渗滤液收集系统的改造升级，并研发渗滤液收集与深度处理所需的耐高压和耐腐蚀的高性能材料。

❖含重金属、新污染物废物解毒及安全处置技术

研发固体废物中难降解重金属和新污染物的检测和解毒技术，开展废物中难降解毒害污染物高效低碳处置的关键技术创新、工艺系统集成和重点装备研发。

▶固体废物资源化与精细管控技术

❖连续式好氧微生物发酵技术

针对厨余垃圾、园林废物，开发连续式好氧发酵技术，从强化发酵效果，抑制恶臭产生，缩短发酵周期等方面开发先进好氧微生物发酵技术。

❖好氧微生物发酵高附加值产品化技术

开发好氧微生物发酵过程中甘油、乙醇等高附加值产物产品化的技术及产业化方案。

❖有机固体废物干式厌氧发酵高效稳定产沼技术

开发高灵敏度的pH值、挥发酸、碱度和沼气实时监控和在线分析系统，实现对厌氧发酵体系稳定性的快速判断。以实时监测、数据反馈、自动控制和机器学习等学科领域新成果为基础，突破接种困难、挥发酸局部浓度过高导致的系统酸化和反应启动速度缓慢等瓶颈，实现有机固体废物干式厌氧发酵连续、稳定、高效的智能化产沼技术。

❖ 高黏度、高含固物料的高强度搅拌技术

开发针对高黏度特性物料的高强度及高剪切力的搅拌器，包括研发长寿命、大转矩的驱动电机和减速机，优化设计桨叶三维构型，一方面保证物料在罐体内的均质性，避免"死区"的形成，另一方面通过计算，分散桨叶和传动轴受力，保证搅拌轴长期运行下的刚性。

❖ 报废汽车精准拆解破碎技术

通过智能检测和数字化控制技术，使拆解装备能够针对不同的车型自动调节作业参数和作业过程，并对汽车拆解后的各种可再利用零部件进行选择性无损拆解，对不可再生零部件进行破坏拆解、处理，并分类回收。

❖ 先进再制造技术

在性能失效分析、寿命评估等的基础上，基于大数据、物联网、人工智能等评估易损耗设备零部件和材料的再制造潜力；通过再制造工程设计，采用一系列相关的先进制造技术，使再制造产品质量达到或超过新品。构建资源/能源综合利用技术体系，研发先进再制造技术，提升资源利用效率。

❖ 微量杂质元素在湿法铅回收过程中的高效分离技术

攻克湿法处理效率低的技术瓶颈，不断进行技术改进和开发，提高分离和处理效率。实现微量杂质元素的高效分离，分离率不低于90%；同时开发重金属、有价金属和少量贵金属的高效回收技术，使产品具有商业价值。

❖ 废弃铅膏有机酸湿法回收技术

废弃铅膏有机酸短流程湿法回收技术通过调控有机酸废弃铅膏浸出体系中形成铅-有机酸配合物晶体，可以实现高效液/固分离，并实现铅与杂质元素在固/液两相的有效分离以及高效除杂。湿法回收工艺相比传统火法冶炼工艺，避免了大量挥发性铅尘和SO_x导致的"血铅"等环境污染风险。

❖ 机械力化学技术

通过机械力化学实现多元固体废物（如废弃电子产品、报废汽车催化剂、飞灰和含金废渣等）有价资源的清洁、高效、具备成本优势的提取及绿色再生技术。攻克提高反应物活性的技术瓶颈，降低机械力化学反应过程的反应时间和能量输入，以提高有价资源的高效、低成本回收。

▶污染土壤修复技术

❖污染场地特征污染物现场快速检测/监测技术

基于人工智能机器人、高精度视觉系统、原位监测装置、红外检测装置等，建立污染场地特征污染物的快速检测/监测技术体系；开发基于数据挖掘的信息分析系统，实现污染场地信息互联；建立本土化的污染场地综合评价体系，实现对污染场地安全性的评估与预测。

❖绿色长效、低能耗集成式修复技术

研发面向土壤和地下水修复的绿色长效、低能耗集成式修复技术与装备，建立以管控—修复—利用为主线的修复与安全利用的完整技术体系。

❖复合污染土壤/地下水同步修复技术

研究土壤/地下水复合污染同步修复技术与装备，同时建立土壤/地下水水质安全保障技术数据库，根据模型预测结果提供有针对性的土壤/地下水同步修复技术解决方案。

3. 关键零部件/元器件

▶高精度温度传感器

精度为±0.3 ℃。

❖高精度氧气传感器

精度为1%，响应时间小于30 s。

❖高强度轴驱动搅拌器

适合高黏度（黏度值大于1500 mPa·s）、高含固（含固率大于20%）物料。

▶大型超细球磨机

日处理能力大于1000 吨。

▶全自动大型破碎处理机

使用两年后，维修率降低至3%以下。

▶多污染物高效脱除烟气净化系统

能协同高效脱除多种烟气污染物。

▶高热值生活垃圾焚烧炉排

针对分类后高热值垃圾的大型国产炉排。

4. 关键材料

▶功能菌剂

具有抗盐碱特征的有机垃圾高效降解微生物菌剂，减少发酵过程中难闻气味产生，抑制有害微生物的形成。

▶催化剂

协同降解多种尾气污染物的催化材料，包括二氧化钛、三氧化二铝、碳基催化剂等。

▶修复剂

重金属/毒性有机物/新污染物协同钝化、降解修复剂。

▶填充剂

多元固体废物地下（注浆）填充凝胶剂、螯合剂、反应固化剂。

5. 基础软件

发酵体系氧含量、温度精准控制软件：覆盖服务器和工业以太网、含氧量和温度监测、控制设备和软件调控的智能化、一体化发酵体系参数精准调控。

垃圾分类智能识别、纠错管控软件：包括垃圾分类APP、智能垃圾桶、携带二维码垃圾袋、自动称重设备，以及基于人工智能、大数据、近远红外技术的智能纠错管控软件。

再生资源回收利用成套网络：开展基于"互联网+"模式线上+线下的再生资源智能回收利用成套网络，具备覆盖再生资源称重、回收、转运、利用的数据实时监管、反馈、调配、传输和可视化的云平台。

生活垃圾焚烧炉投喂料、自动燃烧一体化控制系统：包括自动投喂料抓斗-燃烧工况监测一体化系统、自动调度系统、云平台办公系统、烟气污染物超低和低碳排放自动监测-反馈-调整工艺参数一体化系统以及焚烧厂联网环保部门的可视化终端和在线监管系统。

战略支撑与保障

（1）学习借鉴先进制造的国际经验，着力加强人才队伍特别是领军人才队伍的建设，提升相关产品研发的创新能力，推动相关产品技术、标准与世界一流水平接轨，提升产品的国际影响力和全球竞争力，积极拓展并占领国际市场。

（2）加强行业规范引导，鼓励中小微企业等新兴市场主体参与，推动建立公平竞争、健康有序的市场发展环境，激发市场活力。充分发挥相关行业协会、科研院所和咨询机构的协同作用，支持建设面向新的国家重大需求的科研创新平台，强化产业引导、技术支撑的作用。

资源综合利用技术与装备

随着我国工业化、城镇化快速发展，固体废物产生量长期位居世界第一，当前经济发展进入新常态，固体废物综合利用面临着重大的挑战和机遇。习近平总书记多次就发展循环经济、推进固体废物综合利用做出重要批示。围绕国家重大战略需求，开展典型工业固体废物、废旧物资、特种生物质等综合利用技术与装备科技攻关，全面提升二次资源循环供给保障能力，支撑区域污染显著减排。

需求 十九届五中全会及《中华人民共和国国民经济和社会发展第十四个五年规划和2035年远景目标纲要》提出"主要污染物排放总量持续减少""构建资源循环利用体系"等重大战略部署。我国循环经济发展已取得长足进步，产业规模已达3万亿元/年，但每年近110亿吨大宗固体废物仍以末端处置填埋和低标准资源化为主，工业固体废物综合利用率偏低，退役风电、光伏、锂电等新兴固体废物精细化和智能化技术与装备缺乏，水-土-气复合污染严重，资源综合利用形势极为严峻。因此，亟待加强固体废物综合利用关键技术与装备研发，重点突破一批重大创新技术，以及关键材料、核心元器件和成套装备，支撑绿色低碳循环发展。

目标 2025年，突破8~10项尾矿、磷石膏等大宗工业固体废物综合利用关键技术与核心装备，创制系列技术、装备标准与规范；突破退役新能源器件、报废电动汽车等新兴固体废物智能拆解与高质循环关键技术与核心装备，实现再生原料深度提纯与高端利用；突破生物质制备高值化学品技术与核心装备，实现过程低碳排放与二次污染减控。

2030年，形成10~15项典型大宗工业固体废物综合利用解决方案，建成系列示范工程，支撑工业固体废物大规模消纳；形成新兴固体废物智能解离数字化装备、战略金属深度提纯装备，建成系列示范工程；实现生物质热质转化过程关键材料、核心器件国产化，建成系列示范工程。

2035年，全面提升工业固体废物综合利用技术与装备水平，引领产业转型升级，形成数字化引领的废旧物资智能解离与高质循环、生物质热解与产物高值利用成套技术与装备。

发展重点

1. 重点产品

▶大通量酸解萃取一体化强化装备

实现矿物酸解反应和矿物杂质萃取分离的一体化反应-分离，可以进行矿物酸解反应过程中杂质的原位萃取分离，实现低品位矿的大规模利用和产品的高值化利用。大通量酸解萃取一体化强化装备可用于胶磷矿、电石渣等低品位矿的高质利用，矿物酸解效率高于95%。

▶微气泡强化多相杂质快速分离装备

实现多源工业固体废物多相微痕量杂质组分的快速高效分离，针对多源工业固体废物中的气相、液相或固相杂质，可进行多相杂质的高效解离与选择性快速分离，实现多源工业固体废物的大规模高质利用。微气泡强化多相杂质快速分离装备可用于处理磷石膏、电石渣等多源工业固体废物，危害乙炔杂质脱除率高于90%，硅/铝/铁等杂质脱除率高于70%。

▶大规模连续转晶反应器

实现晶体晶型转变调控低成本制备，形成大规模连续转晶制备Ⅱ型无水石膏、α高强石膏技术，无水硫酸钙品质达到PVC、PE等高分子材料填料应用标准，α高强石膏的烘干抗压强度达到α40的标准，磷石膏利用率≥90%。

▶废弃电子产品智能拆解装备

实现拆解流程的实时动态决策与规划、柔性混流拆解系统的动态配置与自适应平衡控制，形成智能感知识别、柔性上线转载、高价元器件的选择性无损拆解装备，无损拆解良率不低于90%，拆解行为的感知控制延迟≤20ms（图像识别精度≥95%）。

▶ **废弃线路板及电子封装材料连续可控热解装备**

实现废弃线路板及电子封装材料连续热解协同自热回用、油气定向捕集与高效分离，有机物热解率≥98%，热解油捕集率≥98%，溴化物脱除率≥99%，烟气二噁英排放浓度≤0.1ngTEQ/Nm³，可控热解装备规模达万吨级。

▶ **退役动力电池处置利用装备**

形成以带电破碎、定向热解、多层筛分和湿法浸出为核心的退役动力电池处置利用工艺及装备，实现有价组分的高效分离回收。胶黏剂等有机质去除率≥99%，集流体（铜、铝）回收率≥95%；金属锂、钴、锰、镍等回收率均大于90%；热解装备规模达万吨级。

▶ **退役风电叶片大型化连续热解装备**

形成基于温场-流场-化学场多场协同、搭载全链条数字网络管控单元的退役风电叶片大型化连续热解装备，实现保护性自持连续热解及减污降碳一体化，联产高品质玻璃纤维与高值化学品，实现单台处理能力达到70 t/d，热解能量转化效率高于85%，处理能耗≤2.5 MJ/kg，玻璃纤维循环再造风电叶片达到IEC 61400-5标准，建立全链条商业化推广模式。

▶ **退役光伏层压件大尺寸连续热解装备**

形成退役光伏组件无须破碎、直接大尺寸进料的大型连续高效热解装备，实现光伏层压件中玻璃、硅晶电池片等高效解离。光伏玻璃完整度≥90%，封装介质脱除率≥99%，产品综合回收率≥95%；装备年处置规模达万吨级。

▶战略金属高效深度提纯装备

形成废弃高温合金气泡强化精炼除杂工艺及真空提纯装备、再生高含金物料强化浸出-萃取工艺及控氧精炼装备、废弃铜铝控氧熔炼等装备、再生高含铟物料机械强化浸出-置换工艺及混沌搅拌装备，实现多金属精深分离、定向除杂与高纯产品制备，钴镍回收率≥99%、金回收率≥99.5%、铟回收率≥99%，再生战略金属达 5N 级以上。

▶强适应高稳定生物质可控热解多联产装备

实现核心热解装备的自主设计和生产，核心热装备单机处置容量达十万吨/年，适应多源生物质热解处置，热解率达95%以上。完成多源生物质可控热解多联产成套装备集成，油、气、碳产品的产率和品质可控，成套设备能量100%自给。

▶基于催化与热质传递强化的生物质定向热解装备

以改性热载体基催化剂实现催化与热质传递强化耦合，每年的生物质定向热解装备单机处置规模达到吨级，实现热解设备的自主设计与生产，基于目标产物实现不同功能催化剂的商品化生产，催化剂性能稳定时间大于 500 h，热解装置连续稳定运行时间大于 300 天。

▶原料特性匹配的差异化定向热解与产物分质调控装备

实现功能模块化定向热解和产物分质调控装备的设计与系统集成，针对不同生物质原料热解特性和产物特征，可通过控温、催化等不同功能模块的组合调整，实现热解过程的差异化调控以及产物的选择性制备和分级富集。新装备可用于秸秆、木屑等多源生物质，年处置生物质可达 1 万吨/年，装置年稳定运行时间不低于 300 天。

2. 关键技术/关键共性技术

▶磷石膏大规模高效利用技术

研发复杂多相体系下磷石膏杂质高效定向分离和石膏物相调控技术，降低磷石膏多相杂质含量，大幅度提高磷石膏品质，通过石膏物相的定向合成实现磷石膏纳微结构的调控，从而实现磷石膏大规模高效利用。

▶电石渣短程回用制备低碳钙基材料

基于重力场、离心力场等强化手段强化电石渣多相杂质高效分离，开发多场强化电石渣多相杂质快速分离技术，有效降低电石渣危害组分含量，大幅度提高电石渣氢氧化钙含量，实现电石渣短程回用并制备低碳钙基材料。

▶气化渣铝碳分质转化制备高模数水玻璃

基于气化渣惰性铝硅酸盐的多场协同活化除杂耦合技术，实现硅氧反应活性大幅提高和铁钙铝杂质深度脱除；基于富 Cr 活化酸液的解毒与资源化利用技术，实现 Fe/Cr 共沉淀解毒与聚合调控制备聚合氯化铝；基于多场协同活化的反应与检测集成装备，实现反应过程原位监测与调控；基于分子设计的新型复合药剂浮选技术，实现气化渣碳灰改性高效分离；基于气化渣硅氧重构的高模数水玻璃制备技术，实现稀碱解离与重聚制备高模数水玻璃。

▶高温在线检测与智能配伍技术

开发典型含金属类固体废物中多组分高精度快速检测技术，构建资源循环过程关键物料标准样品库和关键元素光学分析标准谱图库，实现对固体废物处置过程中典型物料关键资源及毒害组分的实时在线监控；开发配料系统多目标优化与进料智能控制技术，实现自动测算含金属多源固体废物资源化的最优配比和智能配伍，满足后续处置过程中对资源化产品质量和污染排放控制的要求。

▶废轮胎高效裂解再生高性能补强炭黑技术

开发废轮胎连续快速制备高质量裂解炭黑技术、裂解炭黑补强调控制备高性能再生炭黑技术，实现再生炭黑纯度达到 99.5%以上，补强性能满足 N660 商品炭黑要求。

▶废玻璃纤维复合树脂制备碳化硅陶瓷技术

开发废玻璃纤维复合树脂热解残渣高效分选技术、分选产物非金属组分耦合制备碳化硅陶瓷材料技术，实现制备陶瓷材料中 SiC 含量达到 85%以上。

▶废涤棉纺织品化学回收升级再造橡胶助剂材料技术

开发废涤棉纺织品催化水解回收、分离提质与对苯二甲酸升级再造高性能材料技术，实现升级再造橡胶硫化活性剂应用于半钢胎胎面/胎侧，可使氧化锌添加量减少 50%以上。

▶真空提纯与连铸技术

开发废旧钴镍高温合金等多元金属分类回收与表面清洁预处理技术，突破吹氩脱气-渣型调控联合去渣工艺及高真空提纯技术，再生金属纯度达到 5N 级以上，实现高品质再造回用。

▶精准控氧精炼技术

开发废多元金属控氧精炼-旋转偏析双联法技术、多级强化浸出-萃取工艺及控氧精炼技术，通过调控氧浓度、渣系配比（控氧熔炼）、冷却速度（旋转偏析）、浸出/萃取体系设计（湿法提取）等工艺，实现废多元金属高效除杂与高纯产品制备。

▶ **废石墨纯化制备高纯石墨**
开发石墨尾渣、电池负极石墨等二次资源强化选择性浸出分离及气热提纯技术，石墨中间产品纯度≥99%，气热深度提纯后纯度≥99.9995%，实现石墨尾渣高值化利用。

▶ **过程强化与分级冷凝耦合制备高品质生物油技术**
包括开发气固多相流动与传热传质协同强化技术，强化生物质热化解构，实现生物质组分的高效可控转化；开发喷雾与降膜复合式分级冷凝技术，实现基于温度精准调控的组分分级富集；建立热解过程和分级冷凝运行参数与多品级生物油特性关联数据库，实现高品质生物油的稳定制备。

▶ **热解气深度重整高效制氢和 CO_2 富集技术**
包括开发热解气催化重整制氢技术，突破高活性抗失活重整催化剂制备，实现热解气连续化催化重整制氢；基于碳基吸附剂的 CO_2 捕集技术，突破 CO_2 高效吸附材料制备，实现 CO_2 高效吸附捕集。

▶ **差异化定向热解制备高值化学品**
包括开发绿色低成本生物质预处理技术，实现原料组分与结构优化；开发基于活性组分定向修饰的高通量强稳定性催化剂，实现复杂热转化路径的定向调控；建立原料预处理、催化剂研发、热解过程优化与产物调控的多维协同关联机制，形成基于产物特征的差异化定向热解技术，提高左旋葡萄糖酮、酚类等高值化学品的产率和选择性。

▶多尺度结构调控协同元素靶向掺杂制备功能碳材料

包括开发生物碳绿色活化与孔结构可控构筑技术,实现碳材料孔结构的灵活调控;开发氮、硫等杂原子定向掺杂技术,实现活性组分掺杂量及赋存形态的精准控制;开发生物碳材料能质转化与储运强化技术,提高碳材料储能、催化、吸附等性能,形成面向不同应用场景的多功能碳材料制备技术。

3. 关键零部件/元器件

▶多相混合柱

包括微气泡发生器、多相混合管和异节结构释放器。

▶流量控制器

包括精密齿轮/恒流泵、耐磨控制器和缓冲罐。

▶耐磨水射器

包括耐磨射流器、双节文丘里管和异型结构节流器。

▶控氧密封舱

包括物料传输、热量屏蔽、气氛供给协同匹配等专用进料及关键密封系统。

4. 关键材料

▶耐磨耐蚀合金

通过数字模拟与仿真优化技术,研究高温高盐复杂条件下炉衬材料的腐蚀行为和失效机制，设计开发多元固体废物清洁冶炼炉寿超过一年的耐温耐蚀炉衬材料。

▶ VOCs脱除材料设计开发

对多孔载体进行结构设计并对其表面改性进行研究，以减少高湿度对挥发性有机物（VOCs）吸附的影响，解决VOCs富集效果差问题

▶ 催化转化材料设计与开发

结合理论计算对催化转化材料进行筛选，开发复合催化剂制备与表面改性技术，以获得高效催化转化材料。

5. 基础软件

▶ 自热回用调控系统

基于炉内温度分布特性及热能传导机制、多源数据的快速收集与分类方法，结合关键部位温度数据采集及图像识别、开采集数据综合分析与在线反馈调控技术，设计动态稳定控制系统，实现炉温精准控温。

▶ 工艺流程数字孪生智能仿真系统

数字孪生智能仿真系统由再生材料/产品快速评价子系统和固体废物循环利用数字孪生子系统两大部分组成，具体包括高通量/多通道极端工况模拟仿真系统、工艺过程参数监测模拟分析系统、再生材料/产品性能寿命等指标快速评价系统、固体废物资源化技术工艺运行过程监控和分析系统等。

技术路线图

环保、低碳及资源综合利用技术路线图如图16-1所示。

项目	2025年————————2030年————————>2035年	
需求 / 水污染防治	在国家"双碳"重大战略部署下，节能降耗和能量自给成为水处理行业的新要求，以出水标准为单一导向的高能耗高碳排污水处理装备亟须完成减污降碳协同增效升级	低碳水处理技术的发展和污废水能源化理念的普及为污水处理工艺重构提供了坚实的支撑和驱动力，污水处理装备的进一步转型升级迫切需要整合能源输出和人工碳汇的功能
	目前我国水回用率不足20%，回用水水质较差导致其利用途径有限，难以缓解日益尖锐的水资源供需矛盾，亟须提高污水再生利用及资源化技术装备的研发和产业化水平	水质永续与资源循环目标对水污染控制行业发展循环经济和可持续发展提出了更高的要求，精细化、特色化、低碳化的水回用及资源化装备需求强劲
	当前人民群众对健康的重视达到新的高度，饮用水健康及生活用水安全需求迫切，亟须有针对性地发展高精度在线水质安全监测和高效智能化风险控制装备	人民群众对景观用水、娱乐用水和生态用水安全需求提升，要求水质安全风险控制装备进一步完善功能、拓展领域
大气污染防治	加强污染物协同控制，大幅度削减常规大气污染物、非常规大气污染物和次生污染物的排放量，实现$PM_{2.5}$和O_3污染协同治理，基本消除重污染天气，推进大气污染防治形势发生根本性转变这一国家战略需求，满足"一带一路"战略实施下的海外市场需求	重点区域空气质量全面改善，碳排放达峰后助力实现碳中和的目标
	积极应对气候变化，推动能源清洁低碳高效利用，推进工业源、移动源等领域清洁低碳转型，加快提升人工碳汇能力，实现国家碳达峰战略需求	重点区域空气质量全面改善，碳排放达峰后助力实现碳中和的目标
固体废物处理处置与土壤修复	围绕"无废城市"建设中的突出矛盾，针对环境影响突出、富含多种新污染的固体废物，亟须深化固体废物安全处置技术与装备，提高其对污染物的固化和降解能力，强化全链条污染治理。	随着人民对于美丽中国、健康中国目标的追求，要求固体废物处置装备系统进一步提高无害化处理能力，全面降低固体废物环境与健康风险
	固体废物量大面广、利用前景广阔，是资源综合利用、减污降碳的核心领域。然而我国固体废物的资源化水平不高，固废特性复杂导致高值资源化难度高，难以满足减污降碳的紧迫需求，亟须建设低碳的固废资源化技术和装备体系。	可持续发展战略对固体废物资源化、循环经济产业链构建提出了更高要求，高效、低碳的资源化技术与装备需求强烈
	在深入打好污染防治攻坚战的重要战略部署下，需要进一步打好净土保卫战，深入推进土壤污染防治和安全利用，提升污染土壤与地下水修复装备与系统的先进性和集成度，有针对性地发展土壤与地下水风险管控系统，有效控制土壤与地下水污染风险。	满足人民群众日益增长的对优美生态环境的需要，全面提升污染土壤与地下水风险修复装备的深度处理和应急处置能力，进一步完善装备数字化、智能化功能

图16-1 环保、低碳及资源综合利用技术路线图

16 环保、低碳及资源综合利用技术与装备

项目			2025年 —————— 2030年 —————— >2035年		
需求	资源综合利用技术与装备		大宗复杂工业固体废物综合利用率偏低，面临千万吨级大宗工业固体废物无地堆存的新难题固体废物资源综合利用效率有待提升，跨行业分质协同利用与安全处置已成为消解资源/环境矛盾的关键		
			发达国家将高值循环利用作为资源脱钩的重要举措，高品质、高端化成为固体废物综合利用主攻方向短流程深度分离—精炼熔炼—产品增值纯化利用技术与装备亟须突破		
			退役风电、光伏、锂电池等新兴固体废物种类多样、结构复杂，精细化和智能化技术装备需求迫切。"双碳"目标下，多元复合器件高效解离与合成再造过程减污降碳成为关键难题		
目标	水污染防治	整体目标	主要产品市场占有率排名全球前五，半数产品技术水平和研发能力达到全球先进水平，产业链基本安全可控	产业综合水平整体达到世界先进水平，主要产品市场占有率排名全球前三，九成技术水平和研发能力达到全球先进水平，产业链全面安全可控	产业综合水平全面达到世界先进水平，三成以上主要产品达到世界领先水平，产业链基本实现自主可控
		低碳水处理	突破6~8项污水低碳处理及能源化关键技术，形成新型装备样机并完成首次商业化应用，孵化2~3家专精特新"小巨人"企业	实现新型低碳水处理装备规模化生产，市场占有率达到10%以上，培育1~2家掌握低碳装备核心技术的制造业水处理单项冠军企业	低碳水处理装备市场占有率进一步提高，推动污水处理工艺重构和污水处理厂改革，建立一批以新型装备为核心的、可复制的示范样板工程
		水回用及资源化	发展系统高效、安全环保、经济可行的水回用装备，打造一批国际知名企业，水回用及资源化装备产量突破10万台（套）/年，产值达1500亿元/年	水回用及资源化装备品牌特色突出，产品类别极大丰富，副产物回收"短板"补齐，驱动拓宽水回用及资源化场景，形成先进的产业集群，产业链全面安全可控	进一步深化回用水分级处理和利用，精细化、特色化的水回用及资源化装备市场需求强劲，力争实现全行业污废水回用及副产物资源化
		水质安全风险控制	面向新污染物的实时监测装备产品品种达500种，产业链完善、安全可控，满足搭建新污染物筛、评、控信息化管理平台的基本需求	在线监测产品实现广谱化智能化，对绝大部分水环境和用水场景，均有2项以上成熟的水质安全风险控制装备产品，具备反制能力	拥有全球领先的水质安全保障体系和装备供应链，1~2家企业在水质安全风险防控成套装备供应和服务上处于国际领先地位
	大气污染防治	整体目标	产业总体达到世界先进水平，部分产品达到世界领先水平	产业总体接近世界先进水平，国内大型环保龙头公司技术水平和研发能力基本接近世界先进水平，进一步开拓国际市场，产业链实现安全可控	产业总体达到国际领先水平，成为全球大气污染防治技术与装备领域最大的供应商，产业链基本实现自主可控
		多污染物深度治理	突破非电行业超低排放、移动源近零排放等6~8项关键技术，选取重点行业开展多污染物全流程协同治理试点	核心技术与装备国产化率达到70%以上，形成10~20家具有行业引领力和国际竞争力的环保装备制造业龙头企业	形成多污染物低成本超低排放与温室气体协同减排技术体系，重点行业减污降碳协同增效达到世界领先水平

图16-1 环保、低碳及资源综合利用技术路线图（续）

项目			2025年 — — — — — — — — 2030年 — — — — — — — >2035年		
目标	大气污染防治	VOCs高效捕集与深度治理	源头替代材料取得突破，形成2个以上先进制造业产业集群，培育一批单项冠军企业，产值达1300亿元/年	移动源VOCs排放控制关键技术取得突破，培育3~5家行业龙头企业，形成VOCs全流程精细治理技术体系	形成VOCs高效捕集与深度治理技术体系，支撑适用于不同区域、不同季节的NO_x和VOCs协同减排优化路径
		温室气体减排	突破5~10项零碳工业流程再造、碳捕集利用与封存（CCUS）技术，及非二氧化碳温室气体减排与替代技术	1~2项前沿颠覆性技术取得突破，实现重点领域零碳负碳技术示范应用，开展百万吨级CCUS全流程工程示范	构建适用于我国的碳中和绿色低碳技术装备体系，支撑大气污染物与温室气体协同减排与多重效益发展路径
	固体废物处理处置与土壤修复	整体目标	半数主要产品达到世界先进水平，技术水平和研发能力达到全球先进水平，产业链基本安全可控	约九成主要产业综合水平预计达到世界先进水平，技术水平和研发能力达到世界先进水平，产业链安全可控	产业综合水平预计达到世界先进水平，主要产品达到世界领先水平，产业链基本实现自主可控
		固体废物安全处置系统	突破2~3项固体废物中新污染物深度降解的关键技术，研发固体废物安全处置集成化装备及样机，装备产量突破10万台（套）/年	实现固体废物安全处置与新污染物降解装备生产与应用，打造1~2家固体废物安全处置装备生产专精特新"小巨人"企业	形成固体废物安全处置行业装备标准化生产和应用能力，建立一批以废固安全处置装备为核心的、可复制的示范工程
		固体废物资源化与精细管控系统	突破3~5项新兴产业废物回收利用的关键技术，打造一批固废热化学处理、生物化学处理装备制造单项冠军企业，装备产值突破1000亿元/年	针对多种固体废物，形成品类丰富、产品安全、绿色低碳的资源化装备体系，形成国际领先的产业集群	进一步拓展固体废物资源化装备的应用场景，力争实现全行业典型固体废物的绿色低碳资源化
		污染土壤修复系统	发展智能化、一体化的污染土壤与地下水修复装备产品，装备产量突破10万台（套）/年	拥有全球领先的污染土壤与地下水修复装备生产-应用体系，培育2~3家掌握装备核心技术的国际知名企业	进一步提升污染土壤与地下水修复装备系统的低碳化、绿色化、智能化水平，力争实现高精尖的装备供应和服务行业
	资源综合利用	工业固体废物综合利用	突破8~10项尾矿、磷石膏等大宗工业固体废物综合利用关键技术与核心装备，形成系列技术、装备标准与规范	核心装备与部件国产化，形成10~15项综合解决方案，建成系列示范工程，支撑工业固体废物大规模消纳	全面提升工业固体废物综合利用技术与装备水平，引领产业转型升级
		新兴固体废物高质循环	突破退役新能源器件、报废电动汽车等新兴固体废物智能拆解与高质循环的关键技术与核心装备，实现再生原料深度提纯与高端利用	形成新兴固体废物智能解离数字化装备、战略金属深度提纯装备，建成系列示范工程	形成数字化引领的废旧物资智能解离与高质循环技术与装备体系
		生物质高值利用	突破生物质制备高值化学品技术与核心装备，实现过程低碳排放与二次污染减控	实现生物质热质转化过程关键材料、核心部件、传感器国产化，建成系列示范工程	形成全球领先的生物质热解与产物高值利用技术装备体系

图16-1 环保、低碳及资源综合利用技术路线图（续）

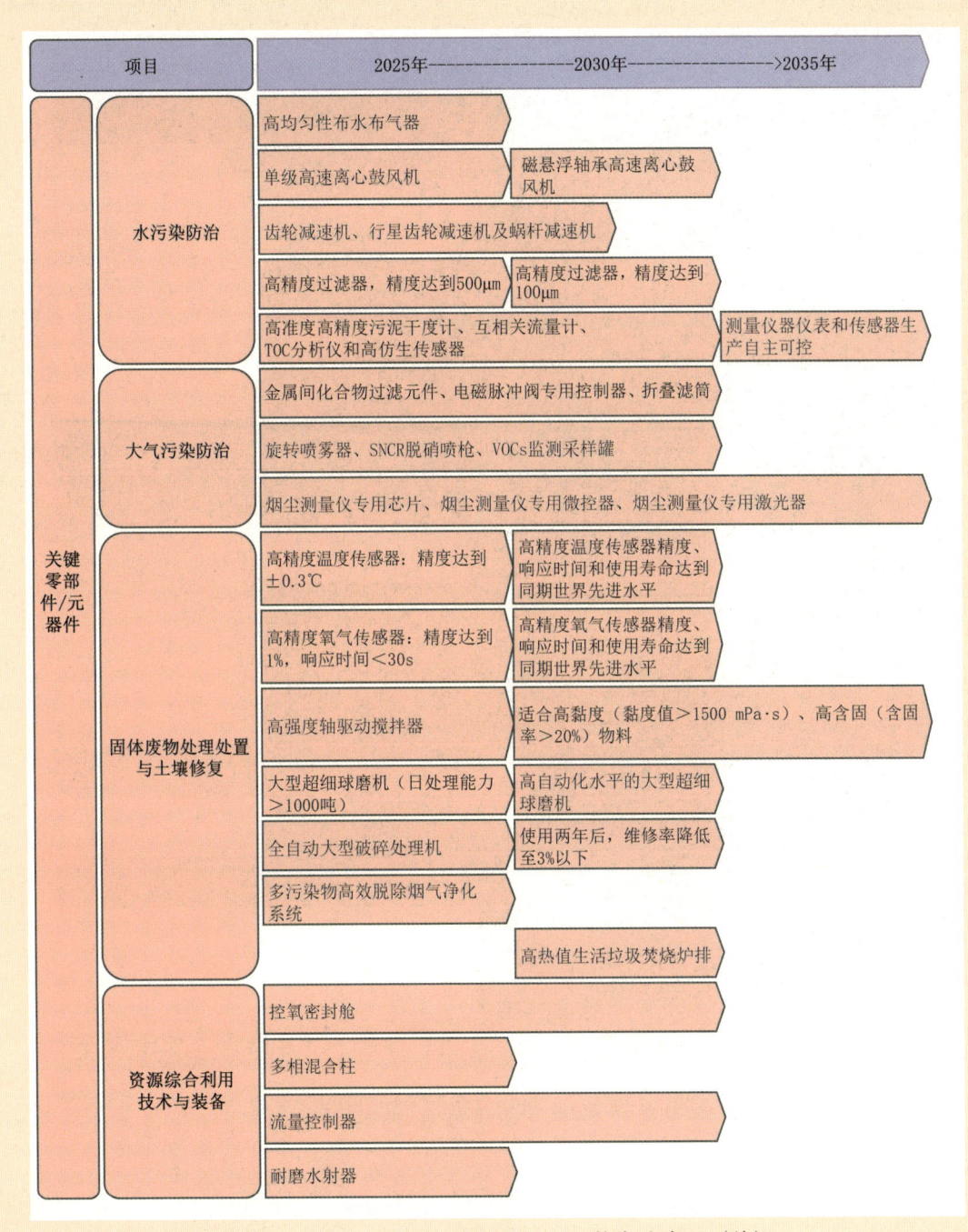

项目	2025年 —————— 2030年 —————— >2035年
关键零部件/元器件 — 水污染防治	高均匀性布水布气器
	单级高速离心鼓风机 / 磁悬浮轴承高速离心鼓风机
	齿轮减速机、行星齿轮减速机及蜗杆减速机
	高精度过滤器，精度达到500μm / 高精度过滤器，精度达到100μm
	高准度高精度污泥干度计、互相关流量计、TOC分析仪和高仿生传感器 / 测量仪器仪表和传感器生产自主可控
关键零部件/元器件 — 大气污染防治	金属间化合物过滤元件、电磁脉冲阀专用控制器、折叠滤筒
	旋转喷雾器、SNCR脱硝喷枪、VOCs监测采样罐
	烟尘测量仪专用芯片、烟尘测量仪专用微控器、烟尘测量仪专用激光器
关键零部件/元器件 — 固体废物处理处置与土壤修复	高精度温度传感器：精度达到±0.3℃ / 高精度温度传感器精度、响应时间和使用寿命达到同期世界先进水平
	高精度氧气传感器：精度达到1%，响应时间<30s / 高精度氧气传感器精度、响应时间和使用寿命达到同期世界先进水平
	高强度轴驱动搅拌器 / 适合高黏度（黏度值>1500 mPa·s）、高含固（含固率>20%）物料
	大型超细球磨机（日处理能力>1000吨）/ 高自动化水平的大型超细球磨机
	全自动大型破碎处理机 / 使用两年后，维修率降低至3%以下
	多污染物高效脱除烟气净化系统
	高热值生活垃圾焚烧炉排
关键零部件/元器件 — 资源综合利用技术与装备	控氧密封舱
	多相混合柱
	流量控制器
	耐磨水射器

图 16-1　环保、低碳及资源综合利用技术路线图（续）

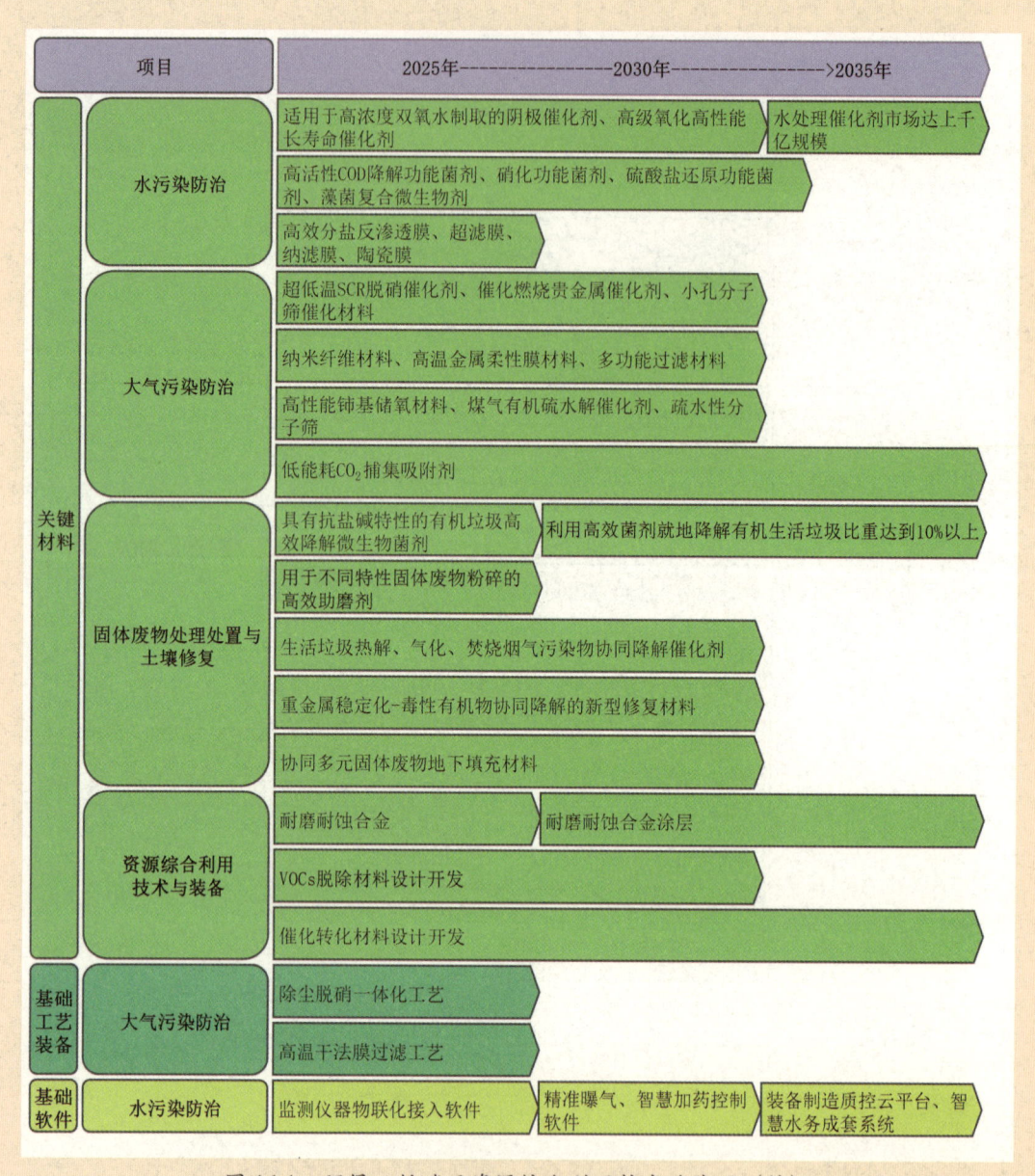

项目		2025年 ——————— 2030年 ——————— >2035年
关键材料	水污染防治	适用于高浓度双氧水制取的阴极催化剂、高级氧化高性能长寿命催化剂 / 水处理催化剂市场达上千亿规模
		高活性COD降解功能菌剂、硝化功能菌剂、硫酸盐还原功能菌剂、藻菌复合微生物剂
		高效分盐反渗透膜、超滤膜、纳滤膜、陶瓷膜
	大气污染防治	超低温SCR脱硝催化剂、催化燃烧贵金属催化剂、小孔分子筛催化材料
		纳米纤维材料、高温金属柔性膜材料、多功能过滤材料
		高性能铈基储氧材料、煤气有机硫水解催化剂、疏水性分子筛
		低能耗CO_2捕集吸附剂
	固体废物处理处置与土壤修复	具有抗盐碱特性的有机垃圾高效降解微生物菌剂 / 利用高效菌剂就地降解有机生活垃圾比重达到10%以上
		用于不同特性固体废物粉碎的高效助磨剂
		生活垃圾热解、气化、焚烧烟气污染物协同降解催化剂
		重金属稳定化-毒性有机物协同降解的新型修复材料
		协同多元固体废物地下填充材料
	资源综合利用技术与装备	耐磨耐蚀合金 / 耐磨耐蚀合金涂层
		VOCs脱除材料设计开发
		催化转化材料设计开发
基础工艺装备	大气污染防治	除尘脱硝一体化工艺
		高温干法膜过滤工艺
基础软件	水污染防治	监测仪器物联化接入软件 / 精准曝气、智慧加药控制软件 / 装备制造质控云平台、智慧水务成套系统

图 16-1　环保、低碳及资源综合利用技术路线图（续）

16 环保、低碳及资源综合利用技术与装备

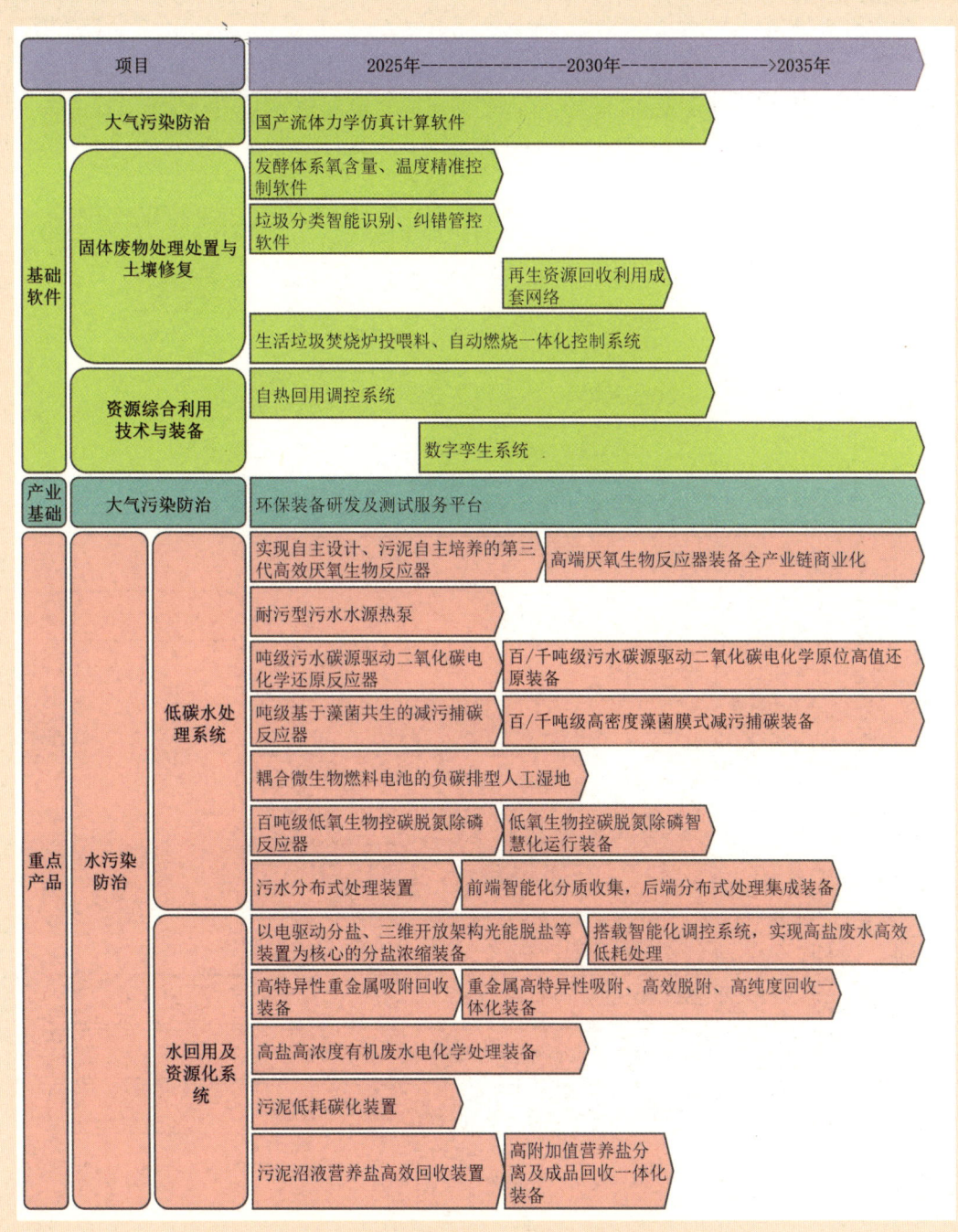

项目			2025年————————2030年————————>2035年
基础软件	大气污染防治		国产流体力学仿真计算软件
	固体废物处理处置与土壤修复		发酵体系氧含量、温度精准控制软件
			垃圾分类智能识别、纠错管控软件
			再生资源回收利用成套网络
			生活垃圾焚烧炉投喂料、自动燃烧一体化控制系统
	资源综合利用技术与装备		自热回用调控系统
			数字孪生系统
产业基础	大气污染防治		环保装备研发及测试服务平台
重点产品	水污染防治	低碳水处理系统	实现自主设计、污泥自主培养的第三代高效厌氧生物反应器 / 高端厌氧生物反应器装备全产业链商业化
			耐污型污水水源热泵
			吨级污水碳源驱动二氧化碳电化学还原反应器 / 百/千吨级污水碳源驱动二氧化碳电化学原位高值还原装备
			吨级基于藻菌共生的减污捕碳反应器 / 百/千吨级高密度藻菌膜式减污捕碳装备
			耦合微生物燃料电池的负碳排型人工湿地
			百吨级低氧生物控碳脱氮除磷反应器 / 低氧生物控碳脱氮除磷智慧化运行装备
			污水分布式处理装置 / 前端智能化分质收集,后端分布式处理集成装备
		水回用及资源化系统	以电驱动分盐、三维开放架构光能脱盐等装置为核心的分盐浓缩装备 / 搭载智能化调控系统,实现高盐废水高效低耗处理
			高特异性重金属吸附回收装备 / 重金属高特异性吸附、高效脱附、高纯度回收一体化装备
			高盐高浓度有机废水电化学处理装备
			污泥低耗碳化装置
			污泥沼液营养盐高效回收装置 / 高附加值营养盐分离及成品回收一体化装备

图 16-1 环保、低碳及资源综合利用技术路线图(续)

项目			2025年　　　　　　　　2030年　　　　　　　　>2035年
重点产品	水污染防治	水质安全风险控制系统	十吨级紫外封闭式中压消毒反应器 → 百吨级紫外封闭式中压消毒反应器 → 千吨级紫外封闭式中压消毒反应器
			基于视觉系统的全自动蓝藻清除设备 → 基于5G通信和遥感的智能型蓝藻清除设备
			可用于实际水处理工程中的超临界水氧化装备
			高传质臭氧反应塔 → 基于稳定可控的等离子放电技术的臭氧反应塔式装备
			高效混合营养型生物滤池 → 高效自养型生物滤池
	大气污染防治	工业源烟气多污染物超低排放系统	高效除尘协同脱除SO_3装备、$PM_{2.5}$和SO_3深度协同脱除装备
			SO_2、$PM_{2.5}$和重金属高效协同脱除装备，高炉煤气精脱硫设备
			高效脱硝协同重金属氧化装备、贫燃预混燃烧器
			基于陶瓷滤筒的烟气多污染物协同处理装备、径流式电除尘器
			有毒有害大气污染物净化设备
		移动源尾气污染物近零排放系统	国六标准机动车后处理装置
			国四标准非道路机械后处理装置
			国二标准船舶后处理装置
		挥发性有机物深度净化系统	安全型蓄热式热力燃烧装置、高效蓄热式催化燃烧装置
			低成本高效率挥发性有机物（VOCs）收集处理装备
			高效分子筛VOCs净化装置、高效机动车VOCs净化技术与装备
		碳捕集利用与封存系统	低成本捕集设备、CO_2矿化封存装置、CO_2海洋地质封存装置
			甲烷回收利用技术与装备、CO_2制备燃料、CO_2制备化学品
			工业氧化亚氮及含氟气体替代、减量和回收技术与装备

图16-1　环保、低碳及资源综合利用技术路线图（续）

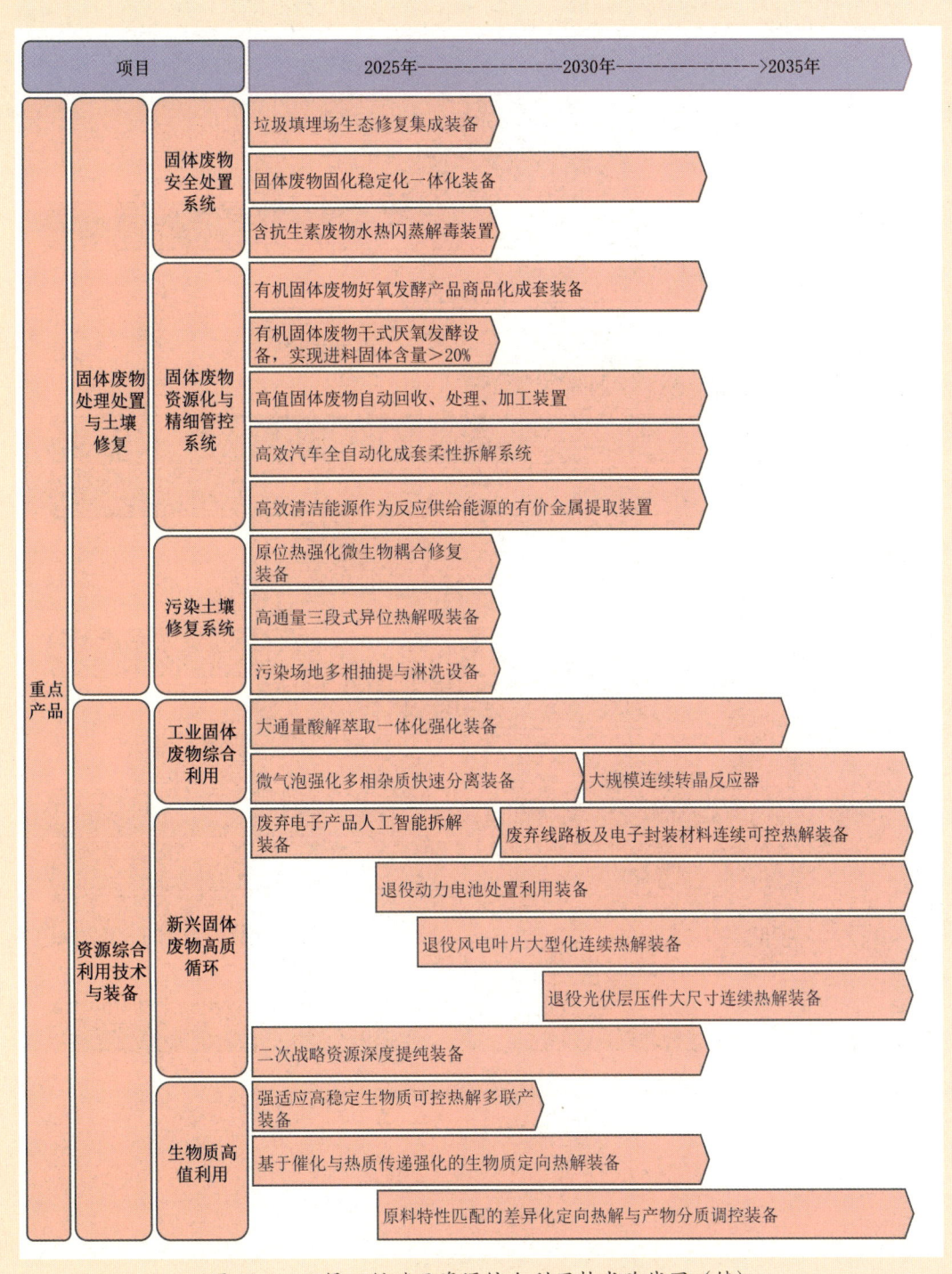

项目	2025年————————2030年————————>2035年
固体废物处理处置与土壤修复	
固体废物安全处置系统	垃圾填埋场生态修复集成装备
	固体废物固化稳定化一体化装备
	含抗生素废物水热闪蒸解毒装置
固体废物资源化与精细管控系统	有机固体废物好氧发酵产品商品化成套装备
	有机固体废物干式厌氧发酵设备，实现进料固体含量>20%
	高值固体废物自动回收、处理、加工装置
	高效汽车全自动化成套柔性拆解系统
	高效清洁能源作为反应供给能源的有价金属提取装置
污染土壤修复系统	原位热强化微生物耦合修复装备
	高通量三段式异位热解吸装备
	污染场地多相抽提与淋洗设备
资源综合利用技术与装备	
工业固体废物综合利用	大通量酸解萃取一体化强化装备
	微气泡强化多相杂质快速分离装置
	大规模连续转晶反应器
新兴固体废物高质循环	废弃电子产品人工智能拆解装备
	废弃线路板及电子封装材料连续可控热解装备
	退役动力电池处置利用装备
	退役风电叶片大型化连续热解装备
	退役光伏层压件大尺寸连续热解装备
	二次战略资源深度提纯装备
生物质高值利用	强适应高稳定生物质可控热解多联产装备
	基于催化与热质传递强化的生物质定向热解装备
	原料特性匹配的差异化定向热解与产物分质调控装备

图 16-1　环保、低碳及资源综合利用技术路线图（续）

项目	2025年----------------2030年---------------->2035年

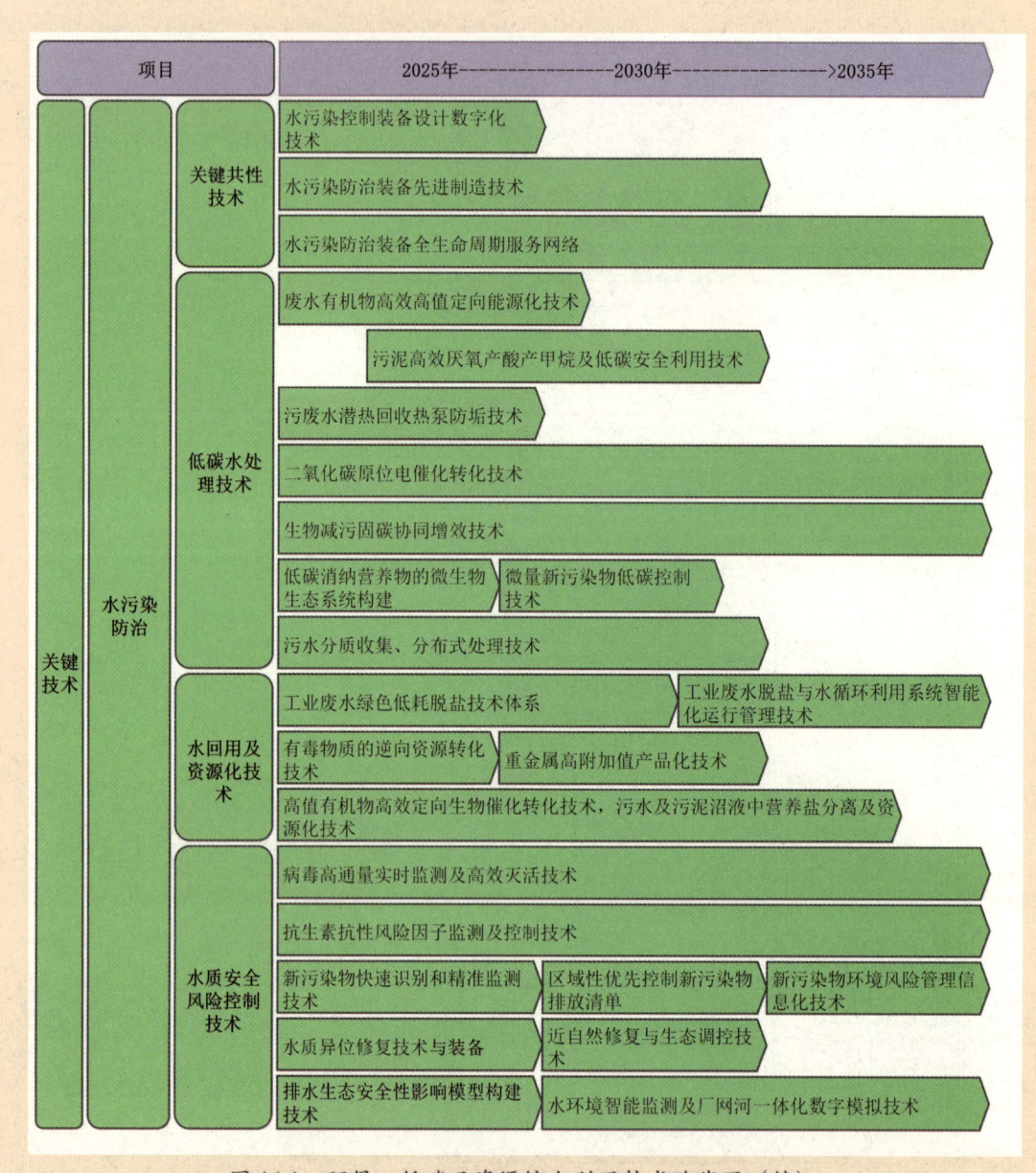

关键技术 — 水污染防治:

关键共性技术
- 水污染控制装备设计数字化技术
- 水污染防治装备先进制造技术
- 水污染防治装备全生命周期服务网络

低碳水处理技术
- 废水有机物高效高值定向能源化技术
- 污泥高效厌氧产酸产甲烷及低碳安全利用技术
- 污废水潜热回收热泵防垢技术
- 二氧化碳原位电催化转化技术
- 生物减污固碳协同增效技术
- 低碳消纳营养物的微生物生态系统构建 | 微量新污染物低碳控制技术
- 污水分质收集、分布式处理技术

水回用及资源化技术
- 工业废水绿色低耗脱盐技术体系 | 工业废水脱盐与水循环利用系统智能化运行管理技术
- 有毒物质的逆向资源转化技术 | 重金属高附加值产品化技术
- 高值有机物高效定向生物催化转化技术，污水及污泥沼液中营养盐分离及资源化技术

水质安全风险控制技术
- 病毒高通量实时监测及高效灭活技术
- 抗生素抗性风险因子监测及控制技术
- 新污染物快速识别和精准监测技术 | 区域性优先控制新污染物排放清单 | 新污染物环境风险管理信息化技术
- 水质异位修复技术与装备 | 近自然修复与生态调控技术
- 排水生态安全性影响模型构建技术 | 水环境智能监测及厂网河一体化数字模拟技术

图 16-1 环保、低碳及资源综合利用技术路线图（续）

16 环保、低碳及资源综合利用技术与装备

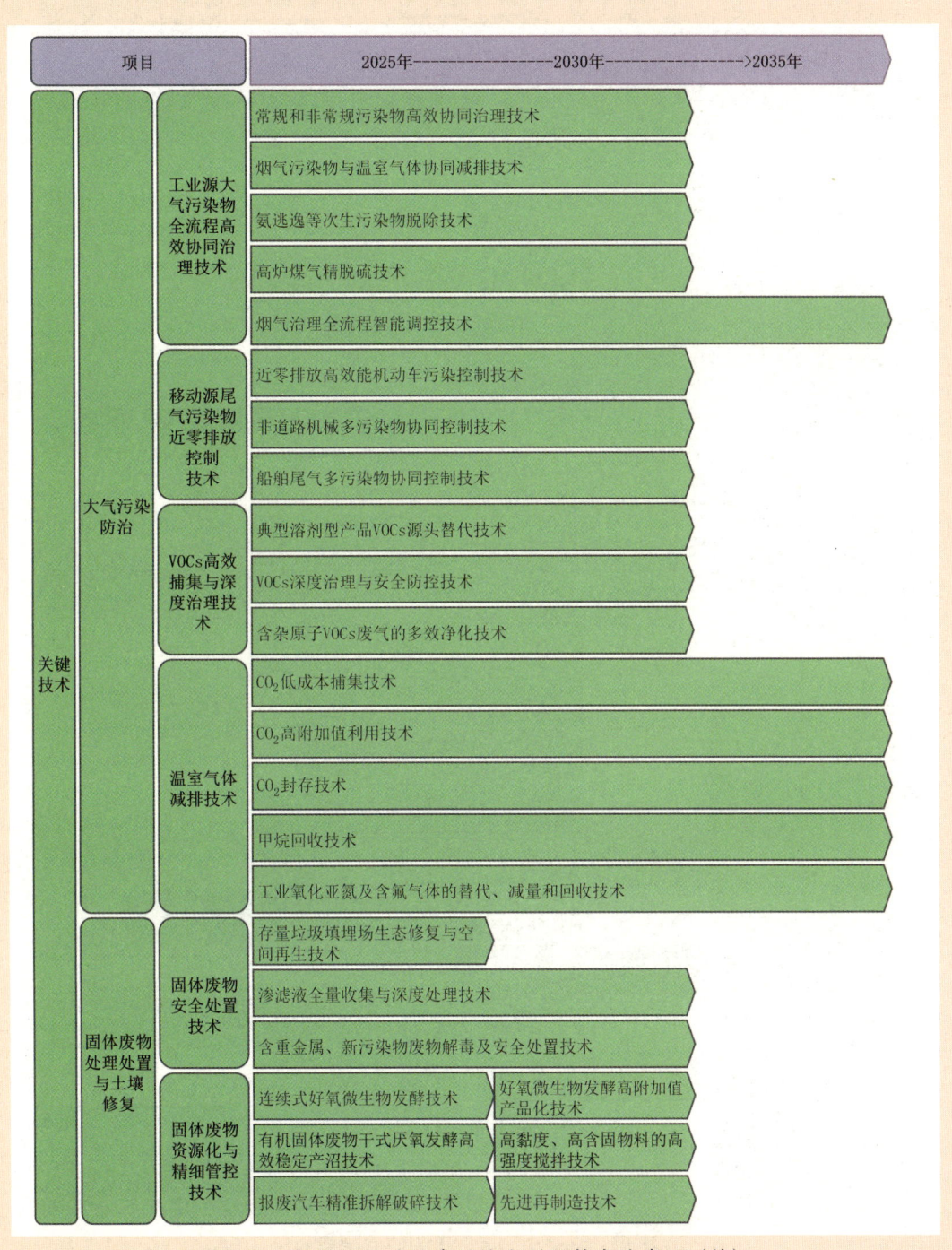

项目			2025年 —————— 2030年 —————— >2035年
关键技术	大气污染防治	工业源大气污染物全流程高效协同治理技术	常规和非常规污染物高效协同治理技术
			烟气污染物与温室气体协同减排技术
			氨逃逸等次生污染物脱除技术
			高炉煤气精脱硫技术
			烟气治理全流程智能调控技术
		移动源尾气污染物近零排放控制技术	近零排放高效能机动车污染控制技术
			非道路机械多污染物协同控制技术
			船舶尾气多污染物协同控制技术
		VOCs高效捕集与深度治理技术	典型溶剂型产品VOCs源头替代技术
			VOCs深度治理与安全防控技术
			含杂原子VOCs废气的多效净化技术
		温室气体减排技术	CO_2低成本捕集技术
			CO_2高附加值利用技术
			CO_2封存技术
			甲烷回收技术
			工业氧化亚氮及含氟气体的替代、减量和回收技术
	固体废物处理处置与土壤修复	固体废物安全处置技术	存量垃圾填埋场生态修复与空间再生技术
			渗滤液全量收集与深度处理技术
			含重金属、新污染物废物解毒及安全处置技术
		固体废物资源化与精细管控技术	连续式好氧微生物发酵技术 / 好氧微生物发酵高附加值产品化技术
			有机固体废物干式厌氧发酵高效稳定产沼技术 / 高黏度、高含固物料的高强度搅拌技术
			报废汽车精准拆解破碎技术 / 先进再制造技术

图 16-1 环保、低碳及资源综合利用技术路线图（续）

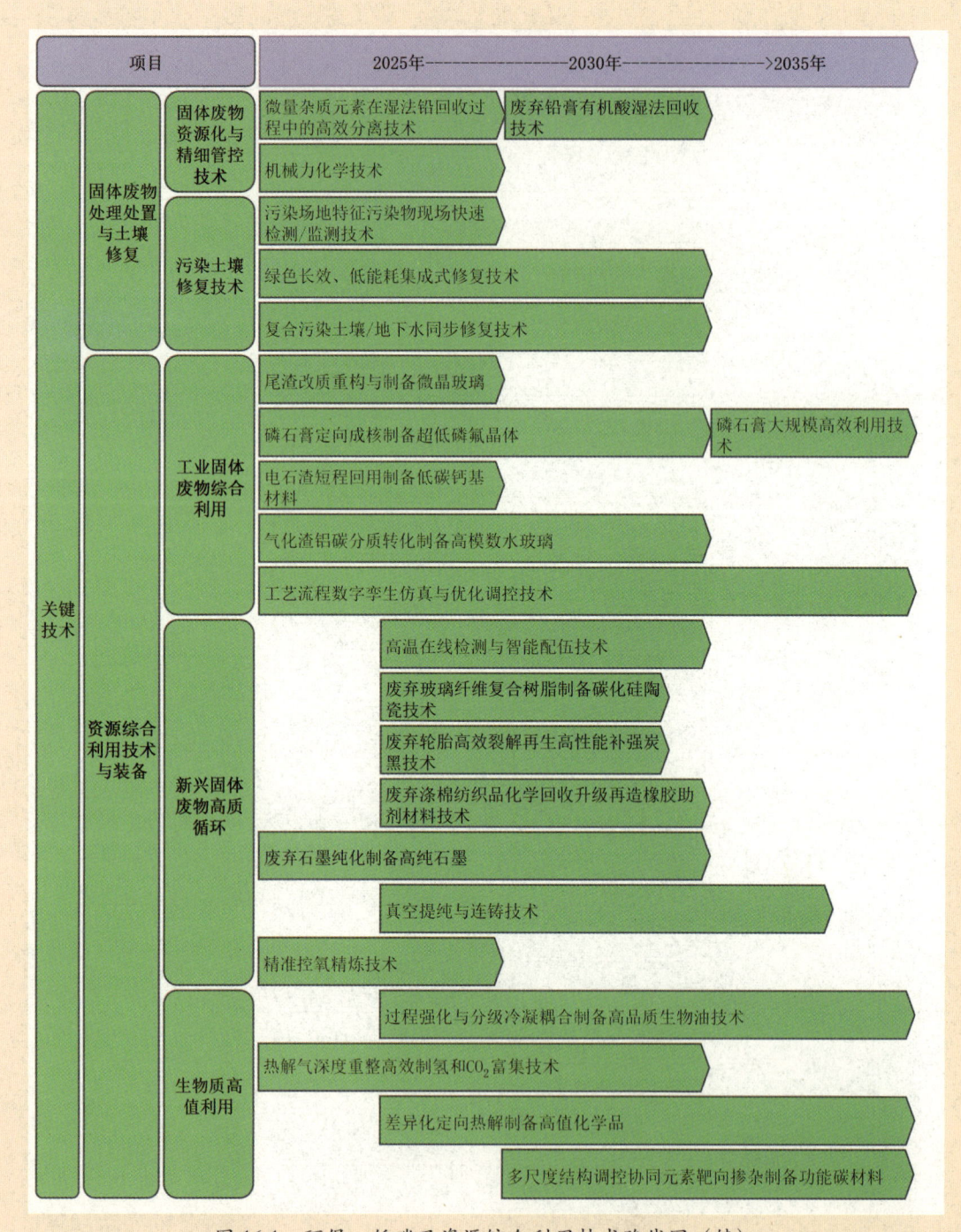

项目	2025年 —————— 2030年 —————— >2035年
关键技术 / 固体废物处理处置与土壤修复 / 固体废物资源化与精细管控技术	微量杂质元素在湿法铅回收过程中的高效分离技术
	废弃铅膏有机酸湿法回收技术
	机械力化学技术
污染土壤修复技术	污染场地特征污染物现场快速检测/监测技术
	绿色长效、低能耗集成式修复技术
	复合污染土壤/地下水同步修复技术
资源综合利用技术与装备 / 工业固体废物综合利用	尾渣改质重构与制备微晶玻璃
	磷石膏定向成核制备超低磷氟晶体
	磷石膏大规模高效利用技术
	电石渣短程回用制备低碳钙基材料
	气化渣铝碳分质转化制备高模数水玻璃
	工艺流程数字孪生仿真与优化调控技术
新兴固体废物高质循环	高温在线检测与智能配伍技术
	废弃玻璃纤维复合树脂制备碳化硅陶瓷技术
	废弃轮胎高效裂解再生高性能补强炭黑技术
	废弃涤棉纺织品化学回收升级再造橡胶助剂材料技术
	废弃石墨纯化制备高纯石墨
	真空提纯与连铸技术
	精准控氧精炼技术
生物质高值利用	过程强化与分级冷凝耦合制备高品质生物油技术
	热解气深度重整高效制氢和CO_2富集技术
	差异化定向热解制备高值化学品
	多尺度结构调控协同元素靶向掺杂制备功能碳材料

图 16-1 环保、低碳及资源综合利用技术路线图（续）

项目	2025年 ————————— 2030年 ————————— >2035年
战略支撑与保障 — 水污染防治	建立国家水污染防治装备创新中心
	加强行业规范引导。标准管理部门统筹规划，充分考虑我国国情和区域特点，即时制定、更新和推广行业及国家标准；行业协会积极为企业提供有针对性的解读和培训，加强对新标准的理解、宣贯和应用；鼓励中小微企业等新兴市场主体参与，推动建立公平竞争、健康有序的市场发展环境
	建立健全绿色金融体系。建立资金保障，支持创新平台市场化运作，充分发挥市场在技术创新、工艺路线选择及资源配置中的导向性作用，推动水污染防治装备制造产业与绿色金融深度融合，发展信贷专项额度，强化直接融资，建立绿色发展基金，落实水污染防治装备制造产业税收优惠政策
	加强技术、标准、人才等全方位的，成套装备出口、工程建设、运营维护等全流程业务的国际合作，积极拓展国际市场，提升产品的国际影响力和竞争力
大气污染防治	建立健全碳达峰、碳中和标准体系
	构建以企业为主体、以市场为导向的绿色低碳技术创新体系，组建一批由龙头企业主导、科研院所共同参与的专业绿色低碳技术创新战略联盟，孵化开放式的绿色低碳技术创新基地和引领性的新型智库
	培养和引进具有全球视野的生态环境领域战略科学家和高水平绿色低碳技术创新团队，加强绿色低碳领域人才梯队建设；拓宽减污降碳协同增效领域科技融资渠道，加强基础研究投入，注重提升原始创新能力；加强国际双多边合作与交流，开展应对区域大气环境污染治理、气候变化等方面的研究合作
固体废物处理处置与土壤修复	学习借鉴先进制造的国际经验，通过加强人才队伍建设，提升相关产品研发的创新能力，推动相关产品技术、标准与世界一流接轨，提升产品的国际影响力和全球竞争力，积极拓展并占领国际市场
	加强行业规范引导，鼓励中小微企业等新兴市场主体参与，推动建立公平竞争、健康有序的市场发展环境，激发市场活力。充分发挥相关行业协会、科研院所和咨询机构的作用，强化产业引导、技术支撑的功能

图 16-1　环保、低碳及资源综合利用技术路线图（续）

国家制造强国建设战略咨询委员会

主　任：周　济

副主任：李晓红　苏　波　杨伟民　魏建国

秘书长：张　立

委　员：（按姓氏笔画排序）

干　勇	王恩东	尤　政	卢　山	白景明	曲道奎
吕　薇	朱森第	向文波	邬贺铨	刘　多	刘利华
关锡友	纪正昆	苏　波	李　钢	李晓红	李培根
杨伟民	杨金成	杨学山	吴　强	张　立	张　纲
张彦仲	张彦敏	张雅林	陈学东	陈建峰	武博祎
范恒山	林忠钦	欧阳明高	周子学	周宏仁	周　济
宗　良	屈贤明	赵昌文	赵俊贵	胡汝银	柳百成
钟志华	祝宝良	夏　斌	倪光南	徐直军	徐惠彬
唐　虹	黄群慧	梅　宏	焦　宁	熊　梦	魏建国

秘书处：曾建平　张　镇　李雨浓

编委会

主　任：尤　政

副主任：屈贤明

委　员：（按姓氏笔画排序）

丁荣军	干　勇	马德军	王　青	王　浚	王　锐	王天然
王世江	王礼恒	王华明	王亦宁	王军志	王国庆	王建民
公维洁	方宪法	龙乐豪	卢秉恒	他得安	兰　剑	成会明
任洪强	任露泉	华　珊	向锦武	邬贺铨	刘友梅	刘正东
江　源	孙昌基	孙宝国	孙家广	贡　俊	严俊杰	苏子孟
杜善义	李　卫	李　松	李开国	李龙土	李仲平	李克强
李言荣	李陵申	李椿萱	李新胜	杨为民	杨华勇	肖成伟
吴光辉	吴志新	吴智深	别朝红	何雅玲	余晓晖	汪懋华
宋晓刚	张　彤	张　涛	张　强	张平祥	张传雄	张伯礼
张秋鸿	张彦仲	张联盟	张慧琴	陈　坚	陈　薇	陈志南
陈学庚	陈海生	陈祥宝	欧阳明高	欧阳钟灿	罗锡文	周　济
周志成	郑海荣	郑继虎	单忠德	赵春江	侯　晓	侯　曦
侯福深	俞建勇	娄延春	洪暹国	宫声凯	祝宪民	聂祚仁
顾　平	顾晓松	徐　鸿	高　翔	郭振岩	黄小卫	黄学杰
康绍忠	梁新清	屠海令	彭　寿	董景辰	董雷霆	蒋建东
程　京	傅正义	焦宗夏	廉玉波	蔡　蔚	谭天伟	滕皋军
潘　翀						

课题组名单

综合编写组名单

屈贤明　古依莎娜　刘宇飞　杨晓迎　杨文静　臧冀原　薛塬　魏洁
刘铭　吕鹏　焦伊景

1　新一代信息技术产业

信息通信设备

组　长：邬贺铨

副组长：余晓晖

专家组：王大鹏　段滔　赵勇　张新全　余明斌　王兴军　李博

编写组：许志远　周兰　黄伟　邱绍岩　黄璜　王翰华

基础软件及工业软件

组　长：孙家广

副组长：王建民

专家组：吴庆波　谢冰　杜小勇　冷文浩　刘爱军　朱毅明　宁振波　钟伟民

编写组：王晨　徐哲　马再超

新型显示设备

组　长：梁新清

专家组：欧阳钟灿　肖华　张百哲　林元芳　袁桐　徐征　王漪　鲁瑾

编写组：胡春明　耿怡　郑玉善　马蓓蓓　陈颖

2　高档数控机床和机器人

高档数控机床及基础制造装备

组　长：单忠德

副组长：娄延春

专家组：卢秉恒　屈贤明　贺鑫元　郑辛　许淼　李志强　苑世剑　刘志峰　周世杰
　　　　李明　侯正全　林鑫　林宪东　郎波　刘萌　高彦军

编写组：杜兵　李晶莹　赵蔷　吴进军　张林　焦炬　陈晓辉　何祖　郭悦
　　　　温国鑫　刘云　敖广阔　李迎光　曲宁松　何宁　汪俊　戴宁　沈理达
　　　　张家铭　赵国龙　颜磊　代洪庆　谢德巧　王洋

544

机器人

组　　长：王天然

副组长：宋晓刚

专家组：赵　杰　王田苗　孙立宁　高　峰　李贻斌　陈小平　韩建达　陶　永　徐　方
　　　　游　玮

编写组：陈　丹　贾彦彦　彭馨桐

3　航空航天装备

飞机

组　　长：向锦武

副组长：董雷霆　潘　翀

专家组：张彦仲　王　浚　吴光辉　李椿萱　王华明　杨志刚　潘　翀　董雷霆　李东升
　　　　万志强　赵群力　俞　笑　张志雄　秦亚欣　周尧明　陶　永

编写组：董雷霆　潘　翀　戴玉婷　安　朝

航空机载设备与系统

组　　长：向锦武

副组长：焦宗夏

专家组：熊华钢　尚耀星　殷永峰　何　锋　葛　宁　刘晓超　李　洋

编写组：齐鹏远　王欣晖

航天装备

顾　问：王礼恒

组　　长：王国庆

专家组：杜善义　龙乐豪　李仲平　侯　晓　周志成　余　斌　闫　锦　赵春章　姚　磊
　　　　张　然　卢　鹉　李应选　范全林　牟　宇　秦　曈　赵衍华　侯宇葵　周　钠
　　　　陶　滢

编写组：周晓纪　卢　鹉　李应选　张永伟　孙胜凯　王亚琼　梁桂林　黄廷锋　于海静

4　先进轨道交通装备

组　　长：刘友梅

副组长：丁荣军

专家组：张新宁　王勇智　于跃斌　王顺强　龚　明　赵明元　孙帮成　康　熊　张晓莉
　　　　文志永　陈高华　李　林

编写组：刘　昱　刘　蕊　唐　可

5　节能和新能源汽车

节能汽车

组　长：李开国

专家组：阎备战　杨　洁　郭文军　朱云尧　王薛超　孙　超　杨红松　刘　明　黄志诚
　　　　徐文杰　夏　琳

编写组：王　燕　刘雅新　车一平　衣俊辉　杨夫轩　艾　林　杨莉华

新能源汽车

组　长：吴志新　欧阳明高

副组长：侯福深　肖成伟　黄学杰　蔡　蔚　贡　俊　廉玉波

专家组：王贺武　邵浙海　杨福源　余卓平　徐梁飞　王　菊　缪　平　王　芳　方海峰

编写组：姚占辉　吴喜庆　李永康　马天翼　孔治国　张宝强　闫晓晓　贾国瑞　王　通

智能网联汽车

组　长：李克强

副组长：公维洁　侯福深　郑继虎　吴志新

专家组：姚丹亚　罗禹贡　杨彦鼎　龚进峰　周时莹　梁伟强　张　洋　杜孝平　冯锦山

编写组：边明远　高博麟　李晓龙　张泽忠　姜　昊　段　聪　郭妍妍

6　电力装备

发电装备

组　长：孙昌基

副组长：张秋鸿

专家组：刘新新　董爱华　张健强　任　伟　于　强　于泽忠　赵彦华　魏国华　顾玮伦
　　　　王　硕　王静杰　王明昊　石玉文　鲍大虎　陶星明　唐数理　万胜军　徐　娇
　　　　仲崇峰　霍锁善　肖海航　陶　健　莫春鸿　潘绍成　张　娟　刘晓鸿　王庭山
　　　　全玉强　刘晓强　魏燕飞　吴乃新　何　磊　赵大文　盛旭婷

编写组：郭振岩　沈　江　严宏强　俞谷颖　张　鹏　邓　伟　王　芳　亢　荣　周晶晶
　　　　马桂山　王昊燕　吴义然　乔　楠　崔鹤松　张　爽　刘亚丽　果　岩

输配电装备

组　长：孙昌基

副组长：郭振岩

专家组：李　刚　　马钢德　　王　安　　王雨欣　　尹天文　　柴　熠　　包　革　　陈正馨　　高孝天
　　　　南振乐　　程　立　　曾林翠　　叶　瑞　　刘　伟　　张良县　　李子兴　　史柏迪　　白红菊
　　　　刘永欣　　马和科　　张　雷　　孙小平　　许崇福　　刘　琦　　郑全旭
编写组：沈　江　　张秋鸿　　邓　伟　　亢　荣　　王　芳　　周晶晶　　马桂山　　王昊燕　　吴义然
　　　　乔　楠　　崔鹤松　　张　爽　　刘亚丽　　果　岩

光伏发电装备

组　长：王世江
副组长：王　青
专家组：江　华　　严大洲　　邓　浩　　宋登元　　弓传河　　李燕燕　　李浩洋　　王　琪　　宗　冰
　　　　许洪华　　窦　伟　　王　亮
编写组：张海霞　　张天宇　　吴　迪　　王　双　　白桦林　　王一然

储能装备

组　长：何雅玲
副组长：别朝红　　严俊杰　　陈海生　　兰　剑
编写组：宋政湘　　李印实　　徐友龙　　李明佳　　陶于兵　　王焕然　　何　刚　　宋江选　　杨生春
　　　　李成新　　刘占斌　　席　奂　　赵永亮　　张锦英　　孙丽琼　　项　彬　　王景平　　李瑞雄
　　　　李　慧

7　农业装备

组　长：汪懋华
副组长：方宪法　　洪暹国
专家组：罗锡文　　任露泉　　陈学庚　　康绍忠　　赵春江　　陈　志　　韩鲁佳　　姜卫东　　赵　剡水
　　　　应义斌　　袁寿其　　王德成　　刘成良　　王东青　　李正宇　　吴海华　　王云飞　　宋正河
　　　　杨敏丽　　汪瑞军　　李民赞　　李道亮　　李保明
编写组：吴海华

8　新材料

先进基础材料

组　长：干　勇
副组长：彭　寿
专家组：屠海令　　俞建勇　　聂祚仁　　刘正东　　傅正义　　杨为民　　李争显　　赵俊贵　　吴长江
　　　　余明清　　朱建勋　　钟宁庆　　李增俊　　杜挽生　　陈思联　　谢　曼　　洪及鄙　　唐　清

	雷 杰	李志辉	闫宏伟	赵 娜	李志念	何金江	杨长生	郅 晓	江 源
	张 冲	郝新敏	蒋金华						
编写组：	李昭东	高 博	曹文全	贾书君	罗小兵	赵鸿滨	尹向前	曹祎程	卜新平
	桑建新	洪 伟	秦旭升	李深厚	曹春昱	丁志文	李 鑫	王 颖	肖丽俊

关键战略材料

组　　长：干 勇
副组长：李仲平

专家组：	李龙土	陈祥宝	李言荣	谭天伟	张 涛	李 卫	黄小卫	周 济	宫声凯
	吴 玲	周少雄	熊柏青	吴长江	冯志海	张 继	李树索	梁剑雄	谢 曼
	李志辉	李锡武	徐樑华	吕春祥	沈 波	石 瑛	陈 弘	刘兆平	邵志刚
	史 迅	王海峰	刘荣辉	朱明刚	薛冬峰	胡 卉	郭子芳	马松林	张 鑫
	郭太良	付 东	王云兵						
编写组：	茹 毅	李昭东	尹向前	高爱君	唐 清	赵璐冰	董帮少	李 勃	陈昆峰
	栾金义	王凤英	杨 立	曹 辉	高 博	何西扣	丰 涵	闫宏伟	李 龙
	周 宇	郑文江	王 慧	穆智蕊	陈 弘	刘兆平	邵志刚	史 迅	李 冰
	陈东强	丁 成	方以坤	原建光	郭 海	付振晓	张 雷	徐亚东	王 燕
	张庆礼	宋文波	高达利	赵 鹏	刘轶群	蒋海斌	王 伟	黄逸伦	任月明
	杜晓峰	李高参							

前沿新材料

组　　长：干 勇
副组长：屠海令

专家组：	成会明	王华明	周 济	张平祥	周旗钢	李志辉	任文才	裴嵩峰	马来鹏
	汤海波	程 序	朱言言	王玉岱	李 卓	冉先喆	闫 果	郑东宁	王怀雨
	童丽萍	魏 炜	文永正	谢 曼	刘知琪	张锦川	单光存	逄金波	赵鸿滨
编写组：	张 晓	李腾飞	赵鸿滨	韩晨华	尹 航	袁学韬	尹向前	程 磊	王 琳
	金维华	朱 京	石国辉	卢学翰	杨 磊	魏千惠	刘铭坤	郭奕雯	刘 昊
	郝雪龙	王 冬	方 铉	王登魁	邹永刚	范 杰	翟英娇	王 慧	

9　生物医药及高性能医疗器械

生物医药

组　　长：张伯礼
副组长：李 松　陈志南

专家组：	张永祥	王军志	王 锐	陈士林	蒋建东	陈 薇	杜冠华	程翼宇
编写组：	李 正	肖 典	王子豪	边惠洁	杨向民			

高性能医疗器械
组　长：郑海荣
副组长：他得安　张　强　李新胜
专家组：顾晓松　程　京　滕皋军　刘　新　樊瑜波　万遂人　万明习　谢庆国　王广志
　　　　欧阳劲松　李志勇　梁　栋　张会生　艾　涛　包立君　轩辕凯　杭　飞　王怡宁
　　　　李　瑶
编写组：万丽雯　谢晓军　康丹妮　李　倩　干春燕　郑文婕

10　食品
组　长：孙宝国
副组长：陈　坚
编写组：李兆丰　王　静　刘元法　程　力　毛相朝　臧明伍　丁　甜　纪　剑　张德权
　　　　王书军　孙金沅　范柳萍　徐勇将　孔昊存

11　纺织
组　长：俞建勇
顾　问：李陵申　顾　平　张慧琴　祝宪民
副组长：侯　曦　华　珊　张传雄
专家组：陈志华　陈新伟　李桂梅　董奎勇　吕佳滨　李昱昊　景慎全　王　宁　孙以泽
　　　　王华平　毛志平　蒋秀明　胡旭东　单鸿波　覃小红　王学利　李雪清　位迎光
　　　　叶　贺　李妹佳

12　建筑材料
组　长：彭　寿
顾　问：张联盟
副组长：江　源
专家组：陈国庆　余明清　王肇嘉　吴智深　朱建勋　张伟儒　赵　谦　张定金　何小龙
　　　　王文利　陈　环　黄存新　胡芝娟　张　冲　祖成奎　刘长雷　师海霞　张　龙
　　　　狄东仁　王重海　梁训美　涂　溶　韩继先　彭学平　阎法强　周　炫　宋　涛
　　　　权宗刚　白战英　向在奎　袁　坚　陈建荣　杨正波　江龙跃　赵旭辉　王振地
　　　　殷新建　邱基华　吴建新　陈　岳　包　玮　董德华　崔　升　李　萍　洪锦祥
　　　　曹　欣　向　创
编写组：郭捷楠　洪　伟　马　玉　鲍　越　娄　晶　韩冬阳　罗　宁　万佳艺　胡雅涵
　　　　沈　雪　吴　波　谭东杰　张丹桐

13　家用电器

组　　长：马德军
副组长：徐　鸿
专家组：曲宗峰　王　晔　刘前进　谭建明　赵可可　钟　明　孙　民　李　斌
　　　　高　强　时东禹
编写组：肖　鹏　石里明　石文鹏　李红伟　曹焱鑫

14　仪器仪表

组　　长：尤　政
副组长：董景辰　张　彤
专家组：马玉山　马玉婷　王　刚　王　英　王　玲　王厚军　王　雪　方　向　石照耀
　　　　卢继敏　田　良　田荣斌　包伟华　年夫顺　朱毅明　刘小康　刘召贵　江　游
　　　　江德臣　许晓东　孙双花　杨海俊　杨　聪　沈学静　张　伟　张　骁　张倩暄
　　　　陈晓龙　郏继贵　周广才　郇　庆　赵德政　胡　锋　姜万顺　耿旭辉　莫　威
　　　　徐　乐　黄云彪　黄正旭　崔志英　梁　炜　褚　健
编写组：张　莉　于美梅　杨　娟　吴腾飞　吴爱华　韩顺利　陈　昕

15　工程机械

组　　长：杨华勇
副组长：苏子孟
专家组：谢海波　付　玲　曹东辉　赵　斌　朱建新　汪正兵　李建友　王金星　张国胜
　　　　张如伟　程永亮　程永龙　鄢万斌　付会鹏　刘海林　张　平　车均发　邱永宁
　　　　郝振华　冯世波　邱鹏远　张晓璐
编写组：张宏梅　王大宇　王柏村　宋金云　朱凯凌　孙　宽　郭凤艳

16　环保、低碳资源综合利用技术与装备

组　　长：任洪强
副组长：王亦宁
专家组：高　翔　吴玉锋　刘建国　张涌新　张文辉　薛晓飞　许　柯　李会泉　李　彬
　　　　周志颖　魏军晓　方　文　林　原　孔　鑫　马思佳　张　悠　朱千宇
编写组：于鸿立　申红杰　张辰曲　焉杰文　杜　雯　郑心语　董兴震